教育部人文社会科学重点研究基地重大研究项目（07JJD790139）
"马克思主义政治经济学的创新及其在我国的主流地位研究"最终成果

高级政治经济学

——马克思主义经济学的发展与创新探索

何自力　　张俊山　刘凤义 ／ 主编

ADVANCED POLITICAL ECONOMICS

THE DEVELOPMENT & INNOVATION OF MARXIST ECONOMICS

经济管理出版社

ECONOMY & MANAGEMENT PUBLISHING HOUSE

图书在版编目（CIP）数据

高级政治经济学 / 何自力，张俊山，刘凤义主编. —
北京：经济管理出版社，2010.9
ISBN 978-7-5096-1090-9

Ⅰ. ①高… Ⅱ. ①何… ②张… ③刘… Ⅲ. ①政治
经济学 Ⅳ. ①F0

中国版本图书馆 CIP 数据核字（2010）第 179274 号

出版发行：**经济管理出版社**

北京市海淀区北蜂窝 8 号中雅大厦 11 层
电话：（010）51915602　邮编：100038

印刷：北京银祥印刷厂　　　　　　经销：新华书店

组稿编辑：王光艳　　　　　　责任编辑：王光艳
技术编辑：杨国强　　　　　　责任校对：超　凡

720mm×1000mm/16　　　　　30.5 印张　　564 千字
2010 年 9 月第 1 版　　　　　2010 年 9 月第 1 次印刷

定价：68.00 元
书号：ISBN 978-7-5096-1090-9

·版权所有　翻印必究·

凡购本社图书，如有印装错误，由本社读者服务部
负责调换。联系地址：北京阜外月坛北小街 2 号
电话：(010)68022974　邮编：100836

前　言

马克思主义经济学自创立到现在已经过去一百多年了，这期间，马克思主义经济学通过对现实社会经济运动过程的深入分析和研究及对形形色色的经济思想流派和理论的批判和吸收而得到丰富和发展。马克思主义经济学是阶级性、实践性、历史性和价值导向性相统一的经济理论体系，这使马克思主义经济学形成了自己独特的品质，与其他经济学形成鲜明对照，也使马克思主义经济学成为科学的经济理论体系和经济分析工具，牢固地确立了自己在经济科学王国的不可替代的地位。

进入 21 世纪，人类社会从工业时代迈向了信息时代，经济全球化发展到新的阶段，生产的社会化程度空前提高，与之相伴随，资本主义内部长期积累的矛盾开始显现，昔日的高速发展和繁荣景象不复存在，整个资本主义世界为金融危机和经济衰退及其他各类冲突所困扰，这充分证明了马克思主义经济学对资本主义发展规律的认识是完全正确的。从中华人民共和国成立到改革开放，马克思主义经济学一直是居主流地位的经济学，对中国社会主义现代化建设和改革开放发挥着重要的指导作用。近三十多年来，坚持走中国特色社会主义道路的中国在中国共产党的领导下，把马克思主义的普遍真理同中国的具体实际相结合，探索符合中国国情的发展道路，不但创造了经济持续高速发展的奇迹，而且以坚定有力的举措应对金融危机的严重冲击，率先走出危机，并实现了经济的快速稳定发展，为世人所瞩目。毫无疑问，走中国特色社会主义发展道路及经济奇迹的取得是与坚持马克思主义经济学的主流地位和指导作用分不开的。

马克思主义经济学的研究对象是生产关系。运用马克思主义的立场、观点和方法揭示当代资本主义生产关系与生产力之间的矛盾，揭示资本主义经济基础与上层建筑之间的矛盾，揭示资本主义发展所面临的问题及其实质，深刻认识社会主义发展的方向和道路，总结中国特色社会主义的成功经验，是马克思主义经济学义不容辞的责任；深刻回答这些新问题，对于丰富和发展马克思主义经济学，坚持马克思主义经济学的主流地位，具有十分重要的理论意义和实践意义。本书结合资本主义的当代发展和中国社会主义现代化建设的实践，对马克思主义经济学的基本原理及其在当代的发展和创新进行了探索和研究，对一些在马克思主义经济学理论体系中没有展开分析和讨论的问题，如企业问题、现代化问题、经济全球化问题、技术进步问题、垄断竞争问题、虚拟经济问题、生态问题、国家问题等，进行了分析和研究。这些探索、研究的出发点和落脚点是在坚持马克思主义经济学的基本理论和方法的基础上，推动马克思主义经济学的发展和创新。毫无疑问，我们在探索和研究中提出的观点还是初步的，还有待进一步完善和深化，特别是需要时间和实践的检验。但是，我们相信，马克思主义经济学是与时俱进的科学，它的每一步发展都是与艰苦的科学研究和探索分不开的，我们希望通过我们的努力能够为马克思主义经济学的发展和创新做出新的贡献。

本书各章写作分工如下：前言、导论由何自力执笔；第一章由张俊山、刘凤义执笔；第二章、第三章由张俊山执笔；第四章由刘凤义执笔；第五章由宁光杰执笔；第六章由孙寿涛执笔；第七章由阎维洁执笔；第八章由李宝伟执笔；第九章由杨晓玲执笔；第十章由冯新舟执笔；第十一章由乔晓楠执笔；第十二章由姜磊执笔；第十三章由何自力执笔；第十四章由乔晓楠、杨志强执笔；第十五章由乔晓楠、冯新舟执笔。

本书为教育部人文社会科学重点研究基地重大研究项目（07JJD790139）"马克思主义政治经济学的创新及其在我国的主流地位研究"的最终研究成果，在此对教育部人文社会科学重点研究基地南开大学政治经济学研究中心所提供的研究资助表示诚挚的感谢，没有该中心的资助，本书是不可能完成并得以出版的。在本书的编辑和出版过程中，经济管理出版社编辑王光艳女士给予了大力支持和帮助，在此对王光艳女士表示衷心的感谢。

何自力

2010 年 8 月于南开

目　录

导　论

自 18 世纪 70 年代亚当·斯密为代表的古典经济学形成以来，经济学的发展主要是沿着两条路径推进的：一条路径是在西方主要资本主义国家占主流地位的经济学，即通常所谓的"西方经济学"；另一条路径是在批判地吸收古典经济学的科学成分的基础上创新和发展所形成的马克思主义经济学，即"政治经济学"。马克思主义经济学自创立到现在已经过去一百多年了，这期间，马克思主义经济学通过对现实社会经济运动过程的深入分析和研究及对形形色色的经济思想流派和理论的批判和吸收而得到丰富和发展，形成了完整科学的理论体系，牢固地确立了自己在经济科学王国的不可替代的地位。与西方经济学相比，马克思主义经济学是科学的经济分析体系，这种科学性是与马克思主义经济学的独特品质分不开的。马克思主义经济学是阶级性、实践性、历史性和价值导向性相统一的经济理论体系，深刻理解和认识马克思主义经济学的独特品质，对于坚持马克思主义立场、观点和方法，对于坚持马克思主义经济学的主体地位，对于推动马克思主义经济学的发展和创新，都具有十分重要的意义。

一、马克思主义经济学的独特品质

1. 马克思主义经济学具有鲜明的阶级性

阶级性是马克思主义经济学的重要品质。马克思主义经济学的阶级性是批判性和革命性的统一。

马克思主义经济学的批判性不是指马克思主义经济学把自己当做评判经济理论和经济政策正确与否的唯一尺度，而是强调马克思主义经济学把揭示社会经济关系的内在矛盾和社会经济发展的内在规律作为自己的根本任务。马克思主义经济学肯定社会经济形态和社会内部结构的不断变化和运动，否定静止和永恒的所谓理想天国的存在；它代表生产力的发展方向，强调劳动在人类社会存在和变革过程中的主导地位；它强调无产阶级在变革资本主义制度中的主力军作用，否定资本主义制度的永恒性。

在历史上，所有的非马克思主义经济学，特别是资产阶级经济学，本来是为资产阶级的利益服务的，却往往把自己打扮成超脱于阶级利益纷争之外的纯经济学，自诩为最为客观公正地开展经济学研究的经济学。从资产阶级经济学的发展历史可以看出，他们一贯把资本主义社会看做永恒的社会形态，把资本主义私有制经济秩序看做最合理的经济秩序，把资本主义条件下金钱至上的价值追求视为最高追求，把资本支配劳动这一资本主义社会最普遍的剥削关系视为不言而喻和理所当然，把资本主义条件下资本受剩余价值规律驱使不顾一切地追求高额利润的行为视为人的本性，把自由竞争和自由放任视为最完美的经济运行方式。对资本主义制度的这些认识使资产阶级经济学丧失了起码的批判精神，经济学的社会认知和分析批评功能完全退化了，沦为一种纯粹的辩护工具。

马克思主义经济学运用辩证唯物主义和历史唯物主义方法分析人类社会形态变迁的内在规律，在肯定人类社会各种社会形态存在的历史必然性的同时，揭示了其历史暂时性，这体现了马克思主义经济学鲜明的批判精神。例如，商品、价值、货币、资本等经济范畴在许多社会形态都存在，历史上的经济学往往把它们单纯地看做一般的经济范畴。马克思主义经济学则通过对私有制和社会分工存在条件下劳动的特殊社会性质的分析，指出价值和商品不是永恒范畴，而是劳动和劳动产品在私有制和社会分工条件下采取的特殊实现形式。认识了商品和价值的本质，就能够深刻理解商品经济和市场经济的特点及其存在和发展的经济和社会条件，就能够深刻了解商品经济和市场经济的运动规律。在传统经济学里，货币和资本在形式上没有什么区别，认为它们都是市场经济的一般形式，但是，马克思主义经济学通过区分劳动和劳动力，指出劳动力是一种特殊商品，如果货币购买一般商品，它仍然是货币，如果货币购买劳动力商品，那就不再是货币，而是变成了资本，在这里，资本成为资本家剥削雇佣劳动者的社会关系的具体体现，成为一种历史范畴。揭示资本的社会性质具有十分重要的理论意义，资本的社会性质意味着资本是通过支配和剥削雇佣劳动而实现增值的，这就既揭示了资本不断扩大自身规模的源泉，又揭示了资本扩张的最终限制；既揭示了资本存在的社会条件，又指出了资本"创造性毁灭"的历史归宿。对资本本质的这种界定，是马克思主义经济学批判性的集中体现，没有这样的批判精神，是根本不可能深刻理解资本的。在社会主义市场经济条件下，市场机制对资源配置发挥着基础性调节作用，根据马克思主义政治经济学的基本原理，这种调节作用具有两重性，它能够自发地将资源配置到国民经济各个部门，却不能自动实现各个部门的按比例发展，配置过剩或配置不足是常态；它使生产要素参与分配成为可能，保证了拥有各种生产要素的人们都可以各得其所，但是由于人们拥有的生产要素的形式不同，生产要素的占有量也存在巨大差异，这就导致人们在收入水平上存在很大差别，客观上造成收入分配的两极分化；它有助于激发技术进步和创新，但结果却是机器替代劳动，使就业压力增大。市场机制不能自动解决经济失衡，不能自动实现分配公平，也不能自动提高就业水平，这是市场机制的功能性缺陷。马克思主义经济学对市场机制功能的批判性认知无疑是非常科学的。基于这一认识，马克思主义经济学认为，在社会主义市场经济条件下必须用非市场的方式来弥补市场机制的缺陷，如运用行政的和法律的手段克服经济运行中的产能过剩或不足；通过特殊的制度安排在国民收入初次分配中体现公平；在发展高新科技产业的同时，运用法律的和行政的手段保护和发展劳动密集型产业，以创造更多的就业机会。马克思主义经济学的批判性使马克思主义经济学成为社会认知的科学手段，也使马克思主义经济学在人们认识社会和改造社会，征服自然和改造自然的社会生产实践中发挥重要的理论指导作用。

马克思主义经济学的革命性意味着它是代表无产阶级利益的，为无产阶级推翻资本主义社会提供思想武器。马克思主义经济学通过对资本主义经济关系本质的分析，使无产阶级意识到自己的历史地位，从而使无产阶级由自在的阶级发展为自为的阶级，自觉组织起来为本阶级和人类的解放而奋斗。马克思指出，代表资产阶级利益的"政治经济学所研究的材料的特殊性质，把人心中最激烈、最卑鄙、最恶劣的感情，把代表私人利益的复仇女神召唤到战场上来反对自由的科学研究"①。马克思创立的政治经济学，公开主张和维护无产阶级利益，为无产阶级和全人类的解放事业服务。马克思通过创立劳动价值论，揭示了财富和价值的源泉是劳动，在此基础上建立的科学的剩余价值理论进一步揭示了被资本家占有的剩余价值的源泉是劳动者的剩余劳动，从而发现了资本主义剥削的秘密，由此找到资本主义社会的掘墓人，敲响了资本主义的丧钟。在社会主义市场经济条件下，马克思主义政治经济学的革命性则表现为它代表绝大多数人的最大利益，以实现全体社会成员的共同富裕为目标，把解决民生问题作为自己的首要任务，把使贫困人口脱贫致富作为重要研究课题，把为社会的弱势群体和边缘人群排忧解难，使他们过上幸福美好的生活作为自己义不容辞的责任。总之，马克思主义政治经济学的革命性要求政治经济学必须为我国全面建设小康社会做贡献，要为实现物质文明、精神文明、社会文明、政治文明和生态文明的一体化发展做出应有贡献。

2. 马克思主义经济学是实践的经济学

经济学的实践性，强调的是经济学的生命力的源泉和发展的动力。马克思主义经济学具有鲜明的实践性。

---

① 马克思：《资本论》第1卷，人民出版社2004年版，第10页。

首先，马克思主义经济学强调科学的经济学命题和观点不是来自人的观念，而是来自鲜活的生活实践，是人的社会生活实践在观念形态上的反映。理论是灰色的，实践之树常青。从事经济学研究不能闭门造车，不能凭空想像，经济学必须直面客观现实，回答现实生活提出的重大问题和热点问题，不回避尖锐问题，更不回避所谓的敏感问题。在纷繁复杂、矛盾交织的社会现实面前，经济学只有迎难而上，敢于和善于回答各类重大问题，为人们正确认识和把握社会经济生活的运动规律提供指导，才能具有强大的生命力。

其次，马克思主义经济学强调经济学的命题是否正确，是否有意义，不在于它是否合乎逻辑，或有多么精妙的表达形式，而在于它是否反映客观实践，是否经受得住实践的检验。作为一种富有实践特性的经济学，马克思主义经济学从不宣布自己掌握了永恒的真理，而是坚持一切从实际出发，实事求是，在实践中检验和发展真理。从马克思主义经济学的发展历史可以看出，马克思主义经济学不是一成不变的，而总是根据实践的发展和时代变化加以丰富和发展的。早在1892年《共产党宣言》德文版序言中马克思、恩格斯就指出，"这些原理的实际应用，正如《宣言》中所说的，随时随地都要以当时的历史条件为转移"①。马克思主义经济学的实践性表明，如果不顾历史条件和现实情况的变化，拘泥于特定历史条件下针对某种具体情况做出的某些个别论断，就会因为理论脱离实际而缺乏说服力和解释力。

再次，马克思主义经济学的实践性强调经济学必须不断创新。马克思主义经济学总是与时代的发展同步，总是伴随着实践的发展而发现新情况，提出新问题，通过理论创新而回答新问题，用创新的理论指导实践。这意味着，对于马克思主义经济学的科学价值的判断，不在于它曾经回答了什么问题，而在于它根据实践的变化，尊重和遵循客观规律，不断超越前人和自己的已有观点，不断提出新的反映客观经济规律的理论和观点。对于马克思主义经济学而言，实践没有止境，理论创新也永远没有止境。与时俱进，不断创新，是马克思主义经济学的生命力的根本来源。

马克思主义经济学的实践特征在马克思主义经济学对资本主义的发展实践的研究中得到了具体体现。马克思主义经济学对资本主义生产关系的研究揭示了资本主义产生、发展和灭亡的一般规律，但是在资本主义发展的不同阶段，其内在矛盾及矛盾的表现形式并不相同。一百多年前，马克思、恩格斯立足于资本主义发展的实际，着重揭示了自由竞争资本主义的经济运动规律和体制机制的特点。随着生产集中和资本集中的出现，列宁紧紧抓住垄断这一资本主义

---

① 《马克思恩格斯选集》第1卷，人民出版社1995年版，第248、249页。

发展实践的新特征，深刻分析了垄断资本主义的本质和特征，提出了垄断阶段资本主义发展的不平衡性和世界资本主义发展链条有可能在最薄弱环节断裂的论断，为经济发展相对落后国家夺取政权和在一国建成社会主义提供了理论工具。马克思主义中国化的成果——中国特色社会主义理论体系基于资本主义的当代发展实际，紧紧抓住经济全球化这一重大特征，在清醒认识当代经济全球化是发达资本主义国家主导的这一本质的同时，也深刻地认识到经济全球化是生产力高度社会化发展的必然结果，因此，一方面积极实施全方位扩大对外开放的战略，主动参与经济全球化条件下的国际分工和国际竞争；另一方面，认真采取措施应对发达资本主义国家主导的经济全球化存在的经济波动和经济危机，积极维护国家经济安全。毫无疑问，脱离了对资本主义发展实际的把握和认识，就不可能获得对资本主义发展和变化的正确理解和认识。

3. 马克思主义经济学是历史的经济学

经济学的历史性，强调的是经济学的时间特性和空间特征，它表明，经济学所描述的既不是脱离实际的空中楼阁，也不是虚幻迷离的海市蜃楼，而是由时间和空间所限定的客观而鲜活的现实生活，这样的经济学一定是历史过程和逻辑过程相统一的理论体系，正如马克思、恩格斯所说，"历史从哪里开始，思想进程也应当从哪里开始，而思想进程的进一步发展不过是历史过程在抽象的、理论上前后一贯的形式上的反映"①。作为具有鲜明历史感的科学，马克思主义经济学将社会经济形态的发展看做不以人的意志为转移的客观历史过程，其理论体系力图全面真实地反映这一客观的自然历史过程的内在规律性。在这里，社会经济的历史发展进程是理论逻辑的基础，理论逻辑则是社会历史进程在思维中的再现，所以，理论逻辑的进程与社会历史的发展进程实现了有机的统一。但是，经济学对历史的反映不是直接和简单的复制，理论逻辑是修正过的历史，它通过对历史事实的加工改造，抛弃了历史发展过程中的表面的、偶然性的因素，提炼并保留了历史发展进程中本质的、必然性的因素，抓住了历史发展的大方向和基本趋势，反映社会历史发展的客观规律性。

马克思主义经济学的历史性使其摆脱了形式主义的窠臼，始终把认识和揭示具体的、现实的社会经济发展过程的本质特征和内在必然性作为自己的首要任务。在马克思主义经济学的视野里，不存在抽象的人的需要，也不存在抽象的理想状态，从不在抽象的逻辑层面上讨论理论命题的真与伪，更不脱离实际去构建所谓"标准的"分析模型。西方经济学自亚当·斯密以来，一直以"经济人"假设作为经济生活中的当事人的统称，以与现实完全脱节的空洞假设作

---

① 《马克思恩格斯选集》第2卷，人民出版社1995年版，第43页。

为分析前提,凭空捏造出一个所谓的标准的经济运行"理想状态",然后拿它作尺度去度量现实,或者去解读现实。马克思主义经济学的抽象总是从具体中来,又还原到具体中去,从不玩让客观实际服从空洞假设的削足适履的游戏。

经济学的历史性源于客观经济过程及其运动规律的历史性,源于具体的时间和空间所构成的社会经济运动过程的特定历史条件和特殊历史环境,离开了对特定时空的经济现象的抽象分析,任何精巧的推理和演绎都只能得出荒谬的结论。建立在非历史性的抽象假设和脱离实际的逻辑演绎基础上的经济学注定会走向破产,而以这样的经济学为指导去理解和认识社会经济运动过程,甚至据此制定经济政策以影响社会经济过程,必然产生非常有害的后果。比如,按照传统的西方经济学的教条,资本主义市场经济是可以自动实现均衡发展的经济,经济波动是暂时的,人为的干预反倒会真正导致经济失衡和经济危机的发生。而经济生活的现实却反复告诉人们,拒绝和放弃对市场经济的自觉干预恰恰会导致严重的经济失衡甚至出现世界性经济危机。2007年由美国次贷危机所引发的全球金融危机就是最真实的写照。马克思主义经济学基于历史与逻辑相统一的研究方法,早就揭示了资本主义市场经济的内在矛盾以及由此引发经济危机的必然性。按照马克思主义经济学的观点,资本主义市场经济的发展过程本质上是一个矛盾不断深化的历史运动过程,资本家阶级据以追求和实现高额利润的手段。比如,资本积累、技术创新、制度创新等,从短期看,会为资本家阶级带来丰厚的利润;从长期看,它们却加快了生产高度社会化的进程,破坏了资本家阶级的生存基础,频繁引发经济衰退和经济危机,这又大大限制了资本家阶级的活动范围和获利水平。历史地看,资本主义经济危机的程度不是在减弱,而是在不断增强和加深,它是资本主义基本矛盾激化的表现,它意味着资本主义生产方式不具有可持续性。就对资本主义市场经济的运行机制和体制模式的本质及其发展趋势的认识而言,西方经济学与马克思主义经济学相比,谁是谁非,答案是不言而喻的。马克思主义经济学之所以比西方经济学能够更加清晰而准确地揭示资本主义市场经济的内在矛盾和历史暂时性,就是因为马克思主义经济学方法论具有突出的历史感。

4. 马克思主义经济学是价值理性导向的经济学

价值理性与工具理性是工业革命以来贯彻于自然科学和社会科学研究过程的两种性质不同的思维范式。与工具理性强调实用主义和功利考虑不同,价值理性特别强调人类活动动机的道德合理性和行动结果的应然性,注重道德判断和意义评价。由于合理性和应然性的判断和评价是以人为中心进行的,所以,如果社会科学研究以价值理性来导向,那么这种研究的展开必然要体现人文关怀。人文关怀实质上是一种对人生活在这个世界上的价值和意义的追问,是一种对人类生存状态的高度关切，是一种对人类社会的过去、现在和未来发展趋势的深刻关照，一句话，是一种对人类命运的严肃思考。人文关怀问题是社会科学的基本问题，社会科学的各个学科都要对之给出自己的答案。

经济学是价值理性导向的学问，注重合理性和应然性判断和评价是经济学方法论的本质特征，突出人文关怀是经济学的本质要求。人类的经济活动决定着人的物质利益，而物质利益的实现则是与人在物质资料生产过程中的地位和相互关系分不开的。经济学研究人类经济活动的规律性和制度安排，必须对事关人的物质利益和社会经济地位的诸多重大问题表现出高度的关切。比如，什么样的财富生产和分配方式最有利于增大人的物质利益；什么样的资源配置方式既能有效地提高资源配置效率，又能克服收入分配的两极分化而实现所有社会成员的共同富裕；人类如何摆脱对自然和社会关系的依赖而成为自由而全面发展的人；等等。经济学是研究以人为中心而展开的社会经济活动的规律性的学问，离开了对人的关注，离开了对人与人关系的研究，就背离了经济学研究的初衷。可以说，经济学研究以价值理性为导向，不是应该不应该的问题，而是其题中应有之义，不强调人文关怀，不以价值理性为导向，就不是真正意义上的经济学。

在人文关怀问题上，马克思主义经济学与非马克思主义经济学的区别是非常明显的。马克思主义经济学自始至终都把对人类的历史命运作为自己最为关注的核心研究课题。马克思主义经济学将人文关怀作为自己的核心关怀并贯彻在全部的经济学体系之中，逻辑严密，与历史的发展进程相统一。强调经济学的人文关怀或价值导向，决定了马克思主义经济学把对人们在社会物质生产过程中结成的生产关系作为研究对象，把揭示社会经济发展过程的内在规律和矛盾，探索解决矛盾的方法和手段作为研究的根本任务，也意味着马克思主义经济学必然要把不断推动生产力的解放和发展、消灭剥削、消除两极分化、实现共同富裕，作为自己的崇高目标。在马克思主义经济学看来，人文关怀的最高境界是人类真正实现了自由而全面的发展。在漫长的人类文明编年史上，人的本质，也就是劳动，是与人的存在自身相脱节的，人的劳动异化为人的对立面，成为支配和控制劳动者自己的异己力量。在马克思主义经济学体系中，通过创立劳动价值论，马克思揭示了劳动采取价值这一异化形式的社会条件及必然性，阐明了表现为价值规律的人与人的社会关系对生产者的支配和控制；在剩余价值理论中，马克思进一步阐明了剩余价值的源泉是劳动者的剩余劳动，揭示了货币转化为资本，劳动异化为雇佣劳动的内在逻辑，从而揭露了工人阶级遭受剥削和压迫的秘密。但是，劳动的异化，或者资本主义社会雇佣劳动者的被剥削和被压迫地位不是永恒的。基于剩余价值理论、资本积累理论，马克思深刻阐明了资本主义生产方式自我否定的内在必然性，指出雇佣劳动者必然随着生产社会化程度的不断提高而壮大成为有组织的阶级力量，并成为资本主义制度的掘墓人。随着资本主义被社会主义和共产主义所取代，无产阶级获得了自由而全面发展的条件，人类真正由必然王国进入自由王国。

在经济学的发展史上，古典经济学在对资本主义生产方式进行的最初研究中，包含着对人的经济利益的考虑，体现了一定的价值理性。古典经济学一方面出于为资产阶级利益辩护的考虑，掩盖商品价值的真正源泉；另一方面则从劳动创造价值的科学分析中，正确地指出了资本和劳动关系的对立性，这使其经济学具有了一定的科学成分。但是，随着资本主义生产关系内在矛盾的深化，为资本家阶级的利益进行辩护的研究代替了对资本主义经济关系的本质的科学分析，价值理性分析逐渐淡出资产阶级经济学家的视野，而工具理性的分析方法则占据了主导地位。资产阶级经济学广泛利用边际分析、均衡分析、心理分析等研究方法进行经济分析，重点不再是应然分析，而是实然分析。资产阶级经济学把数学分析方法作为经济学的基本分析方法加以推崇，把经济学当做一门自然科学来看待，其结果是经济学只对社会经济现象做出客观描述，而不给出任何有意义的价值判断，使经济学丧失了应有的价值判断和批评功能。目前，西方主流经济学对工具理性的盲目崇尚和对价值理性的轻视已经发展到了十分严重的程度，越来越教条化，越来越脱离实际，经济学已经演变成空洞无物的数学游戏。

二、必须旗帜鲜明地坚持马克思主义经济学的主流地位

马克思主义经济学的特殊品质决定了它是科学的经济学，因此，必须坚持马克思主义经济学的主流地位，坚持马克思主义经济学对我国社会主义现代化建设和改革开放事业的重要指导作用。

在过去比较长的一个时期里，马克思主义经济学一直是指导我国社会主义经济建设的基本的经济理论，尤其是对中国的经济改革提供了最为重要的理论支持。中国的经济改革，就其实质而言，是在坚持社会主义方向的前提下对社会主义生产关系中不适合生产力发展要求的个别环节进行调整的改革，是社会主义的自我完善。由这个性质所决定，中国的经济改革有两个基本特点，一是坚持社会主义方向不动摇；二是探索并建立社会主义市场经济体制。这两个基本点同时也就规定了政治经济学的任务，一是从理论上阐明中国特色社会主义的基本特点和主要任务，为建设中国特色社会主义提供理论指导；二是从理论上揭示社会主义市场经济的基本特点和运行机制，为实现由计划经济向社会主义市场经济的顺利转轨提供理论指导。应该说，改革开放三十多年来，马克思

主义经济学研究工作者围绕这两个重要任务做了大量的研究工作，提出了许多富有创新性的研究成果，为我国的改革开放和经济发展提供了重要的理论指导，中国改革开放以来经济发展取了得令世人注目的成就，这与坚持马克思主义经济学的主流地位是分不开的。

在马克思主义经济学发挥对我国社会主义经济建设和改革开放指导作用的同时，西方经济学的地位也在悄然变化着，这个变化与建立社会主义市场经济体制有密切关系。随着建立社会主义市场经济体制作为中国经济改革的目标被确定下来，探索指导建立该体制的经济理论被提到日程上来。西方经济学是反映资本主义市场经济的运行机制和规律性的经济理论，其中包含对市场经济一般化和社会化大生产运动规律的理论和观点，吸收和借鉴西方经济学的合理成分对建设社会主义市场经济体制具有一定的现实意义。然而，在西方经济学的地位开始变化的同时，由于西方新自由主义思潮的泛滥。由于向市场经济转轨过程中各种矛盾的突现，更是由于在引进和吸收西方经济学过程中的非科学和非分析的拿来主义态度，一股全盘否定马克思主义经济学的思潮开始泛滥。这股思潮曲解马克思主义经济学，认为马克思主义经济学是"革命的经济学"而非"建设的经济学"；马克思主义经济学研究的是早期的资本主义，其理论与现实已经根本不符；马克思主义经济学只是图解经济政策的工具，而非"现代经济学"或者"标准的经济学"；等等。受这种思潮的影响，一些人否定马克思主义经济学的主流地位，主张用西方经济学对中国的经济学教育和教学进行全面改造，学生要接受所谓的现代经济学的训练，老师要接受现代经济学的再学习，整个经济学教育体制要完全西方化，美其名曰"与国际接轨"。有些人即使不主张全盘否定马克思主义经济学，但是，却主张西方经济学与马克思主义经济学共同发展，不分主次。围绕马克思主义经济学与西方经济学而展开的争论，提出了一个非常现实的问题，这就是：是马克思主义经济学还是西方经济学在我国社会主义现代化建设和改革开放伟大事业中发挥主导作用？

前面的分析已经表明，马克思主义经济学与西方经济学在本质上是完全不同的两种经济学，这主要表现在三个方面：

其一，这两种经济学的哲学方法论基础存在矛盾性。马克思主义经济学的方法论是辩证唯物主义和历史唯物主义，经济学思维具有鲜明的辩证性和历史感，而西方经济学的方法论是个体主义和主观主义，其经济学思维具有突出的直线性和静止性。这种方法论的差别使它们对大量的经济现象和经济问题的观察和解释都呈现出极大的差异，甚至矛盾。例如，在经济学的基本假设、基本经济制度的结构与实现形式、经济发展与社会进步的关系、政治与经济的关系、公平与效率的关系、市场调节与政府干预的关系等一系列重大问题上，两种经济学的认识是根本分歧的。

其二，马克思主义经济学强调经济学的意识形态属性和批判功能，主张不断的变革和创新，西方经济学则强调经济学的无阶级性和非意识形态功能，主张对研究对象只进行不含价值判断的客观描述和实证分析，尤其是数学模型分析。

其三，马克思主义经济学中国化的理论成果是马克思主义经济学的重要组成部分，它们是马克思主义基本原理与中国实际相结合的产物，诸如社会主义初级阶段理论；社会主义本质理论；社会主义基本经济制度理论；社会主义分配理论；社会主义市场经济理论等。这些重大理论创新成果对中国特色社会主义道路的形成和中国特色社会主义经济建设已经和正在发挥着决定性的指导作用。西方经济学则是关于发达资本主义国家实行的自由市场经济及与之相适应的意识形态的理论反映，自 20 世纪 70 年代以来，西方经济学深受新自由主义的影响，大力宣扬市场化、私有化和自由化等在稳定经济和实现经济转轨方面的"神奇"功能，把自由竞争和自动均衡的传统观念教条化；极力宣扬不干预的市场就是最好的市场，抹黑国家对经济的必要干预和调控；无视财富占有严重的两极分化在世界范围的蔓延，极力诟病国际社会改变旧的国际经济格局，构建国际经济新秩序的努力，鼓吹全球化就等于全球繁荣。现在活生生的现实已使这些论调破产并沦为笑柄。显然，西方经济学方法论和基本理论存在严重缺陷，那种简单地和不加分析地将马克思主义经济学与西方经济学同等对待，甚至用西方经济学取代马克思主义经济学作为我国社会主义现代化建设和改革开放的指导理论的主张是完全错误和不负责任的。

马克思主义经济学在我国社会主义现代化建设和改革开放的伟大事业中发挥主导作用，这是由中国国情所决定的。中国是由中国共产党领导、坚持走社会主义道路的社会主义国家，中国社会主义经济制度的发展和完善，社会主义经济建设和改革开放大业的推进，只能靠有中国特色的社会主义经济理论，即中国化马克思主义经济学来指导。西方经济学不可能向我们提供什么是社会主义，如何建设社会主义的理论，西方经济学也不可能提供解决社会主义市场经济发育过程中新出现的各种问题的灵丹妙药。走社会主义道路是中国人民的选择，具有历史必然性。既然中国走在这条道路上，那么马克思主义经济学就必须而且必然要占据主导地位，西方经济学对于中国的经济改革和对外开放以及现代化建设的指导作用只能是辅助的、次要的，绝不能喧宾夺主。任何企图用西方经济学取代马克思主义经济学的主张都是错误的，都会误国误民。

毫无疑问，要坚持马克思主义经济学在中国社会主义现代化建设和改革开放中的主导作用，一方面，必须坚定不移地坚持和运用马克思主义经济学的立场、观点和方法；另一方面，必须进一步加强马克思主义经济学自身的创新。

实现马克思主义经济学的发展和创新，关键是把握其发展的基本趋势，致力于推进改革创新。从我国经济社会发展的需求和学科的发展规律看，马克思主义经济学能否繁荣发展取决于三个因素：一是能否继承和发展马克思主义经济学的基本原理和方法；二是能否借鉴和汲取人类一切文明成果包括西方经济学中的科学成分；三是能否解释我国生动活泼的经济社会实践，为现代化建设提供理论支持和服务，这是最根本的一点。这三点既体现了马克思主义经济学学科发展的基本趋势，也是马克思主义经济学改革创新的基本方向（逄锦聚，2009）。

三、马克思主义经济学的发展与创新探索

本书由十五章组成，各章分别从不同的角度对马克思主义经济学的发展和创新进行了探索。

第一章对马克思主义政治经济学的研究对象和方法进行了新的探索。学术界围绕马克思主义政治经济学研究对象究竟是生产关系还是生产方式进行着争论，我们认为马克思主义政治经济学的研究对象是社会生产关系，以生产关系为研究对象的目的是为了全面具体地揭示经济规律。政治经济学研究生产关系不意味着不研究生产力或资源配置，政治经济学恰恰是从生产关系入手来揭示生产力发展运动的规律性，说明资源的一定配置方式和配置过程背后的根本原因。马克思主义经济学与西方经济学是建立在完全不同的经济世界观基础上的两种理论体系，两种经济学关于假设方法的运用、关于实证方法与规范方法的运用等都存在本质区别。应当深刻领会和理解马克思主义经济学中蕴涵的思想方法，不要把政治经济学附庸到西方经济学的体系和观点上去"发展"它，要运用马克思主义经济学的科学思想方法研究当代资本主义出现的新情况，科学回答社会主义发展中提出的新问题，推动马克思主义经济学的发展和创新。

第二章着重对马克思主义的价值理论进行了新的探索。按照价值的本质、价值实体、价值形式与货币、剩余价值的现实形态及其发展、虚拟资本的形成及其膨胀、最终达到资本对劳动全面控制这一顺序，全面系统地阐述了马克思主义价值理论的内容。在此过程中，按照资本主义生产关系自身的发展逻辑，运用辩证唯物主义和历史唯物主义的方法，说明了资本主义剩余价值生产是如何使价值从社会物质财富的代表转变为社会表面运动着的没有物质财富基础的虚假财富形态。本章阐述了马克思主义价值理论的思想方法，从方法论上指出了庸俗经济学价值理论的错误，并分析了这些错误价值理论在当代的种种表现形式，分析了在劳动价值论的发展上出现的种种思想偏差。本章运用马克思主义的唯物主义方法深入分析了科学研究、技术开发在社会物质生产中的地位作用，分析了它们的作用在商品经济条件下对企业利润的影响及影响机制，从而

准确地说明了科技劳动特有的性质以及科技或科技劳动创造价值的假象形成的原因，准确地说明了在市场经济中，由于科技对生产的影响，从而科技成为资本控制的对象，被用来作为攫取剩余价值的工具。

第三章着重阐述和探索马克思主义政治经济学的分配理论。通过概述马克思时代其他经济理论中关于收入分配的三种观点，对比说明马克思主义的分配理论的独特之处。马克思主义的分配理论是建立在对社会生产关系的分析基础之上的，分配关系是社会生产关系中的一个组成部分，它是由直接生产过程中的生产关系所决定，反映直接生产过程中各阶级地位的社会经济关系。马克思认为，产品的分配是由生产条件的分配所决定的，生产条件的分配决定了各阶级在生产中的地位，这种地位决定了他们占有社会产品的形式和份额。本章全面系统地叙述了马克思主义分配理论的要点，说明了在资本主义生产关系下工资、产业利润、商业利润、利息、地租等收入形式的形成依据以及数量规定性；说明了由工人所创造的财富的价值形式，是如何在资本主义生产关系的作用下，形成了运动于资本主义社会表面的收入形式。本章专门分析了社会表面的收入形式所带来的假象，揭示了用理论化的语言描述这些假象的"三位一体公式"与现代西方经济理论的联系，分析了 20 世纪资本主义"福利国家"所反映的分配关系变动及其原因。

第四章对马克思主义企业理论及其方法论特征进行了系统分析。认为，马克思主义企业理论的主要内容包括：在特定的经济关系中定义企业内涵；从资本统治下的分工与协作关系中揭示企业起源；通过对不同分工形式的区分揭示企业与市场的关系；科学区分劳动与劳动力来破译契约关系的经济实质；在生产过程的考察中分析企业内部治理关系。与西方企业理论相比，马克思主义企业理论的研究更具本质性和深刻性。本章认为马克思主义企业理论的方法论特征表现为三个方面：第一，以唯物史观作为企业理论研究的方法论基石，这与新制度学派企业理论从唯心史观出发对企业理论进行研究有着本质区别。第二，马克思主义企业理论研究的出发点是处于"一定经济关系"中现实的、历史的人，而新制度学派企业理论则是从抽象的"经济人"假设出发开研究的。第三，马克思主义企业理论运用系统发展观，在生产和交换有机结合中研究企业问题，而新制度学派企业理论仅仅在交换领域研究企业问题。

第五章对马克思主义经济学的就业理论进行了回顾和总结。认为在资本积累的过程中，资本为了获得高额利润，不断提高资本有机构成，从而使劳动力相对于资本增值需要出现过剩，技术变化带来的就业补偿是不充分的，因而相对过剩人口会长期存在。工资变化、劳动力市场分割等都对失业产生影响，但它们不是决定性力量。此外，还分析了周期性失业、自然失业率和经济全球化背景下的失业，认为它们都受资本积累的制度结构的影响。马克思经济学的产业后备军理论说明失业是资本主义经济发展的必然结果，它会长期存在，并对资本积累起着蓄水池的作用，第二次世界大战后各国失业的实际情况证实了这一点。资本主义国家采取的就业政策往往局限于劳动力市场运行方面的调整，虽然在一定程度上能够缓解就业压力，但不能从根本上解决问题。受社会体制和劳动者个人因素的影响，并非每个劳动者都能获得工作岗位，劳动者的权益也不能得到充分的保障，完全依靠市场机制不能实现充分就业。社会主义国家的政府应采取适当的政策来保证有工作需要的劳动者都能够得到就业机会，为此，要转变经济发展方式，落实科学发展观，走新型工业化道路以带动就业的增长；要将失业作为一个系统工程，综合治理；要以人为本，协调劳动关系，实现劳动重组以保障就业。

第六章对资本主义条件下的劳资关系进行了系统分析。首先对劳动关系和劳资关系两个概念进行了辨析，认为劳动关系和劳资关系是一般和个别的关系：劳动关系是建立在人与物的关系基础上的、人们在社会劳动过程中相互之间必然产生的社会生产关系，是任何社会生产关系的重要组成部分。在资本主义社会生产关系体系中，作为劳动的社会形式的劳动关系，就是资本主义的劳资关系。在资本主义社会，劳资关系和劳动关系又是本质和现象的关系，劳资关系是资本主义社会的根本阶级关系，即资本家阶级与雇佣劳动者阶级之间的矛盾关系，而包括劳动关系在内的其他各种说法，如西方主流的"工业关系/产业关系"和日本的"劳资关系"等，则是着眼于现象，甚至是弱化乃至掩盖劳资之间本质关系的"替代话语"。在梳理马克思主义劳资关系理论的基础上，介绍了马克思主义劳动关系理论的新发展，即20世纪的马克思主义经济学派的劳资关系理论，认为它们主要包括法国的调节学派、美国的社会积累结构学派和意大利的"自主论马克思主义"的研究。围绕"劳资关系型式"概念，对发达资本主义国家劳资关系的历史演变进行深入考察，将20世纪发达资本主义国家劳资关系的变迁历史概括为三种不同的"劳资关系型式"的更替过程，即第二次世界大战前的"冲突型"劳资关系型式、第二次世界大战后至70年代的"协调型"劳资关系型式和70年代以来的"离斥型"劳资关系型式，揭示了第二次世界大战以来发达资本主义国家劳工运动及工人力量的演变趋势，指出以美国为代表的发达国家的劳工力量在第二次世界大战前趋于上升，第二次世界大战后则转为缓慢下降，70年代至今则急剧衰落。

第七章对马克思主义技术进步理论进行了梳理和分析。认为马克思主义经济学是在第一次科技革命的背景下产生的，这就注定了技术进步在马克思主义经济学中占有非常重要的地位。马克思主义技术进步理论认为，在资本主义条件下，雇佣劳动是技术进步的主体——科技劳动成为一种独立的职业，科学技术有力地促进了生产力的发展和生产关系的变革，但是其异化及其他消极作用也越来越明显。科学技术成为第一生产力，主要是通过不断提高劳动者素质、发明新的劳动资料、扩大劳动资料的范围实现的。科技劳动作为一种特殊的劳动而创造价值，通过对劳动生产率的作用而影响商品价值量的变化，这种劳动既包括与过程创新的相关的劳动，也包括与产品创新的劳动。科技劳动的剩余劳动，无论是企业内的研发活动，还是一种独立的职业，都是剩余价值的来源。作为剩余价值资本化的资本积累与技术进步也有着不可分割的联系。技术进步通过对剩余价值中积累的比率、剩余价值率以及预付资本的总量、资本有机构成的变化加速资本积累。在资本积累过程中，技术进步既因劳动生产率的提高而增加相对过剩人口，也因新产业的出现而减少相对过剩人口。反过来，资本积累也为技术进步提供了需求方向与物质保障。

第八章着重对马克思主义信用经济与虚拟资本理论进行深入探索。首先对马克思关于虚拟资本的基本理论和观点进行了梳理和分析，进而对马克思关于信用深化与虚拟资本深化发展的内在联系进行了系统研究，在此基础上分析了20世纪80年代以来发达国家虚拟资本的发展及影响。20世纪80年代以来金融创新从制度到产品都达到了高度复杂的状态。本章认为，以新古典经济理论为基础的现代西方金融理论主张的高度金融自由化并没有使发达国家经济和金融市场以及国际金融市场走向均衡和稳定，相反，却引发了全球范围的金融危机和经济衰退。马克思主义经济学的虚拟资本和信用理论深刻揭示了资本主义发展的内在矛盾，进而揭露了现代金融危机的根本原因。本章认为，西方发达国家在20世纪80年代推行金融自由化，使股票、债券和外汇交易市场迅速扩大，虚拟资本极度膨胀并与实体经济相脱节，结果造成发达国家经济严重失衡。美国次贷危机引发的全球金融危机只是资本主义经济危机的表象，其更深层面的原因仍然是马克思早就揭示的资本主义基本矛盾。

第九章着重对马克思主义垄断和竞争理论进行了新的分析和探索。马克思通过对自由竞争资本主义内在矛盾和运动规律的分析，揭示了资本主义经济运动的一般规律和基本特征，但是，自由竞争只是资本主义经济运行的形态之一，随着生产社会化程度的进一步提高，自由竞争必然导致垄断的出现，垄断成为资本主义经济发展新阶段的本质特征。列宁对垄断资本主义的分析为垄断和竞争理论奠定了基础。列宁所处时代资本主义垄断的条件是生产集中和资本集中，垄断的表现是资本家凭借庞大的生产规模和产量对产品产量和市场价格进行控制，规模垄断是垄断的基本形式。20世纪中后期，科技革命对资本主义经济发展的影响不断扩大，资本主义企业越来越依靠技术创新来获取竞争优势，以至于企业凭借对新技术的垄断性占有就可以获得垄断地位，这意味着资本主义的产业组织关系发生了新的变化，即垄断资本主义经济开始由规模垄断主导的市场结构向技术垄断主导的市场结构转变。20 世纪 80 年代，这一新型的垄断关系走向成熟。在规模垄断的条件下技术和产品的市场优势是打破市场垄断，战胜对手的利器。在技术垄断条件下，垄断企业创新动力增强，在资本和技术密集的产业领域形成了垄断竞争和寡头垄断的市场结构，垄断企业在现代技术的创新中发挥了主体作用。

第十章对马克思主义国家理论进行了系统分析和探讨。从国家起源与本质、国家类型与作用、市民社会与国家、国家职能与异化、国家与意识形态、国家消亡理论六个方面对马克思主义的国家理论进行了系统分析。按照马克思的国家理论，国家在本质上是阶级统治的政治形式，是平衡社会各个阶级不同利益的工具，不同类型的国家代表不同的阶级利益，为各自的经济基础服务。国家具有政治统治与公共事务管理双重基本职能，而在现实社会中，国家职能往往因为统治阶级追求自身利益而被异化。意识形态总是以社会全体成员的共同意识的面目出现，总是充当社会成员的普遍思维方式和行为准则，它反映一定阶级的根本利益，为一定的经济基础服务。国家必将消亡，但国家消亡是一个漫长的过程。在经济全球化条件下，民族国家之间经济、政治和文化等方面的联系日益密切，与此同时，各国开始面临大量共同问题，如环境污染、生态恶化、气候变暖、资源枯竭、贫富悬殊加剧等，这在客观上要求调整和改变民族国家的传统形态及其职能，建立超国家的机构和制度安排以适应变化了的情况。但是，目前，民族国家赖以存在的经济和社会条件还没有消失，不同民族国家的经济和社会发展水平存在很大差异，马克思所揭示的国家的性质和职能依然没有发生根本变化。

第十一章对马克思主义制度变迁与经济转型理论进行了探索。对比分析了新制度经济学与马克思主义经济学关于研究制度的出发点、制度的本质、制度变迁的机制、制度变迁中的路径依赖与锁定以及经济转型等方面的观点，指出新制度经济学在研究某一项具体的规则、契约、法律或者习俗方面具有显著的理论解释力。可是，一旦将研究视角转向社会整体制度的时候，就会显得力不从心，而这恰恰是马克思主义经济学的优势所在。从新制度经济学和马克思主义经济学对于转型实践的研究来看，"大转型"的研究思路已经越发清晰，显示了经典作家理论的巨大解释力和强大生命力。马克思主义制度分析框架是对长期制度变革的最有力的论述，在推进中国社会经济全面转型的改革进程中，马克思主义经济学依然是必须坚持和运用的重要理论工具。

第十二章深入探讨了马克思主义的现代化理论。马克思主义现代化理论站在彻底的历史唯物主义的立场上，科学概括和预测了人类社会的现代化进程，揭示了人类社会现代化进程中的演变规律，并具体分析了后起国家现代化的特殊进程。古典的市民社会理论、西欧的政治革命和产业革命、德国古典哲学为马克思主义现代化理论的产生提供了历史条件。马克思主义现代化理论认为，现代化启动的前提是现代民族国家的形成，现代化的历史起点是工业革命，现代化的根本动力是生产力与生产关系的矛盾运动，现代化的实质是生产力呈"指数级"增长，世界现代化发展的最终逻辑结果是社会主义。马克思主义现代化理论的方法论特征是：注重物质生产发展同人的全面发展的统一；强调现代化进程的普遍性与特殊性的有机统一；以唯物史观为指导，坚持科学原则与价值原则的有机统一。中国共产党把马克思主义现代化理论同中国的具体实际结合起来，探索符合中国国情的社会主义现代化道路，丰富和发展了马克思主义的现代化理论，有力地推动了中国的现代化进程。

第十三章着重对马克思主义经济全球化理论进行了探索。按照马克思主义的观点，经济的全球化是与资本主义生产方式在全球的扩展相伴随的。经济的全球化是资本主义生产方式运动和发展的必然产物。第一次产业革命启动了经济全球化进程，第二次产业革命推动了经济全球化进程，20世纪80年代开始，随着第三次产业革命的发生、市场经济成为各国共同的选择以及跨国公司的大力发展，经济全球化成为一个世界性潮流。经济全球化使各国之间的联系日益密切，各国相互合作不断加强，从而推动了世界经济的发展。同时，经济全球化也存在内在的矛盾，即"数字鸿沟"出现，新经济与旧经济脱节，世界经济呈现结构性失衡；经济增长忽视社会进步，环境退化与经济全球化同步；国家内部和国际社会都出现了不同程度的治理危机；经济全球化使国家经济主权受到一定程度的冲击；经济全球化使经济危机成为全球性危机。经济全球化标志着资本主义进入全球垄断资本主义阶段，其基本特征是：以全球范围而非民族国家为边界组织资本主义生产；民族国家的资本主义基本矛盾有了新的表现形式；资本主义民族国家的贫富差别具有了全球化特点；资源配置机制趋同，基于民族国家的制度多样性渐趋淡化；区域经济一体化成为民族国家与全球经济之间的联系纽带；全球性经济协调机制的构建迫在眉睫。在经济全球化形成过程中形成的国际经济秩序是有利于发达资本主义国家的，已经不利于经济全球化条件下新问题和新矛盾的解决，必须构建体现平等互利、互助合作原则的国际经济新秩序并改革国际经济协调机制和体制，实现所有国家和平发展，互利"共赢"的发展目标。

第十四章对生态马克思主义理论进行了分析和探索。生态马克思主义秉承了马克思的分析方法和逻辑思路，重新发掘了马克思主义对解决全球化背景下生态危机的理论意义，分析了资本主义生态危机产生的原因，探讨了解决资本主义生态危机的路径选择问题以及未来社会可持续的发展模式等问题，构成了较为全面的生态马克思主义的理论体系。生态马克思主义理论分别从资本主义制度的本性、资本扩张的逻辑、资本主义生产方式的特点等方面揭示了资本主义制度的反生态本性以及生态危机发生的必然性和不可逆转性，在此基础上提出解决生态危机的根本出路在于变革资本主义制度、改变资本的全球权力关系、树立新的环境道德价值观等。生态马克思主义认为，资本主义制度内含着物质新陈代谢关系的断裂，其实质是资本主义生产条件下自然和社会关系的异化，后果就是生态危机的产生。异化消费与虚假消费的存在是资本主义生态危机产生原因在消费领域的具体表象，异化消费与虚假消费在资本主义生产方式中最终会导致生态危机并强化生态危机的发生，而消除生态危机的手段就是改造资本主义生产方式使其不再异化。要从根本上治理生态危机，就必须对生产关系进行革命，即实现社会主义对资本主义的替代。发达资本主义国家在应对全球气候变暖问题上与发展中国家讨价还价，试图推卸历史欠账，转嫁减排责任，同时利用减排问题对发展中国家实施贸易保护主义，因此，在全球范围内建立统一协调、责任共担的减排机制以克服生态危机依然任重道远。

　　第十五章对马克思主义经济危机理论进行了系统分析和研究。从经济危机的一般可能性、经济运行的连续性、经济危机的本质和根源、信用与经济危机的关系、周期性与经济危机的关系五个方面对马克思的经济危机理论进行了分析。马克思经济危机理论从资本主义基本矛盾的分析入手，探讨了资本主义生产关系对生产力发展的限制；经济危机的可能性和现实性；经济危机周期性的物质基础；各种比例关系失衡与连续关系中断的动因；资本积累、资本有机构成提高和利润率下降对资本主义经济危机的影响；竞争、信用等对危机的影响。在此基础上，马克思揭示了危机的本质是生产的相对过剩，是资本主义经济关系一切矛盾的集中体现。马克思经济危机理论诞生后，针对世界经济中涌现出来的新情况、新问题，国外许多学者对马克思经济危机理论进行了发展与创新，提出了诸多独具特色的经济危机理论。例如，消费不足危机理论、利润挤压论、资本有机构成提高论、国家财政危机理论、生态经济危机理论、历史阶段论、过度积累和危机理论、基于全球资本主义竞争的危机理论等，这些理论进一步充实和完善了马克思主义经济危机理论，使其适应不断变化的现实并显示出强大的解释力。

第一章 马克思主义经济学的研究
对象和方法

对马克思主义政治经济学研究对象和方法的理解，是学习和研究政治经济学首先面对的基本问题。对于这些最基本的问题在理论界始终存在一些争议。目前，对马克思主义政治经济学研究对象的争论主要集中在这一学科究竟是研究生产关系还是生产方式、研究生产关系与研究资源配置是什么关系等问题上。对马克思主义经济学方法论的争论涉及其方法论的核心究竟是什么，马克思主义经济学有没有假设、如何运用假设；马克思主义经济学是规范经济学还是实证经济学；等等。本章将结合当前讨论的这些问题，提出我们的理解和看法。

第一节 马克思主义经济学的研究对象

经济学的研究对象是建立在人们对经济领域事物与现象总体认识和深入分析基础之上的，对研究对象的正确把握决定着由此建立的整个理论体系的科学性。马克思主义政治经济学把社会生产关系作为自己的研究对象，这是以辩证唯物主义和历史唯物主义世界观、方法论为指导，在对经济事物和经济过程全面分析的基础上得出的结论。当前，在研究对象问题上，人们经常用西方经济学的资源配置研究来质疑政治经济学对社会生产关系的研究，为此，我们需要深入理解社会生产关系研究对解剖经济机体及其运动规律的意义，理解在经济实践中资源配置过程与结果是如何受社会生产关系运动规律制约的。

一、马克思、恩格斯关于政治经济学研究对象的论述

对于政治经济学的研究基本内容和范围，恩格斯曾提出以下具有很强的包容性的定义。恩格斯说："政治经济学，从最广的意义上说，是研究人类社会中

支配物质生活资料的生产和交换的规律的科学。"[①] 作为基本经济理论，马克思主义政治经济学和西方经济学所直接面对的都是同一的客观事实，即生产与交换的规律。然而面对这些同一的客观事实，不同的理论体系由于世界观、方法论的区别，对于什么是这一领域要致力解决的重要、关键问题，看法是不一样的。因此，马克思主义政治经济学与西方经济学并不是两门不同的学科，而是在不同的世界观、方法论指导下，在对于物质生活资料生产与交换领域的认识中形成的两大不同思想体系。

关于政治经济学的研究对象，马克思最经典的论述就是《资本论》中所讲的"我在本书研究的，是资本主义生产方式以及和它相适应的生产关系和交换关系。"[②] 在理论界，关于什么是资本主义生产方式以及和它相适应的生产关系和交换关系，长期以来曾有过许多的研究和争论。但是现在看来，这些争论中的许多观点有些过于学究气，脱离对资本主义生产方式的现实理解，而专注于文字上的穿凿，无助于从思想上理解和把握。比较有见地的是吴易风在《高级政治经济学》一书中的文章。在这篇文章中，他提出了生产力—生产方式—生产关系这样一个决定链，即一定的生产力产生了相应的生产方式，这种生产方式又形成了特定的生产关系。这样一种理解体现了对生产力决定生产关系过程与环节的进一步细致展开，因而是有道理的。但是，需要对这里所说的生产方式的概念做进一步明确的说明。据我们理解，吴易风所说的"生产方式"实际上是指生产物质形式（或者叫劳动方式），即用什么生产资料，生产哪一类型的产品，以及从事这种生产的组织形式，等等。这样的生产仍是一种抽象的生产，要使它们成为现实的生产，必须要有一种现实的反映人们利益关系的财产关系使人与生产资料以及人与人之间结合起来。这种财产关系不能离开吴易风所说的"生产方式"。譬如，如果仅仅说"私有制"不足以表明这种财产关系，它在历史上是借助各种生产方式，以不同的存在、运动形式具体地表现出来。所以，马克思说："在每个历史时代中所有权以各种不同的方式、在完全不同的社会关系下面发展着。因此，给资产阶级的所有权下定义不外是把资产阶级生产的全部社会关系描述一番。要把所有权作为一种独立的关系、一种特殊的范畴、一种抽象的和永恒的概念来下定义，这只能是形而上学或法学的幻想。"[③]

因此，如果把"生产方式"理解为现实的生产的话，那么，马克思在《资本论》序言中所说的"生产方式以及相适应的生产关系和交换关系"之间就是经济机体的现象与本质的关系。所谓"资本主义生产方式"指的应该是资本主

---

① 《马克思恩格斯选集》第 3 卷，人民出版社 1995 年版，第 489 页。

② 马克思：《资本论》第 1 卷，人民出版社 2004 年版，第 8 页。

③ 《马克思恩格斯全集》第 1 卷，人民出版社 1995 年版，第 177、178 页。

义经济运动中所展现出的外部形态与现象，而构成这种生产方式的本质就是其中的生产关系和交换关系，这种生产关系和交换关系是建立在一定的生产力基础上的。这样来理解的话，生产力与生产关系的统一构成了生产方式这种提法也就比较容易解释了，即生产力和生产关系是生产方式的内部结构，生产方式是两者统一的外部表现。因此，讲政治经济学的研究对象是生产关系绝不是不研究生产力，但也不是孤立地研究生产力，而是研究生产力如何在具体的生产关系作用下存在、表现和发展。

从马克思的论述中我们可以体会到，在马克思的思想中，经济是一个客观整体，是一个有着自身内部结构和内容的有机体。在这个整体中，生产关系是直接决定这一整体面貌和运动方式的最核心内容。因此，政治经济学把生产关系作为学科的研究对象，由此入手才抓住了分析、解剖社会经济机体的关键，进而将社会经济机体的内部结构、运动规律以及外部表面全面、科学地揭示出来。

因此，以生产关系为研究对象，其目的是为了全面、具体地揭示经济规律，并不是像某些人所说的，政治经济学只研究生产关系不研究生产力或资源配置，如果把生产方式看成是一个有机整体，政治经济学恰恰是要从生产关系入手来揭示生产力发展运动规律，只有这样，才能够更准确地说明资源的一定配置方式、配置过程背后的根本原因。

二、生产关系作为政治经济学研究对象的重要意义

马克思主义政治经济学把生产关系作为研究对象，是根据它对社会经济活动的基本理解得出的必然结论。马克思主义不仅仅是把经济看做一种活动，更为深刻的是它把经济看做一个有着自身结构和内部秩序的有机体。因此，在马克思主义看来，重要的不在于知道人们在经济活动中是怎样做的，而是要揭示人们借以从事经济活动的经济机体内部结构与秩序是怎样的。揭示了这种结构和秩序，也就说明了在这一有机体中人们活动的各种规律。

经济是由无数社会成员相互结合而组成的有机体，对于这样一个有机体，我们要问，人们为什么要互相结合？结合起来做什么？历史唯物主义的基本出发点是物质生产，这个出发点不是经典作家随心所欲规定的，而是人类社会生活实践在理论上的反映。马克思、恩格斯说："一切人类生存的第一个前提，也就是一切历史的第一个前提……就是：人们为了能够'创造历史'，必须能够生活。但是为了生活，首先就需要吃喝住穿以及其他一些东西。因此第一个历史活动就是生产满足这些需要的资料，即生产物质生活本身，而且这是这样的历史活动，一切历史的一种基本条件，人们单是为了能够生活就必须每日每时去

完成它，现在和几千年前都是这样。"① 所以，人类社会存在的基本前提条件是物质生产，人们之间相互结合首先就是物质生产活动的需要。历史已经证明，人类的生产从来都是社会生产，而不是像西方经济学家常常比喻的那样鲁滨孙式的孤立个人的生产。作为社会生产，人们物质生产活动就不再简单的是人与自然的关系，而且包含着人与人之间的社会关系，即社会生产关系。人类社会生产就是在生产力和生产关系的统一中的实现，这就是历史唯物主义关于社会基本矛盾的原理。

　　所以，在马克思主义政治经济学看来，社会经济机体是生产力与生产关系的统一。社会生产的实现不仅要反映由生产力的物质技术方面所要求的各种规律，而且要反映生产关系运动的各种规律。生产力与生产关系之间存在决定与反作用的关系。就是说人们之间相互结合的基本方式必须能够使当时的生产力发挥作用，生产关系要能够容纳现时的生产力，否则，物质生产就不能实现。一定时期生产力的性质是历史发展的结果，是一个既定的事实，因此，生产关系只有适应生产力才能使生产力发挥其应有的作用。生产力的性质是由物质技术规律决定的，是不能随心所欲改变的，因此，只能让生产关系去适应生产力，而不是生产力适应生产关系。生产力决定生产关系还有另一方面内容，就是生产力的性质决定生产关系的性质。私有制的产生是生产力发展引起剩余产品出现的结果。历史上出现的各种私有制形式，都是由不同生产力水平下的人类生产活动的特征和剩余产品的数量及其社会形态所决定的。虽然生产关系是由生产力决定的，但是，生产关系本身作为一个独立的经济范畴，在社会生产中起着中心作用，经济活动的结果不是直接在生产力作用下形成的，而是建立在一定生产力基础上的生产关系的作用下形成的。所以，理解社会经济机体的运动及其结果，必须从社会生产关系的内部结构及其运动规律加以理解。因此，政治经济学要把生产关系作为研究对象，就抓住了经济机体的核心和决定性因素。对于狭义政治经济学来说，研究对象就是马克思所说的"资本主义生产方式以及和它相适应的生产关系和交换关系。"②

　　社会生产关系在市场经济条件下发展到了高度复杂的程度，以至于它与社会生产的物质形式深深地融为一体，使人们看不清它的存在，常常把根源于社会生产关系的各种现象看做物质生产中的自然现象。而且，社会生产关系与生产力矛盾在全社会更大范围和更深层次展开，这与社会在狭小范围内的经济关系形成深刻的矛盾，由此带来了社会经济中许许多多的具体问题。因此，对社

①《马克思恩格斯选集》第 1 卷，人民出版社 1995 年版，第 79 页。
② 马克思：《资本论》第 1 卷，人民出版社 1975 年版，第 8 页。

会经济问题，不从社会范围内生产关系与生产力矛盾来理解，而只从狭隘的个人利益去理解，就不能准确地把握各种经济问题的症结。

考虑到生产关系在社会经济中的核心作用，所谓资源配置问题就不像初看上去那样简单了。我们知道，资源在经济活动中不是以它们的自然形态存在的，而是以经济范畴的形态存在的。在高度发达的商品经济条件下，劳动产品的商品形式，使价值成为劳动产品或社会财富的一般代表。雇佣劳动制度的存在，使价值作为资本引导着资源的流动。资源是在反映生产关系的各种范畴——价值、资本、土地所有权、雇佣劳动等的支配下运动，经济资源并非按照人们最为有效地使用有限的资源的方式加以配置，而是按照资本主义生产关系下的利益结构来配置。其结果不是资源得到对人类最优的配置，而是使控制资源的社会集团得以占有现有生产力条件下生产活动所能够创造出的最大利益。

生产关系的内部结构决定了在一定社会不同地位的社会成员所实际享有的利益形式，他们只能在这一结构框架内追求自己的最大限度利益，这种结构在西方经济学的概念中折射成所谓的"资源禀赋"。因此，研究经济活动就必须透过资源的社会形态，研究作为这些社会形态基础和原因的生产关系及其运动规律，这样才能科学地解释呈现在社会表面的各种现象。

一定社会的生产关系是存在于人类社会内部的客观事实，任何经济理论体系、学派都不可能回避生产关系的存在。因此，并不存在经济学是否研究生产关系的问题，存在的是，明确地意识到社会生产关系的存在，把它当做独立的社会范畴和研究对象，积极地探索它的规律，还是盲目地把生产关系的表现当成自然范畴加以研究。这种区别的根源在于不同的经济世界观和方法论。马克思主义政治经济学从历史唯物主义世界观出发，对社会基本结构作出了科学的判断，按照这种判断，明确地把生产关系作为经济活动中基本的社会存在来对待，特别揭示了在资本主义条件下，生产关系通过以物为载体的经济范畴加以表现的特征。这样，就抓住了在市场经济下各种经济范畴的本质，明确地区分了这些范畴本身的社会性和它们借以运动的物的自然性，明确揭示了这两者之间的关系。这种认识使得我们对整个社会机体的解剖线路清楚、合理，从而能够科学地、一贯地把握市场经济的内部结构及其秩序。把政治经济学的研究对象定位为生产关系，不仅可以解释经济活动中的资源配置问题，而且还可以解释更多的社会经济现象。譬如，收入分配、贫困、发展等问题。

反观西方经济学的理论，它们都是建立在人们现实经济生活的直观常识和感觉基础之上，通过类比和暗喻的方式把人们日常的生活经验，一下子引导、推广到对社会基本问题的解释。因此，它在研究对象的问题上是十分模糊的。运用这种方法所提出的理论虽然从直观感觉上与人们的日常经验一致，但是如果进行深究与分析，就会发现它们是含混不清的，是不符合基本的人类社会历史事实的。

第二节　马克思主义经济学的方法论特征

马克思主义经济学与西方经济学是建立在完全不同的经济世界观基础上的两种理论体系。马克思主义经济学方法论的根本特征是从物质资料生产这一客观实际出发，运用唯物史观和唯物辩证法的经济世界观来揭示客观经济规律；而西方经济学的方法论特征则是以资源稀缺性和"经济人"为基本假设，用唯心史观和形而上学的经济世界观来研究经济现象之间的表面联系。当然，两种理论体系在一些具体研究方法上有许多相通之处，如归纳方法、演绎方法、数理方法、假设方法、定量分析方法，等等。当前理论界一些人只看到两种理论体系在具体方法运用上的相通性，没有看到它们之间的本质区别，因此从整体性质上把政治经济学说成是类似于西方经济学中的某一类别；从理论结构上肢解政治经济学，按照西方经济学的框架结构重组政治经济学；在思想观点上把西方经济学的观点塞入政治经济学的体系之中。譬如，有些人用西方所谓"实证经济学"、"规范经济学"的划分对马克思主义政治经济学给予归类，把政治经济学说成是"规范经济学"；用西方"宏观"、"微观"的分类把政治经济学的内容分别归入其中；用所谓"市场失灵"一类的内容取代关于资本主义基本矛盾的分析；等等。这些做法往往打着"吸收"、"借鉴"、"创新"的名义，但实际上严重地违背了马克思主义的精神实质，使政治经济学中最具代表性的思想和方法湮没在庸俗经济学的尘埃之中。为此，必须从马克思主义世界观方法论的高度，对一些错误认识予以澄清。

一、从方法论层次上把握两种理论体系

经济学的方法论是一个体系，有着十分丰富的内容，我们可以根据经济学方法论研究专家库恩—拉卡托斯的研究思路，把经济学方法论体系划分为三个基本层次：

1. "经济世界观"层次

这是最高的哲学层次的内容，它不直接构成经济学理论体系的内容，但却对经济学研究者的研究目标、任务、立场等起决定性作用。任何一个经济学的研究者，不管他自己是否承认存在立场问题，客观上都要受某种经济世界观的

支配。一些经济学家宣称自己的研究不带任何"价值判断",不受经济学世界观的影响,这种说法不是自欺欺人,就是在欺骗大众。经济世界观是从本体论意义上划分的,包括唯物主义世界观和唯心主义世界观两种,但仅仅从本体论视角还不能直接体现人的思维方式。比如,在唯物主义世界观中,有形而上学思维,也有辩证法思维。我们认为唯物主义只有与辩证法思维结合所形成的唯物辩证法,才能成为科学的经济世界观。从经济世界观上说,马克思主义经济学与西方经济学显然是不同的,前者是唯物史观和辩证法思维,而后者则是唯心史观和形而上学思维。

2. 经济学方法论的"硬核"

这一层次的内容是"经济世界观"在经济学上的具体反映,一种范式经济学的核心概念就在这个方法论层面产生,当一种经济学范式的方法论"硬核"发生变化时,整个理论体系就会面临坍塌的威胁。那么什么是经济学方法论的"硬核"呢?理论界的认识不统一。笔者认为关于人的行为的规定性可以被视为经济学方法论的"硬核",因为无论是西方经济学还是马克思主义经济学,都是以对"人的经济行为"的研究作为出发点和核心的。[1] 西方经济学把人假设为"经济人",其整个理论大厦都以此为基础建立的,如果"经济人"这个"硬核"被推翻,西方经济学的整个理论体系就要重新构建。而马克思主义经济学则把人概括为处于一定经济关系中的"历史的、现实的人",是经济关系的人格化,其理论大厦是以此为基础建立的。正因为是方法论的"硬核",所以必须加以保护,不能被轻易推翻和取代,这样就对硬核形成了理论"保护带"。

3. 理论保护带

这是经济学方法的第三个层次,它主要是在理论"硬核"的基础上,为构建具体理论而形成的初始条件或具体假设。比如,西方经济学对"完全市场竞争"的分析提出的各种假设;马克思经济学在分析社会总资本运动时提出的假设条件等。当理论与现实发生矛盾时,为了防止方法论"硬核"受到冲击,首先要对"保护带"的假设或条件进行修正。

在经济学方法论体系的三个层面中,经济世界观是哲学层面的内容,它不是经济学的直接研究方法,但对整个经济学研究的性质和方向起着渗透作用;方法论"硬核"对经济学的体系构建具有直接的决定性意义,它使一种经济学范式同其他范式区别开来;理论保护带则属于具体研究方法的内容,不同范式的经济学之间既有区别,也可以相互借鉴。现实中,我们对马克思主义经济学和西

---

① [美] 阿契巴尔德(Archibald)把新古典经济学的硬核概括为在约束下追求最大化的理性人。参见张俊山:《经济学方法论》,南开大学出版社 2003 年版,第 98 页。

方经济学在方法论上的争论和误解，很多都与忽视经济学方法论的体系性有关。

二、马克思主义经济学与西方经济学关于假设方法的运用

就一般意义上说，假设只是一种分析工具，西方经济学可以用，马克思主义经济学也可以用。但当我们进一步分析假设的内容时，就会发现不同范式的经济学对同一问题所假设的内容是不一样的，在不同的假设条件下得出的结论也不相同。为什么同样的分析工具会产生不同甚至截然相反的结果呢？根本原因在于研究者所运用的方法论体系不同，因为假设从来不是孤立使用的，它总是附着在某一种方法论体系中。

假设实质上就是对理论分析所做的一种抽象，而抽象的方法是不同范式的经济学都必须运用的基本方法。正如马克思在《资本论》序言中指出的，"分析经济形式，既不能用显微镜，也不能用化学试剂。二者都必须用抽象力来代替"。① 这段话从表面意思看，似乎马克思经济学的方法论，与古典经济学及新古典经济学极为相似，也是抽象演绎的有力拥护者。但正如斯威齐指出的："当我们进一步研究时，我们发现，在马克思和古典学派及新古典学派的代表人物之间，存在惊人的差异。抽象的原则，本身是没有能力提供什么知识的，困难的问题在于如何应用。换句话说，人们必须设法决定，什么是要舍象的，什么是不要舍象的。"② 笼统地说，假设就是一种抽象，但严格说来二者还是存在一定的差别，彼得·怀尔斯认为有些假设，如"其他条件不变"的假设，是一种抽象，但"二者是不同的，因为其他条件不变是列举每一事项并假定不变，而且其中很多限制以后会被取消，但抽象是假设某事项根本不存在。"③ 我们认为怀尔斯关于假设与抽象的区别还是过于表面化。其实在经济学上，假设是一种抽象，这没有问题，但反过来说，抽象并不一定都是建立在假设基础上的，经济学研究中，有些抽象是以假设为出发点，而有些抽象则是以客观现实为基础，假设仅仅是完成抽象的辅助性工具。西方经济学从研究的出发点（资源稀缺性假设）到理论硬核（经济人假设），都是从假设开始的，在西方经济学家看来，假设就是抽象，抽象就是假设。而马克思主义经济学则是从客观现实出发，在抽象基础上研究经济现象和规律。那么，是什么决定经济学研究中的假设和抽象是科学的还是不科学的呢？我们认为只能是经济世界观和与之相适应的思维方法。

① 马克思：《资本论》第 1 卷，人民出版社 1975 年版，第 8 页。
② ［美］斯威齐：《资本主义发展论》，陈观烈、秦亚男译，商务印书馆 2000 年版，第 28 页。
③ ［美］彼得·怀尔斯：《意识形态、方法论和新古典经济学》，阿尔弗雷德·S. 艾克纳主编：《经济学为什么还不是一门科学》，苏通、康以同、赖金昌、李敏、孟扬译，北京大学出版社 1991 年版，第 66 页。

西方经济学关于假设包括核心假设的运用是建立在唯心主义经济世界观和形而上学思维方法上的，具体表现为个人主义方法论的主张。卢瑟福把经济学个人主义方法论研究纲领概括为三个命题：一是只有个人才有目标和利益。二是社会系统及其变迁产生于个人的行为。三是所有大规模的社会现象最终都应该根据只考虑个人，考虑他们的气质、信念、资源以及相互关系的理论加以解释。① 个人主义的经济世界观显然是突出个人以及自私自利的人性在历史发展中的决定作用，并把资本主义制度看做人类社会理想的、永恒的制度。与这种经济世界观相适应，西方经济学把"经济人"作为它的方法论硬核。众所周知，"经济人"思想是亚当·斯密最早运用到经济学分析中的，他所说的"经济人"代表的是新兴资产者形象，所以，这个抽象在当时具有一定的合理性。正因为它有合理性，才使得古典政治经济学的研究能够触及到人们之间的物质利益关系问题，但由于古典政治经济学家历史观的局限性，他们不可能揭示出资本主义生产关系的实质。随着资本主义的发展，尤其是到了 19 世纪中期以后，资本主义社会中资产阶级和无产阶级的利益冲突日趋明显，斯密时期的"经济人"形象难以为资本主义制度进行辩护，以约翰·穆勒为代表的资产阶级经济学家提出了"经济人"作为一种方法，纯粹是一种假设的观点，他认为"经济人"是一个"杜撰人"，所以经济学"基本上是一门使用先验方法的抽象科学"。因而经济学本质上是一门假设的、演绎的学科。② 把"经济人"完全看做一种脱离现实的假设的思想，在 19 世纪末得到了马歇尔等经济学家的支持和响应。直到 20 世纪 30～50 年代，在以米塞斯和弗里德曼等为代表的经济学家的精心论证下，"经济人"这一方法论硬核被彻底形式化。他们抛开对人的经济行为的真实抽象，把经济学方法论完全引向了假设—演绎的模式之中，到 20 世纪中期，这一方法被西方经济学家认为是唯一科学有效的方法。在这种方法论中，假设包括"核心假设"在内，都变成了完全主观主义的东西，正如米塞斯所认为的那样：经济学基本上是一个从内在经验所产生的一系列先决条件推断出来的纯粹演绎的体系，那些先决条件本身并不接受外界的验证。③ 而弗里德曼则更是极端地认为，经济学的功能就是预测，而预测的能力与假设的真实性无关，"真正重要的、意义重大的假说（hypotheses）被发现都有一些假设（assumptions），这些假设是关于现实的不准确的、描述性的表述。总的说来，理论意义越重大，假设就越是不现实的。"④ 经济学完全陷入了主观主义的方法中。

---

① ［英］卢瑟福：《经济学中的制度》，陈建波、郁仲莉译，中国社会科学出版社 1999 年版，第 38 页。
② ［英］布劳格：《经济学方法论》，黎明星、陈一民、季勇译，商务印书馆 1992 年版，第 66 页。
③ 同上书，第 101 页。
④ ［英］布劳格：《经济学方法论的新趋势》，张大宝译，经济科学出版社 2000 年版，第 315 页。

　　由此我们看到，"经济人"作为现代西方经济学方法论的"硬核"，完全沦为一种脱离实际的"虚构"，与之相适应的核心假设也必然是非真实的。比如"完全理性假设"、"最大化假设"、"私有制最优假设"，等等。这种空中楼阁的经济学何以称得上是科学？正如经济学方法论专家 A.斯旺内和罗伯特·普雷谬斯指出："我们认为，在经济学理论发展中，如果经济学家坚持颠倒地使用科学的假设，那么严重的缺陷将继续存在。因此，理论的持续增加这一点只说明居支配地位的新古典范式是一种封闭和排他的世界观。这种世界观阻碍着那些反映经济现实的理论的发展。简而言之，经济学家过于频繁地从他们关于人类本性的简单化观点和把制度结构作为上帝赋予因而是不变的天真想法，跳到精巧而复杂的理论。"[①]

　　与西方经济学不同，在马克思主义经济学那里，科学抽象和假设不完全相同，假设是一种抽象，但抽象不完全等同于假设。所以，马克思主义经济学研究的出发点（物质资料的生产）和理论硬核（代表社会经济关系的人），都是对客观经济关系的一种科学抽象，而不是一种脱离社会关系的假设。为了剖析这种社会关系，马克思进一步假设资本主义社会只有资产阶级和无产阶级两大阶级，这种关于人的核心假设显然是建立在科学抽象基础上的。马克思主义经济学假设的运用之所以具有这样的特征，显然是源于唯物史观和唯物辩证法这一方法论自身的内在特质性。唯物史观能否看做科学假设，我们认为要具体分析。列宁曾经指出，马克思的唯物史观是在 1847 年《德意志意识形态》一书中最先阐释的，"当然这在那时暂且还只是一个假设，但是，是一个第一次使人们有可能以严格的科学态度对待历史问题和社会问题的假设。""马克思在 40 年代提出这个假设后，就着手实际地（请注意这点）研究材料。他从各个社会经济形态中取出一个形态（即商品经济体系）加以研究，并根据大量材料（他花了不下25 年的工夫来研究这些材料）对这个形态的活动规律和发展规律作了极其详尽的分析。"[②]（着重号为引者所加）熊彼特也认为：马克思的唯物史观包含两个命题，"这两点无疑包含大量真理……它们是非常宝贵的假设"。[③]（着重号为引者所加）这说明唯物史观的确可以被看做科学假设，不过这应该是指对唯物史观作为一种世界观和方法论在确立之前或确立过程中的一种看法。而一旦唯物史观确立起来了，就不是假设了，正如列宁指出的："自从《资本论》问世以来，

---

　　①［美］阿尔弗雷德·S. 艾克纳：《经济学为什么还不是一门科学》，苏通、康以同、赖金昌、李敏、孟扬译，北京大学出版社 1991 年版，第 56 页。

　　②《列宁全集》第 1 卷，人民出版社 1984 年版，第 111 页。

　　③［美］熊彼特：《资本主义、社会主义和民主》，绛枫译，商务印书馆 2000 年版，第 54 页。

唯物主义历史观已经不是假设，而是科学地证明了的原理。"① 那么是不是说唯物史观在《资本论》出版之前是没有被证明的"先验"假设呢？显然不是，先验的假设是脱离实际的假设，而唯物史观则是马克思在对人类社会发展的历史，尤其是对资本主义社会的现实大量实证研究中，抽象出来的研究方法。马克思从法学转到哲学、再转到经济学的过程，也是唯物史观形成和确立的过程，这一点，只要了解马克思经济学创作史的人都知道。唯物史观来自于对社会历史和现实的抽象，但它一经产生，就具有了自己的相对独立性，正如恩格斯所说的："从现实世界抽象出来的规律，在一定的发展阶段上就和现实世界脱离，并且作为某种独立的东西，作为世界必须遵循的外来的规律而同现实世界相对立。"② 唯物史观是建立在科学抽象基础上的方法论，因此，政治经济学研究的出发点是物质资料的生产，政治经济学关于人的行为的研究是以历史的、现实的人为出发点。这与西方经济学从资源稀缺假设和"经济人"假设作为经济学研究的出发点显然是有本质区别的。

正是由于有了科学的经济世界观为指导，马克思在关于"人的经济行为"这一方法论"硬核"的分析上，不像西方经济学家那样把人仅仅假设为孤立的、脱离社会关系的"经济人"，而是把人抽象为一定社会关系中历史的、现实的人，他们的经济行为是利己还是利他、是理性还是非理性，取决于他们所处的现实的经济关系。因此，在马克思主义经济学中，人的行为不是假设出来的，而是代表特定的经济关系。马克思把资本主义社会中人与人的关系抽象为纯粹的两大对立阶级，这是一种假设，但这种假设不是先验的、凭空设想出来的，而是基于资本主义经济关系的事实做出的抽象。西方经济学家经常对马克思主义经济学中的"阶级"范畴进行攻击，在他们看来，把人归到"阶级"的行列，纯粹是一种虚构，完全违背了个人主义方法论原则。对此熊彼特曾有过客观的评论："经济学家认识社会阶级现象令人奇怪地缓慢。……社会阶级不是分类观察家的创造物，而是这样存在的活生生的实体。他们的存在必然有种种后果，而把社会看做是个人或家庭无定形的集合体的公式完全看不到这种后果。"③ 只有马克思"是系统地看到和教导他人经济理论如何可以进入历史分析和历史叙述，如何可以进入历史理论的第一个一流经济学家。"④

综上，马克思主义经济学与西方经济学关于假设运用的根本区别，不在于具体假设层面或技术分析层面，而在于经济世界观和理论硬核的本质区别上。

---

① 《列宁全集》第1卷，人民出版社1984年版，第112页。
② 《马克思恩格斯选集》第3卷，人民出版社1995年版，第378页。
③ ［美］熊彼特：《资本主义、社会主义与民主》，绛枫译，商务印书馆2000年版，第56页。
④ 同上书，第97页。

西方经济学是唯心史观为基础，所以它的研究方法是从假设出发，而不是从对客观事物的科学抽象出发，"经济人"假设作为它的理论硬核就是集中表现。而马克思主义经济学则不同，它是以唯物史观为出发点，所以它的研究方法是遵循从科学抽象到具体假设的研究思路。因此，马克思主义经济学的理论硬核是一定生产关系中"历史的、现实的人"，这里的人不是假设的、孤立的个体人，而是代表一定的经济关系的人。为了揭示这种经济关系，马克思把"阶级"作为理论研究的核心假设，这种假设显然与西方经济学中的"经济人"假设存在本质区别。当然，在理论上做出这种区别，并不是想彻底否定西方经济学，因为尽管在方法论的本质层面上西方经济学存在局限性，但在经济运行层面，它仍然有很多可供借鉴的内容。在深入推进马克思主义经济学发展与创新的今天，从方法论体系上把握两种范式的经济学关于假设运用的本质区别，有助于我们避免"把马克思主义经济学西方经济学化"。

三、马克思主义经济学与西方经济学关于实证和规范方法的运用

实证分析和规范分析是人们对经济学研究所采用的某类研究方法的一种概括。一般认为，实证方法只涉及事实是怎样、事实之间的因果关系，并不涉及事物本身的对与错、应该与否的判断；规范方法讨论的问题则要涉及伦理信条和价值判断，涉及应该与否的判断，具有规范经济学性质的不同理论，由于涉及伦理信条和价值判断，各自都会根据自己持有的价值观念对所讨论的问题做出相应的不同回答，因此，对于规范研究所讨论的问题只有不同的回答，没有正确与否的区别。

如果我们抛开经济世界观，马克思主义经济学和西方经济学在具体研究过程中，都会有意无意地运用到这两种方法。然而，理论界有人却把实证研究和规范研究的具体方法上升到经济世界观层面，认为实证研究不带有价值判断，因而是科学的方法，而西方经济学的方法论特征就是实证研究，因而是科学。规范研究则带有价值判断，因而是不科学的，而马克思主义经济学的方法论特征就是规范研究，因而不是科学。我们认为，这种认识显然是错误的，它混淆了经济学方法论体系中的具体研究方法和经济世界观之间的区别，试图用经济学的具体研究方法来概括不同范式经济理论的方法论特征，必然出现偏颇。

西方经济学声称自己是实证研究，因而是科学的，那么让我们来看一下它们是如何进行实证研究的。按照西方经济学的解释，实证经济学是回答"是什么"的问题，但是，如果我们进一步考察就会发现，它所说的事实只是呈现在社会经济活动最表层、用感官可以直接观察感觉到的具体现象，而对这些现象的成因和本质往往是不闻不问，即使勉强做一些解释也基本上是用理论化的语

言表述一些人所共知的感觉常识而已。正像马克思所说的，"庸俗经济学却只是在表面的联系内兜圈子，它为了对可以说是最粗浅的现象作出似是而非的解释，为了适应资产阶级的日常需要，一再反复咀嚼科学的经济学早就提供的材料。在其他方面，庸俗经济学则只限于把资产阶级生产当事人关于他们自己的最美好世界的陈腐而自负的看法加以系统化，赋予学究气味，并且宣布为永恒的真理。"① 实证经济学宣称只关心"事实"，但却从未想到透过现象发掘背后的本质层次的事实，实际上他们关心的只是现象之间的表面联系。然而无论是自然科学领域还是社会科学领域，都有大量事例证明正是现象背后的本质关系才是产生和支配表面现象的真正事实。在实证经济学看来，本质的东西由于不能用感官直接接触到，所以不构成他们所研究的事实。由于强调其理论的实证性，目前许多所谓的实证研究已经走上了脱离对经济问题本身的分析，仅仅使用计量技术来加工统计数据，以寻找经济指标之间的相关关系的道路。对于这些指标之间是否确实存在实际的联系机制问题却往往是用主观想象敷衍搪塞，即使做一些解释也往往是普通人都能想到的解释。由此看来，尽管实证经济学自称是在研究"事实"是怎样，实际上他们对"事实"的把握只是经济活动呈现出的表象，根本没有接触到客观世界存在的真正事实。这样一套只描述具体表象之间联系，不探索内部结构和运动机理的理论很难被称之为科学。

对西方经济理论的深入考察还可以发现，虽然实证经济学表面上在做"不偏不倚"的研究，但是在其特有的世界观方法论指导下，它得出的理论结论实际上都是站在资本的利益基点上，以论证资本利益的合理性为核心内容，根本不是客观的"不偏不倚"的研究。譬如，用要素的稀缺性来解释资本与劳动的收入差别，用自然的边际生产力论证私有制下生产条件占有者收入的合理性，等等。可见，表面上的不偏不倚，只研究事实，但在实际上它却是指导人们如何去做才能更好地实现资本的利益。

一些西方经济学家也公开承认他们的经济学研究有规范的方法，但在他们看来，对经济问题的回答没有对与错之分，最终"它们只能靠政治辩论和决策来解决，而不能仅仅依靠经济分析。"② 在这里，规范经济学把不同利益集团的价值判断与利益诉求看做是天然的、没有是非标准的，因而都是合理的。这样，在规范经济学的视野里就没有关于正确与错误、先进与落后的科学是非标准，只有以各集团自身利益为依据判别标准。这一观点实际上只是资本主义私有制下形成的私有观念的反映。它只是承认各种不同利益集团有着不同价值判断与

① 马克思：《资本论》第 1 卷，人民出版社 2004 年版，第 99 页。
② ［美］萨缪尔森、［美］诺德豪斯：《经济学》（第 16 版），萧琛等译，华夏出版社、麦格劳·希尔出版公司 1999 年版，第 5 页。

利益诉求，但是却根本不去思考这些价值判断与利益诉求的形成依据。之所以不去思考这些问题，根本原因还是在于他们把资本主义生产方式看做人类天然的、永恒的生产方式，因而不同的集团的利益诉求也都是天然的。表面上规范经济学承认各集团的利益诉求，事实上资本主义生产方式下占统治地位的价值观念和意识形态仍是以坚持资本利益的合理化为核心的。即使是反映工人阶级和其他劳动人民利益的要求，实际所讲的也只是工人阶级和其他劳动人民在资本关系框架内的利益结构，其目的旨在维护资本主义的根本制度。因此，各种规范经济学研究问题时尽管具体观点会有不同，但都是以资本的意识形态为基点，对问题做出基本价值判断的。

由此可见，无论是实证还是规范经济学都不可避免地带有庸俗经济学的肤浅性和狭隘性，根本不能作为经济理论科学的分类标志。

近些年来有些人把所谓"实证"、"规范"的分类标志强加于马克思主义政治经济学之上，认为政治经济学理论对资本主义制度进行了批判，反映了工人阶级的利益，理论带上了"价值判断"，不再是"不偏不倚"，所以，政治经济学是规范经济学。马克思主义经济学也运用实证方法和规范方法，但这些方法的运用是以唯物史观和唯物辩证法的方法论为基础的，这就使得它与西方经济学的实证分析和规范分析从本质上区别开来。

1. 政治经济学是对资本主义发展的历史事实进行科学研究的成果

马克思主义政治经济学作为一门社会科学，它是社会经济事实及其运动过程在理论上的反映。马克思曾就政治经济学的研究方法指出"研究必须充分地占有材料，分析它的各种发展形式，探寻这些形式的内在联系。只有这项工作完成以后，现实的运动才能适当地叙述出来。"[①] 可见，政治经济学的全部理论并不是基于对资本主义的义愤，而是基于对资本主义生产方式下社会经济事实所做的冷静、系统的考察。政治经济学所提出的劳动价值论、剩余价值理论、资本积累理论、资本的运动理论、社会资本再生产理论、资本的竞争理论、收入分配理论等等，无不是对于资本主义生产方式这个有机体"是怎样"的客观反映。但是，与西方经济学所谓的"实证经济学"不同，马克思主义政治经济学并不是简单地将感觉经验获得的事实及其联系直接拿来变成理论，而是从感觉经验的事实入手，运用人类已经取得的科学成就及其思想方法对经验事实进行科学抽象，达到对现象背后稳定的、起支配作用的根本事实的认识。马克思主义所揭示的"是怎样"不是表面看上去是怎样，而是事物内部稳定的性质及其联系"是怎样"。由于运用了科学发展的最新成就及其思想方法，使得马克思主义在

---

① 马克思：《资本论》第1卷，人民出版社2004年版，第21页。

经济学领域的建树一方面与其他领域科学成果相互吻合、不相矛盾，另一方面，又反映着经济社会中特有的规律。可见，马克思主义政治经济学是建立在社会、经济、科学技术基础上的科学理论，而不是出于某种价值观念的理论。

2. 政治经济学对资本主义的批判反映了资本主义生产方式的内在运动规律

对资本主义生产方式进行道德上的批判并非始于马克思主义的创始人，而是始于他们之前的空想社会主义者。空想社会主义的理论则又"表现为18世纪法国伟大的启蒙学者们所提出的各种原则的进一步的、似乎更彻底的发展。""在法国为行将到来的革命启发过人们头脑的那些伟大人物是非常革命的。"①19世纪的空想社会主义者和启蒙学者一样，"并不是想首先解放某一个阶级，而是想立即解放全人类。"②空想社会主义乃至启蒙学者对不合理的社会制度的批判与谴责并不是像"规范经济学"的观点那样仅仅是某种伦理价值的产物，而是对于不合理的社会制度给人类社会带来灾难性后果的积极反应，体现了对不合理社会制度进行积极改造的客观要求。如果把这样的批判看做仅仅是某种价值伦理观点，并无"正确"与"错误"之分，那么是不是容忍甚至支持贫困、失业、压迫的存在，也可以说成是一种价值观的要求、是人们的一种偏好呢？可见，仅仅依据政治经济学对资本主义生产方式的社会后果进行了批判，就把政治经济学说成是"规范经济学"、是伦理价值的产物是错误的。不仅如此，空想社会主义及启蒙学者对于不合理的社会制度在道义上的批判，其"根子深深地扎在物质的经济事实中"，并不是这些人因自己特有的价值偏好所产生的义愤。

尽管空想社会主义者对资本主义生产方式带来的灾难性社会后果进行了无情的批判，但是他们并不清楚为什么会有这样的后果，他们只把这些后果归结为人们没有按照真正的理性去建立社会制度，因此仅靠这种批判是达不到改造社会的目的的。恩格斯指出，"以往的社会主义固然批判了现存的资本主义生产方式及其后果，但是，它不能说明这个生产方式，因而也就制服不了这个生产方式，它只能简单地把它当做坏东西抛弃掉。"③

马克思主义与空想社会主义者不同，马克思主义经典作家认为，对资本主义的义愤与批判本质上并不仅仅是出于人们对"永恒正义、理性"的诉求，而是资本主义生产方式下的生产关系与不断发展的生产力矛盾日益尖锐在人们头脑中的反映。因此，"经济科学的任务在于：证明现在开始显露出来的社会弊病是现存生产方式的必然结果，同时也是这一生产方式快要瓦解的征兆，并且在

---

① 《马克思恩格斯选集》第3卷，人民出版社1995年版，第719页。
② 同上书，第721页。
③ 同上书，第740页。

正在瓦解的经济运动形式内部发现未来的、能够消除这些弊病的、新的生产组织和交换组织的因素。"①

马克思主义对于资本主义的批判是以历史唯物主义原理为指导的,"唯物主义历史观从下述原理出发:生产以及随生产而来的产品交换是一切社会制度的基础;在每个历史地出现的社会中产品分配以及和它相伴的社会之划分为阶级或等级,是由生产什么、怎样生产以及怎样交换产品来决定的。所以,一切社会变迁和政治变革的终极原因,不应当到人们的头脑中,到人们对永恒的真理和正义的日益增进的认识中去寻找,而应当到生产方式和交换方式的变更中去寻找;不应当到有关时代的**哲学**中去寻找,而应当到有关时代的**经济**中去寻找。"②在历史唯物主义世界观指导下,马克思深入剖析了资本主义生产方式,发现资本主义生产是剩余价值生产这一根本事实。

马克思的《资本论》清楚地指出了劳动在物质生活资料生产中的基础作用、物质财富在商品经济关系下的社会形式——价值、资本主义雇佣劳动关系赋予了资本家对劳动过程的控制权,把一般商品经济下的劳动过程和价值形成过程的统一,变成了资本主义商品经济下劳动过程和价值增值过程的统一,因而形成了剩余价值生产。可见,剩余价值理论的提出与论证过程中每一步都是基于对生产一般过程和资本主义生产关系的客观分析,而不是基于马克思个人对工人阶级的同情和对资本家的义愤。正是剩余价值理论的建立,使马克思可以从剩余价值生产的发展中,发现资本主义发展的历史趋势以及资本主义发展中所形成的新社会要素。因此,政治经济学所做的不只是对资本主义生产方式的批判,更主要的是阐明资本主义生产、发展以至被社会主义所代替的历史客观规律。可见,把政治经济学说成是"规范经济学"是完全错误的。

3. 正确认识马克思主义政治经济学中的伦理价值倾向

马克思主义认识论一个最鲜明的特点就是实践的观点——理论来源于实践、服务于实践、接受实践的检验。政治经济学作为一门社会科学,它阐述的社会经济规律是人的活动规律,规律的作用结果也必然是作用于人的身上。政治经济学对于资本主义生产方式内部结构、运动后果、发展趋势的客观分析也自然而然会赋予人们相应的伦理价值判断,不可能做出所谓的"实证"、"规范"的严格划分。政治经济学中包含的价值伦理是社会生产力与生产关系矛盾运动在人们思想观念中的反映。正像恩格斯所指出的:"现代社会主义不过是这种实际冲突在思想上的反映,是它在头脑中、首先是在那个直接吃到它的苦头的阶

---

① 《马克思恩格斯选集》第 3 卷,人民出版社 1995 年版,第 492 页。
② 同上书,第 740、741 页。

级即工人阶级的头脑中的观念的反映。"① 因此，马克思主义政治经济学首先是代表工人阶级利益的伦理价值观念的，这就是政治经济学的阶级性。

接下来的问题就是政治经济学的阶级性与科学性的关系问题。"规范经济学"和"实证经济学"把价值判断与对事实的描述对立起来，在它们看来，如果理论中包含了价值判断就不能是客观的科学理论。事实上，社会科学理论的科学性并不取决于它是否包含了价值判断，而是取决于形成这种价值判断的客观事实是否是社会经济发展历史趋势的本质规律的体现。政治经济学中所体现的伦理价值观是工人阶级利益的反映，但是政治经济学所反映的工人阶级的利益不只是工人阶级在既定的资本主义生产方式下的经济利益，而且是在社会发展与变革中的利益。政治经济学所代表的工人阶级利益与人类的利益是一致的，这是因为工人阶级是社会财富的实际创造者，是实际支撑社会存在与发展的真正物质力量，这种物质力量在历史上不是随着社会经济的发展而衰落、无用，而是随着社会的发展不断地发展、壮大，并且工人自身的形态也会随着社会生产力的发展发生变化。因此，反映工人阶级利益的政治经济学理论也是代表人类社会根本利益的科学理论，政治经济学的伦理价值取向并不妨碍它的科学性，恰恰是统一于它的科学性之中。

4. 政治经济学是"规范经济学"提法的危害性

认为政治经济学是"规范经济学"这一观点的错误，不仅是因为西方经济学关于"实证"和"规范"的划分不适用于描述政治经济学科学理论的特征，而且，这一观点还有意无意地贬低着政治经济学的理论地位。按照西方经济学的解释，"规范经济学"是按照某一伦理价值所构造的理论，照此解释，被归类于规范经济学范畴的政治经济学对资本主义制度的分析和批判就不再是建立在客观研究基础上，而只是由马克思主义者的伦理价值观构造出来的一种见解。这样就可以进一步把马克思主义政治经济学贬低为"偏见"、"成见"的产物。可见，用西方经济学的观点和分类来框定马克思主义政治经济学是十分有害的。

从所谓政治经济学是"规范经济学"的提法，我们可以看到近些年来政治经济学中存在的一种倾向，就是把政治经济学融入西方经济学的理论体系与结构框架之中。除了上面所分析的用"实证"与"规范"来归类政治经济学以外，还有把政治经济学理论也分成"宏观经济学"、"微观经济学"、把政治经济学说成是"制度经济学"、在理论内容上把所谓"市场失灵"掺入对资本主义基本矛盾的分析、用所谓"公平与效率"的权衡代替马克思主义的生产关系决定分配关系的理论。在这些倾向的背后反映了许多人这样一种潜在意识，即在理论界

①《马克思恩格斯选集》第3卷，人民出版社1995年版，第740、741页。

西方经济学盛行的背景下，似乎只有把马克思主义政治经济学说成是属于西方经济学中的一个派别或分支，就是提高了马克思主义政治经济学的地位。毋庸赘言，这种意识是绝对错误和有害的。马克思主义政治经济学是以自己特有的世界观方法论对社会经济进行客观分析形成的，它的世界观方法论决定着它有着自己特有的发展道路。我们要遵循唯物主义思想，通过对实践问题进行实事求是的研究来发展马克思主义，而不是靠把政治经济学附庸到西方经济学的体系和观点上去"发展"。这就需要我们一方面深入领会和理解马克思主义政治经济学中蕴涵的思想方法，另一方面，运用这种科学的思想方法研究当代经济出现的新问题，走自己特有的发展道路。

第二章　马克思主义价值理论及其深化

第一节　价值是一切经济理论的基础范畴

马克思在《资本论》一开始就讲到"资本主义生产方式占统治地位的社会财富，表现为'庞大的商品堆积'，单个的商品表现为这种财富的元素形式"。[①]马克思的这一描述准确地揭示政治经济学所面对的一个普遍的、基本的事实——在资本主义生产方式下，社会财富是以商品形式存在，更进一步说，是以价值的形式存在和运动的。因此，要准确地分析经济活动，就必须科学地认识和把握经济运动的这个最普遍的客体，了解和发现它的运动规律与运动结果。对于任何科学的经济理论来说，它的体系的建立有赖于价值理论作基础。

一、缺乏价值理论是现代经济学的重要缺陷

尽管价值理论在经济学中居于如此重要的地位，可是现在，经济学领域的大量的理论中却没有明确的价值理论，或者只有十分粗糙的价值理论。这些价值理论往往是建立在人们日常生活的直观感觉基础上，如新古典经济学的效用价值论；或者建立在对经济中价格运动的表面观察基础之上，直接把以货币形式表现出来的价值当做价值本身，如边际成本论。在西方经济学的某些流派中甚至只在极其模糊的意义上使用与价值相关的概念，并把这些概念作为理所当然、不需作出解释的事物加以使用，如新制度经济学常常提到的"制度成本"、"制度收益"。这些理论由于没有科学的价值理论，因此它们的理论内容往往只是停留在对人们经济生活中直接感觉的系统化整理和理论语言的描述。但是，事物的表面运动往往是多种规定性的综合，因此，在新古典的范式下看似简单现象

---

① 马克思：《资本论》第1卷，人民出版社 2004 年版，第47页。

与事物，实际上背后有许许多多的因素需要说明。没有这些说明，其理论充其量只是在非常局部的范围内与人们的直接感觉相一致，一旦进入更广阔、深入的领域，它们就陷入不可解脱的自我矛盾之中。那些固守新古典范式的市场原教旨主义理论的实施还会引发许多社会经济危机。可见，价值范畴及相应的理论虽然看似抽象，但是它却在整个经济理论中处于基础地位。为此，恩格斯曾借用杜林的话说"价值学说是经济学体系的纯洁性的试金石！"①

二、价值理论是科学抽象方法的必然归宿

在古典政治经济学阶段，虽然当时的经济学家都致力于研究财富问题，但是抽象法的思想方法总是引导他们进入到价值问题的研究。马克思说，"17 世纪的经济学家总是从生动的整体，从人口、民族、国家、若干国家等等开始；但是他们最后总是从分析中找出一些有决定意义的抽象的一般的关系，如分工、货币、价值等等"。② 古典政治经济学家提出了劳动价值论的思想，并做出了一定的论证。在古典政治经济学阶段，经济学家所代表新兴资产阶级主要是产业资本，他们获取剩余价值的方式主要是通过对劳动过程的控制，因此，古典政治经济学比较容易地认识到价值与劳动的关系。但是，由于商品经济本身所产生的商品拜物教观念以及资本关系所形成的各种假象，使得站在资产阶级立场上的古典政治经济学提出劳动价值论仍然具有不彻底和不科学之处。古典政治经济学的研究目的在于探索"国民财富"的形成原因，而他们所讲的国民财富的形成实际上就是资本主义生产方式下的资本积累。古典政治经济学把资本主义生产方式作为人类社会永恒、自然的生产方式来对待，因此，也就把社会财富在资本主义生产方式下的各种特有属性作为财富的一般属性来对待。这样，他们提出了劳动价值论的思想，但却不会想到需要对财富在资本主义生产方式下的特殊社会形式加以说明。对此，马克思指出，"诚然，政治经济学曾经分析了价值和价值量（虽然不充分），揭示了这些形式所掩盖的内容。但它甚至从来也没有提出过这样的问题：为什么这一内容采取这种形式呢？为什么劳动表现为价值，用劳动时间计算的劳动量表现为劳动产品的价值量呢？"原因就在于"在政治经济学的资产阶级意识中，它们竟像生产劳动本身一样，成了不言而喻的自然必然性。"③

马克思的经济理论是在批判地继承了古典政治经济学的科学成分基础上形成的，但是，马克思经济学的目的并不局限于"国民财富"的形成，而是要揭

---

① 《马克思恩格斯选集》第 3 卷，人民出版社 1995 年版，第 540 页。
② 《马克思恩格斯全集》第 30 卷，人民出版社 1995 年版，第 41、42 页。
③ 马克思：《资本论》第 1 卷，人民出版社 2004 年版，第 98、99 页。

示资本主义社会的经济运动规律。辩证唯物主义和历史唯物主义的世界观、方法论使马克思认识到，资本主义生产方式只是在人类社会生产在一定发展阶段上采取的社会形式，因此，资本主义社会中运动着的各种经济范畴也不过是资本主义生产关系所赋予社会生产各个方面的社会形式。这样就使马克思的经济理论得以摆脱资本主义经济运动所生产的各种拜物教观念，从研究生产关系性质与规律方面揭示各种经济范畴本质与规律。马克思的价值理论正是在这样的世界观和方法论指导下形成的，因此，它对价值范畴的认识达到古典政治经济学所不能达到的深度，这种认识更是各种庸俗经济理论所不可企及和无法理解的。

价值理论是整个经济理论的基础，不仅对于马克思主义政治经济学是这样，对于任何经济理论也都是这样。正是有了科学的价值理论，使马克思主义的经济理论有了坚实的基础和广阔的发展空间。在科学的劳动价值论的基础上，马克思提出了剩余价值范畴，形成了独具特色的剩余价值理论。对剩余价值本身及其形态变化的研究从本质到现象全面展示了资本主义生产方式的内部结构与外部表现，也为我们动态地认识资本主义在发展中展现出的新现象提供了理论工具。相比之下，以新古典经济学为基本范式的各种理论由于其价值理论层面极为粗糙和不科学，所以，尽管他们提出各种理论与人们的直观感觉和逻辑推理相吻合，但是一进入全面解释资本主义现实问题时，总顾此失彼，捉襟见肘，自相矛盾。可见，深入理解和准确把握马克思的劳动价值论对于理解现实经济的各种现象及其规律是十分必要的。

第二节　马克思价值理论的内容

在这一部分，我们介绍马克思价值理论的基本内容，从中我们了解马克思是如何通过对商品经济下生产关系的研究揭示出价值的实体、本质、表现及其转化的。

一、价值的本质与价值实体

如果我们问："价值是什么？"那么，几乎每个人都会回答"是劳动"，"是凝结在商品中的无差别人类劳动。"但是当问及"为什么价值是劳动，而不是其他的什么，如效用"时，多数人就难以回答了。在他们的观念中，"价值是劳动"不过是政治经济学的规定而已。照此理解，劳动价值论也不过是一种规定。在这样的思想方法引导下，价值的内容不再具有客观性，完全成为人们主观规定的事物，这样就不知不觉地否定了价值的客观性，进入了主观价值论的范围。

价值不是人们主观想像出来的东西，而是现实中每天在经济中运动着的客观事物。在市场经济中，人们每天都要和价值打交道，经济活动就是以价值为运动客体，以人们对价值的追求展开的。因此，人们需要认识和了解价值是什么，了解它的形成和运动规律。在现实经济中，价值取得了它的可以直接被观察到的外部形态——货币形态，货币把运动着的价值表现为价格形态，货币名称及其数量成为反映价值存在和多少的外部表现。人们对价值的认识就是从价值的货币形态运动入手的。马克思指出，"只有商品价格的分析才导致了价值量的决定，只有商品共同的货币表现才导致商品的价值性质的确定。"[①] 可见，价值范畴不是人们主观想像出的事物，而是客观经济运动在人们思维中的反映，价值是客观存在的，因此也只有从价值存在的客观基础才能分析出价值的实体与价值的本质，而不是凭自己局部的经验进行主观想像所能"规定"的。下面，我们就从存在价值范畴的社会——商品社会所特有的生产关系的分析来认识和理解价值是劳动这一命题。

价值是经济运动中的客观事物，它借助物质对象实现自己的运动，但它本身并不是一种物质的对象。在人类物质生产活动发展的历史上曾经有过不需要著名的价值插手其间的时期，就是在我们当前的经济生活中，也不是事事要有价值插手其间的。因此，价值只是在商品经济关系下才存在，只在资本主义经济中才成为社会财富最普遍最一般的社会形式。

商品经济是在社会分工和生产资料私有制条件下人类物质生产的社会形式。价值是商品经济下特有的经济事物和经济范畴，商品经济中人们社会劳动的特有形式及相应的社会联系使劳动产品取得了价值的形态。在劳动采取社会分工形式的情况下，生产者自己全面的需要必须通过彼此为对方劳动，在社会范围内互换劳动产品来实现。但是，生产资料私有制决定了社会不可能组织起全面的、直接的劳动产品互换，生产者并不能按照自己生产所提供的劳动直接从社会领取自己所需要的产品。彼此互相分离的生产者，分工使得他们虽然是在一定的具体形态上投入劳动，生产产品，但是，这具体形态的产品对他们来说并没有物质意义上的使用价值，有的只是这样的使用价值，即它们只是生产者用以交换自己所需要使用价值的手段。对此，马克思是这样说的："商品占有者的商品对他没有直接的使用价值。……对他来说，他的商品直接有的只是这样的使用价值：它是交换价值的承担者，从而是交换手段。"[②] 在商品经济中，

---

① 马克思：《资本论》第 1 卷，人民出版社 2004 年版，第 93 页。
② 同上书，第 104 页。

尽管商品作为使用价值可以是各种各样的，但是对它的生产者来说商品五光十色的外观在商品生产者眼中黯然失色，它只是一种单纯的物——用以交换他人产品的手段。可见，商品生产者是把劳动产品作为交换手段生产出来的。

商品作为生产者手中的交换手段，它代表着生产者所需要的其他一切商品，因此，这个商品就取得了与自己使用价值不同的社会属性——其他一切商品的一般代表，即价值。这就是"价值"范畴出现和存在的意义。那么，这个代表其他一切商品的客观实体——价值——本身又是什么呢？我们知道，商品是劳动生产出来的，当商品作为交换手段生产出来，进而作为代表其他一切商品的客观实体时，它也只是作为生产者生产商品所耗费劳动的化身而存在的。与此同时，商品作为价值存在时，人们已经不再考虑它本身使用价值的差别，因而也就把它们的使用价值、形成使用价值的具体劳动形式的差别抽去了，因而，商品只是作为一般劳动的化身而存在。这就说明了价值的实体是凝结的一般的无差别的人类劳动。

以上，通过分析商品社会生产关系的性质特点，说明了价值范畴的存在确实是社会分工和生产资料私有制使劳动产品取得的特有形态。价值并不是什么超自然的实体，它纯粹是社会关系的产物，因此，价值不是物，是体现在物上的生产关系。

价值范畴的出现使商品界取得了它们作为商品所具有的共同属性，对于生产者来说，劳动的具体形态已经不是重要的事，重要的是借助某种具体的劳动形态，生产出一种代表其他一切商品的客体——价值，用以作为交换手段满足自己的全面需要。价值成为商品经济中生产者直接的目的。

商品经济关系造就了价值范畴，而一当价值范畴的社会存在成为既定事实，它也在人们头脑中形成了商品拜物教观念。所谓商品拜物教就是指在商品关系普遍存在，从而价值范畴在人们经济生活中到处存在时，人们把价值当做一种物来对待；同时，又因为无法用物的运动规律对它加以解释而对价值产生的神秘感。商品拜物教是商品经济关系赋予人们的社会意识，它妨碍着人们对价值及其运动规律的正确理解，相反，它却引导经济学家们从物的运动过程去寻找价值的源泉。马克思指出："一些公式本来在额上写着，它们是属于生产过程支配人而人还没有支配生产过程的那种社会形态的，但在政治经济学的资产阶级意识中，它们竟像生产劳动本身一样，成了不言而喻的自然必然性。"[1]

---

① 马克思：《资本论》第 1 卷，人民出版社 2004 年版，第 99 页。

二、价值形式与货币

商品经济的社会生产关系使得劳动产品作为交换手段生产出来，对于商品生产者来说，他的商品作为交换手段代表着他所需要的其他一切商品，因而他的商品是作为价值存在的。但是，每个商品生产者都这样期待自己的商品，他的商品却不因他的期待而自动地成为可以直接交换其他一切商品的手段，也不能自动地作为价值存在，商品还需要取得为社会所公认的价值地位。商品经济对每个商品生产者的商品提出了充当价值代表其他一切商品、交换其他一切商品的手段的要求，同样，还是商品经济又对这一要求的实现形成障碍。对此，马克思有这样的论述，"对每一个商品占有者来说，每个别的商品都是他的商品的特殊等价物，因而他的商品是其他一切商品的一般等价物。但因为一切商品占有者都这样做，所以没有一个商品是一般等价物，因而商品也就不具有使它们作为价值彼此等同、作为价值量互相比较的一般的相对价值形式。"[①]因此，虽然每个商品都希望自己成为能够直接交换其他一切商品的一般等价物，但是，谁都不能自封为这样的等价物，因为它的使用价值妨碍了它执行一般等价物的功能。

商品作为价值存在的属性，要求社会上存在有一种可以充当价值的一般代表的客观事物，即货币。"只有社会的行动才能使一个特定的商品成为一般等价物。"[②]在商品经济运动的实践中，最适合执行一般等价物的金银被推举到货币的位置。货币的出现使商品作为价值存在有了社会公认的独立的表现形式。这时，整个商品界出现了分裂，除作为货币以外的其他一切商品直接只是使用价值，只有货币直接就是价值，任何商品只有取得了货币的形态也才真正实现了自己的价值属性。

货币对于商品经济来说意义是十分深远的。货币作为价值尺度，使一切商品有了共同的表现形式和衡量标准，这样，价值范畴就不再只是由商品关系形成、存在于生产者观念中"幽灵般的对象性"了，而是表现在金光灿灿的货币上。货币的存在也使商品生产者的行为成为直接追求货币的行为。由此也产生了货币拜物教观念，货币作为价值的代表在人们的观念中成为了价值本身。货币成为财富本身变成人们追求的对象和最终目的，使经济活动发生了异化的可能性，从以获取物质生活资料为最终目的异化为以获取尽可能多的货币为最终目的。但是在简单商品经济条件下，以个人劳动为基础的社会生产使这种异化

---

① 马克思：《资本论》第 1 卷，人民出版社 2004 年版，第 105 页。

② 同上书，第 105 页。

的条件还不充分具备，只有当以占有他人剩余劳动为基础的剩余价值生产中这种异化才得以充分地展开。

货币作为价值的一般体现物使商品经济关系得以充分展开，也使价值规律的作用得以充分展开。货币的出现使商品价值有了独立的表现形式，从而使作为价值的存在与它作为使用价值的存在明确区别开来。货币通过价格使商品的价值量有了统一的衡量尺度，使社会必要劳动时间决定的商品价值量可以用统一的价格加以体现。对商品价值形式的结构与发展的分析表明，货币作为商品价值的等价物是商品价值的外在表现，因此，它在量上并不能准确地表现商品本身的价值量，商品的货币价格会高于或低于它所反映的商品的价值。由于商品关系的映射，货币价格还可能根本不是价值的体现。"价格形式不仅可以引起价值量和价格之间即价值量和它自身的货币表现之间的量的不一致，而且能够包藏一个质的矛盾，以致货币虽然只是商品的价值形式，但价格可能完全不是价值的表现。"① 货币是人们观察商品价值运动的外在形态，因此价格在量上与质上的背离，在人们面前呈现出复杂多变的价值运动。

货币的出现创造了商品内部矛盾可以在其中运动的经济形式，使商品经济最终形成。但是，这并没有结束价值的发展的进程，货币本身的发展变化也使价值的运动不断出现新的规律和现象，使价值规律的作用以更加复杂的形式展开自己的运动。伴随商品经济的发展，尤其是资本主义信用制度的作用下，货币本身的发展经历了形式的和内容的变化，使价值的运动趋于极其复杂的状况。

价值形式的发展在经历了最初以各种不同的商品充当一般等价物的阶段后，最终以贵金属固定为一般等价物从而标志着货币的产生。货币的形式经历了铸币、纸币的形式变化，便利了商品交换和商品流通。不仅如此，纸币的产生具有十分深远的意义，它最初是作为金属货币的替代物执行流通手段职能而产生的，纸币的使用节省了流通中对贵金属的需要量，促进了商品流通的扩大。当纸币代替金属货币执行流通手段职能时，要求流通中的纸币数量限制在它所代表的流通中所需要的金属货币量的限度内，流通中所需要的金属货币量成为纸币数量的约束依据。

但是，纸币出现的意义决不止于此，纸币代替贵金属执行价值尺度的职能使人们在流通中直接接触到的不再是贵金属，而是纸币，这样就产生纸币最终脱离贵金属，在经济中独立执行货币职能的可能性。诚然，纸币作为国家强制发行和流通的货币形式，在数量上必须加以控制不能任其自由膨胀。但是，如果纸币脱离了黄金作为其价值基础和数量依据原则，转而以其他别的原则作为

---

① 马克思：《资本论》第 1 卷，人民出版社 2004 年版，第 123 页。

其数量依据,那么纸币数量变动就与实际需要的流通手段变动不再一致,用纸币单位所表现的商品价格与商品价值量也会大相径庭。这样,使劳动形成价值、社会必要劳动时间决定价值量这些本质内容进一步被掩盖。

在货币形式发展过程中,纸币名称进一步疏远了它与贵金属之间的联系。马克思说,"物的名称对于物的本性来说完全是外在的。"^① 即使在货币发展的铸币阶段,货币的名称已经逐渐与贵金属的重量单位相脱离。但是毕竟铸币的物质实体还是贵金属,货币名称虽与其重量单位相脱离,但它仍是代表着一定数量的贵金属。在纸币阶段就不同了,货币的名称已不只是与贵金属的重量相分离,而且与贵金属本身相分离,成为单纯反映商品价格单位的名称。人们从纸币名称上看不出它究竟代表什么,正像马克思所说:"即使我知道一个人的名字叫邪雅各,我对他还是一点不了解。同样,在镑、塔勒、法郎、杜卡特等货币名称上,价值关系的任何痕迹都消失了。"^② 这样,纸币与贵金属之间的联系就只能依靠一定的机构制度规定来维系。一旦这些机构不肯继续维系纸币与黄金之间的关系,转而采取其他标准确定货币发行数量,商品的价格变动就与以往呈现出完全不同的现象。这正是在 20 世纪 70 年代以后发生的事情。70 年代布雷顿森林会议确定的美元与黄金挂钩、其他国家货币与美元挂钩的世界货币体系的解体,充当世界货币基础的美元与黄金脱钩,这就使货币作为价值尺度失去了其应有的"尺度"功能,变成纯粹的商品价格名称。至于这个名称代表什么、代表多少已经不再有什么依据,从这个名称及其数量的变动已经无法观察到价值的劳动实体以及社会必要劳动时间的痕迹。因此,人们从商品价格的运动来观察,很难发现用价格单位衡量的商品数量与生产商品的劳动之间的联系。

纸币脱离贵金属后,它的数量依据转向其他的标准,有些国家的货币按照既定的价格水平以及商品使用价值数量的增长程度,结合货币流通速度来确定货币发行总量;而有些则是以债务为抵押确定货币发行数量;20 世纪国家垄断资本主义的发展,使国家进一步把货币量作为宏观调控的政策工具,使商品价格变动与其含有的社会必要劳动变动进一步脱离。在现实经济生活中,人们只能看到商品数量与价格的变动,而这些变动与生产商品的劳动的变动又经常不一致,使价值由劳动产生、价值量由社会必要劳动时间决定这个基本事实被经常变动不羁的商品名义价格掩盖得面目全非。

尽管货币形式发生了巨大的变化,但是这并不能改变商品由劳动产生,价值因劳动形成的基本事实。因为,物质生产活动中生产力、劳动、劳动时间、劳动产品等之间的相互关系不是由人们主观决定的,而是由生产的物质技术规

---

①② 马克思:《资本论》第 1 卷,人民出版社 2004 年版,第 121 页。

律所决定的；商品经济的社会条件使劳动产品取得了价值的形式，这也是客观的，是社会生产关系这个客观依据所引起的，因此，价值的表现形态及其变动方式的改变，并不能从根本上否定由于客观的物质规律和社会关系所决定的价值本身运动规律。正如马克思所说，"在私人劳动产品的偶然的不断变动的交换比例中，生产这些产品的社会必要劳动时间作为起调节作用的自然规律强制地为自己开辟道路，就像房屋倒在人的头上时重力定律强制地为自己开辟道路一样。"① 只不过在当今性质变化了的货币，使商品价值的表现出现巨大的变形。而价值规律的作用方式也就更加复杂。

三、剩余价值的形态及其假象

马克思的价值理论深刻地阐释了价值、价值形式、货币等经济范畴的原理，使我们在认识现实的价值现象时有了清楚的思路和线索。但是，造成经济活动中价值现象扑朔迷离的不只是商品、货币的运动，剩余价值的运动及其货币运动的结合使现实的价值现象更加掩盖了劳动创造价值的本质，因此，要说明复杂多变的价值现象，有必要对剩余价值理论的有关内容加以阐述。

剩余价值理论是马克思主义政治经济学的基石，它揭示了生产领域内雇佣劳动关系所形成的资本占有工人创造的剩余价值这一本质。产业资本为占有剩余价值所作的循环运动是整个资本主义经济运动的基本动力。在资本主义生产过程中"工人超出必要劳动的界限做工的时间，虽然耗费工人的劳动，耗费劳动力，但并不为工人形成任何价值。这段时间形成剩余价值，剩余价值以从无生有的全部魅力引诱着资本家。"② 剩余价值生产在资本主义社会意识形态中造成了"资本创造利润"的表面现象。专门以对经济事物的表面现象和表面联系进行描述的庸俗经济学，则是用理论化的语言把"资本创造利润"这一现象加以论证，成为许多庸俗理论用以否定劳动价值论的依据。如果说在上面所述就一般商品经济而言的劳动、价值、货币等等范畴运动从认识领域妨碍了人们观察到劳动形成价值、社会必要劳动时间决定价值量等基本规律的话，那么，由剩余价值生产所形成"资本创造利润"假象就借助资产阶级的阶级偏见进一步掩盖了价值和剩余价值的源泉。

马克思从劳动过程的分析入手，说明资本主义生产过程不过是在雇佣劳动的社会关系下人类一般劳动过程的特殊社会形式，资本主义生产不仅是劳动产品的生产，同时也是价值形成与价值增值过程。在价值增值过程中，生产的客

① 马克思：《资本论》第1卷，人民出版社2004年版，第92页。
② 同上书，第251页。

观物质条件只是把自己的价值转移到商品中去，并不能创造新价值。它们在剩余价值生产中起着劳动的吸收器作用，"只是提供一种物质，使流动的、形成价值的力得以固定在上面"。① 因此，它们是不变资本。生产的主观条件——工人，在生产中付出劳动生产出产品，这些产品作为商品是工人在生产中付出劳动的凝结，成为价值的第一个存在形式。工人付出的劳动，不仅形成了补偿他自身劳动力所需要的价值，而且包含了被资本家无偿占有的剩余价值。

如果站在资本家的立场上，用他的投入—产出逻辑来观察，以上情况就表现为另外的样子。资本家是通过垫付资本来赚取剩余价值的，因此，剩余价值与他所垫付的资本之间形成直接的因果联系。所以，在他看来不是劳动形成了价值，而是资本创造了价值。当资本家把剩余价值看做是全部预付资本的产物时，剩余价值就取得了利润的形态，"资本创造利润"的观念就有了客观依据。资本家不会意识到，是生产资料的资本主义所有制使他能够以雇佣劳动的方式使用工人，从而占有工人的剩余产品。他把资本主义生产看做是生产的自然形态，把利润看做是资本的自然产物，"就像梨树的属性是结梨一样"。② 但是，他们并不能科学地解释"资本"作为生产的物质条件或是作为一笔价值怎样在保存了自身价值的同时又创造出"利润"的，因此，只能借助制造神话，制造"资本拜物教"来掩饰自己在科学上的无力。"资本创造利润"是所有歪曲价值源泉的庸俗理论的基本命题，其他许多命题，从 19 世纪萨伊的"三位一体公式"，到今天的"知识资本"、"知识价值论"无不是从这一基本命题引申出来的。

生产领域奠定的"资本创造利润"的基础性观念，在流通领域、在资本的竞争关系中不断地被巩固和加强。首先，不同生产部门由于各自的生产技术要求所形成的资本有机构成差别、资本周转周期的差别等都带来了各部门利润率的差别。但是，资本运动的目的就是为了价值的增值以及在此基础上的资本积累，同是资本但在不同部门却有不同的利润率这一事实是与资本的逻辑相矛盾的，因此，部门间资本会因追逐较高的利润率展开竞争。部门间资本竞争的结果形成了平均利润率，商品的价值转化为生产价格，这一转化使价值形态的劳动产品在资本之间出现了重新分配，因而商品的价格基础发生了形变。资本家在生产中使用的劳动多少只与他支付工资的多少有着一定的联系，而与他所获得的利润不再有直接的联系。相反，他们所获得的利润却与垫付的资本量有了更紧密的相关关系。部门间资本竞争形成的利润率平均化从数量上巩固和加强的"资本创造利润"的假象，掩盖了价值真实的源泉。

---

① 马克思：《资本论》第 1 卷，人民出版社 2004 年版，第 249 页。
② 马克思：《资本论》第 3 卷，人民出版社 2004 年版，第 441 页。

资本的运动是生产与流通的统一，当资本运动中生产与流通活动出现进一步分工后，就形成了流通创造利润的假象。商业资本是资本循环过程中的商品资本的独立化，它通过完成资本从商品形式向货币形式的转化使资本的循环得以最终真正完成。商业资本活动于流通领域，虽然它在流通中的活动并不创造价值，但是作为资本它仍然要求获得与自己垫付数量相应的平均利润。这部分利润实际上来自产业资本让渡的剩余价值，但在事物的表面观察到的却是商业资本的流通活动也"创造"出了利润。利润的源泉与生产进一步疏远。

生息资本或借贷资本是资本运动中产生出的最表面、最具拜物教性的资本形式，它通过向职能资本家出借资本，以利息的形式占有产业工人创造的一部分剩余价值。生息资本是一种所有权资本，生息资本家无需参加任何生产、流通活动，仅凭对资本所有权的控制，实现无偿占有其他资本从工人身上榨取的剩余价值。这一事实呈现在经济的表面就成为"资本创造利息"的"事实"，从而使资本拜物教的神秘观念达到一个相当表面化的程度。马克思说"正是在资本—利息这个形式上，一切中介都消失了，资本归结为它的最一般的、但因此也就无法从它本身得到说明的和荒谬的公式"。①

在土地作为主要生产资料的生产领域，如广义的农业、矿业等，土地所有者凭借对土地资源的控制能够以地租的形式占有在土地上经营的产业资本家所榨取工人创造剩余价值的一部分。由此产生了"土地创造地租"的假象，也成为掩盖劳动作为价值真实源泉的事实。

以上所述的过程，一步步地掩盖了劳动在价值形成中的真实作用，造就了种种虚构的价值源泉。

四、虚拟资本及其膨胀

虚拟资本是借贷资本发展的产物，它的出现衍生出大量种类繁多的没有价值但却有价格的交易物，形成了不断膨胀的金融市场。虚拟资本的出现是价值运动的一个新的阶段，与上面所论述的资本在其向表面化发展形成的各种范畴对剩余价值源泉的掩盖不同。在上述领域中，无论是产业利润、商业利润还是利息、地租等，就其内容仍是产业工人在生产劳动中创造剩余价值，各种范畴形式只是把它们的源泉虚假地表现为资本、土地、企业主"劳动"，等等。虚拟资本的情况则不同，虚拟资本的货币价格是没有价值基础的价格，所以它不是把源于劳动的价值表现为来自其他源泉，而是它的价格背后根本没有劳动作为基础。虚拟资本的这一特征，经济中有可能出现这种没有价值的价格迅速膨胀的现象。

① 马克思：《资本论》第3卷，人民出版社2004年版，第925、926页。

虚拟资本的产生并没有改变在真正的商品生产与流通领域，商品用货币表现价值的情况。因此，与真正的商品领域相比，虚拟资本的运动使货币原有的职能发生了"异化"。形式上货币同在商品领域一样执行着价值尺度、流通手段等职能，但是在内容上，它所媒介的却是没有价值的虚拟资本的流通和交易，货币在同一价格名称下媒介着内容完全不同的交易物。货币职能的这一异化现象，为资本的价值增值创造了新的形式。在虚拟资本运动的领域资本不必借助生产过程直接剥削劳动，只须利用虚拟资本的价格涨落以创业利润的形式赚到钱。所谓"创业利润"就是同一笔资本作为带来利息的资本和作为带来利润的资本相比所产生的溢价。同时，在证券市场上各种因素影响着供求进而影响着证券的价格，因此，资本在这领域可以利用价格的涨落实现货币资本的价值增值。由此赚到的货币资本与在商品流通领域运动的货币并无两样，因此，通过经营虚拟资本可以使金融垄断资本更快地增值，加强了它们在整个经济中的统治地位。

经营虚拟资本所实现的价值增值的源泉是什么？如果说经营虚拟资本可以"创造价值"，那无论从理论上还是从实践上都是说不通的，因为，虚拟资本的买卖并不能创造产品也就不能形成价值，买卖中的价格变动只能是已有的价值在买卖双方的重新分配。由此可以推论，经营虚拟资本所获得的价值增值最终只能是来自于生产领域工人创造的剩余价值。但是，虚拟资本在流通中价格涨落带来的价值增值又与前述利润、利息、地租等增值形式有所不同，利润、利息、地租等形式都是直接分配生产领域创造的剩余价值形成的，而虚拟资本获得的价值增值却是以流通交易的方式对他人财产的占有，因此，这种增值是以更为间接的方式对剩余价值进行分配所得。从理论上讲，国民收入中用于工人劳动力再生产的部分必须维持工人阶级的生活，创造这部分价值的劳动是必要劳动，必要劳动是一切剥削制度存在的基础，当然也是资本主义生产关系存在的基础。"这种劳动对工人来说所以必要，是因为它不以他的劳动的社会形式为转移。这种劳动对资本和资本世界来说所以必要，是因为工人的经常存在是它们的基础。"[①] 可见，必要劳动形成的价值是不能用来经营虚拟资本的，理论上讲，在虚拟资本市场上运动的货币资本都是直接和间接地来源于剩余价值，因此说，经营虚拟资本带来的价值增值最终源泉也是产业工人创造的剩余价值。

但是，资本无限增值的本性决定了它千方百计地扩充其价值增值的源泉，把工人的必要劳动也纳入金融垄断资本的占有范围是这种扩充的努力之一。由于工人阶级的经济地位，使他们的收入被限制在当时社会标准下维持劳动再生产的水平，消费范围受到严重限制。为把价值增值的源泉扩展到工人的必要劳

---

① 马克思：《资本论》第1卷，人民出版社2004年版，第322页。

动领域，借贷资本通过向工人发放贷款的方式在扩大他们消费范围的同时把他们置于债务人的地位，藉此以利息的形式占有他们必要劳动的一部分。对工人的消费性贷款不仅使工人背上还款和利息的负担，被置于资本的控制之下，而且，也为因剩余价值生产而形成的生产过剩开辟了市场。

虚拟资本不断发展不仅使真正进入生产、流通领域增值的资本被证券化而出现在资本市场上，而且进入非生产领域的贷款也被证券化为虚拟资本进入流通，作为价值增值的手段成为资本买卖的对象。

在借贷资本和虚拟资本，以及资本市场的发展基础上，货币的属性也发生了变化，对虚拟资本的增值起着推波助澜的作用。货币是商品流通的产物，是固定充当一般等价物的特殊商品。但是货币发展到纸币阶段时，货币的数量由发行机构决定，在货币脱离金本位（或银本位）时，货币发行的数量依据也发生了根本的变化。在资本主义金融市场上，债务人的债务同时也成为债权人的资产，有资产作抵押就可以借到货币。因此，国债成为向中央银行借款的抵押，使中央银行增发货币。银行系统自身也可以通过货币乘数使一定量的基础货币成倍地扩大；中央银行也可以通过调整货币准备金率来增加或减少基础货币的发行；中央银行的基础利率也对流通中的货币数量具有调节作用。这样，货币数量就不再以商品流通的实际需要为依据，而是与债务的增加联系。由于货币同时充当着商品流通的媒介和虚拟资本运动的媒介，如果经济中货币量不断地增加，在纸币流通规律的作用下，增加的货币会被流通中的商品、虚拟资本的价格上涨所吸收。其中，尤以虚拟资本在数量、价格上的膨胀更加突出。虚拟资本价格的上涨适应了金融垄断资本利用虚拟资本运营实现价值增值的需要，成为资本增值的新形式。

虚拟资本的发展使具有货币名称的财富资产大幅增加，似乎实现了不用生产过程作媒介而赚到钱的神话。虚拟资本的运动领域里货币价格远远地脱离劳动而存在、膨胀，同时，在这里赚取的货币资本同样可以在物质生产领域投资、消费，购买到由真正的劳动生产出的物质产品。因此，虚拟资本的增值方式大大增强了资本创造价值、流通创造价值、金融创造价值等拜物教观念，相反，劳动创造价值的事实被深深掩藏在膨胀的虚拟泡沫的深处。

由货币原因引起的虚拟资本市场膨胀使金融垄断资本价值增值的能力与程度大大提高，那么，由此获取的价值增值其源泉如何呢？对这个问题的回答并非简单地归结为剩余价值而告完成，因为，由于货币的不断注入形成了虚拟资本价格膨胀带来的资本增值，就其直接源泉并不是劳动所创造价值的货币表现，而是没有价值的价格，所以，说它们是剩余价值的转化形式似乎有些牵强。对于它们的性质、源泉的认识需要根据马克思有关资本范畴的理论加以深入理解。

马克思的资本理论是在运动中对资本的全面阐述，其中一个重要内容就是资本是一种控制力，是对劳动的控制力。在商品生产领域，资本通过控制生产的客观条件来控制劳动过程，进而控制剩余产品和剩余价值。在虚拟资本领域，资本的增值是由于资本市场上货币量增加所带来的，这些货币有的直接来自商品生产与流通中形成的剩余价值甚至一部分劳动力价值，有的则来自于中央银行注入的货币资本，但是，不管怎样其结果是造成了货币资本在金融垄断资本手中的大规模集中。这些集中起来的货币资本可以代表实际生产部门生产的物质财富，事实上构成了金融垄断资本对实际部门创造的剩余价值的控制权。因此，尽管金融垄断资本获取的部分利润可以不是最终源于生产领域工人的剩余劳动，但它们最终都转化为对物质生产领域剩余劳动的控制权，它们仍构成对真正剩余价值的占有关系。这是资本和剩余价值按照自身发展的必然逻辑结果。

从以上各部分的叙述中，我们可以看到价值在运动中不断地发展演化的线索，即劳动—价值—价值形式（货币）—资本—剩余价值—虚拟资本—对劳动的全面控制。我们在经济生活中看到的只是商品、货币的运动，劳动形成的价值运动在商品、货币、资本、虚拟资本的不断演化中不断被掩盖，成为支配现实价值现象的深层本质。从表面看，人们可以任意举出价值（货币）不来源于劳动的"事实"，但是，劳动形成价值的事实却始终是以它固有的规律发生作用，不断地以新的形式展示着它的存在。尽管资本不断地创造出可以"不用生产过程作媒介而赚到钱"的神话，反复出现的金融危机又不断地使这种神话破灭，把劳动创造价值的原理不断地灌进金融垄断资本家的头脑之中。

第三节　马克思主义价值理论的研究方法

我们从价值的本质到现象，从作为劳动化身的物质财富一般体现的价值，到虚拟资本市场上凭借供求和增发货币形成的虚假价值，全面阐述了劳动价值论原理的理论要点。通过这样的阐述，我们可以了解到，劳动价值论的内容决不是由马克思凭空"规定"出来的几条干瘪的定理，而是从物质生产在分工和私有制条件下的社会关系对社会经济现象及其本质、经济范畴及其运动的全面考察。劳动价值论从方法上体现政治经济学作为一门社会科学所具有的独特视角和分析方法。因此，要对劳动价值论有准确、全面的把握，有赖于对马克思主义政治经济学方法的理解。

一、从哲学世界观层次认识价值范畴的客观性

价值是现实经济活动中运动着的客体，价值论的任务就是要阐明这个实体本身的性质、表现形式和运动规律。面对这个任务，首先一点就是要对这个实体是什么作出正确的基本判断，这又要基于科学的哲学世界观方法论。马克思主义劳动价值论乃至整个政治经济学的哲学思想是辩证唯物主义和历史唯物主义，按照这一思想，在认识人类社会时，要把人类物质生活资料的生产活动作为人类最基本的活动，因为，只有物质生活资料的正常再生产才能够保证人类及社会的生存、延续和发展。物质生活资料生产的生产力决定着人们在生产中的交往方式进而决定人们在生产中的相互关系，即生产关系。而对于社会来说生产关系才是决定社会总体面貌的基本原因。因此，从生产关系的分析认识经济事物是马克思主义政治经济学的基本特征，当然也是马克思主义价值理论的基本思想方法。

对于价值这个事物来说，我们首先要判定，它是客观的还是主观的，是依不同人的判断而存在的呢？还是在经济生活中运动着的客观实体呢？在这个问题上，马克思主义首先与形形色色主观价值论划清了界限，认为价值是客观的经济范畴。这一点从现实生活中价值的运动支配着人们的行为就可以很容易感觉到。

二、从社会生产关系的分析来看价值范畴的客观性

在承认价值的客观性这一前提下，下一个问题就是：价值是怎样的客观实体？对于这个问题的理解，在人们思想深处存在着很大的分歧，尽管"直到现在，还没有一个化学家在珍珠或金刚石中发现交换价值"，[①] 但是，在许多人的思想意识中却总是下意识地把价值当做某种不可言状的物来对待。这就是马克思所专门批判过的"商品拜物教"。近年来，有些人在对劳动价值论进行反思时，把价值理解为某种超自然的物，把劳动创造价值理解为劳动，即体力、脑力的支出，能够创造（或转化为）这种超自然的物，简单化地认为脑力劳动、流通和金融领域的劳动以及物化劳动都能创造价值。这些观点都忽略了价值的本质，没有真正理解价值创造的奥秘。

在马克思主义看来，承认价值是客观的并不等于承认价值是某种物。马克思在《资本论》中对商品拜物教的分析批判，十分清楚地阐明了商品、价值的本质是特定生产关系赋予劳动的特有社会形态，同时也指出了人们对价值范畴

---

① 马克思：《资本论》第 1 卷，人民出版社 1975 年版，第 100 页。

认识的商品拜物教的形态，指出了商品拜物教观念的认识根源和阶级根源，科学地揭示了价值不是物，是体现在物上的生产关系。马克思的分析准确地说明了价值的客观性和社会性，实现了对古典政治经济学劳动价值论的革命性改造。因此，理解劳动价值首先须在思想方法上摒除把价值当做物来对待的拜物教意识，这就要求从历史和发展的角度看待商品社会，认识到商品社会，包括商品、经济高度发展的资本主义社会，都是人类社会发展的各个阶段，把这些阶段上生产的特殊形态与人类生产一般加以区分，这样，才能认识到在这个阶段上的社会经济特征。劳动产品的价值形态正是这个社会所赋予劳动产品的。有了这样的认识，就可以摆脱对价值理解中的拜物教观念。

三、马克思主义价值理论中的辩证思想方法

对于劳动价值论的理解还需要运用辩证法的思想方法，这一方法要求系统地、全面地并且是在发展变化中把握和理解价值范畴。按照这一思想方法，劳动价值论所说的价值是一个在运动中不断变换形态、分割数量、派生出新范畴的客体，理解劳动价值论不仅要了解价值的形成，也要了解价值的表现以及它在不同的关系下演变出的范畴。当前对劳动价值论的种种误解往往是由于未从价值范畴的表现、转化来把握价值范畴才产生的。

第四节　劳动价值论的发展

理论是实践在其抽象形态上的反映，实践的发展也必然要求和促进理论的发展。马克思主义的劳动价值论也是要在实践中不断地发展以反映价值领域实践的变化。

一、价值理论发展的实践意义

在实践中发展劳动价值论首先需要对劳动价值论的内容及其作用有正确的理解。本文之所以在前面详细地阐述劳动价值论的思想要点也正是为了让读者准确深入地理解劳动价值论的内容。对劳动价值论作用的把握，就是要弄清劳动价值论所阐述的实践是社会经济活动本质，是决定社会经济整体发展方式层面上的实践，而不是为某些人在谋取局部利益时所面对的"实践"。它阐述的是作为社会经济核心层面的生产系统的结构及其运动规律与外部表现，而不是谁创造了多少名叫"价值"的超自然物。因此接下来，发展劳动价值论就需要对

劳动价值论所阐述的实践进行认识。

近几十年来，社会经济实践发生了重大的变化，相应地，价值的运动也进入了一个更加复杂多变的时代。阐明这种变化及其趋势，研究在这种变化中如何准确地把握经济变动的规律，建设适应这种变化的合理的生产劳动系统，保持和促进经济的持续、平稳发展，使之成为社会大众不断增长的物质文化需要的无尽源泉。

二、信息社会与价值理论的发展

社会实践发生的重大变化之一就是科学技术的不断突破，信息革命迅猛发展，这一变化给经济领域带来的影响是使人类劳动中科技开发、信息处理的劳动日渐增加，其劳动成果不断地改变着人类物质生活的形态与构成。对此，有学者主张科技劳动创造价值，认为科技劳动也是劳动，所以也创造价值，而且科技劳动是智力劳动，能创造比一般劳动更大的价值，理由是科技创新产品可以在市场上高价出售，给生产这类产品的企业带来丰厚的利润。这一观点虽然看似正确，坚持了劳动价值论并有事实支持，其实是值得商榷的。这种观点把科技劳动神秘化，观点背后仍是以对价值的拜物教理解为基础的。实际上，科技创新产品能够在市场上卖出高价、为企业带来丰厚利润的事实，可以用创新企业短期在市场上的垄断加以解释。

科技研究与开发型劳动与生产劳动不同之处在于，前者的劳动内容是深化与扩展人类对自然规律及其应用方式的认识，提高人类运用自然规律解决生产问题的能力，而后者则是在掌握这种能力的基础上应用这种能力制造出所需要的产品，因此，两者在人类物质生产活动一般的层次上就存在着区别。马克思说："劳动过程结束时得到的结果，在这个过程开始时就已经在劳动者的表象中存在着，即已经观念地存在着。他不仅使自然物发生形式变化，同时他还在自然物中实现自己的目的，这个目的是他所知道的，是作为规律决定着他的活动的方式和方法的，他必须使他的意志服从这个目的。"[1] 马克思是把劳动者在生产观念上存在着的目的和方法作为劳动过程的前提加以对待的，人类劳动的特征就存在于劳动过程，并以这些观念上存在的目的和方法所指导。近几十年科技革命和信息革命对生产活动的影响就在于，创造人们物质生活资料生产活动的这些前提的活动日益突出，使生产活动的形态、内容处于不断地变动之中。这种情况，使物质生产领域中商品生产的社会必要劳动时间也就失去了它原有的稳定性，原有的社会必要劳动时间不断地被改变，作为价值载体的物质产品

---

① 马克思：《资本论》第 1 卷，人民出版社 2004 年版，第 208 页。

也在不断地改变，使生产者的劳动更加具有不确定性，这种不确定性也使企业的经营环境不断地动荡。正像马克思所说的，"某种产品今天满足一种社会需要，明天就可能全部地或部分地被一种类似的产品排挤掉。"[①] 这种不确定性和动荡的环境，也像人们面对不可理解的自然现象一样，希望有什么神秘的东西能够解救自己，因此，科技、知识往往被人们赋予价值创造的神话奇迹。在科技劳动地位日渐凸显的时代，我们更应从劳动系统生产关系的变化，以及这种变化所引起的价值及其分配关系的变化来丰富劳动价值论的内容，而不是简单地去更改已有的内容。

科技革命和信息革命对经济系统中劳动结构的影响是十分复杂的，主要反映在：第一，对于生产活动来说，作为创造知识和开发技术的"前生产阶段"不断地扩大，从而有力地推动着生产活动的变革。第二，对于流通领域来说，大大改变了其中的劳动手段和劳动方式，提高了劳动的效率。就价值理论的讨论来说，这里仅就前一方面谈一些看法。以知识的获取和技术的开发为基本内容的"前生产阶段"所生产的不是产品而是信息类的成果，这类成果与物质产品及服务的区别根本不在于其形态，而在于作为信息它们具有共享性，不会因一个人的获得而使另一个人占有的程度减少。再有，就是它们的复制成本比形成成本要少得多，甚至可以少到忽略不计的程度。因此，这种劳动生产的事实上是公共产品，而作为公共产品的生产者与其他生产者的生产关系也就与形成价值的生产关系有着根本的区别。既然如此，"前生产阶段"的劳动实际上也就不形成价值。在这阶段的劳动与生产部门及其他经济部门表面上的价值关系，实际上是商品经济条件下，商品、价值关系普遍化在"前生产阶段"活动上的映射。另一方面"前生产阶段"的成果因对增加企业的竞争能力有重大提升作用，所以国家、企业都在尽力付重金进行基础研究和技术开发。凭借对科学技术的垄断，使得掌握先进科学技术的国家、地区、企业在与落后国家、地区、企业进行经济往来时，可以获取后者更多劳动生产的产品。发达资本主义国家往往还通过虚构所谓的科技服务、专利等无偿占有发展中国家大量剩余劳动，并自诩为高科技创造的价值。更有甚者，他们凭借对技术的垄断，对于一些发展中国家急需的药品制定垄断高价，以获取垄断高额利润。

科学研究和技术开发的劳动成果的特殊性，尤其是公共产品的性质，要求它的使用真正体现其公共产品的属性，使这种劳动成果真正成为解决人类面临的各种问题的手段。但是，资本主义生产关系使一切能够被垄断占有的对象都被用作占有他人剩余劳动的手段。面对这一现实，劳动价值论乃至整个马克思

---

① 马克思：《资本论》第 1 卷，人民出版社 2004 年版，第 127 页。

主义政治经济学的任务，在于从本质上认识当代科技革命带来的经济中劳动性质、结构变化给生产关系带来的变化以及这种变化的影响、趋势。而不是戴着商品拜物教的眼镜通过论证科技劳动创造更多的价值来"发展"劳动价值论。

三、经济全球化与价值的全球运动

价值领域在当代所面临的另一重大现实问题就是经济的全球化所引起的价值运动全球化。国际贸易、国际投资、国际融资形成了商品、货币在世界范围的交流。世界经济领域各国的货币名称不同（即商品的价值形式不同）、产业结构存在很大差别、国际贸易与投资对资金的供求导致的汇率波动、加之各国货币政策不同等，都使价值在国际经济的表现与运动呈现经常变动的状态。国际垄断资本在世界上的投资以及利润的转移等也通过国际货币与金融的途径影响着价值的表现与运动。因此，在世界范围的商品、货币运动中存在着大量的不等价交换和收入转移现象，这些不等价交换和收入转移的背后事实上是剩余劳动的转移。从 20 世纪 50 年代到 70 年代，西方一些著名的马克思主义经济学家遵循剩余价值理论的思想，提出了经济剩余的范畴，并用这一范畴深入分析了发达资本主义国家是如何攫取殖民地和发展中国家的经济剩余，剥削殖民地和发展中国家劳动人民的。这一范畴在西方马克思主义学者中得到了广泛的接受，反映垄断资本国际统治的"中心—外围"理论、"依附理论"等也都将这一范畴吸收为自己的重要内容。

四、当代资本主义金融化与价值理论

当前，美国金融垄断资本通过经济的金融化和金融活动的不断翻新，实现价值增值是十分引人注目的现象。值得注意的是，美国利用美元充当国际储备的特殊地位，利用脱离劳动或产品作价值基础的货币发行方式，无偿占有其他国家特别是包括中国在内的新兴工业化发展中国家的劳动产品，创新了传统的剥削方式。但是，这些并不是对劳动价值论的否定，相反，它警示我们尽管表面上货币、价值的运动似乎早已经远离劳动，但是劳动作为价值实体，作为商品、货币表面价值运动背后的基础总是要通过危机的方式强制地贯彻自己。合理的货币、金融体系背后的深层要求是形成一个合理的劳动交换体系。只有在世界范围内充分地尊重社会化、世界化劳动运动的规律，才能从根本上避免经济危机，而这些在以资本为中心的世界经济中是难以做到的，需要有劳动的力量不断地抗衡资本的力量才能缓解危机。

第三章 马克思主义分配理论及其发展

在市场经济中，收入是每个人、每个家庭最为关心的事情。然而收入分配也是人们最为困惑的事情。下面我们从马克思主义政治经济学理论的角度探讨有关收入分配的问题。

第一节 分配关系是生产关系的反面

一、马克思分配理论的学术背景

政治经济学中的分配，在其通常的意义上来讲，指的是产品的分配或收入的分配。"人们用这种分配关系来表示对产品中归个人消费的部分的各种索取权。"[①] 经济过程是一个包括生产、分配、交换、消费等过程在内的运动整体。马克思在谈到生产与分配、交换、消费的一般关系时提到了当时经济学家们的看法。马克思说，"肤浅的表象是：在生产中，社会成员占有（开发、改造）自然产品供人类需要；分配决定个人分取这些产品的比例；交换给个人带来他想用分配给他的一份去换取的那些特殊产品；最后，在消费中，产品变成享受的对象，个人占有的对象。"[②] 在马克思写作《资本论》的时代，经济学对于分配关系有三种主要的看法，一种是以萨伊为代表的庸俗经济学的看法，他们的分配理论中心就是三位一体公式，即劳动—工资、资本—利息、土地—地租。三位一体公式表现出各种要素与对应的收入在社会表面上形成了一种和谐的一致。另一种是李嘉图为代表的古典政治经济学的看法，他们把分配问题看做是经济学的中心问题，李嘉图以自己的劳动价值论为基础，揭示了三大阶级在分

---

① 马克思：《资本论》第 3 卷，人民出版社 1975 年版，第 994 页。
② 《马克思恩格斯选集》第 2 卷，人民出版社 1972 年版，第 91 页。

配关系中表现出的对立。再有就是以约翰·穆勒为代表的折衷主义理论，他认为，资本主义生产是合乎自然的，但是分配却是人为的，人为的分配方式给社会带来了许多不公平，因此，可以在"自然的"资本主义生产基础上，改变"人为的"分配关系达到社会的完美统一。

二、马克思分配理论在其经济理论中的地位

马克思就是在这样的历史和学术背景下，开展自己对分配问题的研究。马克思在《资本论》和此前的《政治经济学批判》中对分配问题做了精辟的论述，尤其是《资本论》。马克思在这部巨著中全面地分析了与资本主义生产方式相适应的生产关系和交换关系，这样就把对分配关系的概括建立在对资本主义分配具体形式及其形成原因的详尽了解之上。

马克思并不把分配关系看做是一种独立的经济关系，并不把它看做是人们可以完全自由处置产品的一个领域。马克思认为，"分配关系本质上和生产关系是同一的，是生产关系的反面"①。在马克思主义政治经济学中，生产关系这个概念经常在两种互相联系但又有区别的含义上使用，一种是狭义的生产关系，它是指直接生产领域或生产过程中的生产关系，通常简称为直接生产关系；另一种是较广意义上的生产关系，它是指由直接生产关系决定并反映其要求的，在分配、交换乃至消费领域中表现出来的人们之间的经济关系。马克思所说的"生产关系的反面"就是说，分配关系是由直接生产领域的生产关系所决定，并反映着生产领域生产关系性质和要求，产品分配的原则及数量的规定性的基本框架结构已经由人们在生产中的相互关系所决定了。

那么，直接生产关系又是怎样决定着产品的分配关系呢？为了说明这一点，马克思提出了另一个分配概念。马克思说，"照最浅薄的理解，分配表现为产品的分配，因此它仿佛离开生产很远，对生产是独立的。但是，在分配是产品的分配之前，它是（1）生产工具的分配，（2）社会成员在各类生产之间的分配（个人从属于一定的生产关系）——这是上述同一关系的进一步规定。这种分配包含在生产过程本身中并且决定生产的结构，产品的分配显然只是这种分配的结果。……有了这种本来构成生产的一个要素的分配，产品的分配自然也就确定了。"② 马克思这段话包含了两层内容，第一，现实的生产并不是单纯的人与自然之间的作用过程，它本身也包含一定的生产关系所赋予的特有规定性。所谓生产工具的分配反映着社会成员之间对于生产条件的占有关系，这也就是通常

---

① 马克思：《资本论》第3卷，人民出版社1975年版，第993页。
②《马克思恩格斯选集》第2卷，人民出版社1972年版，第99页。

所说的生产资料所有制。社会成员对生产资料的关系最终通过产品的分配体现出来，如果不是这样，那么，人们对生产资料的占有从经济上来说就是没有意义的。第二，生产并非像资产阶级经济学家所说的那样是永恒的自然的活动，它的面貌像产品分配一样是受特定历史条件所决定的。"如果考察生产时把包含在其中的这种分配（指生产条件的分配——引者注）撇开，生产显然是一个空洞的抽象。"① "这种分配关系赋予生产条件本身及其代表以特殊的社会性质。它们决定着生产的全部性质和全部运动。"② 马克思的这些论述告诉我们，应当从哪里入手去考察分配问题。

第二节　资本主义分配关系及其形成逻辑

分配关系是生产关系的反面，要了解资本主义分配关系的形成逻辑，就要从认识资本主义生产关系特别是从生产资料所有制的性质入手。

一、资本主义分配关系与生产关系

表面上看，市场经济中人们的收入形式是多种多样的，工资、薪金、红利、股息、利息、租金以及其他一些收入形式。这些都是对年产品中可供分配的部分的索取形式。一年的产品并不是都可以用作收入分配的，在资本主义经济中，全部年产品首先应从价值上划分为资本和收入，其中必须首先扣除用于补偿不变资本的部分，剩下的部分才能作为收入在社会成员之间分配。这里工人的工资先是以资本的形式与工人对立，在这部分资本的支配下，工人一方面获得了由资本家可变资本转化而来的工资收入，另一方面工人本身变成了可变资本的实物存在形式，他必须通过自己的劳动创造一个工资的等价物偿还给资本家，并创造出超过工资以上的剩余价值。后者构成了社会上除工资以外的其他形式收入的源泉。可见，可供分配的不是一年的全部产品，而是工人创造的新价值。

资本主义制度下劳动条件的分配是怎样的呢？这种分配的状态就是"生产出来的劳动条件和劳动产品总的说来作为资本同直接生产者相对立。"③ "这些劳动条件转化为资本这个事实，又意味着直接生产者被剥夺了土地，因而存在

---

① 《马克思恩格斯选集》第2卷，人民出版社1972年版，第99页。
② 马克思：《资本论》第3卷，人民出版社1975年版，第994页。
③ 同上书，第993页。

着一定的土地所有权形式。"① 用通俗的话来说，就是劳动工具、劳动对象以及劳动者生活所必需的生活资料并不是直接作为从事生产劳动的条件存在的，而是作为资本和土地所有权出现在劳动者面前。其中，资本占统治地位，土地所有权服从于资本的运动，是在资本运动的基础上发挥职能的。在整个《资本论》中马克思已经充分说明，生产条件并不等于资本，只有它们作为生产和获取剩余价值的手段时，它们才成为资本。而只有直接生产者被剥夺了一切生产条件，必须通过出卖劳动力的方式与生产条件结合在一起的时候，生产条件才成为它的所有者生产和获取剩余价值的手段。因此，劳动条件和劳动者的分离是资本主义生产关系的必要基础。

除此以外，资本主义生产方式还有两个基本特征：其一，商品经济的高度发展，商品经济关系的普遍化，不仅劳动产品的价值形式普遍化，而且，被剥夺了生产条件的劳动者本身也以商品、价值的形式存在。其二，价值增值、剩余价值的生产是生产的直接目的和决定性动机。马克思在《资本论》第 1 卷中指出，"资本并没有发明剩余劳动。凡是社会上一部分人享有生产资料垄断权的地方，劳动者，无论是自由的或不自由的，都必须在维持自身生活所必需的劳动时间以外，追加超额的劳动时间来为生产资料的所有者生产生活资料。"② 资本主义生产的特点，是这种"超额的劳动时间"所生产的产品采取的剩余价值的形式。生产资料的私人占有、商品关系的普遍化带来的劳动力转化为商品以及剩余价值生产共同构成了资本主义生产关系的特有基础。

二、劳动力成为商品是资本主义分配关系的基础

劳动力成为商品的基本原因在于社会上一部分人垄断地占有了生产的物质条件，丧失劳动物质条件的劳动力，为了生存就只能通过出卖劳动力来获取必要的生活资料。劳动力的出卖和出卖后的剩余价值生产过程，构成了资本主义分配关系形成的第一个机制。

在劳动力市场上，形式上的平等交易占统治地位，劳动力价值的决定同其他一切商品一样，是由它的再生产的费用决定的。但是，这种表面的平等背后隐藏着实际的不平等："劳动能力不卖出去，对工人就毫无用处，不仅如此，工人就会感到一种残酷的自然必然性：他的劳动力的生产曾需要一定量的生存资料，它的再生产又不断地需要一定量的生存资料。"③ 劳动力再生产的费用是由劳动力再生产所需要的生活资料的价值构成的，当然，"劳动力再生产所需要的生活

① 马克思：《资本论》第 3 卷，人民出版社 1975 年版，第 994 页。
② 马克思：《资本论》第 1 卷，人民出版社 1975 年版，第 263 页。
③ 同上书，第 196、197 页。

资料"并不是简单地由劳动者及其家庭的生理需要所决定，在生理需要的基础上，历史、社会、道德的因素对于这个量的决定起着很大的作用。劳动者与资本家之间的交换使工人获得了自己的劳动力价值，同时，把一定时间内劳动力的支配和使用权交给了已变为资本家的货币所有者。"劳动力维持一天只费半个工作日，而劳动力却能劳动一整天，因此，劳动力使用一天所创造的价值比劳动力自身一天的价值大一倍。这种情况对买者是一种特别的幸运，对卖者也绝不是不公平。"① 就这样，在那个挂着"非公莫入"牌子的大门背后隐蔽的生产场所中，工人们借助各种各样的具体劳动形式，为资本家创造着价值和剩余价值。

工人所创造的新价值中，一部分用来补偿资本家曾用来支付工人的工资的可变资本，这部分价值虽然归资本家占有，但是，他却不能自由支配这部分价值，必须在再生产中用于重新购买劳动力；新价值中的另一部分构成了剩余价值，它直接构成了产业资本家的收入，并且它是社会其他一切形式收入的基础。工人创造的新价值以工资和剩余价值形式的分配是资本主义社会最基本和最本质的分配关系，它是直接由资本家和雇佣工人在生产过程中的支配和被支配地位决定的。社会上其他一切收入都是基于这两种收入形式产生的。看不到这一点，就会把其他一切收入都当做有着同等地位、有着相互并列和相互独立源泉的收入，从而陷入各种庸俗分配理论的窠臼。

三、"资本创造利润"假象的形成与巩固

资本主义生产的根本目的和绝对动机是生产剩余价值，但是在资本家看来，剩余价值不过是超过他预付资本以外的一个余额。"资本家究竟是为了从可变资本取得利润才预付不变资本，还是为了使不变资本增值才预付可变资本；他究竟是为了使机器和原料有更大的价值才把货币用在工资上，还是为了对劳动进行剥削才把货币预付在机器和原料上，不管人们怎样看，对资本家来说都是无关紧要的。"② 对资本家来说，重要的是他预付一个价值，要拿到一个更大的价值，拿到超过预付价值的余额。因此，资本家总是把这个余额与他预付的资本额对比，看自己的资本下了多少金蛋。资本家的这些观念，被庸俗经济学用术语表述出来，就形成了资本创造利润的理论。在资本主义生产方式占统治地位的社会里，在受资本主义生产关系观念束缚的人们看来，"资本创造利润"成了不争的事实。

社会对"资本创造利润"观念的认可，必然使资本要求等量资本带来等量利润。尽管投在不同部门的资本，由于所在部门的生产技术特征，使它所生产

---

① 马克思:《资本论》第1卷，人民出版社1975年版，第219页。
② 马克思:《资本论》第3卷，人民出版社1975年版，第50页。

的剩余价值与预付资本的比率是不会完全等同的，但是，资本追求更高利润率的要求，必然引起资本在部门间的流动和调整。不管这种调整是存量调整还是增量调整，资本间的竞争最终将使调节市场价格的基础从等量劳动相交换，转变为按照能使等量资本带来等量利润的价格来交换，以此获取共同的平均利润率。马克思称这后一种价格为"生产价格"，它是价值的转化形式，是竞争资本主义条件下市场价格的基础。

生产价格的形成，使剩余价值在不同部门的资本之间形成了重新分配，就个别资本来说，它所获得的剩余价值不是完全取决于它直接榨取的剩余劳动，而且要决定于社会上的平均利润率水平。这是资本主义市场竞争所形成的剩余价值在职能资本之间进行分配的机制。这一机制使"资本创造利润"的观念得以被资本主义的"现实"在数量上所证明。不论是产业资本还是商业资本，按照自己的数量获取相当于平均利润率的利润，是它们经营的基本要求。

四、"资本创造利润"观念的扩展

资本创造利润、等量资本带来等量利润，这些事实赋予了资本，尤其是货币资本一种神秘属性——它可以下金蛋，创造利润。这样，处在这样的生产方式里的任何一笔货币似乎都具有产生利润的属性，"创造价值，提供利息，成了货币的属性，就象梨树的属性是结梨一样。"[1] 谁掌有货币谁就掌有了按照平均利润率获取相应利润的机会。如果货币所有者把货币贷出，就有权利从使用货币资本的人手中索取"由这个货币生产的"平均利润的一部分，这就形成了平均利润的再一次分配——平均利润被分为企业主收入和利息。两种不同的收入形式出现了：货币所有者凭借对货币资本的所有权获取利息收入，而借入资本经营企业的资本家获得了扣除利息后的平均利润——企业主收入。在这一交易中，交易的双方分别是货币资本家与职能资本家，他们之间的区别只是一个拥有货币资本的所有权，另一个没有。具有货币所有权的货币资本家藉此获得利息，因而，不仅他自己，而且其他人也都会认为，利息是货币资本产生的。而对于借入货币资本的资本家，如果把货币锁在箱子里，再长的时间也不会增加一分钱，他必须把货币作为资本来使用，这就形成了职能资本家是靠经营"劳动"获取收入的现象。

五、土地所有权对社会产品的分配要求

在资本主义社会，土地仍是一种必要的生产资料，不仅对于传统的农业部门是这样，就是对于现代工业来说，土地也是不可缺少的立足场所。因此，土

---

[1] 马克思:《资本论》第3卷，人民出版社1975年版，第441页。

地私有权的垄断必然要求从这种垄断中占有相应的社会产品,这部分产品的价值形式就是地租。在资本主义生产方式中,资本是社会经济的主体,一切经济活动都是通过资本运动来完成的,一切都要服从于资本的利益。土地私有权也不例外,在资本主义生产方式下,古老的土地私有权被改造为与资本运动相适应的土地私有权。土地私有权的存在不能影响资本对平均利润的获得,因而地租必须从与土地使用有关的超额利润中来。级差地租、绝对地租都是来自与土地使用有关的超额利润。这就形成土地所有权与资本之间的分配机制。

至此,我们看到了植根于资本主义生产关系的整个分配关系结构。雇佣劳动制度,使每年新创造的价值分为工资与利润两大部分;资本家之间的竞争,使总利润按照资本量在资本家之间重新分配,形成等量资本等量利润的分配格局;货币资本家凭借货币资本所有权以利息的形式占有社会产品的一部分;土地所有者凭借对土地的占有将利润中另一部分——与土地使用有关的超额利润——以地租的形式占有。这就是资本主义分配关系的全貌。

第三节　资本主义分配关系的假象

然而,这一切都是以完成形态出现在我们面前。虽然我们从理论上了解了资本主义分配关系及其形成逻辑,但是,当它们以完成形态出现时,我们并不能从现象间的联系发现这种分配状况是如何形成的。相反,现象形态呈现给我们的是另外一种逻辑,这就是所谓的三位一体的公式。

一、作为庸俗分配理论集中体现的“三位一体公式”

马克思说:“资本—利润(企业主收入加上利息),土地—地租,劳动—工资,这就是把社会生产过程的一切秘密都包括在内的三位一体公式”。[1] 由于利润中企业主收入已经表现为资本家的“劳动”收入,“所以,上述三位一体的公式可以更确切地归结为:资本—利息,土地—地租,劳动—工资”。[2] 以后的西方经济学家,又把企业家的才能和冒风险列为收入的第四个来源。这样,在社会经济表面,劳动、资本、土地、企业家才能和风险等就都成为互相独立的收入源泉,每一个源泉都各自产生着相应形式的收入。按照西方学者的看法,它们产生的收入数量是由它们对生产的贡献所决定的,具体地说,是由它们的边

---

①② 马克思:《资本论》第3卷,人民出版社1975年版,第919页。

际生产力来决定的，也就是增加一个单位的某种要素，而使总产量增加，所增数量就是增加的这个单位的要素创造的，也就是它所应得之数。

这种现象和由此形成的理论，给我们展现的是一幅和谐的图景。由于每个人的资源禀赋不同，因而所获得的收入形式及收入数量也不同。每一种"资源"都创造出相应形式的收入奉献给它的主人。马克思说，"在这个表示价值和一般财富的各个组成部分同财富的各种源泉的联系的经济三位一体中，资本主义生产方式的神秘化，社会关系的物化，物质生产关系和它的历史社会规定性直接融合在一起的现象已经完成：这是一个着了魔的、颠倒的、倒立着的世界。在这个世界里，资本先生和土地太太，作为社会的人物，同时又直接作为单纯的物，在兴妖作怪。"① 在这个世界里，资本主义生产关系所赋予生产条件的特有形式同这些生产条件物质实体本身密不可分地结合在一起，人们把这些特有形式直接当成了生产条件本身。在生产当事人的日常观念和庸俗经济学的理论中，"资本"只是生产资料的"经济名称"而已，不过是经济学用来概括机器、厂房、工具乃至原材料等具体事物的专业术语。马克思说，"实际的生产当事人对资本—利息，土地—地租，劳动—工资这些异化的不合理的形式，感到很自在，这也同样是自然的事情，因为他们就是在这些假象的形式中活动的，他们每天都要和这些形式打交道。"②

二、"三位一体公式"错误理论的思想方法

那么，经济学家在做什么呢？庸俗经济学家不是科学地揭示事物的真实情况和运动过程，相反，"庸俗经济学家无非是对实际的生产当事人的日常观念进行训导式的、或多或少教条式的翻译，把这些观念安排在某种合理的秩序中。因此，它会在这个消灭了一切内部联系的三位一体公式中，为自己的浅薄的妄自尊大，找到自然的不容怀疑的基础，这也是同样自然的事情。"③ 庸俗经济学家的这种做法的原因之一是他们浅薄的思想方法。庸俗经济学家是非常讲究以"事实"为依据的，但是，他们所理解的"事实"不过是呈现在社会经济表面的现象，是可以被感官直接感觉到的外部联系。他们看到了没有生产的客观条件就不能进行物质资料生产，因而就断言这些客观条件在创造着产品的一个份额；他们看到了现实经济中各种事物的外部形式，就把这种形式直接当做事物的本身。他们还往往截取经济运动的一个片断，用以代替和说明整个运动。例如，他们看到了在一定的限度内事物之间具有一定量的关系，在生产工

---

① 马克思：《资本论》第3卷，人民出版社1975年版，第938页。
②③ 同上书，第939页。

具数量固定情况下，在一定限度内工人人数变动会引起产量的变化，因而，就断言所有要素的收入都是像这样以要素增量导致产量增量来决定。不仅数量是这样决定，而且，这种收入本身也是要素产生的。其实，这种所谓的边际增量的现象，只是复杂多样的生产过程中的一个很小片断上出现的现象，而庸俗经济学家竟把它推广到所有的情况，并把它当做全部理论的基础，用它来解释各种收入的产生。对于庸俗经济学家的这种浅薄，马克思说道，"庸俗经济学所做的事情，实际上不过是对于局限在资产阶级生产关系中的生产当事人的观念，教条式地加以解释、系统化和辩护。因此，庸俗经济学对于各种经济关系的异化的表现形式……感到很自在，而且各种经济关系的内部联系越是隐蔽，这些关系对庸俗经济学来说就越显得是不言自明的（虽然对普通人来说，这些关系是很熟悉的）。"[①]　在这段引言的删节号的地方，马克思提出了一个十分重要的科学思想："如果事物的表现形式和事物的本质会直接合而为一，一切科学就都成为多余的了。"[②]　正是基于这样的思想方法，马克思从来不是停留在事物的表面，而总是力求透过现象探寻事物的本质，用本质的运动规律说明事物的现象形态是如何颠倒和歪曲地反映本质的。

三、"三位一体公式"错误理论的阶级根源

庸俗经济学家把现象直接当做本质，不仅是出于他们的浅薄的思想方法，更根本的是出于他们所代表的阶级利益。马克思说，三位一体"这个公式也是符合统治阶级的利益的，因为它宣布统治阶级的收入源泉具有自然的必然性和永恒的合理性，并把这个观点推崇为教条。"[③]　把资本主义经济形式说成是生产的一般形式，或者是其他什么什么的一般形式，这是一切庸俗经济学的共同特征。只要做到这一点，就可以把由资本主义生产关系及相应的分配关系造成的贫困、贫富差距都归咎于自然，而且归咎于不可抗拒的自然规律，从而证明这种生产方式及其分配关系的自然必然性和永恒合理性。

第四节　次一级的分配关系对基本关系的掩盖

马克思在揭示资本主义生产方式内部结构的进程中，揭示了资本主义分配

---

① ② 马克思：《资本论》第 3 卷，人民出版社 1975 年版，第 923 页。
③ 同上书，第 939 页。

关系的基本框架及其与资本主义生产关系的密不可分。马克思在《资本论》中给自己规定的任务是"把资本主义生产方式的内部组织，在它的可说是理想的平均形式中表现出来"，[①] 而竞争的实际运动不在研究计划之列。因此，在现实经济生活中更大量的具体的、次一级的分配关系并没有在《资本论》中进行详细的讨论，但是在对基本分配关系的论述中，我们也可以看到马克思是如何分析这些次一级的分配关系的。这些次一级的分配关系构成了人们在经济生活中直接观察到的片断，这些片断也常常是庸俗经济学家论证他们理论的口实。

一、关于"按劳分配"

马克思在他设想的未来社会里，个人消费品的分配原则是按劳分配。按劳分配的准确含义是，在消灭了对生产条件的私人占有以后，社会上任何人都不可能凭借对生产条件的占有来获取收入。这时，在社会总产品中作了各项必要扣除以后，每个人只能根据自己的劳动量从扣除后所剩的社会总产品中领取相应的报酬。然而，在现实生活中，人们却简单地把收入与劳动挂钩看做"按劳分配"。事实上，这样的"按劳分配"在《资本论》中关于劳动力价值与"劳动价值"关系中，马克思已经有过论述。

马克思在《资本论》第 1 卷第 17 章对于劳动力的价值或价格转化为工资的论述中，下了很大的功夫去区分工人出卖的是劳动还是劳动力。马克思指出，"在商品市场上同货币所有者直接对立的不是劳动，而是工人。工人出卖的是他的劳动力。"[②] "政治经济学称为劳动的价值的东西，实际上就是劳动力的价值；劳动力存在于工人身体内，它不同于它的职能即劳动，正如机器不同于机器的功能一样。"[③]

但是，工资的实际运动却表现出它是"劳动的价格"，是与劳动的数量和质量相联系的一种收入。这也给了人们展示"按劳分配"的假象。马克思说"工资的实际运动显示出一些现象，似乎证明被支付的不是劳动力的价值，而是它的职能即劳动本身的价值。这些现象可以归纳为两大类：第一，工资随着工作日长度的变化而变化。……第二，执行同一职能的不同工人的工资间存在着个人的差别。"[④] 此后，马克思又具体分析了计时工资和计件工资两种工资形式，马克思指出，劳动力是按照一定时期来出卖的，因此，劳动力的日价值、周价值等就表现为计时工资。计时工资的形式使工人的收入与一定长度的时间联系

---

① 马克思：《资本论》第 3 卷，人民出版社 1975 年版，第 939 页。

② 马克思：《资本论》第 1 卷，人民出版社 1975 年版，第 587 页。

③ 同上书，第 589 页。

④ 马克思：《资本论》第 1 卷，人民出版社 1975 年版，第 593 页。

起来，这就产生了工作时间长短决定工资数量，从而产生了劳动量决定工资量的假象。这一假象在计件工资的形式上表现得更加突出。计件工资是计时工资的转化形式，它是把一定时期的劳动力价值，按照当时的生产率折合成为这一时期内所能加工的产品数量。计件工资加强了资本家对工人的控制，它有一种趋势，"就是在把个别工资提高到平均水平以上的同时，把这个水平本身降低。""计件工资是最适合资本主义生产方式的工资形式。"① 无论计时工资还是计件工资，都是资本主义企业把工人的劳动力价值向工人个人进行分配的具体方式。

如果说这就是"按劳分配"的话，这只能是一种在资本主义框架内的"按劳分配"，它以劳动者创造的价值分为劳动力价值和剩余价值为前提，它只施行于工资劳动者之间，把按照平均水平计算的一定量劳动力价值，按照提供的劳动数量和质量具体地分配给每个人，并没有超出马克思揭示的资本主义分配关系范围。

二、所谓复杂劳动和知识资本

马克思在分析利息与利润的关系时，揭示了货币资本家所获得的利息收入来自于职能资本家的平均利润，但是，在资本主义生产关系的作用下，利润分为纯利润和利息这种纯粹量的分割会在人们观念中转化为质的分割，其中，利息被看做由资本所有权产生的，企业主收入被看成职能资本家劳动的工资。

利润中作为企业主收入的部分也是分配领域产生假象的收入形式。庸俗经济学提出了各种依据来解释这部分收入的来源。有人说，这是高级的复杂劳动产生的工资；也有人说，这是冒风险获得的收入，收入与风险成正比；还有人说，这是他们的知识资本带来的利息。在现实经济生活中，其他收入形式在量的决定上是相对确定的，只有这一部分收入，受到生产过程和流通过程中种种复杂因素影响，收入数量并不确定。在生产领域，它受到要素购买价格、生产方法的选择、不变资本节约等因素的影响；在流通中，它受到特殊的市场行情、资本家的狡猾程度和钻营能力等因素的影响。因此，资本家或资本家集团利润的差别确实表现出他们把握市场经营规律能力的差别和"劳动"付出的差别，因而，资本家的利润就被看做所谓高级复杂劳动的结果。那些喜欢编造神话的经济学家们又进一步把这种收入说成是"知识资本"的产物，这样就达到了一种从科学上不可理解、不可通约的关系。这时，对于他们来说，一切就都清楚了，他就不感到还有进一步深思的必要了，因为，他们正好达到了资产阶级观念上的"合理"了。

---

① 马克思：《资本论》第 1 卷，人民出版社 1975 年版，第 608、609 页。

其实，对于这些说法我们只要仔细考虑一下，就会发现这些观念的"合理"也是很没有道理的。先看所谓的复杂劳动问题，复杂劳动和简单劳动的划分是马克思在《资本论》第 1 卷论述劳动价值论时提出的概念，马克思所说的复杂劳动和简单劳动指的是作为社会分工的不同的生产过程的劳动，而不是作为企业内部分工的同一生产过程中的不同劳动。复杂劳动在同样时间内形成的价值可以折合成多倍的简单劳动，这里马克思的分析背景是简单商品经济，它抽象掉了生产者在生产过程内的不同地位，生产者都是在市场上相遇的平等关系。而在资本主义企业内部，生产关系已经不同于简单商品经济，资本家已经处于支配地位，工人置于被支配地位。即使把资本家看做单纯的管理者，在生产过程内部他们与工人之间也已经不是交换关系，而是分工与合作的关系，他们在生产中付出的总劳动构成产品的价值。但是，这一点并不能决定在总价值中谁占有份额多少的问题。显然，价值的分配问题是不能用价值的创造来说明的。事实上，资本家与工人关系中决定性的是雇佣劳动关系。资本家的"复杂劳动"内容，就是凭借对生产条件的控制权，按照资本主义生产规律把社会产品的更大部分据为己有。

再看所谓风险收入的说法。风险并不会生产产品，社会并不会因一个人冒了风险就赠予他一份产品。无论如何，产品首先要生产，才有可能让冒风险的人获得。所以，冒风险只是获得产品，并不能生产产品。马克思在论述纯粹流通费用时曾经说过，"生意人碰在一起，就象'希腊人遇到希腊人就会发生激战'一样……事情并不因双方都想借此机会占有超额的价值量而发生变化。这种劳动由于双方的恶意而增大，但并不创造价值，正象花费在诉讼程序上的劳动并不增加诉讼对象的价值一样。"① 这段话同样适合这里所讲的事情。资本家所冒的风险绝大部分是资本主义生产关系所造成的，因而，冒风险是从事资本主义经营所必须做的事情。正如农民耕种土地，会因气候原因使收获面临风险，但是，在风调雨顺的年景农民会很清楚地知道得到的丰收是在良好的外部条件下进行劳动的产物，他们绝不会异想天开地认为丰收是冒风险的成果。风险不但不创造价值，而且只能使已有的社会产品毁于无谓的消耗。因此，冒险只是资本家为了占有别人劳动必须做的事。

最后关于"知识资本"。前面说过，在资本主义生产方式占统治地位的社会里，在受资本主义生产束缚的观念中，"资本创造利润"已成了不争的事实。于是便有人把凭借知识来控制生产过程从而在新价值中占有的较大部分看做"知识资本"的利润。知识是从事生产的条件，但它不是一种独立的生产要素，它

---

① 马克思:《资本论》第 2 卷，人民出版社 1975 年版，第 147 页。

只能通过生产力的物质要素体现出来，并通过它们发挥作用。自从人类产生以来，从来没有过不包含知识的生产力。只不过在相当长的时间里，知识并没有被垄断起来作为控制生产过程，占有劳动成果的手段，因而知识并未作为"资本"。只是在高度发展的资本主义经济中，在资本之间激烈的竞争中，"知识"赋予了资本一种更强的垄断地位，使它不仅在工人面前垄断占有了生产的物质条件，而且在其他资本面前也享有对特定形式的生产过程的垄断地位。由于知识作为一种信息所特有的传播性，资本主义生产关系特别构造了各种辅助性制度以保证知识对生产过程的垄断占有。因此，知识本身并不是资本，只是人们对客观世界的系统认识，只是资本主义生产关系下，它可以赋予占有它的人对于生产的某种垄断控制权，因而，在一些人眼中知识成了资本，成为能够独立创造收入的源泉。

三、关于"福利国家"的分配关系

福利国家是第二次世界大战后的几十年中在欧洲出现的一种资本主义模式。它是指在保持资本主义私人企业制度的前提下，由政府提供越来越多的旨在提高文明和文化水准所必不可少的社会服务和基础设施，包括社会保险、卫生保健、住房建筑、教育、文化活动等内容的国家。建立福利国家的目的是有意识地运用政府权力和组织管理的力量，在分配领域减缓市场机制作用的范围，矫正市场机制对无劳动能力者分配方面无能为力的缺陷，为一部分特殊的社会成员提供物质生活帮助。

福利国家形成了现代资本主义经济中的又一分配机制，它是工人阶级长期斗争、资本主义经济危机以及国际共产主义运动等多种影响使资本主义经济出现的内部调整结果。福利国家通过税收手段将资本家的一部分剩余价值，以及满足工人生活需要以上的一部分工资收入，通过再分配的方式，举办各种保险和服务。它的存在缓解了资本主义分配关系造成的社会问题，在第二次世界大战后几十年改善了资本主义国家工人阶级的生活状况。

福利国家的存在，从宏观上为资本经营提供了良好的外部环境，但是，它对剩余价值的再分配功能是直接与资本的利益相冲突的。20世纪70年代以后资本主义危机，此后兴起的新自由主义思潮以及经济全球化带来的自由主义扩张，都对福利国家产生了瓦解作用。削减福利，更多地强调个人的责任以及市场的作用，成为当今福利国家改革的共同趋势。这说明，作为根本制度的资本主义生产关系，仍然在努力克服各种不利于资本积累的因素，构造一种与自己相适应的产品分配关系。

四、关于公平与效率

公平与效率是人们在讨论收入分配问题时经常援引的一个命题，它的基本内容是讲在收入分配中公平与效率之间存在此消彼长的关系，如果分配中过分注重公平就会打击效率高的人的积极性，从而影响经济整体的效率；如果分配中过分注重效率，那个人之间效率的差别就会导致收入的巨大差距，使收入低的人群丧失公平感，从而引起社会的不稳定。这样一个命题在当前社会中已经被人们广泛地、不假思索地予以认同。但是，运用马克思主义政治经济学的思想考察这一命题，充其量反映了在非常局部的情况下收入分配对人们劳动积极性的刺激作用，片面地把它推到社会收入分配的一般规律的地位，就违背了马克思主义的基本原理，转变为一个欺骗群众，为剥削阶级占有劳动者创造的剩余价值的活动及其结果进行辩护的工具。

前面已经阐明，在社会生产中收入分配的基本结构、收入形式、收入数量都是由社会生产关系所决定的，并非是由所谓的效率所决定的。譬如，在生产领域工人与资本家之间工资与利润的分配难道说是由于工人与资本家的"效率"不同？我们知道，社会不同的阶级或利益集团在社会经济活动中的地位不同，所从事的活动内容不同，因而他们之间的"效率"根本不具备可比性。再有，所谓的"效率"说，在方法论上是以西方经济学的个人主义方法论来观察问题，它把经济生活中的个人看做是经济活动的基本单位，把收入分配看做每个人以其个人的资质为依据从社会总产品中直接取出相应的部分。而马克思主义经济学则是以阶级分析为基本特征的，社会总收入首先是根据各个阶级在社会生产中的相应地位划分为各个阶级的收入，而各阶级的收入又根据各自不同利益集团的地位和控制能力划分为各集团的收入。因此，所谓"效率"根本不能构成收入分配的依据。只有在同一收入形式内部，收入的数量才与相应活动的"贡献"相联系。"公平"也不是一个抽象的、永恒的原则，而是一定社会生产关系的要求在人们头脑中的反映。当一种分配方式与占统治地位的社会生产关系的要求相一致时，人们便认为是公平的。所以，公平的内容也是由社会生产关系所决定，离开了社会生产关系，只从收入分配的均等程度来谈公平，是不可能理解公平的科学内涵的。

第四章 马克思主义企业理论及其发展新探

  企业理论是国内外经济学研究的热点问题，也是我国企业改革和发展的重要理论基础。20 世纪 90 年代以来，以科斯为代表的新制度学派企业理论传入我国，产生了很大影响，一些人甚至认为只有新制度学派企业理论才是真正的企业理论。不可否认，与新古典经济学的厂商理论相比，新制度学派的企业理论有一定的突破，他们打开了企业"黑箱"，研究了企业内部人与人之间的经济关系。然而必须看到的是，以新制度学派为代表的西方主流企业理论以个人主义方法论为基础，以"经济人"假设为出发点，把企业的经济性质仅仅定义为自由契约关系，具有一定的局限性。正如日本著名经济学家山口重克指出的：长期以来新古典学派的经济学一直把劳动和企业置于研究对象之外，但"我并非说劳动和企业问题在经济学中完全被忽略了。马克思在《资本论》中详细研究过劳动、所有权以及支配的问题。其后虽然这一问题被国际上主流经济学派所忽视，但以马克思学派为首的学者、非主流派经济学者和历史学者以及社会学者们仍对其给予了很大关心，并积累了各种各样的研究成果。……最近各国主流经济学似乎也终于开始注意到自己研究视野上的局限……遗憾的是，近年很多研究仍忽视了起源于马克思的研究潮流"。[①] 20 世纪 80 年代以来，我国理论界对马克思企业理论进行了研究和梳理。为了便于对马克思主义企业理论的理解，下面从马克思主义企业理论与新制度学派企业理论对比的视角，对马克思主义企业理论在方法论、企业理论特征和企业理论发展三个方面进行阐述。

第一节 马克思主义企业理论的方法论基础

  马克思主义企业理论与新制度学派企业理论，在具体内容的区别上是多方

---

① ［日］山口重克：《市场经济：历史·思想·现在》，姚燕译，社会科学文献出版社 2007 年版，第 147 页。

面的，但从根本上来看，两种企业理论的区别在方法论上。下面从"经济世界观"、研究出发点和具体方法三个层面，在对比中阐述马克思主义企业理论方法论的本质特征。

一、唯物史观：马克思主义企业理论的方法论基石

新制度学派企业理论是建立在主流经济学个人主义方法论基础之上的。主流经济学中的个人主义与自由主义往往密切相关，他们主张个人是经济生活中最原始的因素，个人在追求自身利益的同时，通过交换机制，达到促进整个社会利益的效果。个人主义方法论运用到制度分析中，就具体化为个人先于制度而存在，制度是个人理性选择的产物。[①]

新制度学派企业理论实质是把主流经济学个人主义方法论与制度分析的主张有机结合，并具体应用到对企业制度的分析中。在新制度主义者看来，主流经济学并没有把个人主义分析传统彻底贯彻到对企业的分析之中。因为在新古典经济学那里，企业仅仅被视为生产函数，劳动力同资本一样仅仅被视为生产要素，企业行为是一种投入—产出的"技术"关系，并假设企业整体有一个人格化的行为目标——利润最大化。这种理论模型对企业行为的分析实质是把企业内部要素看做一个整体来进行的，这就是人们所说的企业"黑箱"。而在新制度学派那里，企业不再被看做生产要素构成的整体，而是作为无数个人长期"契约"关系的集合体。所以，科斯认为，企业整体行为是否利润最大化已不是重要的前提假设，他甚至反对这种假设，而企业中个体之间"契约"关系的形成则成为问题的关键。这样，以个体"契约"为核心的企业理论，把企业的"黑箱"打开了。把企业看做契约集合的分析方法，使新制度学派企业理论转向了人与人的关系分析，并由此提出了分析企业内部关系框架，这为我们分析企业问题提供了新思路。比如，委托—代理理论认为企业内部关系是委托—代理关系，这种关系中处于不同职位的人的目标函数不一致，因此，要想使企业协调有效地运行，必须设计合理的激励约束机制。如果我们从企业运行的一般规律来看，这一理论有其应用的价值。再比如，企业治理结构理论认为企业虽是由契约构成，但这些契约是不完整的，因此，仅凭事前的契约不能保证契约在履行过程中不会出现问题，也不能保证企业内部关系能够协调合作。为了避免履约过程中出现机会主义行为，就应该加强事后的企业治理结构的改进。这一理论也同样有启发意义，无论是什么性质的企业，从管理的角度看，设计合理的治理结构是保证企业效率的前提。

---

① ［英］卢瑟福：《经济学中的制度》，中国社会科学出版社 1999 年版，第 38 页。

　　然而，个人主义方法论作为新制度学派企业理论方法论基石存在致命缺陷，这就是其所渗透的"经济世界观"是"人性论"历史观，即把推动社会各类制度形成和变迁的根本动力归结为人的自利本性。这一历史观贯穿到企业理论的研究中，必然导致三个严重后果：一是把企业制度看做个人理性选择的产物。二是抽象掉社会生产关系来分析企业的经济性质。三是分析企业经济性质过程中颠倒了经济关系与法律关系之间的关系。

　　与新制度学派企业理论不同的是，马克思主义企业理论方法论是建立在辩证唯物主义和历史唯物主义基础上的，其根本方法是唯物史观和唯物辩证法。

　　对于唯物史观的内容，马克思作过如下经典论述："人们在自己生活的社会生产中发生一定的、必然的、不以他们的意志为转移的关系，即同他们的物质生产力的一定发展阶段相适应的生产关系。这些生产关系的总和构成社会的经济结构，即有法律和政治的上层建筑竖立其上并有一定的社会意识形式与之相适应的现实基础。物质生活的生产方式制约着整个社会生活、政治生活和精神生活的过程。不是人们的意识决定人们的存在，相反，是人们的社会存在决定人们的意识。社会的物质生产力发展到一定阶段，便同它们一直在其活动的现存生产关系或财产关系（这只是生产关系的法律用语）发生矛盾。于是这些关系便由生产力的发展形式变成生产力的桎梏。那时社会变革的时代就到来了。随着经济基础的变更，全部庞大的上层建筑也或慢或快地发生变革。"①

　　这一经典论述表明了马克思主义者对人类社会制度分析的基本方法，是对构成社会有机整体的各种关系进行科学抽象，从复杂的社会关系中抽象出反映人与人之间物质利益的经济关系，即社会生产关系，以及建立在这种关系总和基础上的上层建筑，然后把这两层关系又归结为生产力，来对资本主义社会制度及其生产关系的运动规律进行深刻剖析。这一方法应用到企业理论研究中，就具体化为：在生产力和生产关系的辩证运动规律中揭示企业制度的起源与演变问题；在一定时期的社会生产关系中研究企业的经济性质问题；把契约关系看做经济关系的法律体现，而不是相反；在生产和交换有机结合中研究企业内部关系及企业与市场的关系。

　　循着马克思开创的唯物史观的研究方法，列宁、希法亭、斯威齐等马克思主义者对垄断资本主义时期产生的新的企业组织进行了深刻分析。列宁从生产力和生产关系相结合的角度，指出垄断组织产生过程：资本主义自由竞争导致生产集中，生产集中到一定程度形成了垄断。垄断成为资本主义这一阶段的本质经济特征；而垄断组织不仅没有改变资本雇佣劳动这一生产关系的实质，而

---

　　①《马克思恩格斯选集》第2卷，人民出版社1995年版，第32、33页。

且由于新型资本—金融资本的出现，使垄断资本在经济上通过"参与制"、政治上通过"个人联合"来控制整个国家的经济、政治生活。希法亭运用马克思经济学方法论，对马克思主义关于股份公司的学说做了进一步阐释和发展。在著名的《金融资本论》一书中，他指出资本主义股份公司解除了资本所有权同实际指挥生产之间的纽带，"产业资本家摆脱了产业企业家的职能"。产业资本家实际变成货币资本家，同时他们与银行资本家联合形成金融资本，名义上股份公司控制权在全体股东手里，实际上却被少数大股东所控制。所以，大股份公司既不意味着财产控制机能的民主化，也不意味着这种机能的废除，而是把它们集中在一小撮大财团手中。"资本家们组成了一个团体，但他们之中，大多数人对这个团体的指挥监督是没有发言权的。对生产资本的实际支配权，属于只提供一部分资本的人们。"① 巴兰、斯威齐把资本主义垄断组织称为"巨型公司"，在谈及研究方法时，他们指出："马克思是从研究英国得出他的关于竞争资本主义制度的理论模型的，在他那时代英国是最富的和最发达的资本主义国家。这是必然的和不可避免的。按照同一原则，一个垄断资本主义制度的理论模型必须以对美国研究为基础，就资本主义的发展而言，美国今天远远走在其他国家前面，就象英国的 19 世纪一样。"所以，他们在构建分析当时资本主义经济模型时，把对垄断组织——巨型公司的分析放到中心地位。因为"在今天，资本主义经济的典型经济单位，不是为无法知道的市场生产一种同一产品的微不足道部分的小商号，而是生产一个甚至几个工业部门的大部分产品的大规模企业……换言之，典型的经济单位具有一度认为只有垄断组织才具有的特征。"② 正是运用马克思主义的唯物史观，他们才对垄断企业的起源、性质及其对资本主义社会生产关系的影响，做了深刻剖析。

二、一定经济关系中的人：马克思主义企业理论研究的出发点

新制度学派企业理论建立在个人主义方法论基础上，这就决定了他们对企业理论的研究必然是以"经济人"假设作为出发点的。因为个人主义方法论强调个人选择对制度形成的决定作用，这里的"个人"的内在规定性就是理性的、追求自身利益最大化的"经济人"。当然，以科斯为代表的新制度主义者并不满足主流经济学对"经济人"假设的具体规定，他们认为这种规定过于抽象。在科斯看来，"把人的经济行为描述为理性的最大化者的标准经济学是'不必要的和误导的，即使应用于市场交易的情况也是如此'"。③ 基于此，新制度主义者

① [美]斯威齐：《资本主义发展论》，陈观烈、秦亚男译，商务印书馆 2000 年版，第 282、283 页。
② [美]巴兰、斯威齐：《垄断资本》，南开大学政治经济学系译，商务印书馆 1977 年版，第 11、12 页。
③ [美]理查德·A. 波斯纳：《罗纳德·科斯和方法论》，《经济译文》1994 年第 4 期。

对"经济人"假设做了三方面拓展，有人把这种拓展后的"经济人"称为"新经济人"。这种拓展对企业理论研究有着重要方法论意义。

（1）在人的行为偏好上，将"追求物质利益最大化"修正为"追求效用最大化"。这一修正体现了新制度学派企业理论方法论与新古典方法论的区别。新古典主义者把企业看做生产函数，企业的目标是被人格化为"利润最大化"；而新制度学派是从个人交易行为的角度理解企业，将企业看做个人之间产权交易的一组契约集合，企业行为是所有企业成员博弈的结果。这样，新制度学派对企业的分析单位是从"个人"经济行为入手来研究人与人之间的关系，所以他们可以把个人行为归结为"效用最大化"而不是"利润最大化"。新制度学派这一转变有双重意义：一方面，他们强化了个人主义方法论在制度分析中的意义；另一方面，他们恢复了被新古典经济学假设——演绎模式所湮没了的对人以及人与人之间关系的研究，尽管他们研究的不是生产关系，但毕竟前进了一步。

（2）把"完全理性"现实化为"有限理性"。"有限理性"概念与市场信息不完全和不确定性是紧密相连的，这与新古典主义者认为市场竞争能够提供充分信息的假设相比，的确更接近现实。新制度学派重要代表人物威廉姆森坚信这一点，在他的企业理论中，有限理性使契约不完备，进而会增加交易费用，因此设计良好的企业治理结构非常重要；同时它也成为对认知能力要求不高的等级组织形式替代市场交易的原因。显然，"有限理性"概念在新制度主义者看来是重要的，它表明在人的认知能力有限、信息复杂和充满不确定性的条件下决策，制度安排和设计有了重要意义。这样，他们很自然地在逻辑上把"制度"作为内生变量，引入了新古典经济学的分析框架。

（3）提出了"机会主义行为倾向"和"逃避责任"假说。在新制度主义者那里，他们同样继承新古典经济学对人的利己行为的假设，所不同的是，他们对人的利己性作了更进一步的规定，尤其是对企业内部关系的分析上，有了更为具体的规定，"机会主义倾向"成为以威廉姆森为代表的交易成本经济学对人的行为假设的具体规定。所谓的机会主义就是"人们在任何情况下都利用所有可能的手段获取他自己的特殊利益的倾向"。[①]他们认为人的经济行为总带有一种"机会主义"倾向，也就是说，行为者在追求自利的过程中，会随机应变地采取各种手段做出投机取巧、欺诈等　"败德行为"。而"逃避责任"则成为阿尔钦和德姆塞茨代理理论中关于人的行为假设的具体规定；"逃避责任"与"机会主义"这两种行为倾向究竟有何本质区别，他们并没有明确区分，但从分析的方法上来看，似乎他们把"机会主义行为"只视为"逃避责任"中的一种。

---

①［美］威廉姆森：《治理机制》，段毅才、王伟译，中国社会科学出版社2001年版，第275页。

当然，最主要的区别不在于这两个概念上，而在于他们对企业存在及企业内部关系分析方法上的差别。德姆塞茨等人用"逃避责任"概念旨在强调企业的功能是防范"偷懒"，而不是交易费用学派所认为的降低交易费用。

由此可见，如果没有对人的行为抽象度的降低，就不会有对企业契约的"不完备性"的认识；而没有对企业契约特征的这一认识，就不会有"交易费用"概念，进而就不会把"制度"作为内生经济变量进行分析，也就不会有相应的产权理论、治理结构理论、委托代理理论、剩余索取权和剩余控制权理论，等等。"交易费用"概念是新制度主义者对人的行为分析回归现实的一个产物，它既可以看做新制度学派企业理论的核心范畴，也可以看做一种分析工具和方法，它的运用一定程度上揭示了企业在市场中运行层面的一些规律，为企业理论的研究提供了新思路。

新制度学派试图通过对"经济人"假设的拓展，使之与现实经济系统中人的行为相吻合，但他们个人主义方法论的本质已经决定了他们的拓展是十分有限的，否则他们的方法论范式就会发生改变。这一点，威廉姆森自己也承认：在他看来，没有"经济人"假设就没有主流经济学的形式化表达方式。没有形式化表达方式，理论本身就缺乏可操作性（但他在形式化程度上有自己的看法，后文将提到）。由于新制度企业理论坚持"经济人"假设的核心思想，从而使其企业理论有很大的局限性。比如，他们把企业存在的原因仅仅归结为"经济人"假设下的交易费用的问题。

事实上，在马克思主义者看来，抛开"经济人"的行为假设，企业同样会存在，因为企业是发挥协作、分工的优势和利用科学技术的组织形式，正如乐队需要指挥一样，分工协作的经济组织也需要管理与协调，这不是"经济人"假设的必然逻辑。再比如，由于他们只从企业表层关系上强调契约的平等、自由和个人的理性选择能力，把经济关系中的利益冲突，看做只是"经济人"在追求利益最大化过程中目标函数不一致造成的。所以他们认为解决问题的办法是在私有制的前提下设计合理的委托代理关系和企业治理结构来抑制"经济人"在追求效用最大化过程中的机会主义等行为即可，不同利益的调整可以通过对契约的选择来实现。这显然是片面的，现实中人的偏好不是固定不变的，制度不单纯是个人理性选择的结果，它同时还可以塑造每个人的偏好。所以，在企业内部既可以形成"低信任动态机制"，即雇主和雇员相互怀疑和不信任可能导致冲突和无效率；也可以形成"高信任的动态机制"，它推进合作、勤奋和效益。而这些现实问题，单纯依靠"经济人"假设显然是不能科学解释的。

与新制度学派不同，马克思主义企业理论建立在唯物史观基础上，因此，研究企业的出发点是历史的、现实的人，即一定社会生产关系中的人。马克思认为"经济人"思想把个人不是看做历史的结果，而是看做历史的起点，并认为合乎自然的个人不是历史中产生的，而是由自然造就的，这种观点的错误在于他们脱离生产关系来研究孤立的、抽象的人。所以，马克思主张从现实生产关系出发研究人，把经济学分析的人概括为"社会关系的总和"，他反对把人的本质"理解为一种内在的、无声的、把许多个人自然地联系起来的普遍性。"[①] 也反对把人看做生来是追求自身私利的经济动物。既然人是社会关系的总和，个人的经济行为就不完全由个人的意志支配，在其现实性上，他必然受同他们物质生产力的一定发展阶段相适应的生产关系的制约。所以马克思非常客观地指出：在他的经济分析中，涉及的人只是经济范畴的人格化，是一定的阶级关系和利益的承担者。

马克思不是仅仅停留在对个人物质利益内容抽象假设上，而是深入研究个人物质利益具体内容是什么及这一内容由什么规律决定的。马克思的企业理论本身就是对资本主义生产关系中人们物质利益关系的深刻揭示。他通过对资本主义企业内部关系的分析，揭示了剩余价值的形成过程、工人工资的本质，进而揭示了资本主义企业中资本统治劳动的经济性质以及资产阶级和无产阶级之间的对立关系；通过对企业与市场关系的分析，揭示了企业资本正常循环和周转的内部条件和社会条件，从而揭示了资本主义生产关系中资本家追求个人利益最大化与实现利益最大化的社会条件之间的矛盾；通过对企业与企业之间关系的分析，揭示了资本家的个人利益不完全是个人理性选择的结果，现实中利润量的获得不是资本家个别企业创造的剩余价值量，而是在利润平均化规律作用下的资本家阶级内部重新分配所获得的平均利润量。

同时，马克思也不否认个人理性选择的重要性，但他不是把决定选择能力的因素仅仅归结在人的认知能力和市场特征上，在马克思那里，将个人的理性选择问题纳入具体经济关系中来分析。按照新制度学派的观点，劳动者和资本所有者之间是平等的契约关系，但二者之间存在信息不对称问题，工人是信息优势的一方，而资本所有者处于信息劣势地位，所以要通过设计各种制度来"如何让工人不偷懒"和"如何让工人说真话"。在马克思主义者看来，资本家与工人之间的信息不对称的确存在，但信息优势不在工人一方，而在资本家一方，因为这种不对称的根本原因不在于个人的认知能力，而是在于强制性的资本主义生产关系。因此，资本主义企业中平等的契约、工人的理性选择不过是假象而已。马克思也深知市场的不确定性问题的存在，在他看来正是由于市场的不确定性、信息不完全和滞后性，才导致市场配置资源过程中出现个别企业的有

①《马克思恩格斯选集》第1卷，人民出版社1995年版，第56页。

组织生产和整个社会的无政府状态。但马克思并没有仅仅停留于此，他认为导致问题的更深刻的原因在于资本主义生产关系与生产力之间的矛盾。因此，在马克思主义者看来，有限理性、不确定性、信息不对称等字眼，看上去似乎能对市场经济的运行做出很好的描述，但实际上它们没有揭示问题的实质。

三、运用系统发展的观点，在生产与交换的有机结合中研究企业问题

以科斯为代表的新制度主义者批判新古典经济学的实证主义方法，主张从新古典理论的理想模式中走出来，回归到现实分析问题。那么他们面对的现实是什么？科斯在考察美国企业的实践中提出这样的问题：为什么经济运行中会有不同的组织形式？如果价格机制能协调生产，为什么还要企业？而 20 世纪30 年代资本主义经济危机的爆发和苏联社会主义经济计划的顺利实施，更激起了科斯对企业问题的兴趣，他指出："俄国革命发生了 14 年，但我们对这种共产主义实施的计划协调却知之甚少。列宁说苏联的经济体制将作为一个大工厂运行，许多西方经济学家认为这是不可能的。那么，应该如何解释价格在其中所起的中心作用以及计划经济的不可能性？"[①] 对现实的思考使科斯认识到：资本主义经济中"生产"已不是经济学面临的主要问题，而"交换"却成了经济学关注的焦点，因此，必须从"交易"领域研究企业理论。沿着这一思路，科斯认识到市场的价格机制配置资源是有局限性的，从配置资源的角度看，除了市场利用价格机制这种制度安排外，还存在非价格制度安排，这种制度安排就是企业。那么，企业存在的原因是什么，它与市场制度又是什么关系？科斯最终找到的答案是："运用价格机制是有成本的"，企业就是为了降低市场运行成本而产生的契约制度。在科斯看来，现实的市场交易都是通过契约形式完成的，然而，契约是不完全的，很多契约只能规定一般条款，而无法规定具体细节，加之市场充满了不确定性，使得市场交易中的短期契约的履行存在一定的成本。"因此，在一份短期合同无法尽如人意的情况中，企业就可能出现。显然，在购买服务——劳动——的情况中，企业的出现要比在购买商品的情况中企业的出现更为重要。"[②] 所以，科斯认为企业的存在就是市场交易的契约与一体化交易的契约在交易成本上相比较的结果。

从新制度主义企业理论产生过程看，他们这种回归现实，不是采用历史的分析方法，而是采用静态比较的研究方法，即在两个现实的可供选择的制度安

---

① R.H.Coase: *Essays on Economics and Economiscts.* The University of Chicago Press and London, 1994, p.7.
② ［美］普特曼、克罗茨纳:《企业的经济性质》，孙经纬译，上海财经大学出版社 2000 年版，第 83 页。

排之间进行选择。正如埃格特森指出的："新制度经济学的中心是'契约安排之间的竞争'概念",[①] 也就是说，他们的分析是在其他背景条件不变前提下，对现实中不同的资源配置的组织形式（主要是企业制度和市场制度之间）进行比较，然后看哪种组织形式更有效率。所以科斯在《企业的性质》一文开篇就指出对主流经济学假设的脱离现实性而不满，他指出，"在本文中，我将指出，我们可以得到一种企业定义，它既是现实性的——也就是说，它与现实世界中的企业相一致——同时它又是可控的，可以用 Marshall 提出的两种最有利的经济分析工具来处理。这两种工具是边际概念和替代概念——两者相结合产生了边际替代概念。"[②]

科斯开创的以契约为基础，以交易费用为分析工具的企业理论，一方面强调了企业契约的长期性、平等性特征；另一方面又强调了企业内部契约关系中权威与服从的等级性和"不完备性"特征。这就导致了企业理论出现了不同分支，以威廉姆森为代表的交易成本理论突出了企业等级制度和契约的不完备性特征，形成了企业治理结构理论；而以德姆塞茨为代表的企业代理论则强调了企业契约的平等性和完备性，开辟了企业产权理论。

从交易费用范畴的起源上看，应该承认它有重要的理论意义和现实意义，但这不等于说把它作为一种研究方法是科学的。新制度学派因重视交易费用就把对企业理论的研究仅仅局限于交易领域，并采用现实体制的静态比较方法，仅仅以"交易费用"为分析工具，显然走向了极端，正如马克思所指出的："在资本家和雇佣关系上，货币关系，买者和卖者的关系，成了生产本身所固有的关系。但是，这种关系的基础是生产的社会性质，而不是交易的社会性质；相反，后者是由前者产生的。此外，不把生产方式的性质看做和生产方式相适应的交易方式的基础，而是反过来，这是和资产阶级眼界相符合的，在资产阶级眼界内，满脑袋都是生意经。"[③] 这种仅仅停留于事物表层的分析，不可能揭示其内部结构及运动规律。比如，按照这种方法，他们无法正确说明分工、专业化与企业之间的关系。按照科斯只从交易角度分析问题的逻辑，交易费用为零，企业没有存在的必要；而交易费用的增加会使企业协调出现。然而，现实中完全可以出现相反的情况，就是交易费用的降低，伴随着的是企业数量的增加，而不是减少，因为这种情况下更适合企业专业化生产；相反，交易费用的提高，会使企业数量减少，而不是增加，因为这时企业生产成本上升。即使交易费用为零，企业也不会消失，因为企业的功能并非单纯的交易功能，它还必须进行

---

① ［冰］埃格特森：《新制度经济学》，吴经邦等译，商务印书馆1997年版，第50页。
② ［美］普特曼、克罗茨纳：《企业的经济性质》，孙经纬译，上海财经大学出版社2000年版，第76页。
③ 《马克思恩格斯全集》第24卷，人民出版社1975年版，第133、134页。

生产，实现分工带来的好处。在某种意义上，市场越大，交易费用越低，就越提高了企业在经济中的重要性，而不是相反。所以企业和市场之间不是替代关系，而是依存和促进的关系。此外，把企业问题仅仅局限在交易领域分析，无法深刻揭示企业的经济性质。新制度主义者把企业的经济性质仅仅归结为平等契约条件下的"剩余索取权"和"剩余控制权"问题，显然是肤浅的。

马克思主义企业理论研究方法既不是新制度学派的静态比较方法，也不同于老制度学派的进化论方法，而是运用系统发展观。正因为如此，他们对企业的分析，才既不是单纯局限在生产领域，也不是单纯局限在流通领域（交易过程），而是把二者有机结合起来进行的。

前文曾指出，马克思主义企业理论研究的根本方法是唯物辩证法，这一方法的具体化就表现为系统方法和发展方法。虽然，马克思本人没有专门从一般方法上来论述系统发展的方法，但他对资本主义经济制度各要素的内在联系和内部结构及其运动规律的分析，却包含了完备的系统发展方法。马克思这一方法得到了西方系统论专家的公认。一般系统论创始人贝塔朗菲认为"系统论是和马克思的光辉名字联系在一起的"。美国学者 D. 麦奎因和安贝吉在《马克思和现代系统论》一文中，认为马克思是"一位早期系统论者"，"他的理论工作的主要部分都可以看做富有成果的现代系统方法研究的先声。"[1] 老制度主义者现代代表人之一的霍奇逊也承认：马克思"作为一名经济学家，他的著作所反映的系统思想却达到了其他经济学家很少达到的水平。"[2]

表面看起来，马克思的系统发展观与老制度学派的进化论方法十分相似。但事实上二者有本质区别，具体表现为：老制度学派的进化论方法是在把自然法则应用到社会问题的分析中时，没有对社会整体进行科学抽象，致使他们的分析在制度整体的混沌状态下进行；而马克思则不同，他是在唯物史观的指导下，对社会有机体科学抽象的基础上研究制度形成与变迁问题的。所以，在马克思那里，企业不再仅仅被视为市场的微观主体，而是被视为一个具有丰富内容构成的"经济系统"。在企业系统中包含各种关系，这些关系按层次划分可以包括：一是最深的本质层次关系。这是由企业的所有制性质决定的，它体现企业内部人们之间的本质经济关系是平等、民主，还是剥削与被剥削关系。二是中间层次关系，它是理解本质关系与表层关系的中介。企业的产权制度通常在这个层次具有双重意义，一方面，它是企业所有制关系的法律体现，这个层次的产权关系通常是由宪法规定的；另一方面，产权关系又不完全等同于所有制

① 林康义：《系统中整体和部分的辩证关系》，《哲学研究》1980 年第 2 期。

② ［英］霍奇逊：《现代制度主义经济学宣言》，向以斌译，北京大学出版社 1993 年版，第 19 页。

关系，它还体现着企业中哪些人拥有企业虚拟财产所有权 [①]，这种财产所有权可以是在管理意义上使用的，如经营者持股权；也可以是资本运营意义上使用的，如股票市场上的产权交易等。之所以把企业产权问题视为中间层次，就是因为企业产权与企业所有制和企业资本的市场经营之间存在复杂的过渡关系，不这样认识问题，容易走向极端，或者认为产权仅仅是生产资料所有制的法律表现形式，或者认为产权只是一种管理形式。三是表层关系。也就是企业作为一般经济组织所具备的特征，比如不管企业的性质如何，作为经济组织都把追求最大化利润作为经营理念；都有科学的组织形式和治理结构；人与人的关系在企业内部上下级之间都是权威与服从关系，劳动者之间都是分工协作关系等，这些体现着企业具体经营管理层次问题。同时，本章把企业与市场的关系、企业与企业的关系也看做企业表层关系（其实企业与企业的关系也是企业与市场关系的一种）。当我们把企业作为这样一个系统来考察时，就不仅要分析企业表层关系，还要分析企业深层本质关系。而在具体分析过程中，马克思把系统方法与动态发展观有机结合了起来，在发展中考察系统，从而形成了独特的研究方法。

第二节　马克思主义企业理论的基本特征

马克思主义企业理论的具体内容很丰富，但为了从更深层次上理解这一企业理论与新制度学派企业理论的关系，这里从方法论层面，在对比研究中阐述马克思主义企业理论的基本特征。现代企业理论主要是从企业起源、企业性质、企业边界以及企业内部治理关系这几个方面研究企业问题的，下面的阐述也从这几个方面展开。

一、在特定的经济关系中定义企业内涵

在制度主义者的方法论中，社会生产关系被撇开，他们研究企业是直接以产权作为起点。企业作为一种制度形式，是人的理性选择或出于本能适应环境的结果。事实上，他们并没有正面回答"企业是什么"这一前提性的问题，至多他们把企业看做"契约集合"或"权力组织"，这些描述都很难让人在方法上抓住企业组织的本质特征。

---

① 这一观点受孟捷博士观点的启发，他认为股份制不是真正赋予劳动者支配自身劳动的权利，而仅仅是赋予生产者一种虚拟的财产所有权。参见孟捷：《马克思主义经济学的创造性转化》，经济科学出版社2001年版。

马克思主义企业理论则不同，它研究企业是从特定经济关系出发的，所有企业研究的起点是生产资料所有制，而不是产权。所以马克思主义企业理论研究的不是一般企业，而是资本主义企业。之所以如此，是因为从逻辑和历史相统一的角度看，企业并不是在人类社会一产生就有的劳动组织形式，而是伴随着资本主义商品生产而产生的。所以，如果不以一定时期的社会生产关系作为企业理论研究的出发点，就会把企业范畴永恒化，使企业理论的研究只停留在生产力一般上。这样，就不可能真正认识企业的经济性质，从而也无法正确揭示企业内部关系以及企业与市场之间的关系，进而揭示资本主义生产关系运动规律。

马克思虽然没有给企业下一个一般性的定义，但从他对"企业是什么"的描述中，我们可以找到认识企业的正确方法。马克思在对资本主义生产的描述中指出："较多的工人在同一时间、同一空间（或者说同一劳动场所），为了生产同种商品，在同一资本家的指挥下工作，这在历史上和逻辑上都是资本主义生产的起点。"① 在这里，马克思虽然不是给企业下定义，但我们显然已经看出资本主义企业的基本特征：一是共同场所下较多工人的劳动；二是以分工协作为基础；三是以商品生产为目的；四是资本家实施执行资本职能的监督。由此可见，企业这种劳动组织形式本身包含深刻的经济关系内容，如果没有资本对雇佣劳动的统治和监督，即使是前三个特征都具备，也还不能完全肯定这种生产是企业生产，因为在资本主义以前以协作为基础的劳动组织形式已经存在，但它们显然不能被称之为企业。资本主义生产之所以是企业生产，是因为资本的管理职能有不同于一般管理职能的特殊性质，突出表现在两个方面："首先，资本主义生产过程的动机和决定目的，是资本尽可能多地自行增值，也就是尽可能多地生产剩余价值，因而也就是资本家尽可能多地剥削劳动力。……其次，雇佣工人的协作只是资本同时使用他们的结果。他们的职能上的联系和他们作为生产总体所形成的统一，存在于他们之外，存在于把他们集合和连接在一起的资本中。"② 这表明，在追求剩余价值最大化动机的驱使下，资本所有者才会以企业方式组织生产，以期通过内部分工与协作提高劳动生产率，降低生产成本，增加剩余价值。同时，马克思的分析也表明，作为企业内部人与人之间的分工与协作关系已不单纯是管理与服从关系，而是深深地打上了生产关系的烙印。

马克思对资本主义企业这一描述，也表明了真正意义上的企业生产是从资本主义生产关系中开始的。因为只有在这种生产关系中，劳动者才获得人身自由，为资本雇佣劳动提供了条件；而在资本主义以前，劳动的社会形式是以人

---

① 马克思：《资本论》第1卷，人民出版社1975年版，第358页。
② 同上书，第368页。

身依附关系为特征的，资本无法雇佣到自由劳动力，以企业方式进行大规模的生产就不可能实现。只有在资本主义生产关系中，追求剩余价值成为商品生产的根本目的，资本所有者组织大规模的企业生产才有了动力。只有在这种生产关系中，商品经济高度发达，资本家通过原始积累，才有了为生产进行最低额预付的资本，使企业生产能够进行，即"货币或商品的所有者，只有当他在生产上预付的最低限额超过了中世纪的最高限额时，才真正变为资本家。"① 由此可见，尽管企业是以一定的分工协作的发展阶段作为技术前提而存在的，但如果不具备相应的生产关系条件，企业生产还是不能产生。因此，在马克思看来，企业不是单纯技术发展的产物，也不仅仅是交易过程中形成的契约集合，它是在生产力基础上生产关系发展到一定阶段的产物；企业的性质不是单纯对生产力水平的一种反映，它同时包含社会生产关系的特征。概而言之，企业是生产力的载体，是生产关系的体现。

根据马克思对企业组织含义的理解，我们可以引申出对企业的理解应把握的几点基本内容：①企业是以内部分工协作为基础的组织形式，因此，企业的组织形式和管理方式直接影响企业效率。②企业既具有生产功能，也具有交易功能，但生产功能是首要功能，其中技术具有决定性作用。③企业是市场经济的产物，其生产是以追求价值增值为目的，因此，企业的交易功能在市场经营中十分重要。④企业是在一定经济关系中形成的，因此，它必然反映一定社会生产关系的内涵，在不同生产资料所有制下，企业内部成员之间经济关系的性质也不同。

二、从资本统治下的分工与协作关系中揭示企业起源

新制度学派对企业理论的分析采用的是现实体制的比较方法，把企业制度的产生归结为个人理性选择；老制度学派运用进化方法，把企业制度的产生归结为习惯力量。他们实际上都没有科学的企业起源理论。而马克思则不同，他不是把企业制度的起源归结为人的主观因素，而是归结为生产方式（广义）发展的客观规律。因此，马克思在对资本统治下的分工与协作关系的分析中，科学揭示了企业起源问题。企业起源问题包括企业产生的基本条件和企业与市场的本质区别这样两个相关问题。

马克思分析企业起源问题时，是从简单协作开始的，他从协作能消除工人个人劳动差异、节约生产资料、扩大劳动空间范围等九个方面，分析了这种"联合劳动"能创造出新的生产力的原因。然而，马克思对简单协作的分析不是仅

---

① 马克思：《资本论》第1卷，人民出版社1975年版，第342页。

仅停留在关于协作的一般性质的分析上，而是重点分析了资本主义生产关系中协作的特点。在马克思看来，单纯从协作劳动本身来说，这种"联合劳动"符合生产力发展的内在要求，也符合人的劳动的社会性内在要求，所以对劳动者产生了积极影响：比如"在大多数生产劳动中，单是社会接触就会引起竞争心和特有的精力振奋，从而提高每个人的个人工作效率。"[1] 再比如，协作劳动使"劳动者在有计划地同别人共同工作中，摆脱了他个人的局限，并发挥了他的种属能力。"[2] 但为什么在资本主义企业中的"联合劳动"却表现出一些消极后果呢？资产阶级经济学家将其归结为人天生就逃避劳动的本性。而马克思则把它归结为资本主义生产关系对人的劳动积极性的影响，这是因为：

首先，资本主义的协作劳动不是一般意义上的自愿平等的联合劳动，它是以一定的资本最低额作为经济条件的组织形式。协作以劳动力和生产资料在一定的空间内的集中为前提，因此，这种劳动的组织就必然是由具备资本最低额的资本家来进行。这样，为了让一定数量的工人生产足够的剩余价值，资本所有者就要通过预付资本最低额来创造经济条件，而这本身也就使资本对雇佣劳动的统治关系确立起来了。

其次，与之相适应，资本主义协作使对社会劳动的指挥协调功能发展为资本的特殊监督职能。一切规模较大的直接社会劳动或共同劳动，都或多或少地需要指挥，以协调个人的活动，并执行生产总体运动所产生的各种一般职能，这是协作劳动的客观要求。然而，"一旦从属于资本的劳动成为协作劳动，这种管理、监督和调节的职能就成为资本的职能。"[3] 所以，马克思指出：资本主义的管理就其内容来说是二重的："因为它所管理的生产过程本身具有二重性：一方面是制造产品的社会劳动过程，另一方面是资本的价值增值过程"。[4] 由此我们可以看到，资本的管理职能不仅是由于社会劳动过程的性质而产生，同时也是资本主义生产过程的特殊性而产生的。这种特殊性表现为资本家追求剩余价值的目标与工人要求劳动成果目标之间的对抗性。对劳动者来说，在资本主义企业中，"他们的劳动的联系，在观念上作为资本家的计划，在实践中作为资本家的权威，作为他人意志——他们的活动必须服从这个意志的目的——的权力，而和他们相对立。"[5] 因此这种经济关系会影响劳动者的积极性，资本家必须通过实施监督职能和各种管理方法来缓和阶级矛盾，调动劳动者的积极性。

---

[1] 马克思：《资本论》第 1 卷，人民出版社 1975 年版，第 363 页。

[2] 同上书，第 366 页。

[3] 同上书，第 367、368 页。

[4] 同上书，第 268 页。

[5] 同上书，第 368 页。

最后，资本主义的协作产生的生产力表现为资本的生产力。表面上看，工人是以单个人的身份与同一资本发生关系，彼此不发生关系。但实际上"他们一旦进入劳动过程，便并入资本。作为协作的人，作为一个工作机体的肢体，他们本身只不过是资本的一种特殊存在方式。"① 这表明，工人实际上是作为一个阶级被资本统治，为资本的增值创造生产力，而个人主义方法论是不可能揭示这一点的。

从马克思对资本主义协作特征的分析中可以看出，资本主义企业的产生必须具备以下几个基本条件：①协作的技术基础。在马克思看来，简单协作是与一切较大规模的生产结合在一起的，它不是资本主义生产方式特有的形式，但却是资本主义生产方式的基本形式。由于从历史过程看，资本主义的协作是同农民经济和独立的手工业生产相对立而发展起来的，因而协作好像是资本主义生产的特殊形式。其实，资本主义协作只是协作的一个特殊历史阶段。②最低资本额。资本主义企业所生产的剩余价值量取决于雇佣工人的数量，资本家必须以一定数量的预付资本雇佣一定规模的工人，才能达到追求剩余价值的目的。③劳动力成为商品。马克思的分析表明，协作劳动古已有之，资本主义协作之所以与以前社会的协作有本质区别，在于资本主义的协作形式一开始就以资本能雇用到自由劳动力为前提的。④追求剩余价值的动力。资本家无论是预付资本也好，还是监督劳动者的劳动也好，都是以追求剩余价值最大化为根本动力的。这也是资本主义企业产生的动力。②

三、通过对不同分工形式的区分揭示企业与市场的关系

马克思在分析协作劳动时，抽象掉了分工的存在。所以，他使用的协作定义是："许多人在同一生产过程中，或在不同的但相互联系的生产过程中，有计划地一起协同劳动，这种劳动形式叫做协作"③。在对工场手工业的分析中，马克思引入了分工范畴，因为"以分工为基础的协作，在工场手工业上取得了自己的典型形态。"④ 手工工场作为企业的最初形式，它与协作的本质区别在于手工工场内部是以分工为基础的协作。正是由于马克思科学区分了社会分工和企业内部分工，才把企业组织制度与市场交易制度正确区别开来。

关于分工的问题，自威廉·配第以后的古典经济学家都有所论述，其中，

---

① 马克思：《资本论》第 1 卷，人民出版社 1975 年版，第 370 页。
② 程恩富：《西方企业理论与马克思企业理论的比较》，张宇等主编：《高级政治经济学》，经济科学出版社 2002 年版，第 208、209 页。
③ 马克思：《资本论》第 1 卷，人民出版社 1975 年版，第 362 页。
④ 同上书，第 370 页。

斯密制针厂的故事成为分析分工提高劳动生产率的经典例子。然而，斯密的分工理论存在三个明显缺陷：其一，斯密没有区别社会分工和企业内部分工，这为后人混淆市场契约与企业契约的关系埋下了伏笔。其二，斯密颠倒了分工与交易之间的关系。他认为市场不是分工发展的结果，相反，分工是市场交易的不断扩大的产物。其三，斯密把分工与交易产生归结为人天生具有交易倾向，这样，市场发展和分工深化就成为人的主观选择的结果。马克思在批判地继承古典经济学家分工理论的基础上，提出了丰富的分工理论，其中，他对社会分工和企业内部分工的科学区分，为正确认识企业性质问题奠定了基础。

马克思从六个方面阐述了企业内部分工与社会分工的区分：①在社会分工中，每个生产者的产品都是作为商品独立存在；而在工场手工业的分工中，局部工人的产品不是商品，成为商品的是他们的共同产品。②社会分工以不同的劳动部门的商品交换为媒介；而工场手工业中各局部劳动间的联系则以劳动力商品卖给同一资本家为前提。③社会分工以生产资料分散在不同的生产者手里为前提；而工场手工业内的分工是以生产资料积聚在同一资本家手里为条件。④社会分工中社会劳动的分配是靠价值规律的自发调节；而在工场手工业内部，工人各职位的分布按计划保持一定的比例关系。⑤社会分工靠市场价格调节生产；而工场手工业内部分工则用计划调节生产。⑥社会分工不承认任何权威，只承认竞争的权威；而工场手工业内部则以资本家对工人的绝对权威为前提。马克思对两种分工形式的区别，一方面清楚地表明了企业与市场之间在资源配置方式上的本质区别，即企业是以科层组织方式，依靠资本所有者的管理权威，在分工协作基础上有计划地协调资源，进行商品生产经营活动；而市场则是依靠价值规律，自发调节不同商品生产者之间的交易关系。另一方面也揭示了在资本主义生产关系中，社会分工与企业分工之间的特殊关系。这种特殊性就是资本主义生产和交换都是服从追求剩余价值这一目标的，但市场又是靠价值规律自发调节，所以必然出现个别企业的有组织生产和整个社会无政府状态这一矛盾，这是资本主义生产关系的性质所决定的资源配置的特征。

而以科斯为代表的新制度主义者则认为，企业和市场其实没有严格的界限，都是资源配置的制度形式，之所以有企业形式存在，是利用这种制度形式可以降低交易费用。科斯等人没有把企业这种组织形式与市场区别开的原因，关键在于他们没有看到由于分工的形式不同所产生的企业生产与个人生产之间的质的区别。马克思当年批判古典经济学家不能正确区分两类分工的观点，现在同样适合于批判新制度学派："像亚当·斯密那样，认为这种社会分工和工场手工业分工的区别只是主观的，也就是说，只是对观察者才存在的，因为观察者在工场手工业中一眼就可以在空间上看到各种各样的局部劳动,而在社会生产中,各种局部劳动分散在广大的面上,每个特殊部门都雇用大量的人,因而使这种关系模糊不清。"① 不能区别两种分工形式,就不可能正确分析企业内部关系和企业经济性质问题。同时,把企业和市场简单看做可以相互替代的资源配置方式,必然会使"看不见的手"自动调节经济的理念起支配地位。科斯等新制度主义者也被称为"新自由主义者",正是根源于此。他们的思维方法正如马克思所指出的那样:"资产阶级意识一方面把工场手工业分工,把工人终生固定从事某种局部操作,把局部工人绝对服从资本歌颂为提高劳动生产力的劳动组织,同时又同样高声地责骂对社会生产过程的任何有意识的社会监督和调节,把这些说成是侵犯资本家个人的不可侵犯的财产权、自由和自决的'独创性'"。② 然而,尽管资产阶级经济学家鼓吹自由经济,反对国家干预,但资本主义经济发展的实践却表明,市场经济国家的宏观调控理论和政策,不是"看不见的手"理论结出的"硕果",而恰恰是马克思主义经济学逻辑的必然产物。

马克思在他的分工—协作理论中,还合乎逻辑地提出并解释了新制度学派企业理论中提出的劳动成果的"度量"问题。阿尔钦和德姆塞茨在他们的著名"团队生产"假说中提出的产权理论,就是针对企业生产的产品是联合劳动的成果,每个人的劳动贡献难以度量,为了防止工人偷懒,必须实施有效的监督;而为了使监督者不偷懒,就要给他们适当的"剩余索取权"。从方法论上看,这一思路显然是从"经济人"假设出发得出的结论,他们认为因度量的困难,劳动者在契约中处于有利地位。而马克思则从经济发展的规律上对"度量问题"给予了回答:马克思承认企业内部由于联合劳动使劳动成果的度量变得困难,但由于市场中社会必要劳动时间的作用使问题简单化,他以工场手工业的生产为例指出:"一个工人的劳动结果,成了另一个工人的劳动起点。……在每一个局部过程中,取得预期效果所必要的劳动时间是根据经验确定的。""各个工人之间的这种直接的相互依赖,迫使每个人在自己的职能上只能使用必要劳动时间。"③ 竞争规律强迫劳动者在企业内部的劳动必须具有连续性、划一性和秩序性,生产的社会化程度越高,这一规律的作用越明显。至于对经营者的劳动度量问题,马克思也认识到他们的劳动是复杂劳动,因而劳动量的度量更为复杂,但在马克思看来,市场的竞争规律同样会给出他们的劳动报酬标准。当然,采用何种具体的激励和约束机制来调动劳动者、管理者的积极性,是具体管理中的技术问题,马克思不可能给出现成答案。但可以看到,马克思从客观经济规

① 马克思:《资本论》第1卷,人民出版社1975年版,第393页。
② 同上书,第395页。
③ 同上书,第383页。

律的强制性出发，指出了劳动者在经济契约中的被动地位问题。

四、劳动与劳动力的科学区分：破译契约关系的经济实质

在新制度学派企业理论中，"契约自由"是他们的理论前提，不论是交易费用理论，还是产权理论，也不论是企业"剩余索取权"假说，还是"剩余控制权"假说，都是以此为基础展开研究的。但是，他们对企业契约的经济性质的分析是肤浅的。对此，老制度学派企业理论曾提出批判性的观点，其中，他们提出的企业"权力"理论，试图用资本主义市场经济中存在"权力"控制自由市场这一现实，来批判资本主义"经济和谐论"观点。然而，他们把资本主义经济的基本矛盾仅仅归结为市场中的企业"霸权"问题，不仅没有在对资本主义经济关系给予科学说明的基础上，从根本上揭穿新制度主义企业理论"契约自由"神话的假象，反而被新古典主义者指责他们的经济学没有体系和理论。

而马克思的经济学则不同，他在对资本主义生产关系中的劳动和劳动力范畴给予了科学区分的基础上，彻底揭示了资本主义企业契约自由的假象。马克思也是从人们熟知的流通领域入手来分析资本主义商品交换关系，通过对资本总公式矛盾的分析，指出了货币转化为资本的条件："有了商品流通和货币流通，决不是就具备了资本存在的历史条件。只有当生产资料和生活资料的所有者在市场上找到出卖自己劳动力的自由工人的时候，资本才产生；而单是这一历史条件就包含着一部世界史。因此，资本一出现，就标志着社会生产过程的一个新时代。"① 马克思这里所说的自由，具有双重意义：一方面，工人是自由人，能够把自己的劳动力当做自己的商品来支配；另一方面，他没有别的商品可以出卖，自由得一无所有，没有任何实现自己的劳动力所必需的东西。因此，"资本主义时代的特点是，对工人本身来说，劳动力是归他所有的一种商品形式，他的劳动因而具有雇佣劳动的形式。"② 马克思这里一方面指出了货币转化为资本的前提是劳动力成为商品；另一方面也指出了资本主义生产资料所有制的特征。然而，从流通领域上看，或者从交易过程看，"在市场上，他作为'劳动力'这种商品的所有者与其他商品的所有者相遇，即作为商品所有者与商品所有者相遇。他们把自己的劳动力卖给资本家时所缔结的契约，可以说像白纸黑字一样表明了他可以自由支配自己。"③ 因此，从契约签订的过程来看，劳动者的契约的确是在自由、自愿基础上签订的。但从契约执行过程来看，问题发生了变化，"工人在得到买者支付他的劳动力价格以前，就让买者消费他的劳动力，因

① 马克思：《资本论》第1卷，人民出版社1975年版，第193页。
② 同上书，第193页。
③ 同上书，第334页。

此，到处都是工人给资本家以信贷。"① 这种"信贷"意味着契约工资能否履行，还受诸多不确定因素的影响，比如企业经营亏损、破产等客观经济因素，再比如资本所有者对工人劳动行为是否努力、是否有创新行为等主观评价等，都直接决定工人的工资契约的最终履行情况。所以，对工人来说在成交以后却发现：他不是"自由的当事人"，他自己出卖自己劳动力的时间，是他被迫出卖劳动力的时间。然而，这是一种强制性的经济关系，工人不可能凭借所谓的个人理性来改变它。其实这种现象不是马克思最先发现的，在古典经济学家那里，已经看到了资本主义企业内部这种对立关系。然而，古典经济学家却不能解释它，只有马克思在对劳动和劳动力作了科学区分以后，问题才迎刃而解。在马克思看来，劳动力是一种特殊商品，它能够创造出比自身价值更大的价值，即剩余价值，资本家购买劳动力正是看中劳动力商品这一特殊性。

在新古典经济学分析框架的企业理论中，一直是把劳动和劳动力混为一谈的。然而，20 世纪 80 年代在西方主流经济学的工资与劳动市场理论中出现了以"效率工资假说"为基础的"偷懒模型"中，将劳动和劳动力的区分作为这一模型的出发点，他们把工资看成是付给一定时期雇用的工人的报酬，而不是付给一定量的"劳动"的报酬。一个工人做出多少努力（实际劳动），这不是在劳动市场上签订劳动契约所能确定的，因而一个工人得到的同样数量的工资会有他实际的努力不同而化为不同的单位劳动工资率。这一模型表明了马克思关于劳动和劳动力所作的科学区分对主流经济学产生了深刻的影响。美国激进经济学家鲍尔斯通过对《资本论》的方法和原理研究指出："效率工资假说"中的"偷懒模型"印证了马克思在《资本论》中反复申说的著名论断："资本家购买的不是劳动力，而是工人的劳动。"② 当然，这一模型的目的不是揭示资本主义企业契约的经济性质是资本家对工人进行剥削，相反，在他们看来，资本所有者与工人之间存在信息不对称，工人在契约中处于更为有利的地位，因为劳动过程中努力程度是很难监督的，所以，必须考虑设计模型使工人努力工作。而马克思要分析的问题则在另一端，那就是在资本主义企业的契约中，工人处于更为不利的地位，这一点在交换领域是难以看清的，只有通过对生产领域的分析才能揭示出来。新古典主义者（包括新制度学派）的企业理论恰恰就停留在流通领域里分析问题，他们看到的是劳动力所有者和货币所有者"彼此作为身份平等的商品所有者发生关系，所不同的只是一个是买者，一个是卖者，因此

---

① 马克思：《资本论》第 1 卷，人民出版社 1975 年版，第 197 页。

② 左大培：《从当代企业理论的角度看〈资本论〉》，张宇等主编：《高级政治经济学》，经济科学出版社 2002 年版。

双方是在法律上平等的人。"① 这是在方法论上不能区分开劳动和劳动力的必然结论。即使上面提到的"偷懒模型"看到了劳动力和劳动的区别，也还是把工人看做信息优势的一方，究其原因，是因为他们抽象掉了资本主义生产关系考察问题的结果。正是在对资本主义生产过程分析的基础上，马克思才进一步揭示了资本主义社会劳动者的工资形式及其本质，从而使资本主义的劳动力是在自由契约基础上进行买卖的"神话"彻底被戳穿了。

五、在生产过程的考察中分析企业内部治理关系

马克思是在生产关系与市场机制有机结合的基础上分析企业性质问题的。在对资本主义生产关系的剖析中，马克思也是从市场层面入手的，因为在现实中，"商品流通是资本的起点"，所以，"流通是商品所有者的全部相互关系的总和。在流通以外，商品所有者只同他自己的商品发生关系。"② 但马克思绝没有仅仅停留在流通领域（市场层面）分析问题，因为他知道，只有通过深入生产领域的分析，才能揭示资本主义企业内部人与人的经济关系的本质。

在马克思看来，如果撇开社会形式来看，劳动就是人的有目的的一种生产活动，是生产资料和劳动者的有机结合的过程，在劳动过程中，人的活动借助劳动资料使劳动对象发生预定的变化。但在现实中，任何劳动过程都必然是在特定生产关系中进行的，只有对现实的生产关系进行深入剖析，才能揭示劳动过程的本质。资本主义是商品经济社会，市场在资源配置中起基础作用，所以，资本主义的劳动过程首先是价值形成过程。换句话说，资本主义的生产在表层上（现象上）表现为市场经济基本规律支配的特征，价值规律在这里起着基础性的调节作用。比如，劳动力的买卖完全是遵循价值规律原则的；商品价格变动受供求、竞争规律的影响；等等。资本主义市场经济这一表象迷惑了无数理论家，资产阶级经济学家（也包括中国一些理论家）至今还坚持把市场经济等同于资本主义，甚至认为马克思也是这种观点。我们认为这是不符合马克思经济学方法论的，马克思最反对的就是把经济现象简单等同于本质的做法，把市场经济等同于资本主义犯的恰恰就是这种错误。

马克思经济学的方法论表明，市场经济虽然是与资本主义相伴随产生的，但资本主义经济关系的本质不能用市场经济来概括，市场经济只是资本主义经济关系本质的实现形式。资本主义生产关系的本质是资本雇佣劳动的关系，资本家获得剩余价值，工人获得相当于劳动价值的工资这样一种经济关系。这种

---

① 马克思：《资本论》第1卷，人民出版社1975年版，第190页。
② 同上书，第188页。

经济关系在市场经济中表现出来就是：①工人的劳动属于资本家，劳动过程是在资本家监督下进行；②劳动剩余（即所谓的"剩余索取权"）归资本家所有。这样，资本主义的劳动过程就不是一般商品经济中的价值形成过程，而是价值形成过程与价值增值过程的统一，正如马克思指出的，"如果我们从劳动过程的观点来考察生产过程，那末工人并不是把生产资料当做资本，而只是把它当做自己有目的的生产活动的手段和材料。例如在制革厂，工人只是把皮革当做自己的劳动对象。他不是鞣资本家的皮。可是，只要我们从价值增殖过程的观点来考察生产过程，情形就不同了。生产资料立即转化为吮吸他人劳动的手段。不再是工人使用生产资料，而是生产资料使用工人了。不是工人把生产资料当做自己生产活动的物质要素来消费，而是生产资料把工人当做自己的生活过程的酵母来消费，并且资本的生活过程只是资本作为自行增殖的价值运动。"①

　　因此，在资本主义市场经济中，工人与企业之间的自由契约只是表现在市场层面上，或者说只是表现在市场上遵循等价交换原则这一表象上。进入生产领域以后，问题的性质就发生了变化，资本家购买了对工人的劳动力的使用权，所以他有权决定对劳动力的使用方式、使用时间、使用强度，这些在契约中不可能完全规定。这表明，马克思早已深刻认识到新制度学派所提出的"劳动契约的不完全性"问题。但马克思主义经济学与新制度主义经济学在"劳动契约的不完全性"的具体认识上存在根本分歧。在新制度主义者看来，工人处在契约中的优势地位。他们用理性"经济人"追求利益最大化和信息不对称这两个因素来解释，认为工人对自己的劳动力是"知情者"，他们在签约过程中可能隐瞒对自己不利的信息，在履行契约的过程中，可能会出现偷懒行为，资本家无论如何不可能杜绝工人的这些行为。所以，资本家是"道德风险"的承担者，他们只有通过拥有对工人的控制权，才能保证企业效率。

　　现实中谁也不能否认这种现象的存在，因此，乍看上去，这是一种非常合情合理的解释！然而，看上去合情合理的理论往往揭示的不是真理。在马克思经济学看来，新制度主义者所看到的恰恰是问题的假象。在资本主义生产关系中，资本家在契约形成和执行过程中的优势地位是不容置疑的，这种优势地位不是简单的理性选择和信息优势就能够决定的，它是资本统治劳动力这一资本主义生产关系的性质决定的，换句话说，是经济关系本身所具有的强制性决定的。马克思在《资本论》中用了很大的篇幅和翔实史料来阐述"工作日"问题，就是想用历史实证的方法来揭示在资本主义企业内部资本家是如何利用对雇佣劳动的控制权，通过延长工作日的方式侵害工人的利益的。同时，也揭示出工人

---

① 马克思：《资本论》第1卷，人民出版社1975年版，第344页。

在反控制、争取正当利益之中又是多么地艰难，"孤立的工人，'自由出卖劳动力的工人'，在资本主义生产的一定成熟阶段上，是无抵抗的屈服的。"① 工人在这种经济强制关系中明显处于被动地位，他们不仅因为没有生产资料而必须出卖自己的劳动力才能生存，而且还面临着相对过剩人口引起的工人之间的相互竞争的压力，由于大机器的应用过程中女工、童工的使用而导致工人之间竞争加剧的压力；必须面临技术进步导致的劳动力贬值、工资率下降的压力。所以，尽管现实中存在信息不对称，面对激烈的竞争和各种强大的压力，工人的个人理性选择绝不是什么利用信息不对称去"偷懒"或者追求所谓的利益最大化的问题，而是祈求有"好心"的资本家购买自己的劳动力，使自己和家人能够生存。马克思引用尤尔的观点说："英国工人阶级洗不掉的耻辱就是，他们面对勇敢地为'劳动的完全自由'而奋斗的资本，竟把'工厂法的奴隶制'写在自己的旗帜上。"② 可见，尽管"工厂法"中包含那么多侵害工人利益的内容，可是工人还是要接受，这是经济关系的强制力，绝不是工人依靠个人理性能够改变的。

新制度主义者反对马克思主义的阶级分析法，然而"工作日"演变史足以表明，现实中工人的个人理性是无法保证个人利益的，工人要争取正当的利益，必须通过整个阶级的行动来实现，因为"在平等的权利之间，力量就起决定作用。所以，在资本主义生产的历史上，工作日的正常化过程表现为规定工作日界限的斗争，这是全体资本家即资本家阶级和全体工人即工人阶级之间的斗争。"③ 关于"工作日"的斗争表明，在阶级对立的经济关系中，一方追求的利益最大化就是以另一方的利益损失为代价的，不可能存在超阶级的利益最大化的理性选择。具体到资本主义来说，资本家阶级追求的剩余价值最大化，就是建立在对工人阶级利益的剥削基础上的，工人阶级所谓的理性选择的内容，是以接受资本家阶级的剥削为前提的。新制度学派看不到资本所有者凭借经济权利侵害工人劳动时间、控制工人的自由，从而挫伤工人劳动积极性的一面，却把工人为争取正当利益的斗争归结为工人天生具有"好逸恶劳"的本性，这显然有悖事实，但却是资产阶级经济学从人性论出发所固有的逻辑。

在马克思那里，企业被看做具有等级制度的科层组织，组织的有效运行必须靠权威、命令、计划、协调等作保证，马克思指出："一切规模较大的直接社会劳动或共同劳动，都或多或少地需要指挥，以协调个人活动，并执行生产总体的运动——不同于这一总体的独立器官的运动——所产生的各种一般职能。"④

---

① 马克思：《资本论》第 1 卷，人民出版社 1975 年版，第 331 页。

② 同上书，第 332 页。

③ 同上书，第 262 页。

④ 同上书，第 367、368 页。

同时，马克思也认识到在资本主义企业内部由于存在委托—代理关系，委托人与代理目标函数不一致，加之信息不对称，可能造成效率损失。所以他认为从管理的角度看，企业内部监督是必需的，他指出："随着作为别人的财产而同雇佣工人相对立的生产资料的规模的增大，对这些生产资料的合理使用进行监督的必要性也增加了。"① 可见，马克思认识到从生产力的角度看，企业管理是重要的，所以，马克思把管理看做是一种复杂劳动。但马克思同时也指出，在资本主义生产关系中，管理具有了特殊性。具体表现为这种管理、监督和调节的职能实质是资本的职能，一切管理活动都是服从资本所有者追求更多剩余价值这一特殊目的，这也正是资本所有者管理的动力所在。所以马克思指出："资本家所以是资本家，并不是因为他是工业的领导人，相反，他所以成为工业的司令官，是因为他是资本家。"② 对于工人行为需要监督的问题，马克思没有将其简单归结为工人天生爱"偷懒"的本性上。在他看来资本主义企业管理一方面是分工协作劳动的客观需要，正如乐队需要指挥一样；另一方面资本主义企业内部资本对雇佣劳动强烈控制使资本所有者必须借助管理提高效率。马克思引用一家报纸的观点说，在资本家与工人合伙经营的企业中，第一个结果就是材料节省了，因为合伙制中财产所有权的变动调动了工人节约的积极性。③ 马克思这一思路同样适合对股份制企业下所有权与经营权分离后所产生的问题的分析。马克思认识到，资本主义股份制企业中管理出现了两权分离现象，执行资本职能的不再是资本家本人，而是专门的管理者阶层，管理成为一种专门职业。这样，企业内部委托代理关系必然复杂化，如何保证经营者与所有者之间利益一致性就成为股份制企业管理中关注的核心问题。现代企业中实行的经营者持股制度、给经营者期权制度、全员持股制度，不正是循着马克思的分析方法所得出的必然结论吗？

当然，这里需要指出的是，不能简单地从以上逻辑中推出每个人都拥有企业所有权，才能最大程度调动劳动者的积极性。对国有企业改革实施私有化方案的理论家就是这种逻辑。本章认为劳动者成为生产资料所有者，这在生产关系上无疑摆脱了经济强制关系，但就现代企业的管理形式而言，简单地给劳动者股份并不能解决管理中出现的问题。④所以，我们必须把生产资料所有制性质与其实现形式区分开来，那种认为国有企业资产应该全民持股的说法是不科学的；把股份合作制说成是马克思"重建个人所有制"的实现形式的说法也是不

---

① 马克思：《资本论》第 1 卷，人民出版社 1975 年版，第 368 页。

② 同上书，第 369 页。

③ 同上书，第 368 页。

④ 高鸿业：《西方私有化理论的误区和我国国有企业改革》，《经济研究》1995 年第 10 期。

正确的。因为按照这种认识，个体经济岂不也是"重建个人所有制"的实现形式了吗？

本章要强调的是马克思主义企业理论的方法论是科学的，是指导我们深入研究企业理论的一把"钥匙"，但不是说马克思研究了企业理论的所有具体问题。恰恰相反，在有关企业的诸多具体问题上，还需要批判地借鉴西方经济学有关企业理论的研究成果。

第三节　马克思主义企业理论的发展

马克思之后的马克思主义者，运用唯物史观方法论，以资本对经济关系控制形式的变化为主线，分析了资本主义企业组织形式的演变、企业内部关系变化以及企业经济关系对社会生产关系的影响。马克思主义者关于企业理论的发展主要包括对股份公司组织形式和内部经济关系的新认识；对垄断组织的资本性质及企业边界等问题的阐释；对跨国公司所有权与控制权及其实现形式的深刻剖析；等等。这些理论对理解当代资本主义企业经济关系和中国企业改革与发展，具有重要的指导意义。

一、股份公司理论的发展

马克思在《资本论》中曾经对股份公司进行过阐述，在他看来，股份公司是适合资本集中的一种组织形式，而资本集中本质上是资本加强控制，获取更多剩余价值的一种方式，所以，按照资本控制的内在要求，大企业组织必然出现。正如熊彼特所承认的"预言大企业的出现（考虑到马克思当时的条件）其本身就是一种成就。""马克思比他同时代的其他作家更清楚地辨认出朝向大企业的趋势，他不仅看清这一点，还看清随后出现的形势的某些特色。"① 马克思的洞察力显然是源于其科学的方法论。19 世纪末 20 世纪初，股份公司已经成为资本主义市场经济中的主要组织形式，它主导着资本主义经济关系的基本方面，一些马克思主义者在继承了马克思、恩格斯关于资本主义股份公司研究方法的基础上，作了进一步发展。

1. 股份公司不仅是一种资本集中方式，而且是一种控制力的体现

股份公司是资本家投入资本而建立的，因此，每个资本家的表决权或支配

---

① [美]熊彼特：《资本主义、社会主义与民主》，吴良健译，商务印书馆 2000 年版，第 83、102 页。

权自然也是依据他所付的资本量。现实中，股份公司并非是单一的公司，而是金字塔式的公司，之所以产生这样的组织结构，从经济意义上看，与股份资本的控制力直接相关。资本权力的控制最终集中在一个拥有共同利益的少数人集团中，他们通过资本的力量或作为他人资本的力量的代表，构成了股份公司的高层领导。从股份公司产生的实际过程来看，信用制度、金融交易技术和制度、银行作用至关重要，正是在这个意义上，希法亭才指出："因此，股份公司在它创建的时候，并不诉诸于执行职能的和有执行职能能力的资本家（他们必须把所有权职能和企业家职能结合在一起）的相对狭小的阶层。它从一开始就同这种个人的性质无关，而且只要它还存在就仍然如此。"[1] 希法亭的这一结论批判了那种把股份制度看做是资本家或企业家个人理性选择的产物这种超历史的观点。

2. 股份资本内部经济关系

股份公司内部关系包括所有者与管理者之间的关系和所有者、管理者与劳动者之间的关系两个层面。在所有者与管理者之间的关系上，希法亭指出了两权分离的管理制度导致所有者与管理者之间的目标函数差异性增强，因为股份公司与个人企业不同，它们容易在市场上筹集到资本，所以，在公司管理层中管理者的努力程度不像个人企业那么高，因为他们有经济实力，即使经营利润下滑，也不至于马上面临生存危机。因此股份公司的资本所有者和管理者之间在利益分割上容易产生矛盾，"对股份公司的管理者来说，所有者对尽可能大和尽可能快地谋取利润的关心，在每个资本家心灵中潜伏着掠夺式经营的冲动，达到一定程度时，便退居到经营所提出的纯粹的技术要求之后了。"[2] 但作为管理者，为了业绩，"他们比私人企业家更为热心地装备企业，使陈旧的设备现代化，为征服新的领域进行竞争而不顾为满足自己的需要使股东遭受的牺牲。在管理他人资本时，表现出精明强干、合情合理以及不作个人考虑的特点。"[3] 希法亭这里已经揭示出了现代企业中委托代理问题产生的根源，但他显然不是从"经济人"的行为假设出发，而是从股份公司内部经济关系的特点来分析这一问题的。

在股份公司内部资本所有者和劳动者的关系上，希法亭认为股份公司的内在机制造成一种假象，似乎每个人的机会都是平等的，雇员只要努力，就能上升为资本家阶层，但事实上由于资本集中导致的资本支配权和控制力进一步加强，从而导致雇员的处境也进一步恶化，雇员试图通过自由流动、升迁，改善自己的地位越来越困难，表面上的自由契约变成一纸空文，而围绕劳动契约进

① ［美］熊彼特：《资本主义、社会主义与民主》，吴良健译，商务印书馆 2000 年版，第 123 页。
② ［德］希法亭：《金融资本》，王辅民译，商务印书馆 1999 年版，第 130 页。
③ 同上书，第 131 页。

行的斗争则成为劳资关系的主题。

3. 股份资本与所有制的关系

在对股份制企业内部关系做了深刻分析的基础上，希法亭进一步指出了股份制经济的实质：随着股份制的扩大，资本主义的所有制越来越成为这样一种有限制的所有制，它只给资本家一种简单的剩余价值的要求权，而不允许他对生产进程进行决定性的干预。在交易所中，资本主义所有制在其纯粹的形式上表现为收益证书；剥削关系，对剩余劳动的占有，令人不解地转化为收益证书。所有制不再表现某种特定的生产关系，而是成为似乎同某种活动完全无关的收益凭证。所有制脱离开任何对生产、对使用价值的关系。任何财产的价值似乎都是由收益的价值决定的，是一种纯粹量的关系。财产的大小似乎同劳动没有什么关系，把不断变动并且实际上能脱离直接的生产过程而变动的利息同劳动联系起来，似乎是荒谬的。利息表现为资本财产本身的结果，表现为具有生产力天赋的资本的果实。由此可见，股份资本形式的发展，使资本主义私有制进一步神秘化，一方面，资本社会化程度在提高，生产资料所有制似乎与价值增值没有必然联系；另一方面，资本的经济控制力在加强，少量集中的资本可以控制大量分散的资本。

希法亭之后，股份公司的内部关系也不断演化，在 20 世纪 30 年代伯利和米恩斯提出股份公司出现了所有权和控制权相分离这一事实的基础上，70 年代钱德勒从实证的角度指出现代公司的重要特征是经理人控制公司。针对现代股份公司控制权的这一新变化，巴兰、斯威齐等马克思主义经济学家给予了深刻分析。他们认为依据伯利和米恩斯及钱德勒所描述事实，经理人控制企业似乎已成不争的事实。现代公司的管理者不再简单是利润最大化的代理人，他们还把自己看做是对股东、雇员、顾客、一般公众负责的代理人，在这个意义上，可以说现代公司是"有灵魂的公司"。当然这种"公司灵魂"的实质是"它从资本家人道主义的垂死的躯体中逃离出来，现在移居到了资本主义公司中。对整个制度来说，灵魂性并无丝毫增长。"①

要理解现代股份公司，必须理解经理人与大股东之间究竟是什么关系。是否像现代公司支配权和控制权真的如流行观点所说的转移到经理阶层？巴兰和斯威齐认为，要认清这个问题，在分析方法上就不能停留在西方主流经济学的"经济人"假设上。现代公司中的经理人行为并不是个体"经济人"行为，他们代表资本家执行资本职能，不是个人动机或人性，而是资本主义制度的产物，在这种特定经济关系中，他们是以"组织人"、"公司人"的身份来关注工业过

①［美］巴兰、斯威齐：《垄断资本》，南开大学政治经济学系译，商务印书馆 1977 年版，第 51 页。

程的监督和调解的。由于现代公司实现了两权分离，所以，主流经济学中有一种假设：认为经理的目标函数与大股东的目标函数不一致，即经理追求企业价值最大化，而大股东追求现金收入最大化。巴兰和斯威齐认为事实并非如此，经理和大股东在追求目标函数上有一致的地方，他们既考虑企业价值，又考虑现金数量。而那种仅仅考虑较高股息支付率的压力不是来自大股东，而是小股东。现实中，经理部门和大股东往往联合形成一种利益集团，处于金字塔的顶端实施控制权力。现代公司中的高层职业经理是有产阶级中最活跃、最有影响的一部分，所有的研究都表明，它的成员主要是从阶级结构的中层和上层补充进来的，所以，经理们是大所有者中的一员，由于他们所处的战略地位，他们的作用是充当所有大规模财产的保护人和发言人。因此，他们实际上构成了有产阶级的领导阶层，在根本利益上是一致的关系。

二、垄断组织的经济特征及实质

19 世纪末 20 世纪初，垄断组织已经很普遍，作为主流经济学的新古典经济学对此却视而不见，仍然坚信自由竞争的理论是正确的。马克思主义者则及时对这一新经济现象进行了研究，为人们认识资本主义发展的新阶段提供了理论基础。拉法格、希法亭、列宁、布哈林等著名的马克思主义者都对此做出了贡献。

1. 垄断组织产生的经济动因

马克思主义经济学家认为，垄断形成的主要条件是生产集中，一般说，生产力越发达，垄断组织的力量就越强。希法亭指出，同一部门内部，企业之间通过联合规定生产规模，提高价格。不同部门之间，产业部门间的利润率不均衡，可以通过企业生产联合来克服这种利润率的差别。当然，"按经济周期的不同阶段，实行联合的动因也是不同的。在繁荣时期，这种动因来自加工工厂，加工工厂以此克服原材料的高价或短缺。在萧条时期，原料生产者为了避免原料以低于生产价格出售，而把加工工厂建入自己的企业之中。自己对原材料进行加工，在成品上实现较高的利润。"[①] 联合主要方式包括向上游联合，例如轧钢厂将高炉和煤矿并入自身；向下游联合，例如煤矿购进高炉和轧钢厂；混合联合，例如钢厂将煤矿和轧钢厂并入自身。

对流通领域的控制可以控制价格，减少流通费用。不同部门之间的联合表明，在分散和独立企业的情况下，商业可以帮助产业资本家完成流通过程。但在联合的企业情况下，"在涉及同种商品（批量商品）的巨大集中的企业以及在一个企业的生产满足另一个企业需要的场合，情况就不同了。这里，商业变成

---

① [德] 希法亭：《金融资本》，王辅民译，商务印书馆 1999 年版，第 216、217 页。

多余的了。商人及其利润可以被消除，并且商人也实际因这些企业实行联合制而被消除了。商业利润的这种消除是联合制的固有特点，它与同类企业的联合不同，在那里，当然不存在商业关系。"① 这里希法亭实际上指出了企业通过流通领域的联合，使外部交易内部化，从而控制了市场价格，降低交易费用。但希法亭不像西方主流企业理论那样把企业的联合、兼并仅仅归结为交易费用，他是从生产和交换有机结合的视角来分析这个问题的。

2. 关于卡特尔组织的分析

垄断组织有两种典型形式：一种是企业可以保持自己形式上的独立性，而只是通过协定来规定它们的共同行动，被称为卡特尔；另一种是各企业融合兼并为一个新企业，被称为托拉斯。在这两种组织的基础上，逐渐发展出了辛迪加和康采恩等其他组织形式。著名的马克思主义者拉法格和希法亭在20世纪初期对这两类垄断组织给予了较为系统和深入的研究。

关于卡特尔组织的分析。希法亭认为卡特尔是独立企业之间通过价格协定来控制市场价格的一种形式，因此，其形成是基于纯粹经济上的好处，而与技术没有关系。卡特尔的最简单形式就是价格协定。但价格协定对企业之间的约束力较弱，卡特尔组织内部的"机会主义行为"很容易发生，因而组织很不稳定。为了限制机会主义行为，卡特尔在制度安排上加以改进，"通过消除企业的商业独立性，由一个单纯按照协定建立的团体变成一个商业单位的卡特尔，被称作辛迪加。"② 辛迪加对投机商人是一种束缚，它限制了投机者的自由。因为它使参加辛迪加的企业在商业上失去了独立性，他们在原材料购买和商品销售上，都要按照事先协定的份额，由辛迪加统一管理机构办理，"消除商人投机的一个手段是签订长期合同。例如，煤炭辛迪加总是不变地确定它一整年的价格，在任何情况下都不偏离这个'基本规定'。"③ 尽管辛迪加比卡特尔稳定，但作为独立企业之间的外部联合，不管采取什么措施，也不管惩罚多么严重，只要有利可图仍然会产生机会主义行为。

3. 关于托拉斯组织的分析

拉法格在1903年撰写的《美国托拉斯及其经济、社会和政治意义》一文，是最早系统分析托拉斯组织的马克思主义文献。拉法格认为与卡特尔相比，托拉斯使内部企业产权关系发生了变化，他们使外部交易内部化，所以，拉法格指出：托拉斯用一个统一的行政管理机构来代替参加托拉斯的为数众多的工厂的行政管理机构。这个总机构规定价格，签订原料、燃料等供应合同，规定储

① ［德］希法亭：《金融资本》，王辅民译，商务印书馆1999年版，第216、217页。
② 同上书，第229页。
③ 同上书，第247页。

备品生产，把订货集中起来再分配给那些完成任务最好、时间用得最少、运输费用最低的工厂。托拉斯组织自身不仅强调规模和垄断，各托拉斯之间也倾向于结合为一体，力图建立一个囊括全国一切的生产部门的组织。托拉斯之间的联合"产生了一个资本主义总指挥部，这个指挥部力图使美国全部组织的生产都置于自己的控制之下"。① 这就是托拉斯体系。托拉斯组织的控制依靠金融资本。因此，拉法格指出托拉斯已经使资本主义生产方式和交换方式革命化，在生产方面，托拉斯把以前彼此独立的各种各样的工业部门合并和集中在统一的领导之下，产生了一个新的、严整的、各部门有着合理分工的生产体系。在交换方面，由于托拉斯体系的出现，商业范围被缩小，市场价格被控制，所以商业彻底被置于资本主义生产者的支配之下。针对那种认为由于股份公司使财产普及化、民主化了，使最小的积蓄都变成了资本家的资产阶级观点，拉法格指出："半个世纪以来，股份公司把小老百姓的少量的钱从钱罐中、羊毛袜里挤了出来，把这些迄今为止还是自由的、分散的民间储蓄集中起来，不加监督，不承担责任地交给金融资本家管理，使他们有可能利用交易所的投机手段及其他高级金融魔术，把这些积蓄囊括过来。所谓依靠股份公司的财产民主化，不过是大资本家对小积蓄者的掠夺而已。"② 托拉斯组织对劳动者产生了更大的威胁，因为工人们不可能更换雇主，不管他们进入哪个工厂，他们遇到的都是同一个主人。托拉斯体系还带来一个重要的社会后果，就是它成为资本主义自由竞争调节的替代物，行政调节在市场经济中作用逐渐凸显。

4. 垄断组织的经济边界

托拉斯组织内部的行政调节不仅引起了马克思主义者的关注（如布哈林），也引起了个别西方经济学者（新制度学派代表人物科斯）的注意，正是对这个问题的关注引出了对垄断组织边界问题的思考。所不同的是，布哈林比科斯至少早15年提出了垄断组织的边界问题，不过他们两个人提出问题的角度正好相反：科斯在20世纪30年代初期，在对美国托拉斯组织和苏联大工厂的比较研究中发现，美国的大公司实际上是用计划协调替代市场协调，俄国革命后也是计划协调体制，然而"俄国革命已经发生14年了，但我们对他们计划经济下的共产主义制度如何运行几乎一无所知。列宁说过俄国的经济制度就如全国是一个大工厂一样运转，可是，许多西方经济学家坚持认为这是不可能的。可是西方国家也有工厂，而且有些规模非常之大。"科斯提出既然认为中央计划经济不可能运转，为什么西方大企业还要倾向于行政协调？科斯思考的结论是："运用

---

① ［法］拉法格：《拉法格文选》（下），中共中央编译局译，人民出版社1985年版，第230页。

② 同上书，第275、276页。

价格机制是有成本的。"① 于是他得出确定企业规模的依据是市场协调和行政协调的成本比较。布哈林则早在1917年就从另一个角度提出了这个问题：当布哈林看到托拉斯在美国经济乃至世界经济中的主导作用时指出，国家资本主义下的托拉斯之间竞争导致帝国主义的出现，如果这种竞争一旦消除，帝国主义政策的基础也就没有了，那些独立的"民族的"集团资本就转变成一个统一的世界性的组织——全世界托拉斯。"如果抽象地从理论上谈问题，这样的托拉斯是完全可以设想的。"② 但为什么现实中的资本主义垄断组织还有国家和规模边界呢？与科斯仅仅从交易费用解释不同，布哈林从经济和政治两个方面给予了解释。

从经济方面看，垄断组织的边界与控制垄断价格密切相关。当经济处于景气时期，垄断组织的形成规模在于控制购买和销售价格，使价格不要下跌；在经济处于萧条时期，垄断组织的规模在于控制价格不要上升过快，以保证企业利润。由于垄断组织之间和垄断组织内部不同企业之间存在利益冲突，所以，垄断组织的边界是不确定的，用希法亭的话说："关于这个问题，不可能有适合于一切生产部门的一般答案。"③ 同时，布哈林还进一步强调了社会与政治因素对垄断组织边界的影响。他认为从经济政策角度看，即使在经济条件相差不多的国家之间，国际贸易也会有不同壁垒，因为它涉及资本与国家政权的结合，实力强的国家会设法为它的企业争取最有利的贸易条件，帮助它的金融资本垄断销售市场、原料市场，特别是投资范围。"所以，很容易理解的是，国家资本主义托拉斯在估计世界市场上斗争的条件时，不仅要考虑斗争的纯经济条件，而且要考虑有关国家的经济政策。"④ 这种对垄断组织边界的认识对我们今天理解跨国公司的边界问题，仍然具有启发性。

值得指出的是，马克思主义经济学家在19世纪末20世纪初就对垄断组织有了比较深入的研究，而西方主流经济学直到20世纪30年代以后琼·罗滨逊的《不完全竞争经济学》和张伯伦的《垄断竞争理论》的著作才问世，他们的理论把垄断问题引入了对市场机制的分析，但他们所理解的垄断仅仅是一种市场结构，而不是一种特定的经济关系。至于在企业理论上，主流经济学更是毫无建树。

三、跨国公司理论的形成与发展

如果说股份公司和垄断组织主要是资本在国内加强控制的实现形式，那么

---

① R.H.Coase: *Essays on Economics and Economists.* The University of Chicago Press and London, 1994, p. 7.
② ［俄］布哈林：《世界经济和帝国主义》，蒯兆德译，中国社会科学出版社1983年版，第107页。
③ ［德］希法亭：《金融资本》，王辅民译，商务印书馆1999年版，第222页。
④ ［俄］布哈林：《世界经济和帝国主义》，蒯兆德译，中国社会科学出版社1983年版，第108页。

跨国公司则是资本在国际范围内加强控制和支配的组织形式。20 世纪 70 年代以来，随着跨国公司重要性的加强，西方主流经济学开始了对跨国公司的研究，但他们的研究都是从资源配置和企业管理一般的角度进行的，而对跨国公司的生产关系内容则不予分析。然而，跨国公司发展的实践表明，把资本、技术、劳动力等在国际范围内配置，把商品在国际市场上销售并不是跨国公司的经济本质。跨国公司的本质仍然是通过加强国际范围内的资本控制和支配，追求更多的剩余价值。马克思主义学者早在 20 世纪 60 年代就开始从生产关系的视角研究跨国公司问题。

1. 跨国公司内部经济关系

斯威齐和马格多夫在 1969 年 10 月的一篇文章中就指出：现在越来越多的文章研究多国公司（Transnational corporation）。① "多国公司指的是，在一国设有总公司并在其他国家设有各种各样子公司的那类公司。可是，这些著作中简直就没有一本是从马克思主义观点来写的。"②他们指出，多国公司不是为了按国家来分的各个企业单位，而是为了整体取得最大限度利润。多国公司的产生是资本扩张内在逻辑的必然结果。在自由竞争时期，资本的扩张主要是降低成本、增加投资、赚取较大利润，然后再资本积累；到了私人垄断时期，每个企业面临的问题不再是单纯的降低成本、扩张生产能力等问题，为了获得最大化的利润，最主要的是保持垄断价格，并审慎地扩大生产能力，这样，资本扩张必然组成各种垄断组织形式；到了国家垄断资本主义时期，资本国际扩张欲望增强，要求侵入本国以外的新生产领域和新市场，企业必然走向集团化和跨国经营。斯威齐等人认为跨国公司的起源遵循了资本运动的内在逻辑，而"资产阶级经济学所谓的企业学说一直不适当地忽视了这种螺旋形成过程（资本—剩余价值—扩大的资本）的含义。"③ 所以，无法对跨国公司的出现做出科学解释。

关于跨国公司的内部关系，斯威齐和马格多夫指出：从管理的角度看，跨国公司的所有权和控制权属于同一国家，而不会与多国分享，在这个意义上，跨国公司与国内公司没有什么不同。针对一些理论家指出的通过股票市场，跨国公司的所有权和控制权正在走向国际化，跨国公司将成为"世界公民"的观点，斯威齐和马格多夫指出，虽然欧洲人可能买美国公司的股票，但事实上，欧洲股东"通常对经营管理和政策方面不起什么影响，这就等于说，许多欧洲

---

① 在我国的早期翻译中，使用的是"多国公司"（Transnational corporation），其含义与今天使用的"跨国公司"（transnational corporation）是同义语。本文考虑到与引文中的内容一致，所以个别地方使用"多国公司"一词。

② ［美］斯威齐、马格多夫：《美国资本主义的动向》，张文译，商务印书馆 1975 年版，第 102 页。

③ 同上书，第 111 页。

资本家并不把资本直接投资到欧洲企业,而是把资本交给在欧洲投资的美国资本家来处理。所谓所有权的'国际化'就是这样变成了美国资本控制外国资本的许多途径之一。"① 针对一些理论认为跨国公司的子公司雇用当地人属于分享控制权的说法,斯威齐等指出:这只是问题的表面,"因为控制权是原封不动地属于母公司的。如果母公司的董事会和最高管理机构也开始有很多外国人参加,那自然是个值得仔细分析的问题。"② 跨国公司在其他国家也有管理机构,也有经营管理者,这些人是跨国公司业务所在国当地资产阶级的重要部分,他们的利益如薪金、奖金、升迁等由母公司决定,所以这些管理者必须代表母公司行事,这样,跨国公司母公司的利益与它业务所在国的利益相互冲突。因此,跨国公司往往要把所在国的经营管理者"非本国化","这自然削弱了当地资产阶级,使得这些国家的资产阶级更难于抵制来自强国的要求和压力"。③

2. 跨国公司与国际经济关系

米夏勒认为,跨国公司的本质特征不在于资本和劳动在不同国家的流动,也不在于资本输出,"而是资本主义生产关系的输出。世界范围的资本主义生产关系是由在国外建立子公司(以反对通过贷款的'有价证券'投资,或购买作为纯粹金融资产的股份)的公司或金融集团的直接投资所创造的。大的垄断公司和金融资本的出现是海外子公司创立的必要前提。"④ 由此,米夏勒指出跨国公司主要是把生产组织移至落后国家,剥削廉价劳动力,然后把商品在世界范围内销售。

斯威齐等人也指出:从追求剩余价值最大化的角度看,资本没有国籍,但从资本带来剩余价值的所有权和控制权的角度看,资本是有国籍的,因为资本本质是一种生产关系,"资本的国籍不属于资本所在的那个国家,而是属于掌握这些资本的人。"可见,"资本虽然具有其量的方面,但基本上不是一种东西或物质,而是一种关系。……因此拥有资本纯粹是剥削工人的权利。所有资本家都有这样的权利。因此,资本家们在如何对待工人方面利益是一致的。"⑤ 然而,跨国公司还有其特殊性,那就是它使得一部分资本家拥有比另一部分资本家更优越的剥削权利,而这种特殊权利的存在经济上依靠强大的资本,政治上依靠强大的国家,所以,资本不可能没有国籍。事实上,跨国公司和它所在的业务国家之间存在深刻矛盾,而一些辩护者却认为"合作"是主要方面的,矛盾是可以调和的,他们认为跨国公司能够大力帮助不发达国家建立由他们自己控制

---

①② [美] 斯威齐、马格多夫:《美国资本主义的动向》,张文译,商务印书馆1975年版,第104页。

③ 同上书,第105页。

④ [英] 布鲁厄:《马克思主义的帝国主义理论》,陆俊译,重庆出版社2003年版,第266页。

⑤ [美] 斯威齐、马格多夫:《美国资本主义的动向》,张文译,商务印书馆1975年版,第106、107页。

的工业。在斯威齐等人看来，跨国公司经济关系的本质是为母公司利益最大化行动，他们控制其他国家的资源、剥削劳动力、操纵当地政府、造成环境污染等，都是必然的。

斯威齐引用保罗·巴伦的论证指出："一个国家经济发展的关键在于它的生产剩余额的大小和利用情况。我们现在来看一看，一个国家的经济被多国公司渗透到这样的程度，以至于生产剩余规模的大小和其利用的控制权都操纵在不同国籍的外国资本所有者或其官员的手里。"[①] 大卫·M.科茨最新研究也证明了这一点："一项研究表明，世界上最大的100家跨国公司（以资产排序），1996年其资产的40.4%、产出的50.0%和雇员的47.9%都不是在母国。但是有不少跨国公司的高级管理人员和大股东来自于单一的国家。"他引用萨特克里夫和格莱茵的观点指出"还没有证据能够证明跨国公司的产权、生产和管理的国际化达到了不再以民族国家为基础的程度。"[②]

3. 跨国公司中金融资本的新变化及其实质

跨国公司最高的管理机构越来越脱离具体产品和生产过程，正如斯威齐指出的："总公司关心的愈来愈是纯粹金融方面的事务。即利润和积累方针的决定，而把生产、工艺等问题的处理权交给下属机构、子公司和负责生产甚至在更大程度上是负责公司许多产品销售的工厂经理。"因此，"简单地说，多国公司是二十世纪后五十年金融资本的关键体制。"[③] 在经济全球化的今天，跨国公司中金融资本运动所呈现的新特征，正朝着斯威齐等马克思主义者预测的方向发展。法国马克思主义者热拉尔·迪蒙和多米尼克·莱维也认为跨国公司本质上是发达国家新的金融霸权的组织形式。与19世纪末至1933年第一个金融霸权期不同的是，这种控制实施的主体是跨国公司而不是金融公司，同时这种控制不仅在国内，更主要的是在世界范围内进行的，作为中心国家的跨国公司凭借资本所有权，控制外围国家的资本和利润。他们指出："在新自由主义盛行的年代，来自国外的资本收入流量达到了国内利润的80%！"[④] 当然，这种高利润率是跨国公司"通过强加给劳动与管理之上的纪律，以及对剥削外围国家的刺激，即依赖其施加的达到历史记录的获利水平的压力，实现资本所有者收益和财富的恢复的。"[⑤]

---

① [美] 斯威齐、马格多夫：《美国资本主义的动向》，张文译，商务印书馆1975年版，第123页。

② [美] 大卫·M. 科茨：《国家、全球化和资本主义的发展阶段》，《资本主义的发展阶段——繁荣、危机和全球化》，张余文译，经济科学出版社2003年版，第113页。

③ [美] 斯威齐、马格多夫：《美国资本主义的动向》，张文译，商务印书馆1975年版，第120页。

④⑤ [法] 热拉尔·迪蒙、多米尼克·莱维：《新自由主义与第二个金融霸权期》，丁为民、王熙译，《国外理论动态》2005年第10期。

法国马克思主义学者费郎索瓦·沙奈等也指出，当代资本主义的资本组织形式基本特征就是"金融全球化"。如果说希法亭时代的金融资本是强调银行资本向工业资本渗透的过程，那么今天的金融资本则是工业垄断资本向金融领域渗透的过程。从活动主体上看，全球化条件下的金融资本不是由一般垄断组织，而是由大型企业集团来作为载体。他们指出："我们清楚地看到，工业中占统治地位的大企业集团，在20年来逐步形成的全球化金融体系内表现活跃，并深深地改变了自己在资本增值方式上的战略决策。实际上，它们越来越明显地变成金融集团。确实，它们仍以工业活动为主，但在经济前景充满不确定因素的背景下，其生产活动方面的决策越来越经常地受到错综复杂因素制约，受到'金融全球化'带来的种种机会的左右。这种行为表明，大企业集团与银行和金融机构（如各种养老基金和投资基金等）一样，为促进全球经济金融化发挥了重大作用。"① 现代金融工具的出现，使得所有者可以用这些工具控制别人创造的部分价值，大企业集团的财务管理的性质发生了重要变化，他们不再是仅仅控制和分配利润，而是积极参与股市和外汇市场的投机活动。"1982~1989年期间，法国企业用于生产性投资份额从76%下降到47%，而其占有的金融资产则从2.9%上升到35%。新增加的这部分金融资产是由不动产（股票、债权）和金融投资（货币合同证券、证券投资机构）两部分组成，它们几乎各占一半。"② 金融全球化下的企业行为从"生产的逻辑"转向了"金融逻辑"，尽管这样会在短期内产生价值的增值，但长期必将损害经济的物质基础，国际性的危机不可避免。

针对20世纪80年代以来互助基金和养老基金在金融资本越来越重要的地位，主流经济学家提出"人民资本主义"的概念，认为资本主义本身的性质已经发生了变化。对此，著名的马克思主义者杜米尼尔和列维深刻指出：从生产关系的角度看，这些基金有两方面作用：一方面，为了股东利益，它们"将盈利标准加于企业之上，一再强化了我们社会的资本主义基本特征。"即强化了资本雇佣劳动的关系。另一方面，它们也促成了资本主义新的组织形式和实现形式的出现，即"没有大资本家，也就是没有大的个别股东，虽然这种说法有些夸张。一些分析家对资本主义所有权的非个人化特征印象如此深刻，以至于把互助基金和养老基金支配地位的提高看成是资本主义真实的变异，在某种程度上已超过了资本主义本身的性质。毫无疑问，这些机构投资者为经理人员展示他们的技能提供了机会，但也很明显，资本家和生产工人之间的对抗从整体来

① ［法］沙奈等：《金融全球化》，齐建华、胡振良译，中央编译出版社2006年版，第137页。
② 同上书，第148页。

说一点也没有减少。"①

通过以上分析表明，马克思主义企业理论有其深刻的洞察力和解释力，同时也表明其自身是开放的理论和发展的理论。因此，对待马克思主义企业理论，我们既不要妄自尊大，也不应妄自菲薄，而是努力去挖掘和拓展，作为指导我们认识解决国内外相关经济问题的理论基础。

---

① [法] 吉拉德·杜米尼尔、多米尼克·列维等：《资本主义的发展阶段——繁荣、危机和全球化》，张余文译，经济科学出版社 2003 年版。

第五章　马克思主义就业理论

　　就业与失业问题是资本主义经济中的基本问题,就业问题涉及的范围很广,包括工资、失业、劳动过程、劳动分工、劳动关系、劳动力市场等诸多问题。作为马克思主义经济学的组成部分,产业后备军（相对过剩人口）理论更多地关注失业问题,但失业与就业是密不可分的事物两面,研究失业问题必然要联系工资、劳动过程、劳动关系等就业问题。本章将对马克思主义经济学的就业理论做较系统的梳理,对其给予适当的评价,并与西方经济学的就业理论进行比较。目的在于更深入地了解马克思经济学的就业理论,并思考这样一个问题:马克思经济学的就业理论对于理解资本主义经济中就业的历史演进和各种现实的失业问题是否仍具有重要的价值。在理论分析的基础上,分析第二次世界大战后 50 多年发达国家失业变动的深层原因。通过理论分析和实证检验,为各种不同制度国家的未来如何更好地解决就业问题提供思路。

　　本章共分四部分。第一部分评介马克思的就业理论,包括资本有机构成与相对过剩人口,分工、技术变革与就业补偿、工资与产业后备军。第二部分是马克思就业理论的发展,主要介绍 20 世纪尤其是第二次世界大战后西方马克思经济学者在就业研究领域中的成果,分析他们是如何丰富和完善马克思经济学就业理论的,又存在哪些不足,并以现实为基础,分析资本主义经济失业的原因,包括工资与失业的关系,资本主义经济中技术革新、产业结构调整对失业的影响,资本主义经济中有效需求不足与失业的关系,对自然失业率的问题和经济全球化对失业率的影响也分别做了分析。第三部分对各国的失业现状和就业政策进行比较,分析其效果。第四部分对中国如何解决就业问题做简要分析,探讨社会主义条件下如何发挥制度优势,实现充分就业。

第一节　马克思的就业理论

就业问题是随着资本主义雇佣劳动制度的产生而出现的，但它作为一个重大问题而受到经济学界的重视，开始时间却较晚。马克思是较早注重就业问题的经济学家，在《经济学手稿》和《资本论》中都有论述，内容涉及劳动力商品、工资、劳动分工、相对过剩人口等，其中，相对过剩人口理论是核心。最重要的是马克思不是单单分析就业与失业问题，而是将其纳入资本主义经济发展的整体框架，将它与剩余价值生产、资本有机构成提高、利润率下降以及经济危机紧密地联系起来。这样，就能从深层次把握资本主义经济中就业问题的实质，并对其长期变动和发展趋势做出准确的判断。

一、资本积累、资本有机构成提高与相对过剩人口

马克思在 1857~1858 年的《经济学手稿》和 1861~1863 年的《经济学手稿》以及《资本论》中都对相对过剩人口理论做了论述。《经济学手稿》中论述的特点是，从相对剩余价值生产中直接推导出过剩人口产生的必然性，揭示了生产资本的发展所造成的两种相互矛盾的人口变动趋势，深刻论证了这种人口过剩的相对性质。他说："剩余价值的第二种形式是相对剩余价值，它表现为工人生产力的发展，就工作日来说，表现为必要劳动时间的缩短，就人口来说，表现为必要劳动人口的减少。"[1]绝对剩余价值生产和相对剩余价值生产是资本家进行剥削的两种主要方法。绝对剩余价值生产的方法是资本家力图延长工人的劳动时间，并且力图雇佣更多工人来扩大剥削范围。另一方面，相对剩余价值生产的方法又使资本家力图缩短工人的必要劳动时间，相对延长剩余劳动时间，与过去相比，生产相同的剩余价值所需要的劳动力数量将下降，从而减少必要劳动人口，这势必会将一部分人口变成过剩人口，成为产业后备军。

在《资本论》中，马克思的相对过剩人口理论是指在资本主义经济中，资本有机构成有不断提高的趋势，使得资本家投入的可变资本相对于不变资本来说不断减少，这种相对减少随着总资本的增长而加快，而且比总资本本身的增长还要快，从而雇佣劳动的数量也相对减少，出现了大量劳动者被排挤在资本主义生产之外，成为失业者。马克思说："资本积累不断地并且同它的能力和规

---

①《马克思恩格斯全集》第 46 卷（下），人民出版社 1972 年版，第 291 页。

模成比例地生产出相对的，即超出资本增殖的平均需要的，因而是过剩的或追加的工人人口。"① 可以看出，相对过剩人口是在资本积累过程中必然会出现的。资本有机构成的提高源于资本家为追求利润最大化而不断采用先进的技术、更新机器设备，使得不变资本在总资本中的比例增加，不变资本与可变资本的比例提高，即资本有机构成提高，这是资本积累中的一般趋势。可变资本的相对减少，意味着用较少量的劳动就可以推动较多量的机器和原料，这正是技术进步的体现，由此会引起对劳动需求的减少。"对劳动的需求，同总资本量相比相对地减少，并且随着总资本量的增长以递增的速度减少。"② 这就说明了资本主义经济中失业产生的原因。对劳动力的需求不仅受制于资本积累的总体规模，还与资本结构的变化有关，而这一切都与资本的本质——追求利润最大化相关。

剩余价值学说和资本积累学说在阐述资本主义失业问题中是相互联系，密不可分的。工作日中必要劳动时间的缩短和生产资本中可变部分的减少，不过是资本主义条件下劳动生产率提高的两重表现。而且，剩余价值理论是资本积累理论的前提和基础。离开了剩余价值学说，就不能深入理解资本积累理论所揭示的规律，甚至以为过剩人口产生的原因在于技术进步和生产率增长，实质问题在于技术进步被作为相对剩余价值生产的方法（高峰，1991）。反之，资本积累理论也对剩余价值学说有作用。马克思说："一切生产剩余价值的方法同时就是积累的方法，而积累的每一次扩大又反过来成为发展这些方法的手段。"③即只有积累达到足够的数量，才有条件大规模投资，采取先进的设备进行生产，使得必要劳动时间缩短，剩余劳动时间延长。

不仅如此，就业工人人数的减少比可变资本的减少还要快的这一事实，也要结合剩余价值生产来分析。如果单个工人提供更多的劳动，资本家可以从较少数量的工人身上而不是用同样低廉的花费从较多的工人身上榨取一定量的劳动④。这主要是资本家通过从内涵方面加强对工人的剥削，即剩余价值生产的方法来实现的。这样，当可变资本增大时，无需招收更多的工人，利用现有的工人就可以推动更多的劳动。而如果可变资本相对减少后，就业工人的数量减少得更多。"相对过剩人口的生产或工人的游离，比生产过程随着积累的增进本身而加速的技术变革，比与此相适应的资本可变部分比不变部分的相对减少，更为迅速。"⑤

---

① 马克思:《资本论》第1卷，人民出版社1975年版，第691页。
② 同上书，第690页。
③ 同上书，第708页。
④ 考虑到企业培训等的花费，雇佣较少的工人也可以节省企业的劳动成本。对于劳动者来说，意味着保持原有的劳动时间基本不变，这可以保证或扩大其收入，在劳动者基本生活费用价格不变或上升时，更为必要。
⑤ 马克思:《资本论》第1卷，人民出版社1975年版，第697页。

既然相对过剩人口产生的根源在于资本主义经济的积累的实质，那么，相对过剩人口的经济作用也与积累相关。"过剩的工人人口是积累或资本主义基础上的财富发展的必然产物，但是这种过剩人口反过来又成为资本主义积累的杠杆，甚至成为资本主义生产方式存在的一个条件。"[①]　这里是说，过剩的工人人口可以随时满足资本主义扩大生产时对劳动力增加的需求，从而成为产业后备军，成为资本主义经济波动发展的必要条件。并且过剩劳动的存在也增加了在职工人的失业压力，使资本家可以加强对工人的剥削，有利于降低在职工人的工资。

马克思进一步分析了相对过剩人口的各种存在形式，包括流动的形式、潜在的形式和停滞的形式。流动的形式就是指短期的失业，他们时而被排斥，时而在更大的规模上再被吸引。主要是脱离少年期的青年男工，这也与当代资本主义经济中青年劳动者失业率较高的事实相吻合。潜在的过剩人口是指由于资本主义生产占领了农业导致大批农民被排斥，这些过剩人口需要流入城市寻找工作，但在存在转移障碍时，只能停留在农村，因而称为潜在的形式。停滞的形式是指长期失业，马克思认为这些劳动力"不断地从大工业和农业的过剩者那里得到补充，特别是从那些由于手工业生产被工场手工业生产打垮，或者工场手工业生产被机器生产打垮而没落的工业部门那里得到补充。"[②]　这说明长期失业者往往与产业结构、技术结构调整有关，由于分工的发展、大规模机器（代表着先进的技术）的运用，使得一些劳动力被解雇，这属于结构性失业。这些失业者不能很快地找到工作、成为长期失业者的原因，也要联系其技能结构来考察。当然，上述三种类型失业都是在资本积累过程中产生的。

现代失业理论中失业的类型划分主要包括周期性失业、结构性失业、摩擦性失业等。马克思的相对过剩人口理论中的失业与资本有机构成的提高有关，因而与技术变革引起的结构性失业类似，但马克思所说的相对过剩人口的含义远远超出结构性失业，这不仅因为相对过剩人口说明的是资本主义经济中失业的长期发展趋势，而且因为马克思认为相对过剩人口不同于单纯的技术变革引起的失业，即在资本主义经济中技术变革被资本家用于获取最大化的利润，根本目的不是解放工人和增加社会福利。

至于周期性失业，虽然马克思的危机理论中涉及到失业，但马克思的相对过剩人口理论的核心是其长期的动态变动，并且沿着制度的分析方法，他没有将周期性失业问题作为重点，尽管周期性失业服从于失业的长期变动规律。摩擦性失业作为暂时的失业现象，也与马克思的制度的、长期的分析关联性不是

---

① 马克思：《资本论》第1卷，人民出版社1975年版，第692页。

② 同上书，第705页。

很强，因而也较少谈到。

二、技术变革、分工与就业补偿

马克思在相对剩余价值生产的分析中，论述了机器排挤工人以及所谓的补偿理论的问题，这应当看做是与结构性失业相关的问题，机器的应用代表着技术进步的提高、产业的升级换代。马克思认为机器并不是一出现，就被应用到资本主义经济中去的。"对资本说来，只有在机器的价值和它所代替的劳动力的价值之间存在差额的情况下，才会使用机器。"[①] 也就是说，机器的使用不是为了节省劳动者的体力，而是为了劳动成本节约、资本增值的需要。而一旦机器被使用，就会和劳动者之间产生矛盾。"劳动资料一作为机器出现，立刻就成了工人本身的竞争者。通过机器进行的资本的自行增殖，同生存条件被机器破坏的工人的人数成正比。"[②] 并且，机器排挤工人的数量多少、程度大小随着替代工人的进度快慢、幅度大小有关，如果这种替代是在短期内迅速地完成，没有过渡时间，则对工人的排挤是严重的；当大机器工业完全替代传统手工业和工场手工业时，机器与工人之间的冲突就非常厉害。被机器排挤的工人由于技能结构的限制（这又与分工的片面性有关），很难顺利地找到其他工作，即使找到，也属于报酬低的工作，因而社会的总体失业率会上升。

以上是未考虑机器排挤工人后会有补偿的问题。所谓"补偿理论"是指一些资产阶级经济学家断言，所有排挤工人的机器，总是同时地而且必然地游离出相应的资本，去如数雇佣这些被排挤的工人。针对这一观点，马克思作了批驳。首先，如果减少雇佣工人的可变资本正好用于投资机器更新，则资本并没有游离出来，而只是可变资本转化为不变资本，即使这部分可变资本用于购买机器后还有剩余，也不能完全使被排挤的工人就业。再假设生产新机器的工厂会增加雇佣工人，同样，由于还需要购买原料、资本家要获利，这部分增加的资本（即采用机器的工厂减少的可变资本数量）也不能如数地雇佣被排挤的工人。这里，马克思讲的"补偿"中的资本仅限于由于排挤工人而减少的可变资本，因而是"游离"的，没有追加的投资。另外，假设工人的工资水平不变。其次，如果减少的不变资本并没有用于机器投资，而是真正游离到社会上，即资产阶级经济学家所谓的"被游离出来的工人的生活资料"，这部分资本迟早会与工人结合，那样，补偿就实现了。真是这样吗？同样存在的问题是这部分资本能否完全雇佣所有被排挤的工人。另外，从生产资料的角度考虑，马克思认

---

① 马克思：《资本论》第1卷，人民出版社1975年版，第431页。
② 同上书，第471页。

为，减少了可变资本，会使对生活资料的需求下降，从而导致其价格下降，如果这种状况持续较长时间且范围较广，生产生活资料的雇佣工人会被解雇。结果，"机器不仅在采用它的生产部门，而且还在没有采用它的生产部门把工人抛向街头。"[①] 这一切都在游离资本雇佣被排挤工人之前发生。

实际上，我们可以推断，在可变资本游离到社会上这种情况下，用机器代替工人使可变资本减少并游离的部门已经发生了追加的投资，否则，投资于机器的资本从何而来？所以，只有迅速追加投资，才能雇佣一些被机器排挤的工人，而要想使所有的工人全部就业，则追加投资的数量就要达到相当大的规模。

通过上面的分析，我们还可以看出，机器在应用它的部门必然会排挤工人，但是它能引起其他部门就业的增加，这要靠追加投资，而不是应用机器的部门游离出的资本。对于真正意义的追加投资与失业的关系问题，马克思并没有深入论述。马克思称这种作用同所谓的补偿理论毫无共同之处，而是分工与就业的问题。随着机器生产在一个工业部门的扩大，给这个部门提供生产资料的部门的生产首先会增加，就业工人的数量也会增加。而由机器生产的产品物美价廉，又会刺激以其为原料的工业部门的扩张，使得那些部门的劳动力需求上升。也就是通过产业的前后联系，机器生产的就业扩展效应得到发挥。当然，就业效果的大小还取决于各部门的资本有机构成的大小，且就业的工人增加过度，又会促使该部门的资本家考虑采用先进的技术，用机器替代工人。

但产业间的分工确实对就业增加有推动作用，而"机器生产同工场手工业相比使社会分工获得无比广阔的发展，因为它使它所占领的行业的生产力得到无比巨大的增加。"[②] 产业间的分工使劳动力就业的部门结构发生变化，马克思列举了一些主要的吸纳劳动力的部门：奢侈品生产部门、运输业、生产在较远的将来才能收效的产品的工业部门（轮船业、铁路业等）、非生产性劳动（如家庭服务业）。

除了产业间的分工外，企业内部的分工对就业的影响也很重要。马克思区分了以分工为基础的协作与不分工的协作、社会分工和企业内部的分工。他的分析主要针对工场手工业，但其原理对机器大工业时代的分工也是适用的。在初期的工场手工业，较多的工人在同一时间、同一空间生产商品，劳动方式与行会手工业没有区别，这是不分工的协作，这种简单的集合也能提高工人的生产率。简单协作的一个前提是在同一劳动过程中同时雇用较大量的雇佣劳动。以分工为基础的协作又分为两种，一种是以不同种的独立手工业的结合为出发

[①] 马克思:《资本论》第 1 卷，人民出版社 1975 年版，第 482 页。
[②] 同上书，第 487 页。

点，以此为基础的工场手工业又叫混成的工场手工业；另一种是以同种手工业者的协作为出发点，建立在此基础上的工场手工业又叫有机的工场手工业，这种分工的程度更高。"工场手工业的分工又使所使用的工人人数的增加成为技术上的必要。现在，单个资本家所必需使用的最低限额的工人人数，要由现有的分工来规定。另一方面，要得到分工的利益，就必须进一步增加工人人数，而且只能按倍数增加。"① 这是劳动分工对就业增加所产生的正面效应。但同样，这种正面效应也受到不变资本迅速增大的制约，在机器大工业时代更是如此。

劳动分工对工人就业产生的不利影响是使工人长期从事同一局部的劳动或操作，才能得不到充分的发挥，技能单一、弱化。这对工人的身心造成很大的损害。在机器大工业阶段，分工更被资本当做剥削劳动力的手段，使劳动者长期依附于机器。此外，技能的单一使劳动者在被解雇后很难再找到工作。"大工业的本性决定了劳动的变换、职能的更动和工人的全面流动性。另一方面，大工业在它的资本主义形式上再生产出旧的分工及其固定化的专业。"② 就是说，一方面资本主义宏观经济和社会分工要求工人技能全面，以适应技术变革、产业结构调整的需要；另一方面每个微观企业又要求工人技能单一专业化。这种矛盾导致劳动者的工作不稳定，一旦失业又很难找到工作。且技术发展越快，这种矛盾越突出。这表面上看是工人个人技能的问题，实则是资本主义经济中劳动分工与技术内在矛盾的必然结果。

三、工资与产业后备军

首先考虑在资本主义经济中，工资是如何确定的？马克思经济学认为工资是劳动力价值的货币表现，而劳动力价值是由生产和再生产劳动力商品的社会必要劳动时间决定的。它的一个重要特点是"包含历史的和道德的因素"。以劳动力价值为基础的工资要能够让工人抚养家庭、让子女接受教育，并维持必要的社会文化生活。"工人必须有时间满足精神的和社会的需要，这种需要的范围和数量由一般的文化状况决定。因此，工作日是在身体界限和社会界限之间变动的。但是这两个界限都有极大的伸缩性，有极大的余地。"③ 这就为资本家剥削提供了施展空间。

从这个意义上，有人将马克思经济学的工资看做是经济中的外生变量，也就是说资本家可以先行决定工资 ④，而后形成自己的利润。但是，另一方面，

---

① 马克思:《资本论》第 1 卷，人民出版社 1975 年版，第 398 页。
② 同上书，第 534 页。
③ 同上书，第 260 页。
④ 当然，工人也可以对工资进行讨价还价，这取决于工人的谈判力量。

马克思也看到工资与劳动力供求、资本积累的内在关系。马克思认为劳动力的供求具有特殊的制度特征，"决定工资的一般变动的，不是工人人口绝对量的变动，是过剩人口相对量的增减，是过剩人口时而被吸收，时而又被游离的程度。"[1] 工资是由在职劳动的供求决定的，而在职劳动或劳动者的数量又是可由资本家单方确定的，因而工资受资本积累控制。失业人口的增加会对在职工人形成外在的压力，促使工资下降。而工资的上升却是很少发生，幅度也是有限的。在这里，工资的决定是在资本积累过程中进行的，受利润率的影响，不是事先可以决定的，所以它又是内生变量。这看起来似乎有些矛盾，大卫·莱文也对此提出质疑[2]。但实际上，笔者认为劳动力价值决定的工资形成了工资的一个最低界限，在此基础上，由于工人的谈判力量和资本积累需要以及劳动力市场环境变化，工资会有所波动。如果工资仅仅维持劳动力价值这一最低界限，而同时社会上又出现失业（不是自愿失业），则并不能说明工资过高导致失业，而是资本不让劳动者就业，不允许他们获得基本的生活保障。这时的失业原因不是工资过高，而是社会需求和产品价值实现等其他失业原因。从本质上说，这两种决定都是内生的，内生于资本积累过程中。

在资本积累过程中相对过剩人口存在的条件下，马克思对劳动力供求、工资进行了分析。马克思认为相对过剩人口理论是劳动供求规律借以运动的背景。"劳动的需求同资本的增长并不是一回事，劳动的供给同工人阶级的增长也不是一回事"，[3] 所以，在资本主义经济中劳动力的供求并不是如西方经济学中所言的是彼此独立的两种力量相互影响，而是受资本控制的。"资本的积累一方面扩大对劳动的需求，另一方面又通过'游离'工人来扩大工人的供给。与此同时，失业工人的压力又迫使就业工人付出更多的劳动，从而在一定程度上使劳动的供给不依赖于工人的供给。劳动供求规律在这个基础上的运动成全了资本的专制。"[4] 这里需注意劳动力的供求与劳动的供求是不同的。也就是说，虽然资本积累会增加对劳动的需求，但对劳动力的需求并不一定会增加，甚至会下降（由于资本有机构成的提高）；而劳动供给的增加也并不意味着就业的劳动力数量增加了（由于资本家加强对在职工人的剥削）。劳动力的供给并不仅仅是由人口的自然增长率以及劳动者的偏好决定的，它也受资本积累的影响。这里，马克思考虑的是后续的长期动态。在资本有机构成不变的条件下，马克思的分析认为是资本的增长引起可供剥削的劳动力的不足，是资本的减少使可供剥削

---

① 马克思：《资本论》第 1 卷，人民出版社 1975 年版，第 699 页。

② 参阅大卫·P. 莱文：《马克思的收入分配理论》，阿西马科普洛斯编：《收入分配理论》，赖德胜等译，商务印书馆 1995 年版。

③④马克思：《资本论》第 1 卷，人民出版社 1975 年版。

的劳动力过剩。可见，劳动力的供给更多地受资本积累进程的影响，劳动力的需求更是由资本追逐利润的目标直接决定的。这样，工人就业的数量是同资本积累的周期变动紧密相连的。对资本家有直接意义的是劳动的供给和需求，而对失业问题起决定作用的是劳动力的供给和需求。

既然劳动力的供求具有特殊的制度特征，那么工资的决定也应与传统理论不同，工资不决定于劳动力供求的绝对量，而是由在职劳动的供求决定的，而在职劳动的供求又是可由资本家单方确定的，因而工资仍受资本家控制。失业人口的增加会对在职工人形成外在的压力，促使工资下降。而工资的上升却是很少发生，幅度也是有限的。即使在资本有机构成不变的情况下，随着积累的扩大使对劳动（劳动力）的需求增加，"如果工人阶级提供的并由资本家阶级所积累的无酬劳动量增长得十分迅速，以至只有大大追加有酬劳动才能转化为资本，那么，工资就会提高……但是，劳动力价格的提高被限制在这样的界限内，这个界限不仅使资本主义制度的基础不受侵犯，而且还保证资本主义制度的规模扩大的再生产。"[①] 马克思还批评了古典经济学中认为资本的运动依存于人口量的绝对运动的观点，工资并没有调节人口增减以适应资本积累的作用，它在特殊的生产部门中可能成立，而整个社会总劳动力与总资本之间并不存在这样的关系。

第二节　马克思主义经济学就业理论的发展

马克思以后的经济学者继续在就业理论领域进行探索，在很大程度上发展了马克思原有的相对过剩人口理论，虽然有些学者在理解马克思理论方面也存在一些偏颇。

一、技术进步及就业的补偿机制

关于补偿理论的问题，霍华德和金（M.C.Howard，J.E.King）两位经济学家认为，马克思从节约劳动的技术进步和资本有机构成提高趋势来论证失业后备军产生的必然性，有两个根本缺陷。一是忽略了剩余价值率提高的反作用，有机构成提高必然伴随着剩余价值率的提高，这会加速资本积累，从而扩大对劳动力的需求。哪种力量更大并不能肯定，因而关于对劳动力需求的净影响也是不确定的。二是根本没有论述劳动力供给的增长问题。失业只有在劳动力供给

---

① 马克思：《资本论》第 1 卷，人民出版社 1975 年版，第 681 页。

的增长超过对劳动力需求的增长时才会产生。即使对劳动力的需求增长缓慢，如果没有劳动力供给的更快增长，也不会有失业。

霍华德和金对补偿理论的分析是一种相对短期的分析，它反映的追加投资来源于采用先进技术而获得的超额利润，其补偿效果如何，仍取决于投资量的大小。如果发生技术变动后，这种技术又是节约劳动型的，会带来劳动力需求的减少。但同时，采用新技术的厂商由于预期到会有更高的利润率，与其他厂商相比更"富有"，因而愿意比原来多生产产品，产出的扩大又带动了劳动力需求的增加。可以看出决定技术进步最终是否减少就业量的关键在于产出增加的规模，只有产出增加足够大，能够补偿所减少的劳动需求，技术进步才不会带来负面影响。

这里我们的前提是节约劳动的技术的采用与扩大产出是同时进行的，不存在时间上的滞后。但在霍华德和金的分析中要等到产生超额剩余价值以后，再用剩余价值的一部分进行追加投资以增加劳动需求。现实中可能更像霍华德等分析的那样，采取技术的同时产出并不增加，因为在技术带来的收益存在不确定时，厂商不敢盲目扩大生产。此外，投资的扩大也要受产品需求的制约。如果是这样的话，技术的采用就会首先降低劳动需求，造成一部分人失业。

马克思的相对过剩人口理论揭示的是失业存在的根源和趋势，其贡献在于找到了支配长期就业变动趋势的一个重要变量——资本有机构成。研究的重点不是某一时期的失业数量，因而霍华德和金的批评有些不得要领。如果我们把他们的研究时间再延长，就会发现即使补偿理论真的实现，但随着过剩人口的减少，劳动力价格会上升，结果导致利润率的降低，资本家必然还要采取节约劳动的技术，提高资本有机构成，从而又会出现新的"补偿"问题。然而霍华德和金对技术进步提高后如何确定失业量的具体分析还是有一定参考价值的。

至于霍华德和金提出的要注重分析劳动力供给减少对失业的作用，确实有实际意义。在资本主义发展的不同阶段，劳动力供给数量的变化差异是很大的。在马克思生活的时代，劳动力供给是过度膨胀，女工、童工的使用很普遍，从农业部门不断游离出剩余劳动力。但这并不能说明马克思的相对过剩人口理论有历史的局限性，虽然劳动力供给在其他时代并不过剩，但资本有机构成提高与相对过剩人口产生的规律仍会起作用。

技术进步对劳动力需求的影响是一个相当复杂的问题。厂商为了降低成本和提高利润，除了节省活劳动外，也要尽可能节省资本的使用和耗费。节约资本固然可以在规模经济中直接产生，但也需要有一种技术来实现。马克思的资本有机构成公式可以写成：$c/v=c/v+m \cdot v+m/v$，其中 $c/v+m$ 即资本产出比率，它是资本生产率的倒数，$v+m/v$ 为劳动生产率。所以反映技术进步的资本有机构成变动实际上是由全要素生产率来决定的。若一种技术既能提高劳动生产率，又能提高资本生产率（这样的技术是可能存在的，如电脑的使用），则其对就业需求的影响就取决于两者的力量对比。英国在 1948～1984 年期间，办公数据处理设备部门的劳动生产率和资本生产率都有增长，但就业量却缓慢上升；劳动生产率增长但资本生产率下降的部门，如钢铁、采矿、机械部门，它们的就业量出现下降[①]（Patel，Soete 1987）。此外，技术进步对就业的影响不仅限于现有的企业和产业部门。第一，技术变革和机器的应用，会引起制造机器和有关生产资料的生产部门规模扩大，从而增加这些部门的就业量。第二，技术进步带来生产成本的降低，会使产品价格下降，这会有助于产品需求的上升，也会为增雇工人创造条件。但这些有利因素是否足够补偿技术排挤的工人数量仍要结合不同情况具体分析。

由于资本主义经济中存在的固有矛盾，各种补偿机制之间存在矛盾，因而补偿不可能充分实现。以投资需求为例，投资补偿有赖于利用获得的利润，进行迅速再投入。投资要足够地大，这又涉及技术进步收益在工人和资本家之间的分割问题，从而形成矛盾：消费需求增加要求收益更多地向工人倾斜，否则产品的价值实现就成为问题，而投资需求增加又要求利益更多地向资本家倾斜。看来，两种补偿机制不可能同时充分实现。而且投资的补偿还要求投资不存在时间的滞后，但这一条件基本上是不现实的。由于对未来的预期不稳定，资本家很难迅速增加投资，如凯恩斯所言，投资不足也是西方国家经常发生的问题。另外，如果新的投资过程又伴随着技术变动，形成的是资本密集程度更高、技术更新的项目，则就业补偿的能力更加微弱。马克思认为资本积累的常态是资本有机构成的提高，即资本密集程度不断扩大。这一技术特征被以后的经济发展历史所证实。

二、分工、劳动力市场分割与失业

技术进步不仅对劳动力需求的数量产生影响，而且还对劳动力的就业结构、劳动力的素质乃至身心都会产生影响。马克思在分析工人与机器的斗争中也曾提到这些问题。后来的马克思主义经济学家中，布雷弗曼和戈登对技术发展、劳动分工使资本主义劳动过程发生的质变作了深入、透彻的分析，这丰富了马克思经济学的就业理论。

布雷弗曼的著作《劳动与垄断资本》的副标题就是"20 世纪中劳动的退化"，它暗示了技术进步、劳动分工使劳动者的技能简单化，人们长期被束缚在只有

---

① 参阅 Freeman and Soete（1987），*Technical Change and Full Employment*，Basil Blackwell。

细小操作的工作中，对工作产生厌倦，身心受到损害，这在垄断资本主义阶段表现得更为突出。布雷弗曼从管理的起源说起，认为管理的目的在于加强对工人的控制。有了管理，就有了对劳动的分工，这会达到提高生产率的效果，也能降低雇佣劳动的成本，可见，分工既有其技术上的需要（生产率的提高），也有社会方面的需要（降低工资成本）。随着技术的应用，分工得到了更大的发展。技术的应用也被掌握在资本家的手中，成为其攫取利润最大化的工具。布雷弗曼谈道，"机器可能做到的事非常之多，其中不少可能性都被资本故意地挫伤了，而不是发展了。"① 只有对资本家有利的可能性，资本家才乐于将其转化为现实，机器可以替代组织手段、纪律手段的性质会得到发挥与应用，而最先进的、对社会福利最大的机器却未必会被采用。虽然技术得到应用，但大多数工人的技能水平是下降的，只是作为简单的操作工人而存在。只有少数人控制着先进的技术，他们成为企业的领导层。而分工的细化又加强了工人对资本的从属关系，使其不敢轻易辞职，否则，就会面临失业的威胁。

分工和技术的发展也改变了工人内部的职业结构：企业内部的管理人员、办公室人员增多。这并不意味着这部分人的地位上升，也不意味着工人内部出现了分化。他们中的大多数人仍受资本的控制，尤其是很多岗位由妇女从事，其工资甚至低于工厂中的蓝领。他们的出现只说明是为了适应分工细化的需要，管理部门本身也成为一个劳动过程，也需要控制。此外，布雷弗曼也分析了社会分工对工人阶级的影响。社会分工同样得到细化，它一方面促进了经济的快速增长，另一方面，则造成了对工人潜能的束缚。

实际上，技术与分工不可能不对就业的数量产生影响，这种数量也更多地体现在数量的结构方面。鲍尔斯（Bowles）和布瓦耶（Boyer，1990）认为工作组织和劳动控制方式是决定充分就业与否的重要因素。资本主义经济中技术和劳动分工的发展是服务于资本的需要，所以常常会以牺牲劳动者的就业数量为代价。例如，"在科学技术革命的时代里，发展最迅速的大量职业部门是与科学技术关系最少的那些部门，机器的目的不是为了增加而是为了减少从属于它的工人的数目。"② 这种看法与有机构成提高下的相对过剩人口理论是相吻合的，对所谓的补偿理论却是一个反击。此外，如上所述，分工使工人的技能受局限，也会影响他在其他部门的就业，这使结构性失业和不匹配增多。

如果说布雷弗曼主要分析了技术的变动对劳动力结构的影响（虽然他也将技术的变动看做是内生的，是由资本主义制度所决定的），那么，戈登则试图分

① ［美］布雷弗曼：《劳动与垄断资本》，方生等译，商务印书馆1979年版，第207页。
② 同上书，第340页。

析劳动力市场的制度结构，侧重分析各种制度对劳动力的同质或分化的影响。作为积累的社会结构学派（ASS）的主要代表人物，戈登把经济活动的长波、积累的社会结构、劳动组织和劳动力市场结构三方面结合起来，分析美国工人阶级的历史演变。这样，每一个长波都与特定的社会积累结构相联系，在上升阶段，有适应积累的制度环境、稳定的投资环境和利润预期。随着有利于积累的机会逐渐耗尽，积累会放慢，原有的积累社会结构变得过时，将被新的积累社会结构所代替。而劳动过程与劳动力市场结构是积累的社会结构的重要组成部分，它本身也有生命周期：开始于前一长波的下降阶段，成熟于长波的上升阶段，衰败于长波的下降阶段，同时，新的积累社会结构开始运行。

在这一理论框架的支持下，戈登将美国劳动力的演变分为三个阶段。第一个阶段从 1820 年到 19 世纪末，它的特征是：工人的无产阶级化，劳动供给成分的多元化，劳动过程的技术基础没发生根本变化，工人对自己的劳动仍有控制能力，统一的劳动力市场还未形成。第二个阶段从 1873 年到第二次世界大战结束，这一时期是劳动力的均质化阶段，它的背景是科技的应用使企业的机械化水平提高，也加强了对工人劳动的控制，监督管理部门迅速膨胀，企业对工人技艺的依赖下降，劳动趋于简单化，工人之间的技艺差别缩小，半技术工人比重扩大，统一的劳动力市场已形成。第三个阶段是劳动力的分割阶段，它起始于第一次世界大战时期。其基本特点是劳动力市场的二元化，分为头等市场和次等市场。头等市场上劳动力的劳动生产率高，多为管理和技术人员，平均收入高，就业稳定，解雇率低。企业内部的控制制度相对较弱，以资本与工会的合作为主。次等市场上的劳动力大多是半技术工人、粗工，他们收入低，就业不稳定，解雇率和流动率都较高。企业内部的控制较强，以机械化和监工为特征。同时，头等劳动力市场内部也出现了分割，其中又分为独立头等市场和从属头等市场。前者为专业的技术和管理人员，他们在企业中处于中层以上，后者为半技术的蓝领和白领。

通过对三个阶段的分析，戈登说明目前美国工人阶级在分裂，差距在拉大。造成这种现象的原因在于工人生产过程所经历的客观分工和特定的制度结构。如同历史上出现的"同化"是为了加强对劳动的控制一样，劳动的分割也是为了满足资本家攫取利润的需要。在戈登的第三阶段分析中，工人不是被动地接受资本家的分工和管理，而是组织起来获得一定的权力，因而工会的作用就不容忽视。从上面布雷弗曼的观点可以看出，他认为工人存在着同化的趋势：技能下降，工人阶级之间的差别缩小，工人在劳动过程中处于被动的地位。这类似于戈登的第二阶段中工人的状况。这可能与布雷弗曼的著作完成年代较早有关，也与他的方法论有关。在布雷弗曼看来，他并不接受"新工人阶级"这样的概念，他"必须加以研究的是整个阶级，而不是从这个阶级中任意选择出来的一部分。"① 出于这样的研究目的，使他没有对劳动分割这个重要的制度性变化给予足够的关注。

可贵的是戈登将劳动力市场结构的变化与经济的长波联系起来，这显示了劳动力市场结构在经济周期波动中的作用，只有合宜的市场制度结构才能有利于经济的繁荣。同时，劳动力市场结构的变化与结构性失业相连，而周期性失业则受经济波动影响，这在结构性失业和周期性失业之间架起了桥梁，在一定程度上发展了马克思的就业理论。

劳动力市场的分割对就业的影响是很大的。它限制了劳动力的流动，次等市场的工人即使技能得到提高，也很难被头等市场所雇佣，因为市场的分割意味着有垄断存在。这就使就业与失业的结构性矛盾始终不能得到解决。它使工人阶级的差距拉大，共同利益被弱化，影响了他们之间的团结。

三、工资与失业关系的探讨

在工资理论方面，首先，马克思经济学者对劳动力价值的确定进行了分析，确立了所谓生存工资的概念，这一工资要保证工人能"抚养家庭、维持个人尊严、参与社交和娱乐活动"。波林（Pollin，2002）以美国加州圣莫尼卡（Santa Monica）地区为例，估算了生存工资。他认为美国官方的贫困线生活标准不能够合理地代表生存工资，在考虑地区价格水平差异、生活必需品估计等因素后，波林提出生存工资应相当于官方贫困线的 160%，以一个四口之家（父母和两个小孩）为例，如果丈夫一个人工作，每年的收入应该为 27949 美元，这相当于 13.44 美元的小时工资。

生存工资的确定有着重要的意义，它不仅说明了当前资本主义经济中剥削的存在，因为很多人的实际小时工资低于生存工资。而且说明了工资与就业之间的关系，对所谓的最低工资的实行会减少就业的观点也是一个回击，因为最低工资标准远远低于生存工资。美国加州的最低工资在波林做这项调查时仅为每小时 5.75 美元。

一个意味深刻的观点是工资受资本积累中相对过剩人口的影响，即失业率会影响工资高低，而不是相反，如新古典经济学所言——过高的工资导致失业率上升。这一问题我们要从长远的视角来分析，如果孤立地截取某一个断面，在某一段时期内，看到的可能就是工资高导致失业率上升。如果再放长眼光，从长期看，工资的决定是由被资本控制的劳动供求来决定的。而相对过剩人口对劳动力的供给产生影响。所以，更合逻辑的关系应该是失业影响工资。至

---

① ［美］布雷弗曼：《劳动与垄断资本》，方生等译，商务印书馆 1979 年版，第 29 页。

于失业的产生，马克思认为与资本有机构成的提高和资本积累过程中矛盾的展开有关。

新古典经济学认为，工资由劳动力的供求决定，工资等于劳动力的边际收益产品，也就等于劳动力的边际产品（相当于劳动生产率）乘以产品价格。并且，新古典经济学认为只要按边际收益产品支付工资，就不存在对劳动力的剥削。更重要的是按照这一原则进行工资分配，也能保证实现充分就业，即不出现失业。新古典经济学的理论给我们考察现实资本主义经济中工资的变化提供了一个参考系。我们可以考察实际工资是否与劳动生产率的增长相符合，如果实际工资增长慢于劳动生产率的增长，按照新古典经济学的失业理论，失业是不可能发生的。如果失业率反而上升，就说明工资过高导致失业的理论是站不住脚的。需要注意的是，不能单纯比较实际工资的高低，必须把它与劳动生产率相对比，因为如果实际工资提高是生产率提高的结果，则实际工资上升不应该对失业产生负面影响。例如，美国 1973～1996 年的小时劳动生产率提高了26.4%，而实际小时工资仅提高了 1.8%，在 20 世纪 80 年代、90 年代实际工资都出现了下降[①]。但是，80 年代却出现了较高的失业率。

布歇尔（Buchele）和克里斯蒂安森（Christiansen，1993）衡量了第二次世界大战后美国非农业部门工资份额的变化，他们定义的工资份额为实际工资与劳动生产率的比率，按照新古典经济学的说法，如果充分支付工资，则工资份额应该等于 1。运用这一指标，可以考察企业劳动成本的变化，进而分析它与失业的关系。工资份额在第二次世界大战后呈现出很明显的波动，如果以 1977 年的工资份额为 1，在 20 世纪 50 年代工资份额呈现上升的趋势，在 1～1.02 之间，而 60 年代工资份额先下降后上升，大多数年份在 1 以下；70 年代工资份额保持在较高水平，在 1～1.02 之间。到了 80 年代，工资份额又下降。从失业率来看，美国 50 年代平均失业率水平最低，以后逐渐升高，到 80 年代达到最高。这似乎无法用工资份额的变化来解释，因为工资份额下降并没有带来失业率的下降。相反，工资份额却受失业率的影响，例如，60 年代工资份额的下降受到 50 年代末失业率提高的影响，而后随着失业率的下降，工资份额也逐渐上升。而 80 年代工资份额的下降直接来自 70 年代失业率的上升。这一分析符合现实情况，也符合马克思经济学的产业后备军对工资产生影响的理论。

在传统分析中，产品价格、市场状况对工资的影响很少受到考虑。拉沃伊（Lavoie，2003）考察了企业对劳动力的实际需求，他认为这种需求要考虑未来产品市场价格和企业利润最大化的因素。他区分了名义的劳动需求（notional

---

① 转引自 R.D.伍尔夫：《2000 年的美国经济：一个马克思主义的分析》，《当代经济研究》2001 年第 1 期。

labor demand）和有效的劳动需求（effective labor demand），认为二者决定了实际工资水平，则实际工资也是内生的。名义劳动需求主要来自工人的劳动生产率，而有效的劳动需求则取决于商品的销售状况，这又与收入在劳资双方的分配比例有关。拉沃伊的分析与新古典经济学的边际收益产品决定工资的理论（考虑劳动生产率和产品价格两个方面）有相似之处，但他更进一步将市场状况与马克思经济学的分配理论建立联系，因而其理论属于马克思经济学或者是激进政治经济学的范围，而不是新古典经济学的理论。

进一步地，可以通过实证来说明失业与工资的关系问题，布歇尔和克里斯蒂安森（1993）在用上一年失业率、设备利用率和上一年劳动份额做解释变量，对美国劳动份额进行回归分析时，结果表明在大部分时期失业率对工资份额的影响都是显著的。在 1948～1966 年失业率对工资份额的影响系数为-0.3721，在 1982～1989 年系数为-0.4668。这说明 20 世纪 80 年代的失业率对工资份额下降有更大影响。

工人谈判在其中起到怎样的作用呢？布歇尔和克里斯蒂安森（1993）的回归分析中用上一年劳动份额的回归系数来表示谈判力量的强弱。即如果能够更大程度地维持上一期工资，尤其在经济衰退的背景下，则说明工会谈判力量较强。上一年劳动份额的回归系数在 1948～1966 年为 0.8056，在 1967～1981 年为 0.9864，在 1982～1989 年下降为 0.5388。20 世纪 80 年代工会组织率下降，工人谈判力量下降，在失业率上升的背景下要维持原来的工资水平变得更加困难，所以工资份额在 80 年代下降。例如，美国的工会组织率从 1980 年的 21%下降为 1985 年的 14%，到 20 世纪 80 年代末为 12%左右。1982 年生效的 42%的劳动合约和 1982～1986 年协商的 34%集体谈判协定都包含工资冻结和工资削减的内容。有指数化条款劳动合约的比重也从 1980 年的 60%下降为 1986 年的 30%，因而，1989 年的实际工资比 1979 年下降了 6.6%[①]。这也从另一个侧面说明高工资导致失业理论的失败，在 20 世纪 80 年代更加不适用。

此外，达万札蒂（Davanzati，2002）从劳资谈判的角度对第二次世界大战后资本主义工资和非自愿失业做了分析。他将谈判分为三个阶段，包括四个参与主体：政府、企业、工会和工人。在第一阶段，企业的谈判力量很强，可以单独决定工资，工资是一个固定量。在第二阶段，工会的谈判力量增强，可以决定工资，企业在此基础上决定雇佣数量。在第三阶段，由于失业的存在，政府出面干预，政府征收工资税、支付失业补贴。达万札蒂强调了工资的多方面

---

① 转引自 Buchele 和 Christiansen（1993），Industrial Relations and Relative Income Shares in the United States，*Industrial Relations*，Vol. 32（1），p. 59。

功能，工资不仅是生产成本、总需求的组成部分，高工资可以对工人劳动进行激励，更重要的是对降低社会冲突起作用[1]。

当工资过高不能很好地解释失业时，主流经济学家又提出了工资黏性的理论。即工资变化存在着一定的黏性，滞后于价格的变化，从而会影响企业的成本，形成失业。这是从长期动态的过程来分析工资与失业的关系。工资黏性理论又分为名义工资黏性和实际工资黏性。

下面分析经济衰退时企业的调整选择如何会引起失业。首先考虑名义黏性，在产品需求下降时降低工资是不大可能的。因为长期劳动合约、不完美信息和调整成本的约束都使得名义工资的调整滞后。但是，这种滞后并非对企业不利，从而增加企业的劳动成本，而是企业在特定约束条件下的最优选择。例如，因为调整工资存在着菜单成本，企业不调整工资比调整工资更合算。如果工资不能有效地下降，解雇工人就成为企业的必然选择。可以说，名义工资黏性即使存在，也不是工人的错，工人不应该对此负责。

而实际工资黏性的存在又加剧了需求下降时降低工资的阻力。实际工资黏性应该说是一种常态，它不随经济周期的变动而变动。在衰退时期，隐含合约要求企业仍旧按照原有的水平支付给工人工资；效率工资也不会被打破，否则会影响工人的劳动生产率；局内人及工会力量也会阻止衰退时期工资的下调。

工人与厂商之所以订立隐含劳动合约，不仅仅是为了回避产品市场的风险，也是为了能够长期持有企业特有的人力资本，降低雇佣成本，通过工人与企业形成的长期纽带联系来激励工人努力工作。效率工资理论与局内人—局外人理论、工会理论存在着联系。它们前者着重强调厂商在制订工资方面的市场势力，后两者则强调了企业内部的职工拥有较大的市场主动权。现实经济中两者都拥有一定的控制权，这主要体现在厂商与工人的谈判或者厂商与工会的谈判上，从而会对工资黏性带来影响。厂商主动制订高工资是为了提高工人的劳动生产率，厂商被迫接受工人的高工资要求是因为局内人会影响雇佣成本、解雇成本以及劳动更替产生的效率损失。谈判的结果取决于各自的力量对比。

可以看出，实际工资黏性也符合企业的利益，是企业的自主选择。实际工资黏性的存在原因中既然有劳动生产率的因素，那么这种黏性（尤其是高工资）就有其合理的成分。只有将随生产率提高（降低）而相应增加（减少）的部分扣除，剩下的才是真正的实际工资黏性，而以往的研究者并没有做到这一点，他们将因生产率提高（降低）而引起的工资变动归为黏性，往往会扩大

---

① 参阅 Guglielmo Forges Davanzati（2002），"Wages Fund, High Wages, and Social Conflict in a Classical Model of Unemployment Equilibrium", *Review of Radical Political Economics*，34（2002） 463～486。

黏性的程度。

但是工资黏性对失业的影响究竟有多大，我们尚需实践证明。从理论上看，实际工资黏性是一种常态，它使工资总高于市场出清水平，因而对失业的影响亦是负面的。但名义工资黏性在经济繁荣、物价上涨时，工资保持不变或落后于物价调整，则其作用是积极的，只有在经济衰退、物价下降时才对失业有负面影响[①]。

艾伦（Allen，1992）认为由于研究方法的不恰当，使人们得出第二次世界大战后美国的名义工资黏性增大、对周期反应不敏感、自相关程度更强的结论。采用正确的研究方法，他发现美国今天的工资与100年前的工资一样对周期有敏感性，甚至更强一些，从而否定了名义工资黏性一说。尼克尔（Nickell）和昆蒂尼（Quintini，2003）研究了英国的名义工资黏性。虽然有证据表明在经济衰退时，一些劳动者的工资存在向下的黏性，但也有很大比例的劳动者工资出现下降。克里斯托菲德思（Christofides）和斯坦格斯（Stengos，2003）对加拿大的工资黏性做了研究，发现在1976~1999年间，名义工资的下降很少见，但实际工资的下降经常会被看到。在经济衰退的低通货膨胀时期，发生削减实际工资的事件数量并不会减少，虽然削减的幅度不大。这说明加拿大的实际工资基本不存在黏性[②]。

进入1990年以后，各发达国家的工资黏性明显减弱，在荷兰和美国，工资的灵活调整[③] 被认为是保持较低失业率的关键要素。而且由于周期波动和产业结构的变化，单独用工资黏性来说明失业率的变化也更加不充分。

此外，在工资理论方面还有其他的研究成果。工资中除了来自雇主的部分，还有来自转移支付、社会福利的部分（社会性工资），虽然社会性工资数量在第二次世界大战后不断增加，但工人对雇主的工资依赖仍旧很高（尼尔森，1997）。关于实际工资下降有不同的计算方法和争议，而影响工资差异的因素主要是谈判能力的不同，技能高低并不能解释全部（伯克特，1998；尼尔森，1999）。而实际工资的降低（1977~1995年美国生产工人税后实际收入下降14%，尼尔森1999），使得利润增大，反过来有利于增加就业和产出，这也是20世纪90年代美国新经济出现低失业率的原因。劳动力市场的灵活性要考虑劳资关系，劳资双

---

① 与此相反，隐含合约和内部劳动力市场的存在使得在经济繁荣时不增加雇佣工人，而在经济衰退时也不减少雇佣工人。

② 关于工资黏性的研究，参阅 Steven G. Allen（1992），"Changes in the Cyclical Sensitivity of Wages in the United States，1891~1987"，*American Economic Review*，82（1）. Nickell and Quintini（2003），"Nominal Wage Rigidity and the Rate of Inflation"，*The Economic Journal* 113（October）. Christofides and Stengos（2003），"Wage Rigidity in Canadian Collective Bargaining Agreements"，*Industrial and Labor Relations Review*，56（3）.

③ 更真实地说是相对较低的工资，在荷兰主要依靠工会的协调作用。

方的利益协调比单纯依赖市场保持的灵活性对解决失业问题的作用更大。所有这些都说明了工资理论对分析资本主义经济中就业问题的重要性,实际工资的下降导致了工人和资本家之间利益发生倾斜,支撑了资本家的扩大投资。这进一步验证了马克思的观点,工资运动与资本积累密切相关,它要支持资本主义扩大再生产和基本制度,并不是由劳动力市场上的供求因素单独决定的。

四、周期性失业

美国经济学家谢尔曼对马克思的周期性失业理论作了发展,他将失业的原因归结为危机的原因。他认为危机的直接原因是利润率下降,而后者又是投资过度和消费不足共同作用的结果。在经济扩张阶段后期,投资过剩从供给方面起作用,通过工资上升和原材料价格上涨使生产成本提高,同时消费不足从需求方面起作用,限制了商品价格的相应上涨。换句话说,繁荣时期,工资的上升引起工资占收入份额的上升和资本份额的相应下降。到繁荣的后期,利润率的下降降低了人们的预期,经济从繁荣走向停滞,失业人口增加。而后,又会开始新一轮循环。其中,谢尔曼引用了格林(Glyn)和萨克利夫(Sutcliffe)等学者的观点,分析了工资的上升与工会斗争有关。随着经济的膨胀,在扩张的后期,劳动力市场上的失业者减少,工会的谈判能力增强,因而工资有可能提高[1]。这样的分析给人的感觉是工资挤压利润造成周期性失业。其实不然,谢尔曼认为工资份额的上升只是利润率下降的结果,而不是原因,更不是唯一的原因。虽然工资在利润达到最高点前就上升,但上升速度慢于利润的增长速度,在利润达到最高点之前,工资的份额是下降的,直到利润开始下降以后,工资的份额才上升[2]。而利润的下降又是多方面的原因促成,主要有要素价格的上升、需求不足。工资上升在其中起作用,但作用不大。谢尔曼承认马克思的分析是长期趋势分析,但他将其理解为长周期,因而对全面把握马克思的失业理论仍显不足,但在周期性失业方面的研究,的确是对马克思理论的一个重要发展。

关于经济周期波动的理论一般都强调了企业的投资需求不足的问题,由于企业家的预期不乐观,投资需求会下降,从而使企业对劳动力的需求下降。但是,在资本主义经济中需求不足更重要的来源是消费需求。而消费需求的主要构成主体是劳动者,劳动者获得的工资是其主要收入来源,是其进行消费的基础。这样一来,消费需求就与工资建立了紧密的联系。如果像前面所分析的

---

[1] Howard J. Sherman, *The Business Cycle: Growth and Crisis Under Capitalism*, Princeton University Press, 1991, pp. 223~224.

[2] Howard J. Sherman, *The Business Cycle: Growth and Crisis Under Capitalism*, Princeton University Press, 1991, p. 228.

新古典经济学失业理论那样，依靠降低工资来解决失业，则不会取得好的效果。因为虽然从微观上看，降低工资的企业的劳动成本下降，企业愿意多雇用工人。但是，作为宏观经济中的消费者，许多个被削减工资的工人的消费需求会下降，所以企业的商品会出现销售困难，从而整个宏观经济中的失业量反而可能上升。

在卡莱茨基的模型中，高工资有助于高就业水平，也有利于高的经济增长。由收入分配所决定的工资使得消费需求不足，而消费需求不足会导致投资需求不足，投资不足又会进一步抑制资本主义再生产过程和经济增长，并引起经济周期性波动[①]。

在资本主义经济中提高工资刺激消费需求是可行的吗？拉沃伊（2003）的有效劳动需求理论认为，在就业水平低时，就业和产出的扩大需要提高工资以使增加的总供给能被总需求吸收，经过一段时间，由于存在边际收益递减，增加的产出相对于增加的就业和工资支付而言很小时，实际工资必须下降以使产品市场上的供求相等。其前提是边际收益递减规律成立。社会的总需求是由工人的工资总额和资本家的自主花费（消费和投资）构成的，利润最大化企业家的预期取决于购买者的消费行为，从而产生有效劳动需求。其公式为 $f'(L) = [f(L) - \alpha]/L, f(L)$，为生产函数，$\alpha$ 为来自利润的自主花费的比例，L 为劳动力数量。因而拉沃伊也指出高工资产生失业的理论是错误的，在现有的有效劳动需求条件下，企业家没有动力也没有方法降低工资，因为实际工资受有效需求的决定。只有在社会有效需求增加时，实际工资才可能下降[②]。而这时的社会有效需求增加是要依靠自主花费 α 的提高，也就是说，收入分配比例会发生变化。在工资下降、工人的消费需求不足时，要依靠来自利润的消费和投资的增加来维持总有效需求。但是，资本家的自主花费也会出现不足的问题，这时，就需要政府采取财政支出扩大的政策，来提高 α，从而得出凯恩斯治理需求不足的结论。而无论是资本家的自主花费和政府花费的最终来源仍然是收入分配中从工人手中多得的部分，所以它们伴随着工人工资的降低，从这个意义上拉沃伊说，"失业的最终解决还需要降低工资"。可是，如果社会有效需求不增加，只是降低工人的工资是没有用的，它不能解决经济衰退和失业问题。笔者认为，依靠工人消费需求的增加来解决社会有效需求不足才是真正正确的途径，但在资本主义经济中却缺乏实现的可能性，所以才出现所谓依靠资本家和政府这样的解决方法。

[①] 参阅陈英、景维民：《卡莱茨基经济学》，山西经济出版社 1999 年版。
[②] 这时，劳动者的产出可能出现边际收益递减，但也不一定。

罗松（Rowthorn）和格林（Glyn，1990）的实证分析表明人均消费水平与失业之间存在着相关关系。在1979~1985年间，那些人均消费出现大幅度负增长的国家，失业率水平也很高。例如，西班牙、爱尔兰、荷兰、德国等。美国1970年代开始直至1990年代中期的实际工资下降给消费需求带来了负面的影响，虽然企业的劳动成本得到降低。消费需求的不足必然会对失业产生威胁，但是，为什么美国的失业率却在1980年代、1990年代能够有效地下降呢？这里必须要考虑消费信贷的支持，如果劳动者只是依赖工资收入来进行消费，消费需求不足早就会出现。而消费信贷使得维持较高的消费需求成为可能。但是，消费信贷本身也有很大的弊病，尤其从长期看。它导致的居民高负债率这一隐患迟早给宏观经济以致命的打击。美国平均每个家庭的消费债务由1989年的1.92万美元上升到1998年的3.34万美元，而同期家庭收入仅从3.28万美元上升到3.33万美元[①]。

在失业的周期波动中也要强调通货膨胀和失业的关系，一般学者认为通货膨胀和失业之间存在替代关系，即所谓的菲利浦斯曲线——高通货膨胀和低失业相对应，而低通货膨胀和高失业相对应。这种运动的内在机理却是实际工资的变化。在经济走向繁荣期的阶段，通货膨胀不断上升，而实际工资增长慢于价格的上升，从而实际工资是下降的，工资成本的下降带动了投资的扩大，所以高通货膨胀对应的是低失业率。但是，繁荣期不可能长久持续下去，因为实际工资的下降必然会影响消费需求。而如果劳动者要求增加工资与通货膨胀水平保持一致时，则企业的投资意愿又会受到影响（不是获得不了利润，而是不能获得像以前那么多的利润），所以，替代关系不能长久地成立。

五、自然失业率问题

自然失业率理论是主流经济学家提出的，马克思经济学者对这一理论进行了批评。自然失业率理论强调这种失业是经济中不可避免的，是正常现象，即使经济实现了理论意义上的充分就业，也会有一定量的失业存在。失业如果是自愿的，也就不能通过政策来消除。如果是这样的话，资产阶级就能够掩盖资本主义经济中的矛盾和危机，把失业看做是正常现象，它不是由制度缺陷所造成的，政府和企业不需要也没有义务去为降低这一类型失业而努力。一般认为自然失业率包括摩擦性失业与结构性失业[②]，它们都与劳动供给结构有着密切的关系。

摩擦性失业主要是由于劳动转换需要经历一定的时滞，包括劳动者的寻找

---

① 转引自R.D.伍尔夫：《2000年的美国经济：一个马克思主义的分析》，《当代经济研究》2001年第1期。
② 也有将自然失业率称为"无加速通货膨胀的失业率"、"无加速工资增长的失业率"或者直接称为"结构性失业率"（包括由劳动力市场结构所导致的摩擦性失业）。

行为和企业的雇佣行为。如果劳动力市场是完善的，信息可以自由流动，则摩擦性失业可以基本不存在。西方主流经济学者一般从劳动力市场的制度结构和劳动者自身的特征来说明摩擦性失业。例如，如果法律上存在着解雇限制，就会导致企业雇佣行为的低落，劳动者寻找的摩擦就会加大。而年轻人和妇女的就业行为尤其会出现短期化的现象，因而更容易成为摩擦性失业者。其实，摩擦性失业并不完全是自愿失业，它的产生受制度结构的影响，但远不是解雇限制这样的制度，而是更深层的制度。例如，为什么年轻人和妇女劳动转换率高、易于流动，他们是自愿的吗？其实不然，这取决于资本对这两种类型劳动力的需要。马克思对妇女儿童劳动有精辟的论述，认为他们是资本主义使用机器后的首先考虑的雇佣对象，是资本主义劳动的补充力量，这使得工人家庭全体成员都受资本的直接统治。也因为此，成年工人的劳动力价值可以降低，因为家庭成员都走向劳动力市场，作为成年工人的工资中不必包含抚养家庭的部分了。妇女儿童是更容易剥削的群体，工资较低，在经济周期波动时可以随时解雇。由于这些原因加上妇女和年轻人自身特有的特征（妇女生育、年轻人接受教育），使人得出这样的印象：妇女和年轻人劳动流动性强导致摩擦性失业大。而更深层的原因在于资本主义生产为什么要将妇女和年轻人纳入雇佣大军中。妇女劳动参与率在第二次世界大战后不断上升，一个很重要的原因是单靠丈夫一个人工作已经很难抚养家庭。解雇限制虽然对劳动力市场摩擦有影响，但是我们看到的却是一些有严格劳动保护的国家（例如北欧各国）其失业率很低，低于缺乏劳动保护和解雇限制国家的失业率。这说明劳动保护和解雇限制不足以说明摩擦性失业。

由劳动力的技能结构会产生结构性失业，这也包含在自然失业率的范围中。有人认为因为技术革新是不可避免、经常发生的，所以因技术变动、技能不匹配而出现的失业也是正常的，是任何制度的经济社会都存在的。但是，前面的分析却让我们看到，如果技术进步被合理利用并存在充分的就业补偿机制，技术进步并不必然会带来结构性失业。但是在资本主义经济中，因为技术为资本所控制，且缺乏充分的补偿机制，所以技术进步会产生大量的结构性失业。这不仅仅与劳动者的技能有关，即使劳动者提高了技能，如果技术又进一步变化或者存在劳动力市场的分割（二元结构劳动力市场），失业也会经常存在。总之，无论是摩擦性失业，还是结构性失业，这些失业并不是自然现象，它们都是由资本主义内在结构所决定的。

早期人们认为自然失业率是固定不变的，大致在6%。这样只要不高于6%的失业率都被看做正常的，也不需要再降低。后来的学者认为自然失业率是变化的，而经济现实也出现低于6%的失业率。美国在1990年代自然失业率为什么会降低呢？有人把它归为劳动力供给结构的改善（年轻人所占比重下降，劳

动者的技能提高），实际情况是，由于 20 世纪 90 年代的经济景气使得总体失业
率下降（自然失业率与周期性失业率、古典型失业率之和），低于 6% 的自然失
业率，这使原来固定不变的自然失业率理论不攻自破①。为了维护自然失业率理
论，他们只好提出"自然失业率不是固定不变的"学说。这意味着在某一历史时
期是"自然"的失业率，在另一时期就会变成"不自然的"，"自然"与否取决于
政策需要，而劳动力市场的竞争程度与劳动力的供给结构并没有发生大的变化。
当现实出现高失业率时，可以宣称"自然失业率上升了"来为政府开脱，这样自
然失业率就成为一个"有力"的工具来维护政府的利益。当现实的失业率低时，
可以宣称"自然失业率下降"，但更多的时候是说"政府的宏观经济政策有效，
失业治理成功"。

　　因为自然失业率的特殊政治意义和实践价值，主流经济学很重视对它的研
究。后来，又提出"无加速通货膨胀的失业率"的概念，让自然失业率与通货
膨胀建立联系，以为资产阶级的宏观经济政策服务。在自然失业率水平以下，
再降低自然失业率，会带来非常高的通货膨胀。这样更加给政府解脱责任提供
了理由，一旦经济达到自然失业率水平（例如 6%），则这一失业率不仅是正常
的，不需要花力量降低它，而且如果努力降低它，不仅失业率不会有明显降低，
还会带来副产品——严重的加速通货膨胀。也就是说，政府的任务是将失业率
降到自然失业率为止即可，但是自然失业率的水平又是不确定的，取决于政府与
主流经济学家的判断，他们于是将自然失业率为己所用。同样的，经济现实也给
予了有力的反驳。例如，美国对自然失业率的估计为 6%～6.2%，按照自然失业
率理论，当失业率低于自然失业率 1% 时，通货膨胀会上升 0.5%，那么在 1994
年 8 月到 1996 年 8 月美国的 5.6% 的失业率将导致 0.2% 的通货膨胀上升（假定自
然失业率为 6%）。实际情况却是通货膨胀在这个时期从 2.9% 下降到 2.6%。

　　实际上，失业率一旦被降得很低，低于所谓的自然失业率水平（如果它存
在的话），进一步降低失业率不会带来加速的通货膨胀，通货膨胀在失业率被长
期压低的情况下上升幅度不会增加。传统观点认为菲利浦斯曲线是凸形的曲线，
同一水平的通货膨胀增加带来失业的减少呈现递减，因而政府不愿意将失业率
降得足够低，虽然他们能够做到。但是如果菲利浦斯曲线是凹形的，同一水平
的通货膨胀增加带来失业的减少则会呈现递增。斯蒂格里茨（Stiglitz，1997）
认为菲利浦斯曲线可能是凹形的，实证分析也支持这一点。这与非对称价格调
整的事实相一致：生产者可能向下调价，但不愿意向上调价，即使面对普遍上

---

① 波林（1999）认为劳资力量对比的变化以及美国更大程度地融入全球经济是压低自然失业率的两大主
要因素。参见郭懋安：《自然失业率论是掩饰阶级剥削的理论》，《国外理论动态》2000 年第 12 期。

升的价格。如果是这样的话，政府就会对治理失业有信心，能尽可能地将失业降低。但是这一思想还不可能被资产阶级政府所接受。

六、经济全球化与失业问题

1980年代以来经济学家对经济全球化与就业这一问题给予了关注。经济全球化给资本主义经济中的失业问题带来怎样的影响呢？下面简要从全球化的几个侧面分析。

从发达国家产品出口来看，出口的扩大能够带来就业的增加，出口也是资本主义经济摆脱国内危机的重要途径。前面虽然提到，技术进步、劳动生产率提高会减少劳动力需求，如果进入开放的模型，结果会有所不同。若劳动生产率的提高能够提高本国的国际竞争力，则对本国就业的冲击就会减小。德国在1960～1980年代劳动生产率的增长率高于美国，但其失业率比美国低。这除了因为伴随着生产率提高出现的国内需求增长以外，更因为生产率的提高增强了德国产品的国际竞争力，因而增加了对德国产品的国外需求。劳动生产率和失业率反向发展的情况荷兰在20世纪60年代至70年代也经历过。

但是为什么到了20世纪90年代，德国相对较高的劳动生产率却带来了比美国更高的失业率呢？从产品的国际竞争来看，德国产品的竞争地位相对下降，有人认为这与其劳动生产率增长缓慢有关，20世纪90年代德国的劳动生产率增长率为1.95%，而60年代、70年代和80年代分别为4.26%、2.57%、2.10%。因此，德国的出口在90年代初期曾出现低增长和下降，由于德国经济对进出口的依赖程度较高，出口的下降势必会影响到本国就业的增长。而美国和荷兰却利用各种宏观经济政策保持了较强的经济竞争力。荷兰的低工资使得制造业生产的商品价格便宜，而配合着汇率贬值，其商品在国际市场上就具有较强的竞争力。通过出口的提高，使总需求得到扩大，这最终转化为服务业就业的增长。美国信息产业的高速增长提高了本国各行各业的生产率，1995～2000年美国的劳动生产率年均增长2.15%，高于德国的1.76%。这既创造了国内的需求，也增强了国际竞争力，同时，出口赤字因为资本项目的大量资本流入而得到补偿[①]，资本的流入是以美国的货币政策和股市的繁荣为基础的。从本质上讲，美国经济更多地依靠国内需求，这是与德国以及荷兰的不同之处。

来自发展中国家的进口是否会带来发达国家的失业呢？从比较利益和长期发展的角度看，发达国家的劳动者可以从消费来自发展中国家的廉价商品中获益。贸易保护无助于提高发达国家的国际竞争力，如果他们能够迅速提升自己

---

① 其中包括许多来自发展中国家的资本，而发展中国家由于缺乏资本，国内的失业问题比发达国家更严重。

的技能，发展科技含量高的产品并出口海外，那么，发达国家劳动者和发展中国家劳动者都能从贸易与全球化中获得好处。巴格沃蒂（Bhagwati，1998）从发展中国家出口商品的价格变化、发达国家国内需求等方面说明发展中国家的出口商品不会对发达国家劳动者带来负面影响。但是，这一理论推想却受到现实制度的约束。发达国家的劳动者尤其是一些工会组织同样反对来自发展中国家的进口产品，反对发展中国家的低劳动标准。由于本国资本投向海外和来自发展中国家进口产品的竞争，发达国家劳动者的就业状况恶化，因而迁怒于发展中国家的劳动者。他们应该清醒地认识到，造成发达国家劳动者失业增加和工资下降的罪魁祸首不是南方和东方的廉价工人，而是从全球化中获利的大企业。

来自发展中国家的移民是否会带来发达国家的失业呢？首先取决于劳动力流动的规模大小，如果发展中国家的劳动者为追求更高的收入，大量进入到发达国家的劳动力市场，而发达国家则由于劳动供给增加，在劳动需求不变的情况下，劳动者的平均工资水平会下降。如果工资不可调整，甚至会出现失业。如果向发达国家流动的劳动力规模较小，则不会对发达国家的失业造成多大的影响。其次，取决于劳动力的结构，即流动的是高技能劳动者还是低技能劳动者。如果从发展中国家流出的是低技能劳动者，则如上面所分析的那样，发达国家低技能劳动者的失业数量会增加。如果从发展中国家流出的是高技能劳动者，发达国家的经济则会受益于流入的高技能劳动者，由于高技能劳动者和低技能劳动者的互补性，发达国家低技能劳动者的就业机会也会扩张，失业率会下降。

但是，在目前的全球化过程中，劳动力跨国界流动受到很多的限制。发达国家劳动者反对来自发展中国家的移民，认为是他们导致了自己收入水平的下降、失业率的上升。实际流入到发达国家的移民从总体数量上依然只占发达国家就业总量的一个很小的比例，对劳动者的收入和失业的影响不大（鲍尔和齐默曼，1998）。另外，高技能劳动者自不用说，即使是低技能劳动者，也并不一定就与发达国家的劳动者形成替代和竞争的关系，很大一部分是互补的关系，这样，就不会对发达国家劳动者形成威胁。

除了产品进出口，许多发达国家的企业为寻找低的工资成本，纷纷在发展中国家进行直接投资。这意味着发达国家的劳动密集型产业被转移到发展中国家，同时，发达国家进行新的技术革新，发展新兴的朝阳产业，以增强本国的国际竞争力。但这种做法对发达国家的就业会产生怎样的影响呢？原来在劳动密集型产业就业的工人会大量失业，要能够转移到新兴产业中去，就需要进行技能培训。在经济全球化的背景下，发达国家的失业问题应站在全球的角度来分析，而失业也就与资本积累的国际化进程尤其是生产资本的国际化密不可分，也许我们更应该在全球资本主义生产体系的框架下探讨全球的失业问题，而不单单是局限于发达国家的失业问题，这是我们面临的新的研究课题。

第三节　各国就业政策研究

一、失业的整体状况

首先让我们分析第二次世界大战后主要资本主义国家失业变动的长期趋势。表 5－1 中列出了主要资本主义国家第二次世界大战后不同历史时期失业率的变动情况。

表 5－1　主要发达国家的失业率

国家＼时间	1956～1966	1967～1974	1975～1979	1980～1983	1984～1990	1991～1995	1996～2000	2001～2005
澳大利亚	2.2	2.1	5.5	7.2	7.6	9.8	7.5	6.1
加拿大	4.9	5.2	7.5	9.4	9.1	10.5	8.3	7.3
法国	1.5	2.5	4.9	7.5	9.8	11.0	11.1	9.4
德国	1.4	1.1	3.5	5.4	7.4	7.2	8.3	8.6
意大利	6.5	5.6	6.8	8.6	9.5	10.1	11.5	8.6
日本	1.7	1.3	2.0	2.3	2.5	2.5	4.1	5
西班牙	2.1	2.7	5.8	14.6	18.9	20.4	14.6	11
英国	2.5	3.4	5.8	10.9	9.2	11.6	6.6	4.9
美国	5.0	4.6	6.9	8.4	6.3	6.6	4.6	5.5

资料来源：1956～1983 年数据引自 OECD Economic Outlook 1984，1984～1990 年、1991～1995 年数据根据 OECD Economic Outlook December 1999 年计算得出，1996～2000 年、2001～2005 年数据根据 OECD Economic Outlook December 2004 年计算得出。

从失业的周期性变动来看，经济合作与发展组织（OECD）各国的失业率水平在 20 世纪 50 年代至 60 年代最低，而后在 70 年代逐渐上升，到 80 年代初达到一个高峰，80 年代后期除了美国等少数国家在治理失业上稍有作为外，大部分国家的失业问题继续恶化。在 90 年代初期的经济危机中，各国的失业率又上升到一个新的台阶，西班牙 1991～1995 年的失业率更是高达 20.4%。从 20世纪 90 年代中期开始各国失业率有所下降，但绝对水平仍然较高。欧盟 15 国 1997 年的失业率平均为 10.7%，2000 年为 8.4%。2000 年以后，原来失业率很高的法国、意大利、西班牙等国的失业率进一步下降，但美国、日本、德国三个最大资本主义国家的失业率却上升了。

以美国为例，按十年计算的平均失业率分别为：1950～1959 年的平均失业率为 4.5%，1960～1969 年为 4.8%[①]，1970～1979 年为 6.2%，1980～1989 年为 7.3%，1990～1998 年为 5.9%[②]。可以看出，第二次世界大战后美国的失业率呈不断上升的趋势，在 20 世纪 80 年代达到最高点，20 世纪 90 年代的失业率明显下降，这与 20 世纪 90 年代较长的经济繁荣期有关，但失业率仍高于 20 世纪 50 年代、20 世纪 60 年代的水平。其他国家的运动趋势情况也大致如此。当然也有个别例外的时期或国家，日本和德国在 20 世纪 90 年代中期以后，失业率不但没有下降，反而上升。另外，在表 5-1 中，从第二次世界大战后长期来看，法国的失业率在各个时期基本上呈逐渐上升的趋势。失业率的周期性变化与资本主义经济周期有关，与生产过剩、需求不足有关。而在经济危机时，企业不同的调整措施会产生不同的失业量。

再从劳动力总量和就业总量来考察。美国劳动力的总量从 1950 年的 6340 万人增加到 1998 年的 1.37 亿人，增长了一倍多，高于人口的增长率，劳动力的参与率也由 59.7% 上升到 67.1%。这使劳动力的供给增加较快。从劳动力数量与就业数量增长的比较来看，在 20 世纪 60 年代两者相差较小，而到了 20 世纪 80 年代，劳动力增长速度加快，两者的差距较大，说明失业率较高。就业量的增长速度在 20 世纪 90 年代又上升，并且劳动力的增长速度放缓，使得失业率得以下降。

劳动力供给是造成失业的一个原因，但这里的劳动力供给对失业的影响不像新古典经济学或劳动经济学所理解的那样——劳动力供求决定均衡工资和均衡就业水平。因为正如马克思所言，劳动力供给在资本主义经济中是一个内生的变量，它受制于资本积累的进程。一方面，劳动者的工资多少决定了其生育、抚养下一代劳动人口的能力，劳动力供给不是简单的自然人口生殖的问题；另一方面，资本积累也需要存在大量的产业后备军，它不断产生劳动力的过剩，形成劳动力的供给，从而为尽可能压低工资提供基础。

劳动力的供给结构也会对失业产生影响，包括性别结构、年龄结构和受教育的情况。第二次世界大战后美国妇女的总体参与率从 1950 年的 28.6% 上升到 1998 年的 59.8%[③]，妇女在劳动力市场上容易受到歧视，其流动性较大，失业率较高，从而会影响整体失业率。有人认为这是 20 世纪 60 年代以后美国失业率提高的一个直接推动因素。从年龄结构来看，美国劳动力中青年人所占的比重在第二次世界大战后上升，16～19 岁男性青年的劳动参与率从 1960 年的 58.6% 上升

① 转引自高峰：《资本积累理论与现代资本主义》，南开大学出版社 1991 年版，第 195 页。
② 根据 *Employment & Earning* （December 1999）第 12 页的统计资料计算。
③ Elliott（1991）*Labor Economics*，McGraw-Hill，*Employment & Earnings*，January 1999.

到1980年的60.5%，而16～19岁的女青年的劳动参与率从39.1%上升到52.9%①。年轻人的技能较低，且易于转换工作，因而失业率较高。劳动力的性别结构和年龄结构与自然失业率有关，妇女和年轻人占劳动者的比重增加会带来失业率的上升，但主流经济学认为这种失业是自愿失业，不需要过多考虑。我们要分析妇女和年轻人的易流动性是否是自愿的，他们与资本积累的关系又是怎样的？劳动力技能结构的不同会影响失业的高低，一般而言，劳动者的技能水平越低，失业率越高。技能水平与受教育程度有关，但是第二次世界大战后发达国家劳动力教育水平和技能普遍提高后，为什么失业尤其是结构性失业反而提高了呢？这与资本主义经济的技术变动有关。

失业的不同类型。按照失业时间长短可以分为短期失业和长期失业。从美国在第二次世界大战后的情况来看，失业的平均持续时间只有少数几个年份（1951～1953年和1967～1970年、1974年）在10周以下，其他年份都在10周以上，1983年达到20周。从失业的原因看，失去工作（因企业解雇等非劳动者因素导致的失业）和再失业（有过失业经历的人再次失业）占的比重较大，而离开工作（劳动者的主观因素）和新失业占的比重较小。再失业者经常会受到失业的威胁。从失业的年龄、种族结构看，年轻人、少数民族占很大的比重，他们是资本运动的产业后备军，随时被解雇，又要随时等待资本主义生产体系的召唤，以为扩大再生产服务。

从图5-1中可以看出第二次世界大战后美国失业率的长期变动情况，其波动幅度较大，高失业率和低失业率交错出现，最高的年份达到近10%，而最低的年份只有3%。失业率的高峰出现在20世纪70年代中后期和20世纪80年代初期。失业率的波动与经济周期有关，随着经济的衰退和好转，资本主义经济随时排出和吸纳相对过剩人口。较高的波幅给劳动者带来不利的影响，使他们就业不稳定，收入和生活水平出现较大的波动。

二、各国失业治理政策及其局限

从历史上看，西方国家解决失业的政策多种多样，但大致是从供给和需求两个方面入手，其中更强调了供给方面的政策，例如就业补贴、教育培训、减少劳动供给、降低劳动时间、加强职业中介等，而需求方面的政策主要靠宏观经济政策来刺激实现充分就业。我们的分析说明失业的产生不仅源于需求不足，也源于劳动力市场的功能性障碍、劳动力的技能结构以及一些制度性原因造成企业工资不灵活等供给方面的因素。因此政策取向也要兼顾这两个方面。相对

---

① American Statistics Abstract 1974，1993.

于失业救济等消极的劳动力政策，目前各国更加重视积极的劳动力市场政策，通过公共就业服务与管理、劳动力市场培训和工作创造等措施，提高劳动者的就业能力，促使其重新融入劳动力市场。

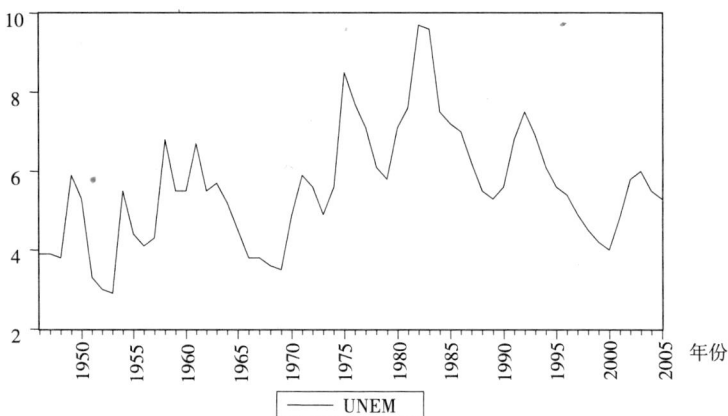

图 5 - 1　第二次世界大战后美国失业率的变动（1946～2005 年）

资料来源：根据《美国总统经济报告》1990 年、2006 年数据绘制。

西方各国近年来都加大了对失业者培训的投入，例如 2006 年，丹麦、荷兰、瑞典、德国以对失业者培训为主的积极劳动力市场政策公共支出已占其 GDP 的 1%以上[①]。在日本和挪威，任何失业者都有资格参加培训，提供培训的政府机构叫公共就业服务（PES），培训时间一般为 4～6 个月，而培训者在此期间可获得失业救济金。公共就业服务可以自己开设课程，也可以委托其他单位代理培训任务。由于培训的目的是尽快获得工作，培训的内容、培训方式要尽可能与企业的需求相结合，而不是采取传统的学校教育方式。有些国家因而采取了提供劳动合同的培训，即在培训结束后，能确保为培训者找到工作甚至签订长期劳动合同。实际上，这种类型的许多培训是由企业承担的，政府就业部门为企业提供经费。这样做将劳动力的供求双方紧密结合在一起，既有利于企业通过培训获得它所需要的工人，又能激发失业者参加培训的积极性。

失业培训绩效的好坏主要通过培训后失业者的就业率来反映。1992 年，英国和挪威的官方估计认为就业率低于 50%，日本的情况稍好。一个主要原因是由于 1990 年代初西方各国又出现了需求不足型的高失业，影响了培训后失业者

[①] 孔德威：《劳动就业政策的国际比较研究》，经济科学出版社 2008 年版，第 128 页。

的就业，技能培训毕竟不能解决需求问题。而在经济景气时，技能培训者的就业率就会显著提高，培训被认为是解决失业的较成功的措施。

除了对失业者进行培训外，还需要对在职者培训，尤其是那些衰退产业或企业的在职者。这样做主要是为了缓解结构性失业问题的发生，衰退企业的工人技能得到提高后，会增强企业的竞争力，使企业不至于过早退出本行业。而一旦企业倒闭，这些工人由于具有较高的技能，也会很快地找到其他工作。这种培训实际上是提前的培训，它避免了结构性失业期间的延长。当然这里的前提是技能培训的内容不仅限于企业特殊的技能，而要有较广泛的适应力。对在职者进行培训可以由政府就业部门来组织，但更重要的，它应是企业的自觉行为。但衰退部门的企业是否有动力去进行这种培训，培训的结果是否会造成企业解雇部分工人呢？在某些情况下，这些问题的确存在，这也是依靠企业进行在职培训的不足之处。

此外，从学校教育这个源头抓起，加强职业教育培训、加强学校与企业的沟通和联合，政府对提供实习机会的企业给予奖励，就可以提高年轻人的技能水平，使他们在初次进入劳动力市场后能够很快找到工作，降低年轻人的失业率对于社会整体失业率的下降具有关键性的作用。

1. 提高劳动力市场的功能，减少摩擦，增强工人与厂商的寻找能力

劳动力市场的摩擦包括由于信息不充分造成的，也包括人为的制度性阻碍。减少这些摩擦，就可以加快劳动力在市场上的流动，降低摩擦性失业的发生。解决信息不充分的方法是建立各种形式的劳动中介服务机构。中介机构的作用在于获取相关的工作信息，加强劳动者与企业之间的联系，降低它们的寻找成本，并且促进双方达成协议，这实际上相当于瓦尔拉斯一般均衡中的市场叫卖者的地位。中介机构有的由政府承办，还有的是私人营利性中介。各国公共就业服务机构的规模都是较大的，它们对帮助失业者重新找到工作也起了很大的作用。并且，公共的就业服务部门还可以弥补劳动者寻找与企业寻找的缺陷。在衰退时期厂商寻找活动降低时会加大劳动者寻找的难度，而劳动者寻找努力的加强会产生劳动者之间的拥挤现象，这时就需要发挥中介的参与、协调作用，例如公共就业服务部门可以在厂商寻找活动下降时代替企业，为失业者提供信息；而在许多劳动者拥挤有限的空位时，对其进行协调，以避免资源的浪费，增强寻找的效率。

除了信息问题，制度阻碍对劳动力市场的影响也不容忽视。这种阻碍体现在对劳动力流动的限制，因此应消除各种有碍于劳动力流动的制度，使劳动力能够在不同地区、不同产业、不同企业间自由流动。尤其是二元劳动力市场问题，虽然是劳动力市场上的分割现象，深层原因却是企业局内人控制、行业垄

断的问题。只有解决了这些深层问题，次等市场上的劳动力才能在经过培训后顺利进入到头等市场中去，不同市场上的劳动工资以及失业率才能趋于均衡。而政府对跨地区劳动力流动的限制会阻碍失业者在劳动力市场上的寻找，增加其寻找成本。有些时候，这种限制并不明显，甚至看似与劳动力市场摩擦无关，但实际上却影响着市场的正常运行。例如，企业招聘时人为提高应聘者的技能要求，或对其职位、行业背景做出不合情理的规定以及要求户籍条件等。失业救济作为对失业者的帮助，可以保障失业期间的基本生活、培训和寻找成本，目的是使其尽快转业。但若被不适当地运用，却可能降低失业者的寻找努力，使失业问题得不到解决。关于失业救济政策的运用我们在被动的失业治理政策中还要谈到。要消除这些制度性阻碍并不是一件易事，因为每一种制度都保护着某一特定的利益集团。这就需要政府协调各利益主体的利益，从全局上为劳动力市场的完善创造良好的环境。

2. 增强企业调整工资、劳动力数量的灵活性，降低黏性

在前面的分析中我们谈到工资黏性的存在使企业将工人的数量作为调整的选择，从而引起就业量的波动，而工资黏性导致工资成本的加大又会促使企业采用资本替代劳动的生产方式，解雇一部分工人。计量分析也证明了失业与工资黏性的相关程度较高。工资黏性是造成古典型失业的重要原因，因此要降低工资黏性，使工资能成为真正反映劳动力供求的信号。我们知道工资黏性形成的原因很多，但主要是企业内部企业主、工会以及职工为了自身利益而达成的一种协议，因而要解决工资黏性，仍要从一些制度性的改进着手。

西方一些经济学家对此提出了使工资较易变动的方法，如：①把工资的谈判尽量分散化，不要通过工会等集体力量来进行谈判。②不要使工资与价格水平相联系，提倡工资非指数化。③让企业职工参与利润的分享，使劳动生产率与其收入更好地挂钩。④不设最低工资之类的限制[1]。⑤努力降低劳动力的非工资成本，即社会保障金等。这些措施有些是可以奏效的，如削弱工会谈判的力量、降低非工资成本；有些则不然，或者虽能奏效却是不恰当的，例如工资谈判分散化虽然可具体情况具体分析，但分散化往往容易使企业的工会与厂商仅考虑一个企业的就业状况，而不顾谈判带来的外部性。事实上，一个地区乃至全国的集中谈判更能综合协调不同产业、企业的就业状况，有利于失业率的下降。而工资的非指数化不仅会遭到工人的反对，在现实中难以执行，而且非指数化本身就是一种名义工资黏性，不利于失业问题的解决，在通货紧缩时期会加剧失业。

---

[1] 但取消最低工资似乎存在困难，而且各国对最低工资政策的运用不同，近年荷兰降低了法定最低工资，而美国和新西兰却提高了最低工资水平。

一般来讲，将工人的工资与其劳动生产率、企业的经营成果很好地结合起来，能有效地防止工资黏性，即在劳动合同中仅规定基本的固定工资，工人能否获得基本工资以外的收入取决于其实际生产率以及企业的销售成果。这样，在经济不景气、企业销售下降时，工人的工资水平也作相应调整，降低了工资的黏性。同时，企业要减少效率工资的使用，不能仅靠高工资来刺激劳动生产率的提高，而要寻找其他的机制来替代。例如，引入竞争机制，使外部失业者能够进入企业，对在职者形成压力。虽然，内部职工可凭借其特殊的人力资本继续掌握谈判主动权，但现代科技的发展、信息的传播会不断削弱局内人与局外人之间的技能差异。

在工资变得有弹性的条件下，企业雇佣劳动力的数量就会变得较稳定。但在产品需求有较大的波动或企业生产方式发生变化时，仍需要对劳动力的使用数量进行调整。这时劳动力数量调整的灵活性就可以保证市场功能的完善，有利于降低失业率。相反，如果存在制度性阻碍使企业不能够及时调整劳动力数量，企业从市场雇佣的劳动力数量与生产中的需要量就会不等。在需求增加时，企业不会轻易增加雇佣新劳动力，因为一旦被雇用，各种法令就会限制企业以后在不景气时解雇工人，厂商只能依靠适当延长现有工人的工作时间来满足需要（工时的延长也受到劳动法规的限制）。由此产生了较高的雇佣与解雇成本，使得企业形成了内部劳动力市场。从微观上看，内部劳动力市场是企业在既定约束条件下的最优选择，但从宏观上看，内部劳动力市场没有将整个社会的劳动力供给与需求调整到最优状态。

所以，要消除对企业雇佣解雇的各种消极限制，使劳动使用数量也能灵活变动，企业能够根据需要自主灵活地增加、减少工人数量，增加、减少工时，甚至可以随意转移使用劳动力，出现短工和劳动力利用的外在化等非正规雇佣形式①。例如芬兰和西班牙近年大幅度取消了对长期劳动者的就业保护。这样做对于企业原有工人来说意味着失业风险的加大，而就整个社会来看，却使更多的失业者能获得工作，即使是不固定的。这种做法的意义不仅是原有工作的重新分配或工作分享，而且是使企业能更充分地实现供需均衡，因而是一种资源的优化配置。

这一政策的不足之处是会引发厂商的道德风险问题。如果雇佣、解雇工人的主动权完全掌握在厂商手中，厂商就会滥用这种权利。在经营管理不善时，

---

① 劳动力利用的外在化的例子如企业将生产任务承包给家庭工场。非正规雇佣比例近年在各国都有很大的提高，但应该看到有些非正规雇佣的出现更多的是企业主为回避全日制正规雇佣的制度性限制、降低劳动成本而采取的行为。处于非正规雇佣的劳动者会被迫长期陷入低收入、高失业的次等劳动力市场，会导致整个社会的就业波动。

却冒称需求不足或为了企业发展需要解雇工人，因此需要对厂商的行为进行有效的监督。

3. 限制技术进步对就业的负面影响

技术进步是经济增长的推动力，但毋庸否定，技术进步在短期内会造成一部分工人失业，只有在技术进步带来投资扩张、经济增长的就业效果在长期中显现出来时，对失业的负面影响才会逐渐减弱。但在资本主义国家中，由技术进步引起的资本有机构成的提高是一般趋势，所以失业的产生也就在所难免，任何形式的"补偿理论"都不能完全行得通。技术进步的应用方式不同，对就业产生的后果也不同。技术进步本身是不带阶级性的。如果技术进步是资本家用于获取最大限度利润的手段，则技术进步的应用会伴随着失业人数的增加；如果技术进步只是用于减少工人劳动强度、缩短工时，则不会对失业产生影响。

面对技术进步的就业冲击，西方国家的政府能做些什么呢？虽然它不能阻止企业资本有机构成提高，但它还是可以通过税收等政策来限制技术进步对就业的负面影响，引导企业多使用劳动力，从而缓解失业问题。当社会上出现高失业率、劳动力过剩时，政府可以对企业雇佣工人进行减税或补贴，这会鼓励企业采用劳动密集型技术，并能降低企业的劳动成本，增强其竞争力。

4. 减少劳动力供给

如果在劳动力供给数量上进行有效的控制，也能达到缓解失业的目的。但这并不能算是积极的治理失业的政策。因为它是在需求不能改善时靠人为减少劳动供给来使失业率下降的，这种做法并不能长久维持，只能作为暂时性的应急措施。

减少劳动供给主要靠以下几种方式：一是提前退休，让年老者为年轻者让位。但经验表明那些实行提前退休的国家其失业率仍旧很高，当然影响高失业率的因素很多，但至少可以知道提前退休对降低这些国家失业率的作用不大。二是缩短工时，这实际上是在全体劳动者之间重新分配劳动，这样做可能增加企业的劳动成本，因为每个工人的劳动时间减少，企业雇佣工人的数量增加，由此会增加培训成本和带来每个工人工时的规模不经济[①]。并且当闲暇的增加并不增加缩短工时者的效用时，也会遭到工人的反对。三是对青少年延长教育培训，推迟其进入劳动力市场的时间。这项措施实际上与解决结构性问题联系起来，可以起到一举两得的效果。此外，从长期看，控制人口增长率也能起到减少劳动供给数量的作用。

---

① 关于缩短工时的就业效果，Booth 和 Schiantarelli 曾做过分析，认为其效果是不确定的，甚至很可能是负的。参见 The Employment Effects of a Shorter Working Week, *Economica*, May 1987。

5. 失业保险与失业救济金

失业保险与失业救济金是一项被动的治理失业的政策。说其被动，是由于它仅作为失业者获得的基本生活保障，帮助失业者进行教育培训，尽快寻找到工作，而并不直接用于新工作的创造。但它对失业者仍是必要的，否则失业问题会更加严重。

失业保险与失业救济金要运用得当，才能发挥作用。如果失业者对保险和救济金形成了依赖，就不会有动力去积极寻找工作。所以合理的失业保险设计应规定享有保险的适当期限，比如一年，并且随着失业时间增长，逐渐降低可得的保险金额。对于确实积极寻找仍就业困难者，以失业救济金的方式提供给其基本生活保障。1990年代德国、加拿大、丹麦、芬兰、荷兰等在就业政策改革中都削减了失业保险的支持力度：享受保险的期限被缩短，享受人的条件要求更加严格，以此来推动失业者努力寻找工作。

从需求方面看，失业治理政策主要是通过政府的财政政策、货币政策刺激总需求的扩大，包括增加政府的财政支出，使公共部门的就业量增加，更主要的是运用合理的政策引导微观企业扩大投资需求，并为其创造良好的金融环境。

政府刺激投资需求可通过降低税收、增加财政支出等方式来进行。由于市场经济中市场是不完善的，信息也不充分，市场很难协调众多私人投资者的行为，存在着外部性。所以仅靠私人投资不能达到充分就业，而政府投资的增加会带动私人投资，增加市场上的交易量，降低交易成本。当然，政府投资也有局限性。例如可能对私人投资形成"挤出效应"，政府投资也会出现投资失败，它的效率远不及私人投资。最后，依靠财政赤字来支撑的需求管理也会受到财政赤字的限制。鉴于此，需求管理政策要适度，要以能够引导私人投资为目标，而不能与私人投资相冲突。政府要加强市场的建设，增进市场的调节功能，帮助私人企业获取信息。同时，政府的政策也要保持连续、一贯，这有助于投资者形成合理的预期。

第二次世界大战后发达资本主义国家为适应垄断资本要求国家干预经济的需要，采用财政政策和货币政策调节国民经济，并发展起国家垄断资本主义经济，以缓和经济周期波动，实现充分就业的目标。这使得失业的周期波动幅度缩小：经济危机时失业率不是很高，但高涨时失业率也不会下降得很低。

此外，加强金融市场的建设，并协调好金融部门与实际部门的关系是保证私人投资需求的一个重要条件。这包括保持货币市场与资本市场运作的高效率，来为私人投资者提供足够的资金，不仅保证厂商获得低成本的资金，而且保证资金从储蓄流向能获取最大收益的投资项目。政府放松管制的目的是加强市场的运行效率，而并非放任不管，金融调控仍是政府的职能。但要向新成立企业以及成长中的中、小企业倾斜，特别是那些资本密集程度较低的企业。使这些企业获得较低成本的资金，如果可能，让它们在资本市场上发行股票上市筹集资金，这些都有利于政府的就业目标的实现，也解决了失业问题。

政府解决失业问题的需求管理对策可以直接在公共部门创造就业机会。这种方式更为有效，并且能与提高失业者的技能相结合，但要注意防止形成公共部门的冗员与低效率。

鼓励失业者自我雇佣也是一项有效的解决办法。它兼顾供给与需求两个方面。1980年代以来，自我雇佣在许多国家都快速增长，不仅表现在绝对数量上，而且表现在占劳动力总量的比重上。1990年，意大利自我雇佣劳动者占总劳动力的22.3%，英国不包含一部分业主的数字是11.6%（OECD 1992）。自我雇佣是创造就业的一种途径，它还具有乘数效应，因为许多自我雇佣者为发展自己的小企业，要增加资本投入并雇佣其他工人。而且，就业结构向服务业的发展也使得中小企业成为吸收雇佣劳动的场所，因为小企业在服务业中分布得更为广泛。这种小企业应该得到政府的支持，小企业发展初期经营风险较大，竞争力较弱，但却能充分吸纳过剩的劳动力，不会有大垄断企业对劳动力的排斥影响，并且失业者通过自己创建小企业锻炼了经营管理能力，这会提高这些劳动者的素质，即使个人经营失败，他们在再次寻找工作时也会比以往容易些。政府应为小企业提供信息、指导、培训以及融资上的支持。

自我雇佣的优点是方式灵活，因而改善了劳动力市场的功能。不仅由于他们很少像大企业那样受各种法规条例的约束，还由于小企业成长与消亡的速度非常快。这使得劳动力在市场上的流动性加强，竞争加剧，而自我雇佣总数却可以保持相对稳定。经验表明在工作保险立法较严格、雇主社会保险负担较重的国家自我雇佣往往较盛行，小企业作为大企业的分包商，绕过了制度性的阻碍，使不足的需求得到恢复。

第四节　对解决我国就业问题的启示

就业问题是一个长期而复杂的经济与社会问题，就业是劳动者获得基本生活资料的手段，也是每个劳动者的基本权利。但是，受社会体制和劳动者个人因素的影响，并非每个劳动者都能获得工作岗位，劳动者的权益也不能得到充分的保障。完全依靠市场机制不能实现充分就业，政府应采取适当的政策来保证有工作需要的劳动者都能够得到就业机会。

一、转变经济体制，落实科学发展观，走新型工业化道路

党的十六届三中全会提出了"坚持以人为本，树立全面发展、协调发展和可持续发展，促进经济社会和人的全面发展"的科学发展观，进一步指明了新世纪我国现代化建设的发展道路、发展模式和发展战略，明确了为什么发展和怎样发展的重大问题。经济增长要有效地提高人民的物质生活水平，而不能以失业和收入差距扩大为代价。在计划经济体制和向市场经济过渡的时期，我国的经济增长方式以粗放式为主，没有充分集约地使用各种资源，资源的利用没有充分考虑资源禀赋和要素价格。当前，要推动经济体制转换和政府职能的转变。使企业的技术选择以市场要素稀缺状况为依据，减少地方政府对投资活动的干预，避免产业结构的重复和同构，以减少不必要的产业结构调整给就业带来的冲击。

新型工业化的特点包含以下方面，一是科技含量高，二是经济效益好，三是资源消耗低，四是环境污染少，五是人力资源优势得到充分发挥。前四条是为了适应世界科技进步日新月异以及经济可持续发展的要求。第五条则是根据中国人力资源特别丰富的国情提出来的。在着力发展高新技术产业的同时，要用信息技术和其他高新技术、先进适用技术改造传统产业，实现产业结构的优化升级。形成以高新技术产业为先导、基础产业和制造业为支撑、服务业全面发展的产业格局，处理好发展高新技术产业和传统产业、资金密集型产业和劳动密集型产业的关系。

新型工业化道路追求更人性（而非生产线上的机械部件）、更有创造力的生产方式，这样的产业结构和分工方式有利于劳动者的直接参与，并增加就业机会，降低工业化给劳动者身心带来的负面影响。针对我国的劳动力资源丰富的状况，应大力发展技术含量多的劳动密集型产业以及高新技术产业中的劳动密集型生产环节。此外，还要鼓励发展为满足个性化和多样化的市场需求而需采用人工作业的劳动密集型产业。所有这些都需要合理的产业结构调整来完成。

二、将就业作为一个系统工程，综合治理

科学发展观的根本要求是"五个统筹"，即统筹城乡发展，统筹区域发展，统筹经济社会发展，统筹人与自然和谐发展，统筹国内发展和对外开放。

就业问题也是一个需要统筹的系统工程。要将农村的就业问题与城市的就业问题综合治理。目前我国片面注重城市的就业问题，例如没有将农村的剩余劳动力纳入失业的统计口径。在统计上，无论是失业率还是劳动参与率，都要建立全国统一、全面的统计体系，对于城镇失业问题和农村失业问题应同样对

待。改革户籍制度，逐步取消对劳动力流动的限制。规范地方政府在管理劳动力流动中所充当的角色，使其决策更多地从全局利益，而不是基于地方利益采取保护性政策。不同地区的就业问题与不同地区的经济发展状况有关，要给东中西部地区、老工业基地和新兴经济开放地区同样的经济政策，要允许劳动力在不同地区自由流动。就业问题不仅是一个经济问题，也是一个社会问题。解决就业问题要与保持社会安定紧密相连。就业问题也是一个长期的问题，如果只注重解决当前的就业问题，忽视环境问题，会导致可持续增长能力不足。不注重培养技术后备人才，会影响长期经济增长的后劲。忽视人口老龄化带来的危机，也会使劳动就业成为棘手的问题。就业问题还要统筹国内发展和对外开放两个方面。对外开放对就业的影响包括出口部门吸纳大量的劳动力、在外商投资企业就业的劳动力不断增加、劳务输出和移民的增加。在强调对外开放对就业扩张的积极作用的同时，更要注重发挥国内经济部门的就业创造能力。

三、加强高等教育发展和技能培训

要提高劳动者的技能和素质，解决技术工人不足的问题，减少技术性失业和结构性失业。主要应在以下几个方面做出努力。

第一，加快技能人才队伍建设，培养高素质的劳动者。改革高等教育体制，使高校的人才培养更好地适应社会的需要。大力发展职业技术教育，在职业教育培训中大力推行学历文凭和职业资格证书并重制度，促进职业教育与就业相结合。落实"2003～2010年全国农民工培训规划"，抓好农村劳动力职业技能培训，以增强其就业竞争力。坚持"就业引导培训"、"以输出带培训，以培训促输出"的原则，推进培训就业一体化，抓好"农村劳动力转移培训阳光工程"的组织实施。

第二，增加企业和政府的技能培训投入，加大培训力度。要引导企业落实职工工资总额的1.5%～2.5%用于职工教育的社会责任，在企业普遍实行先培训后就业，先培训后上岗。要多渠道筹集资金，建立国家、企业和劳动者个人三方分担的技能人才培养投入机制。解决培训费用的分担问题，使支付培训费用的一方能够获得投资的回报。要发挥老技师的带动作用，发挥高级技工学校、技师学院和高等职业院校等培训基地作用，扩大培训规模，增强培训效果。由于农民的收入水平还较低，各级政府应当增加农民工技能培训方面的投资，设立农民培训专项资金。扶贫资金要更多地用于就业技能培训，增加贫困农民的就业能力，以使农村劳动力能够顺利地转移。

第三，改进技能人才评价方式。加快建立以职业能力为导向，以工作业绩为重点，并注重职业道德和职业知识水平的技能人才评价新体系。要突破比例、年龄、资历和身份界限，促进高技能人才更快更好地成长。同时，改革不合理的工资体系，建立激励机制，充分发挥高技能人才的重要作用。逐步建立职工凭技能和职业资格得到使用和提升、凭业绩贡献确定收入分配的使用待遇机制。当前，尤其要充分利用大学毕业生这一宝贵的人力资源，解决大学毕业生的就业问题，让他们的才能得到更好地发挥。

四、以人为本，协调劳动关系，实行劳动重组

建立保证劳动者基本收入的最低工资保障制度，使最低工资标准能够真正贯彻实行，并能够随着经济发展水平不断提高标准。建立健全社会保障体系，将所有的劳动者（城市各类型企业的劳动者、农民）都涵盖在内，以解决劳动者的后顾之忧，提高其在劳动力市场上的谈判力量。对于非正规雇佣劳动者也要同样对待，吸收临时工、季节工加入工会。消除劳动力市场上的歧视，尤其是对农民工的歧视。

保证劳动者的就业权利，维护其基本权益。在私营企业和外资企业组建工会，协调劳资关系，促使企业尊重劳动者的基本权利，使劳动者通过劳动不仅能够获得生存的收入，而且能够与企业主和同事建立起和谐的经济合作关系。

给不同所有制企业以公平的待遇，尤其是要鼓励发展个体私营经济，发挥其就业创造的功能，增加就业机会。要允许劳动者在不同部门、不同所有制企业自由流动，以消除不合理的工资差距。关心马路摊点等自我雇佣的非正规就业者，为他们创建经营场所和市场。

要从根本上解决就业问题，需要进行劳动重组，即在全社会重新配置劳动和就业，使每个有劳动能力并希望就业的人都有就业机会。这需要建立共同参与、人人劳动、反对剥削的社会价值。要让大量的社会性生产和服务的参与者也能获得基本收入，这需要为全体公民提供社会保障。劳动重组意味着对生产、服务、贡献和消费的重新理解，劳动者真正可以摆脱失业之痛，摆脱异化劳动之苦，这在社会主义的中国是可能实现的。

五、实行积极的劳动政策，进行创业扶持

对下岗失业人员创业和再就业实行优惠政策，在工商登记、贷款、税收、行政收费等方面进行支持和鼓励。同时要进行创业培训，提高下岗失业人员的经营管理素质和创业技能，引导其进行积极创业。

扩大创业扶持政策的服务对象，不能只局限于城镇国有企业下岗职工和登记失业人员，还要包括城镇集体企业和非正规部门的下岗失业人员以及长期在城镇就业的农民工。对于就业日益困难的大中专毕业生，也要采取一定的措施

鼓励其自主创业。要加大资金的扶持力度、调整支出结构，提高创业扶持与岗位开发资金的效益。要将积极的劳动政策与市场机制很好地结合，要通过发展经济、营造中小企业公平竞争的市场环境以及培育劳动力市场，来推动就业的创造，形成以市场调节就业为基础、政府促进就业为动力的就业机制。

　　总之，马克思经济学的产业后备军理论说明失业是资本主义经济发展的必然结果，它会长期存在，并对资本积累起着蓄水池的作用。从第二次世界大战后各国失业的实际变化情况来看，也证实了这一点。各国采取的就业政策在一定程度上能够缓解就业压力，但不能从根本上解决问题。要实现充分就业，必须实行制度调整。

第六章　马克思主义劳资关系理论

劳资关系是资本主义社会的根本阶级关系，即资本家阶级与雇佣劳动者阶级之间的矛盾关系。本章在梳理马克思主义劳资关系理论及其在 20 世纪的发展的基础上，对发达资本主义国家劳资关系的历史演变予以考察，特别是结合实证材料，对第二次世界大战以来发达资本主义国家劳工运动及工人力量的演变趋势进行深入分析。

第一节　马克思主义劳资关系理论的提出与发展

马克思主义的劳资关系理论，是马克思主义政治经济学的主要内容。剩余价值理论反映的就是资本主义社会条件下的劳资关系，即资产阶级与无产阶级之间剥削与被剥削的对抗关系。丧失生产资料的劳动者不得不出卖劳动力给占有生产资料的资本家阶级并受其剥削，始终是资本主义社会劳资关系的实质。

一、马克思、恩格斯的劳资关系分析

最早研究劳资关系的是恩格斯。他在 1844 年初发表的《政治经济学批判大纲》中考察了劳动和资本相对立的结果，分析了地租、资本和劳动三个范畴，指出私有制造成了资本和劳动的分裂。恩格斯还在 1845 年写成的《英国工人阶级状况》一书中用大量的无可争辩的事实对英国的劳资关系进行了实证的分析和论证。在该书中，恩格斯首先以社会冲突的观点重点分析了劳资关系，他分析了引起劳资冲突的社会根源是工人的非人状况和社会意识的不平等；其次是揭示了劳资冲突的表现形式，最初是以破坏的形式出现，然后是工人学会利用工会组织进行合法的经济斗争，而劳资冲突的最高形式则是工人阶级与资产阶级的政治斗争；最后论述了劳资冲突的结果和解决冲突的途径，即只有社会革命才能彻底改变现存的社会制度和生产关系。恩格斯的这些分析和论证实际上

是马克思主义劳资关系理论的早期论述。

马克思和恩格斯在《共产党宣言》里明确指出，资本主义社会使阶级的对立简单化。现存社会的经济结构的矛盾状况一定要反映到阶级结构中来，阶级对立、矛盾、冲突的关键，实际上是人们在社会生产中所构成的生产关系的本质的反映。工人阶级在社会生产中丧失了对生产资料的支配权，自身也沦为商品，这就决定了工人阶级受剥削的社会身份和地位。这是对资本主义劳资关系矛盾的最精辟的论述。

对资本主义劳资关系进行深入细致的分析的是马克思。从一开始，马克思就将劳资关系视为资本主义社会的基础，并以此为开端开始了系统而深入的经济学研究。在他的第一部经济学著作《1844年经济学哲学手稿》中，他通过异化劳动理论而展开的劳资关系分析，就深刻揭露了资本主义社会中工人阶级同资产阶级的对立。而他经多年研究而创建的劳资关系理论在《资本论》中得到了最充分的体现，劳资关系是《资本论》研究的中心。《资本论》实质上就是劳资关系理论，它的问世标志着马克思主义劳资关系理论已开始走向成熟，《资本论》后几卷的出版进一步发展和完善了这一理论[①]。恩格斯曾就《资本论》指出，作者"考察了资本与劳动之间的全部关系，把'揭示现代社会的经济运动规律'作为自己的终极目的"[②]。"资本和劳动的关系，是我们现代全部社会体系所依以旋转的轴心，这种关系在这里第一次作了科学的说明。"[③]

简单说来，马克思的劳资关系理论包括以下几方面内容：①资本主义劳资关系的实质是资本对劳动的占有。资本主义条件下的劳资关系，是资本家无偿占有工人剩余劳动创造的剩余价值的剥削关系。②在资本主义条件下，资本支配劳动并强制劳动。"在生产过程中，资本发展成为对劳动，即对发挥作用的劳动力或工人本身的指挥权。人格化的资本即资本家，监督工人有规则地并以应有的强度工作。"[④]工人的劳动属于资本家，在资本家的监督下劳动，按照资本家的目的和要求进行劳动。同时，"资本发展成为一种强制关系，迫使工人阶级超出自身生活需要的狭隘范围而从事更多的劳动。作为别人辛勤劳动的制造者，作为剩余劳动的榨取者和劳动力的剥削者，资本在精力、贪婪和效率方面，远远超过了以往一切以直接强制劳动为基础的生产制度。"[⑤]而这种强制关系不仅是在单个生产过程中的强制，也是一种社会强制。在资本主义生产过程中，工

① 周新军：《马克思主义劳资关系理论与当代社会》，《经济评论》2001年第5期；钱昌照：《马克思劳资关系理论与当代社会》，《上海行政学院学报》2009年第3期。

②《马克思恩格斯全集》第16卷，人民出版社1964年版，第237页。

③ 同上书，第263页。

④ 马克思：《资本论》第1卷，人民出版社1975年版，第343页。

⑤ 同上书，第344页。

人是把产品当做资本，当做剥削和统治自身的权力来生产的，而资本家是把工人当做雇佣劳动者来生产的，从而使生产资料和劳动力不断保持在分离状态。故此，工人必须出卖自身的劳动力，受资本的剥削才能生存。工人无论在哪个工厂劳动，都体现了资本对工人劳动的强制性。③资本主义劳资关系也经历了形态变化。资本主义的生产在其发展过程中，经历了简单的协作、以分工为基础的手工业和机器大工业三个阶段。与资本主义生产力发展相适应，劳动对资本的从属关系也经历了形式从属到实际从属两个阶段。而在每一个阶段及由前一阶段向后一阶段的过渡中，工人的反抗都是其中的一个关键环节，比如"蒸汽机一开始就是'人力'的对头，它使资本家能够粉碎工人日益高涨的、可能使刚刚开始的工厂制度陷入危机的那些要求"。①④劳资关系是一种阶级利益关系，反映的是资本家和雇佣工人之间剥削和被剥削的关系，由此决定了劳资双方必然是一种对立和对抗的关系。劳资关系是资本主义社会特有的阶级利益关系，劳资双方经济利益的对立和对抗的结果形成两大阶级——工人阶级和资产阶级，工人阶级要想改变自己的处境，必须通过暴力革命消灭雇佣劳动制度。在马克思看来，劳工联合运动是一种巨大的、国际性的集体主义运动，是社会主义运动的最初表现形式，工人阶级要想改变自己的处境，争取自身和全人类的解放，就必须通过联合运动以革命手段消灭雇佣劳动和私有制。

二、20 世纪西方马克思主义经济学家的劳资关系理论

20 世纪 60~70 年代，由于社会运动的兴起和现实危机的影响，西方发达资本主义国家出现了马克思主义理论的复兴，形成了一些重要的马克思主义经济学派，如法国调节学派（Regulation School，简称 RS）、美国社会积累结构学派（简称 SSA）和意大利"自主论马克思主义"（Autonomist Marxism，简称 AM）。这三派的理论分析和政治主张，都程度不一地摆脱了马克思主义的传统图式，对当代资本主义现实，特别是劳资关系状况展开了更为复杂的分析。

劳资关系作为矛盾统一体，内含着劳动与资本这两个对立面。对劳资关系的考察，上述三派的研究为我们提供了两种不同的切入点，一是法国调节学派和美国社会积累结构学派，从资本一极入手，而视劳动一极为被动的适应资本要求的客体；二是自主论马克思主义学派强调劳动一极，力主劳动相对于资本而言的自主自立性而非依赖性。我们认为，在劳资关系的研究上，应综合这两种不同的方法论倾向，将劳动与资本结合起来予以辩证考察。

---

① 马克思：《资本论》第 1 卷，人民出版社 1975 年版，第 477 页。

1. 美国社会积累结构学派和法国调节学派的核心概念和基本理论

美国社会积累结构学派和法国调节学派在理论指向、理论内容和方法论取向等方面皆有相当的一致性，都把第二次世界大战后以美国为代表的资本主义经济的实际运行状况作为主要的理论关注对象[①]。与马克思主义传统理论相比较，两个学派的核心概念——社会积累结构或积累体制，都属于中间程度的抽象层次，比生产关系更为具体，但比具体社会现象较为抽象。从某种意义上讲，两派的理论是对马克思主义经济学的发展。在理论内容上，两个学派虽然都将研究重点放在各种社会制度环境的变化上，但也涉及国际关系、宏观经济政策，以及属于宏观与微观之分野的劳动管理等方面，系统地诠释了资本积累的社会结构或积累体制的演变逻辑。

美国社会积累结构学派的核心概念是社会积累结构。所谓社会积累结构，是指资本积累过程中所涉及的一整套具体制度，如投入品市场、产品市场、货币和信用制度、国家干预的类型、阶级冲突等所构成的制度环境。他们把经济活动的长波、社会积累结构、劳动组织及劳动力市场结构这三方面结合起来，分析美国工人阶级的历史演变。每一个长波都与特定的社会积累结构相联系。在长波的上升阶段，有适应积累的社会积累结构，他们保证了稳定的投资环境和利润预期，促进了资本的加速积累；随着有利于积累的机会逐渐耗尽，积累会放慢，原有的社会积累结构变得过时，将被新的社会积累结构所代替。劳动过程与劳动力市场结构是社会积累结构的重要组成部分，它本身也有生命周期：开始于前一长波的下降阶段，成熟于长波的上升阶段，衰败于长波的下降阶段，这时新的社会积累结构开始逐渐形成。

依据这一理论框架，他们将美国劳动力的演变过程分为三个阶段。第一个阶段从1820年到19世纪末，它的基本特征是：劳动力的无产阶级化。劳动供给成分逐渐趋于多元，但劳动过程的技术基础还未发生根本变化，工人对自己的劳动仍有控制能力，全国统一的劳动力市场尚未形成。第二个阶段从1873年到1945年，其基本特征是，劳动力的均质化。它的背景是科技的应用使企业的机械化水平提高，也加强了对工人劳动的控制，监督管理部门迅速膨胀，企

---

① 有关 RS 和 SSA 这两个学派，国内学术界已有比较多的介绍，本章侧重于介绍其理论的方法论特征。有关文献参见孙寿涛：《社会积累结构学派的理论和方法探析》，《山东科技大学学报》2003年第1期；李其庆：《法国调节学派评析》，《经济社会体制比较》2004年第2期；胡海峰：《福特主义、后福特主义与资本主义积累方式——对法国调节学派关于资本主义生产方式研究的解读》，《马克思主义研究》2005年第2期；贾根良：《法国调节学派制度与演化经济学概述》，《经济学动态》2003年第9期；张宇、孟捷、卢荻主编：《高级政治经济学》，经济科学出版社2002年版；陈用忠：《战后几个主要的"现代资本主义论"》，http://www.china-tide.org.tw；张翔宇、赵峰：《资本积累、社会结构和资本主义经济增长——积累的社会结构理论的视角》，《生产力研究》2009年第8期。

业对工人技艺的依赖下降，劳动趋于简单化，工人之间的技艺差别缩小，半技术工人比重扩大，统一的劳动力市场得以形成。第三个阶段为劳动市场的分割阶段。这个阶段的探索期从第一次世界大战到第二次世界大战（1914～1945年）；巩固期从第二次世界大战结束到20世纪70年代初（1973年）；而衰败期则从1973年到80年代。这个阶段的主要特征是，整个美国经济日益二元化。特别是制造业中分割为两类完全不同的企业：一类是作为核心企业的大公司，尤其是高集中部门的大公司，其绝对规模和相对规模都很大，在行业或部门中占据支配地位；另一类是边缘企业，指广大的中小企业，特别是低集中部门的中小企业，其技术水平和生产率水平较低。与经济的二元化相适应，形成了劳动部门和劳动市场的二元化：分割为一级与二级劳动部门（或市场），两者的特征截然有别，造成了劳动市场的分割和劳工的分裂。

美国社会积累结构学派研究劳动关系的目的是要说明，为什么在20世纪70年代美国资本主义危机期间，美国工人的反应如此平淡。他们从其劳动分割分析中得出的政治结论不同于其他左派经济学家。他们认为，因为劳动市场的分割通过几个相关的渠道影响了美国工人阶级的团结，使得各部门的工人在政治倾向上差别比较大。劳动市场的分割，造成工人的分裂，削弱了工人阶级的力量，现实层面的表现就是工人阶级在现实的资本主义危机面前保持沉默。

法国调节学派的核心概念包括积累体制、制度形式、调节模式等。积累体制是指资本主义长期发展中不断再生产出来的生产和消费互补的型态。积累的逻辑是资本主义制度的核心特征，但资本主义历史发展中积累的增长一再为危机所打断而使得资本主义的演化呈现出阶段性，不同阶段的积累表现为不同的型态，积累体制就致力于描述这种型态。而所谓调节模式则由一系列的"制度形式"构成。这一派的学者一般将调节模式分解为五种制度形式：第一，货币信贷关系，包括银行和产业的关系，股票市场在产业融资中的作用，流动性创造的机制，货币管理的类型，以及国家和国际金融系统发展的结构和程度。第二，资本和劳动的关系，它具有关键性的作用，主要包括：工作过程的组织；技能等级；工人流动；直接和间接的工资形成；工资收入的使用。第三，竞争形式，一个基本的区分是传统的价格竞争和垄断竞争。以及企业间、地区间和国家间竞争的形式；垂直和水平一体化以及准一体化的新形式（如战略联盟和网络组织）对竞争的影响。第四，国家的作用，包括财政、货币和产业政策，以及国家在经济活动和解决社会矛盾中作为仲裁者还是参与者等。第五，国际体系，包括国际贸易、投资和资本流动的规则、专业化型态和政治关系等。

当积累体制、调节模式和制度形式相互补充，和谐一致，一度足以确保资本主义扩张的长波所需的条件时，由此产生的复杂的制度体系常常被综合性地确认为发展模式。在调节学派看来，资本主义社会经济结构中主要的制度组织的协调一致推动了持续的经济发展，而不一致、不匹配则产生了整个经济系统的不稳定性、危机以及宏观经济上的衰退等。由此，可以看出，在调节学派这儿，资本主义的长期发展被看做是不连续的。当一种发展模式的潜力趋于耗尽时，从前各部分之间的连贯性消失了，直到新的连贯性出现之前，存在着不稳定的无序状态。在这种情况下，资本主义的积累无法再顺利进行，而变得越来越与既有的制度形式的稳定性不相容，以致不平衡达到这种情况：在给定的调节模式中，从前自我修正的机制变得无效了，既有的发展模式陷入危机之中，从而产生了缓慢增长、停滞和不得不进行制度变革的压力。

以此，调节学派整理出资本主义发展史中主要积累体制的变迁：即 19 世纪的资本主义，依靠不以生产力持续上升为条件的"外延式积累体制"（extensive accumulation regime），以延长劳动时间、增加雇佣劳动人数为手段，来增加绝对剩余价值的生产；进入 20 世纪，资本主义转而依靠以持续提高生产力为条件、扩大相对剩余价值的生产为主的"内含式积累体制"（intensive accumulation regime）。由于这种"内含式积累体制"缺乏大量的消费市场，生产与消费之间无法整合，因而出现了 30 年代的经济大恐慌。调节学派的学者强调，第二次世界大战后的资本主义，以"依照生产率的上升比例来增加实质工资"为内容的协调性社会契约为基础，形成具有"大量消费的内含式积累体制"，也就是所谓的"福特主义"（由于高生产率、高工资而扩大有效需求的积累结构）发展模式。这种积累体制虽然实现了高度的经济成长，不过由于科技进步遇到瓶颈，以及所得分配的矛盾而再次陷入困境，因此带来了 1970 年以后的经济危机，各发达国家开始了由福特主义向后福特主义的探索和过渡。

2. 自主论马克思主义学派

在西方左派中，有一派一直为我国学术界所忽略，即从 20 世纪 60 年代意大利的社会运动中产生的所谓"自主论马克思主义"①。代表人物是安东尼奥·奈格里（Antonio Negri），他与麦克尔·哈特（Michael Hardt）于 2000 年出版的《帝国》②，在世界范围内引起很大关注。这一派强调工人及工人阶级的自主性和独

---

① 学术界亦有人将此学派名称译为自治主义马克思主义，本章中译统一为自主论马克思主义。参见刘怀玉、陈培永：《从非物质劳动到生命政治——自治主义马克思主义大众政治主体的建构》，《马克思主义与现实》2009 年第 2 期。

② ［美］麦克尔·哈特、［意］安东尼奥·奈格里：《帝国——全球化的政治秩序》，江苏人民出版社 2003 年版，第三部分。随着《帝国》一书的出版和流行，这个学派的历史及其理论主张才得到了国内外学术界的初步关注，但这种关注更多的是哲学和文化学意义上的，而不是经济学意义上的。例如在霍华德和金合著的《马克思主义经济学史》中丝毫未提及该派或其代表人物，参见［英］霍华德·金：《马克思主义经济学史：1929~1990》，顾海良、张新等译，中央编译出版社 2002 年版。

立性，强调在劳资冲突中考察工人阶级构成的解构与重构，解读资本主义的诸多新变化；并围绕阶级斗争周期概念，研究资本主义的历史演变。

在自主论马克思主义看来，劳资对立是观察资本主义的入口，也是解释资本主义诸多变化的主要因素。他们特别强调在不同历史背景和技术条件下工人相对于资本的自治或自主。这种自治或自主意指[①]：资本作为一种社会关系，工人阶级是其中的一个能动的组成部分，工人阶级的斗争性内在于资本（既在资本之中又与其对抗），并始终具有与资本决裂的可能性。工人阶级是资本主义社会发展中的主体，也是资产阶级时时要面对的异己力量，因而资产阶级需要不断化解工人阶级反抗的精神、意志和组织。从此角度，他们认为资本主义社会中技术变革的根源主要在于劳资对立，强调马克思的论断："机器成了镇压工人反抗资本专制的周期性暴动和罢工等等的最强有力的武器……可以写出整整一部历史，说明 1830 年以来的许多发明，都只是作为资本对付工人暴动的武器而出现的。"[②]他们力图从劳动与资本之间对抗与反击的角度考察资本主义的演变，尤其注重研究工人"阶级构成"的变迁和"阶级斗争周期"。

通过历史考察，他们辨认出不同历史时期的工人阶级主体：早期工场手工业时期的"手艺人"或"专业工人"；资本主义大机器生产时期特别是福特主义时代的"大众工人"[③]；后福特主义时代的"社会工人"或"社会化工人"。对最近这一时期所形成的新主体的名称和特征仍有争论，不过较多的学者开始使用"社会化工人"这一名称，意指工人阶级由传统的生产领域分散到了社会的各个层面[④]。这个过程的转移是由资本的力量策划的，用以打散原来的社会主体即大众工人的组织或构成，消解工人的斗争能力，剥夺工人已获得的利益，结果是工人阶级的分裂和分散化。这个过程就是 20 世纪 70 年代以来发生的信息革命的过程。他们指出，考察信息革命的原因，不能不注意到 20 世纪 60 年代末发达资本主义社会中出现的普遍的工人运动和社会运动。为了应对工人的反抗，压制工人的要求，资本以信息技术为武器向工人进攻，引发了一场信息革命，也使得资本主义进入到一个新的阶段。同时，工人的对抗与反抗也演变为新的形式。围绕阶级构成概念，他们认为工人阶级的构成在历史的劳资冲突中

---

① Kinsman，Gary. The politics of revolution：Learning from autonomist Marxism. Upping The Anti，No. 1，Vol. 1：41～50.

② 马克思：《资本论》第 1 卷，人民出版社 1975 年版，第 476~477 页。

③ Wright，Steve. Storming heaven：class composition and struggle in Italian autonomist Marxism. London：Pluto Press，2002：Chapter 8.

④ Bowring，Finn. From the mass worker to the multitude：A theoretical contextualisation of Hardt and Negi's Empire. Capital & Class，83，Summer 2004：701～732；另奈格里和哈特在《帝国》一书中将这种新的主体称为"大众"，并拒绝了"工人阶级"的名称。对此有学者进行了批评，认为《帝国》低估了传统工人的力量，参见陶文钊：《〈帝国〉的大众政治评析》，《政治学研究》2005 年第 3 期。

处于不断的解构与重构过程中。即使在 20 世纪 90 年代至今所谓资本主义的全面胜利中，也仍然存在着这两股力量之间的比拼。

3. 法国调节学派、美国社会积累结构学派和自主论马克思主义三派在劳资关系研究方法论上的启示

法国调节学派和美国社会积累结构学派这两个学派在理论内容特别是方法论上具有共性：都是从资本一极出发，围绕资本积累过程，研究资本主义的具体制度环境对资本积累的决定性影响，尤为重视资本主义劳动过程为适应资本积累需要而发生的历史的阶段性变化；而自主论马克思主义学派在方法论上迥异于法国调节学派和美国社会积累结构学派这两个学派，主要从劳资矛盾的劳动这一极出发，强调工人阶级（劳动）的自主性和自治性，并着重从劳资冲突的周期性发展中解读资本主义的诸多新变化。

法国调节学派和美国社会积累结构学派的优势在于摆脱了传统的资本主义分期和危机理论，而着重把握第二次世界大战后资本主义的现实。不足在于，其理论分析从方法论取向上相对忽视了劳资矛盾的另一极——劳动，有一定程度的片面性。他们在某种意义上坚守的只是资本逻辑，视资本主义的成功维持为当然，一再地假设资本主义的重组将成功地走向新的社会积累结构或积累体制的建立。其理论暗含着资本主义不可避免的连续性而不是崩溃，所以对于改良主义左派比对于革命者更有吸引力[1]。在其理论中，以资本主义社会关系的神秘化为基础的资本范畴，被视为给定的而非争议的现实，而工人阶级实际上被看做资本按其自身规律发展中的一个齿轮。

自主论马克思主义则相反，认为有必要从矛盾的另一极，即工人或劳动这一极考察资本主义的生产过程。他们坚持革命的而非改良主义的立场，在批判资本主义生产关系的同时，将工人或劳动视为资本主义演变的内在主体，强调在资本主义社会中通过阶级斗争而形成的工人阶级的自主、自治和权力。自主论马克思主义认为工人阶级不能被简化为或抽象化为劳动力（商品）；相反，它是形成资本主义及促使其内部变化和最终崩溃的主动力量。这种立场带来了对将所有权力归之于资本的"正统马克思主义"的逆转，认为不是资本而是工人阶级及其斗争，才是资本主义社会生产发展和社会演变的主导力量。

例如，这一学派指出，资本主义的技术转型往往与工人阶级斗争有关，并被资本利用来弱化工人阶级的斗争和组织。许多自主论马克思主义学者回溯到马克思有关工人阶级斗争在资本社会组织中的作用的有关论述。他们提醒说，

---

[1] 持革命立场的自主论马克思主义学派批评他们无批判地采用资本的立场，并指出采用资本的立场总是由政府资助的学院派思想家的一个趋势。

在马克思看来，正是工人，才是在资本主义社会中通过生产过程受剥削而生产财富的社会主体。资本家延长工作日提高剩余价值率的早期剥削方式在很大程度上为工人的抗争所挫败。正是工人反对延长工作日的斗争才导致资本家转向通过改进技术和加强管理来提高剥削率的新方式。许多自主论马克思主义理论家重新强调，资本是一种社会关系，其中工人阶级是一个主动的组成部分，工人阶级的斗争内在于资本关系。

自主论马克思主义理论家使用"阶级构成"这个概念来表示在特定条件下工人阶级与资本相关的社会组织的特定形式。例如：工人阶级如何被并入资本关系中？工人阶级内部如何分化？工人阶级的活动如何独立（自主）于资本？特定的制度关系如何被工人阶级斗争所颠覆？在自主论马克思主义的理论中，与一些传统马克思主义的语境不同的是，工人阶级不是被当做某种固定不变的客体，它处于持续的改变中，不断重组和被重组。因此，历史的、变动的社会组织的不同形式，对于把握工人阶级的斗争来说极为重要。资本家不断采取行动，通过破坏工人团结，分化工人队伍，摧毁工人组织，粉碎工人反抗等形式，以"解构"工人阶级的构成和力量。这些破坏工人阶级斗争的措施同时又产生了新一轮的工人阶级斗争，从而形成权力重构的社会历史条件和前提。因此，在自主论马克思主义者看来，阶级构成、解构和重构的持续过程，组成了一个"斗争周期"。理解这些斗争周期和工人阶级在其中的位置，对于评估工人阶级自身的力量和弱点并决定如何行动极其重要。

可以看出，就劳资关系来说，上述三个马克思主义流派分别强调了资本积累的决定作用或者劳动的自主性，但对于劳资关系的整体分析则有某种程度的不足。为此，我们认为应综合上述法国调节学派、美国社会积累结构学派和自主论马克思主义学派的方法论特色，同时关注和研究矛盾整体和矛盾的两极，强调同时考察"劳资关系"矛盾的整体状况[1]及其在不同历史时期的表现，以求得对当代资本主义社会阶级关系及其演变的更为全面而具体的把握。

---

① 这种综合同样也基于完整理解唯物辩证法矛盾概念的要求，综合把握矛盾的两个对立面、矛盾统一体之间的关系；这种立场也在莱伯维茨有关超越资本论、构建工人阶级政治经济学的理论分析中表现出来。他认为马克思的《资本论》是未完成的著作——仅仅叙述了资本的逻辑，而其中散见的关于工人阶级的政治经济学则需要专门的梳理，并予以理论化。莱伯维茨在其《超越〈资本论〉》中为此进行了努力，并着力从辩证法矛盾的整体性和全面性角度对工人阶级政治经济学的理论内容进行了绘制，力求补充马克思《资本论》的分析。参见 Lebowitz, Michael A. Beyond capital: Marx's political economy of the working class (second edition). Palgrave Macmillan, 2003。

第二节　资本主义劳资关系的历史演变

马克思主义产生的社会历史前提,是随着资本主义生产方式的产生和确立,无产阶级和资产阶级的阶级矛盾充分展开和暴露,无产阶级作为独立的政治力量登上了历史舞台。自那时以来,资本主义在其外部条件的制约和内部矛盾的推动下,发生了巨大的变化。就劳资间的阶级关系而言,一方面,资本剥削雇佣劳动的关系依然是劳资关系的本质特征,两大阶级的利益矛盾没有本质的变化,资本主义生产方式仍受制于马克思所揭示的基本规律;另一方面,这种关系的具体表现形态却在发生变化,或紧张对峙,或相对缓和,劳资争议的内容更为广泛和具体,争议的解决手法也更加多样化。

应指出的是,在研究资本主义劳资关系及其历史发展的方法论上,我们与马克思的理论取向有别。这种不同促使我们构造新的概念,提出劳资关系型式概念[①]。马克思的《资本论》虽然以当时最发达的资本主义国家——英国作为例子,但它更多的是关于资本主义一般原理的研究。布雷夫曼曾经指出,在马克思的著作中,分析的目的是要确立一些基本原则,而不是推测这些原则在长时期里继续发挥作用可能产生的结果。对马克思来说,资本主义生产方式已在一个足够长的时间里发挥作用,他并不关心资本主义关系在长期延续的过程中可能发生的变化[②]。因此,马克思在《资本论》中研究资本主义生产方式时,不时与以前的生产方式以及取代资本主义之未来的生产方式进行比较,其他的则处于次要地位。

现在对我们来说,在马克思著作中较不重要的那些部分,却成为有关资本主义生产方式研究的重要问题。我们现在考察的是资本主义在长期发展和演变中呈现出的具体的历史特征和多样性,即资本主义生产方式不同"型式"或"模式"的比较。这种研究同样是马克思之后的马克思主义者及其流派的研究重点[③]。

---

① 劳资关系型式概念的提出同样有着方法论的考虑,而这与第二次世界大战后西方马克思主义经济学各流派在劳资关系研究方面的方法论得失分不开,对此我们在上文中已进行了介绍。

② [美]哈里·布雷夫曼:《劳动与垄断资本》,方生等译,商务印书馆1979年版,第377页。

③ 有关马克思之后的马克思主义理论发展史,参见[英]戴维·麦克莱伦:《马克思以后的马克思主义》,余其铨、赵常林等译,中国社会科学出版社1986年版;[英]霍华德·金:《马克思主义经济学史:1929~1990》,顾海良、张新等译,中央编译出版社2002年版。

一、劳资关系型式及其矛盾运动

1. 劳资关系型式概念

为了具体地探讨资本主义发展过程中劳资关系的历史演变和多样性特征，我们有必要构造新的概念——劳资关系型式。

首先从辩证法角度研究一下型式概念。"型式"是类型和形式两个词的组合，兼有类型和形式的意思。唯物辩证法认为，任何事物都有内容和形式两个方面，是内容和形式的对立统一体。在内容和形式的矛盾运动中，事物的发展过程呈现为一系列的稳定状态，型式就是对这种内含着内容与形式双方特征的事物的特定稳定状态的概括，是指某物在内容和形式的矛盾运动中呈现出的相对稳定状态。这种相对稳定状态，同时也是矛盾借以实现和解决的运动形式之一。从这个意义上说，型式也可以看做事物在其发展过程中形成的适合其内部矛盾运动的方式。由于事物的发展是一个由量变到质变，由部分质变到根本质变的过程，所以型式往往反映了事物发展过程中的量变或部分质变，各种型式的形成及更替则构成了事物自身存在和演变的总的量变质变过程。

从上述关于"型式"的讨论，我们认为，所谓"劳资关系型式"，就是资本主义发展过程中形成的劳动与资本这对矛盾"能在其中运动的形式"[①]。"劳资关系型式"是一个中间层次的概念，是我们为了研究资本主义劳资关系的历史演变而提出的。某种特定的劳资关系型式，首先具有劳资关系的一般性，同时又具有其自身的特殊性。

资本主义生产关系的形成和确立，对于社会生产力的发展起了巨大的促进作用。在资本主义条件下，生产力与生产关系的矛盾运动在阶级关系上首先体现为劳资之间的矛盾运动。每种"劳资关系型式"，既具有作为劳资关系本质特征的一般性；又具有反映特定社会历史特征的特殊性。每种"劳资关系型式"都在某种程度上会经历一个探索、巩固和衰落的过程。正是在劳动与资本的对立统一中，特定的劳资关系型式得以形成和巩固，表现为一定历史条件下的相对稳定型态；而劳资关系的内部矛盾运动和外部条件的改变，则推动着不同的劳资关系型式的发展和更迭。

对发达国家各阶级状况特别是工人阶级状况演变的考察，必须以对劳资之间阶级矛盾的分析为依据，"工人阶级状况在很大程度上是阶级斗争的函数。虽然工资、工时、就业、失业和生产率可能表现为由非人的市场力量所决定，并受技术变迁的独立的影响。但实际上所有这些都是由工人阶级与雇主阶级在工

---

① 马克思：《资本论》第1卷，人民出版社1975年版，第122页。

作场所和政治舞台的斗争所塑造的。"① 劳资关系型式的演变，一方面反映了每种"型式"内部劳资之间的矛盾运动，同时又是旧"型式"不适应新的历史条件而被新"型式"取代的过程，是旧"型式"解体的结果。在大多数情况下，旧"型式"的解体是由资本应对工人的抵抗而采取的行动引起的。资本为遏制劳工的利益要求，通常会将新的组织和制度引入劳资关系，对生产过程进行重组，将前一"型式"中工人阶级所形成的组织、力量和权力予以解构，使劳资之间重新形成某种新的相对稳定的关系。我们将这种解构和重构的过程统一称之为劳资关系的重组。资本主义社会的劳资关系，从来不是固定不变的，而是处于不断的重组过程中。《资本论》关于劳动对资本的形式隶属到实质隶属演变的研究，实质上就是对劳资关系重组的研究。

马克思主义的劳资关系理论，涉及本质和现象两个层次的问题。在本质层面上，劳资关系就是资本主义生产方式下雇佣劳动者和资本家两大阶级的关系，它们构成资本主义生产关系的核心，也是资本主义生产方式运动的主体。在现象层面上，劳资关系在特定时期会有具体的表现形式或斗争形式，如具体的劳资纠纷、劳资冲突及劳资谈判等，并呈现出某种相对稳定的制度形式，即特定的劳资关系型式。可见，劳资关系型式本身即是一个本质与现象相统一的范畴。

劳资关系型式概念的提出，要求我们具体研究资本主义发展历史过程中劳动与资本矛盾运动的量变过程及其内在的部分质变特征。通过区分不同时期不同类型的劳资关系型式，可以为我们具体认识资本主义制度以及包括工人阶级在内的资本主义阶级关系的演变提供帮助。

2. 劳资关系型式的矛盾运动

在马克思主义看来，资本主义生产关系是一个包含着多种关系的统一整体。"资本作为物质财富的一种社会形式，体现某种特定的生产关系。资本所体现的社会生产关系包含两个互相联系的方面。一方面，资本体现了资本对雇佣劳动的剥削关系，另一方面，资本体现了资本之间的竞争关系。剥削关系是竞争关系的基础，在以剥削雇佣劳动为手段，以追逐利益为目的的私人资本之间，竞争关系是必然的。"② 在这两个方面，以雇佣劳动为核心的劳资关系是资本主义生产关系的本质。

劳资关系，作为工人阶级与资产阶级之间的阶级关系，存在于资本主义经济活动的各个领域。而这一关系在资本主义直接生产过程中的表现是资本主义

---

① Yates, Michael D. A statistica l portrait of the U. S. working class. Monthly Review，April 2005：12～31.

② 马健行等:《垄断资本概论——马克思主义的帝国主义理论·历史与当代》，山东人民出版社 1993 年版，第 125 页。

社会的基础。资本主义直接生产过程是在资本家购买到生产资料和劳动力之后开始的。当劳动力被作为（可变）资本纳入生产过程时，第一，"资本发展成为对劳动，即对发挥作用的劳动力或工人本身的指挥权。人格化的资本即资本家，监督工人有规则地并以应有的强度工作"①。第二，"资本发展成为一种强制关系，迫使工人阶级超出自身生活需要的狭隘范围而从事更多的劳动。"②在资本主义条件下，资本家购买工人的劳动力，看重的是劳动力的特殊使用价值——能创造超出劳动力自身价值的价值。资本家购买到劳动力，只是获得了"剥削的可能性"，取得了法律意义上对于劳动力的使用权和对于劳动过程的控制权，至于将这种剥削的可能性转化为现实，最大限度地从工人身上榨取剩余劳动，则有赖于资本家对劳动过程的管理，以及对工人的控制和监督。

劳资关系作为矛盾统一体，存在着既对立又统一的关系，两个对立面之间的同一性和斗争性的共同作用，就是其矛盾运动的内容③。这一矛盾双方的对立表现为：雇佣劳动者即工人，作为矛盾中的一方，趋向于抗拒其被剥削的命运④，对于资本的强制在工作场所内外进行着无声的或有声的、激烈的或温和的斗争，其斗争形式包括怠工、破坏、罢工、政治斗争等。而资本及其人格化的资本家，作为矛盾的另一方，面对着工人在生产场所内外的反抗和抵制，也会主动或被动地以各种手段来化解、粉碎或弱化工人的对抗，并不断改变其管理手段和技巧⑤。同时，这一矛盾双方的同一性，则意味着在劳动和资本之间的互相依存，"资本和劳动的职能是相互依赖的"⑥，这使得资本主义社会的阶级关系在具有对抗性的同时又具有合作性。这种同一性使得矛盾整体得以持续地存在，也使得矛盾双方的斗争保持在一定的限度内。斯凯思（Richard Scase）曾指出⑦，从资本的立场上，资本主义企业的管理人员对于强调管理者和工人关系的合作性或"和谐性"有着固有的兴趣，因为这可以阻碍工人的阶级意识的形成。布鲁威（Burawoy）则强调工人阶级对于生产秩序及统治秩序的认同或同

---

① 马克思：《资本论》第1卷，人民出版社1975年版，第343页。

② 同上书，第344页。

③ 在笔者看来，唯物辩证法的矛盾观中有关"矛盾的斗争性是绝对的，同一性是相对的"的观点是有待商榷的，这种观点不利于对具体矛盾之同一性和斗争性作用的定性。理论上，矛盾的两个属性即同一性和斗争性的地位是一样的，都是相对的，只有矛盾整体的动力作用才是绝对的。以此，我们在对具体矛盾的研究中，才有必要去辨识不同条件下该矛盾的两个对立面之间的同一性和斗争性的不同作用，而不是在研究之前就认定只有斗争性才是绝对的。

④ 莱伯维茨认为资本主义条件下的工人内在具有雇佣劳动者和人的两重性，是这种两重性的统一。参见 Lebowitz，Michael A. Beyond capital：Marx's political economy of the working class （second edition）. Palgrave Macmillan，2003：203~210。

⑤ 游正林：《管理控制与工人抗争——资本主义劳动过程研究中的有关文献述评》，《社会学研究》2006年第4期。

⑥⑦ ［英］理查德·斯凯思：《阶级》，雷玉琼译，吉林人民出版社2005年版，第24页。

意的意义①，认为工人阶级的"同意"在资产阶级维护其生产秩序和统治秩序中是必不可少的。对劳资双方同一性和斗争性的同等承认，是我们提出劳资关系型式的重要依据。

在马克思主义看来，资本家阶级与雇佣劳动者阶级之间的矛盾仍是当代资本主义社会最基本的阶级矛盾。不同类型的"劳资关系型式"的区别，在于资本家阶级与雇佣劳动者阶级在不同的历史情境和力量对比条件下，其同一性和斗争性综合表现的差异。阶级对抗的程度和表现形式的差异如密利本德所概括的："阶级对抗总是采取许多不同的表现形式，其剧烈的程度和范围也有很大的不同。通常它严格地限制在一些眼前的、具体的和'经济的'要求上，形成雇主和雇佣劳动者之间关系的一种'正常'类型；罢工就是大家熟悉的这种类型之一。阶级斗争也可能在'文化'领域中进行，这方面的斗争的确是长期的；在传播不同的和对立的思想、价值观念和观点方面，存在着长期的斗争。阶级斗争也可能在'政治'领域中进行，并使得现行的各种大大小小的政治安排都成了问题。当然，阶级斗争既可能采取和平的方式，又可能采取暴力的方式，并可能由这一方式变为另一方式，或由这一水平变为另一水平。"②

这些历史的差异和不同，要求我们在对资本主义历史发展的研究中，同时注意劳资双方在工作场所内外的互动，而不将任何一方视作完全被动而受制于对方的客体。人们常具有的一个错误倾向就是视工人为完全被动地受资本压制和控制的客体，而忽略了工人的主体性。自主论马克思主义的理论就是针对这种倾向提出的。这种倾向往往忽略工人的斗争和反抗，特别是工人在生产过程中对资本强制的抗拒，从而认为所谓的管理技巧的进步，只是资本单方面选择和决策的结果。实际上，资本在管理技巧上的每一次历史性"进步"都是劳资对抗的结果，特别是资本为化解工人阶级在生产场所的抗争而行动的结果。美国激进派学者爱德华（Richard Edward）在其著作中曾明确指出③：在资本主义的控制机制中，劳工并不是被动的，劳动过程中工人阶级的斗争有着重要的作用；当代资本主义对工人的控制模式不是资本家单方面行动的结果，而是在遭到工人反抗即遇到控制危机后逐渐发展出来的。

---

① Michael Burawoy. Manufacturing consent: changes in the labor process under monopoly capitalism. Chicago: University of Chicago Press, 1979. 另参见书评，李洁：《重返生产的核心——基于劳动过程理论的发展脉络阅读〈生产政治〉》，《社会学研究》2005 年第 5 期。

② ［英］拉尔夫·密利本德：《马克思主义与政治学》，黄子都译，商务印书馆 1984 年版，第 32 页。

③ Edwards, Richard C. Contested Terrain: the Transformation of the Workplace in the Twentieth Century. Basic Books, Inc., New York, 1979.

二、20世纪资本主义劳资关系型式的辩证演变

在马克思主义看来，资本主义发展的根本动力正是劳资间对立统一的矛盾运动。这种矛盾运动的结果，只要未造成劳资关系的根本破裂和对资本主义关系的彻底扬弃，总会形成某种特定的"劳资关系型式"。资本主义发展的历史从而呈现为不同的"劳资关系型式"更替的过程。

考察资本主义发展史特别是20世纪以来的历史，我们认为，资本主义劳资间的矛盾运动曾先后形成了三种特定的"劳资关系型式"，可分别称之为冲突型、协调型和离斥型[①]，其特点和时间界限如表6-1所示。

表6-1　资本主义三种不同类型的劳资关系型式

时期	劳资关系型式	基本特征		
第二次世界大战前	冲突型	劳资冲突	劳工反抗	尖锐冲突
第二次世界大战后至20世纪70年代	协调型	劳资协调	组织化"三方体制"	劳资合作
20世纪70年代以来	离斥型	劳资对立	资本进攻	劳工退让

1. "冲突型"劳资关系型式及其特点

"冲突型"劳资关系是早期资本主义形成的劳资关系型式，具体的时间界限是第二次世界大战前。其最为突出的特点是劳资之间的斗争和冲突，甚至有时是直接的暴力冲突，故名之为冲突型。

首先，从工人阶级这一方来看。无产阶级反对资产阶级剥削压迫的方式，经历了由自发的破坏行为向有组织的阶级斗争的转化。19世纪上半叶的三大工人起义，掀开了无产阶级反抗斗争的序幕。无产阶级的斗争时而为了增加工资、缩减工时、改善劳动条件和生活条件等经济要求；时而则明确提出政治要求，要求公民权、普选权，甚至提出了推翻资本主义剥削制度的要求。工人阶级的斗争形式多样，有时是有组织的罢工，有时是有组织的请愿、游行示威，有时则是起义和暴动。19世纪中叶马克思主义诞生以来，工人阶级的斗争形式主要表现为在无产阶级政党领导下进行经济斗争、政治斗争和思想斗争。

这一时期工人阶级的反抗，突出表现在以下两方面。其一，工人阶级更多采取与资产阶级不合作和激烈斗争的态度；其二，工人阶级常常把资产阶级视

---

① 与此相类似，卡斯特提出了总体意义上资本主义生产方式的三次大转变，即三种资本主义模式的更替：战前萧条时代及以前的自由放任模式；第二次世界大战后出现的政府调节的资本主义；70年代以后又一轮重组中出现的信息化模式。[美]曼纽尔·卡斯泰尔：《信息化城市》，江苏人民出版社2001年版，第一章。

为势不两立的仇敌而与之进行斗争。整个 19 世纪，法国工人阶级先后进行了
30 年代的里昂工人起义，1871 年巴黎公社起义，20 世纪初还举行了多次大罢
工。1905～1906 年 600 万工人参加了大罢工，要求实行 8 小时工作日。1920
年达到高潮，仅 5 月 1 日参加总罢工的人数就超过 100 万。20 世纪初，德国也
出现了上百万工人的大罢工。仅在 1910～1913 年间，德国工人阶级同资产阶级
就发生因经济而起的冲突 11533 起，参加人数达 150 万[①]。

从美国内战到第一次世界大战，出现了美国历史上最激烈、最尖锐的劳资
对抗[②]。1877 年，当铁路公司资方扣发工人超工作量的工资（每天 15～18 小时）
和降低工人工资时，一股罢工浪潮席卷全国铁路系统。州国民警卫队和联邦军
队（偏袒资方的执政官以"维持秩序"为名向铁路工人挑战）挑起了流血冲突。
冲突中，伤亡数十人，给公司财产造成了数百万美元的损失。1892 年，在宾夕
法尼亚的霍姆斯特德，一支由公司管理者雇佣的 300 名平克顿私家侦探公司私
人武装向卡内基钢铁公司（后易名为美国铁路公司）的罢工工人开枪。随后的
混战中，3 名侦探公司雇员和 7 名工人丧生。几天后，该公司鼓动州长调遣国
民警卫队占领了霍姆斯特德，当时该地处于罢工委员会（和平的）控制之下。
当局诬告罢工领导人，包括从谋杀罪到"对宾夕法尼亚州图谋不轨"等罪名，
以此达到破坏罢工、瓦解工会的目的。1886 年，美国工人为争取 8 小时工作日
制举行大罢工，参加罢工的工人达 34 万，涉及 1 万多家企业。人数上虽不如德
国、法国，但从 1886 年至 1914 年，美国每年都有 1000 次以上的罢工，每次罢
工人数都达 10 万。20 世纪 20 年代是美国劳工运动的低潮期。到 20 世纪 30 年
代和 40 年代，美国又出现了大规模的罢工浪潮。戴维·米尔顿（David Milton）
指出："在 1930、1931、1932 年间，当现存工会运动处于最低潮而工会会员剧
减时，失业、工资削减和恶劣的劳动条件，使得陷于职业结构底层的千千万万
工人激进起来"[③]，站在最前线的是美国共产党领导下的失业工人组织。1934
年是美国劳工运动史上有决定意义的年份之一，共发生罢工 1856 次，参加罢工
的工人约有 150 万，大多数罢工原因是要求资方承认工会。

英国的情况比较特殊，资产阶级较早地采取收买手段对付工人阶级，尽管如
此，工人阶级仍同资产阶级进行了不调和的斗争。除 19 世纪三四十年代有上百万
工人参加的宪章运动外，19 世纪五六十年代、七八十年代和 20 世纪初，英国工人

① 本节对法国、德国和英国早期工人斗争情况的介绍，参见徐崇温：《当代资本主义新变化》，重庆出版
社 2004 年版，第 548~550 页。

② 本节对美国早期工人斗争情况的介绍，参见刘绪贻：《罗斯福"新政"、劳工运动与劳方、资方、国家间
的关系》，《美国研究》1992 年第 2 期。

③ David Milton. *The Politics of Labor*：*From the Great Depression to the New Deal*. New York：Monthly
Review Press，1982：27.

阶级都开展了大规模的罢工斗争。1926 年 5 月 4 日英国工人总罢工的头几天，就有 250 万人参加，人数很快达到 600 万，并组织了纠察队，建立了行动委员会。

其次，从资产阶级这一方来看。与工人阶级的斗争相应，资产阶级对无产阶级也采取了不妥协的态度，除了在生产领域中强化监督和控制外，还采用各种手段镇压工人的反抗。如法国资产阶级对巴黎公社等几次工人起义的镇压，残酷而血腥。在美国，面对工人阶级的反抗和劳工组织的成立，资本家最初也是进行残酷的暴力镇压，使用私人侦探和调动政府武装来达到目的。在冲突中，许多工人被杀害和致残。美国劳工史专家曾概括指出，在"罗斯福新政"以前，美国资方对劳工的态度，"一般说采取两种方式：一是严厉镇压工会运动；二是自己尝试改善工人处境。许多公司两种方式兼用，而且肯定地说，他们改善工人处境的原因之一，是为增加工人对公司的忠诚，以便对付工会。个别公司或同业公会则通过庞大公共关系计划，运用工人间谍、黑名单、黄狗契约（工人与雇主订立的为取得和保持工作，宣誓不参加工会的契约）、破坏罢工者、工贼以及……催泪弹与军火武器以对付试图组织工会的工人等办法，严厉打击劳工组织。对许多董事、总经理来说，工人是像机器一样的商品，他们对待工人也就像对待商品一样"①。

可见，"冲突型"劳资关系型式的基本特征是：两大阶级之间的阶级分野显著，阶级对抗激烈，工人的阶级意识高涨，劳资之间的直接冲突居多，双方的阶级斗争暴烈残酷。在这个时期工人阶级曾显示了极强的斗争性，对资本主义制度发起了严峻的挑战，不仅用罢工、游行示威等方式进行抗争，有时还发生拿起武器夺取政权的尝试。1917 年十月革命的爆发及第一个"社会主义政权"——苏联的成立，给资本主义以极大的打击。1929 ~ 1933 年资本主义世界危机更是暴露了资本主义制度的深刻矛盾。在这种内外交困之下，资本家阶级及其国家不得不转而采取较为缓和的对策，以满足工人的某些经济要求来安抚工人的愤怒情绪，力图将工人阶级的反抗纳入到现行体制之内。经过探索、磨合，最终在第二次世界大战后形成了一种"协调型"劳资关系型式。

2. "协调型"劳资关系型式及其特点

所谓协调型劳资关系，指第二次世界大战以后至 70 年代，发达资本主义国家形成的以所谓"三方体制"为核心的劳资关系型式。这二三十年是发达资本主义国家经济发展的"黄金时期"②，其中协调型劳资关系型式的形成是这一时期资本主义经济迅速发展的重要制度条件之一。

---

① Blum, Albert A. A history of the American labor movement. Whashington, 1972: 13.

② Marglin, Stephen A. and Juliet B. Schor（eds.）. The golden age of capitalism. New York: Oxford University Press, 1990.

这个时期，劳方和资方都已不同程度地组织起来。经过工人阶级的抗争，各发达国家的劳资之间先后于 20 世纪 30 年代和 40 年代达成"和平"协议[1]，开始从法律上确认工人组织工会的权利，确保加入工会的工人的工资稳定增长，同时逐步建立了日趋完善的社会福利制度。和平协议有助于劳资关系的相对稳定和劳动生产力的不断提高。国家政权在形式上与劳资双方拉开了距离，由过去一味顺应资本的要求，而转变为劳资双方的中间人和调解者，努力将劳资冲突纳入到资本主义政治体制之内，确保再生产过程的顺利进行，从而形成了所谓的"三方体制"。这种三方体制，在欧洲表现为社会民主主义的福利国家制度的形成和巩固，曼德尔称这种趋势为"制度化的阶级合作的趋势"[2]。

第二次世界大战后的美国，也同样进入了"产业和平"期。到 50 年代，工会在经济核心部门的蓝领工人中已确立了牢固的地位。在这里，只要不干涉企业的控制权和管理权，通过劳资协议，工人可以随着生产率的增长而不断提高工资和福利，实际生活水平得以逐步改善。对于经济的边缘部分，如小型企业、分散的经济部门和落后地区（尤其在南方）而言，激烈的产业冲突已基本消除。

劳工的影响在竞选和立法政治中的作用比在工作场所中的作用更为有力。第二次世界大战后，美国虽然未出现劳工自己的政党，但劳工已成为民主党和大批自由派的社会经济纲领的主要支持力量。劳工组织和民主党的关系尽管是非正式的，但也在逐渐接近于西欧国家的社会民主党和工会之间的关系。劳工运动积极分子的政治目标是"完成由'新政'开始的转化，使民主党成为名副其实的普通美国人的政党"[3]。劳工的政治积极性表现在竞选和立法两大领域。劳工组织支持自由派的候选人，筹集竞选活动费用，征集成千上万竞选运动中的工作人员。在 20 世纪 60 年代和 70 年代早期，劳工组织在争取通过有关诸如民权、医疗卫生、最低工资保护、公共就业计划、穷人营养计划以及职业卫生和保险之类的自由派立法中起了重要作用。这些立法有利于工人阶级和下层居民。

应当强调的是，这种"协调型"劳资关系的形成，是在前一历史时期中工人阶级力量得以增强并导致劳资间力量均势的结果，也是资本主义出于与现实社会主义国家竞争的需要而不得不采取的让步政策；它同时也有利于资本主义经济的稳定增长和资本利润率的上升。因此，这种所谓协调，并非出于资本家

---

① 比较典型的如，在瑞典汉森政府鼓励下，该国工会联合会与雇主联合会于 1938 年签订的萨尔茨耶巴德协议，规定劳资契约解决的程序和机构，限制企业主的管理特权，取消了雇主可以任意解雇工人的劳工法第 32 条等。参见徐崇温：《世纪之交的社会主义与资本主义》，河南人民出版社 2002 年版，第 242 页。

② ［比］厄里斯特·曼德尔：《权力与货币：马克思主义的官僚理论》，孟捷译，中央编译出版社 2002 年版，第 197 页。

③ Brody, David. Workers in industrial America: essays on the 20th century struggle. New York: Oxford University Press, 1980: 229.

阶级的好意，而是工人阶级斗争的结果，当然也需要工人阶级的"认同"和克制才能维持。

3. "离斥型"劳资关系型式的形成和特点

20 世纪 60 年代末，欧美发达国家爆发了大规模的社会运动和工人运动，史称"1968 年革命"。这场波及范围广泛的社会运动向富裕而稳定的西方社会提出了极大的挑战。与此同时，由于第二次世界大战后长期的经济繁荣和协调型的劳资关系，工人实际工资的不断上涨开始侵蚀资本利润，70 年代经济陷入"滞胀"危机和竞争的空前激烈，更加剧了资本利润率的下降。在这种背景下，劳资之间在企业层面和国家层面的所谓"共识"和"协调"开始被打破，协调型劳资关系型式也逐渐趋于解体。"在'黄金时代'期间，核心资本主义国家出现的一些制度——美国的劳资协定，日本的就业体制，西欧的福利资本主义等等，现在到处都面临着挑战。"[①]资产阶级及其政权为回应劳工群众的挑战和威胁，恢复不断下降的利润率[②]，开始借助逐渐兴起的信息技术，发起了一场对劳工的反击，在政治上这场反击被称为新自由主义或新保守主义的复兴[③]，从而逐渐形成了"离斥型"劳资关系型式[④]。在这个过程中，劳资间的力量均势发生了逆转，形成了资本的进攻和"劳工的沉默或退让"，资本力图削弱劳工已经取得的权益。

20 世纪 70 年代以来劳资关系的重组，主要是在资本对劳工进攻的背景下进行的。卡斯特指出，在 1973 年至 1974 年经济危机的特殊历史条件下，资本推行劳动力的重组有两个主要目标："第一，为了商业利益，对经营管理和组织劳动力之间关系进行质的调整；第二，根据策略变化和公司利益，通过对工作环境的改变，区域和地域的灵活化、网络化分布，转包契约化以及持续地对工作条件的重新界定，从而全方位地提高劳动力的灵活性和质量。"[⑤]在实现这两个目标的重组过程中，信息技术的引入是一个重要的工具[⑥]。

① ［英］戴维·柯茨：《资本主义的模式》，耿修林等译，江苏人民出版社 2001 年版，第 290 页。
② 从利润率变化的角度探讨 20 世纪 70 年代的危机和之后的重组，参见［美］罗伯特·布伦纳：《繁荣与泡沫——全球视角中的美国经济》，王生升译，经济科学出版社 2003 年版。
③ 有关新自由主义的缘起和内涵，参见文甘君：《新自由主义缘起考》，《马克思主义研究》2005 年第 5 期；有关新自由主义的思想渊源，参见梅荣政：《新自由主义的谱系、演变及影响》，《当代世界社会主义问题》2005 年第 1 期；有关新自由主义和新保守主义的实质，参见程恩富、曹雷：《外国学者对新保守主义经济思潮的批判——兼论中国经济改革三大流派》，《马克思主义研究》2005 年第 1 期；而对新自由主义全球反扑及其终结的反思，参见许建康：《论新自由主义全球改革观的破产》，《开放时代》2005 年第 6 期。
④ 有学者将第二次世界大战后协调型向离斥型劳资关系型式转变的历史过程解读为劳动的"去商品化"（decommodification）向"再商品化"（recommodification）转化的过程，参见 Standing, Guy. Global labour flexibility：seeking distributive justice. London：Macmillan, 1999。
⑤ ［美］曼纽尔·卡斯泰尔：《信息化城市》，崔保国译，江苏人民出版社 2001 年版，第 207 页。
⑥ 这一历史过程也正是所谓的"信息革命"的发生发展过程，在此我们强调这场科技革命的社会二重性。参见孙寿涛：《信息革命的社会二重性研究》，《生产力研究》2008 年第 23 期。

信息技术的使用为资本提供了更广泛的可供选择的管理方式，扩大了资本管理和控制劳动的选择空间，为资本在全球范围内进行生产和经营布局提供了可能。主要表现为：将费用昂贵或不符合管理要求的工作予以自动化；将劳动密集或成本较高的工厂或生产环节转移到或"外包"给发展中国家；与中小公司签订外包契约，等等。所有这些产业结构和经营管理方式的调整，大大削弱了工人阶级反抗的力量，推动了新的劳资关系型式的形成[1]。

对于20世纪70年代以来发达国家特别是美国劳资关系整体态势的这种变化，许多左派学者都做出类似的概括。例如：哈里·马格多夫指出："20世纪的最后1/4的时间里，美国的阶级斗争是单方面的，资本不断向劳工进攻，并取得了一个又一个的胜利。"[2]迈克尔·耶茨表达了同样的观点："资本主义富国从20世纪70年代初期开始向工人阶级发起凶猛进攻，工人屡屡挫败。"[3]菲利普·A.奥哈拉则给出了更为详细的总结："在过去的25年中，工人阶级的力量已经受到了严峻的挑战。新自由主义政策的推行、严重经济衰退的出现、公司规模的大幅削减，以及新技术被使用本身，这些都是资本主义企业降低工人阶级对工资谈判结果和生产状况变化的影响能力的手段。美国的经济环境从工人拥有相对较高权利的状态，变成目前资本家手中握有优势权利的状态。同样，目前在美国正在建立的灵活生产系统的作用已经被夸大了，因为在现实中，标准产品、批量生产和泰勒主义的工作方法仍然被广泛使用，实际情况比许多人认为的更为普遍。"[4]

这期间政府的立场发生了明显的改变，由所谓中立的协调者转为更为偏向资方。20世纪70年代以来资本主义劳资关系重组的标志性信号是：1981年美国总统里根采用强硬手段对付美国航空调度员的罢工，撤销他们的工会，把所有罢工者列入未来联邦政府禁止雇用的黑名单。英国保守党政府总理撒切尔夫人对英国的煤矿工人罢工进行残酷镇压，更是"宣告了一个使英国职工大会处于守势的劳资关系新时代的到来"[5]。结合对政府的作用和新自由主义政策推行的评价，菲利普·A.奥哈拉明确描述了政府在劳资之间的这种立场的转变："最近几届政府都曾有效地遏制了工人和工会的权利。工人工作条件在逐渐恶化，

① 谢富胜认为这一过程形成了新的劳资关系隶属形式——"更精巧的结构化劳动控制体系"，参见谢富胜：《分工、技术与生产组织变迁》，经济科学出版社2005年版，第259页。

② Magdoff, Fred and Harry Magdoff. Disposable worker: today's reserve army of labor. Monthly Review, Vol. 55, No. 11, April 2005, pp. 18~35.

③〔美〕迈克尔·耶茨：《工人阶级仍然是最重要的政治力量》，郭懋安编译，《国外理论动态》2004年第11期。

④〔美〕菲利普·A.奥哈拉：《关于世界资本主义是否进入长波上升阶段的争论》（上），刘英摘译，《国外理论动态》2005年第1期。

⑤〔美〕曼纽尔·卡斯泰尔：《信息化城市》，崔保国译，江苏人民出版社2001年版，第26页。

工时不断延长，而且每个家庭需要有更多的成员就业才能满足他们的基本生活需要。在过去20年中，工作安全性在下降，就像工厂里工人权利在下降一样，而且生产监督人员和直接生产工人的比率已经出现了显著的增长。最终造成的结果是，美国工人相对于富人来讲收入越来越少，稳定性越来越差，拥有的权利也越来越少。美国自20世纪70年代以来出现的工人生存条件逐渐恶化的现象与50年代和60年代的状况形成了鲜明的对照。""美国政府只是有效实施了部分新自由主义策略。新自由主义政策在美国的主要功绩是增强了资本对劳动的控制能力。"①

这种劳资关系整体态势的逆转，意味着旧的劳资关系型式的解体和新的劳资关系型式的形成。资本借助于信息技术的帮助和新自由主义政策的推行，通过全球范围的运作即所谓经济全球化，大大地强化了自身的力量。而劳工则日益处于不利位置，被迫接受低于既定水平的工资和工作条件。这表现为20世纪80年代，在集体谈判中甚至出现了工资的"自愿"缩减。工人阶级获得的权利和利益被逐渐消解和剥夺。劳资之间的矛盾关系整体上呈现为一种"对立"而非"冲突"的态势。故此，我们称之为"离斥型"劳资关系型式。

在资本的进攻下，劳工力量日益退让，工会力量日益削弱。杰里米·里夫金指出："到了1981~1982年经济衰退期间，工会首先开始丧失阵地。仅在1982年，超过49%的加入工会的工人经过劳资谈判接受了工资冻结或削减的条件，为整个80年代开创了先河。到1985年，三分之一的工人按照新的劳动协议同意了工资冻结或下调的要求。"②工会力量的削弱，使得美国工人丧失了在资本面前维护自身利益的有效手段。这个劳资双方力量的历史性反转，为20世纪80年代的资本主义重组提供了社会基础。这种重组的根本目的在于恢复和提高利润率。这一目的在很大程度上实现了。

这种资本向劳工进攻的单方面阶级斗争，似乎回到了第二次世界大战前。现在这种"离斥型劳资关系"完全不同于第二次世界大战后黄金时期的"协调型劳资关系"。协调型是对冲突型的否定，而离斥型又是对协调型的否定，20世纪资本主义的劳资关系经历了一次完整的"两次否定、三个阶段"的否定之否定过程。"离斥型劳资关系"中的"对立"与第二次世界大战前"冲突型劳资关系"中的"冲突"有着形式上的相似之处，都更鲜明地反映了这两个阶级在利益上的某种

---

① ［美］菲利普·A.奥哈拉：《关于世界资本主义是否进入长波上升阶段的争论》（上），刘英摘译，《国外理论动态》2005年第2期。也有学者称这一时期为"世界资本主义的新自由主义全球化阶段"，参见刘祥琪编译：《世界资本主义的新自由主义全球化阶段》，《国外理论动态》2005年第3期。

② ［美］杰里米·里夫金：《工作的终结——后市场时代的来临》，王寅通等译，上海译文出版社1998年版，第194页。

不可调和性。但两者也有重大差别："冲突型劳资关系"表现出工人阶级强大的力量和斗争性；而"离斥型劳资关系"则反映了工人阶级的孱弱、退让与无奈。

三、不同劳资关系型式中工会及劳工运动状况

在区别历史上不同的"劳资关系型式"时，工会的活动或劳工运动的力量是一个重要的影响因素，也是马克思主义的劳动关系理论应予重点关注的。正如英国马克思主义学者海曼（Richard Hyman）在其对劳动关系的界定中所强调的，"劳动关系是对工作关系控制过程的研究；并且在此过程中，那些涉及集体工人组织和行动的问题会受到特别关注。"[①] 在此，我们首先回顾一下马克思的工会理论，然后对不同历史时期不同"劳资关系型式"下劳工运动的不同情形加以介绍。

1. 马克思和恩格斯的工会理论

在马克思的理论中，工会是无产阶级与资产阶级斗争的经济和政治组织。马克思论证了工人阶级追求自身利益的集体行动逻辑。他认为，工人阶级与资本家之间经济的不平等，源自于资本家对工人剩余价值的榨取，这种榨取是资产阶级在资本主义制度中的有组织的集体行动。为了打破这种不平等的制度，工人阶级也必须建立自己的组织，以集体行动的方式与资产阶级进行经济和政治斗争。因此，工人反抗资本家的斗争，必然会由自发向自觉转变，最终建立起与资产阶级斗争的政治和经济组织——工会。

马克思和恩格斯强调，由于两个阶级之间利益的对立，工会不能仅仅依靠谈判达到维护工人利益的目的，必须采取罢工等激进措施；而工人阶级维护其利益的最终解决方式是推翻资本主义制度和建立自己的政权。"单个工人和单个资产者之间的冲突愈来愈具有两个阶级的冲突的性质。工人开始成立反对资产者的同盟；他们联合起来保卫自己的工资。他们甚至建立了经常性的团体，以便为可能发生的反抗准备食品。有些地方，斗争爆发为起义。"[②]在马克思主义理论的影响下，罢工成为世界各国工会维护工人经济利益的主要手段。

在西方各发达国家，历史上工会发动的政治斗争——罢工或者起义，大都在资产阶级国家机器的强力镇压下以失败告终，具有强烈政治色彩的工会也为资产阶级政府所不容。在这种形势下，西方国家多数工会开始淡化其政治色彩

---

① ［英］理查德·海曼：《劳资关系：一种马克思主义的分析框架》，黑启明主译，中国劳动社会保障出版社2008年版，第8页。

② 《马克思恩格斯选集》第1卷，人民出版社1995年版，第281页。"以便为可能发生的反抗准备食品"在旧版中为"以便一旦发生冲突在生活上有所保障"，旧版的翻译似乎更好理解。另参见《马克思恩格斯选集》第1卷，人民出版社1972年版，第260页。

而转向以改善工人经济福利为目标的"工联主义"。奉行"工联主义"原则的工会只强调通过与雇主的集体谈判来提高工资、改善工作条件，不再关注超过劳动者经济福利范畴的社会目标。与此相对应，那种力图从本质上改变社会管理方式和社会经济制度的工会被称为"革命工会主义"。"工联主义"工会并不关心这样的目标。美国工会甚至还强调对所谓自由企业制度的保护①。

在"工联主义"行为原则下，罢工仅仅作为激烈的经济斗争手段被工会所保留，而且多数情况下也只是工会的终极斗争手段。代表工会会员与资方进行集体谈判、签订工作合同，参与企业管理甚至国家政策法规制定等一系列较为温和的手段，成为工会争取劳工经济利益经常使用的方式。为了达到其经济目标，西方国家工会普遍聘用富有经验的法律专家为其服务，并通过各种渠道向有关方面施加影响，力争在政府的法律制定与行政行为中体现工会的主张和要求。

在欧洲国家的历史上，工会存在着从注重政治斗争向注重经济斗争的转型过程；相比较而言，美国工会从诞生之日起，非政治性的"工联主义"原则就占据了工会运动的主流。所以在"工联主义"的经济斗争方面，美国工会表现最为突出。"美国工会运动的主要目标是提高工人的经济地位……美国工会与许多欧洲国家的工人运动不同。在欧洲一些地方，工党有时会取得国会的多数席位。他们开展阶级斗争，以变革政府结构，甚至提倡社会主义。"②今天美国的工会已经成为美国政治生活中一个强大的压力集团，其游说活动对立法机构和行政部门具有重要影响，往往迫使国会和政府在法律和政策的制定与执行中必须顾及工会的利益。这种"工联主义"行为方式，成为现代市场经济国家工会运动的主流，也得到了劳动者特别是工会会员的普遍认同。

2. 工会密度与劳工运动

有几种指标可以衡量一个国家劳工运动或工人阶级的力量③。一个是"入工会率"或称"工会密度"。应当说这不是一个完善的尺度，因为有些国家如法国，虽然入工会率很低，但工人阶级却很团结，能够成功地对抗雇主和政府。但总的来说，在入工会率高的地方，工人的工资、津贴和社会福利等情况会比较好。另一个是"罢工发生率"。罢工是工人阶级进行斗争的主要武器，罢工发生率的高低是劳工运动强弱的重要表现。再一个指标是有没有一个强大的劳工政党。哪里有稳固地扎根于工人阶级的全国性政党，哪里的工人阶级就可能具有争取

① ［美］丹尼尔·米尔斯：《劳工关系》，李俊霞译，机械工业出版社2002年版。
② ［美］保罗·萨缪尔森、威廉·诺斯豪斯：《经济学》，萧琛等译，华夏出版社1999年版，第192页。
③ ［美］迈克尔·D. 耶茨：《美国工人失业和工会组织现状》，张文成译，《国外理论动态》2004年第12期。

自身利益的更强大的政治力量。

工会密度的测定有两种方法[1]：一是看工会会员占全体劳动力的百分比，可以称为工会密度 I；二是将工会会员人数同全体非农业雇员人数加以比较，称为工会密度 II。一般认为后一标准更为合理，因为绝大多数农场雇员不可能成为工会会员，另外，这一标准还排除了军队人员、失业者、农场主和农场管理人，这些人也不可能加入工会。

从工会密度 I 指标看，美国真正的工会会员人数，从 1900 年占全体劳动力的大约 3%，提高到 1955 年的大约 24.4%。当然这种增长不是连续性的。在达到 1955 年的水平以前，曾经出现过 1920 年到 1935 年的下降。1955 年达到高点以后，又出现了下降趋势，直到 1968 年的 22.9%。

从工会密度 II 指标看，工会人数从 1900 年占全体非农业雇员的 4.9%，增长到 1945 年的大约 35.8%。期间也经历了 1920 年到 1930 年的下降。而后则出现了明显的下降趋势，从 1945 年的 35.8% 下降到 1968 年 26.1%（见图 6 - 1）。

20 世纪初至 1968 年间美国工会密度的变化基本是一个曲折中上升而后又下降的过程。在冲突型劳资关系时期，工会密度在曲折中趋于上升，工人阶级在斗争中逐步获得日益扩大的组织工会的权利。而在协调型劳资关系时期，工会密度存在着缓慢下降的趋势。

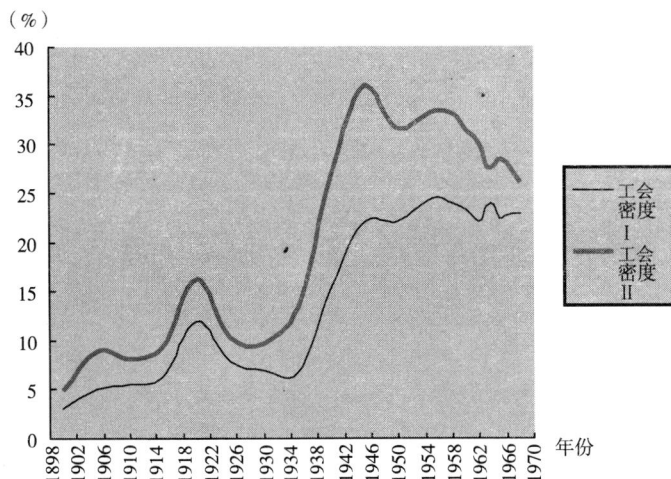

资料来源：［美］C. A. 摩尔根编著：《劳动经济学》，杨炳章等译，工人出版社 1984 年版，第 380~381 页。

图 6 - 1　工会密度（1900 ~ 1968 年）

---

① ［美］C. A. 摩尔根编著：《劳动经济学》，杨炳章等译，工人出版社 1984 年版，第 380、381 页。

3."离斥型劳资关系型式"中劳工力量的削弱

与历史上的协调型劳资关系相比，离斥型劳资关系型式，更多地表现为资本对劳工的进攻，相应的则是劳工力量的削弱、分散和劳工的沉默、败退。劳工和雇主之间在第二次世界大战后所形成的分享生产率增长成果的相对"和谐"的状态已经消失。由于工人运动处于低潮，劳资冲突的数量逐渐减少；罢工不再是工人斗争的主要手段；工人参加工会的比例不断下降；工人的阶级意识也日趋淡薄。

美国的大企业开始雇用老练的管理顾问帮助计划反工会的运动，迫使一些工会解散，解雇工会的领导人和组织者，以迁移工厂作威胁迫使工会及其成员就范。新型劳工顾问公司在运用社会科学知识方面很有经验。他们指导企业向雇员传递参与企业决策的虚假感觉，用奖励和惩罚制度来影响雇员对工会的态度，建议雇主拒收几种有可能接受工会号召的工人，指导企业从违犯劳动法中获益。未成立工会的企业则采取一切手段阻止工会对其工厂和办公室的渗透。

工会的范围和权利急剧缩小，在资方的攻势下日益转为守势，不得不在工资和福利等方面做出让步。20世纪70年代以来，除工资削减以外，一些30年代曾施行的做法也得到了恢复。如"双重合同"（two-tier contract）制度，或称工资双轨制，即工厂中已雇工人实行一种工资待遇，而新的或所谓的"未来工"则实行低得多的工资待遇，即使两者同工也不同酬。例如，1983年，波音公司的机械师每小时工资为11.38美元，但从事同样工作的新雇员的小时工资仅为6.70美元。1985年美国企业10%的劳工新合同是按工资双轨制来签订的，这在1980年以前是没有的[①]。颇具讽刺的是，一些大公司的工会会员为保住他们的工作而投票赞同这种做法。这种做法再次创造了两类工人（two classes of workers），并分裂了劳工队伍[②]。

就美国而言，工会的衰落还有一些其他原因。美国工会的形成主要在20世纪30年代，中心是制造业部门，而制造业部门相对来说已经缩小。产业中形成的新行业，大都位于所谓的阳光地带（sun belt）即美国南部，这个地区的大多数州一向是公开敌视工会的。同时，就业发展一直在最无组织的几类工人中上升最快，包括白领雇员、服务性工人、小企业雇员和女性工人等，大都是阶级意识较弱的群体。工会力量有所增长的唯一领域是在公共部门，尤其是教师和联邦、州与地方行政机构中的雇员。

从前面提到的衡量工人阶级力量的几个指标来看，美国劳工运动的衰落极

---

① 黄素庵、甄炳禧：《重评资本主义经济——科学技术进步与资本主义经济的变化》，世界知识出版社1996年版，第220页。

② Jatan, Ram. Capitalism and unemployment: radical explanation of capitalist oppression. Merlin Books Ltd. 1993: 226.

为显著, 工会化水平和罢工强度都在不断下降。据美国劳工统计局公布的数字, 20世纪70年代以来至2004年美国工会会员在非农雇员总数中所占比例的变化情况如表6-2和图6-2所示, 1970年为27.5%, 2006年已降至12.0%。除了法国, 美国是发达资本主义国家中工会密度最低的。

公共部门的入会率自1983年以来也在缓慢下降, 但目前还保持着36%的较高工会密度(见表6-2和图6-2)。所有公共部门工会会员中大约17%集中在联邦政府机构里, 目前他们也开始遭到布什政府的猛烈打击。布什政府不仅推动许多联邦服务私有化, 而且以国家安全为借口拒不承认联邦政府工会的谈判权, 州和地方政府的工作人员也受到私有化和大多数州财政危机的威胁。有学者估计公共部门入工会率和会员人数开始下降的日子可能也为时不远了[1]。

表6-2　1970~2006年美国工会密度Ⅱ及1977~2006年集体合同覆盖率

项目 年份	总数(百万)		工会密度Ⅱ(%)			集体合同覆盖率(%)		
	会员	集体合同覆盖者	总体密度	公共部门	私人部门	总体覆盖率	公共部门	私人部门
1970	27.8		27.5			–		
1971	27.2							
1972	26.6		26.4					
1973	26.6							
1974	26.2		25.8					
1975	24.6							
1976	24.5		24.5					
1977	24.1					26.9		
1978	23.4		23.6			26.2		
1979	24.4					27.4		
1980	23.3					26.1		
1981	21.7					24.3		
1982	21.0					24.0		
1983	17.7	20.5	20.1	36.7	16.5	23.3	45.5	18.5
1984	19.1	21.9						
1985	17.0	19.4	18.0	35.7	14.3	20.5	43.1	15.9
1990	16.7	19.1	16.1	36.5	11.9	18.3	43.3	13.2
1995	16.4	18.3	14.9	37.7	10.3	16.7	43.5	11.3
2000	16.3	17.9	13.5	32.5	9.0	14.8	42.0	9.8
2001	16.3	17.9	13.5	37.4	9.0	14.8	41.7	9.7
2002	16.0	12.5	13.3	37.8	8.6	14.6	41.9	9.3
2003	15.8	17.4	12.9	37.2	8.2	14.3	41.5	9.0
2004	15.5	17.1	12.5	36.4	7.9	13.8	40.7	8.6
2005	15.7	17.2	12.5	36.5	7.8	13.7	40.5	8.5
2006	15.4	16.9	12.0	36.5	7.4	13.1	40.1	8.1

资料来源: Hirsch, Barry T., David A. Macpherson and Wayne G. Vronman. Estimates of union density by state. Monthly Labor Review, July 2001: 51~55 及 Statistical Abstract of the United States: 2008, Table 642, 423.

---

[1] [美]迈克尔·D. 耶茨:《美国工人失业和工会组织现状》, 张文成译,《国外理论动态》2004年第12期。

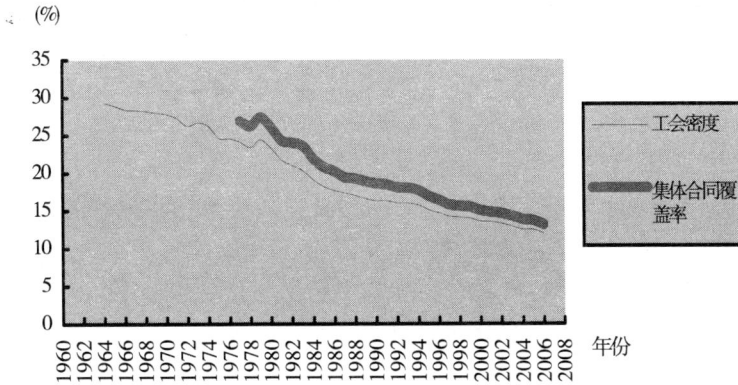

图6-2 工会密度Ⅱ（1970～2006年）及集体合同覆盖率（1977～2006年）

更值得注意的是①，1983年，美国所有工会会员共计1772万，约有一半生活在以下六个州：加利福尼亚（212万）、纽约（216万）、伊利诺斯（106万）、宾夕法尼亚（120万）、密歇根（101万）、俄亥俄（101万），但这六个州的工资和薪金雇员只占美国的1/3。2006年时，这六个州的工会会员合计749万，仍占总数（1536万）的近一半，但除了加利福尼亚州绝对数有所增加外（增227万），其他几个州的工会会员绝对数在1983年到2006年期间都已大大下降。

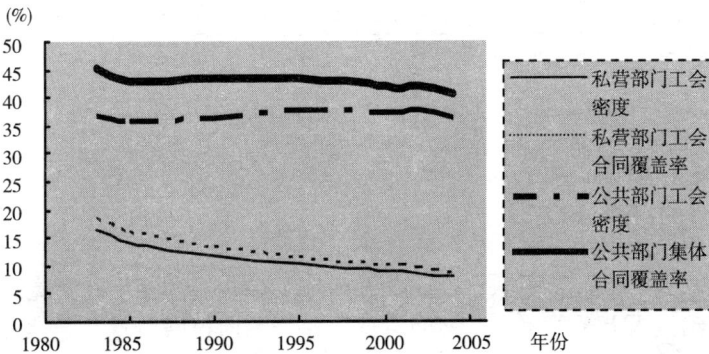

图6-3 私营部门与公共部门工会密度及集体合同覆盖率（1983～2004年）

另外，美国劳工统计局有关罢工的统计资料有两种：一种是不含1000人以

---

① Statistical Abstract of the United States：2006，Table 649，437.

下、持续时间不足 1 天的罢工，可得到的数据是 1960～2004 年的罢工情况[1]；另一种是不含 6 人以下、持续时间不足 1 天的罢工，可得到的是 1947～1981 年有关罢工情况的统计[2]。这两种统计，尤其是前者，虽然是一个低于实际发生情况的罢工统计，但仍可看出工人罢工斗争的大致趋势。我们根据美国劳工统计局有关罢工的统计资料绘制出图 6－4，从中可看出工人罢工斗争的大致趋势。

如图 6－4 所示，现在这类罢工及参加者的人数均处于历史的最低点：2006 年发生 20 起，2005 年发生 22 起，2004 年发生 17 起，2003 年发生 14 起，2002 年发生 19 起，而 1952 年是 470 起，1980 年是 187 起。2006 年，这类罢工涉及 7 万人，2005 年是 10 万人，2004 年是 17.1 万人，2003 年是 12.9 万人，2002 年是 4.6 万人；而 1952 年是 274.16 万人，1980 年是 79.15 万人。罢工特别是众多工人参加的罢工，在美国越来越罕见，这一事实与会员的低密度相结合，显示了美国劳工运动的软弱无力。

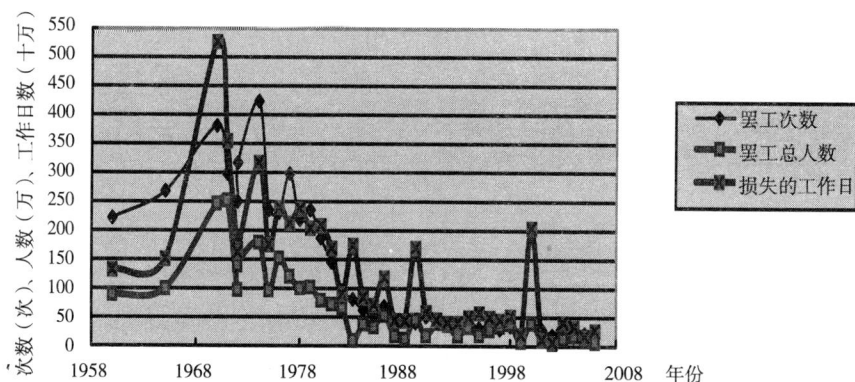

图 6－4　美国 1960～2006 年间罢工趋势

资料来源：Statistical Abstract of the United States：2008，Table 641，422。

另外，与其他发达国家相比，美国劳工的政治力量更为有限。美国不存在工党或真正的劳工政治，劳联—产联及其成员工会，每四年给民主党总统候选人的竞选运动投入上千万美元。然而，这些投资的回报微不足道。地方一级的努力尚有一些成就，至少使一些政治家还谈论劳工问题[3]。20 世纪 70 年代以后，

[1] Statistical Abstract of the United States：2006，Table 646，435.
[2] Statistical Abstract of the United States：1982～1983，No. 684，410.
[3] 比如，最近美国劳工界有关提高最低工资的立法努力开始转向了州和地方一级，参见 Swanson, David. Taking action on minimum wage. www.zmag.org，April 2005 Volume 18 Number 4.

劳工遭受了政治上的多次打击。如 1978 年"劳工法修改法案"失败[1]；1980 年及以后的几次大选中大多是保守的共和党人当选为总统；同时，国会中一些与劳工最亲密的同盟者的议席也输给了敌视工会利益的右翼候选人。

工会运动在欧洲有着良好的历史基础，与美国相比欧洲国家的工会密度一直较高。但 20 世纪 80 年代以来大多数欧洲发达国家也出现了与美国类似的工会衰落现象。表 6－3 列出 1990 年、1995 年和 2000 年主要欧洲国家的工会密度及其年均变化率，从中可以看出，90 年代，尤其是 1995 年以来，大多数欧洲国家的工会密度皆处于下降过程中。

表 6－3　欧洲主要国家工会密度（1990～2000 年）

项目 国家　年份	工会密度（%）			工会密度年均变化率（%）	
	1990	1995	2000	1990～1995	1995～2000
英国	38	32	29	－3.4	1.7
法国	9	9	N/A	－1.3	N/A
德国	33*	26	22	＋0.1	－0.1
荷兰	22	22	22	＋0.1	－0.1
意大利	39	38	37	－0.5	－0.8
奥地利	45	39	35	－2.8	－2.1
挪威	57	56	54	－0.3	－0.8
葡萄牙**	40	N/A	30	－2.7	－2.7
西班牙	9	13	13	＋7.2	＋0.4
比利时	57	60	58	＋1.1	－0.6
丹麦	81	86	82	＋1.2	－0.9
瑞典	80	83	82***	＋0.7	－0.3
芬兰	73	80	79	＋1.9	－0.2

注：N/A 表示数据不详，*是 1991 年的数据，包括东德；**是估计值；***是 1999 年的数据。

资料来源：Ebbinghaus, Bernhard. Trade unions' changing role: membership erosion, organization reform and social partnership in Europe. EU paper series, the European Union Center, University of Wisconsin at Madison, 2002, p. 32。转引自顾欣、范西庆：《全球化背景下的工会运动：以欧洲主要国家为例》，《当代世界社会主义问题》2005 年第 4 期。

许多国家的工会密度在 20 世纪 80 年代就从其历史高点下滑。据统计[2]，意大利工会密度的历史最高点为 1980 年的 44%，奥地利为 1955 年的 58%，英国为 1979 年的 55%，德国为 1960 年的 35%，比较而言，工会运动在英国的衰落

---

[1] 这一法案的基本条款是企图快速选举以决定工人们是否需要工会代表制，以确保"全国劳工关系局"对不公正的劳动实践案件作迅速裁决，以加强对违犯现行劳工法律行为（诸如解雇工会同情者）的惩罚。由于工商企业院外活动集团的强大压力，劳工支持者们失败了。

[2] 转引自顾欣、范西庆：《全球化背景下的工会运动：以欧洲主要国家为例》，《当代世界社会主义问题》2005 年第 4 期。

程度最甚。1979 年全英有 1340 万工会会员，在 1979～1997 年的 18 年中，工会会员锐减至 715 万人，下降了 40%，工会密度也由 55%降至 29%，1997 年工党政府上台，这种下降趋势才终止，并略有回升，2002 年英国工会会员人数比 1997 年增加 12.8 万人。而且，OECD 国家每年因罢工而损失的工作时间，1990～2002 年每 1000 名雇员中平均损失 100 天，比 1985～1999 年间的 145 天下降很多[1]，显示发达国家工人阶级以集体力量维护自身利益能力的下降。

　　同期，日本的工会权力也被极大地削弱了[2]。日本工会密度从 1970 年的 35.4%跌落到 2003 年的 19.6%。特别是 1985 年新自由主义政策推动了日本国有铁道公司（JNR）、日本电信电话株式会社（NTT）和日本烟盐专卖公司三大国营企业的私有化，劳工运动中最有战斗精神的组织受到沉重打击，曾经是左翼劳工运动全国性中心的主要以公有企业为基础的日本工会总评议会（SOHYO）也解体了。劳工运动的衰落也冲击了日本社会党（JSP）和日本共产党（JCP）的力量。伊藤诚指出，日本工人已在相当程度上丧失了通过工会和自己的政党进行集体讨价还价的能力。

---

① 黄景贵：《全球数字经济》，中国财政经济出版社 2003 年版，第 177 页。

② ［日］伊藤诚：《日本经济的结构性困境》，黄芳、查林摘译，《国外理论动态》2005 年第 9 期。

第七章 马克思主义技术进步理论新探

虽然在马克思的诸多文稿中，并没有专门对技术进步作过论述，但是技术进步理论在整个马克思主义经济学中占有非常重要的地位，可以毫不夸张地说，技术进步思想贯穿了马克思的主要代表作——《资本论》的始终。从生产力理论到价值理论和剩余价值理论，从资本积累到经济危机的分析，都可以见到技术进步思想的影响。

第一节 马克思主义视野中的技术

一、技术、技术进步及其分类

大多数学者都认为最早关注技术进步的是美籍奥地利学者约瑟夫·熊彼特，他在《经济发展理论》中所提出的技术创新的定义被广泛引用。然而，在熊彼特之前几十年，技术进步就已经进入了马克思的视野，并在其理论中占有重要地位。马克思对技术的阐述相对集中地体现在他的一些著作中，如：《德意志意识形态》、《1844 年经济学哲学手稿》、《机器、自然力和科学的应用》、《资本论》等。尽管马克思的著作中并没有讨论什么是技术，什么是技术进步，但他探讨了技术进步给生产力、生产关系，乃至上层建筑带来了怎样的变化，分析了技术进步对于价值和剩余价值生产、资本有机构成的提高、资本积累以及整个社会再生产过程的影响。

在马克思的论述中，生产力的发展、机器的使用、自然力的应用、机器为基础的生产方式的变革、劳动资料的革命、资本有机构成的提高……都含有技术、技术进步的意思。究竟什么是技术呢？马克思认为："工艺学揭示出人对自然的能动关系，人的生活的直接生产过程，以及人的社会生活条件和由此产生的精神观念的直接生产过程。"① 可见，马克思认为技术是工人与外部物质世界的联系中介，也就是说，技术可以被视为是人与自然之间、人与人之间、人与社会之间的桥梁，是人类改造自然的一种方式。

马克思之后的西方马克思主义学者继续推进对技术进步问题的研究。卢卡奇认为"技术的专门化破坏了整体的形象"，"它把现实世界撕成碎片，使整个世界的梦幻烟消云散。"法兰克福学派的霍克海姆、阿多尔诺和马尔库塞等人沿着卢卡奇的研究思想传统，将技术与意识形态结合起来进行批判。哈贝马斯的认识相对客观，他认为科学技术是潜在的第一生产力。在晚期资本主义社会中，技术是一种隐形的意识形态。美国经济学家丹尼尔·贝尔在《后工业社会的来临》中提到"技术的进步包括了改善了新、旧资本效能（即效用）的所有较好的方法和组织。"同时指出"这可能包括许多问题。它可以是取代手工铸造法的一部机器。它可以是一种具体的技术……它可以是一种简单的社会学上的技术……或者是一种复杂的工业工程技术……它可以是一项体现于运筹学中的逻辑分析，或者是一个说明新的行列图表线性规划的数学公式，或者是接受订货的生产计划。"②

正如贝尔所说，技术进步包含诸多方面的内容。马克思主义对于技术进步的研究也涉及很多方面。乔杜里（Roychowdhury）认为，在马克思的研究中，他既指出了大工业生产过程中技术进步使得劳动生产率不断提高，又指出了一种技术向另外一种技术的转移，如生产方式的革命、机器的改良等。此外，马克思既分析了技术进步造成了生产过程中的劳动节约，他说"资本主义生产的普遍趋势就是：在所有生产部门中用机器代替人的劳动。"③ 又分析了技术进步使得资本节约的情形，如通过机器改良，使那些在原有机器上不能利用的物质，获得一种在新的机器生产中可以利用的形式；他认为技术进步既包含了产品创新带来的分工和价值体系的扩张，也包含技术进步、生产力提高情况下，新兴工艺过程或者生产部门出现的过程创新。可见，20世纪后期英国创新经济学家弗里曼教授所提出的技术进步的四种分类（渐进的创新、根本性的创新、"技术体系"的变革和"技术经济范式"的变革），马克思早在一个多世纪以前就已经做过分析了。

---

① 《马克思恩格斯全集》第23卷，人民出版社1972年版，第410页。

② [美] 丹尼尔·贝尔：《后工业社会的来临——对社会预测的一项探索》，高铦、王宏周、魏章玲译，商务印书馆1984年版，第215页。

③ 马克思：《机器、自然力和科学的应用》，人民出版社1978年版，第199～208页。

二、技术进步的主体

技术进步的主体是指技术进步的行为者，包括技术进步的直接执行者，也包括直接促进技术进步的行为者。很多学者从企业、政府、中介组织的角度对技术进步的主体进行分析。然而，无论在哪一种组织内，技术进步的最终来源是个体或者是一些个体的联合。我们从三个角度对技术进步的主体进行分析。

1. 资本家、资本主义企业经营者

马克思所处的时代是机器大工业替代工场手工业的时代，众多资本主义企业中股权所有者同时是企业经营者。资本家受超额利润的诱惑而不断地引用新机器、新工艺、引入新产品，不断提高资本主义企业本身的技术水平，从而促进整个社会技术进步。可以说，资本的本性使得资本家从促进的意义上成为技术进步的主体。那个时候职业经理人还比较少见，熊彼特意义上的创新的企业家还没有出现。随着资本主义企业的发展，生产规模的扩大、股份公司的出现，所有权与经营权的分离成为必然的趋势。马克思在《工厂哲学》中已经对"经理"和"工厂主"做出了明确的区分，指出经理阶层即企业家是"工厂制度的灵魂"。经理革命以后，股东持股分散化、比例不断下降，甚至出现机构投资者，投机牟利也逐渐取代企业控制权而成为持股目的。同时，经理阶层崛起，成为企业决策者，经理人自身所得与企业业绩直接相关。资本家技术进步主体的任务就转移给了职业经理人。新知识经济时代，企业内具有卓越创新能力和经营能力的创新者阶层成为企业内的知识增量的创造者，决定生产方向，成为企业中真正意义上的经营者，而传统意义上的经营者蜕变为企业管理者。[①]总之，由于市场竞争的压力以及资本追逐超额剩余价值的本性，资本主义企业的经营者是技术进步的主体。

2. 工人

工人作为技术进步的主体，主要表现在增量的技术进步，也是就弗里曼所说的渐进式的创新。它来源于工人改善自身境况，以更少的努力取得更多更好的结果这样一种需求，表现为工人在劳动过程中的创新。具体来讲，这种技术进步表现为"干中学"、"用中学"的技术创新。亚当·斯密在《国富论》中分析道："从事每一个具体劳动部门的那些人，总有某一个人不久就会找出完成他自己的具体工作的比较容易和比较迅捷的方法……在劳动分工最细的那些制造业中所使用的机器，大部分最初都是普通工人发明的，他们每个人都从事非常

---

① 何自力等：《公司治理：理论、机制和模式》，天津人民出版社 2006 年版，第 262 页。

简单的操作，自然要用心去找出完成工作的比较容易和比较迅捷的方法。"① 当然，在这一过程中，一些来自于工人的技术进步也会产生重要影响，引进技术体系的变革。这种情况在资本主义生产早期尤其明显。第一次产业革命的开端，珍妮纺纱机的发明者哈格里夫斯是英国的纺织工人，这次革命的标志，蒸汽机的发明者纽可门则是苏格兰的一名铁匠。而蒸汽机对人类社会的发展具有重大的意义。

3. 职业创新者

资本主义制度确立以前，发明是那些天才的偶然发现，发明家也并没有作为一种职业而存在。直到19世纪末的技术革命中，研究与开发才开始成为资本主义企业内部分工的一个分支。最早的工业研究实验室出现于19世纪七八十年代德国的化学工业部门。"发明成了一种特殊的职业。因此，随着资本主义生产的扩展，科学因素第一次被有意识地和广泛地加以发展、应用，并体现在生活中，其规模是以往的时代根本想象不到的。"② 第二次世界大战后研究与开发人员数量更是有了巨大的增长，第二次世界大战后的45年中几个OECD科技强国的科学家和工程师数量增加了8倍多。在现代社会，每一个大型企业都有自己独立的研发机构，科技能力已经成为企业的核心竞争力之一。研发机构的主体就是职业创新者。随着工人在技术进步中，尤其是非渐进式创新中的作用越来越弱，职业创新者成为技术创新越来越重要的主体。可以说，第一次科技革命的发明者主要是劳动者，他们凭借经验或技能取得许多成果，这些发明成果都是生产经验的总结；第二、三次科技革命的发明者多是科学家和工程师，各种发明无一不是在精确的自然科学研究成果的基础上取得的。美国学者丹尼尔·贝尔更是认为知识阶层将是未来社会的统治者。虽然这种提法现在看来夸张，但是它说明了研发人员在技术进步中，在后工业社会中的重要性。

三、技术进步的动因

马克思讨论技术进步是在第一次产业革命完成的大工业背景下，资本家通过延长劳动时间榨取绝对剩余价值的生产方法还普遍存在，技术进步对于生产乃至整个经济的作用还没有像今天这样的深刻与重要，科学与技术的联系还没有今天这样紧密，研发工作还没有作为一种专门的职业出现……因此，在马克思主义诞生一个半世纪后的今天，技术进步的动力已经远远超出了马克思当年的分析。

---

① ［英］亚当·斯密：《国富论》，杨敬年译，陕西人民出版社2001年版，第12、13页。
② 马克思：《机器、自然力和科学的应用》，人民出版社1978年版，第208页。

1．资本家对于剩余价值的贪婪追求

在马克思的理论体系中，资本就是能够实现增值的价值，资本家的本性就是追求剩余价值，确切地说，是追求超额剩余价值。无论是在马克思生活的 19 世纪，还是在科技日新月异的 21 世纪，资本家之间都存在着激烈的竞争。技术进步是竞争的产物。在资本主义生产过程中，激烈的竞争中新技术的引入，无论是新机器的使用，还是新的生产工艺，都可以提高企业中工人的劳动生产率，生产商品的个别劳动时间少于社会必要劳动时间。"资本家就可以把商品低于它的社会价值出售，虽然他是把商品高于它的个别价值出售，即高于他在新生产过程条件下制造商品所必需的劳动时间出售。"[①] 这样就会给资本家带来比没有采用新技术时所能获得的更多的剩余价值，也就是超额剩余价值。除此之外，技术进步还导致新产品的不断出现。不仅可以满足市场的需求，还可以使其拥有者在竞争中处于更加有利的位置。由用新科技所带来的超额利润会使得其他的资本家竞相模仿，因此新技术会随着时间的流逝而外溢，新的机器会被普遍采用，新的生产工艺也会被模仿。个别劳动生产率的提高，最终成为行业，甚至是整个社会劳动生产率的提高。至此，资本家所获得的超额剩余价值逐渐降为零。当新科技被整个社会普遍采用时，超额利润完全消失。资本家开始追求新科技及其应用。另外，技术进步使得劳动生产率提高，在工作日长度一定的前提下，生产过程中必要劳动时间减少，剩余劳动时间延长，二者是此消彼长的关系。相应地，生产商品的必要价值越少，生产中的相对剩余价值也就越多。通过各种方式，包括技术进步，尽可能地降低必要劳动时间，也就成为资本家生产过程中的一种必然追求。可见，技术进步的动力之一是资本家对剩余价值的无止境追求，这也是马克思最为经典的论述之一。

2．社会成员对于自身境况改善的需求

这种需求主要来自于以下几个方面：①消费者需求。在市场上出售的商品，只有符合市场需求，才能顺利完成交换过程，使得资本家获得剩余价值。在这一过程中，技术进步所带来的产品创新就成为关键的环节。美国学者施穆勒在《发明与经济增长》中首次提出发明活动是追求利润的经济活动，[②] 并在此基础上构建了市场需求拉动的技术创新模式。②劳动者对于自身境况改善的需求。研发活动在 19 世纪末才开始成为资本主义企业内部劳动分工的一个分支。在此之前的许多技术进步都是工人在生产过程中减轻其自身的负担而实现的。另外，由于受工人自身生理和心理的影响，工会的影响，法律道德因素的限制等，

[①]《马克思恩格斯全集》第 47 卷，人民出版社 1979 年版，第 361 页。

[②] J.Schmookler. Invention and Economic Growth. Cambridge：Harvard University Press，1966，p. 206.

企业经营者不可能一味地通过延长工作时间获得绝对剩余价值。通过技术进步，提高劳动生产率，获得相对剩余价值；通过机器的应用，使工人劳动异化，以应对工人罢工和工资及其他要求就成为资本主义企业经营者的必需手段。③资本主义进入垄断阶段后，技术水平不仅是企业竞争力，而且是国家竞争力的核心与关键。技术上的先行者，无论是国家还是企业，不仅通过知识产权保护、技术秘密阻碍技术外溢，还通过制定行业技术标准等形式锁定技术路径，以获得长期垄断利润与超额剩余价值。这样，所谓的自主知识产权、技术进步，无论对于企业还是对于国家都成为在激烈竞争中立于不败之地，不断改善自身境况所必需的。

3. 科学的发展以及科学与技术的融合

人类社会发展历史中的很长一段时间，科学与技术并没有密切的联系。甚至许多技术发明在其所依赖的科学发现以前的很长一段时间就出现了。这种情况，在我国更加明显。我国悠久的历史中，以四大发明为代表的技术进步至今仍然扬名于世，而留传下来的科学理论却很少。18世纪产业革命中，一些重要的技术创新就是直接由工匠发明的。直至19世纪末，这种情况得到改善，科学才得到突飞猛进的发展。第三次科技革命之后，科学与技术的联系也越来越紧密。而这一情况是马克思理论形成过程中所没有的。尽管如此，马克思仍然深刻地指出"生产过程成了科学的应用，而科学反过来成了生产过程的因素即所谓职能。每一项发现都成了新的发明或生产方法的新的改进的基础。"① 另外，科学研究与技术之间日益相互依赖，技术日益科学化是当代的一个新特点。具体来讲，科学技术的日益融合，使得科学工作者在一项新的发现出现后，更加主动地去寻找他的现实应用。从科学发现到相应的发明应用的时间越来越短。这主要是因为一方面，在科学技术一体化的背景下，科学技术化、技术科学化的现象越来越明显，科学的发展这种源泉就成为技术进步的直接动力；另一方面，科学发现为技术进步提供了坚实的理论基础。

四、技术进步的作用

今天，科技在一国的经济发展中已经越来越成为不可或缺的因素。1996年经济合作与发展组织（OECD）在《以知识为基础的经济》年度报告中指出：在OECD主要成员国中，知识经济产值已经超过其国内生产总值的50%。② 任何事物的发展都有其两面性。技术进步，对于现代社会而言，既有积极的方面，

---

① 《马克思恩格斯全集》第47卷，人民出版社1979年版，第361页。
② OECD. The knowledge-based economy. http://www.oecd.org.1997.

也产生了消极的影响。从积极的方面来讲，第一，技术进步促进了生产力的快速发展。蒸汽机从发明到应用为 84 年、电动机为 65 年，而原子能利用仅 6 年、电子计算机为 5 年、激光器仅 1 年。与此同时，技术进步对于经济增长的贡献越来越大。发达国家的这一比重在 20 世纪初为 5% ~ 10%，而 20 世纪末增加到60% ~ 80%。第二，技术进步导致了生产关系巨大变革。"社会的物质生产力发展到一定阶段，便同它们一直在其中运动的现存生产关系或财产关系（这只是生产关系的法律用语）发生矛盾，于是这些关系便由生产力的发展形式变成生产力的桎梏，那时社会革命的时代就到来了。随着经济基础的变更，全部庞大的上层建筑，也或慢或快地发生变革"。[①] 第一次科技革命导致了资产阶级和无产阶级的出现，第二次科技革命导致垄断资本主义的形成，第三次科技革命则促进了社会经济结构、生活结构等各方面的变革。第三次科技革命以后，由于生产力的极大发展带来了物质生活资料的极大丰富，工人阶级生活水平得到改善，资本主义社会的基本矛盾及其一系列表现在一定程度上得到了改善，但是工人阶级受剥削的情形并没有从本质上得到改变，只是更加隐蔽。第三，技术进步促进了经济结构调整。技术进步对生产力促进的直接结果就是物质产品的极大丰富，一方面更多的劳动者从农业生产和工业生产中解放出来，另一方面是人们的需求越来越多样化。其表现就是社会经济结构的不断变化。从第一次科技革命以来，发达国家的第一产业在国民经济中的比重不断下降，第二产业比重经历了从上升到下降的过程，而以服务业为主的第三产业的比重则一直不断上升。而且，技术进步导致了世界经济结构的变化。发达国家之间的相互投资大幅增长，投资重点转向尖端技术工业，而将技术密集度低、能耗大、污染严重的劳动密集型产业向发展中国家和不发达国家转移。世界范围内科技进步越来越成为国与国之间竞争的焦点。

从消极的方面来看，技术进步使得异化现象加剧。马克思明确地提出科技的发展在资本主义社会被资产阶级拿来当做对无产阶级和劳动人民实行专政和进行勒索的有力工具，把本来是发展生产的手段变成统治和剥削生产者的手段，把工人贬为机器的附属品并使工人受劳动的折磨。值得注意的是，在马克思的论述中，他批判的是技术的异化，是技术的资本主义应用，而并不是技术、技术进步本身。西方马克思主义者虽然也看到了科技在现代文明产生过程中的作用，但他们更多地分析了科技对意识形态的消极功能。霍克海姆和阿多尔诺在《启蒙辩证法》一书中认为，随着科技的进步，人对自然的控制能力大大加强了，但这种控制最终是以人对人的统治作为代价的，即科学技术既是人控制自

---

① 《马克思恩格斯选集》第 2 卷，人民出版社 1995 年版，第 32、33 页。

然的工具，还是人对人统治的手段。马尔库塞从生产和消费两个方面分析了科技对人的统治和奴役。他提出了著名等式"技术进步=社会财富的增长（国民生产总值的增长）=奴役的扩展"。科技革命，尤其是第三次科技革命以来，科技成为第一生产力。无论是工业还是农业，技术进步的作用越来越明显。在现代企业中，流水线作用，分工越来越细，单个劳动者的劳动越来越简单化、标准化。无论是工业生产，还是研发本身，甚至在很多服务行业，单个劳动都不可能完成整个过程，需要大量的劳动者配合进行。劳动者越来越依赖于技术，或者技术的物化形式，如机器。资本通过技术及其物化形式来控制劳动者也越来越容易，相应地，技术的异化也越来越严重。

第二节　技术进步与生产力发展

1988 年，邓小平同志得出"科学技术是第一生产力"这一著名论断，被公认为是对马克思主义理论中"科学技术是生产力"理论的进一步发展。什么是生产力？如何理解科技在生产力中的作用？科学技术是如何或者说通过什么途径转化为生产力的？这就是本节研究的主题。

一、科技是生产力

马克思、恩格斯在《共产党宣言》中写道："资产阶级争得自己的阶级统治地位还不到一百年，它所造成的生产力却比过去世世代代总共造成的生产力还要大，还要多。自然力的征服，机器的采用，化学在工农业中的应用，轮船的行驶，铁路的通行，电报的往返，大陆一洲一洲的垦殖，河川的通航，仿佛用法术从地底下呼唤出来的大量的人口，——试问在过去哪一个世纪能够料想到竟有这样大的生产力潜伏在社会劳动里面呢？"[1] 第一次科技革命使人类进入了蒸汽时代；第二次科技革命将人类带入了电气时代。这两次科技革命不仅为资本主义生产提供了新的动力——蒸汽和电力，还将生产方式由小手工业，转变为工厂手工业并且不断地机器化；不仅实现了自然力的广泛应用，解放了人力，更实现了生产过程中人手的解放。第三次科技革命范围更广泛，程度更深。

什么是生产力呢？马克思主义理论认为，在物质资料的生产过程中，人们首先要与自然界发生关系。物质资料的生产过程，就是人们利用自然、改造自

---

[1]《马克思恩格斯全集》第 4 卷，人民出版社 1958 年版，第 471 页。

然，使其适合人们需要的过程。人们运用生产资料，创造社会物质和精神财富的能力，叫做生产力。① 生产力是推动社会生产发展的决定因素，它包括劳动者、劳动对象和劳动资料三个要素。虽然生产力三要素并没有包含科学技术，但是科技进步依然是生产力发展中不可或缺的一个条件，它通过三要素而推动生产力的发展。马克思还指出"同价值转化为资本时的情形一样，在资本的进一步发展中，我们看到：一方面，资本是以生产力的一定的现有的历史发展为前提的，在这些生产力中也包括科学。"② 而"劳动生产力是由多种情况决定的，其中包括：工人的平均熟练程度、科学的发展水平和它在工艺上的应用的程度。"③ 马克思所处的 19 世纪，技术进步已经在生产过程中表现出明显的促进作用，但是据有关学者估计，当时技术进步对经济增长的贡献率只占 5%左右。技术进步的生产先导作用还没有完全显现。其后的 100 多年里，尤其自 20 世纪 40 年代以来，科学技术以惊人的速度和规模发展。随着时代的发展，"科学技术是第一生产力"的论断应运而生。

我国理论界对"科学技术是第一生产力"主要有两种理解。第一种认为科技是生产力中特别重要的要素，但并不是独立的要素，处于主导地位，起着决定作用。其中一些学者认为科技是以"潜在"的形式存在的要素，只有通过物化、通过一个转化过程，才能转化为现实的生产力。另一些学者认为科技是渗透性要素。通过劳动者、劳动对象和劳动资料来影响生产力，其本身不能独立发挥作用。还有一些学者认为生产力要素中的独立要素只有三项：劳动者、劳动资料和劳动对象，科学技术不是作为另一项独立的要素加入生产力范畴，而是对三要素起到乘数的作用。第二种认为科学技术是一种独立的要素，认为马克思在"分析了科学在生产力中的地位和作用"时，"马克思认为科学是生产力中的一个相对独立的因素"（黄天授等）。他们提出科学技术是一种相对独立的生产力，即科技生产力，在生产力体系中居于轴心地位，制约和决定着其他形式的生产力的发展。

我们倾向于第一种观点。科技并不能单独成为生产力要素之一。它对生产力发生影响，必然要以一定的形式为载体。它可以通过劳动对象范围的扩展，劳动资料的更新，或是劳动者素质的提高，来提高生产力。但是科技本身的发展，只是提供了一种人类用新的方法，或者在新的范围内利用自然、改造自然的可能性，是一种理论上的支持，如果科技发展的成果不能进入物质资料的生产过程，生产过程就不会发生变化，劳动生产力何以提高呢？但是随着科技的

---

① 程恩富：《现代政治经济学》（第二版），上海财经大学出版社 2006 年版，第 4 页。
②《马克思恩格斯全集》第 46 卷（下册），人民出版社 1972 年版，第 211 页。
③《马克思恩格斯全集》第 47 卷，人民出版社 1972 年版，第 570 页。

飞速发展，科技进步使生产力提高的形式也越来越多元化。科技进步，使得社会分工不断细化，产业结构不断发生变化。在一些特殊的生产部门，如生物科技产业部门，由于科技发展与生产力提高过程中环节以及涉及要素的减少，使得其联系更加紧密。但是，他们同样也是通过对改变生产力三要素而提高劳动生产率的。

而西方马克思主义者，尤其是法兰克福学派，在科技与生产力的关系中间，虽然认识到了科技对生产力发展的重要作用，但是过度强调了这种作用。他们认为自19世纪以来，科技的迅猛发展已经成为"晚期资本主义"发展的最重要的动力，而且这种趋势正在增强。在《单向度的人》中，马尔库塞提出"生产工具，作为'绝对统一'的倾向，在机器自身变成了一个机械工具的关系系统，并因而远远超出了个人的劳动过程这个程度上，通过减少劳动者的职业自主权，并把它整合到受控但又控制技术总体的其他职业中，机器表现了更大的支配作用。""自动化显然已在本质上改变死与活劳动的相互关系，它正在力求达到一个目标，那时，生产力将以机器而不是以劳动的个体生产来确定。"[1] 总体来看，法兰克福学派的观点中，人的因素已经越来越降到次要的地位，而作为科技发展水平的标志的工具越来越成为主要的要素。在这里，他们过分地强调了科技的作用。

二、科技转化为生产力的途径

正如前一部分所述，虽然技术作用于生产力的形式与方法可以多种多样，但是总体上来讲，都是离不开生产力三要素的。劳动者的科学技术知识越丰富，劳动技能就越高。科学技术越发展，生产工具就越先进，劳动对象的数量和质量也会相应提升。

第一，技术进步通过提高劳动者素质来提高社会生产力，是它转化为生产力的重要途径之一。具有劳动经验和劳动技能的劳动者是生产力各要素中最重要最活跃的起决定性作用的因素。随着技术进步，劳动整体中体力劳动者比例下降，脑力劳动者比例上升。据统计，美国知识型白领工人占全美就业总数的比重1900年为17.5%，1950年为36.7%，1980年为52.1%。近年来，美国数以百万计的新就业者中，90%以上是知识型工人。19世纪中叶，英国第一、二产业的劳动力占到全部就业人数的64%，而这一比例在2000年下降到20%。这一比例变化，伴随着生产资料的发展，带来了劳动者劳动生产率的不断提高。科技劳动者的知识一旦在生产中应用，就会为社会创造出惊人的财富，就会变

---

① ［美］马尔库塞：《单向度的人》，刘继译，上海译文出版社2008年版，第3～26页。

成无穷无尽的生产力。目前与科技劳动者相关的各项指标已经成为评价一国、一个企业的竞争力的重要指标。通过学校教育、在职培训等方式，不断提高劳动者素质，使得劳动者能够始终跟上时代，尽可能通过吸收科技进步的成果，并在物质生产过程中加以应用，从而不断提高自身的素质，是技术进步转化为生产力的最重要也是最关键的途径。

第二，技术进步决定了劳动工具的先进程度。劳动工具作为主要的劳动资料，是人的器官的延长与扩大，其先进程度是衡量生产力水平的客观标准。人类社会发展过程中劳动工具、设备的不断更新、发展无不打上科学技术的烙印。从原始人使用的石块、木棒，到今天的智能化机器体系，生产工具发生了翻天覆地的变化，生产力水平也得到了不可思议的提高。前两次科技革命，将蒸汽和电力引入生产过程，将社会生产带入了机械时代和电气时代，实现了人手的解放。新科技革命以来，电子信息技术的不断发展，更是在一定程度上实现了人脑的解放。20世纪出现的以电子计算机为核心的自动控制机的广泛应用，一方面空前提高了劳动生产率，如一个年产5万吨的炼油厂，采用计算机控制后，职工人数可由3000人减少到100人。美国各行各业采用计算机后，其每年完成的工作量等于美国人口工作量的2000倍。另一方面，它使生产过程实现自动化，生产方式大为改变。如发达国家中一些工厂的柔性生产系统，生产自动化控制等。这充分说明将最新高科技成果凝结入现代生产工具，能产生出巨大的生产力。

第三，新科技革命以来，劳动对象的范围不断扩大，这使得人类生产过程在更大范围内得以进行，为生产力的提高开辟了广阔的空间。一方面，技术进步可以不断创造出新的原材料，成为新的劳动对象。当今世界，合成染料已占全部染料的99%，合成橡胶占全部橡胶的70%。各种具有特殊性能的材料不断涌现。另一方面，随着科技进步，新的自然资源被不断开采，人类生产活动的范围不断扩大。空间技术、海洋技术将人类活动范围不断扩大，加之新能源技术的发展，人类可用能源不断增加。技术进步不仅可以开拓新的劳动对象，还可以提高对自然资源等劳动对象的利用效率，降低对其消耗。如日本不断通过技术革新，使其能源、原材料的利用效率达到世界最高水平，单位产值的能耗仅为发达国家平均水平的1/2，中国的1/12，大大减少对能源的进口。又如美国，1960年用钢为1.2亿吨，1989年经济增长了2.5倍，用钢量反而减少到0.85亿吨。由于发达国家采用高新技术，使得原材料消耗逐渐减少。因此，劳动对象的扩展也是科技进步转化为生产力不可忽视的途径之一。

从生产力三要素整体来看，新科技革命以来的技术进步的科学化、群落化、社会化，使得技术进步在经济中的作用越来越重要，成为生产力发展的先导。20世纪以来技术与现代生产力系统已经融为一体，它广泛而深入地渗透到由生产力各要素相互联系构成的生产力系统从微观到宏观的各个层次，渗透到生产力系统的每一个要素，整个结构以及生产力系统的外部环境中，充分显示了对生产力强大的推动作用，并且以加速的形式表现出来。第一次技术革命中，蒸汽机从发明到广泛应用，用了一个世纪的时间。第二次技术革命中，电力技术从理论发明到技术应用，用了半个世纪。到 20 世纪下半叶，新科技革命使科学发明到技术发明的时间缩短为 5 年左右。

第三节 技术进步与价值形成

马克思《资本论》的分析起点是商品，价值理论是整个马克思主义经济理论体系的基础。科技成果在价值创造中起到了什么作用？科技劳动是否创造新价值？科技进步对价值量的决定起到了什么作用？这些都是在科技进步日新月异的情况下，需要重新审视的问题。

一、技术本身不创造价值

新科技革命以来，知识经济在发展中发挥着越来越重要的作用。1996 年，OECD 在《以知识为基础的经济》一文中指出，在其主要成员国中，知识经济产值已经超过其国内生产总值的 50%。[①] 这种统计方法来源于西方学者在分析生产时所使用的要素价格理论。在那里资本、土地、工人的劳动都有收入。随着技术在经济生活中重要性的增加、技术成为商品以及技术市场的不断繁荣，技术也作为一种要素参与生产过程，获得收入。受这样的现实以及理论的影响，一些从事马克思主义研究的学者提出，技术在生产过程中也创造价值。这种观点有其明显的不当之处。马克思主义理论的研究范式是不同于西方经济学理论的。研究微观经济学的学者，通过建立各种各样的模型，以货币形式分析生产过程中各要素的收入；宏观经济学家，则将市场上各种类型的活动都折合成货币来计量分析国内生产总值，这类研究是从现象层面上研究经济规律。在西方学者那里的技术同资本、工人的劳动等要素一起形成商品的生产价格。这些要素只是在生产过程中发挥着不同的作用，在地位上是平等的，没有差别。

在马克思的理论中作为交换的产品，商品具有使用价值和价值两个因素。商品能满足人们某种需要的物的属性，就是商品的使用价值。它是构成一切社

---

① OECD. The knowledge-based economy.http：//www.oecd.org.1997.

会财富的物质或精神内容，是人类社会生存和发展必不可少的条件。但是商品的使用价值无论从量上分析，还是从质上分析，都是与价值不相同的。在商品交换过程中，交换的比例不可能根据使用价值来确定。这就需要将商品的物属性抛开，将商品的使用价值属性撇开，这时它就只剩下一个属性——凝结在商品中的无差别的一般劳动，而这构成了商品的另一个属性——价值。两种使用价值不同的商品之所以能够按一定的比例相交换，就是因为交换双方的价值是相等的。人们以价值来交换商品，实际上就是交换劳动。所以商品价值体现人们交换劳动的生产关系，这是价值的实质。只有作为无差别的一般人类劳动凝结的抽象劳动是形成价值的唯一实体。新价值的形成是以社会必要劳动时间来计量的。这种理论中，作为生产过程中必不可少的劳动工具和劳动资料，在生产过程中只是通过劳动者的具体劳动将自身的价值转移到新产品中，并不产生比所耗费价值更高的价值。这种理论将商品的价格与价值相区分，从本质上分析商品的价值形成。在生产过程中，技术本身是无形的。它通过新机器、新设备这种物化的形式，或者生产工艺的改进，或者是新产品的设计来影响生产过程。在生产过程中，技术并不像劳动力一样，具备通过抽象劳动创造出比自身价值更大的价值的能力。因此，技术并不是创造价值的要素之一。但是这并不能否认技术对于价值形成有着重要影响。

二、技术对于价值形成有重要影响

技术虽然不形成价值，但是技术在生产过程中的重要影响是不可忽视、不可否认的。这种影响既表现在商品价值的形成中，也表现在商品使用价值的形成中；既表现于某一时点的社会横截面，也表现于历史发展的经济活动中。从人类社会发展历史的某一时点的横切面来看，技术进步是生产力发展最重要的原因，技术进步通过生产力发展而影响价值形成。"科技是第一生产力"这一论断的提出就是理论上最好的证明。马克思曾指出："劳动生产力是由多种情况决定的，其中包括：工人的平均熟练程度、科学的发展水平和它在工艺上的应用的程度。"[①] 技术进步并不是生产力中独立的因素，而是通过影响生产力的三要素（即劳动者、劳动对象和劳动工具）而不断促进社会生产力的发展，起乘数的作用。尽管在《经济学手稿（1857～1858）》中马克思也注意到产品使用价值的创新问题，但一方面因为在技术进步基础之上的产品创新并不是19世纪资本主义企业生产的主要形式；另一方面也因为马克思研究的对象是资本主义的生产方式以及交换关系和生产关系，主要任务是揭露资本家剥削工人的秘密，把在当时

---

①《马克思恩格斯全集》第47卷，人民出版社1972年版，第570页。

处于"非主流"的创新产品的价值决定和实现问题抽象掉并不影响其研究的对象和主要任务，所以，并未把这种形式纳入其理论体系中。第二次世界大战后创新产品成为技术进步主要形式，新兴产业不断出现，产品更新换代的速度越来越快。虽然技术进步使得新产品不断出现，但是在新产品的生产过程中，技术进步是以物化劳动的形式而存在的，因此在商品的生产过程中，是不能创造价值的。

从社会发展的纵向来分析，技术进步带来了价值的巨大增加。19世纪中叶，虽然技术已经在社会生产中被广泛地应用，但是它仍然不是劳动生产率提高的主要因素。体力劳动仍然是那时最普遍的劳动形式。虽然马克思的论述中明确地提到了技术进步的作用，但是他主要的分析对象仍然不是技术本身。新科技革命以来，技术进步对于生产力的促进作用越来越突出，脑力劳动成为主要的劳动形式。在马克思主义的理论体系中，劳动分为简单劳动和复杂劳动。这两种劳动的技术含量不同，同样的劳动时间内所创造的价值量也不同的。"比社会平均劳动较高级较复杂的劳动，是这样一种劳动力的表现，这种劳动力比普通劳动力需要较高的教育费用，它的生产要花费较多的时间，因此它具有较高的价值。既然这种劳动力的价值较高，它也就表现为较高级的劳动，也就在同样长的时间内物化为较多的价值。"[1] 复杂劳动是"自乘的或不如说多倍的简单劳动，因此，少量的复杂劳动等于多量的简单劳动"[2]。与单纯的体力劳动相比，脑力劳动的复杂程度更高。后一时期简单劳动的标准明显高于前一时期简单劳动的标准。这样，在社会劳动总时间相同甚至是缩短的情况下，同样以前一时期的简单劳动为标准折算，后一时期的价值总量要远远高于前一时期。但是这种情况并不能说明技术本身成为价值的源泉，因为这种价值总量的增加，伴随着使用价值总量更大的增加，单位商品的价值量反而下降了。如果说19世纪中叶，马克思用劳动价值论进行分析时，更多的关注普遍的体力劳动本身，那么今天，我们在应用劳动价值论分析现实时，更需要关注的是技术进步如何促进劳动者素质的提高、促进生产力的发展。这不但可以解释我国劳动力比美国多几倍，而国内生产总值只及美国的几分之一，它还可以从一个侧面解释发达国家2008年金融危机的爆发。随着高科技产业利润的不断提高，它在国内生产总值中的比重不断提高。同时作为物质生产部门的工业中的劳动密集型产业不断外移，产业空洞化日益严重。整个社会的运行建立在虚构的价值基础上，金融危机的爆发也就成为了必然。

---

[1] 马克思：《资本论》第1卷，人民出版社1972年版，第223页。

[2] 同上书，第58页。

三、技术劳动在价值创造中的不同作用

虽然第一次科技革命中，纺织机的发明与蒸汽机的改进，将人类社会带入了机械时代，生产力得到极大的提高，但是当时的科技水平还不能有针对性地解决生产中的难题，发明与技术进步并未成为整个社会的常见现象。从事技术创新的人员还比较松散，技术活动也都以单个人为主。所以在马克思所阐述的劳动价值论时，并没有针对技术劳动进行专门的分析。直到 19 世纪 80 年代，才在德国化学工业部门出现了最早的工业研究实验室。20 世纪以来，适应科学技术与经济发展的需求，发明与技术创新作为一种独立的职业而存在，其内部分工也越来越细化。技术劳动不仅存在于生产部门，还存在于非生产部门；不仅存在于经济部门，还存在于非经济部门。不同的技术劳动在价值创造中的作用是不同的。

1. 非经济部门的技术劳动不创造价值

经济活动是人类社会活动最重要的一个方面。马克思描述人类社会发展规律时概括为：生产力决定生产关系，由生产力和生产关系组成的经济基础，决定人类社会的上层建筑，而上层建筑对于经济基础具有反作用。"一定的生产方式以及与它相适应的生产关系，简言之，'社会的经济结构，即有法律的和政治的上层建筑竖立其上并有一定的社会意识形式与之相适应的现实基础。'"[1] 这里，马克思隐含的社会中除经济活动外，还存在其他类型的劳动，如法律、政治等。另外在他所描绘的理想的共产主义社会中，人类社会物质产品极大丰富，劳动已经不仅仅是为了解决生存问题，而成为人本身的一种需要。这从另一个方面也说明了，经济活动并不是人类社会唯一的劳动形式。现代社会虽然远远没有达到马克思所描述的理想社会物质产品极大丰富的水平，但是物质生产活动已经不是人类社会唯一的形式，非经济活动在人类社会中所占的比重不断上升。另外，美国心理学家马斯洛的需求层次理论，将人的需求分为生理需求、安全需求、社交需求、尊重需求和自我实现需求五类，与马克思所描述的理想社会中的人的活动有异曲同工之处。

非经济部门的技术劳动，如国防科技中的发明与创新等，这些劳动的目的是增加人类社会知识存量，不断满足社会中个体的各种需求。一方面其劳动结果并不能以价值来衡量。就如同我们不能判定空间技术到底为人类社会带来多少价值一样。另一方面，非经济部门的发明与创新具有不确定性与偶然性，在最终结果实现以前，我们并不能确定需要耗费多少劳动时间，除掉向简单劳动

---

① 马克思：《资本论》第 1 卷，人民出版社 1972 年版，第 99 页。

换算的困难外，也无法确定具体的抽象劳动量；技术劳动的结果还具有唯一性，科技进步的一个特点就是只承认最初发明发现者的劳动，这样一方面无法确定技术劳动的社会必要劳动时间，另一方面如何来评定从事同样劳动但并没有最先取得成果的技术人员的劳动呢？这些都说明了，非经济部门的技术劳动是不创造价值的。

2. 经济部门的技术劳动在价值创造中的不同作用

20 世纪以来，无论是西方发达国家，还是发展中国家，第三产业在国内生产总值中所占的比重都越来越高，就业人数也越来越多。2000 年高收入国家中第三产业占 GDP 总值的 70.1%，2005 年美国、日本、德国第三产业就业人数分别达到 77.8%、66.4%、67.8%。第三产业内部不同产业在社会的价值形成过程中起不同作用，其劳动也并不都形成价值。国家统计局在 1985 年《关于建立第三产业统计的报告》中，将第三产业分为四个层次：第一个层次是流通部门（包括运输业、仓储业、包装业等），第二个层次是为生产和生活服务的部门（包括金融业、保险业、公用事业、居民服务业、旅游业、咨询信息服务业和各类技术服务业等），第三个层次是为提高科学文化水平和居民素质服务的部门（包括教育、文化、广播电视事业、科研事业、艺术、医疗、生活福利事业等），第四个层次是为社会公共需要服务的部门。在这种分类中，严格来讲最后一个层次是上一部分所述非经济部门，这个部门整体的劳动都不创造价值，所以其中的技术劳动也不创造价值。除此之外的第三产业在经济活动中起着重要作用。前三个层次或围绕劳动力再生展开，更加有利于劳动力再生；或围绕生产过程展开，使得生产过程、商品价值的实现更加顺畅。但是第三产业内的劳动并非都是生产劳动，因此，也并不是都创造价值。

第二层次中的公共事业、第三层次中的教育、科研事业中的技术劳动不创造价值，不是价值的源泉。首先，这些技术劳动不以盈利为目的，其目的是提高人类社会知识存量，改善人与人、人与自然的关系，提高劳动生产率。这种技术劳动的产品具有公共品性质。如果这种劳动是形成价值的劳动，其成果在生产过程中将自身价值转移到新产品中，而这是技术劳动的成果所不具备的。无论是自然科学，还是社会科学的发明与革新，并不会因生产过程而发生损耗甚至消逝。其次，无论是技术劳动本身，还是技术劳动的成果都不是为了生产商品，并不将自身融入最终产品，而是要提高生产力三要素的效率及生产力整体水平。最终商品的价值还是蕴涵在生产过程所使用的要素中。最后，这里讨论的技术劳动同样具有创造性。因而具有不确定性与结果承认的唯一性。发明的全过程结束以前，并不能确定其最终的形式、数量与内容等。每一项发明与创新也只承认第一位完成者的劳动，这样发明与创新只能确定个别劳动时间，而不能确定社会必要劳动时间。因此，技术劳动成果的价值量也是无法确定的，就如同我们不能根据一位高校老师的授课时间来确定他在劳动力中凝结了多少价值，而且同样的教育因受教育者自身条件的限制，所产生的效果也是不同的。

第二层次中的咨询信息服务业、技术服务业，与第一产业、第二产业中的技术工人、机械师、工程师的技术劳动是创造价值的劳动。马克思在《资本论》中指出"随着资本主义机器大工业的发展，资本主义社会的工人分为'实际操作工作机的工人（包括某些看管发动机或给发动机添料的工人）'和这些机器工人的单纯下手（几乎完全是儿童）之间的差别。……除了这两类主要工人外，还有为数不多的负责检查和经常修理全部机器的人员，如工程师、机械师、细木工，等等。这一类是高级的工人，其中一部分人有科学知识，一部分人有手艺，他们不属于工厂工人的范围，而只是同工厂工人聚集在一起，这种分工是纯技术性的。"① 机械师与技术工人是马克思所讲的在分工协作情形下的总体工人的一部分。马克思指出"随着劳动过程本身的协作性质的发展，现在不一定要亲自动手；只要成为主体工人的一个器官，完成他所属的某一种职能就够了。上面从物质生产性质本身中得出的关于生产劳动的最初的定义，对于作为整体来看的主体工人始终是正确的。"② 这类传统意义上的技术劳动是马克思主要论述的创造价值的技术劳动。"资本主义生产方式的特点，恰恰在于它把各种不同的劳动，因而也把脑力和体力劳动，或者说，把以脑力劳动为主或者以体力劳动为主的各种劳动分离开来，分配给不同的人。但是，这一点并不妨碍物质产品是所有这些人的共同劳动的产品，或者说，并不妨碍他们的共同劳动的产品体现在物质财富中。"技术劳动者以雇佣工人的身份参与生产过程，他们的任务主要是在机器广泛应用的生产过程中，保证生产的正常与连续。这里的技术劳动，无论是技术服务还是资本主义企业内的劳动与上一部分所论述的技术劳动相比，不具备很强的创造性，主要任务是保证已有的技术成果，无论是生产技术还是组织管理技术，有效地应用于生产过程。这种技术劳动不具有唯一性。同一型号的机器同样的问题会出现多次，其解决所耗费的劳动量也并不是只有个别劳动量。这种劳动与单纯的操作机器进行生产的劳动相比，需要经过专业的培训、更多的脑力支出，是相对复杂的劳动。但是生产过程所需劳动的一部分，是创造价值的技术劳动。

如何看待新科技革命以来新兴高科技产业中的劳动在价值创造中的作用呢？新科技革命是以电子技术为主导，由信息技术、生物技术、新能源技术、

① 马克思：《资本论》第1卷，人民出版社1972年版，第461页。
② 同上书，第556页。

新材料技术、新制造技术、激光技术、生物技术、空间开发技术、海洋开发技术等构成的技术群落的创新。在西方主流经济学的视野中，在市场经济条件下，一定时期技术进步的成果促成了新兴产业的蓬勃发展，其主要代表是信息技术产业、生物技术产业、纳米科技产业、宇宙开发产业、海洋开发产业、"绿色"产业、知识产业，等等。这些产业的总产值在国民经济中所占的比重越来越高，也成为一国竞争力的核心。在马克思主义经济学的分析范式中，这些产业中的劳动并不都是创造价值的劳动。电子信息产业、信息咨询产业、基因产业、生物食品产业、生物医药产业（特别是基因技术在医药上的应用）、生物能源产业、纳米材料产业、纳米器件及设备产业、海洋能源产业、海水淡化业、"绿色"食品产业，等等，其生产活动是对已有技术的利用，并不具备唯一性。生产的结果是直接的物质产品或精神产品，可以在市场上交换，是商品。这些产业中直接从事生产的劳动者的劳动，是复杂劳动，形成商品的价值。另外一些产业，如宇宙信息产业、人才产业、文化产业中的技术劳动具有创造性、唯一性。技术活动的目的是提高整个社会（包括生产过程）的效率，通过提高生产力三要素水平，或者提高其合作效率来提高社会劳动生产率，这些技术劳动并不创造价值。这两种技术劳动并没有严格的分界线。在现代社会，高技术企业要立于不败之地，必须要保持其创新性。具有创造性与唯一性的技术劳动是整个企业的核心。以创造性技术劳动为主的组织中，其劳动成果的实现也离不开创造价值的技术劳动。

第四节　技术进步与剩余价值生产

建立在劳动价值论基础上的剩余价值理论，是马克思最伟大的两个发现之一。它是马克思在批判地继承古典经济学家思想的基础上，经过多年的潜心研究而发展的理论。从 19 世纪 40 年代恩格斯的《政治经济学批判大纲》和马克思的《1844 年经济学哲学手稿》对剩余价值理论的初步接触，经过在《哲学的贫困》、《雇佣劳动与资本》等著作中不断地探讨与研究，到 1867 年《资本论》第一卷的问世，剩余价值理论正式完成创立。技术进步飞速发展的当今时代，资本主义社会生产方式不断改变，工人阶级生活条件不断改善，剥削手段更加隐蔽；社会分工的不断演进，新的阶级不断出现；信息技术不断推进全球化，剩余价值在国际范围内分配，这些都带来了技术进步条件下剩余价值生产与分配的新特点。

一、剩余劳动是剩余价值的唯一源泉

资本主义社会中，劳动具有二重性：抽象劳动和具体劳动。同样，资本主义商品生产过程不仅是劳动过程，还是价值形成过程，更是价值增值过程，是这三个过程的统一。作为劳动过程，劳动者运用劳动资料对劳动对象进行各种形式的有目的的改造，生产使用价值的过程，是人类有目的有意识地作用于自然满足自身需要的过程，是人类生活永恒的自然条件；作为价值形成过程，雇佣工人在资本家的指挥协调下的劳动力耗费的过程，抽象掉具体劳动形式的抽象劳动将无差别的人类体力脑力凝结入商品，形成商品的新价值的过程；作为价值增值过程，在资本家的监督下，雇佣工人劳动过程中不仅创造出劳动力原有价值，还创造出大于劳动力价值的价值，即剩余价值。"价值增值过程不外是超过一定点而延长了的价值形成过程。如果价值形成过程只持续到这样一点，即资本所支付的劳动力价值恰好为新的等价物所补偿，那就是单纯的价值形成过程。如果价值形成过程超过这一点而持续下去，那就成为价值增值过程。"[1] "作为劳动过程和价值形成过程，生产过程是商品生产过程；作为劳动过程和价值增值过程的统一，生产过程是资本主义生产过程，是商品生产的资本主义形式。"[2]

活劳动是形成价值的唯一源泉，那么相应地，剩余劳动就是形成剩余价值的唯一源泉。马克思认为资本家对自然科学的利用是一种"不费分文"的形式，但是他同样看到，随着技术的发展，企业或资本对技术的利用不可能是"不费分文"的，技术在价值增值过程中起着重大作用。科技成果无论是作为一种物化的劳动，还是通过生产力三要素或者对生产力整体影响的形式参与生产过程都不能创造新价值。无论是先进机器的利用，还是新的生产方式，都是已经物化了的劳动，在生产过程中只能转移旧价值，不能创造新价值。也就是说，不参与资本主义价值形成过程，也就不进入与其一体两面关系的资本主义价值增值过程，不能生产剩余价值。技术劳动在价值形成过程中的作用是不同的，相应地，它在价值增值过程中的作用也是不同的。非经济部门的技术劳动与经济部门具备创造性和唯一性的技术劳动均不创造价值，从而也就不创造剩余价值。经济部门不具备创造性与唯一性的技术劳动创造价值，相应地，也就是形成剩余价值的劳动。这种技术劳动同样可以分为必要劳动时间与剩余劳动时间，在剩余劳动时间内创造的价值是这种技术劳动的剩余价值。

20 世纪西方马克思主义学者，看到了商品生产过程中技术的重要影响，以

---

[1] 马克思：《资本论》第 1 卷，人民出版社 2004 年版，第 227 页。
[2] 同上书，第 229、230 页。

及对生产力的巨大推动作用。因此，提出技术创造剩余价值，而且在剩余价值的生产过程中劳动的作用愈来愈让位于科技的观点。无论是马克思，还是其后的学者的观点都受到了当时科技发展水平的影响，有明显的时代烙印，对于科学技术是否参与剩余价值生产的观点都不全面。法兰克福学派提出，由于自动化的实现和劳动者与机器位置的颠倒，技术已经成了一个独立的剩余价值的来源，剩余价值变成机器所创造的了。哈贝马斯认为"当科学技术的进步变成一种独立的剩余价值的来源时，在非熟练的（简单的）劳动力的价值基础上来计算研究和发展方面的资产投资额，是没有多大意义的；而同这种独立的剩余价值来源相比较，马克思本人在考察中所得出的剩余价值来源，即直接的生产者的劳动力，就愈来愈不重要了"，"运用马克思的劳动价值演说的条件也就不存在了"[1]。而奈斯比特甚至提出："在信息经济社会里，价值的增长不是通过劳动，而是通过知识实现的。'劳动价值论'诞生于工业经济的初期，必将被新的'知识价值论'所取代。"[2] 这些观点虽然看到了技术进步在经济发展中的重要作用，但是过度强调了这种作用，而相对降低了传统要素在生产过程中的重要性。这也成为西方发达国家产业结构不断升级，高科技产业迅速发展的事实在理论上的一种反映。这类理论观点忽视了劳动者在生产过程中的能动作用，在一定程度上加剧了产业空洞化的现象，经济稳定性降低。2008 年金融危机的爆发及其深刻影响就说明了马克思主义经济理论在当今时代的意义。

二、技术进步与绝对剩余价值生产

马克思在《资本论》的第一卷中分析了剩余价值的两种生产方法，即绝对剩余价值生产与相对剩余价值生产。"所谓绝对剩余价值生产方法，是指再生产工人劳动力价值的必要劳动时间一定，而通过延长工作日以增加剩余劳动时间来增加剩余价值量的方法。"[3] 资本主义生产的初期，从整个资本主义社会来看，生产力水平较低，简单的体力支出是劳动的主要形式，相应地绝对剩余价值生产也是那时的主要方式。但是，工作日的延长会受到各种条件的限制，一个自然日的时间是固定的，工人需要时间满足生理需要。社会道德也不允许资本家无限制地延长工作日。在必要劳动时间一定的前提下，技术进步主要通过三种方式增加绝对剩余价值生产。第一，将更多的劳动者带入资本主义生产过程。产业革命后，机器大规模应用于生产，更多的妇女儿童站在机器旁边，通过机

---

[1]［德］哈贝马斯：《作为"意识形态"的科学与技术》，李黎、郭官义译，学林出版社1999年版，第62页。

[2]［美］奈斯比特：《大趋势》，梅艳译，中国社会科学出版社1984年版，第15、16页。

[3] 魏埙、刘波：《政治经济学》（资本主义部分），陕西人民出版社2002年版，第96页。

器参与生产过程。第二，促进换班制度的实行。机器的大规模应用的问题之一是技术进步导致机器的无形贬值，以及生产中断之后再继续的巨大损耗。对于资本家来讲，这是其贪婪的本性所不能容忍的。"把工作日延长到自然日的界限以外，延长到夜间，只是一种缓和的办法，只能大致满足一下吸血鬼吮吸劳动鲜血的欲望。因此，在一昼夜 24 小时内都占有劳动，是资本主义生产的内在要求。"① 第三，劳动标准化，降低工人偷懒带来的耗费。机器大规模应用后，将站在它旁边的劳动的效率固定在某一水平范围内，降低了其偷懒的可能性。机器成为监督工人的有效手段之一。通过充分利用工人的工作时间来变相延长剩余劳动时间。

随着技术进步，物质产品生产的极大丰富，工人与资本家之间对立矛盾不断激化，通过延长工作日来获得剩余价值的方法已经逐渐退出了历史的舞台。1866 年，英国工人阶级第一次提出 8 小时工作日的要求。这类要求，在第一次世界大战后，在一些国家得以实现。第二次世界大战后，在少数发达资本主义国家，其第一职业的名义工作日才得到缩短。至 20 世纪 80 年代初，工人每周实际劳动时间，日本为 41.6 小时，英国为 37.4 小时，美国为 36.7 小时，法国为 34.4 小时，联邦德国为 33.4 小时。同时，工人阶级受剥削的情况越来越严重，据有关学者统计，美国的剩余价值率 1948 年、1950 年、1960 年、1970 年、1977年分别为 236.7%、241.2%、247.6%、255.0%、280.9%。② 这一现象的主要原因是相对剩余价值生产方法的不断改进。

三、技术进步与相对剩余价值生产

马克思把"通过缩短必要劳动时间、相应地改变工作日的两个组成部分的量的比例而生产的剩余价值，叫作相对剩余价值。"③ 相对剩余价值来源于资本家无限贪婪的本性，来源于他对超额剩余价值的追求，是社会劳动生产率普遍提高的结果。"所谓超额剩余价值，就是个别资本家采用先进技术和设备，提高劳动生产率，使其产品的个别价值低于社会价值，而按社会价值出售所获得的剩余价值。"④ 一个资本家所获得的超额剩余价值，有竞争规律的作用下，会引起其他资本的竞相模仿，采用新的生产技术。当这种技术扩展到整个行业，甚至整个社会的时候，行业劳动生产率和社会劳动生产率就会得到普遍提高。这

---

① 马克思：《资本论》第 1 卷，人民出版社 2004 年版，第 297 页。

② 詹真荣：《当代发达资本主义国家的阶级和阶级矛盾"消失论"评析》，《江西社会科学》1992 年第 3 期。

③ 马克思：《资本论》第 1 卷，人民出版社 2004 年版，第 366 页。

④ 魏埙、刘波：《政治经济学》（资本主义部分），陕西人民出版社 2002 年版，第 99 页。

时这种超额剩余价值消失。追逐利润的本性驱使资本家开始新的一轮技术创新带来的超额剩余价值的追逐。因此，技术进步通过对生产力三要素以及生产力系统整体来促进相对剩余价值的生产。同时，相对剩余价值生产过程中，资本家对超额剩余价值的无限追求也促进了技术进步的发展。"相对剩余价值的生产使劳动的技术过程和社会组织发生彻底的革命。"[1]

剩余价值量=剩余价值率×可变资本=（剩余劳动/必要劳动）×可变资本。在相对剩余价值过程中，技术进步通过作用于这些要素而获得更多的剩余价值。一方面表现在通过提高劳动生产力来降低劳动力价值。"提高劳动生产力来使商品便宜，并通过商品便宜来使工人本身便宜"[2]，从而降低劳动力价值。"在资本主义生产中，发展劳动生产力的目的，是为了缩短工人必须为自己劳动的工作日部分，以此来延长工人能够无偿地为资本家劳动的工作日的另一部分"[3]。另一方面表现在通过分工协作效率的提高来减少必要劳动时间。一方面在人与自然发生有关系的生产过程中，生产技术与工艺的不断改进，带来资本主义企业内部的分工的不断细化，雇佣工人生产率不断提高，各生产工序之间的衔接更加平滑，各工序之间转移的时间降低。另一方面，以人与人、人与自然之间的关系为研究对象的管理技术的发展，让生产的这种协调在经济层面上更加可行。即使是在生产力三要素没有变化的前提下，这种技术的应用也可以因生产系统的更加合理有效而减少必要劳动时间，从而相对延长剩余劳动时间。泰勒制的发展，日本企业的灵捷制造体系都是明证。

新科技革命以来，技术进步日新月异，以机器操纵机器、机器部分代替人脑的劳动力为特点，实现了人的体力与智力的全面延伸。相对剩余价值生产表现出了以下特点：第一，带来了技术在深度和广度两方面的发展。深度发展带来社会劳动生产率越来越高，在相同的条件下，整个社会生产的使用价值的总量不断地增长。广度发展使得新兴产业不断出现。以计算机为基础的电子信息产业繁荣于20世纪的晚期，生命科学产业的蓬勃发展也是近20年来的事情。新部门的出现，从马克思主义的角度来看，就意味着新的提供剩余价值部门的出现。另外，生产、销售过程中经济技术分工不断细化，第三产业不仅比重增加，而且种类也大大增加，很多物质生产部门的职能分离出来，形成新的部门。这两方面的原因，都使得整个社会能够提供剩余价值生产的部门大大扩展了。第二，脑力劳动在剩余价值生产中的比重越来越大。技术进步不断提高简单劳动的标准。而且从社会劳动的总体来看，物质生产部门，如第一、二产业就业

① 马克思：《资本论》第1卷，人民出版社2004年版，第583页。
② 同上书，第371页。
③ 同上书，第373页。

人数比重不断下降，第三产业比重不断上升，在绝大多数发达资本主义国家第三产业就业人数已经超过 50%。当代剩余价值生产的主体已经从体力劳动转向脑力劳动，劳动的复杂程度越来越高。第三，剥削剩余价值的手段更为文明化。资本主义生产早期的泰勒制、福特制等通过提高劳动强度来提供更多剩余价值的方式已经淡化。工人不仅工作时间不再延长，而且工人的劳动条件、劳动环境也不断优化，在很大程度上受到法律保护。在资本主义企业内部，更强调对人的行为的激励与引导，以调动持久的动力。但是这并不意味着对工人剥削程度的降低，因为在劳动过程中，劳动者的脑力支出、紧张和专注的程度在不断地提高。第四，剩余价值在国际范围内生产与分配。随着信息技术的发展，经济全球化程度不断提高，生产所需各要素在世界范围内分配。发达国家不断将夕阳产业、能耗大、污染严重、劳动密集型产业向发展中国家转移。资本家不仅剥削本国工人生产的剩余价值，还剥削了发展中国家工人所创造的剩余价值。

第五节　技术进步与资本积累

资本积累是马克思主义理论中与技术进步联系最全面、最紧密的概念之一。技术进步与资本积累相互作用，从资本有机构成的不断提高，到资本积聚与集中，再到资本主义社会产业后备军的形成，平均利润利率趋于下降的规律，都包含着技术进步的影响，同时又反过来不断促进强化着科技的发展。

一、技术进步与资本积累过程

资本积累的实质是剩余价值的资本化。因此，技术进步对剩余价值影响的相关要素都会同样地影响资本积累。这样资本主义生产关系中，影响资本积累的量的因素主要有：其一，剩余价值中用于积累的比率，在其他条件不变的情况下，积累的比率越高，资本积累的量就越大；其二，剩余价值率；其三，预付资本的量。这三个方面都直接与社会劳动生产率相联系，从而受到技术进步的影响。"劳动生产力的提高，同时形成新的资本材料，从而形成资本积累扩大的影响"[1]。马克思还认为"一旦资本主义制度的一般基础奠定下来，在积累过程中就一定会出现一个时刻，那时社会劳动生产率的发展成为积累的最强有力

---

[1] 马克思：《资本论》第 2 卷，人民出版社 2004 年版，第 395 页。

的杠杆"①。在其他条件不变的情况下,科技进步使得劳动生产率提高,单位时间内生产的商品数量大大增加,与此相应单位商品所包含的价值量就降低了。这会从几个方面对资本积累产生影响。首先,它直接导致了生活资料价值的降低,从而导致了再生产劳动力费用的降低,即劳动力价值的降低,必要劳动时间减少,而剩余劳动时间相对延长,结果是剩余价值率的提高和剩余价值的增加,资本积累量的扩大。其次,因为劳动力价值的降低,等量可变资本能够购买更多的生产资料和劳动力,扩大生产规模,从而生产出更多的剩余价值,从而增加更多的资本积累。但是技术进步对劳动力价值的上述两种影响会受到一种因素的削弱,即在技术进步条件下,由于简单劳动的标准不断提高,劳动者需要不断地学习新的知识与技能,而这一部分再生劳动力的费用不断增加。从统计年鉴中,我们可以看到各个资本主义国家用于教育投入的部分在连年增长,这减缓了劳动力价值降低的速度。最后,在劳动生产率提高的条件下,当更新原有的生产资料时,可由效率更高和价格更低的生产资料代替原有的生产资料,资本家因此可以获得更多的超额剩余价值或相对剩余价值,从而有利于增加资本积累的量。随着技术进步速度的不断加快,机器设备的无形损耗增加,加快了机器更新速度,也从另一方面加速了转移到新产品上的价值,对超额剩余价值和相对剩余价值的获得也是一种削弱。

马克思主义经济理论中,由资本技术构成决定并且能够反映技术构成变化的资本价值构成被称为资本有机构成,可以用 C∶V 来表示。资本有机构成的变化是资本积累过程中不可忽视的一个指标。资本积累的结果之一是提高了资本有机构成。反过来,资本有机构成的提高也影响着资本积累。资本有机构成的变化与科技进步同时发生,相互影响,相互包含。资本家在资本积累时,把剩余价值按一定比例分别追加于不变资本和可变资本。这样资本积累不仅带来了新类型的机器,而且也带来了新的生产方法。如新资本体现了最新的技术,新的劳动者代表新的劳动技能。"在正常的积累进程中形成的追加资本,主要是充当利用新发明和新发现的手段,总之,是充当利用工业改良的手段。但是,随着时间的推移,旧资本总有一天也要从头到尾地更新,要脱皮,并且同样会以技术上更加完善的形式再生出来,在这种形式下,用较少量的劳动就足以推动较多量的机器和原料"②。在技术不断进步的同时,资本积累不仅是资本规模不断扩大的再生产,而且是质量不断提高的再生产。这一问题也可以从两个方面来理解:一方面资本积累中,不变资本同总资本相比相对提高,而资本家积

---

① 马克思:《资本论》第 1 卷,人民出版社 2004 年版,第 717 页。
② 马克思:《资本论》第 1 卷,人民出版社 1975 年版,第 689 页。

累不变资本是为了引进新技术。单个资本家试图以不变资本替代劳动力、提高劳动生产率，这样他的商品中所包含的价值量就低于社会平均价值量，也就获得了前言所说的超额剩余价值。竞争迫使其他资本家也进行技术创新与模仿的活动，其结果是整个社会劳动生产率提高与科技进步。另一方面，技术进步促进资本积累。技术进步会比资本积累进展要快。马克思曾谈道"特殊的资本主义生产方式，与之相适应的劳动生产力的发展以及由此引起的资本有机构成的变化，不只是同积累的增进或社会财富的增长保持一致的步伐。它们的进展要快得多，因为简单的积累即总资本的绝对扩大，伴随着原资本的技术变革。因此，随着积累的进程，资本的不变部分和可变部分的比例会发生变化。"[①] 在技术进步与资本积累息息相关的基础上，较快的技术进步速度会通过劳动生产率，资本有机构成等因素促进资本积累。

资本积累过程中，资本有机构成的提高是建立在个别资本不断增大的基础上的。个别资本的扩大，可以通过资本积聚和资本集中两种形式实现。资本积聚个别资本依靠自己的资本积累，即通过剩余价值的资本化来增大资本的总量。资本集中是指个别资本通过结合而形成的较大的资本，它既可以通过大资本兼并中小资本来实现，也可以由原来分散的中小资本联合起来成为新的更大的资本。资本积聚和资本集中不但可以促进技术进步，而且也是当今时代技术进步所要求的。一方面，在积累过程中，在产业生产中劳动分工不断细化，大资本比小资本以更快的积累率积累，因为它们具有更大的利润。另一方面，技术创新通常以固定资本的更新体现出来。固定资本更新所体现的不是更新之前固定资本的技术的简单重复，而是代表更先进的技术。劳动资料大部分都因为产业进步而不断革新。这种更新需要以资本为保障，这样资本积聚与集中就成为了生产过程中体现于固定资本乃至劳动资料中的技术创新的保证。在竞争的情况下，大资本比小资本拥有更优越的条件，可以采用先进的生产技术和科学的劳动组织，可以广泛实现合理分工和专业化生产，可以提高设备的利用率，因而可以提高剩余价值，从而促进资本积累。另外，新科技革命的到来，使得研发在社会经济生活中的作用越来越明显，同时每一项新的科技成果所需要的费用也越来越大，对人才的要求也越来越高。正如美国铁路的建设需要垄断资本的出现一样，技术进步对于资本积累与资本集中的要求也非常迫切。综观当今世界各个大型企业，都纷纷建立了自己的研发部门，每年以利润的固定且增长的百分比投入研发部门，各企业以及与研究机构间合作也屡见不鲜。而中小企业的科技进步主要来源于技术市场上的专利购买等方式，很少有自己的研发机构。

---

① 马克思：《资本论》第 1 卷，人民出版社 1975 年版，第 690 页。

更进一步地分析，我们可以发现，国家垄断资本主义的发展逐渐成为必需的。目前，许多项目的研究和开发，需要有超出个别资本乃至垄断资本集团所能承担的人力、物力和财力，需要有许多相关部门的相应发展，需要有大量的协作和协调，国家垄断资本主义的高度发展正好适应了科技发展的这种需要。国家垄断资本主义不仅为科技的发展提供大量经费，而且通过普及教育、提高高等教育质量，培训职工等，为现代科技的发展提供大批合格的高质量人才，同时还通过促进国际科技研究方面合作的不断加强来促进科技的发展。

二、技术进步与相对过剩人口

马克思关于资本积累的分析是建立在对再生产过程分析的基础上的。资本主义再生产不仅是物质资料的再生产、资本价值的再生产，同时也是资本主义经济关系的再生产。资本主义再生产过程中，一方面不断地生产出劳动者和生产资料的分离，另一方面又不断地再生产出剥削劳动者的条件和雇佣劳动关系。也就是说，它一方面再生产出雇佣劳动者，另一方面再生产出资本家。资本主义再生产过程，以资本积累为基础。资本积累过程中，技术进步使得资本有机构成不断提高。而在其他条件不变的情况下资本有机构成的提高，必然会带来相对人口过剩。这是因为资本对劳动力的需要取决于可变资本的量。在扩大再生产过程中，原有资本在提高有机构成的基础上更新，造成对劳动力需求的绝对减少；追加资本的有机构成的提高，会造成资本对劳动力需求相对减少。在资本对劳动力的需要相对地，有时甚至是绝对地减少的情况下，劳动力的供给却在增加，这样就不可避免地出现相对人口过剩。所谓相对人口过剩，是指相对于资本的需要表现为过剩，实质上是超过资本增值的平均需要而形成的相对多余的劳动人口。相对过剩人口是资本主义生产方式存在和发展的必要条件之一，它不仅可以起到劳动力蓄水池的作用，而且也有利于资本家对在职工人进行剥削。

科技进步对相对人口过剩的影响主要表现在两个方面。其一，技术进步带来了劳动生产率提高。这表现为在资本主义生产过程中，可以用较少量的劳动推动较多量的生产资料生产较多的产品，即资本技术构成不断提高。在机器大工业初步建立的 19 世纪，这是技术进步的主要表现形式。不论是以机器代替工人的劳动，还是用效率较高的机器替代效率较低的机器，都体现了马克思所说的"劳动生产率的增长，表现为劳动的量比它所推动的生产资料的量相对减少，或者说，表现为劳动过程的主观因素的量比它的客观因素的量相对减少。"[①]他

---

① 马克思：《资本论》第 1 卷，人民出版社 2004 年版，第 718 页。

还指出"资本主义生产方式越是发展，要使用同量劳动力，就需要越来越大的资本量；如果要使用更多的劳动力，那就更是如此。因此，在资本主义的基础上，劳动生产力的提高必然会产生永久性的表面上的工人人口过剩"①。但是在机器大工业以后，尤其是新科技革命以来，人类活动不仅空间范围在不断扩大，而且内容在不断丰富。新材料、新能源的出现使得劳动对象的范围大大扩展。新材料、新能源的出现与原有的材料和能源相比，因为替代作用而在生产过程中可以节约不变资本。另一方面，科技进步还表现为生产相同数量产品过程中原材料和能源的节约，这也相对地减少不变资本的使用。这些节约不变资本的因素，只是阻碍资本有机构成提高一个方面，但是不能影响资本有机构提高的趋势。

其二，新科技革命以来的科技进步，还有减少相对过剩人口的作用。② 在《资本论》中，马克思指出，技术进步既有可能使劳动力需求相对过剩，也有可能产生创造就业的效应。"虽然机器在应用它的劳动部门必然排挤工人，但是它能引起其他劳动部门就业的增加"。③ 马克思从五个方面论述了机器的使用会促进就业的增加。对这五个方面的分析同样也适用于科技进步对就业的促进作用。第一，部门之间的相互影响。"如果机器占领了某一劳动对象在取得最终形式前所必须经过的初期阶段或中间阶段，那么，在这种机器制品进入的那些仍保持手工业或工场手工业生产方式的部门中，对劳动的需求就随着劳动材料的增加而增长"。④ 如果将科技视为机器的延伸，或者将机器视为科技的成果，是科技的一种外在表现，就可以理解这样一个事实：科技的进步促进生产中的分工，新分出来的每一个环节，以及由此而形成的新部门，都可以促进就业，减少相对过剩人口。第二，因材料和半成品的增加而引起的社会生产部门的多样化。第三，新兴产业的兴起。第四，工人被用于非生产劳动和"仆从阶级"的增加。这几方面的影响都有一个共同的结果——与以往不同的新的生产部门的出现。现代科技进步背景下，新的原材料、新能源的出现，电子信息及生命科学等完全不同的科学产业的出现，策划、销售等职能的分离、服务业等第三产业的兴起，都意味着新部门的出现。新的部门就意味着新的就业机会，就意味着，至少从绝对量上来讲，相对过剩人口的减少。第五，因剩余产品的增加和世界市场而引起的经济结构的变化。"采取机器的直接结果是，增加了剩余价值，同时也增加了体现这些剩余价值的产品量，从而，在增加供资本家阶级及其仆

---

① 马克思：《资本论》第3卷，人民出版社2004年版，第248页。

② 本段主要观点借鉴于秦兴方：《〈资本论〉中技术进步与就业关系的理论阐释》，《当代经济研究》2008年第8期。

③ 马克思：《资本论》第1卷，人民出版社2004年版，第509页。

④ 同上书，第511页。

从消费的物质时，也增加了这些社会阶层本身。这些社会阶层的财富的增加和生产必要生活资料所需要的工人人数的不断相对减少，一方面产生出新的奢侈需求，另一方面又生产出满足这些需求的新手段……大工业造成的新的世界市场关系也引起产品的精致和多样化。不仅有更多的外国消费品同本国的产品相交换，而且还有更多的外国原料、材料、半成品等作为生产资料进入本国工业，随着这种世界市场关系的发展，运输业对劳动的需求增加了。"①

技术进步一方面，在资本主义再生产过程中，在资本积累过程中，通过不断提高劳动生产率，提高资本有机构成，使得等量资本对劳动的需求相对降低。另一方面，技术进步不仅因为增加了商品生产过程技术和经济上的可分性不断增强，社会分工不断增进，还因为新能源，新材料以及新科学与技术等因素，新的生产与非生产部门不断出现，从而吸收劳动力就业，减少相对过剩人口。所以，当今科技进步对相对过剩人口的影响是这两种影响的综合作用的结果。但是从总体上来看，在资本主义社会相对过剩人口的存在是一种常态，西方经济学甚至利用自然失业率这一概念来解释这种现象的存在。

第六节　技术进步与经济危机

科技革命与资本主义经济危机有着密不可分的关系。从资本主义制度诞生的那天起，经济危机就与技术进步不断地相互作用，相互影响着。第一次科技革命发生于18世纪末期。1825年，英国爆发了资本主义世界的第一次全面性经济危机。历史上，每一次大规模的经济危机都引发了重大科技创新。1857年的经济危机引发了以电气革命为标志的第二次科技革命，1929年的经济危机引发了第三次科技革命。而由科技革命引发的产业革命，是走出经济危机的最有效途径之一。

一、马克思主义经济危机理论简述

在马克思主义理论体系中，经济危机是资本主义经济发展过程中周期性爆发的一种现象。资本主义的每一个经济周期都是由繁荣、危机、萧条和复苏四个阶段所构成。"不断重复出现周期——工商业繁荣、生产过剩、危机恐慌、经常的萧条、逐渐复苏，而复苏并不是长期好转的先兆，而是新的生产过剩和新

---

① 马克思：《资本论》第1卷，人民出版社2004年版，第512页。

的危机的先兆。"[1] 危机是上一个周期的结束，也是卜一个周期的开始。生产过剩是资本主义经济危机的本质特征。这种过剩，并不是绝对的，而是相对生产过剩，是生产相对于有货币支付能力的需求的过剩，相对于一定价格水平下的需求的过剩，相对于一定市场规模的过剩，相对于保存资本价值和增值资本价值的过剩，或相对于一定利润的过剩。

货币的出现将买与卖分裂为两个独立的行为，货币支付手段职能的出现带来了商品生产者之间复杂的债务链条，这使经济危机爆发具有了可能性。当资本主义商品经济取代自然经济在社会生活中占统治地位时，经济危机就由可能变为现实。资本主义生产方式的内在矛盾，即生产的社会性和生产资料的资本主义私人占有形式之间的矛盾，是经济危机在资本主义社会爆发的根源。生产的社会性导致了生产力的巨大发展，但是巨大的生产力所生产出来的大量商品只是属于少数占有大量生产资料的资本家。如果这些商品不能顺利卖出去，资本家就不能获得剩余价值，再生产过程就会受阻。只要资本主义存在，经济危机就不可避免。值得注意的是，信用制度成为资本主义社会经济危机的重要推动力。"信用制度……扬弃了资本的私人性质，它本身，但也仅仅是就它本身来说，已经包含着资本本身的……最有力的手段，也是引起危机和欺诈行为的一种最有效的工具"。[2] 它不断打破了工资收入与消费需要对生产扩张的束缚与限制，并创造出虚假的市场繁荣与大量的虚拟资本，从而为资本主义生产的无限扩张提供了人为的推动力。

随着资本主义世界经济危机不断爆发，这一题目成为西方马克思主义者研究中非常重要的一个内容。主要包括以下几种：①非均衡论理论。生产的无政府状态造成了不同工业部门之间商品生产的比例失调，是经济危机的原因。因此，治理经济危机的关键是避免生产的比例失调，在经济体系各部门之间保持平衡。然而在现实中，生产的无政府状态导致这种平衡随时可能被打破，所以由于比例失调而导致的经济危机无时不在。[3] ②消费不足论。资本主义危机的本质是实现的危机，其中，比例失调是不重要的，关键原因是人们的消费不足导致了总供求失衡。所以，资本主义存在着一种固有趋势，即消费品生产能力的扩大快于消费品需求的增长。③国家财政危机论。奥康纳认为国家在资本主义再生产中决定性作用，国家预算的构成能够左右经济的兴衰。他的理论中危

---

① 《马克思恩格斯全集》第 21 卷，人民出版社 1972 年版，第 416 页。

② 《马克思恩格斯全集》第 51 卷，人民出版社 1974 年版，第 686 页。

③ 姚慧琴：《经济危机成因理论研究——供求裂变：一个新的理论的提出与论证》，［博士学位论文］，西北大学，2001 年，第 56 页。

机在经济上的必然性转化成为围绕政府预算各方博弈的结果。[①] ④经济成长论。曼德尔认为，国际资本主义经济一般要经历一次大约50年左右的繁荣和停滞周期。从资本主义经济发展的历次长周期的繁荣时期看，都是由技术创新带动和引发的。⑤资本有机构成提高论。世界范围的经济危机实质上是获利能力的危机，这是资本有机构成提高引起利润率下降的结果。[②]

二、技术进步对经济危机的影响

1. 技术进步推动了经济危机的发生

第一次科技革命以后，技术进步不断加速，资本主义基本矛盾不断深化，经济危机的爆发成为资本主义世界不可避免的现象。20世纪30年代的大萧条正是这一基本矛盾充分发展的结果。技术进步的作用首先表现在促进生产力的发展，带来物质财富的极大丰富，而需求并没有与生产力同步等比例增长，使得相对生产过剩不断加剧。20世纪70年代的滞胀之后，新自由主义在资本主义国家的政策制度中占据主导地位。"在这种思想的影响下，一些资本主义国家开始大幅度削减社会福利开支，在企业利润上升的同时，工人的实际工资增长缓慢，从20世纪80年代至今，美国工人的实际工资几乎没有增加，国民收入分配差距持续扩大，基尼系数从1980年的0.4左右上升到2006年的0.47；从1975年到2005年，美国最富有的1%的家庭实际收入增长了175%，富有的25%的家庭实际收入增长超过70%，而其他家庭实际收入的增长都不足30%。"[③] 生产的迅速扩大，与需求的相对增长缓慢的并存，因此成为经济危机原因之一。其次，经济全球化愈演愈烈的时代背景下，技术进步大大提高了生产社会化的程度。信息与通讯技术的发展，将世界缩小为一个地球村。资源在全球范围内配置，生产的组织性、计划性越来越强。但是生产资料的资本主义私有制使得资本主义企业之间的竞争加剧，生产的重复浪费与无政府状态由一国发展至世界范围内，经济危机也因此而跨出了国界，成为世界性的。

新科技革命以来，以信息技术为代表通讯技术变革，在促进信息流动的同时，突出了信用制度在经济危机中的作用。20世纪80年代以来爆发的经济危机中，信用制度都有明显的作用。1982年、1994年的墨西哥债务危机、1990年日本经济危机、1997年东南亚金融危机、2002年阿根廷债务危机、2008年

① 姚慧琴：《经济危机成因理论研究——供求裂变：一个新的理论的提出与论证》，[博士学位论文]，西北大学，2001年，第59、60页。

② 同上文，第58页。

③ 马艳：《金融危机与经济危机相互关系的理论分析——基于马克思主义经济学的视角》，《华南师范大学学报》（社会科学版）2009年第5期。

美国次贷危机等都是经济危机的具体表现形式。新科技革命以来的技术进步，将人类的计算能力不断提高，为各种类型的金融创新提供了技术支持。虚拟经济与实体经济的偏差越来越大。虚拟资产虚高，成为金融危机爆发的直接原因之一。美国次贷危机引起的金融危机，更是金融过度创新的直接产物。另外，随着物质生产的极大发展，资本获利能力降低。与此同时，资本在虚拟市场中的增值性不断增加，大量的产业资本从物质生产部门向非物质生产部门转移，虚拟经济逐步成为发达资本主义国家经济的主体。具体表现为第三产业在国民生产总值中的比重不断上升。当今时代，也因实体经济要素，如资本、劳动、土地等需要通过虚拟经济的形式如证券、股票等表现出来，而将虚拟经济与实体经济相联系。虚拟经济中的金融危机成为经济危机的一种表现形式。

2. 技术进步也是摆脱经济危机的途径之一

技术进步促进资本主义基本矛盾的发展，从而促进了经济危机的发生，但是从现实情况来看，它又是资本主义世界降低经济危机的破坏程度，摆脱经济危机的主要途径之一。

首先，科技进步使得资本主义生产过程更加合理。信息与通讯技术的发展，使得生产过程中所需的各种信息流动越来越顺畅、高效，信息不对称的现象减少，无论是对单个资本主义企业的生产，还是对整个资本主义社会的生产协调，都有莫大的作用。这主要表现在：

（1）各生产环节更为协调，减少了资源浪费。信息与通讯技术的发展使得生产企业与其上下游企业的联系更加紧密，生产与流通系统可以极大地精简库存，同时又能更加灵敏地应对市场需求，调整企业管理方式。20世纪日本的精益制造体系就是最好的例证。这类生产方式虽然极大地促进了物质产品的生产，但同时能在危机来临时减少商品积压，从而不再像早期资本主义那样，靠大规模销毁产品、破坏生产力来摆脱危机。

（2）从整个资本主义社会来看，生产盲目性程度大大降低。借助于通讯技术的快速发展，信息沟通越来越便捷，西方各资本主义国家的经济统计与计量，以及市场行情预测都有了很大进展。资本主义企业对于整个市场的当前行情以及个别部门生产长期趋势可以有较准确的把握。这样，资本主义企业在繁荣时，与之前的时期相比，可以更加合理地安排生产销售计划。危机来临前，预先制止生产的过度增长。同样，也使得资本主义国家的政府，能运用财政、货币等政策，对商品生产、流通进行有效调节，减轻危机冲击，将危机持续时间缩短，尽可能地熨平经济波动。

（3）科技进步改变了固定资本再生产周期物质基础的作用，减缓了危机的破坏程度。技术进步一方面由于产品更新速度的加快而加快了固定资产的无形损耗，另一方面大型建设项目的长周期，以及机器的耐用性而使得固定资本更新的规模有所限制。这样，在技术不断进步的条件下，即使在经济危机期间，仍然存在一定的投资规模，从而减缓了危机的破坏程度，加快了复苏。

（4）重大技术创新，往往可以促进新的产业发展。一方面将实体经济中生产要素转移到新的产业中，降低已经处于危机中产业的生产能力，另一方面又创造了新的需求。从经济整体来看，通过减轻相对生产过剩而让经济走向复苏。

正因为技术进步在经济危机中具有这种双重作用。它一方面因为促进生产力的极大发展而使得相对生产过剩成为资本主义世界不可避免的情形，另一方面又是减缓经济危机爆发的严重程度，走出经济危机的有效途径之一。德国经济学家门施在《技术的僵局》一书中，通过对 1749～1960 年间 112 项重要技术创新的统计分析，发现重大基础性创新的高峰均接近于经济萧条期。因而认为经济危机是技术进步的重要推动力，而技术进步又将是经济复苏的基础。从现实的情况来看，为了摆脱这次金融危机，各国政府都在科技创新方面不断增加投入。2009 年 4 月 27 日，美国总统奥巴马承诺，将把美国 GDP 的 3% 投资于研究和创新，这将超出美国在 1964 年创造的科研投资最高值。在这样危机与机遇并存的时代背景下，如何抓住机遇，站在技术进步的前沿，推动经济的早日繁荣成为我国目前最主要的任务之一。

第八章　马克思主义信用经济与
虚拟资本理论

　　2008 年全球金融危机让我们不得不重新思考全球经济为什么会从房地产信贷市场的崩溃，在近一年的时间里就演变为美国金融市场的全面危机，最后引爆全球性金融危机？发达国家的经济和金融出现了什么问题？可以观察到的现实是 20 世纪 80 年代以来金融创新从制度到产品都达到了高度复杂的状态。在发达国家，以新古典理论为基础的现代西方金融理论的管理思想主张高度自由化的金融市场和国际资本流动，没有使发达国家金融市场和国际金融市场走向所希望的均衡和稳定，而是走向一次全球范围的金融危机和经济衰退，走向新古典理论一直反对的国有化和政府直接干预。我们发现对现代经济运行的变化，特别是金融危机的研究，沿着西方主流理论，已经无法找到合理的解释。而马克思主义经济学，特别是虚拟资本和信用经济的研究已经深刻揭示了资本主义发展的必然规律。

　　本章从马克思对虚拟资本的研究入手，分析信用深化与虚拟资本深化发展的内在联系，并阐述了现实中发达国家虚拟资本发展的情况，进而揭示现代金融危机的变化。基于虚拟资本和信用经济发展关系的研究，沿着这个研究逻辑，我们认为全球资本主义经济发展发生了两大基本变化：第一，20 世纪 80 年代金融自由化和全球化推动了美国等发达国家资本市场发展，股票、债券，更重要的是各种金融衍生产品等虚拟资本大规模出现。美国、欧洲等国家和地区经历了工业化和金融化发展，金融机构杠杆比率过高，整个发达国家经济高度依赖金融和全球金融实力，脱离了其实体经济发展，造成美国、欧洲等国家和地区内部金融严重失衡。第二，1971 年形成的国际货币体系使国际货币失去了有效约束，国际资本管制的消除，使美元在全球泛滥，造成主要来自发达国家的国际短期资本在全球大规模流动，造成全球金融失衡和全球经济失衡，国际贸易失衡只是全球金融失衡的结果之一。20 世纪 90 年代以来国际金融稳定成为影响国际经济稳定的重要问题。

第一节　金融危机推动虚拟资本研究复苏

一、虚拟资本早期争论与虚拟资本研究的复苏

"虚拟资本"（fictitious capital）的概念曾经在很长时间内近乎被人们遗忘，直到 20 世纪最后 10 年，随着世界性的金融危机不断爆发，才又引起人们的广泛研究。在 1997 年亚洲金融危机中和 2008 年全球金融危机中，我们都看到资产价格的暴跌，即股票、债券、房地产信贷衍生出来的各种资产，更重要的是像 CDO（Collateralized Debt Obligation，债务抵押债券）、CDS（Credit Default Swap，信用违约掉期，也称信用违约互换）等金融衍生产品价格和违约迅速蔓延，导致全球范围金融机构金融链条的断裂。曾经被"市场原教旨主义"理论奉为圭臬的金融资产定价理论遇到了前所未有的困境。其实，早在 1997 年亚洲金融危机时，国内一批学者就已经开始虚拟资本和信用理论研究，可以说正是金融自由化以后多次发生的金融危机推动了马克思虚拟资本理论研究的复苏。

最早使用"虚拟资本"概念的是英国经济学家李嘉图（Ricardo），马克思在论述"借贷资本"的时候较系统地阐述了"虚拟资本"的概念。希法亭（Hilferding）也详细地论述过虚拟资本。在西方主流经济学家中，马克思主义的坚决反对者，自由主义经济学家哈耶克（Hayek）也在他的著作中正式使用了这个概念。劳德戴尔（Lauderdale）和瓦伊纳（Viner）也是较早使用这个概念的经济学家。

希法亭在其《金融资本》一书中，对虚拟资本的范畴、本质以及对经济的影响进行了系统的分析。希法亭所使用的虚拟资本的含义与马克思的定义相同。希法亭所处的时代，正是股份制企业迅速发展和垄断资本主义达到顶峰的时期。希法亭强调金融寡头对经济的统治，他认为，"金融资本随着股份公司的发展而发展，并随着产业资本的垄断化而达到顶峰。产业收益获得了更可靠和经常的性质，因而银行资本投于产业的可能性越来越大。但是，银行支配银行资本，银行股票多数持有者统治银行。随着财产的日益集中，控制银行的虚拟资本的所有者与控制产业的资本所有者，越来越合而为一。"[1] 通过虚拟资本银行资本与产业资本融合在一起形成了金融寡头，它们实际上统治着经济。

---

① ［德］希法亭：《金融资本》，王辅民等译，商务印书馆 1999 年版，第 253 页。

　　哈耶克引入"虚拟资本"的概念是为了解释经济危机[1]，哈耶克没有具体解释虚拟资本的含义，只是从瓦伊纳那里借用这个概念，以便用来解释经济危机产生的原因。哈耶克认为，虚拟资本是银行信用增加的产物，会导致资本市场的扭曲。当消费者和企业主的预期相一致时，消费者为企业主提供的信用相当于储蓄，资本市场的稳定也就有了保证。但是，刺激企业主投资的银行信用的增加如果没有使储蓄有相应的增加，就会导致哈耶克所说的"过度消费危机"，同时造成资本稀缺和未使用资本品的过度供给，这将会引起信用危机，导致经济危机。哈耶克还在《利润、利息与投资》一书中解释了为什么使用"虚拟资本"概念的经济学家越来越少。他认为，由于西方发达国家资本市场的发展，许多专业人士创造了越来越多的金融专业词汇，这些词汇能更准确地描述金融市场的具体情况，并有利于这些金融专业人士之间的交流和沟通。而"虚拟资本"是一个含义相对比较模糊的词汇，即使在理论研究中也由于需要更具体，更贴近现实的概念而逐渐被其他专业词汇所取代。

　　最早对虚拟资本含义和范畴进行明确界定的是马克思，他在劳动价值论的基础上来使用"虚拟资本"概念的，对虚拟资本与实际资本的区别及其与实际经济相分离的过程进行了充分阐述。希法亭所使用的虚拟资本的含义与马克思的定义相同。但希法亭强调的是金融寡头对经济的统治。银行资本通过虚拟资本的形式与产业资本融合在一起形成了金融寡头，从而实际上统治着整个经济。因此，经济的虚拟化过程不仅体现为财产运动和生产运动的分离，更体现为金融资本对整个经济的支配地位。弗朗索瓦认为货币也具有虚拟资本的特点，信用货币通过银行体系不断创造出新货币，以及商业银行参与证券市场的经营活动是虚拟资本扩大的两条重要途径。弗朗索瓦认为虚拟资本日渐膨胀，使经济更加不稳定的主要原因是因为虚拟资本的独立性是相对的，一旦运作者得到他们认为不好的消息，他们往往会做出过度反应，会采取相同的行为，群体性角逐安全，使资产大量紧缩而导致虚拟资本毁灭。

　　凯恩斯与德鲁克等人提出了新的研究理论——"符号"经济。他们认为是符号经济决定了实际经济，而不是相反。凯恩斯认为货币和信用贷款拥有纯粹经济性的控制能力，从而影响实际活动。他认为经济实体是一些符号，即货币和信用贷款，而不是以劳务、工作作为计算单位的实物。在他的体系中，货币和信用的"符号经济"（Symbol Economy）是真实的，货物和服务都依存于它，是它的反映。因此，凯恩斯得出结论，由于货币信用的"符号经济"的出现，使得经济学家在掌握了有关货币的问题——如政府消费、利率、信用规模和流

---

[1] Hayek, Friedrich August von, *Profits, Interest and Investment*, ROUTLEDGE AND KEGAN PAUL, LTD, 1975.

通中的货币量等就可以维持永久的均衡，保持充分就业、繁荣和稳定。

尽管德鲁克与凯恩斯一样将货币与信用称为"符号经济"，但不同的是他明确地将经济分为符号经济与实体经济。在德鲁克看来，整个经济由两个有机部分，即符号经济和实体经济组成。他认为"符号经济"（资本的流动、汇率以及信用流通）已经取代了"实体经济"（产品与服务的流通）成为世界经济的核心，而且大体上独立于实体经济。德鲁克指出，现在世界上产品贸易量比以前任何时候都要大，而且大得多。无形贸易，即服务贸易，亦是如此。代表金融活动的"符号经济"和它的交易逐渐使产品的贸易的"实体经济"黯然失色。他批评凯恩斯学派，认为它不能处理当前发达国家的核心问题，更不能解释现实经济的真相。同时他也不赞成古典理论完全将"符号经济"视为实体的"面纱"。

尽管这些经济学家的理论观点存在差异甚至冲突，但是，将"虚拟资本"与"实际资本"相对立，并赋予其贬义却是共同的。

二、马克思关于虚拟资本的研究

目前关于虚拟资本研究是以马克思研究为基础产生的一些系统研究。马克思在《资本论》中对虚拟资本的论述以生息资本的存在为前提，而生息资本一般则以货币资本的形式存在，即是从职能资本中分离出来的部分货币资本的独立化，同时生息资本的借贷运动又是建立在信用制度高度发展的基础之上，所以，可以说马克思是在货币和信用理论中讨论了他的颇为不同的"虚拟资本"概念。①

1. 从货币、货币资本、生息资本到虚拟资本

马克思在《资本论》中首先从讨论商品和货币开始，进而考察货币转化为资本的过程，以此说明劳动过程中剩余价值的生产是资本获取收益（货币增值）能力的基础。作为资本主义经济的细胞，商品具有使用价值和价值两个因素。这两者又同生产商品的劳动所具有的两重性，即创造使用价值的具体劳动和创造价值的抽象劳动相对应。通过由简单价值形式→扩大的价值形式→一般的价值形式→货币形式的历史发展过程，马克思论证了货币的产生，而这个货币与实物存在根本的区别，它是联系到与使用价值或技术完全无关的价值形式。马克思认为，货币一旦形成，商品的交换过程就成为商品流通公式"W—G—W"。在这里，商品是单纯作为商品而出现，货币是单纯作为货币而出现，即简单的商品经济形式。但是，当出现了雇佣劳动和资本主义商品生产，即当资本家用

---

① 参见德·布吕诺夫（S. de Brunhoff）：《虚拟资本（Fictitious Capital）》，《新帕尔格雷夫经济学大辞典》第2卷，经济科学出版社1992年版，第341页。

一笔货币雇佣劳动和购买生产资料时，他所支付的不是劳动的价值而是劳动力的价值，目的是要获取剩余价值（货币的增值），这时商品交换公式就成为"G—W—G′"的流通公式，这种流通形态成为资本流通的一般形态。其中，这个增加的货币、即 G 与 G′ 的差额，就是马克思所说的剩余价值，其货币表现即为利润，它为资本家提供了"生产的直接目的和决定动机。"当然，也正因为货币增值的出现（G′>G），使得这个形态中的货币不再是单纯的货币，而是成为了资本形态的货币，即货币资本。① 整个资本主义经济体系得以运转的动力，显然正是在于资本家有这样一笔货币资本来预付生产资料和劳动力，从而才能在雇佣劳动中获取不断增值的利润。因此，货币资本的出现，是资本主义经济发展的重要前提条件。同时，在资本增值的社会动机下，货币也就完成了初步的虚拟化。但是，在资本主义经济发展的初期，由于货币资本只是属于一部分资本家所有，当其缺乏自有资本来支付工资和购买资本品时，资本主义经济的发展必然会受到一定程度的抑制。不过，随着资本主义信用制度的不断发展，这一问题便迎刃而解了，因为通过信用的媒介，一部分闲置的货币资本就可以由银行家（货币资本家）贷给企业家（职能资本家）进行经营，这就产生了近代形式的生息资本即借贷资本。而在现实的经济生活中，由于这些资本的积累大大超过了现实资本的积累，从而也就推动了资本的虚拟化。

　　生息资本从某种意义上讲也是一种商品，但不是普通商品，而是一种特殊的商品。这种商品的特殊性不在于它具有价值，而在于它具有一种特殊的使用价值——贷给职能资本家使用能够产生利润。"这样，货币除了作为货币具有的使用价值以外，又取得了一种追加的使用价值，即作为资本家来执行职能的使用价值。就它作为可能的资本，作为生产利润的手段的这种属性来说，它变成了商品，不过是一种特别的商品。或者换一种说法，资本作为资本，变成了商品。"② 这样，生息资本的循环形式"G—G′"就是一种特别的流通，因为它是贷放的，而不是永远出让，其起点是贷出的货币资本 G，回归的则是连本带利的货币资本 G′，这一运动形式显然不同于上述产业资本运动中通过商品交换的"G—W—G′"的流通公式，因为这里没有借助于任何起中介作用的中间运动就实现了价值的增值。也就是说，作为资本贷放的货币，它作为货币预付时不是去交换商品，它作为商品预付时也不是为取得货币而出售，即它是作为资本支出的。"这种自己对自己本身的关系——当我们把资本主义生产过程看做整体和统一体时，资本就表现为这样一种关系：在这种关系上，资本就表现

---

① 马克思：《资本论》第 1 卷，人民出版社 1975 年版，第 167、177 页。
② 马克思：《资本论》第 3 卷，人民出版社 1975 年版，第 378 页。

为会生出货币的货币。"①这样，生息资本就成为一种虚拟的资本形式，即虚拟资本了。

2. 虚拟资本的虚拟性

马克思是在论述"借贷资本"的时候系统地阐述了"虚拟资本"。在《资本论》中，股票、债券等被当代西方经济学家称作金融资产的东西，在马克思看来是没有价值的。例如股票，它是企业所有权的凭证，其持有者有权索取相应的企业利润，其持有者有权索取相应的企业利润股票具有了与各种资本品——机器设备——一样的商品形式，可以买卖，于是股票有了价格。这种分享利润的内容被赋予股票以后，它就与实际资本一样也被看做是产生利润的资本，并与实际资本一样是可以转让的；股票取得了像资本品（指机器设备等）一样的商品形式，可以买卖，于是股票有了价格，但是它却没有价值。它所代表的实际资产，如厂房、机器、设备等正在企业中执行生产资本的职能，而股票则不参与这个生产过程，它是这些资产的第二重存在。就一笔资产的第二重存在的意义上说，股票的"价值"纯粹是虚拟的。

这种认识延伸到对债券的研究，阐明债券具有与股票相同的虚拟性，即当企业发行债券时，企业已经把筹得的资金用于购买机器、设备或原材料，或者已经用来支付其他生产和销售费用，那么筹集来的资金已经在生产过程中被用掉了，所购买的生产设备和原材料已经或正在生产过程中执行其职能，而发行的债券在债券市场上继续买卖，其价格决定基本上与生产过程无关，债券价格的确定与债券发行时规定的利息率以及现行的市场利息率、宏观经济环境等有密切关系。所以，在这一点上债券的交易就与股票类似，具有所谓的虚拟性——其价格脱离其代表的实际资产，其运行过程也有其自身相对独立的机制。

在各种债券中，政府债券的虚拟性质则更加明显。在西方，政府发行债券筹得的资金多数用于非生产性开支，如军费、转移支付、行政性开支等，这些钱已经被政府花掉，它们的代表物有些正在不断被消耗（价值在减少），有些甚至被完全耗尽，从而不再存在，而其债券则仍在市场上买卖，仍然呈现出与任何其他资本形态一样的"价值增值"的形式，显然，债券独立运行的方式连同其本身都是虚拟的。对于银行资本，马克思认为其大部分因为没有具有实际价值的黄金作基础，因此银行资本的绝大部分也是虚拟的。

在当代众多的前沿问题研究中，大量的研究以"资本化"（Capitalization）将实际经济与"金融经济"（Financial Economy）分开，或将实际经济与"虚拟经济"（Fictitious Economy）或"符号经济"（Symbol Economy）区分研究，

---

① 马克思：《资本论》第3卷，人民出版社1975年版，第386页。

并对它们之间关系进行了研究。人们开始深刻地认识到当代经济出现的危机越来越与证券业、银行业、外汇市场以及金融衍生物交易等密切相关。

第二节　信用制度发展与虚拟资本深化

虚拟资本在信用经济基础上的产生过程包括萌芽和初步发展两个阶段。货币的虚拟化是经济虚拟化最重要的变化，是现代虚拟经济发展的重要基础变化之一，与金融管制放松的制度变化一起推动了现代经济虚拟化发展。随着信用制度的发展，特别是信用进化和深化，虚拟经济才能够逐步发展壮大。国内经济关系和国际经济金融关系发生了深刻变化，出现了新发展趋势，也出现了新问题。

一、货币资本向生息资本转化中信用制度的重要作用

随着商品经济的发展，伴随着近代银行制度的出现所产生的各种各样的信用工具和支付手段，都是建立在资本主义信用制度高度发展的基础之上的。马克思认为信用和信用制度是与生息资本同生共存的，"信用，在它的最简单的表现上，是一种适当的或不适当的信任，它使一个人把一定的资本额，以货币形式或以估计为一定货币价值的商品形式，委托给另一个人，这个资本额到期后一定要偿还。如果资本是用货币贷放的，那么，就会在还款额上加上百分之几，作为资本的报酬。"[1] 在这里，他强调了信用是借贷双方的信任，这样贷出的资本额到期就要偿还，而且归还时还要有报酬。如果一方破坏了信任关系，则信用就不存在了，而这是要付出代价的。其次，他在分析生息资本在贷出者和借入者之间的运动时，强调了信用是具有独特形式的价值运动。他说，"这个运动——以偿还为条件的付出——一般的就是贷和借的运动，即货币或商品的只是有条件的让渡的这种独特形式的运动。"[2] 这说明，由信用引起的价值运动与一般商品流通不同，在一系列的借款、偿还、支付过程中，货币或商品的所有权没有发生转移，只是使用权发生了变化，但这种使用权的运动同样是市场主体的交换关系，因而也是一种社会关系。因此，在马克思的经济学中，在一个竞争的市场经济的体系之下，尤其是当资本主义经济的发展已主要是围绕着货币资本借贷关系发生运转来获取增值利润时，信用制度就成为一切经济活

---

① 马克思：《资本论》第3卷，人民出版社1975年版，第452页。
② 同上书，第390页。

动存在的基础。不仅如此,而且,在信用制度的媒介之下,当货币资本转化为借贷资本以后,借贷资本实际上已经仅仅作为一种权力证书存在,不仅不再作为现实资本存在,甚至不再作为货币资本而存在。"即使假定借贷资本存在的形式只是现实货币即金或银的形式,只是以自己的物质充当价值尺度的商品的形式,那么,这个货币资本的相当大的一部分也必然只是虚拟的,也就是说,完全像价值符号一样,只是对价值的权利证书。"①

因此,经济学中使用的"虚拟资本"的概念来自于马克思阐述的在信用媒介下所贷出的货币资本。不过,他提出了一个与以劳动价值论的原则相反的评价原则,即"虚拟资本的形成叫做资本化",也就是说,在生息资本存在的条件下,"人们把每一个有规则的会反复取得的收入按平均利息率来计算,把它算作是按这个利息率贷出的资本会提供的收入,这样就会把这个收入资本化了"。②在这里,马克思举了一个例子来说明这一收入资本化的含义。例如,在年收入R=100镑,利息率i=5%时,100镑就是2000镑的年利息,这2000镑现在就看成是每年有权取得100镑的法律证书的资本价值,即公式K=R/i。其中的关键是,在资本价值K和年收入R之间存在一个表明市场经济或资本主义经济关系的重要因素,即货币利息率i,正是由这种货币利息率决定着资本存量与收入流量的同时均衡。③所以,马克思强调了利息的存在对于虚拟资本定价的重要意义。他指出,"生息资本的形成造成这样的结果:每一个确定的和有规则的货币收入都表现为资本的利息,而不论这种收入是不是由资本生出。货币收入首先转化为利息,有了利息,然后得出产生这个货币收入的资本。同样,有了生息资本,每个价值额只要不作为收入花掉,都会表现为资本,也就是都会表现为本金,而和它能够生出的可能的和现实的利息相对立。"④而且,由于没有成本可参照,这个资本的价格是以它的预期收入为基础的,即它的价格实际取决于未来能带来多少收益,因而是一种未来收入的资本化形式。所以,虚拟资本在这里实质上是收入的资本化,并且在现实生活中,这种观念的资本还会物化在可以直接转移的形式上,即物化在各种有价证券上面。因此,依据这样一种收入资本化的定价原则,则包括股票、债券等在内的各种有价证券以及后来逐渐发展出来的金融期货、金融期权等大量的金融衍生工具,都可以被视为是虚拟资本的表现形式。而当这些金融工具的持有和交易活动开始在人们的日常经济活动中不断普及和日益频繁时,真正意义的经济虚拟化,即经济的货币

① 马克思:《资本论》第3卷,人民出版社1975年版,第576、577页。
② 同上书,第529页。
③ 参见柳欣:《货币经济中的货币理论》,《天津商学院学报》2001年第4期。
④ 马克思:《资本论》第3卷,人民出版社1975年版,第526页。

化也就出现了。

以股票和债券为例，对于股东和债权人而言，只要制度可以保证这份资本证书可以给他带来收益，即能够随时转换为货币形式，就没有人会追究这份资产的实际价值，因为人们所关心的只是它们的交易价格。这样，既然作为剩余索取权证书而存在，股票和债券就是一种预期的未来收入的代表，它的市场价格并不是由它的现实价值决定，而是由它所代表的预期的未来收入决定。这种资本收入的预期性，使资本的市场价格可能与其实际价值大大偏离，因而它们就只能算是一种虚拟的资本了。而衍生物的情况就更为典型了，无论是各种期货还是期权，由于它们并不对任何实际生产过程产生影响，而只是通过对货币金融状况的影响来间接影响总资本的运动，所以其运作形式已经是一种完全的虚拟价值增值的运动了。而且，随着信用制度和股份制度的发展，随着资本市场的不断扩展，经济中的这些虚拟成分会越来越大。从整个社会来讲，货币资本也因此越来越集中到大资本家手中，特别是集中到银行家手中。正如马克思所说，"银行家资本的最大部分纯粹是虚拟的，是由债券（汇票），国家证券（它代表过去的资本）和股票（对未来收益的支取凭证）构成的。它们所代表的资本的货币价值也完全是虚拟的，是不以他们至少部分地代表的现实资本的价值为转移的；既然它们只是代表取得收益的权利，并不是代表资本，那么，取得同一收益的权力就会表现在不断变动的虚拟货币资本上。"①

二、虚拟资本发展中的信用进化与信用深化

信用进化是指在减少交易成本的基础上，信用主体不断演进并产生相应的虚拟资本的过程，最早是基于对物的信任产生的以物易物的交易，过后银行等金融机构承担起信用主体职责，基于货币发行量发行了银行券，作为信用中介经营货币产生了借贷资本。随着社会信用体系的不断完善，企业、政府等主体开始以自己的信用为基础，直接向公众进行债务融资，于是产生了债券、股票等虚拟资本，以商品和自身的信用为担保，在上下游企业间进行融资从而产生了票据虚拟资本。此时，信用主体是企业和政府等实体机构。而后，自身信用欠佳，但具有优良资产的企业便替代了企业整体成为信用主体，从而产生了资产证券化。信用进化分为信用制度和信用环境的进化。信用制度的进化不同于一般制度进化的特点在于：一般制度的变迁是在原有制度基础上的演变，其结果主要表现为新的制度对旧制度的替代。而信用制度进化表现为新旧制度的共

————————
① 马克思：《资本论》第3卷，人民出版社1975年版，第532页。

存，且互为信用制度环境的一部分。信用制度的进化和信用环境的进化上相互促进，相互联系，共同进化的。信用环境是指与信用制度配套的征信体系、信息披露、激励机制约束等制度环境和相关技术环境。信用环境的进化为信用制度的进化奠定了基础，信用制度的进化对信用环境提出了要求。信用的进化从实物信用经过中介信用、主体信用进化到资产信用，实物信用与资产信用在某些方面具有共性，均是基于对物的信用，差距在于实物信用是实物的本身为信用主体，而资产信用是以资产的未来的现金流为信用主体的。

信用深化是指在信用进化的同一个阶段，既存在信用制度的形式和范围不断扩展，从而形成新的虚拟资本的过程。信用制度的深化主要有两种方式，信用渗透和信用叠加。信用渗透是指既存的信用原则渗透至新的领域从而创造新的虚拟资本的过程。比如，随着信用市场的出现，信用的有限责任制原则渗透到投资领域从而产生股份制和普通股票，进而信用原则渗透到普通股票，产生了优先股等金融工具。信用卡则是企业间的信用制度渗透到消费领域而产生的。信用叠加则是说，不同信用主体的信用进行叠加，形成信用的复合形式，从而创造出新的虚拟资本的过程。比如，融资租赁是实物信用与中介信用的叠加，金融衍生工具是主体信用与中介信用的叠加，等等。

三、信用制度发展是虚拟资本发展的基础

虚拟资本大规模出现后，与虚拟资本相关的经济活动在现代市场经济中的影响越来越重要。一些学者提出虚拟资本和虚拟经济研究。虚拟经济是市场经济发展到一定阶段的产物，虚拟经济的真正发展是在信用制度高度发展之后，信用制度是虚拟经济产生发展的根本原因。伴随着市场经济与银行制度的产生与发展，各种各样的信用工具和支付手段大量涌现。

马克思曾经说："英格兰银行不用库内的金属贮藏作准备金而发行银行券时，它创造了一些价值符号，对它来说，它们不仅是流通手段，而且还按没有准备金的银行券的票面总额形成了追加的——虽然是虚拟的——资本。并且这一追加的资本，会为它提供追加的利润。"[①] 马克思指出除了发行本银行的银行券外，英格兰银行还通过开出汇票、付出已经贴现的汇票等方法创造信用和资本。这样，银行就可以在准备金以外创造多得多的货币和货币资本。马克思指出："随着生息资本和信用制度的发展，一切资本好像都会增加一倍，有时甚至增加两倍，因为有各种方式使同一资本，甚至同一债权在不同的人手里以不

---

① 马克思：《资本论》第3卷，人民出版社1975年版，第614页。

同的形式出现。这种'货币资本'的最大部分纯粹是虚幻的。"[①]在马克思的论著中清楚阐明在银行制度产生以后，虚拟资本的特点更充分的显现出来。

虚拟资本和相关经济活动大发展是在企业股份制度被更广泛实施之后，股份制度使资本的所有权和使用权分离，还使资本的所有权转化为剩余索取权。在发达的股份制度下，由于股东既不能退股，也不能实施使用权，而股东作为所有者的现实权益也仅仅作为剩余索取权而存在，这样股票作为资本所有权证书也就转变为剩余索取权证书。马克思指出："公用事业、铁路、矿山等等的所有权证书，固然是现实资本的证书，但有了这种证书，并不能去支配这个资本，这个资本是不能提取的。有了这种证书，只是在法律上有权索取这个资本应该获得的一部分剩余价值。"[②]"但是，作为纸制复本，这些证券只是幻想的，它们的价值额的涨落和它们有权代表的现实资本的价值变动完全无关。"[③]既然如此，那么其市场价格就有可能大大超过它们有权代表的现实资本的价值。"这个想象的财富，按照它的原来具有一定的名义价值的每个组成部分的价值表现来说，也会在资本主义生产发展的进程中扩大起来。"[④]

资本市场的迅速发展，各种法律制度的完善使资本市场得以正常运行，进而使虚拟经济关系最终不断拓展开来。股票债权和其他有价证券是可以在资本市场上流通的。这些形式的资本就如商品市场上的商品一样不断地从一个所有者手中转到另一个所有者手中。所以，这些股票和债券，对于股东和债权人来说，只要制度能保证这份资本证书可以给他带来收益，保证这份资本证书能够随时转换为货币形式，人们就不会真正关心这份资产的实际存在形式，人们更关心这些资产的交易价格，因为这种资产的价值在于其积累部分。所以，投资者手中掌握的有价证券实际上是剩余索取权的证书。既然作为剩余索取权证书而存在，股票和债券就是一种预期的未来收入的代表，它的市场价格并不是由它的现实价值决定，而是由它所代表的预期的未来收入决定。这种资本收入的预期性，使资本的市场价格可能与其实际价值大大偏离。随着信用制度和股份制度的产生和发展，随着资本市场的产生和发展，经济中的虚拟成分会越来越大，虚拟经济最终得以形成。

[①] 马克思：《资本论》第3卷，人民出版社1975年版，第533、534页。
[②][③] 同上书，第540页。
[④] 同上书，第541页。

第三节　虚拟资本发展与现代经济内涵与运行方式的变化

一、现实中的新问题与理论探索

由于货币和信用关系为代表的虚拟经济已经逐渐脱离了生产和服务所构成的实际经济，有了自身独特的运行规律和特征，同时对整个经济体系产生了很大影响，因此引起了学者们的高度关注并对其加以研究。

希法亭认为，"金融资本随着股份公司的发展而发展，并随着产业资本的垄断化而达到顶峰。产业收益获得了更可靠和经常的性质，因而银行资本投于产业的可能性越来越大。但是，银行支配银行资本，银行股票多数持有者统治银行。随着财产的日益集中，控制银行的虚拟资本的所有者与控制产业的资本所有者，越来越合而为一。"[①] 希法亭认为以信用经济为基础的虚拟资本控制了经济的运行机制，成为经济的核心力量。

凯恩斯是最早将经济划分为符号经济和实体经济的人，他认为货币和信用贷款拥有纯粹经济性的控制能力，从而实际影响着经济活动。德鲁克则更为深入地阐述了"符号经济"的观点，他认为"符号经济"是指货币和信用，"实体经济"是指货物、工作和劳务。在德鲁克看来，整个经济就只有两个有机组成部分，符号经济和实体经济，德鲁克认为，"符号经济"取代了"实体经济"成为世界经济的飞轮，而且大体上独立于实体经济。资本的运动，取代货物和服务的贸易，成为取得世界经济的动力。代表金融活动的"符号经济"和它的交易逐渐使产品的贸易的"实体经济"黯然失色。

二、现代虚拟资本发展：资产证券化与金融衍生工具

20 世纪 70 年代末的金融自由化和金融深化后，出现了金融"脱媒"发展趋向，这一发展给全球金融发展带来了巨大影响。从实际情况看，虚拟经济大发展是 20 世纪 80 年代以后的事。经过第二次世界大战后近 20 多年高速发展，发达国家的经济增长减慢，凯恩斯主义有效需求管理政策失效，导致居高不下的高通货膨胀，加剧了利息率和汇率体系的不稳定性。1971 年布雷顿森林体系

---

① ［德］希法亭：《金融资本》，福民等译，商务印书馆 1999 年版，第 253 页。

的汇率制度崩溃了，在随后的时期里，利率普遍变得波动更大。投资者开始变得对利率的波动更为敏感，并且更加愿意根据投资机会的不同，在全球范围内移动其资金。大量资金从储蓄机构撤出，进入市场敏感性较高的投资领域，如债券市场、股票市场等，出现所谓的金融"脱媒"现象。在通货膨胀较高，经济增长速度降低和存在大量闲置资金的多重压力下，英国和美国率先放松了金融管制。放松金融管制具体体现在地理区域、定价方式以及产品方面管制的放松。随后金融自由化和金融深化在多个方向不断拓展和延伸：越来越多的国家参与到金融自由化中，发达国家也纷纷放松金融管制；金融交易技术的方式越来越便捷，也使金融市场波动更容易在全球范围产生影响。随着计算机、通讯、信息等科学技术的发展，大大降低金融交易成本，并使跨国和跨洋金融交易得以在瞬间完成；金融深化的发展，原本是为了规避风险，新的金融衍生工具（期权、期指）不断涌现，这就大大扩展了金融市场的交易范围和交易品种。但是在多次金融危机中，却常常被用作投机工具使用。新的金融工具和融资技术（期权、期指等）被广泛采用，使利用各种证券筹资比传统的银行贷款成本更低，更灵活，而这种通过市场直接筹资的过程被称为"证券化"。证券化过程一般是把一些良性的未到期债权捆绑在一起组合成新的债券发行给公众，公众可以投资于此类债券。投资者既可以将所承担的风险降低到更加接近系统风险的程度，也可以通过这种组合证券分享高增长行业和高增长地区的经济利益。

美国是最早推行资产证券化的国家。20世纪70年代，美国房屋抵押贷款实现了证券化，美国证券的国民抵押协会（GNMA）支持储蓄金融机构将联邦住房管理局（FHA）和退伍军人管理局（VA）担保的不同收益和期限的房屋抵押贷款的债权组合成一组资产，并以这一组合资产的债券盈利作为抵押，向投资者发行新的证券，美国证券的国民抵押协会为这种新证券的发行提供进一步的担保，这种证券被称为"抵押担保证券"。

20世纪80年代初，美国Q条例的取消，使得货币市场基金对投资者支付更高的利息，从而将资金从储蓄与贷款协会（S&Ls）吸引过去。在这种情况下，储蓄与贷款协会不是继续持有这种债券，而是设法卖掉它们，然后再投资于那些有较高偿还能力和流动性的抵押担保证券。在储蓄与贷款协会迫于资金减少和利率上升压力而积极从事出售其风险资产和寻求更高收益资产的同时，商业银行也同样受到了货币基金市场强有力的竞争，也出现了资产流动性危机和资本/资产比率下降的压力。

进入90年代，证券化不但扩展到各式各样的实际和金融资产，而且还扩展到了各种有保障的收入流和现金流。为了与抵押担保证券相区别，除那些抵押贷款之外，由其他资产担保的证券，如商业银行以工商业贷款担保的证券和其他应收款担保的证券被称为资产担保证券。在长期资产证券化的同时，短期资产市场证券化也迅速发展起来。最初，一些大公司将短期的贸易应收款有选择地加以组合，然后在商业票据市场发行商业票据来筹资。这种商业银行票据称为"资产担保的商业票据"。不久，人们发现商业票据的发行简便、迅速，是短期借款的一个好方法。于是商业票据市场就成了弥补流动资金不足或为投机等目的而筹集资金的重要场所。抵押担保证券产品主要面临提前还款、利率和违约风险。传统证券化产品没有对收益/风险重新分配。1988 年出现以重新分配违约风险为主的再证券化创新产品——债务抵押债券，其资产池中包含的抵押产品除了政府抵押担保证券，更多以私有抵押担保证券特别是次贷作为基础资产。2001 年债务抵押债券发行量快速增长，特别是 2005 年以后债务抵押债券迅速向次贷集中。债务抵押债券大多被设计给"买入持有"型投资者，比如养老基金、保险公司等机构。由于监管缺失，信息披露机制不健全，债务抵押债券信息极不透明，债务抵押债券投资者更多是对发行者的付款承诺或计量债务抵押债券价值数学模型投资。随着金融创新的深化，金融创新的性质发生了变化——从规避监管、转移风险到追求高杠杆下的高利润，这个过程中金融监管缺失和宽松政策并存。金融创新脱离规避风险的创新目标，转而追求高风险、高杠杆带来的利润，很容易将风险社会化。例如房地产信贷证券化、消费信贷证券化、债务抵押债券、信用违约掉期等。在欧洲，证券化也产生了深远的影响，使欧洲的货币市场和资本市场都发生了重大变化。证券化不但使货币市场和资本市场更加活跃、有效，也使绝大多数的证券市场日益国际化。

随着西方发达国家在 20 世纪七八十年代的金融创新和金融深化，一些新的金融工具和融资技术被广泛采用，使利用各种证券筹资比传统的银行贷款更容易，成本更低，更具有灵活性。这吸引了大量的借款人从银行贷款转向各类证券市场，加速了证券市场的扩张。这个过程在西方被称为"证券化"。一些良性的未到期债券被捆绑在一起组合成新的债券发行给公众，公众投资于此类债券既可以将所承担的风险降低到更加接近系统风险的程度，也可以通过这种组合证券分享高增长行业和高增长地区的经济利益。表 8-1～8-3 是全球虚拟资本发展不同时期发达国家金融创新的内容。

表 8-1　20 世纪 60 年代以规避管制为目的的金融创新

时　间	金融创新具体内容	创新目标	国　别
1960	可转换债券	转移风险	美国
1960	可赎回债券	提供流动性	英国
1961	可转让存单	提供流动性	英国
20 世纪 60 年代	混合账户	突破管制	英国
20 世纪 60 年代	出售应收账款	转移风险	英国

表 8-2　20 世纪 70 年代以转嫁风险为主要目的的金融创新

时　间	金融创新具体内容	创新目标	国　别
1970	特别提款权	创造信用	国际货币基金组织
1972	汇率期货	转移汇率风险	美国
1974	浮动利率债券	转移利率风险	美国
20 世纪 70 年代中期	物价指数挂钩国债	转移通货膨胀风险	美国
1975	利率期货	转移利率风险	美国
1976	指数基金	规避税收	美国

表 8-3　20 世纪 80 年代以规避风险为主要目的的金融创新

时　间	金融创新具体内容	创新目标	国　别
1980	债务保证债券	管理信用风险	瑞士
1980	货币互换	管理汇率风险	美国
1981	零息债券	转移利率风险	美国
1981	双重货币债券	管理汇率风险	国际银行机构
1981	利率互换	管理利率风险	美国
1981	投资组合保险	管理市场风险	美国
1982	期权	管理市场风险	美国
1982	可调利率优先股	管理市场风险	美国
1984	远期利率协议	转移利率风险	美国
1984	欧洲美元期货期权	转移利率风险	美国
1984	高收益债券	创造信用	美国
1984	担保抵押债券	提供流动性	美国
1985	汽车贷款证券化	提供流动性	美国
1985	可变期限债券	创造信用	美国
1985	保证无损债券	管理市场风险	美国
1989	日经指数看跌期权认购权证	管理市场风险	美国
1991	交易所交易基金	规避税收	美国

资料来源：根据公开资料整理。

　　20 世纪 80 年代，许多国家相继放松了本国投资者投资于国际证券的限制，促进了虚拟资本的国际化发展。随着国际证券业的发展，外汇市场也发生了重大的变化。在 80 年代初，只有少数国家有外汇期货市场。当时，它还被看做是现货市场的补充。但是 80 年代中期以后，随着外汇期货业务已成为欧美各国普遍流行的金融业务，由它派生出来的一些金融工具，被统称为衍生物的期货、期权、互换交易等已经超过了外汇市场上的现货交易。此后，这些交易很快渗入债券市场和股票市场，并出现了债券指数期货和股票指数期货。它们在为投资者和风险避免者带来巨大利益的同时，也为投机活动的泛滥造成了更有利的环境。进入 21 世纪，衍生物交易已经成为各主要金融市场上的重要交易品种。

表 8 - 4　部分发达国家放开资本管制的时间表

国别	资本流出放开时间		资本流入放开时间 （直接投资和不动产投资除外）
	资本交易	旅游外汇	
澳大利亚	1983 年		70 年代初至 80 年代中期
奥地利	80 年代后期		
加拿大	1951 年		
丹麦	长期证券到 1978 年， 短期金融信贷到 1988 年		长期证券到 1971 年 短期交易到 1988 年
芬兰	80 年代中期	1985 年	证券到 1979 年 信贷到 1986 年
法国	1986 年	1958 年	信贷从 1971 ~ 1974 年， 其他交易到 1986 年
德国	1958 年	50 年代中期	1959 年
希腊	长期交易到 1992 年，短期交易 仍旧管制	1992 年	信贷到 1987 年，短期交易仍旧管制
日本	1980 年	1964 年	
瑞典	1989 年	50 年代	80 年代末期
英国	1979 年	1977 年	
美国	1963 ~ 1973 年的利息平衡税		

资料来源：经合组织：《汇兑管理政策》，1996 年。

　　衍生物最初是被设计用来躲避风险的，这取决于它的多样性和灵活性。但它既可以适应希望资产保值者的需要，也可适应甘冒风险者的投机需要。除去这些人们熟知的功能以外，最突出的新功能有两个：一是它可以更有效地帮助某些公司去吞并其他公司，二是它可以更有效地帮助投资者将自己的债务与股权衍生物联系起来制定复杂的，但却更有利的投资战略。正因为衍生物能为投资者带来现货交易所不具备的种种好处，它才得以迅速发展。20 世纪 80 年代初，只有美国和少数发达国家有较传统的期货和期权交易。到了 80 年代末 90 年代初，绝大多数国家的金融当局几乎都认识到：期货和期权市场是金融市场现代化的先决条件。90 年代，绝大多数市场经济国家都建立了最低限度的衍生物交易市场。进入 90 年代以后，衍生物市场上的创新活动虽未停止，但新衍生物的出现已大大减少了，代之而起的是更注重对现有衍生物的综合利用和各种"组合"性创新。投资机构在组合其现货的证券组的同时，也建立衍生物的组合。这就使得投资战略的制定、实施和调整变得更复杂。他们使用一些现代化的数据处理手段，并采用理论和数学的方法来筹划改善业绩、重构风险以及减少成本的投资战略。

金融创新具有转移风险和规避风险的功能，但不能消除系统性风险。房地产信贷证券化后，大规模将购房者的未来收入与现期经济增长联系起来，也与现期金融机构的收益联系起来。金融机构的资产负债结构与人们未来预期收入的关系紧密联系在一起，并且联系规模越来越大。证券资产规模和价格越高，金融机构的资产状况越好，但是这种资产状况是非常易受宏观经济因素变化的影响，所以金融机构发生系统性风险的可能性就越大。

三、货币的虚拟化与国际货币体系的内在矛盾

马克思的时代是金本位的时代，货币具有含金量，虽然货币总额已经远远超过了黄金储备，但是人们至少在观念上仍然认为货币是以黄金的价值作基础的。因此货币并不被看做是虚拟资本的范畴，银行资本也仅仅是将其一部分没有黄金作基础的资产看做是虚拟资本。1973 年，当美元最后与黄金脱钩，世界上再也没有任何国家的货币用贵金属作为其价值基础的时候，货币就完全虚拟化了。在这个意义上全部银行资本都是虚拟的。货币也就被纳入了"虚拟资本"的范畴。黄金的非货币化导致了浮动汇率制度，这就大大推动了虚拟资本在世界范围内的扩张。

债务——美元主导的世界货币体系：从 1968 年到 1972 年开始出现国际收支赤字为标志，黄金——美元本位制向债务——美元主导的国际货币体系转变。1982 年以后，除去 1991 年出现过经常项目顺差之外，直到 2006 年的 26 年间，经常项目持续出现逆差，而资本项目持续顺差。美国对外提供美元方式的根本变化意味着对美国虚拟经济的境外需求不断扩大，美国通过经常项目逆差对世界提供美元的同时却不提供任何产品，而对外提供美元的黄金约束也不再存在了。经常项目逆差导致外流的美元不再成为购买美国实际产品的需求而成为对美国金融资产的需求。考虑到美国长期的外汇储备和黄金储备变化不大，美国经常项目的持续逆差基本上是用美元支付的，美国 1982 年以后每年对外提供的流动性就基本上等于其经常项目逆差。1982 年美国的经常项目逆差是 55 亿美元，此后一直飙升，到 2006 年已经增长到 8100 多亿美元了。这导致了境外美元资产的迅速膨胀，世界官方外汇储备中美元储备已经从 1981 年的 700 亿美元

扩张到 2006 年底的 3.33 万亿美元，民间的美元头寸和美元金融资产大约是官方储备的 3～5 倍；美元和美元资产迅速扩张带动了各类货币计价的国际债券和票据的迅速扩张。国际债券和票据余额从 1981 年的 2312.8 亿美元，增加到 2006 年的 216354.5 亿美元，增长了 92.5 倍。而此间国际贸易总额不过增加了 6.9 倍。

显然，对于发行国际货币的国家来说，资本项目逆差会刺激本国实体经济的增长，经常项目逆差则会刺激本国虚拟经济的膨胀。美国通过经常项目逆差用美元买回各类资源和其他国家的商品，其他国家再用出口这些资源和商品换回的美元现金购买美国的债券和其他金融资产，当这些债务到期时，美国会用包括利息在内更多的美元现金偿还其债务，这些美元现金最终还会购买美国的金融资产或存入美国的银行。美元现金通过经常项目逆差流出美国，又通过金融账户流回美国。这个过程中，美国在消费别国的资源、商品、劳务的同时，在境外留下了越来越大的美元债券和其他美国的金融资产。以强大国际化货币为基础，美国国债和其他金融资产成为其他国家重要的外汇储备资产，美国经济的持续发展可以不断地从其他国家获得低成本甚至是无偿的资金。由于美国拥有主导世界货币体系的优势地位，所以其国债发行机制缺少控制，美国向全球金融市场注入了大量美元，造成全球流动性过剩；各金融机构持有大量美元资金，各国外汇储备机构也管理着大量的美元资产。

四、现代信用制度与虚拟资本发展的特征

随着信用制度和信用体系的发展，虚拟资本在信用扩张的条件下有了更快的发展，而且呈现出新的趋势。

第一，当代虚拟资本的加速发展趋势。当前，虚拟资本发展到一个新阶段，其发展速度进一步提高，呈加速发展的趋势。20 世纪 80 年代以来，以电脑、通讯和网络技术为代表的信息革命改变了全球经济、政治和社会生活的结构，使虚拟资本加速发展。金融产业与信息革命相结合，交易速度提高，交易成本降低，资本流动范围扩大，并引发国际金融市场的变革。电脑、通讯和网络技术的进步提高了信息的收集、存储、处理和传播能力，为市场提供了及时的分析工具，实现了实时数据计算，缩短了交易决策及执行时间。新型信息处理技术与新兴金融分析理论相结合，为开发、设计和推广金融工程技术奠定了技术基础，推动金融产品及交易策略的创新。另外，伴随着电子指令交易系统和清算方式的广泛运用，金融交易的信息成本、交易成本和清算交割成本也大为降低，这样既提高了金融交易的速度，也可使巨额资金迅速地在各国或各市场间流动，调整了资产的组合。随着互联网向不同经济制度和经济组织渗透，各主要金融市场之间的联系更为密切，金融交易突破了时间和地域的限制，各种金

融资产的流动将再不受空间和时间的约束。在此基础上，虚拟资本规模膨胀，相对于实体经济，其规模增长更为迅速。1999~2006 年全球年均 GDP 增长率为 4.2%，国际贸易增长率约为 6.8%；1999~2006 年债券发行额年增长率为 10.2%，全球股市总市值年增长率达 13.8%；1999~2006 年期间金融交易额急剧膨胀，2006 年世界贸易总额突破 29 万亿美元，1999~2006 年全球外汇市场日交易额达到 2.28 万亿美元，全球外汇交易与世界贸易额的比率已由 1980 年的 10：1 上升到目前的 70：1。若将金融衍生品总的交易额计算在内，那么全球贸易总额占金融交易额的比重不到 0.5%。

第二，当代虚拟资本内部结构的复杂化趋势。相比过去，当前虚拟经济内部结构越来越呈现复杂化的发展趋势，主要表现为：首先，资产证券化（融资证券化及资产证券化）呈现加速发展的态势。一方面，现代企业对资金的需求量大，期限长，而在以银行借贷为主的间接融资中，债权人与债务人之间关系固定，借贷期限固定。这种僵硬的契约关系风险较大，致使银行业无法最大限度地灵活运用其资金来满足企业的资金需求。而证券市场却可将供给方的资金转化为长期资本，使企业更易获得资本，从而获得更大的发展。因此，1993 年至 1998 年，国际间银行信贷融资净额从 2000 亿美元降至 1150 亿美元，而同期国际证券融资净额却从 1949 亿美元激增至 6703 亿美元。另一方面，银行等金融机构引入了资产证券化工具，将住房按揭贷款、汽车抵押贷款等缺乏流动性但具有未来稳定现金流收入的信贷资产集中起来，通过结构性重组，将其转变为可在金融市场流通的证券。信贷资产的证券化不仅增强了银行资产的流动性与安全性，提高其资本充足率，而且为相关产业发展提供了更大的资金来源，并推动了金融创新。

其次，金融产品表现为多次衍生过程。金融理论的发展、信息技术的进步以及自然科学前沿理论与工程技术对金融业的渗透推动了数理分析技术对风险本质、资产定价及风险管理的深入研究，从而促进衍生金融工具和风险管理技术的创新，它将现有金融工具的风险与收益特性进行分解，并加以重新组合，设计出具有不同风险——收益特性的衍生金融工具，以满足市场分散风险的多元化需求。除期货、远期、期权及掉期等衍生金融产品外，在此基础上发展的结构性与合成性衍生工具使金融交易战略的制定、实施及调整更加复杂。近 10 年来，新的金融品种和交易战略层出不穷。金融衍生品种的交易自 20 世纪 80 年代后期以来增长迅速。市场中未清算的衍生品种的名义合约价值从 1998 年的 64 万亿美元增至 2001 年的 235.4 万多亿美元。其中，场内及场外的衍生工具市场急剧膨胀，到 2007 年初，场内交易衍生工具的未到期合约余额达 87 万亿美元，是 1998 年底 13.5 万亿美元的 6.4 倍。同期，衍生品种的场外交易增长也十分惊人，·1986 年底未到期的场外交易衍生工具的余额仅为 5000 亿美元，而到 2006 年底已达到 415.183 万亿美元。金融衍生品种市场规模的增长速度远远超过了国民经济及其他金融资产的增长速度，空前地扩大了金融乃至整个经济领域的规模。

第三，投资主体组织化趋势明显加快。20 世纪 80 年代以来，随着西方国家社会保险制度的完善、金融证券化、金融自由化以及交易品种和交易技术的复杂化，机构投资者（包括养老金保险基金和共同基金等）在发达国家迅速发展，表现在资产总值的增长方面，1981 年到 1996 年，亚太经合组织国家机构投资者的资产总值已从 3.2 万亿美元增至 25.8 万亿美元，扩大了近 8 倍；若以资产值与 GDP 的比值来衡量，1996 年主要发达国家机构投资者资产总值与 GDP 的比值为 106%，而在 1981 年这一比值只有 38%。机构投资者的扩张速度与规模远高于各国的经济增长率。对冲基金的资产总值已从 1991 年的 400 多亿美元增加到 2006 年的 1.89 万亿美元左右。由于对冲基金可运用高比率的财务杠杆，其实际操作的资金量远大于其资产总值。

第四，当代虚拟资本的全球化发展趋势。近年来，经济全球化进程加快，各国金融管制的放松使国际资本的流动速度更快、规模更大、范围更广。融资者可在不同的金融市场之间做出选择，以较低的成本获取资金，而投资者则可利用市场差异，实现投资组合，分散风险，寻求更大的收益。1991 年至 1998 年，国际金融市场融资总额从 4013 亿美元增至 7863 亿美元。同期，跨国证券交易也迅速增长。20 世纪 80 年代初，西方发达国家跨国证券交易的金额仅占其 GDP 的 10% 左右，而到 1996 年底则已远超过了其 GDP 的数值。另外，跨国外汇交易也迅速增长，国际外汇市场的日交易额从 1986 年的 1880 亿美元激增至 2006 年的 2.28 万亿美元，占国际外汇储备的比重也从 37% 增至 84%。当前，随着金融进一步深化，到 2006 年末，全球 48 个主要股票市场的股票总市值达到 50.6 万亿美元，接近全球的 GDP 的总量。截至 2006 年，全球实体经济 GDP 接近 60 万亿美元，而同期用全球股票市场市价总值、债务证券和银行资产的总和来衡量虚拟资产总规模已经超过 4680 万亿美元。

第五，当代虚拟资本独立化发展趋势。当前，虚拟经济越来越偏离实体经济，呈现独立运动的趋势。主要表现如下：首先，在贵重金属和铸币时代，货币本身具有使用价值和价值，它所代表的虚拟资本和实体经济存在着一一对应的关系。而作为金融符号的纸币，尤其是 20 世纪后期兴起的金融符号如证券、金融衍生品使虚拟经济和实体经济之间的这种对应关系发生了偏离。虚拟资本活动日益脱离物质生产、交换和消费，与实体经济分离趋势日益明显，在某种程度上变成了纯粹以获利或避险为目的的电子游戏。竞争不仅仅是实体经济之间的行为，而且演化为电脑或通讯符号代表的交易形式的竞争。其次，财富的价值体系出现倒置，其形状宛如倒置的金字塔，实体经济的物质财富成为金字塔的塔尖，只占总财富的一小部分；同时，每进化到一个新阶段，它就越偏离实体经济，与实体经济脱节的可能性也越大。在财富的持有形式当中，虚拟资本占的比重逐步增强。进入到较高阶段的虚拟经济对实体经济的影响力越来越大，但它诱发实体经济危机的可能性也在加大。最后，随着新的金融产品出现，定价技术日益复杂，人的非理性化与信息不完全性日益突出，投资者对外部冲击的承受力降低。各种金融衍生品种的发展促使跨市套利交易更为频繁，也使得金融市场联系更为紧密，传统金融商品与衍生金融商品形成互动。金融交易的损失不但会影响单一机构的系统稳定性，还可能引发整个金融市场的系统性风险。如果我们不能准确理解这些产品的动态特征，并恰当运用风险管理技术，将导致金融系统的灾难，并进而引发实体经济的危机。

随着经济全球化步伐的加快，虚拟资本也呈现出全球化的趋势，而且在这种趋势下的发展速度和发展规模都是空前的。虚拟资本全球化的发展，对信用经济的发展也有极大的促进作用。进入 21 世纪，衍生品交易已经成为各主要金融市场上的重要交易品种。据国际清算银行（BIS）统计，2006 年在有组织的交易所交易的金融衍生品合约数达 50.636 亿张，比 1996 年的 11.622 亿张增长了 335.69%，这还不包括商品类衍生产品交易；而在金融期货诞生前的 1971 年，美国期货市场成交量只有 460 万张合约，2006 年美国仅场内交易金融衍生品合约量达 7.816 亿张，美国以外的市场则更是从 1986 年的 2660 万张猛增到 2006 年的 42.82 亿张，增长惊人达 16097.74%；以未清偿期末账面余额计，场内交易金融衍生品 2005 年底达 57.7964 万亿美元，场外交易金融衍生品 2005 年则达到 297.67 万亿美元，是场内交易的 5.15 倍。目前，国际金融市场上已知的金融衍生品工具已有 1200 多种，全球各主要金融中心（从传统的芝加哥、纽约、伦敦、法兰克福、东京等到新兴的新加坡、中国香港、吉隆坡、圣保罗等）均有发达的衍生产品市场。

索罗斯对金融全球化的认识是，"全球资本主义的突出特征是资本的自由流动。产品和服务的国际贸易并不足以造就一个全球经济，生产要素也必须能够相互交换。土地和其他自然资源无法流动，人口流动也有一定困难，因此资本、信息和企业家的流动担负起了经济一体化的责任。"[①] 就经济虚拟化的深度和广度而言，经济虚拟化程度最高的是发达国家。但是，从 20 世纪 80 年代中后期开始，新兴市场国家和地区经济虚拟化的步伐大大加快。从 70 年代末开始，为吸引资金和提高本国和地区竞争力，拉美和东亚各国和地区都先后开始了金融自由化。这得益于世界银行和国际货币基金组织对金融深化理论的大力支持和推广。

①［美］乔治·索罗斯：《开放社会——改革全球资本主义》，王宇译，商务印书馆 2001 年版，第 191 页。

第四节 金融不稳定与现代金融危机

一、虚拟资本价格波动与金融市场波动

虚拟资本价格波动引起的金融系统性风险，是指由于系统性因素变动引起证券、房地产等虚拟资本市场总体价格水平过度膨胀，随后大幅下降，以至于造成金融机构出现普遍性危机，甚至由此造成经济衰退。所谓过度膨胀是指与某一阶段实体经济指标相比较，虚拟资本价格总水平超过了可实现的实体经济收益水平，表现为维持虚拟资本价格水平的资金突然大幅增加或减少，虚拟资本价格水平随着暴涨暴跌。虚拟经济大幅波动是当代国际金融危机的一个显著特征（姚国庆，2005）。政府有必要对虚拟经济过度波动造成的金融系统性风险进行干预。虚拟经济过度波动造成的金融系统性风险爆发会对市场信用体系造成破坏，破坏实体经济发展所依赖资金配置渠道的畅通，并降低资金配置效率，对实体经济产生实际影响。

长期的虚拟资本规模和水平是由实体经济增长水平决定的，但是对于微观个体投资者来说其预期常常出现过度反应，投资者短期内无法区分虚拟资本价格水平是否与实体经济增长相适应，因为短期内虚拟资本价格是由资金流支撑的，只要有足够的资金支持，虚拟资本价格就可以保持增长。人们对实体经济投资未来预期不确定，随着经济虚拟化程度的加深和现代金融交易方式的发展，对宏观经济的不确定预期转移到虚拟经济部门，投资者预期在虚拟经济领域其影响力被大大放大了，系统因素变化引发的投资者心理预期的逆转对虚拟资本价格的变化产生直接影响。在宏观层面表现出来的就是虚拟资本价格水平常常偏离与实体经济相适应的水平。发展国内经济、金融市场的开放又将国内虚拟经济领域与国际金融市场紧密联系起来，使影响虚拟经济波动的环境变得更加复杂。

金融衍生物的广泛应用也为整个金融系统带来了更大的风险。1990年日本的泡沫经济破灭以后，人们开始将不断扩张的证券业与可能出现泡沫经济的危险联系在一起，虚拟资本的负面影响开始受到了各界的关注。绝大多数经济学家的研究都表明泡沫经济是存在的，但是对于它对经济是否有害的看法却并不一致。早在1963年，弗里德曼（Frieman）和史瓦茨（Schwartz）就研究了经济泡沫对经济的危害，他们在1963年的研究报告中说，股票市场的投机"已经成

了美国联邦储备在 20 年代末以来货币政策的焦点。"投机活动对经济的影响之
大、之坏使各国政府不得不给予充分的重视。于是一些经济学家开始对经济泡
沫的影响机制进行研究，以便验证人们对证券业过分膨胀的直观感觉——"危
害实际经济"是否真实。特别是 80 年代末和 90 年代初，人们一方面经历了金
融创新和证券业及房地产业的高度繁荣；另一方面也看到了英国巴林银行和日
本大和银行因参与金融投机而倒闭。美国《经济学家》("Economists" April 30，
1994）杂志 1994 年的一份报告说，"Fed 希望，至少是最初希望，提高短期利
率可以刺穿股票市场的投机泡沫，但是一些 Fed 官员担心这会引起太大的反应，
他们反对大幅度提高利率，而主张较小幅度调高利率。"美国的货币当局和一些
经济学家已经认识到调整利息率以便控制股市泡沫将防止可能发生的金融危
机。在其他国家，对付投机泡沫的出现也是在制定货币政策时的一个重要考虑。
人们的确需要一个关于经济泡沫的影响机制的解释。从 80 年代中期开始，以美
国经济学家费西尔·斯坦利（Fischer，Stanley）和罗伯特·C. 摩尔敦（Robert C.
Merton）为代表的一批经济学家专门研究经济泡沫及其影响。到了 90 年代，对
经济泡沫的研究已经达到了一个高潮。论述股票市场和金融创新对实际经济影
响的文献大量出现，研究的内容也越来越专业化。尽管存在着观点上的差异，
对金融衍生物可能引起金融危机的认识上存在广泛的一致性。虽然多数经济学
家已经不再使用"虚拟资本"的概念，但是他们在研究当代金融危机时却与使
用这个概念的经济学家研究着同样的内容：货币、证券、金融衍生物所蕴涵的
潜在风险。东南亚金融危机以后，更多的经济学家和货币当局开始关注虚拟资
本的负面影响。

　　实际上，虚拟资本价格剧烈波动带来的潜在威胁更具本质性影响的还是其
特殊的运行方式，即预期收入的资本化定价方式。而资本化定价方式的本质仍
然是赚钱，是价值增值。马克思指出，在资本主义的发展过程中，一切可能产
生收入的地方都会打上资本的烙印。那些没有价值的东西，如股票和土地，由
于能够带来收入，都被资本化了。在资产证券化的过程中，各种收入流都被资
本化了。人们的工资、利润、利息等收入，只要其中一部分是定期偿还购买住
房、汽车等的贷款，就可以用来发行债券，这些债权也就都披上了价值增值的
外衣。银行的其他贷款、企业的各种应收款，只要还款是有保证的，都可以发
行债券，取得虚拟资本的形式。衍生物的发展使赌博、投机的活动也被资本化
了。资本化在 20 世纪最后 20 年泛化到了各个领域，在高科技领域里尤为突出。
许多研发费用被资本化，使得费用和资本的界限变得模糊不清。无形资产在社
会总资产中的地位不断上升，而其定价方式也是资本化的定价方式。1999 年 8
月 27 日,美国联邦储备委员会主席格林斯潘在坎萨斯城联邦储备银行主办的一

次研讨会上做了一篇题为"货币政策面临新挑战"的讲演。他抱怨说，"在什么是资本化和什么是费用之间的界限总是模糊的。这有一个历史性的苦恼，如对研究与发展的计算。但是，近年来的主要技术进步已经暴露出宽泛的一系列迅速增长的费用，它们被资本化，以至它们生产的收入应该被更精确地反映为时间的收入。实际上，存在对新知识资本化的一种争论，如组织生产的不同方式可以在不增加相关费用的时候可以增加企业的价值等。某些分析家断言，资本化费用的规模是相当大的。"[1] 而资本化对收入的影响导致了"GDP的成分正在朝着以主观意志为基础的价值增值的方向迅速转变，这使我们对现期收入的衡量变得困难，因此，也造成了对未来收入预测的困难。"[2] 高科技的发展，特别是 IT 业的发展，使得各种研发费用成为资本，使得人们的思想成为资本，它们的定价与人们对未来的主观预期直接相关，这就使得人们的信心对整个经济的影响至关重要。而在金融工具，特别是金融衍生工具规模庞大的时候，多数投资者都具有一种杠杆地位，它们能通过自己的行为撬动整个经济，使其兴或衰。进入 21 世纪，资本主义经济从来没有像现在这样依赖于公众的心理。这使得西方主流经济学以实际经济为出发点的理论变得缺乏说服力，经济增长的客观因素，自然资源和技术水平正在让位于主观因素，人们的信心和与此密切相关的政策及制度安排。而这一切变化的根源与虚拟资本的扩张，资本化定价方式的普遍化密不可分。

二、债务——美元主导的国际货币体系内在矛盾与国际金融市场波动

在布雷顿森林体系崩溃后，国际货币体系失去黄金基础后，货币虚拟化了。在 70 年代后期出现的金融自由化和全球化，使虚拟资本得以迅速膨胀，以各种收入流为基础的衍生产品大规模出现，这种虚拟资本的定价和交易等模式又通过金融全球化的机制，在全球蔓延开来。

1971 年布雷顿森林体系崩溃后，美元最终与黄金脱钩，至此世界上再也没有任何国家的货币是用贵金属作为其价值基础了，黄金—美元本位制逐渐被美元主导的国际货币体系所取代。美国逐步确立了美元在世界货币金融体系中的主导地位。黄金的非货币化和自由主义推动的金融自由化导致了欧美国家浮动汇率制度的形成，为全球范围的经济虚拟化开启了大门。

美欧各国金融自由化发展的主要表现是银行的信贷条件放宽，银行间的竞

---

①② Chairman Alan Greenspan, "New challenges for monetary policy", Before a symposium sponsored by the Federal Reserve Bank of Kansas City in Jackson Hole, Wyoming, August 27, 1999.

争加剧，利率实现市场化，资产出现证券化的发展趋势加剧了银行和证券公司、投资银行之间的竞争；规避金融管制的新金融衍生工具大量出现；20 世纪 70 年代布雷顿森林体系崩溃后，长期汇率不稳定成为经常现象，最终固定汇率体系为浮动汇率体系所代替；国际贸易和投资迅速发展，为规避本国政府的管制，跨国银行日益兴旺，国际间流动资本迅速增加。金融自由化到 1999 年达到了高潮，美国政府颁布了《金融现代化法》，最终放弃奉行了几十年的分业经营管理思想。美元在国际货币体系中的地位变化，推动了美国虚拟经济的发展；而美国虚拟经济的发展又推动了美元国际货币地位的提高。

20 世纪 80 年代以后，美国对外提供美元的主要途径是经常项目逆差。美国通过经常项目逆差用美元买回各类资源和其他国家的商品，其他国家再用出口这些资源和商品换回的美元现金购买美国的债券和其他金融资产。当这些债务到期时，美国会用包括利息在内更多的美元现金偿还其债务，这些美元现金最终还会购买美国的金融资产或存入美国的银行。美国通过完善的金融体系和发达的虚拟经济部门，从全球吸收资金，推动了本国虚拟经济和新兴产业的发展。虚拟经济成为其缓解资金流动冲击的泄洪区和蓄水池。这一循环机制之所以能够顺利运行关键在于其他国家将该货币作为外汇储备，在没有更好的地方投资的时候，会将该储备货币投资回货币发行国家，通常是购买国债、股票、房地产等。这会进一步刺激货币发行国的虚拟经济（主要包括债券、股票和房地产以及其他金融衍生品市场）的过度发展——价格过度膨胀和规模扩大同期出现。这种虚拟经济过度膨胀会进一步刺激该国货币过度发行，这一趋势是不可逆的——当美国虚拟资本价格暴跌的时候，美元却不能再回收回去。所以，国际货币体系的内在矛盾成为全球流动性膨胀和国际资本大规模流动的根源，也是国际金融危机的重要根源。在将近 30 年的时间里，这个循环机制支持了美国的虚拟经济、贸易赤字和财政赤字。

美国经常项目逆差从 1982 年的 55 亿美元，迅速扩大到 2006 年的 8115 亿美元。这种循环机制产生了两个显著关系：第一，美国通过虚拟经济和经济、政治和外交等手段推行了美元主导的国际货币体系，具有了影响主要汇率水平的能力。从理论上讲，只要货币主导国家的虚拟经济与实体经济保持一个相对稳定的关系，全球投资者对美国经济的信心就能够维持，对其虚拟资本的投资就被认为是安全的，那么美国的财政赤字和贸易赤字的双赤字就可以维持，美国就可以持续享受这种优势地位带来的种种好处。而其汇率调控完全可以通过其他手段，与其他发达国家进行协调，并在自由贸易原则的名义下要求国际收支顺差的发展中国家进行汇率升值，这种汇率调控政策成为美国经常采用的一项工具。第二，美元主导的世界货币体系支撑着美国对外债务（包括国债、企业债、金融债券等），而美国债务规模继续推动美元发行形成了一个循环。因为，对美国顺差的国家不得不将大量的美元储备再次投资到美国债券上。但是，这一循环是不可能长期维持下去的，因为现行国际货币体系的内在矛盾决定了不论美国主导的世界货币体系，还是欧元主导的世界货币体系都存在不能通过自身克服的风险——一国或区域货币充当世界货币，其货币地位最终是由实体经济支撑的，但在一定程度上表现为由虚拟经济支撑，这就要求该国的虚拟经济与实体经济的水平发展相适应。

但是，国际货币发行国政府和私人机构却有过度发展国内虚拟资本市场的动机，因为通过虚拟经济更容易从全球获得资金和利润。发行冲动必然使这种国际货币的发行和其虚拟经济发展不能保持与全球实体经济发展相匹配，这种失调是造成全球流动性膨胀的根本原因。由于美国具有国际货币地位，所以其债务发行机制缺少控制，美国向全球金融市场注入了大量美元，造成全球流动性过剩；各金融机构持有大量美元资金，各国外汇储备机构也管理着大量的美元资产。一旦美国的虚拟经济发展过度，偏离实体经济所能支撑的限度时，虚拟资本价格崩溃，进而出现金融机构因为风险失控出现资金断流，大量过剩的资金却流向其他市场，金融市场不稳定性加剧。在这样的背景下，金融稳定已经影响到宏观经济稳定。

在现行不均衡的国际货币、金融体系下，全球流动性膨胀造成了发展中国家面对的汇率困境，以及国际短期资本流动冲击等严重问题。发达国家努力推行金融自由化，主要来自发达国家的各种投资基金和主权基金在全球范围内大规模流动，在全球范围内寻找利润机会。在短期这样的大规模流动会对任何一个国家经济产生重大影响，对该国金融稳定产生影响。发展中国家和新兴市场国家在世界货币金融体系中的劣势地位，发展中国家建立的出口导向型经济模式，需要为维持本币汇率稳定，而采用高频盯住或低频盯住美元或欧元汇率的政策，其国内实体经济发展和虚拟经济发展都深受影响。麦金农（2006）提出发展中国家的金融市场不开放，但实行盯住国际货币的固定汇率制度，如果大量吸收外资会产生"原罪"问题——过度负债，并且短期外债比较多，受汇率影响比较大，很容易发生债务危机；依靠对外贸易实现经济高增长，带来大量顺差的同时，在固定汇率制度下则会出现"高储蓄两难"问题。1997 年亚洲金融危机是在不均衡国际货币体系下，在发展中国家爆发的金融危机，外部因素主要是国际短期资本迅速流动的冲击。早期研究更多的关注这些国家金融制度和金融体系的不足，忽视世界货币体系造成的流动性膨胀和国际短期资本流动。对投机资金的研究也仅仅限于微观层面的一般性研究，没有深入揭示其宏观背景。我们看到东南亚国家在 1997 年金融危机之后，再次选择高频盯住美元来维持本币汇率稳定，对于东南亚国家来说实属无奈选择。而发达国家必定利用其"货币特权"，以各种方式掠夺其他国家资源。"例如无限制发行货币以降低货币真实价值、掌控货币体系以控制他国产业发展和税收制度、掌控货币体系以推行发达国家的政治经济游戏规则。"①

三、现代金融危机——发达国家过度金融自由化的必然

20 世纪 80 年代以来世界各国推动金融自由化和经济虚拟化程度的不断加深，各国虚拟资本的比重大幅攀升，虚拟经济呈现出脱离实体经济独立运行的趋势，金融危机的形成与虚拟经济范畴、金融自由化以及当今国际货币体系的关系越来越明显。当代经济虚拟化和全球不均衡的货币、金融体系的内在矛盾已经成为现代金融体系不稳定的重要背景因素。1997 年东南亚金融危机和 2007 年美国次贷危机，其发生机制和影响范围已不同于以前的金融危机。传统研究常常把金融危机划分为银行业危机、证券市场危机、债务危机和货币危机。但经济虚拟化之后，规模庞大的投机活动导致资金在债市、股市、汇市、大宗商品期货市场、金融衍生品市场、房地产市场以及收藏业市场之间循环流动并将它们连成一个有机整体，在此情形下依据发生领域区分金融危机的研究方式不再适用，因为这样的划分模糊了现代金融危机中各金融市场的联动性和整体性，割断了现代金融危机与虚拟经济整体之间的复杂关系。在 1990 年日本泡沫经济、1997 年东南亚金融危机、2007 年美国次贷危机中，金融危机的形成背景更复杂，通过杠杆撬动的资金链条明显被拉长，各种类型金融机构的资产负债表之间形成了错综复杂的关系，金融危机的形成与发展已经跨越了银行、证券、房地产、汇市、大宗商品期货市场的界限。

本轮金融危机的新特点：第一，美欧发达国家经济过度虚拟化后，经济过度依赖预期收入流和高杠杆比率，经济、金融系统承受系统性风险的能力大大降低，更深层的原因在于美欧主导的全球产业和货币金融"核心—外围"链条的严重失衡。第二，美欧主导的国际货币金融体系存在的内在矛盾，主权货币作为国际货币缺乏发行约束，美欧国家能通过提供流动性支持其高消费，造成全球经济严重失衡。第三，传统的金融危机，表现为工业制造业周期性波动带来的经济危机下的金融危机。而本轮金融危机则是美欧国家工业制造业相对衰落，而金融、保险和房地产服务业过度膨胀，造成的系统性风险全面爆发的结果。

美国马克思主义经济学家瓦迪·哈拉比认为这次金融危机绝不仅仅是次贷危机、金融危机，本质上是资本主义经济危机。资本主义经济危机的实质就是

_____
① 向松祚：《不要玩弄汇率》，北京大学出版社 2006 年版，第 74 页。

生产过剩，剩余产品及产生剩余的生产环节是资本主义经济危机的根源。现如今生产过剩有双重表现：一是生产能力的过剩，因为相当数量的剩余是生产资料而不仅仅是消费品；二是资本在生产领域不能获利转而进入金融领域。资本闲置的事实表明生产能力大量过剩，另外则是需求严重不足，这就是生产相对过剩。此次经济危机的根源是生产过剩，剩余只产生于生产领域，金融行业虽产生大量利润，但并不生产剩余。资本主义克服经济危机只能通过摧毁多余的生产能力来完成。当今资本主义体系呈现金字塔式的分层结构，处于塔尖的是美国，接下一层是欧洲、日本等发达资本主义国家和地区，再下一层是韩国、巴西等新兴市场国家，塔底则是非洲、拉丁美洲、巴基斯坦等广大发展中国家和地区。上层国家（地区）在这样的资本主义体系中掠夺和剥削下层的国家（地区）。美国处于塔尖的位置，通过各种手段掠夺和剥削其他国家（地区）维持本国经济的繁荣和稳定，即便日本这样的发达国家也不能幸免。

美国工业制造业企业劳动力成本远远高于发展中国家和新兴市场经济国家和地区，美国将劳动密集型的产品和生产环节转移到发展中国家会降低成本，提高利润。美国进口商发现从中国这样的发展中国家进口产品比自己生产赚得更多，美国大规模的产业转移，加快了美国去工业化进程。从 GDP 结构的重要变化看，我们用农林牧渔业、采矿业、制造业、建筑业、批发零售和交通运输业表示美国的实体经济，美国实体经济创造的 GDP 占其全部 GDP 的比例从 1950 年的 61.78%，下降到 2007 年的 33.99%。其中最具有代表性的制造业 1950 年创造的 GDP 占总 GDP 的 27%，到 2007 年则只占 11.7%。而金融、保险服务业和房地产服务业（不包括建筑业）创造的 GDP 占全部 GDP 的比例则从 1950 年的 11.37%上升到 2007 年的 20.67%。第二次世界大战后美国的三大支柱产业，汽车、钢铁和建筑业不再有往日的辉煌了，信息技术、通信技术、生物技术和新能源等并未真正成为主导产业，这个时期的支柱产业是金融服务业和房地产服务业。美国不断地进口商品和资源以满足其正常生活的需要，美国的商品贸易赤字基本上就是美国的经常账户赤字，说明美国不断地在消费全世界的产品和不可再生资源。

全球经济一方面表现为美国去工业化和依靠流动性支持的高消费；另一方面表现为亚洲等发展中国家制造业产业迅速发展。美国的高消费不再带动美国的实体经济，而是带动境外那些为美国提供产品和资源国家的实体经济，推动了这些国家的制造业产业发展。包括消费信贷在内的支持消费的货币流不断增长，并不一定需要本国的生产来支持，因为美元是国际货币，美国人可以通过从国外进口来满足人们的大部分消费。只要有不断增加的货币收入流，只要美元不是过度下跌，美国的消费者就能保证其生活水平不断提高。在美国制造能力不断削弱情况下，向世界其他地区提供的实物产品和资源越来越少的，国外美元的持有者向美国购买的产品和劳务总价值低于他们卖给美国商品和劳务的总价值。余下的美元则被用来购买美国的国债、政府机构债券、市政债券、企业债券以及股票，等等。金融杠杆被推广到几乎所有能够有相对稳定收入流的领域，因此在延长金融杠杆长度的同时，又将金融杠杆隐含的风险蔓延到整个经济的各个角落，这就使得美国经济越来越依赖于人们的信心。风险的暴露被不断延长的金融杠杆延迟，也将相对较小的价格波动放大为巨大的风险甚至危机。

同美国相似，发达的金融业是欧洲国家最近 20 年欧盟国家经济增长重要动力来源。欧盟国家实行全能银行制，欧洲各国的银行过度依赖资本市场和境外市场，欧洲各国的银行通过货币市场和信贷市场来获得融资，包括银行间的拆借和发行信贷工具等。欧洲中央银行统计，欧元区银行约有 13% 的资金来源于各种债务工具。传统资金来源渠道的有限状况，迫使欧洲银行大量将各种可以产生收益的资产证券化。2007 年上半年欧洲的证券化资产将近美国的 2 倍。在欧盟国家，银行资产占 GDP 的比重：英国为 4 倍，比利时为 5 倍，爱尔兰为 5.6 倍，冰岛为 9 倍，卢森堡为 15 倍。欧洲银行依赖海外市场，通过跨国银行扩展业务，欧洲银行业务量占美国的市场份额将近 20%。从资产负债结构来看，2007 年年底欧元区的货币金融机构资金来源中客户存款比例为 39%；区外负债约为 20%；资本和储备的比例为 7%。与其他国家相比，欧洲银行的"核心存款"（长期沉淀于银行账户中的存款，主要是个人客户）比例较低，迫使欧洲银行将融资重点集中于同业和金融市场。这种产业结构决定，由次贷危机演化的金融危机使欧洲金融业更易受到沉重打击。

在美国次贷危机中，与以往不同的重要变化是各虚拟经济部门之间的联系异常紧密，房屋信贷机构、证券承销机构、保险机构以及跨国金融机构之间连成了复杂的链条。金融风险被复杂的定价方法和交易程序掩盖，最初的房屋信贷和消费信贷的风险似乎被大大降低了。但是，整个金融市场的系统性风险却大大增加，因为在金融自由化后金融市场边界已经模糊，经济虚拟化加深后整个金融市场的稳定寄托在宏观经济持续稳定上升，而整个金融市场对实体经济和宏观经济政策的变化异常敏感。当这种危机动摇信用体系的时候，就会对实体经济产生实际影响。金融系统性风险爆发会对信用体系造成巨大的破坏，影响实体经济发展所依赖的有效配置资金的渠道和效率。20 世纪 90 年代中期以来金融稳定成为全球关注的焦点，金融稳定对宏观经济稳定的影响作用是非常巨大的。迫使政府必然进行全面干预，30 年以来各国政府对金融市场的干预在不断加深。从最初对传统政策机制的讨论，发展到直接救助市场和金融机构。如美联储就创造三种新型的直接救助金融机构的手段：定期贷款拍卖、一级交易商信用工具和定期证券借贷工具。其目的：一是有效地延长了给金融机构贷款的期限；二是扩大了抵押品范围（从传统的国债抵押扩展到 AAA 非机构债券抵押）；三是增加了流动性供给的对象（从传统商业银行扩展到一级交易商、大型投行、保险公司）；四是有效降低了处于危机中的金融机构获得流动性的成本。美联储推行的这三大创新的救援机制打破了美欧等国政府不对金融市场进行直接干预的"惯例"。随着金融危机的不断深化，美欧政府对金融市场的干预在不断扩大。最后，美国政府对花旗等跨国金融机构进行了国有化。

新古典经济理论推崇的金融自由化，改变了现代信用制度和信用关系，推动了虚拟资本的迅速膨胀。在很长一段时间里，以新古典理论为内核的现代金融理论中，充满了各种复杂的资本资产定价的模型，似乎各种风险都能被很好预见，各种评级机构也似乎能够提供准确的风险信息。但这种所谓自由化发展金融市场走向了危机，也走向了新古典理论所反对的反面——更强的政府干预。虽然，政府干预深化的效果如何还无法预料，但是美欧国家这种过度的发展虚拟资本，并通过美元—欧元双本位国际货币体系操控全球金融市场的格局，已经无法维持了。

第九章　马克思主义垄断理论及其在当代的解读

从 19 世纪 70 年代开始，资本主义逐渐进入垄断时代，到 20 世纪初垄断已成为西方发达国家经济生活中最重要的特征。20 世纪初期，列宁在《帝国主义是资本主义的最高阶段》一文中阐述了垄断问题，列宁集中分析了垄断组织的形成和发展以及对资本主义的影响，并在此基础上揭示了资本主义的发展趋势。一个多世纪以来，资本主义产业组织关系发生了重大的变化，以产品的技术优势为主，技术和规模的内在统一则成为企业寻求市场控制的主要方式。在这里，垄断资本的控制方式经历了由规模结构优势向技术、产品优势的转变。

当代资本主义产业组织关系的重大演变，在推动资本主义经济技术加速发展的同时，也导致了某种程度、某个阶段的停滞，使资本主义经济技术呈现了加速发展与停滞并存的局面。

第一节　马克思主义垄断理论及其发展

19 世纪末 20 世纪初，随着垄断资本的国际化发展以及垄断出现的新情况，第二国际的理论家们展开了激烈争论,形成了三派力量:以卢森堡等人为代表，主张从"消费不足"的角度来寻找垄断资本主义对外扩张的根源；以希法亭等人为代表，主张从流通和金融领域发生变化角度来寻找垄断资本主义对外扩张的根源；以拉法格等人为代表，则主张从生产领域里的变化来探寻帝国主义产生的根源和实质。列宁在深入研究了资本主义新变化的基础上，批判地吸收了第二国际理论家们关于帝国主义理论的研究成果,创立了马克思主义垄断资本理论。

一、列宁帝国主义时代理论

19世纪末20世纪初，列宁在研究时代特征的基础上，得出一个重要结论：即由于资本集中以及垄断的形成，世界资本主义发展已进入了一个与自由竞争资本主义截然不同的崭新阶段，即帝国主义阶段。这一阶段，由于资本主义自由竞争机制已经被垄断组织的市场控制所代替，垄断已经成为经济生活的主要特征和基础，资本主义已进入了垄断资本主义时代。在帝国主义时期，资本主义基本矛盾并没有解决，反而在更广阔的范围内，以更为尖锐的形式表现出来。

列宁的帝国主义时代理论，是以其对帝国主义五大基本特征的分析为基础的。列宁认为，17世纪70年代，自由资本主义便发展到了它的顶峰，以后自由竞争开始转化为垄断，产生了卡特尔、托拉斯等垄断组织，以及工业垄断资本同银行垄断资本融合而成的金融资本。这些规模巨大实力雄厚的金融资本通过各种经济的和政治的手段排除竞争，垄断着国内市场并对人民的政治经济文化生活进行控制，对外奉行侵略扩张政策，掠夺殖民地、瓜分世界领土。帝国主义时代的五大特征即为：

第一，生产的高度集中和垄断是垄断资本主义最基本最重要的特征。列宁认为，在资本主义的经济发展过程中，由于竞争规律的作用，资本的积聚和生产集中发展得很快，当资本的积聚和生产集中达到一定高度，资本主义经济就自然而然地走向了垄断。列宁指出："集中发展到一定阶段，可以说就自然而然地走到垄断。因为几十个大型企业彼此之间容易达成协定；另一方面，正是企业规模巨大造成了竞争的困难，产生了垄断的趋势。"[1] 垄断形成后，垄断组织取得了完全的优势成为全部经济生活的基础。

第二，金融资本的形成和统治。列宁认为，帝国主义时期在资本与生产集中的基础上，银行业也会日益趋于集中，越来越多的货币资金集中于少数最大的银行，而银行业的集中必然导致银行业的垄断和金融资本统治的形成。由于银行业的集中与垄断，银行与工业之间的业务往来，由最初只是执行一般纯技术性的服务转变为用扩大或减少，便利或阻拦信贷的办法去决定工业企业的命运，银行的作用发生了新的变化，"由中介的角色发展成为势力极大的垄断者"[2]。银行作用的这一转变，使"银行与工业日益融合或者说长合在一起"，[3] 出现了金融资本和金融寡头。这时，金融资本、金融寡头对整个社会的经济和政治的统治就成为不可避免的了。在国内，它们不仅利用"参与制"控制远远超过自己

---

① 《列宁选集》第2卷，人民出版社1975年版，第653、654页。
② 同上书，第607页。
③ 同上书，第613页。

几倍甚至是几十倍的资本，而且还通过创办企业，发行有价证券，小埋公债等业务获得大量的利润；它们不仅利用"人事渗透"与企业实行联合，而且还通过与政府实行"个人联合"实现垄断资本与国家政权的结合。在国际范围内，它们之间的联合形成国际垄断同盟，并通过世界领土和市场的瓜分实行对世界的统治。

第三，资本输出的特殊意义。列宁认为，"对自由竞争占完全统治地位的旧资本主义来说，典型的是商品输出。对垄断占统治地位的最新资本主义来说，典型的则是资本输出"[①]。资本输出成为垄断资本主义的重要新现象。资本输出的必要性，是因为国内"有利可图"的投资场所已经不够了，过剩资本要到国外去赚取高额利润；而资本输出到落后国家的可能性，一方面是"因为那里资本少，地价比较贱，工资低，原料也便宜"[②]，能够获取高额利润；另一方面是"因为许多落伍的国家已经卷入世界资本主义的流转，主要的基础设施已经建成或已经开始兴建，发展工业的起码条件已具备等等"[③]。资本输出给垄断资本带来惊人的利润，使金融资本的密网遍布全世界。资本输出加深了资本主义在全世界的扩展，因而它是金融资本统治全世界坚实的基础，是帝国主义压迫和剥削世界上大多数民族和国家的坚实基础。

第四，瓜分世界的资本国际垄断同盟已经形成。国内垄断的形成，使垄断资本得以控制国内的生产和市场，而为了巩固和加强自己的垄断地位和垄断实力，垄断资本必然要通过商品和资本输出而争夺国际市场。随着资本输出的不断增加，以及资本组织国外联系的势力范围的扩大，各国大垄断资本对销售市场、投资场所和原料产地的争夺必然更加激烈。在势均力敌的情况下，为了避免两败俱伤，它们之间便暂时妥协，达成协议，组成国际垄断同盟。同国内的垄断联合一样，国际垄断同盟也有自己的组织形式，第二次世界大战前，主要的组织形式是国际卡特尔。组织国际垄断同盟的目的在于通过制定垄断价格，规定生产规模，垄断原料来源，划分销售市场，以保证获得高额垄断利润。第二次世界大战后，国家垄断资本主义的国际联合和跨国公司成为主要的组织形式。

第五，最大的资本主义列强已经把世界瓜分完毕。19 世纪末 20 世纪初，帝国主义列强把世界瓜分完毕后，由垄断资本的本性与资本主义经济和政治发展的不平衡规律决定，后起的垄断资本主义国家必然提出重新瓜分世界的要求，两次世界大战都是因为帝国主义国家争夺世界霸权和重新瓜分世界而引起的。第二次世界大战以来，老殖民主义体系已经瓦解，垄断资本主义对世界的统治

---

① 《列宁选集》第 2 卷，人民出版社 1975 年版，第 626 页。
② 同上书，第 627 页。
③ 同上书，第 629 页。

也由旧殖民主义转变为新殖民主义。

二、列宁帝国主义历史趋势理论

列宁在分析了垄断资本主义基本特征的基础上，对其寄生性和腐朽性的基本趋势作了深刻的揭示。他认为，资本主义新变化在生产和技术方面会导致"两种趋势"：一方面，资本主义垄断的存在必然会形成垄断价格，资本家可以通过垄断价格获得高额垄断利润，在这种情况下，资本家发展生产、改进技术的动因消失了；资本主义垄断的存在，必然使垄断资本家为了某种经济上的利益，人为地阻碍技术改进或采用新技术，金融资本在世界范围的统治，可以使其在不改进技术的条件下获取高额垄断利润。这样就出现了帝国主义生产和技术停滞的趋势。

另一方面，在资本主义制度下，垄断绝不可能完全地、长久地排除世界市场上的竞争，竞争必然导致技术创新，导致新产品新工艺的出现，并可以降低生产成本提高利润，这样就出现了帝国主义生产和技术迅速发展的趋势。垄断资本主义时代发展变化趋势的主要特征，是这两种趋势交替出现。列宁指出："如果以为这一腐朽趋势排除了资本主义的迅速发展，那就错了。不，在帝国主义时代，某些工业部门，某些资产阶层，某些国家，不同程度地时而表现出这种趋势，时而又表现出那种趋势。整个说来，资本主义的发展比从前要快得多，但是这种发展不仅一般地更不平衡了，而且这种不平衡还特别表现在某些资本最雄厚的国家的腐朽上面。"[1] 列宁还认为，资本主义时代新变化并没有改变资本主义社会向社会主义社会过渡的基本趋势。

在帝国主义时期，由于垄断组织倾向于通过制定与操纵垄断价格来获得垄断高额利润，导致垄断组织之间出现竞争克制与保守倾向，进而导致帝国主义时期的经济停滞与社会的腐朽趋势。垄断资本的实质在于获取垄断利润，而垄断价格则是保证实现垄断利润的主要手段。垄断价格是垄断组织在销售或购买商品时，凭借其垄断地位规定的，旨在保证获取最大限度利润的市场价格。由于垄断资本可以通过垄断高价和垄断低价来控制市场，使得它能获得一些其他企业，特别是非垄断企业的利润，垄断组织就会在技术与竞争方面采取保守与消极的战略，甚至采取行为垄断的方式人为地限制经济技术的发展，从而导致经济生活出现停滞趋势。

在帝国主义时期，垄断是从自由竞争中产生的，但不能消除竞争，反而使竞争变得更加复杂和剧烈。其一，垄断并没有消除产生竞争的经济条件。其二，

---

[1]《列宁选集》第2卷，人民出版社1975年版，第685页。

经济生活不存在绝对垄断。社会生产是复杂多样的，任何垄断组织都不可能把包罗万象的社会生产都包下来。实际上，即使是垄断程度极高的部门，也不可能只存在一个垄断组织，各垄断组织为了巩固自己的垄断地位，换取更多的垄断利润，它们之间也必然展开激烈的竞争。在垄断组织之外，从数量上说，中小企业占绝大多数，这些非垄断的资本主义企业之间也存在竞争。在垄断阶段，竞争主要表现在以下几个方面，即垄断组织内部的竞争；垄断组织之间以及垄断资本家集团之间的竞争；垄断组织同非垄断组织之间的竞争；中小企业之间的竞争。

　　垄断条件下的竞争同自由竞争阶段相比，具有一些新特点。在竞争目的上，自由竞争主要是为了获得更多的利润或超额利润，不断扩大资本的积累，而垄断竞争则是为了获取垄断高额利润，并不断巩固和扩大自己的垄断地位和统治权力。在竞争的手段上，自由竞争主要运用经济手段，如通过改进技术、提高劳动生产率、降低产品成本等，以战胜对手。而垄断组织的竞争，除了采取各种形式的经济手段外，还采取非经济的手段，使竞争变得更加复杂、更加激烈。在范围上，自由竞争时期，竞争主要是在经济领域，而且主要是在国内市场上进行的。而在垄断时期，国际市场上的竞争越来越激烈，不仅经济领域的竞争多种多样，而且还扩大到经济领域以外进行竞争。总之，垄断条件下的竞争，不仅规模大、时间长、手段残酷、程度更加激烈，而且具有一定的破坏性。

　　帝国主义阶段，资本主义发展会更加不平衡。垄断资本主义的发展是一个充满矛盾与发展不平衡的进程，主要表现在发达国家与发展中国家之间的差距扩大，世界经济的发展呈现不平衡态势。垄断资本的国际化发展过程是经济全球化的发展过程，在经济全球化的背景下，各国体制、机制和发展阶段存在巨大差距，由于国际经济协调机制不健全，国际市场供给的冲击会导致一国市场供给与需求的失衡，也会使国际经济陷入危机。而发展中国家原有的体制、政府领导能力、社会设施、政策体系、价值观念和文化的冲击和挑战，民族国家与国际社会都出现不同程度的治理危机。全球化使各国的产业结构调整变成一种全球行为，它既为一国的经济竞争力提供条件，同时也存在对别国形成依赖的危机，进而会制约甚至破坏全球生产力的发展，对全球经济持续健康的发展带来严重的影响。

三、后列宁时代围绕垄断问题展开的争论

　　第二次世界大战后列宁的垄断理论在西方有了新的发展。20 世纪 60 年代，美国经济学家巴兰和斯威齐合著的《垄断资本》出版了，他们在书中阐述了垄断新阶段理论。围绕该理论以塞姆勒和威克斯为代表的原教旨主义与以巴兰、

斯威齐为代表的垄断资本学派展开争论。这一时期，垄断利润和平均利润率规律成为争论的焦点。

垄断学派夸大垄断的作用，否认部门之间的竞争和平均利润率的形成。这个学派的大多数学者认为，在现代资本主义社会，由于垄断取代了自由竞争，利润率平均化趋势已经让位于垄断部门和竞争部门之间利润率的长期不一致。在他们看来，垄断部门的特征是高集中率，高进入壁垒和主要大企业之间的公开的或暗地的勾结，这会阻止和限制竞争，提高商品价格和产生垄断利润，其他竞争部门则被迫接受普通的利润率。在垄断条件下，存在部门之间利润率的等级差别，即利润率在垄断部门或接近垄断部门较高，而在非垄断部门最低，整个社会平均利润率规律是不存在的。

另一种观点与上述看法针锋相对，如美国的原教旨主义学派的代表人物塞姆勒和威克斯等，他们从 20 世纪 80 年代初期开始对传统的垄断资本理论发起了全面的挑战，对以斯威齐为代表的垄断资本学派进行严厉的批评。他们认为，现代大公司的经济权力并不能形成垄断势力，也不能废除利润率的平均化规律。从长期看垄断部门的进入壁垒不能从根本上限制外部资本的流入，各部门的利润率仍然存在平均化的趋势。部门利润率的差别不是由垄断形成的，而是由部门技术水平的差异和发展不平衡造成的。塞姆勒指出："这种利润率的差别可以很容易地用马克思主义的竞争理论来说明。按照这一理论，供给和需求从来不会相等。各个部门由于劳动生产率、资本产出率、工资份额和经济增长率等方面的差异所引起的利润率的差别，可以由调节供给使之适应需求时间上的差异来说明。这就是说，需要时间在利润率高的部门集结新的生产能力以生产和周转商品，同时从利润低的部门撤出资本和减少生产能力。""部门内部厂商之间以及集中部门和非集中部门厂商之间利润率的差别，也同马克思主义关于竞争和生产价格是波动重心的理论不矛盾。在部门内部不同厂商使用的技术是不一样的，因而总会有些资本生产成本较低，而有些资本生产成本较高，按照相同的市场价格或者生产价格出售产品，各个厂商由于成本价格不同从而利润率也必然不同。因此，厂商之间利润率的差别并不必然是垄断势力的一种象征。"

原教旨主义坚持认为，一些经验研究虽然揭示了高利润存在于高集中或与高度集中相联系的部门，但要用这些经验研究来支持垄断资本的假定时应当受到质疑：首先，这些研究结果并不意味从长期看存在一种稳定的持续的利润率的等级差别，70 年代的研究解释了进入壁垒在停滞和需求下降时期也会成为撤除的壁垒。如果这时的生产能力必须进行调整以适应下降了的需求，大资本会出现亏损，因此，"不是集中和进入壁垒，而是资本的流动壁垒，似乎是造成利润率差别的原因。"① 这种流动壁垒在各个部门中是不同的。其次，更重要的是集中和进入壁垒不可能消除资本之间在剩余价值生产和分配方面的竞争，而部门之间的竞争与剩余价值的分配相联系。再次，进入壁垒和撤除壁垒作为物质资本不易流动的表现，也不必然意味着货币资本的流动性下降。由于一些部门固定资本的增长，物质资本的流动性已经减弱。但是，多厂和多公司的巨大规模则伴随着大量货币资本的增长。从历史上看，随着企业资本的越来越大，货币资本的流动性实际上提高了。这种货币资本流动性的加强不仅被希法亭所忽视，而且在关于垄断起源的后马克思主义讨论中也被忽视了。② 最后，大多数现代马克思主义者错误地认为，当代资本主义社会是非竞争性的。塞姆勒强调：在关于资本主义垄断阶段的后马克思主义的讨论中，可以看到两股不同的思潮。一种思潮以希法亭为代表，强调竞争的消失；另一种思潮以列宁为代表，认为集中和勾结并没有废除竞争，只是使竞争在一个更高的水平上展开。许多后马克思主义经济学家的观点主要来自资产阶级新古典派的理论，它以一种"竞争的数量理论"为特征，过分强调市场集中的问题，认为竞争只是一个竞争者的数量多少和规模大小的问题。如果有"大量"的竞争者，就存在着竞争；如果只有"少数"竞争者，就存在"有限"的竞争。

　　针对两种对立的观点，高锋教授认为："从基本的方面看，垄断资本学派的观点可能包含着较多的真理。这个学派的学者肯定了现代大公司的垄断势力，肯定了垄断价格和垄断利润的存在。肯定了当代资本主义垄断的实质"。③ 但是，垄断部门和非垄断部门利润率的差别是否就意味着利润率平均化规律已不再起作用，这一点还值得进一步研究和讨论。他认为：在垄断资本主义条件下，"社会统一的平均利润率已经难以形成，垄断部门的利润率大多经常高于非垄断部门的利润率；但在垄断部门之间和非垄断部门之间，分别存在着利润率的平均化趋势，从而形成两种不同水平的利润率。平均利润率的二重化，正是利润率平均化规律在垄断资本主义条件下的具体作用形式。"④ 首先，平均利润率二重化的基础在于垄断竞争和自由竞争并存。垄断与竞争并存，垄断竞争与自由竞争并存，是垄断资本主义时期资本相互关系中最根本的经济现象。这时，社会统一的利润率自然难以形成。但是，既然垄断竞争和竞争仍然存在，部门之间的资本流动就不可能完全停止，利润率平均化规律也一定会继续起作用。其次，垄断部门进入壁垒促进了利润率的二重化趋势。"大垄断企业依靠自身的巨大规

---

① ［美］W. 塞姆勒：《竞争，垄断和利润率差别》，《激进政治经济学评论》1982 年冬季号，第 47 页。
② 同上书，第 48 页。
③ 高峰：《发达资本主义经济中的垄断与竞争》，南开大学出版社 1996 年版，第 283、284 页。
④ 同上书，第 288 页。

模、巨额的内部资本积累和大银行的金融支持，往往能够打破进入壁垒，侵入其他某些利润更高的垄断部门。因此一般来说，垄断部门的进入壁垒并不能完全阻止大企业的资本在垄断部门之间的转移。与此同时，由于中小企业不具有大垄断公司的经济实力，它们的资本流动大多限于以自由竞争为主要特征的非垄断部门。这样，垄断部门之间以大企业为主的资本流动和非垄断部门之间以中小企业为主的资本流动，就不可避免地形成了两重不同水平的利润率平均化过程。"① 最后，大垄断企业的生产多样化和跨部门经营在二重利润率平均化过程中具有重要作用。在这样的条件下，部门之间的资本转移在某种程度上变成了大企业内部的资本流动和分配，这就便利了大企业在不同部门的资本转移。

关于两重利润率平均化的论点，国内外早已有经济学家提出。例如西方激进派经济学家曼德尔在 1962 年发表的《论马克思主义经济学》一书中就提出了这样的观点。美国经济学博士鲍林依据二元经济理论的假定，也提出了核心企业和边缘企业利润率二重平均化的论点。鲍林还对他的理论分析进行了经验证明，结果发现核心企业果然比边缘企业获得较高的利润率，同时核心企业之间的利润率差别也确实比边缘企业之间的利润率差别小得多。② 在我国，也有学者提出了两重利润率平均化的思想，例如魏埙教授在肯定垄断部门的利润高于非垄断部门的利润时指出："这两大类内部的部门间竞争是很激烈的，因而各自会有利润率的平均化"。③

但是，上述经济学家在提出二重利润率平均化论点的同时，坚持认为从长期看仍然会形成社会统一的平均利润率。高峰教授认为这种看法缺乏足够的理论根据和事实根据：第一，如果承认经过较长的时间最后会形成社会统一的平均利润率，这就在实际上否定了垄断利润和非垄断利润的差别，而把这种差别归之于经济运行的某种暂时不均衡的状态。第二，如果社会范围内的利润率平均化趋势表现为垄断利润率与非垄断利润率逐渐接近的趋势，那么，即使这两类利润率的差别趋于接近又趋于扩大的长期波动现象的确存在，这正好是全社会利润率平均化受阻碍的表现。第三，垄断部门与非垄断部门的利润率差别在某些时候的缩小，并不一定是这两类部门竞争加剧和资本转移的结果，而可能是其他经济因素的影响。最后，列举了某些经验材料来论证平均利润率二重化的命题。④

① 高峰：《发达资本主义经济中的垄断与竞争》，南开大学出版社 1996 年版，第 289 页。
② 同上书，第 290～292 页。
③ 魏埙：《关于垄断价格问题》，《南开学报》，1986 年第 5 期。
④ 高峰：《发达资本主义经济中的垄断与竞争》，南开大学出版社 1996 年版，第 296～300 页。

第二节 资本垄断方式及其在当代的转变

垄断是企业凭借自己在规模结构及技术、产品方面的优势，通过对生产和市场的控制获得垄断利润的一种市场权力。由于厂商获得市场控制力的原因不同，垄断控制也存在不同的方式：规模结构性垄断与技术、产品的市场垄断。事实上，垄断不仅根据其形成的不同原因可以在逻辑上划分为这两种形式，而且还可以根据这两种方式的不同作用，将西方国家产业组织关系的发展划分为两个阶段，即以规模结构性垄断为主要特征的历史阶段和以技术和产品的市场垄断为主要特征的历史阶段。从 19 世纪 70 年代到 20 世纪 80 年代，西方国家的产业组织关系实现了由规模结构性主导的发展阶段向技术、产品市场垄断主导阶段的转变。技术、产品的市场垄断是当代产业组织关系的主要形式，且有着不同于规模垄断的种种特征。

一、规模结构性垄断与垄断势力的形成

从垄断形成的历史和发展阶段来看，规模结构性垄断是垄断市场结构形成的基础和出发点。

规模结构性垄断是指厂商凭借其规模优势，通过对生产与市场的控制，从而获得高额垄断利润的一种市场权力。由于规模垄断以集中性市场结构为基础，并具有市场结构决定厂商行为的基本特征，支配性市场和寡头市场就成为规模垄断存在的市场结构条件。规模垄断的形成与存在有三种方式：①支配性厂商控制生产和市场的行为，即行业独家经营企业控制价格和产量的行为。②寡头企业之间在规模优势基础上采取的有关价格和产量的勾结行为。这种勾结行为可以是公开的，也可以是暗地的。③寡头厂商之间无勾结的控制行为，即寡头厂商之间通过"推测变差"，形成的有关产量和价格的默契勾结。一般来讲，在垄断市场上大资本的排他性和独占性并不排斥大资本之间在一定条件下的串谋和勾结，一个部门内部的大企业数量越少，它们形成公开的或秘密垄断的可能性就越大。因此，规模结构性垄断不仅是指厂商的独家控制行为，还指少数厂商公开的勾结或无勾结的市场控制行为。

规模结构性垄断的形成，通常还需要某种程度的进入壁垒，这样，大企业在维持高于竞争水平的价格时不致引起新的竞争者大批进入，从这个意义上讲，进入壁垒使大厂商拥有了限制进入的障碍,因而成为规模垄断形成的重要条件。

进入壁垒即垄断厂商由于规模经济或规模优势相对于竞争对手或潜在进入者所具有的各种"有利"条件。垄断厂商的这种有利条件降低了部门外部资本流入的可能性、规模和速率。规模壁垒不仅是指垄断厂商的相对规模（即在部门内的市场份额大小），有时也是指垄断厂商的绝对规模（通常是指跨部门多样化经营的厂商），因为厂商的绝对规模会阻止部门外资本的进入。一般来讲，已经形成垄断势力的厂商，其绝对规模越大，新的进入者所要求的投资量也越大，进入该部门相对来说也就越困难。因此，巨大的公司规模会发挥巩固和加强规模壁垒的作用。

产业组织理论只强调大厂商相对规模的重要性，认为只要大厂商占有很高的市场份额，就足以形成垄断势力，而厂商的绝对规模对垄断势力没有影响，以至于有经济学家宣称："绝对规模与市场势力是绝对无关的。"[1] 事实上，厂商的绝对规模存在不同的情况，其对垄断的加强作用也不一样。一般来讲，厂商的绝对规模有两种情况：一种是以单一产业为主的多样化经营的厂商，这种厂商往往拥有某一两个势力雄厚的产业；另一种是单一产业并不突出的巨大厂商，这种厂商的主体产业和产品并不拥有强劲的市场竞争力，而是以多业的相互支撑和适应快速多变市场的优势存在。对于第一种类型的厂商来说，由于多样化的生产和经营与其主体产业形成"交叉资助"，以及该类厂商与其他部门厂商的"互惠贸易"和竞争性克制，从而使它们的竞争力得到加强，尤其是厂商的多样化经营对其主体产业的有力支持，使主体产业的市场垄断力得到大大的巩固和加强。这种类型的垄断厂商，其绝对规模就会发挥其加强和巩固规模壁垒的作用，因而与垄断存在很大的关系。对于第二种类型的厂商来说，由于其主体产业的相对规模有限，且在部门内的竞争中不具有绝对的优势，因而其要进行多产业的"交叉资助"以及与其他产业展开"互惠贸易"就存在一定的困难，即便能够展开这些活动，那么，这对于巩固和加强其垄断势力的作用也是有限的。这一类厂商绝对规模的扩大并不一定意味着垄断势力的加强。

自然垄断是一种显著的规模经济。在某种情况下，生产一种商品所使用的技术导致分享市场的几家厂商都不能单独弥补平均成本，仅有一家或少数几家厂商从事此类产品的生产才有规模经济，其他厂商不得不退出该领域的经营，这样，该行业的自然垄断就形成了。然而，除了自然垄断的行业外，同质产品条件下的独家垄断市场和寡头市场也具有规模垄断的特征。本节所涉及的规模垄断大多是指同质产品的寡头市场和独家垄断市场，自然垄断并不属于本节所研究的范围。因为在多数情况下，自然垄断多以国有和政府管制的形式存在，

---

① 转引自 M A 尤顿：《总体集中与市场集中：一个评论》，《经济杂志》1974 年 3 月，第 151 页。

其运营绩效多取决于政府政策和行业管理制度。

规模壁垒，除了由大规模生产形成的成本方面的"有利"条件外，还包括现有厂商具备的其他方面的"有利"条件，这些条件包括：资本需要量形成的规模壁垒；寡头勾结对竞争形成的限制；生产经营一体化形成的规模壁垒；生产经营多样化形成的规模壁垒以及垄断厂商在销售开支上的低成本壁垒。厂商的多样化经营可使其获得"交叉资助"和"互惠交易"[①]的有利条件。规模垄断厂商在进行规模扩张的同时，其内部的生产组织结构也向着纵向一体化和多元化方向发展，从而形成了特殊的进入壁垒。垄断厂商生产经营的一体化发展，不仅使其在生产和经营上获得极大的灵活性和主动性，而且还可以节约交易费用，并由此获得进一步的成本优势。迈克尔·波特认为："当存在纵向整合经济性时，其规模经济也形成进入壁垒。"[②] 所谓整合经济性就是指当一个企业生产产品 A 时，天然具备了生产产品 B 的能力。对于能够通过纵向一体化实现整合经济性的企业，进入者将面临着一种劣势。科斯（Caose）在《企业的性质》一书中，阐明了纵向一体化的原因，指出企业纵向一体化发展是用较低的企业内部的交易代替费用较高的市场交易。因此，纵向一体化的程度决定于企业内部交易的边际费用等于市场交易的边际费用那一点上。不仅如此，对极重要资源的控制也是一体化发展的重要原因，当垄断厂商控制了生产经营关键的投入要素时，潜在进入者由于无法获得必要的生产要素而不得进入。由此可见，垄断企业纵向一体化的发展使其获得了更多的"有利条件"，对进入者形成一种阻碍。

规模垄断厂商的行为和绩效。在规模垄断条件下，特定的市场结构必然导致厂商特定的垄断行为。一般来讲，规模垄断厂商的行为包括价格行为、策略性行为和强制性行为。就价格行为而言，由于以特定市场结构和同质产品的生产为基础，寡头厂商更倾向于合作博弈，即寡头之间更易形成竞争克制与默契合作，以维持垄断高价。默契合作有多种形式，包括支配性企业的价格领导制、晴雨表式价格制等。当然，寡头厂商有时也以价格竞争的方式展开非合作博弈。除了价格行为以外，寡头厂商还采取策略性行为限制竞争。策略性行为是指垄断厂商为阻止新厂商的进入主动采取的多种灵活措施，维护其垄断地位。这些措施包括：掠夺性定价、过剩生产能力、限制定价和实行价格歧视。

当厂商拥有上述规模结构性优势及市场控制行为时，也就形成了一种垄断势力。制度主义者在批评产业组织理论把公司权力归结为市场势力时，提出了"市场势力"、"垄断势力"和"经济势力"三个概念的区分。他们把垄断

---

① 高峰：《发达资本主义经济中的垄断与竞争》，南开大学出版社 1996 年版，第 143～146 页。
② ［美］迈克尔·波特：《竞争战略》，陈小悦译，华夏出版社 1997 年版，第 56 页。

势力看做是由单个大企业获得的控制权,而把市场势力看做是由几个寡头企业共同获得的控制权。"在前者,能力和影响是由一个单独的支配性厂商控制和行使的。而在后者,它们却掌握在几个分享市场统治地位的厂商手里。"[1] 上述区分虽然具有重要意义,但它对垄断势力和市场势力的界定过于狭窄,把垄断势力等同于支配性企业,把市场势力等同于寡头垄断。这种界定反映了作者仍然是从"垄断"一词的纯字面意义来理解垄断势力,即把垄断看做是独家控制。事实上,在人类工业化的进程中,随着企业规模的迅速扩大和生产集中,企业间便形成一种相互依赖的战略互动关系,这种规模结构性关系成为垄断势力产生的基础,进而导致产生垄断势力。垄断势力是指那些通过采取非市场调节的方式限制竞争进而获得市场控制权的大公司。垄断势力采取的非市场调节方式主要体现为其在定价和产出决策上的相互依赖、默契或公开合谋以及对竞争的克制行为上,这是一种完全不同于市场调节的控制方式。这种控制行为的形成以行业内少数企业对行业产出的共同控制和对价格、产量的自由决定权为前提。垄断势力寻求这种控制权的目的就是为了改变其所面对的市场约束条件,以追求目标成果的最大化。当然,除了对价格和产量的控制以外,垄断势力还拥有广泛的控制权利。列宁在《帝国主义是资本主义的最高阶段》一书中对垄断势力也做了系统研究。一般来讲,垄断势力形成的市场结构基础包括:第一,控制关键资源包括特殊技术的独家市场、以规模优势为基础形成的独家控制市场和自然垄断市场。第二,生产同质产品和部分差异产品的寡头市场,包括主导性市场和少数大企业共同控制的市场。

垄断势力控制行为的本质是企业之间形成的竞争克制关系,这种关系必然导致行业内或跨行业企业对市场的联合控制和操纵。当然,行业内企业对市场的联合操纵是这种竞争克制关系的基础和主要形式。由于垄断势力的这种控制行为以完全不同于市场调节的方式被使用,因而具有反市场和行为外生的性质,并且,在多数情况下,是企业为了摆脱被动的竞争地位采取的防御性措施。因此,垄断势力非市场化控制行为不可能被长期使用。垄断势力行为外生的控制方式包括以下形式:①纳什库诺特均衡或非合作解。②默契合谋或准协议。③价格领导制。④合谋与卡特尔。⑤为消除竞争而展开的企业间的合并。

垄断势力市场控制行为的产生,必须借助进入壁垒的力量。进入壁垒,既可以是规模性的,也可以是技术垄断性的,进入壁垒的重要作用,就在于其直接决定垄断势力对市场的控制程度以及其存在的稳定性。而技术垄断壁垒则是指以专利和专有技术的形式形成的进入壁垒。尽管这种进入壁垒在程度上有高

---

[1] Peterson, W. C (ed.) (1988), Market Power and the Economy, Boston, 20, 21.

低之分，但其性质是脆弱的，这是由新技术产生的非线性特点，以及突破性技术的破坏性决定的。当然，在持久性技术主导的部门和领域，新技术一旦与企业的规模、技术积累以及体制壁垒相结合时，技术垄断壁垒又具有某种程度的坚固性。而垄断势力的形成常常是与技术壁垒的坚固性相联系。也正是由于某种类型的技术垄断壁垒具有坚固性，垄断势力不仅包括寡头市场，也包括部分独家控制的市场，如自然垄断行业、长期控制行业核心技术和关键投入品的企业等。在同质产品的寡头市场上，由于潜在竞争者极易成为行业协同关系的新成员，规模壁垒也呈现坚固性。而在差异产品的寡头市场上，垄断势力的发展存在两种趋向：如果技术性的高壁垒与规模壁垒相结合，且又形成互动互助效应时，进入壁垒可能得到加强。但由于技术垄断壁垒的脆弱性，差异产品的竞争又可能成为规模壁垒的"溶解剂"。在这种情况下，进入壁垒被削弱，垄断势力的存在是不稳定的。

由于垄断势力的非市场化控制行为对自由竞争形成种种限制，在垄断势力居主导地位的条件下，经济发展存在阶段性的停滞趋势。采取行为外生的方式追求超额利润，垄断势力的存在必然产生一定的社会成本，形成 X-非效率。美国经济学家莱伯斯坦认为，免受竞争压力的保护，不但会产生资源配置的低效率，还会产生另外一种类型的低效率，即免受竞争压力的企业存在明显的超额的单位生产成本，这意味着垄断企业在高于它的理论成本曲线上生产经营。不仅如此，垄断势力还会导致动态技术的低效率。由于缺少竞争对手和竞争压力，仅凭垄断价格就可以保证其轻而易举地获得较高的利润，在这种情况下，垄断势力会在改进技术和提高劳动生产率方面产生守成倾向，甚至对已经发明的技术也束之高阁。X-非效率和动态技术的低效率都会导致经济出现一定程度的停滞现象。

二、技术、产品市场垄断与垄断势力

规模结构与技术是厂商获得市场垄断的两种方式，当厂商依靠技术和产品优势寻求市场竞争优势与垄断势力时，首先要拥有一种经济势力。经济势力是指那些通过采取技术优势和差异产品的竞争方式获得一定程度市场控制力的企业，这类企业以其产品独特的技术优势获得了对价格、产量的自由决策权以及扩张市场份额的能力，在此基础上厂商能够一定程度地摆脱来自市场的各种约束条件，实现目标成果的最大化。经济势力拥有的市场控制力主要体现在其所拥有的优势议价能力上，在市场竞争过程中，企业决策权的自由程度以及扩张市场的能力是通过其建立在产品、销售条件或购买者偏好某种特性基础上优越的议价能力体现出来的。企业的优势议价能力使其面对一条向下倾斜的需求曲线，并拥有一定程度的市场控制力。一般情况下，厂商拥有的专利、专有技术、品牌版权等技术垄断方式是其获得经济势力的基础。

与垄断势力的非市场化控制行为不同，经济势力的控制行为是市场的、经济技术性的，即企业完全是采用市场调节和市场竞争手段获得对价格和产量的自由决定权，这种控制方式的性质是行为内生的，并且具有单个企业控制的特征。一般来讲，经济势力的市场化控制行为包括：技术创新行为、风险投资行为、技术垄断行为、产品开发和品牌经营行为等。与垄断势力的防御性行为不同，经济势力的这些竞争行为是积极进攻性的，并且，由于经济势力的形成是由厂商的产品差异化行为引起的，各厂商在产品与差异创新中的成本和需求曲线上的巨大差异，使他们价格行为的依赖性大大减弱，独立性明显加强，并通过单个企业的市场化控制行为反映出来。近年来，产业组织理论关于企业力量和自由决定权的丰富实证证据充分证明企业是一个具有市场力量的实体，在一定程度上其业绩与产业的整体表现无关，人们更多地从单个企业的角度考察其行为。从这个意义上讲，在经济势力主导的竞争中，市场结构的决定性在下降，而厂商市场行动的决定性在上升。

经济势力的市场控制行为是通过其控制消费者的需求曲线实现的。当厂商推出创新或差异产品，改变消费者的需求偏好并获得有限的垄断利润时，便拥有了经济势力。经济势力形成的市场效应：厂商通过改变需求曲线的斜率，提高其对市场的垄断控制程度；厂商通过移动消费者的需求曲线，在价格不变的情况下增加销售量，提高厂商对市场的控制力；由于技术因素导致成本下降，厂商获得的经济势力。通过改变需求曲线的斜率和位置，厂商获得市场控制力。在差异产品竞争条件下，需求弹性的大小决定着垄断的强度。需求弹性越小，表明垄断厂商的经济势力越大。当厂商拥有专利或商业秘密的技术垄断形式时，就拥有了控制供给和价格的能力。在这种情况下，垄断厂商会根据利润最大化原则确定产量和价格，这时，垄断价格会高于竞争时的价格，产量会低于竞争时的产量。但当创新产品的专利到期后，随着大批的仿制者的跟进，新技术很快被扩散，企业之间就会展开较为充分的竞争，这时，价格将回落到竞争时的价格，产量也会扩大。

与垄断势力相比，经济势力只拥有有限的自由决策权和市场控制力，主要表现在：①在控制的范围上，市场势力只限于单个市场上的购买者，控制范围只限于部门内部，部门外的竞争只涉及相关部门和相关产品。②在控制的变量上，市场势力的作用只限于单个企业出售商品的价格和产量以及企业拥有的市场份额。③在控制的强度上，由于产品的差异不大，需求的价格弹性较大，企业拥有有限的自由决定权。由于经济势力赋予厂商有限的市场控制力，在以经济势力为主体的市场上，市场既是垄断的又是竞争的，形成有效竞争的局面。美国经济学家克拉克在对生产者行为、垄断竞争关系进行研究后认为，不论市场结构如何，市场参与竞争的企业的多少，也不论生产替代品的企业之间差别是否显著，只要这些组织积极改进生产技术，提供新产品，完善生产体系，这些企业组织的行为和绩效就是良好的，是"有效竞争"的企业。

经济势力有限的市场控制力是由技术垄断方式的脆弱性决定的。厂商拥有的技术垄断方式包括：专利、专有技术以及商标、品牌等形式，而这些技术垄断的产权形式具有一定程度的脆弱性，主要表现为：第一，特殊产品和先进技术不仅是厂商获得市场垄断优势的基础，同时也是潜在进入者强攻的利器。具有市场潜力的新技术新产品一旦出现，现有技术会加速瓦解。一般来讲，持久性技术和突破性技术是新技术的两种类型，尤其是突破性技术出现会导致原有技术的迅速瓦解。第二，创新技术正的外部性也会加快技术壁垒的瓦解。贾菲[①] 提出了企业的研发努力对技术相近企业的技术溢出概念。如果公司可以观察其他公司的研发努力并学习他们成功和失败的经验，比如通过咨询竞争对手注册的专利，则这些公司的研发就会更有成效。对 1973 年和 1979 年两年 432 家美国制造业公司样本的分析表明，研发生产力具有强大的溢出效应。10%的研究与开发费用的增长使注册的专利数目增长 20%，其中大约一半的增长来自溢出效应。第三，技术垄断的时限性决定其进入壁垒的脆弱性。与规模垄断不同，技术垄断的全部意义在于厂商的技术行为的先动优势。垄断利润本质上是厂商获得市场先机的报酬。随着创新技术被模仿和扩散，大批厂商的跟进，创新厂商的先动优势和垄断利润就会消失，技术壁垒就会被瓦解。就一般技术而言，垄断时期在 3~5 年，过了这个时期，多数技术就会被模仿或扩散。因此，要长期保持技术壁垒是非常困难的。

近年来，在国际技术的竞争过程中，当拥有技术优势的经济势力长期采取超高价格和技术标准的市场控制行动时，经济势力就会转化为拥有技术、产品市场垄断力量的垄断势力，而在知识经济时期，这种建立在经济势力基础上的垄断势力正在成为垄断势力形成的主导力量。当一家厂商在拥有行业尖端核心技术的同时，又拥有长期的技术积累能力以及体制结构、文化优势时；当垄断势力拥有比经济势力更强的改变和控制消费者需求曲线的能力以及低成本的控制能力时，厂商拥有的经济势力就有可能转化为垄断势力。从这个意义上讲，拥有技术、产品市场垄断优势的厂商常常是通过长期控制生产与价格，控制行业的技术标准进而达到控制市场的目的。在这种条件下，厂商实现了由技术垄断优势向技术、产品市场垄断优势的转变。应当指出，与经济势力形成的有效竞争绩效不同，依靠技术、产品优势形成的垄断势力，在对自由竞争形成戕害的同时，也

---

① A.B. Jaffe，Technological Opportunity and Spillover of R & D：Evidence Form frim Patent，Profits and Market Value，Amer. Econ. Rev. 76 （1986），pp. 948~999.

阻止和妨害了行业其他企业技术进步和发展，从长期看不利于行业的技术发展和整个社会的技术进步。因为，技术、产品的市场垄断本质上是厂商在生产和销售领域所具备的特殊技术、知识优势在市场上的体现，是厂商依靠以专利和专有技术为主要内容的技术垄断形式所获得的一种超强的市场控制力的体现。[1]

任何垄断势力的产生都离不开坚固的进入壁垒，垄断厂商只有有效地阻止竞争者的进入，才能够有效地实施对生产和市场的控制。尽管技术垄断壁垒具有脆弱性，但在一些特殊的行业以及特殊的情况下，技术垄断壁垒也具有坚固性。与传统机械性技术相比，现代信息技术的复杂程度和知识密集程度大大提高了，从而也提高了技术垄断壁垒的坚固性。除此而外，当厂商的技术优势与其规模优势、独特的组织文化以及长期的技术积累结合在一起的时候，技术垄断壁垒具有了稳固性，进而导致垄断势力的产生。因为适宜的规模、创新性的组织文化以及长期的技术积累是厂商开展持续创新活动的先决条件和制度保证，有了这些制度和条件，厂商就能自觉推进技术的发展并保持较长时期的技术领先地位，据此建立起坚固的进入壁垒。不仅如此，厂商的技术优势和体制优势结合在一起并形成互动机制时，技术垄断壁垒更具有了坚固性，在这种条件下，厂商拥有的技术和产品优势就会转化为市场垄断优势。当然，一旦有突破性技术的出现也会导致原有技术在短期内土崩瓦解。

"干中学"是决定技术壁垒坚固性的重要因素。"干中学"是指最先进入该行业的厂商由于积累了丰富的经验和掌握了相关的知识，其边际成本随着厂商产量的不断积累（经验的积累可由产量的积累来衡量）而下降。"干中学"虽然不具有产权垄断形式，但也是垄断厂商所拥有的生产、经营、销售等方面的独特优势，并常常表现为企业的成本优势。由此"干中学"所形成的学习曲线，如图9-1所示。[2]

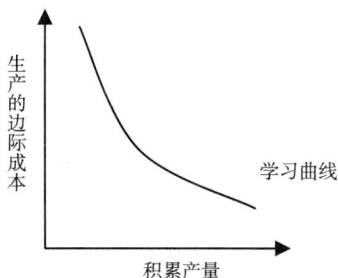

图9-1　学习曲线

---

① Peterson，W. C（ed.）(1988)，*Market Power and the Economy*，Boston，p. 20, p.21.
②［美］施蒂格利茨：《经济学》（上册），姚开建等译，中国人民大学出版社1997年版，第408页。

根据学习曲线的快速下降可知，随着产量的积累，企业的经验就越丰富，边际成本的下降就越快。在这种情况下，"干中学"优势成为重要的进入壁垒。潜在竞争者可能不愿意进入已被原有厂商占据的具有显著经验优势的部门和领域，而愿意进入那些还没有被占据的但具有显著经验积累优势的行业。李伯曼（Liebeman）发现，化学品加工业中学习效应十分显著，随着投资的增加和产量的积累，生产成本明显降低。[①] 垄断厂商所拥有的知识经验性质的壁垒，除了"干中学"以外，还包括厂商产前特殊的准备工作以及独特的经营价值链等。在许多情况下，企业在经验和知识方面的积累远比专利和专有技术更能阻止潜在的和现实的进入者。

技术壁垒的坚固性除了与制度因素相联系外，还与以下因素有关：①创新产品特定的生命周期。一般情况下，在创新技术和产品进入市场的初期阶段，由于仿制者和竞争对手还处于不完全信息时期，对进入新领域不敢轻举妄动，使创新厂商处于短期的支配性垄断地位，拥有较坚固的进入壁垒。②厂商采取的技术垄断的具体形式。与专有技术相比较，专利形式的技术垄断方式更易造成创新技术的扩散，而专有技术的垄断方式，在保密工作较好的条件下，则能够使厂商保持较长时间的技术秘密。厂商用专有技术的方式控制核心技术，往往能够建立起坚固的进入壁垒。通常情况下，厂商对工艺过程的创新采取专有技术的垄断形式，而对产品创新则采取专利的技术垄断形式。③创新技术本身的性质。属于工业制造业范围的技术，一般不存在长期的、绝对壁垒，而在化学和食品工业领域中，属于秘密配方性质的技术，常常成为坚固的进入壁垒。④竞争厂商在技术积累能力以及体制方面的同质性。发达国家企业之间的竞争，由于其技术积累能力差别不大，技术壁垒具有脆弱性，而发达国家与发展中国家企业之间的竞争，由于技术积累能力及体制的差别较大，技术壁垒具有坚固性，发达国家技术先进的厂商在发展中国家市场上易形成垄断势力。

事实上，在技术、产品优势基础上形成的垄断势力，具有双重性质：一方面由于其对产品价格与技术标准的垄断控制，从而戕害市场竞争与技术发展，存在停滞和消极趋势；另一方面又由于其发挥着行业技术的引领和先动作用，本身又具有一定程度的有效竞争特性。企业在技术上的先动优势，不仅是指企业拥有先进技术，更是指企业对行业技术发展趋势的洞察能力、引领能力和地位。从这个意义上讲，技术和产品的市场垄断是动态的，即是说厂商只有不断地获得特殊技术和产品，才能保持其长期的市场垄断优势。但这类厂商的经济

---

① ［美］丹尼斯·卡尔顿、杰弗里·佩罗夫：《现代产业组织》，黄亚钧等译，上海三联书店、上海人民出版社1998年版，第590页。

绩效最终是由其市场垄断行为决定的。克服该类垄断势力的垄断行为应本着制裁与保护并举的原则，而制裁与保护的程度又取决于厂商在技术上的先动优势与垄断行为的相互替代性。2002 年 11 月 12 日，美国华盛顿地区联邦法院对微软公司作出裁决，对微软与美国政府及 9 个州达成的和解协议的主要内容表示认可，同时驳回另外 9 个州要求对微软进行更严厉处罚的要求。根据和解协议，微软将面对至少为期 5 年的惩罚性措施。这些措施包括微软不能达成有害于其他竞争者的垄断交易，应允许电脑制造商自由选择视窗桌面，向其他软件开发商开放部分内核技术，使软件的竞争者也能够在视窗操作系统上编写应用程序。虽然微软不仅已经而且正在为美国做出巨大的贡献，但也正在酝酿潜在的危机，那就是长期的垄断会导致竞争的消失。微软正是由于它在对电脑软件开发、销售、使用等强大的垄断而遭到诉讼和严厉的处罚的。

三、技术、产品市场垄断主导性趋势及其形成

1. 技术、产品市场垄断主导性趋势

一般来讲，规模结构与产品差异是厂商获得市场控制力的两个基本手段，但是，当生产和市场的发展使产品的差异性、产品的技术品质在限制竞争形成垄断控制力方面发挥决定作用时；当厂商的规模结构优势必须以其拥有的技术和产品优势为先导和支撑时，规模垄断主导的市场结构关系就让位于技术和产品市场垄断主导的市场结构关系，即技术和产品市场垄断主导性趋势的形成。从这个意义上讲，技术、产品市场垄断主导性趋势，即是指相对于依靠规模结构实现市场垄断而言，技术和产品优势成为一种更本源的、更具决定性的、占支配地位的垄断控制方式，企业拥有的特殊技术和优势产品成为其保持规模结构优势的先决条件。

技术、产品市场垄断主导性趋势体现在以下几方面：①在同一部门内部，以特殊技术为基础的差异产品的生产厂商，由于其在市场份额、垄断利润和收益方面都具有竞争地位，因而拥有市场垄断优势。②就不同的部门和产业而言，技术、知识含量高的产业和部门，尤其是高技术产业部门，在部门收益和利润率方面具有明显的优势，因而具有产业的市场垄断优势。③技术和产品的市场垄断优势决定企业的规模结构优势。在技术和产品市场垄断下，技术和产品上的优势是企业成长的先决条件，单纯的规模优势不具有持久的市场垄断力，只有具备技术和产品的市场优势，企业才能在不断扩大的市场份额中得到长期、稳定的发展。④在传统产业领域，工艺创新与差异创新仍然是厂商获得竞争优势的关键。一般来讲，传统产业的竞争优势大多体现在规模经济和低成本上，但从长期的发展趋势看，这些产业发展的根本出路还是在于高技术对其产品和技术的渗透和改造

上，近年来，国际范围传统产业的发展趋势证实了这一点。

2. 技术、产品市场垄断主导性趋势的形成

首先，经济增长方式的转变是技术和产品市场垄断主导性形成的根本原因。迄今为止，人类工业社会经济增长方式经历了由福特式向熊彼特式的转变，技术和产品市场垄断主导性的形成是这一转变的直接结果。自 17 世纪英国工业革命开始，人类社会就进入了以大规模机器生产为特征的工业时代。而大规模经济增长方式的效率是由分工和资本深化两方面的因素决定的，在此基础上机械、能源、交通、通信等领域迅速发展起来。20 世纪上半叶，大规模生产的经济增长方式导致了两方面的结果：其一，由于分工以及知识和技术的积累，大规模生产和制度建设极大地降低了生产和社会成本，包括工厂较高的固定资本投入等直接生产成本的降低，也包括基础设施建设、教育体系投入等间接成本的降低。生产成本的降低，使多样化和高品质生产成为可能，也为企业开展技术创新活动创造了条件。其二，大规模生产方式使中间产品、基础产业产品生产的劳动生产率得到极大提高，这种增长方式把工业品生产的数量扩张变成一种轻而易举的事情。

然而，大规模生产的经济增长方式在使工业品生产能力得到极大提高的同时，也使这种经济增长方式面临两种新的约束和限制：一是有限资源的限制；二是有限市场的限制，尤其是受到市场容量的限制。大规模生产的经济增长方式所受到的限制使熊彼特生产方式成为必要。在规模经济发展的过程中，知识、技术的积累使生产和技术创新的固定成本大幅度下降，这就使增长方式的转变成为可能。而市场趋于饱和与买方市场的形成则使熊彼特增长方式的形成成为必要。熊彼特增长方式即是在技术积累的基础上，依靠技术创新和组织创新提高资源利用效率，实现经济增长。罗默认为，生产新知识所需要的固定成本，随社会知识存量的增加而降低，因此，知识的不断积累将导致分工的演进和经济的增长。在熊彼特增长方式下，市场上商品的品种与数量大大丰富了，产品的寿命周期大大缩短了，产品更新换代的速度不断加快了。随着消费者平均收入水平的提高，他们对商品品种和质量有更高的要求。这时，生产必然由原来大规模粗放型向多品种小批量集约型生产方式过渡。熊彼特增长方式导致新产业和部门不断出现。随着信息和通信技术的迅速发展，一个以信息的收集、加工、存储、传输为主的信息与通信技术产业开始在发达工业化国家中兴起，并迅速在全球范围内扩散，并正在彻底改变人类社会的基本生产和生活方式。

熊彼特增长方式是在垄断竞争市场结构关系下来考察经济的增长，企业要实现产品的多样化和质量升级，就必须在拥有特殊知识的基础上进行创新，这时，知识就具有非垄断性和部分排他性的特征。非垄断性使知识可以产生溢出

和扩散效应，部分排他性保证了研究企业存在生产新知识的激励。质量升级型内生增长模型还特别突出了熊彼特的"创造性破坏"的思想。这种思想认为，与经济增长过程相伴而生的是旧产品不断遭到淘汰。技术创新存在的这种负的外部性可能会导致分散经济增长率过高。因此，企业生产新知识和进行技术创新必经拥有一定的市场力量，并保证获得新知识带来的垄断利润，否则，就不会有创新行为。在熊彼特经济增长方式下，技术和产品的市场垄断是企业获得市场势力的根本途径，也是科学技术进步的根本动力和重要保障。①

其次，第三次科技革命促进科技与经济的全面结合，是技术和产品市场垄断主导性形成的直接原因。从科技发展史来看，科技进步经历了科学、技术、经济紧密结合的过程。第三次科技革命在真正意义上实现了科学武装技术，技术渗透科学、科技与经济的紧密结合与互动，从而使人类社会生产实现了一次新的飞跃。当科技成为经济的第一助推器时，产业组织关系及垄断方式也就发生了变化。科技与经济的结合主要表现在：

（1）第三次科技革命，使人类的工业生产体系从追求数量上升为追求品种和质量，科技成为直接的投入要素。第一、二次科技革命本质上是动力革命，它把工业中间品的生产推向新的高度，极大地提高了生产资料生产的效率。但是，从市场和最终消费的角度看，科技仍然是一种间接投入要素，科技还没有全面地直接地对市场和人类消费发生决定性作用，科技和经济只是在有限的范围内进行结合。第三次科技革命，把人类物质资料的生产和消费带进了智能化的全新阶段，全面拓展了人类的生产领域，因而也使最终产品的生产方式得到彻底的改造，使柔性自动控制系统取代传统的生产系统。在这个阶段，科技与经济的结合是全方位的，科技成为一种直接投入的生产资源，决定和影响着生产和生活资料的生产，决定和影响着人类生产的性质、范围和领域。科技对生产和市场的直接作用，集中表现在科技成果转化为生产力的速度越来越快了，转化的周期也越来越短。19 世纪，电动机从发明到应用共用了 65 年，电话用了 56 年，无线电用了 35 年，真空管用了 31 年。进入 20 世纪，科技成果转化的时间越来越短了，雷达从发明到应用用了 15 年，电视机用了 12 年，集成电路从无到有只用了 2 年，激光器用了 1 年，电脑从 286、386、486 到 586，几乎是 3~5 年就更新一代。科技越是成为直接投入的生产要素作用于产品和市场，产品的更新换代就越快。在这种条件下，人类生产就进入了多品种小批量生产的时代，产品生产朝着个性、特殊化和潮流化方向发展。因此，科技一旦成为最终产品生产的直接要素，科技与经济就在更广的范围，以更高的程度相

① 朱勇、吴易风：《技术进步与经济的内生增长》，《中国社会科学》1999 年第 2 期。

结合。在这种情况下，技术和产品的市场垄断就不可避免。[①]

（2）第三次科技革命，使产品的科技含量大大增加，提高产品的科技含量是企业获得市场控制力的关键。现代科技不仅是产品生产的直接投入要素，也是最主要且具有决定意义的投入要素。20世纪80年代以来，物化在产品中的科技含量达到高度密集的程度。统计资料表明，第二次世界大战以后，产品科技含量每隔10年增长10倍，尤其是软件产品的科技含量与50年代相比，提高了300倍。据资料介绍，电子芯片的物质资源和劳动资源的投入只占不到2%，而近98%是知识、技术的投入。随着产品技术含量的增加，在产品质量和性能不断提高的同时，产品物质成本也大幅度下降，产品的附加值不断提高。这样，以尽可能低的物质成本生产出高品质高附加值的产品是现代生产的本质，也是企业获得市场控制力的关键。[②]

（3）高新技术产业的形成和发展是现代经济增长的核心。高新技术产业是科技与经济结合的集中体现，因而也成为推动经济增长的关键领域。高新技术产业群体的崛起对经济增长作出了主要的贡献。据美联储委员会公布的数字，美国从1977年到1984年整个工业平均增长率为2.9%，而以信息工业为主导的高科技产业则为14%。1986年，美国电子工业、通信设备制造业、自动化制造业等高科技产品约占制造业产值的15%，而这些工业企业劳动生产率比所有其他企业提高了6倍。在整个80年代，美国国民生产总值有一半来自制造业和农业，另一半来自信息产业。进入90年代，信息产业的发展速度更是有增无减。1993～1996年期间，以信息产业为主的高科技产业占全美国内生产总值的27%，1996年增长到了33%。毫无疑问，以信息产业为主的高新技术产业已成为美国经济增长的主导力量[③]。

信息产业还推动了传统产业的改造，使传统产业焕发了新的生机。第二次世界大战后传统产业已显颓势，70年代这一趋势更加明显。但是，近年来由于信息技术在这些部门的推广和渗透，使这些部门的产品质量和性能得到改善，这些部门开始焕发新的生机，并成为推动经济增长的重要领域。据日本东芝公司内部统计，该公司一条柔性制造系统与传统工艺设计相比较，其操作人员由70人降为20人，开工率由20%提高到70%，而制造加工延续的时间则由原来的18天降到4.2天。因此，高新技术的产业化发展以及对传统产业的改造，是现代经济增长的本质，也是企业实现市场垄断的根本途径。

最后，技术垄断程度的提高是技术和产品市场垄断主导性形成的充分必要

---

①② 查灿长：《世界经济的高新技术化趋势分析》，《广东社会科学》2001年第3期。
③ 林涛：《美国高新技术产业的发展》，《高新技术产业》1999年第5期。

条件。技术垄断是技术和产品市场垄断形成的基础，随着科学技术与经济全方位的结合以及相互间的互动效应，技术垄断的形式也在不断完善，其垄断程度也得到提高。一般来讲，技术垄断程度取决于技术是否易于扩散，而这又是由以下两方面的因素决定的：一是技术的复杂和智能化程度。技术越简单，其所包括的知识和信息越少，智能程度越低，技术越易于扩散，其垄断程度越低；反之，则相反。技术垄断是随着技术智能程度的提高而得到加强的。二是技术垄断制度形式的完善和多样化。这里既包括法律制度形式，也包括约定俗成的制度形式。技术垄断制度形式越完善，垄断形式越多样化，其垄断程度就越高。

现代技术是高知识、高智能、高信息的集合。越是高新的技术，所含知识的密度就越高。现代技术也是现代科学对生产要素全面渗透的结果。科学不仅装备了机器设备，也武装了工程师、技术工人乃至普通工人，现代技术是高知识含量生产设备与高素质劳动者的有机组合。现代技术还要求科学的管理。现代管理不仅要按照科学创新的规律来有效地配置资源，还要能最大限度地发挥各生产要素的功能，尤其是充分挖掘科研人员的潜力，充分调动他们的积极性。现代技术从本质上看还是根据市场需求形成的不断递进的一组知识集，掌握这组知识集的意义在于超前和创新。现代技术的上述特点表明，相对于传统技术而言，现代技术更加复杂了，更加具有整体性和动态性，因而也更加不易扩散。现代技术的垄断程度也提高了。

第一次产业革命的技术基础是初等机械，而初等机械的技术特点在于生产经验的积累以及在此基础上进行的工艺创新，这就决定了这次技术革命"并没有创造出以前根本不存在的部门，它通过采用新的方法，生产同样的老产品，改造已经存在的工业部门。"[1] "这些新的生产方法并不复杂，易于仿效掌握。因此，难以建立持久的技术垄断。"[2] 与第一次产业革命相比，发生在 19 世纪的第二次科技革命虽然具有了新的特点，即从"以积累的生产经验为基础发展到科学与技术的初步结合，从工艺创新转向产品创新。"[3] 但是，由于此次技术革命的动力性质，使科技的发展远没有成为直接的、主要的生产资源，产品的技术含量也相对有限，在这一阶段技术的扩散和仿制较容易。而第三次科技革命，使技术和知识成为生产的最直接、最主要的投入要素，生产要素完全成为知识和技术的物质载体，科学、技术、经济的高度融合，使现代技术高度复杂，现代技术更加不易模仿和扩散了。

---

① ［美］阿瑟·刘易斯：《国际经济秩序的演变》，乔依德译，商务印书馆 1984 年版，第 7 页。

② J.H.Dunning：Multinationals，*Technology and Competitiveness*，1988，p. 31.

③ Ehristphert Freeman，John Clark and Luce Soete：*Unemployment and Technological Innovation*，1982，pp. 170～172.

　　技术垄断程度的提高，还表现在垄断形式的多样化以及垄断制度的完善。跨国公司既是一种国际生产和销售的组织，又是技术垄断的一种新的制度形式，它是技术垄断制度多样化的集中体现。因此，跨国公司是垄断企业加强其技术垄断势力的主体，技术垄断是跨国公司形成的重要动力和基础。①跨国公司在扩张垄断势力增加垄断收益的同时，也提高了技术垄断的程度。②在国际技术转让中，跨国公司采取多种方式人为地限制技术的泄露，提高其技术垄断程度。跨国公司还通过实行不完全技术转让达到控制国外公司或国外市场的目的。跨国公司通常只向外国企业转让已经淘汰的、过时的技术，或在转让较新技术时，将核心技术和关键设备控制在自己手里以保持对方对新技术的依赖，使其在竞争中没有主动权。跨国公司还依据全球合理化配置战略，截断统一生产流程，依据不同国家和地区的资源秉赋和要素价格配置，在技术上对不同国家和地区"分而治之"，使其无法形成完整的、独立的生产能力和技术能力。据此，跨国公司凭借其技术垄断地位，不仅为自己的产品开辟市场，而且还在世界范围内压制国外竞争者，谋取高额垄断利润。①

　　建立研究与开发战略联盟是跨国公司巩固其技术垄断地位的重要方式。近年来，跨国公司之间通过签订合作协议的方式组织各种各样的研究和开发联盟成为一种趋势。据统计，目前世界最大的50家跨国公司中，已有90%的公司与其他的企业结成各种形式的战略联盟。通过建立研究与开发战略联盟，各跨国公司不仅可以交换彼此拥有的技术资源和设备，充分借鉴和利用互补性优势资源，提高创新产品的科技含量，还可以通过分摊技术开发成本而减少单个跨国公司的研发风险，最终提高技术开发的成功率，确保创新产品的市场销售份额。同时，建立研究和开发战略联盟，还可以通过多种方式减少风险，获得在技术上的垄断优势。通过同一领域中几家大企业的联盟，可获得技术上的领先地位；通过联盟可减少竞争者的数目，以垄断某些高技术产品的市场；当新产品的研发活动处于初期阶段，企业还可通过联盟发展共同的技术标准作为产品设计和开发的共同基础，可以保证同类产品的可兼容性，获得更多的市场和更大的市场势力。总之，跨国公司战略联盟的建立成为加强其技术垄断地位的重要形式。

　　除了跨国公司以外，技术垄断形式的多样化和完善化还表现在以下几方面：

　　（1）专利的灵活应用。专利可以提高模仿成本，延长模仿时间，有利于保护发明人的利益。据曼斯菲尔德等人估计，一般来讲，模仿者的平均成本为发明开发成本的65%，而模仿一种已获专利的新产品要比模仿一种未获专利的新产品所需的时间要长。因此，即使获取专利会透露信息给潜在的模仿者，许多

---

　　① 王松青：《竞争与垄断》，上海社会科学院出版社1997年版，第122、123页。

企业还是选择了获取专利。美国在国际技术贸易中拥有巨额的净顺差，其原因是美国公司比其他国家的公司所申请的外国专利要多得多。美国公司入档的专利数目是德、日两国的总和，而德、日拥有的专利位居全球第二。[1]

近年来，专利的应用更加灵活，并向着多种形式发展。如为防止对手的进入，最早的发明者可以申请防御性质的"休眠专利"，以防止他人对类似产品进行注册，这样就导致了许多公司购买了专利而弃之不用。为了防止技术的老化和技术垄断的丧失，许多发明者在申请专利时，经常利用审查人员对尖端技术缺乏了解的情况，力图把技术信息公开范围压缩到最小，以提高仿制者的成本和难度。目前，就存在许多技术，尽管专利保护期已过，但局外人仍无法应用。[2]

西方发达国家政府为推动本国技术进步，对民间企业技术创新活动的资助呈上升趋势，而政府资助的研究项目最后大都被授予私人专利。美政府对医药研究进行资助，垄断权却只赋予单家公司。例如，全国健康协会花了3000万美元来发展一种抗癌药，然而在1991年将独占商业权授予了施贵宝公司。[3]

专利持有者还可以通过专利许可的方式让他人使用此专利，以换取专利使用费。专利使用费率往往取决于对专利许可证的使用产生的需求：生产者愿意为许可证支付最高价格。而一家竞争性企业为获得许可而支付的最高专利使用费等于竞争性价格和专利工艺的成本之差。近年来，在专利许可基础上，专利和技术诀窍的国际贸易相当普遍。1975～1983年期间，专利许可证和技术诀窍的国际支付年均增长达到2%[4]。

版权与专利在技术垄断的性质上是一样的。但是，与版权相比，专利允许有更大的独占权，因此，专利比版权更难获得，专利期限比版权短。近年来，版权保护在多方面得到扩展，1981年美国高级法院的一项决定结束了软件发明不可获得专利保护的法律障碍，并对侵犯版权的处罚也有所加重。例如，1992年的软件版权保护案例将复制软件从而获得"商业收益"或个人财务收益的由轻罚提高为重罪，等等。商标是将一家企业提供的商品或劳务与其他企业的商品或劳务作区别的词语、符号。商标可到专利局注册，经注册的商标，企业就拥有对该商品的独家生产和销售的权力。因此，商标是建立在产品差异基础上的技术垄断形式，创建企业品牌是现代商战中一种普遍的竞争方式。

（2）商业秘密。相当多的企业采取"商业秘密"的方式来保护它们的技术

---

① [美]丹尼斯·卡尔顿、杰弗里·佩罗夫：《现代产业组织》，黄亚钧等译，上海三联书店、上海人民出版社1998年版，第224页。

② 同上书，第243页。

③ 同上书，第1007页。

④ 邱立成：《技术垄断、跨国公司与经济发展》，南开大学出版社1994年版，第54页。

信息不被泄露给其他企业。这种技术垄断方式相对于获得专利而言不仅有成本低的优势，而且可以限制他人在后续的研究和开发中加速技术的老化和"衍生发明"。近年来，商业秘密的技术垄断方式有所增加，这除了由于个体发明家地位和作用逐步下降以外，商业秘密的技术垄断形式具有较高的商业回报率是直接原因。就技术垄断的回报而言，保密、领先时间、学习曲线下降、销售和服务方面的努力都被认为是比专利更为有效。商业秘密的技术垄断期限取决于技术的保密程度。当雇员到竞争对手那里工作时，泄密的情况可能会发生。因此，创新公司大都限制雇员的流动，当雇员离职时要求其签署保密协定以防止泄密，并且限制局外人进入工作现场，防止技术被人偷窃。创新公司有时会采取最终产品"装坛"的方式以对付竞争公司的"反求工程"。"装坛"即是通过对产品进行一种巧妙的包装，使他人在拆包时难以发现产品的核心技术。有时公司实行从技术开发到产品生产乃至营销的一体化经营策略，以防止在任何环节上的技术泄密现象的发生。因此，商业秘密是一种垄断程度较高的技术垄断形式。[1]

（3）领先时间。在专利竞赛中，如果一个企业能在研究中获得充分的领先地位，其对该项技术的垄断是不言而喻的。在专利竞赛中，垄断企业与竞争企业的报酬是非对称的。如果垄断企业的发明领先于竞争企业，垄断企业可以维持自己的垄断地位并获得垄断利润。如果潜在竞争对手的发明取得领先地位，它必须与先前的垄断厂商竞争以赚取双寡头垄断利润。但是，垄断企业若不能首先发明，其损失比其他竞争对手还要大，对手仅损失研究和开发的投入，而垄断企业则不仅损失研发投入的成本，还要损失一部分垄断利润。因此，"在专利竞赛中，专利对垄断厂商的价值高于它对竞争厂商的价值"。[2]要想获得市场控制力，垄断厂商就必须在技术创新上远远领先于竞争者，使所有的潜在竞争对手退出竞赛。技术创新上的时间领先等于一种加强的市场控制力。

（4）干中学。干中学是指知识和经验的积累在技术创新中所发挥的重要作用。20世纪60年代，阿罗把技术进步看成知识和经验积累的结果，在这种条件下，最先进入市场的企业便拥有市场垄断势力。然而，干中学在不同行业的重要程度是不同的，对于干中学十分明显的部门来说，其市场的不完全性是明显的。第一个进入这类行业的企业，由于拥有知识和经验积累的优势，其成本必然低于潜在竞争对手。就像为最先获得专利而展开竞赛一样，众多企业也会抢先进入干中学具有重要作用的行业和领域，以便获得技术垄断优势。高新技术领域即是一个干中学较重要的领域，少数发达国家在高新技术领域的领先优

---

[1] 邱立成：《技术垄断、跨国公司与经济发展》，南开大学出版社1994年版，第112~115页。
[2] ［美］丹尼斯·卡尔顿、杰弗里·佩罗夫：《现代产业组织》，黄亚钧等译，上海三联书店、上海人民出版社1998年版，第1049页。

势会形成一种技术垄断优势。

随着技术和产品市场垄断主导性的形成，微观经济领域出现一系列新的特征：创业资本与新技术企业的兴起；适销对路的产品和掌握核心技术是企业决胜的关键；品牌经营成为企业发展的主流；无形资产成为企业重要资产。

第三节 垄断资本主义的变化趋势

垄断资本主义时代发展变化趋势的主要特征，是迅速发展与停滞这两种趋势交替出现。

一、垄断势力与资本主义的停滞趋势

在帝国主义时期，由于垄断组织倾向于通过制定与操纵垄断价格来获得垄断高额利润，导致垄断组织之间出现竞争克制与保守倾向，在这种情况下，资本家发展生产、改进技术的动因大大削弱了，甚至还会人为地阻碍技术改进或采用新技术，尤其是在金融资本占统治地位的时代，垄断资本在不改进技术的条件下可以获取高额垄断利润，垄断资本主义经济必然出现停滞、腐朽的趋势。

在经济全球化的条件下，技术、产品的市场垄断不仅成为经济全球化发展的重要动力，也使国际垄断进入了一个新的阶段。在这个阶段，发达国家跨国公司垄断了世界高科技高价值的生产环节和部门，控制了具有战略意义的生产领域和部门。①由于垄断控制了世界科技与创新的绝大部分资源，发达国家为数不多的巨型公司，凭借其技术和产品的市场垄断优势，在世界经济中拥有举足轻重的地位。②发达国家的跨国公司通过对工艺过程和零部件生产的"解构"控制和垄断具有高技术性质的生产环节和零部件的生产和销售；通过对经营价值链的"解构"，控制和垄断高价值性质的生产环节及产品的生产和销售。③发达国家的跨国公司垄断控制了最具赢利能力的金融和服务业。④在资源类的产业领域，规模结构性垄断在跨国兼并和跨国经营的过程中得到加强。在经济全球化发展过程中，在劳动密集与某些资本密集的产业领域，由于厂商的规模结构在全球范围的扩大以及拥有绝对的市场份额，某些资源性厂商获得了操控市场的垄断力量，导致全球性资源产品的阶段性涨价，对国际市场造成巨大压力。

随着国际垄断方式的变化及发达国家跨国公司国际垄断地位的加强，国际垄断组织、国家垄断方式都具有了新的特征：

其一，垄断资本主义的国家干预。近年来，针对发展中国家强劲的技术需

要，发达国家频频采取管制等多种国家干预方式，限制跨国公司的技术转让和技术买卖，技术垄断优势成为发达国家国际竞争的"杀手锏"。

其二，跨国公司结成的战略联盟成为国际垄断同盟的新形式。跨国公司战略联盟的出现是为了适应全球化市场竞争的需要而进行的特殊的制度安排，与第二次世界大战前相比，现代国际垄断同盟具有了新的内容和特点，传统的国际垄断同盟主要局限于生产与购销等职能部门，第二次世界大战后技术的开发与成果共享构成国际技术同盟的主要功能，同盟大多在资本、技术和知识密集产业签订技术合作与交换协议，并在此基础上形成庞大的国际合作网络。联盟不仅为企业间的技术互补性合作创造了条件，大大降低了创新的成本和风险，提高了人才与技术资源利用的效率，也在一定条件下转变为一种市场垄断力量。

其三，跨国公司兼并成为发达国家跨国公司不断寻求并加强其垄断地位的重要途径。始于20世纪90年代初并一直延续至今的第五次企业兼并浪潮，不同于以往的任何一次企业的兼并，企业通过兼并实现资本与规模优势的最终目的，是寻求技术和产品上的优势，并能获得市场垄断力量。不仅如此，厂商的兼并行动也不再单纯追求国内市场垄断，而是为了增强其国际垄断地位。

由于厂商追求技术、产品的市场垄断在很大程度上要依赖于企业文化、体制以及技术能力的积累，因此，在国际竞争的实践中，体制与技术积累能力的差异是厂商实现技术、产品市场垄断重要的前提条件。国家与国家之间、企业与企业之间体制与技术积累能力的差距越大，拥有技术和产品优势的厂商市场垄断控制力就越强，而体制与技术积累能力同质的企业，垄断厂商的市场控制能力相对较弱，厂商之间的市场竞争反而越激烈。从这个意义上讲，技术、产品的市场垄断更突出地体现在发达国家高技术企业对发展中国家技术市场的垄断，控制高技术和高技术产品成为发达国家制约发展中国家的"杀手锏"。甚至，发达国家之间形成技术同盟共同控制发展中国家的技术市场，制约和遏制发展中国家经济、技术的发展。而发达国家的企业之间常常以组成技术合作战略联盟的方式，即合作垄断控制高新技术市场，又暗地展开激烈的竞争。近年来，发达国家在政府参与不断加强的条件下，在企业和政府层面都加强了在新技术领域里的竞争。发达国家在技术市场上的垄断趋势也必然导致其经济出现停滞的趋势。

二、经济势力与资本主义的发展趋势

在资本主义制度下，垄断绝不可能完全地、长久地排除世界市场上的竞争，竞争必然导致技术创新，导致新产品新工艺的出现，并可以降低生产成本提高利润，这样就出现了帝国主义生产和技术迅速发展的趋势。"如果以为这一腐朽趋势排除了资本主义的迅速发展，那就错了。不，在帝国主义时代，某些工业部门，某些资产阶层，某些国家，不同程度地时而表现出这种趋势，时而又表现出那种趋势。整个说来，资本主义的发展比从前要快得多，但是这种发展不仅一般地更不平衡了，而且这种不平衡还特别表现在某些资本最雄厚的国家的腐朽上面。"[1] 列宁认为，资本主义时代新变化并没有改变资本主义社会向社会主义社会过渡的基本趋势。

当代资本主义经济加速发展的趋势首先是由日趋激烈、复杂的竞争决定的。列宁认为，垄断是从自由竞争中产生的，但不能消除竞争，反而使竞争变得更加复杂和激烈。在垄断阶段，竞争主要表现在以下几个方面：第一，垄断组织内部的竞争。第二，垄断组织之间以及垄断资本家集团之间的竞争。第三，垄断组织同非垄断组织之间的竞争。第四，中小企业之间的竞争。

在规模垄断条件下，厂商之间的竞争具有以下特点：第一，大资本与中小资本的竞争是不平等的。"这样，垄断大资本与非垄断中小资本之间已不再是相对平等的、自由竞争关系，而是大资本对小资本的排挤和控制关系"。[2] 第二，形成了以垄断资本为主体的竞争。"这些以垄断资本为主角的竞争成为资本竞争的主要形式，在经济生活中起决定作用"。[3] 第三，竞争手段和方式的多样化。在自由竞争条件下，部门内部主要进行价格竞争和非价格竞争，竞争主体是小企业，竞争的破坏性也不大。而在规模垄断主导的条件下，垄断资本之间在展开价格串谋时，非价格竞争日益成为竞争的重要形式。与此同时，垄断资本还采取多种强制手段控制和打击中小企业，加强和巩固自己的垄断地位。规模垄断条件下的竞争，由于垄断组织拥有巨大的经济、政治力量，而使竞争表现得更加激烈、持久，破坏性更强。在技术和产品市场垄断主导下，垄断竞争的基本特征并没有发生变化，但由于竞争内容和形式的变化，由于中小企业在突破性技术上有创新优势，其竞争实力增强了。

在经济势力主导条件下，技术和产品的竞争是关键。新增长理论认为，产品品种的增加和品质的提高作为产品创新的两种具体形式，是现代技术进步和经济增长的表现。亚当·斯密将分工看做经济增长的源泉，阿林·杨深化和发展了斯密这一思想，他认为存在两种分工：其一，分工意味着经济的多样化，意味着新行业的出现以及经济生活中出现新的中间产品，分工经济是一种多样化经济。其二，分工表现为一种专业化经济，即专业化程度的加深。以罗默为代表的新增长理论接受了第一种分工观，将分工视为一种产品品种的增加和生产的多样化发展。属于这一类型的新增长模型又可为罗默的中间产品品种增加

① 《列宁选集》第 2 卷，人民出版社 1975 年版，第 685 页。
② 高峰：《发达资本主义经济中的垄断与竞争》，南开大学出版社 1996 年版，第 63 页。
③ 同上书，第 8 页。

模型和格罗斯曼—赫尔普多的消费品品种增加模型。新增长理论认为，像产品品种增加一样，分工专业化生产会导致产品质量的升级，因此，产品质量升级也是经济行为。

经济势力也是导致动态技术进步的重要力量。卡曼和施瓦茨在研究技术创新与市场结构的关系时认为，竞争程度、企业规模和垄断力量是决定和影响技术进步的三个主要力量。他们认为，最有利于技术创新的市场结构是垄断与竞争相结合的市场结构。因为只有在这种市场结构条件下，企业技术进步动力机制——"利润激励"的内在动力和"竞争威胁"外在压力才能够发挥作用。卡曼和施瓦茨把技术创新分为两类，一类是垄断前景推动的技术创新，另一类是竞争前景推动的技术创新，前者以"利润激励"为动力，而后者则以"竞争威胁"为动力。如果只有垄断力量的推动而没有竞争力量的推动，创新活动只能以等待的方式存在，即使创新活动开始到一定阶段也会停止；但如果只有竞争力量的推动，而没有垄断力量的推动，创新活动就很难出现。市场势力，一方面以其优势的议价能力和市场扩张能力形成"利润激励"的内在动力，另一方面又以"有效竞争"方式产生"竞争威胁"的外在压力。于是，市场势力就把市场需求对技术进步的拉动力量转变成一种矢量，一种现实的利益驱动力量，从而实现了企业动态的技术进步。

在规模垄断时代，机器设备在生产中起决定作用；而在技术和产品市场垄断主导下，中小企业在某些方面往往比大企业更具优势，因为当知识、技术以及个人的聪明才智成为决定效率和竞争力的主要因素时，中小企业与现代技术存在天然的亲和性。中小企业常常在突破性的技术创新中发挥决定作用。中小企业在突破性技术创新方面的独特优势和强烈动机，常常使它们出其不意地推出创新产品，并蚕食垄断企业拥有的市场份额，对垄断企业构成威胁。有时中小企业推出的创新产品从根本上改变了市场需求的方向，使垄断企业陷入绝境，从而使垄断企业与中小企业的竞争越来越激烈。雅虎的杨致远，从初创时的"个体户"在两年后演变为身价数亿元的企业家，发迹的根源就在于技术创新。技术创新使某些中小企业跳跃式成长并进入500强的速度明显加快。英特尔、苹果电脑、戴尔电脑、康柏电脑等一批高科技企业都是在20世纪60年代及70年代初期成立的子公司，仅仅用了20年左右的时间就都跻身于500强。

在计算机行业中，小企业占有了与之不相称的市场份额，对垄断企业构成威胁。以半导体产业为例，英特尔（INTEL）作为半导体行业中新的成员，在半导体行业的发展中发挥了极大的作用。在1960～1965年半导体行业内的29项重大技术创新中，仙童公司就占有了7项，几乎占有了重大创新的1/4。而同期的市场领先者诸如（美国半导体）RCA、摩托罗拉（Motorla）等企业总共才占有了 9 项，仙童公司从市场上的小企业一跃成为行业的领先者。到了 20 世纪 70 年代，随着集成电路时代的到来，又出现了重大的变化。英特尔公司于 1968 年成立，虽然当时英特尔公司的研究开发支出非常有限，与其他大公司有很大差距。但是英特尔成立不久相继开发出许多新技术，使英特尔从小企业发展成为半导体行业的领导者。

技术和产品的市场垄断具有许多不同于规模垄断的特点，这些特点使其在市场垄断的形成过程中发挥了决定性的作用。

第一，技术和产品的市场垄断具有破坏性，而规模垄断具有继承性和保守性。技术和产品创新是厂商实现技术和产品市场垄断的关键，而技术、产品创新必然会导致一种"创造性的破坏"。熊彼特认为，与技术创新相伴而生的是旧产品不断遭到淘汰和原有厂商资产价值的丧失。由于创新具有破坏效应，较高的研发效率将使现有研发产品不断遭到淘汰。而拥有规模垄断优势的厂商却总是试图保持现有技术和产品优势，并可以使其现有产品和资产价值得到巩固、维持和延续。

第二，技术和产品的市场垄断具有开放性，而规模垄断具有封闭性。一般来讲，先进的技术总是表现在产品的高品质和特殊性能上，由于厂商追求产品的高品质和特殊性能是无止境的，因而新技术和新产品是层出不穷的。技术的发展和进步过程即新技术不断淘汰旧技术、新产品不断淘汰旧产品的过程。在技术和产品市场垄断的主导下，没有任何力量能够阻止潜在竞争者不断开发出比现有垄断者更为先进的产品和工艺技术，也没有任何力量能够阻止新技术和新产品的出现。而规模垄断厂商总是在现有技术、产品以及资产的基础上寻求对市场的控制力，在有限产出的基础上寻求对价值进行再分配的权力。规模垄断的这种封闭性，使自由竞争受到限制。技术和产品市场垄断的这种开放性往往会引致持续的技术进步和技术创新，而规模垄断在加速部门内部生产集中的同时，却往往会阻碍技术创新和技术进步。

第三，技术和产品的市场垄断具有进攻性，而规模垄断具有防御性。在技术和产品的市场垄断条件下，垄断厂商总是在先打破旧的技术壁垒的基础上，建立起新的技术壁垒。与规模垄断相比，技术和产品的市场垄断在形成进入壁垒进行防御的同时，首先实现的是进入，从这个意义上讲，技术和产品的市场垄断又是竞争的重要手段。而规模垄断则在进行有效防御的同时，却往往忽视或难以形成有效的进入，因而无法成为有效竞争的武器。

第四，技术和产品的市场垄断具有动态性质，而规模垄断却相对静止和稳定。先进技术和新产品是动态目标，随着时间的推移新技术新产品总是会变为旧技术和旧产品而被淘汰。因此，围绕新技术和新产品的竞争没有终止，垄断厂商必须不断创新，始终把握新技术新产品的制高点，才能获得长期的市场垄断优势。而规模垄断则不具有这样的性质。在规模垄断条件下，垄断厂商是在现有的资产和技术的基础上寻求相互的勾结和合谋，以实现其市场势力。

第五，技术和产品的市场垄断可以使厂商获得较高的垄断收益，而规模垄断厂商的垄断收益却是有限的。当厂商拥有技术和产品市场垄断的优势时，可以制定较高的垄断价格而获得较高的垄断利润。同时，企业还可以通过转让技术和收取专利费而获得垄断收益。而对于规模垄断来说，因惧怕外部企业的进入而通常不能把垄断价格定得过高，再加上对产量的限制，因而其垄断收益是有限的。

三、当代资本主义产业组织关系的特点

当代资本主义的发展，由于科技进步和经济增长方式的转变，市场势力正在成为主导性的市场力量，并对企业行为和经济绩效产生深刻的影响。

1. 垄断势力的不稳定性、局部性和阶段性特征

生产集中是垄断势力产生的必要条件，但并不是其产生的充分必要条件，在现实的竞争中，垄断势力的产生存在内在的约束机制。当生产能力和产量易于调整时，厂商之间就可能围绕价格决策展开博弈，那么，伯川德模型就更加符合寡头竞争的情况。然而，无论是伯川德模型还是古诺模型都假定两个企业销售相同的产品。如果企业之间展开差异产品的竞争，市场势力就会成为垄断势力的"溶解剂"。另外，如果市场是可以细分的，厂商之间就会形成一种松散的竞争关系，垄断势力也不易产生。

在差异产品竞争的条件下，由于成本和需求的不同，企业之间很难在价格和产量的确定上找到一个共同的"解"，即使找到这个共同的"解"，彼此形成的默契合谋也极易发生欺骗行为。斯蒂格勒指出，当存在众多卖者，并且，就消费者而言，转换供给者的成本很高时，一个秘密削价的企业就会获得巨大收益而又不为其他企业所察觉。如果有新的顾客进入市场，削价的积极性就会随卖者数目的增加和新顾客进入市场速率的加快而急剧增加。当然，在经济全球化的条件下，由于国际市场的饱和导致竞争加剧，而激烈的竞争对垄断势力产生遏制作用。

垄断势力的存在和发展还要受多种外在因素的限制。产业组织经济学家认为，垄断不会持久并无限蔓延的。第一，企业的生命周期是限定垄断企业生存长度的生物钟；第二，经济增长是垄断势力的"溶解剂"。国外众多研究成果表明：企业增长最初随企业规模递增，而后随企业规模递减。当垄断企业进入衰退期时，如果企业要想继续存在下去，就只能进行创新和规模收缩。而政府政

策和反垄断法则对垄断势力形成强制性的限制。从20世纪初期以来，虽然垄断企业因政府反垄断诉讼而被强制改组的案例并不多，但正如美国谚语所说："参议员谢尔曼的幽灵坐在每个大公司董事长桌边。"这意味着反垄断法本身就具有一种潜在的威慑作用。因此，反垄断法的存在及其执行，尽管作用有限，但却不同程度地削弱了一些部门垄断势力的作用和地位。

正是由于各种限制因素的存在，垄断势力不可能长期存在。垄断势力的存在具有不稳定性、阶段性和局部性的特点。这主要表现在：第一，垄断势力易产生于经济衰退时期。在经济衰退时期，技术创新处于低潮，市场萧条购买力不旺，厂商的利润会大量减少，在这种情况下，企业倾向于采取保守、防御性的行为参与竞争，它们之间极易形成战略互动和默契勾结关系。而当周期性的景气回升到来的时候，技术创新活动活跃起来，厂商采取进攻性、主动性行为的可能性提高了，这时，市场势力居主导地位，竞争加剧，垄断势力不易产生。第二，垄断势力易产生于利润率低的部门。与非合谋企业相比，合谋企业趋向于具有更低的利润率，特别是消费品生产部门。在很多情况下，合谋是对低赢利性的反应。一般情况下，具有合谋倾向的企业包括：①大或者分散化的不赢利的企业。②集中度高的部门中消费品生产的企业。③集中度高而进入壁垒低的部门中的企业，如商业和流通部门。"抵抗"合谋的企业的特点是：规模小、专业化、成长快，处于广告密集的部门。赢利企业趋向于不合谋，但这些企业间的合谋范围却会随着进入壁垒的提高而扩大。

2. 经济势力的主导性使有效竞争的范围扩大

一般来讲，规模经济和产品差异是形成市场控制力的两个主要因素，但是，当生产和市场的发展使产品的差异性、产品的技术品质在限制竞争形成市场控制力方面发挥决定作用时；当企业的规模优势必须以技术和产品的优势为先导并与技术和产品优势形成有机统一时，市场势力就会成为主导性的市场控制力量。因此，市场势力的主导性是指由差异产品竞争导致的技术和产品优势成为企业获得市场控制力的主要方式，并且，由于控制行为的市场调节特性，市场势力的存在具有某种普遍性和长期性，这种控制方式不仅是垄断竞争市场存在的基础，也是寡头竞争的主要形式。

迄今为止，人类工业社会经济增长方式经历了由福特式向熊彼特式的转变，市场势力主导性的形成是这一转变的直接结果。从19世纪末到20世纪初中期，在第二次产业革命的推动下，工业文明进入了规模化发展的新阶段。大规模生产的要求使巨型企业在竞争中脱颖而出，大型的垄断组织主宰经济生活，这一阶段，垄断势力一直占主导地位。大规模生产方式的形成，极大地降低了生产和交易的成本，把工业产品的数量扩张变成轻而易举的事情。然而，这种增长方式在极大地提高同质产品的生产能力的同时也面临新的约束：资源和市场的限制。在这种情况下，通过产品创新的方式不断开拓新的市场，推动多品种高品质产品出现成为必然，由此推动了 20 世纪中后期经济增长方式的转变，即熊彼特经济增长方式的形成。在熊彼特增长方式下，企业是否具备研发能力并不断向市场提供新产品成为生死攸关的事情。这时，垄断势力的主导性开始向市场势力的主导性转变。市场势力主导性的形成使有效竞争的范围不断扩大。产业组织理论最新的实证性分析充分证明了这一点。

3. 垄断与竞争的并存是当代产业组织关系的本质

当差异产品的竞争成为寡头竞争的主要形式时，寡头市场的产业组织关系就具有了"垄断"与竞争并存及混合的性质。差异产品的竞争，一方面，可以使企业拥有一定程度的市场控制权；另一方面，又由于其控制权的有限不可避免地导致竞争，形成"垄断"与竞争并存的局面：①垄断趋向与竞争趋向的并存。在存在差异产品竞争的情况下，寡头市场存在垄断和竞争两种趋向。在特定时期，是垄断势力主导还是竞争力量主导，应考虑具体行业差异产品竞争的情况，考虑具体行业企业和产品的生命周期以及差异产品的技术空间和技术潜力的状况。②垄断趋向部门与竞争趋向部门并存。一般来讲，由于技术壁垒的脆弱性和技术产品更新换代周期的缩短，技术、资本密集性的寡头部门竞争性趋向较强；而劳动密集性行业的寡头部门，由于规模和体制性因素发挥主要作用，该行业的垄断性趋向较强。③寡头企业的"垄断"行为与竞争行为的并存。在寡头市场上，企业对价格的控制，在一定的范围和程度上，遵循其产品个性化生产特征，体现其定价行为的独立性和个性，但当超出一定的范围和程度时，企业之间又可能形成相互依赖和默契合谋。通常的情况是，在制定最高价格时，企业行为的独立性较强，而在制定最低价格时，企业之间极易形成默契和勾结。在这种情况下，产品的价格很可能是企业垄断和竞争双重行为的结果。

4. 企业的行为性控制和打击方式成为最突出的垄断现象

行为性控制和打击方式是非结构非产品性的，具有明显的主观特征和不正当竞争的特性。由于这种垄断行为易于操作，效果显著、直接，垄断势力和市场势力都存在采取该方式的内在倾向性。在经济衰退时，垄断势力易启用该类行为，而在经济繁荣时，市场势力易产生这种垄断行为。

市场势力采取的行为性控制方式，包括企业利用其掌握核心技术的兼容性，强化自己的进入壁垒，排斥和打击竞争对手并借此控制尽可能多的相关产品的生产，扩展自己的业务领域；而外生性的行为方式包括利用纵向贸易限制等手段排挤竞争对手，这些手段包括限定销售区域、独家销售、搭售、限制进入的定价行为、驱赶竞争对手的价格行为、价格歧视等行为。一般来讲，采取这些行为的企业大都是部门核心技术的控制者，对市场拥有较强的控制力，并且，其技术和产品处于成长和发展阶段。

5. 对稀缺资源的垄断成为控制力最强的垄断势力

对稀缺资源的控制是一种特殊形式的垄断势力，即一种以所有权形式存在的垄断势力，这种垄断势力具有"天赋"性质。这种垄断势力对市场的控制力最强，对资源配置和收入分配，甚至对经济和社会的发展的影响最大，对国民经济的增长形成制约作用。针对这种垄断势力，国际社会必须建立国际资源使用的公平、公正、合理的规则和机制来加以协调和解决。

第十章　马克思主义国家理论的创新与发展

　　国家是什么？西塞罗在《论共和国·论法律》一书中对其做了定义：国家乃人民之事业，而人民是许多人基于法的一致和利益的共同而结合起来的集合体。① 马克斯·韦伯在《经济与社会》（上卷）中也对国家做了定义：国家是一种制度性的权力运作机构，它在实施其规则时垄断着合法的人身强制。② 恩格斯认为：国家无非是一个阶级镇压另一个阶级的机器。③ 国家理论的研究对象是国家。它是关于国家的起源、概念和本质；国家的类型；国家制度和职能；人民与政府的关系；国家发展的规律；国家与革命的关系等国家问题的理论。④

　　自从国家产生以来，便逐渐产生了关于国家的理论和学说。随着社会经济、国家类型、国家制度的发展，国家学说也在不断发展。20 世纪 80 年代以来，全球化进程引发了人类政治、经济和文化生活的巨大变迁，也对国家理论提出了新的挑战。在全球化时代，出现了诸如"国家终结"、"国家强化"、"世界主义"、"全球治理"等关于国家的概念，如何合理解释全球化进程中国家的角色和作用、国家与社会关系的转型、民族国家的未来命运等问题也成为当今国家理论研究中的焦点论题。要重新认识国家，需要正确把握社会现实和各种国家理论。其中，在 19 世纪创立并在 20 世纪继续产生重大影响的马克思国家理论，无疑应当成为我们研究的一个重点。在对马克思国家理论进行分析复原的基础上，追踪和解读全球化语境中马克思主义国家理论的创新与发展，对于正确理解现时代的国家具有非常重要的理论与现实意义。

---

①［古罗马］西塞罗：《论共和国·论法律》，王焕生译，中国政法大学出版社 1997 年版，第 39～196 页。
②［德］马克斯·韦伯：《经济与社会》（上卷），林荣远译，商务印书馆 1997 年版，第 82～84 页。
③《马克思恩格斯全集》第 4 卷，人民出版社 1972 年版，第 166 页。
④ 邹永贤：《国家学说史》（上），福建人民出版社 1986 年版，第 1 页。

第一节　马克思国家理论的形成

是否存在马克思的国家理论？马克思的国家理论是什么？尽管马克思对于国家问题的论述很丰富，而且他对国家现象和国家活动的分析和研究也很透彻、很独特，但是马克思关于国家理论的比较系统、完整的著作却很少见，他的国家思想更多地散见于其政论文章中。西方马克思主义者列菲弗尔曾说过："如果有人想在马克思的著作中寻找一种国家理论，也就是想寻找一种连贯和完全的国家学说体系，我们可以毫不犹豫地告诉他，这种学说体系是不存在的。反之，如果有人认为马克思忽视了国家，我们也可以告诉他，国家问题是马克思经常关注的问题。在他的著作中，有关于国家的一系列论述和一种显然已经确定了的方向。"[①] 杰索普也说：马克思"没有提供一种与《资本论》的见识和严密性相当的对资产阶级国家的理论分析。他论国家的著述，由一系列片段的、不系统的哲学思考、当代历史分析、报刊文章、偶发事件的评论组成"。[②] 可见，马克思没有建立起系统的国家理论，他的国家理论需要从其大量的各种各样的片断材料中发现。只要把这些材料中所蕴含的马克思的国家思想融会贯通，我们就可以得到马克思的国家理论，它是马克思政治思想的重要组成部分，也是当代国家理论的重要思想源泉。了解马克思国家理论形成的时代背景、理论基础、逻辑进程，对于更好地理解马克思的国家理论大有裨益。

一、马克思国家理论形成的时代背景

历史上的各种理论、学说都是为了满足一定的社会需要而产生的，它们以一定的社会经济、政治、文化为背景，反映特定时代的精神。马克思国家理论也是它所处时代的产物。

19 世纪三四十年代，欧洲爆发了工业革命，从而推动了资本主义的迅猛发展，并迅速由工场手工业过渡到机器大工业阶段。工业革命引致的这种资本主义生产方式变革，促进了欧洲科学技术、社会生产力以及人类交往方式的进步，从而使得人们更好地认识自然界和社会。另外，伴随着资本主义的发展，欧洲社会的经济结构和社会结构也发生了巨大的变化：资产阶级财富增加，无产阶

[①] ［法］列菲弗尔：《论国家——从黑格尔到斯大林和毛泽东》，李青宜译，重庆出版社 1993 年版，第 122 页。

[②] Bob Jessop. *Recent Theories of the Capilalisl State*. Cambrirlge Jonrnnl of Economics，1977（1），p.354.

级却更加贫困，资产阶级与无产阶级矛盾日益激烈，无产阶级在反对资产阶级的斗争中不断成熟，并作为一支独立的政治力量登上历史舞台。而在无产阶级反对资产阶级的斗争发展过程中，无产阶级越来越意识到革命理论的重要性，他们迫切需要革命理论的指导。而资本主义经济危机的爆发，使得资本主义社会的内部矛盾进一步显露出来。在这样的背景下，先进的思想家深入研究资本主义社会并发现其规律成为可能。

总之，随着资本主义的发展，工业革命对 19 世纪 40 年代欧洲各国的经济、社会生活产生了巨大冲击，引起了大幅度的社会变革，各种各样的新问题、新现象和新矛盾不断出现，资本主义生产社会化和资本主义私人占有之间的矛盾日益尖锐。时代迫使人们重新思考资本主义的未来、人类社会的前途等重大问题。新情况酝酿着新的时代课题，孕育着新的时代精神，呼唤着新的理论的诞生，反映时代要求的理论产生已经成为历史的必然。在这样的时代背景下，马克思政治理论诞生，而作为其重要组成部分的国家理论也随之产生，并具备了扎实的现实基础。

二、马克思国家理论形成的理论基础

马克思国家理论不仅是历史的产物，而且是在批判吸收了人类文化优秀成果的基础上建立起来的。在批判继承了德国古典哲学、英国古典政治经济学和英法两国空想社会主义的基础上，马克思形成了自己关于国家的理论。

1. 马克思国家理论的直接理论渊源

在《法哲学原理》一书中，黑格尔认为，调整人们之间的社会关系的精神力量有家庭、市民社会和国家三种形式，其中国家是伦理精神发展的最高现实。在国家与市民社会的关系中，国家高于市民社会，优于市民社会。他用客观唯心主义的方法说明国家的本质，并在历史上首次自觉地从理论上把国家和社会区分为普遍性和特殊性的领域，这对马克思以唯物主义视角考察国家本质，具有重要的借鉴意义。但是，马克思不仅坚决反对黑格尔从伦理精神出发来区分市民社会与国家，而且还批评了黑格尔逻辑的泛神论的神秘主义，他指出"政治国家没有家庭的天然基础和市民社会的人为基础就不可能存在"。[①] 它们是国家的必要条件。马克思认为，黑格尔把国家与市民社会、家庭的关系弄颠倒了。不是国家决定家庭和市民社会，而是相反。他尖锐地指出：在黑格尔那里，国家"理念变成了独立的主体，而家庭和市民社会对国家的现实关系变成了理念所具有的想象的内部活动。实际上，家庭和市民社会是国家的前提，它们才是

---

①《马克思恩格斯全集》第 1 卷，人民出版社 1956 年版，第 252 页。

真正的活动者，而思辨的思维却把这一切头足倒置。"[①]

库诺认为，马克思的社会观和国家观的基础即使在后来也仍然是黑格尔主义的。然而，他并不是奴隶式地乞灵于黑格尔论述，而是把它当做对当时的政治形势和典型的历史的回忆的一种提示。[②] 马克思通过对黑格尔理性国家观的批判，已经得出了不是国家决定市民社会，而是市民社会决定国家的结论，这一结论也是马克思国家理论的基础。从这个意义上说，对黑格尔法哲学的批判构成了马克思国家理论的直接来源。

2. 马克思国家理论形成的重要思想源泉

资产阶级自由主义国家观倡导自由和平等，提出天赋人权、人民主权、三权分立等政治思想，主张功利主义的国家观等。这些思想在国家理论发展史上占有非常重要的地位。但是，由于这些思想产生时资本主义生产状况和阶级状况都不成熟，因此具有历史局限性。

对资产阶级自由主义国家观的批判是马克思国家理论形成的重要思想源泉。马克思认为，资产阶级所倡导的自由平等实质上是在市场交换中的自由平等，他也从这里洞察到资本主义的秘密。马克思不仅批判资本主义的政治制度，而且对近代资本主义国家的基础——市民社会进行剖析。在《资本论》中，马克思对资本主义庸俗政治经济学进行了批判，并对资本主义市民社会经济与社会规律进行了研究。他从经济学这个独特视角，对近代资产阶级国家的根基——市民社会的种种矛盾进行剖析，揭穿了资产阶级关于市民社会的种种幻想，从根本上批判了资产阶级自由主义的国家观及其关于国家的种种神话。最终，马克思得出结论：新的政治革命不仅导致政治解放，而且要消灭资产阶级，实现人类解放，而国家在经过社会主义阶段的过渡后，会逐渐失去其政治性，直至最终消亡。

3. 马克思国家理论形成的重要思想基础

空想社会主义学说，作为人类思想发展史上一种重要的思想体系，是随着资本主义生产方式以及由此产生的新的阶级对抗——早期无产阶级和资产阶级对抗的出现而出现的。19 世纪上半叶，在工业革命的推动下，欧洲资本主义得到全面发展，然而随之而来的是资本主义经济、政治和思想上的矛盾也不断显露并激化。在这种社会背景下，以圣西门、傅立叶和欧文为代表的空想社会主义者以其深刻的洞察力，全面批判资本主义，并对未来社会进行了构想。他们对私有制、阶级和阶级斗争、国家和革命、过渡时期和革命专政以及未来社会的国家职能和国家消亡等问题，作了初步的探索，从而为马克思国家理论的创

[①]《马克思恩格斯全集》第 1 卷，人民出版社 1956 年版，第 250、251 页。

[②]［德］亨利希·库诺：《马克思的历史、社会和国家学说》，袁志英译，上海译文出版社 2006 年版，第 241 页。

立提供了宝贵的思想材料。其中，马克思的国家消亡理论尽管与圣西门提出的消灭国家的主张有本质的区别，但却存在某种程度的一致性。关于未来社会的构想，空想社会主义者把国家变成纯粹的生产管理机构，这一思想不仅影响了马克思关于国家职能的理论，而且为马克思探索未来社会主义社会和共产主义社会的基本特征作出了非常有益的尝试。另外，马克思的国家理论也受到了空想社会主义者批判精神的深刻影响。马克思曾指出，在这些社会主义的著作中"含有批判的成分。这些著作抨击现存社会的全部基础。因此，它们提供了启发工人觉悟的极为宝贵的材料。"[①] 可以说，马克思的国家理论是在对空想社会主义者的国家批判精神进行继承和完善的基础上形成的，因此，空想社会主义思想是马克思国家理论的形成的重要思想基础。

三、马克思国家理论形成的逻辑进程

早期马克思的国家观还是理性主义的国家观，虽然具有反封建的进步性，但总的来说是唯心主义的、非科学的国家观。马克思唯物主义、科学的国家观的建立经历了一个演进的过程。

马克思在其第一篇政论文章《评普鲁士最近的书报检查令》中，就谈到了国家问题。他认为"国家应该是政治的和法的理性的实现"，[②] 自由的理性应当成为国家支柱。马克思的这些关于国家的观点，虽然仍没有超出唯心主义的理性的国家观的范围，但他却以理性的国家观来反对神学的国家观，这一点是进步的。

促使马克思从理性的国家观向唯物主义的国家观转变起到决定性影响的是：费尔巴哈唯物主义的影响；在《莱茵报》任主编时所进行的政治斗争；对政治经济学的研究。

1841 年，费尔巴哈的著作《基督教的本质》的出版，恢复了唯物主义的权威。费尔巴哈唯物主义的基本观点是：自然界的存在不依赖任何哲学，它是人类赖以生长的基础，在自然界和人以外不存在任何东西，人们的宗教幻想所创造出来的最高存在物只是人们所固有本质的虚幻反映。马克思受到费尔巴哈观点的强烈影响，进而使得他逐渐摆脱了黑格尔唯心主义的理性国家观的影响。

在担任《莱茵报》主编期间，马克思直接参加了反对普鲁士封建专制政府的政治斗争，他的国家思想受到检验，并使他发现不足；而且随着与普鲁士专制政府的斗争的发展，由于替穷苦人民辩护，促使马克思更广泛地研究了社会问题，特别是经济问题。所有这些，对马克思科学国家观的建立产生了两点极

---

① 《马克思恩格斯全集》第 1 卷，人民出版社 1956 年版，第 304 页。
② 同上书，第 14 页。

为重要的影响：首先，使马克思从阶级本质上去认识封建专制政府的反动性；其次，使马克思逐步认识经济关系在社会生活中所起的作用，尤其是在国家生活中所起的作用。这无疑向唯物主义国家观迈进了一大步。

在《黑格尔法哲学批判》中，马克思对黑格尔的国家观进行了批判，并重新界定了国家与市民社会的关系。马克思认为黑格尔颠倒了市民社会与国家的关系，不是国家决定市民社会，而是市民社会决定国家。他强调市民社会是国家的基础。这种观点与唯物主义国家观的主张"国家是上层建筑，是由经济基础所决定的"已经非常接近了。

在《德法年鉴》中，马克思认为，人类解放要得以实现，必须消除市民社会和政治国家之间的二元对立，必须消灭造成对立的根源，即私有财产。在此基础上，马克思进一步为消灭私有制指明了方向，他指出人类解放需要诉诸武器的批判和无产阶级，这无疑又向唯物主义国家观迈进了一步。在这一时期，马克思开始从社会经济的视角来审视国家和人类解放问题，他的研究兴趣也转向了市民社会和政治经济学。

在政治经济学方面，马克思的研究成果主要体现在《1844年经济学哲学手稿》和《神圣家族》这两部著作中。马克思认为，"异化劳动"、人的异化产生的根源以及国家与社会对立的原因都是私有财产，因此只有消灭私有财产，才能克服人的异化、消除国家与社会的对立。在这两部著作中，马克思对市民社会与国家之间关系的看法也实现了较为彻底的转变，他开始从市民社会甚至是市民社会内部的物质生产去解释国家，他强调市民社会是国家产生的基础。可以说，在这两部论著中，马克思唯物史观的国家理论体系已经基本成熟。随后，在《德意志意识形态》中，马克思和恩格斯揭示了生产力在生产方式及全部社会生活中的决定作用，并把物质资料的生产放到了人类历史活动的首位。他们认为人们在物质资料生产中所结成的关系是社会中最基本的关系，从这一基本关系中派生出人类社会的其他关系，而所有的社会关系都要受到这一基本关系的作用和影响。此外，马克思和恩格斯还在这本书中第一次提出了无产阶级必须推翻资产阶级国家，必须夺取政权的观点。总之，在这部著作中，马克思、恩格斯较为成熟地阐述了国家与市民社会的关系、国家的本质和特征、国家与法和所有制等国家理论所涉及到的基本问题。可以说，《德意志意识形态》是马克思唯物史观的国家理论基本成熟的标志。

此后，马克思将其理论应用于具体的革命实践，从而使其国家理论不断完善和深化。在《哥达纲领批判》中，马克思运用历史唯物主义的观点科学预测和展望了未来社会，阐述了从资本主义到共产主义的过渡时期和共产主义发展阶段理论，并且提出了"无产阶级专政"的概念，从而为国家这一历史现象找到了归宿。这样，马克思唯物主义的、科学的国家理论完全成熟。

第二节 马克思国家理论的分析范式

马克思国家理论的内容很丰富，但总的来说可以概括为六个方面：国家起源与本质、国家类型与作用、市民社会与国家、国家职能与异化、国家与意识形态以及国家消亡。这些内容相互关联，缺一不可。

一、国家起源与本质

国家是什么？国家是如何产生的？对于这两个问题，各个时期的国家学说均作了回答，但是由于历史的局限，都没有给出科学的答案。马克思国家理论将国家的本质根植于市民社会中，从而科学地揭示了国家的起源。

在马克思国家理论中，"国家"和"社会"是一对最基本的概念，二者间既相互区别又相互联系。首先，在阶级社会中，尽管国家具有"普遍性"，但却并不能真正反映全社会的普遍利益，因为国家往往被统治阶级所操纵，代表的只是部分社会阶层的特殊利益。其次，国家不仅是权力机构，又是公共权力机关；不仅反映统治阶级意志，又服务于社会。因此，国家的活动必须在一定规章制度和法律规范的限制下进行，但社会是一种自发的状态，社会中各个集团的利益诉求是不同的甚至是相互对立的，每一个利益集团都会根据自己的利益需求来从事社会活动，这与国家的活动必然存在不一致甚至冲突的地方。最后，国家是政治领域，社会是经济领域。国家的一切活动体现的主要是它的政治性质。在国家领域中，社会阶级关系主要表现为政治关系，管理社会的手段主要表现为政治强制，然而社会活动的基础是经济活动，社会的基本关系是经济关系，社会发展的基本规律是经济规律。从某种意义上说，国家和社会的关系主要是政治和经济的关系。[1] 马克思从国家和市民社会相区别的基础上论述国家的本质。他首先把国家和社会的分离看做历史的过程和现实的存在，然后从中衍生出自己的思想。他认为，"国家是统治阶级的各个个人借以实现其共同利益的形式，是该时代的整个市民社会获得集中表现的形式。"[2] 这样，马克思揭示了国家的本质，即政治国家不过是人们社会生活的一种特殊形式，社会的矛盾运动

---

① 叶汝贤、孙麾：《马克思与我们同行》，中国社会科学出版社 2003 年版，第 289 页。
②《马克思恩格斯全集》第 1 卷，人民出版社 1995 年版，第 69 页。

和社会的发展阶段决定了国家的性质。

在《家庭、私有制和国家起源》中，恩格斯发展了马克思关于社会物质条件、社会结构与国家之间关系的基本观点，并对国家的起源和本质进行了系统和全面的论述。关于国家起源，恩格斯在对国家起源客观进程进行描述与分析的基础上，指出国家的出现不是由于"天意"，君权并非"神授"，国家不是由人们任意缔造，也不是人们某种社会契约的产物；在特定历史条件的总和下，必然出现国家。他认为，在氏族社会，氏族成员共同生活在纯粹由他们居住的统一地区中，氏族的公共事务由成员共同选举出来的人进行管理。随着社会生产的发展，氏族中出现了剩余的产品，他们可以和别的氏族交换自己需要的东西，贸易和商业不断发展，这导致氏族成员的流动性增强，社会共同体规模扩大，社会公共事务越来越多，于是出现了少数脱离体力劳动而专门从事公共事务管理的人，这些人把社会赋予他们的管理权力私有化，并把权力世袭到下一代。同时，社会产品的过剩也使氏族社会产生了不同的利益集团，但氏族却没有强有力的手段来解决利益集团间的斗争，这就需要第三种力量站在相互斗争的各利益集团之上，把他们的冲突压制在合理的范围内，这种力量就是国家。"氏族制度已经走到了尽头。社会一天天成长，越来越超出氏族制度的范围；即使是最严重的坏事在它眼前发生，它也既不能阻止，又不能铲除。但在这时，国家已经不知不觉地发展起来了。"[①] 在对氏族废墟上兴起的雅典、罗马、德意志三种国家形成进行考察的基础上，恩格斯得出结论："国家是社会在一定阶段上的产物，国家是表示：这个社会陷入了不可解决的自我矛盾，分裂为不可调和对立面而又无力摆脱这些对立面。而为了使这些对立面，这些经济利益互相冲突的阶级，不致在无谓的斗争中把自己和社会消灭，就需要有一种表面上驾于社会之上的力量，这种力量应当缓和冲突，把冲突保持在'秩序'的范围以内，这种从社会中产生但又自居于社会之上并且日益同社会脱离的力量，就是国家。"[②]

总之，马克思国家理论全面考察了国家的起源，科学揭示了国家的本质，即国家是阶级矛盾不可调和的产物，是阶级统治的机关，是一个阶级压迫另一个阶级的工具。

二、国家类型与作用

国家出现后，随着社会经济的发展，国家不断发展。马克思以国家的阶级实质为标准，根据国家代表哪个阶级的经济利益、为哪种经济基础服务、是什

---

① 《马克思恩格斯全集》第 4 卷，人民出版社 1995 年版，第 110 页。

② 恩格斯：《家庭、私有制和国家起源》，人民出版社 1999 年版，第 176～180 页。

么阶级的统治机关来划分国家的类型。他把历史上出现的国家类型依次分为奴隶制国家、封建国家、资产阶级国家，这些不同类型的国家分别代表不同的阶级利益，为各自的经济基础服务。奴隶制国家是奴隶主对奴隶进行统治的工具，奴隶主握有国家权力。封建国家是封建领主或地主阶级压迫农民阶级的机关，地主有充分的权力，而农民则是没有权力的。资产阶级国家是资产阶级为了自己的利益而建立起来的国家，是资产阶级镇压工人的机器，是资本剥削雇佣劳动的工具。

各种类型的国家，都对经济基础发生反作用。如果国家按照合乎经济发展规律的方向起作用，就会使经济发展得比较快；如果国家违反经济发展规律而起作用，就会给经济发展造成巨大损害，并引起大量的人力和物力的浪费。国家对经济基础的反作用，适用于各种类型的国家。奴隶主、地主、资产阶级，当他们还处于上升时期，是一个革命阶级的时候，他们的国家就会促进经济的发展；当他们没落时，开始成为新的先进生产力发展的障碍时，他们的国家就会阻碍经济的发展，从而被代表新的先进生产力的阶级推翻。同样，由于人们认识的局限性，社会主义国家的经济政策也不是完美的，不可能完全符合客观的经济发展规律，因而也有可能损害经济的发展。

三、市民社会与国家

马克思在批判黑格尔法哲学的过程中，继承并深化了黑格尔对市民社会的基本观点，并把黑格尔颠倒了的国家与市民社会的关系颠倒过来，从而建立了自己的市民社会与国家理论。

马克思认为，从主体上说，市民社会的成员组成了国家；从客体上说，市民社会是国家的前提和基础。政治国家作为一种虚幻的共同体，在形式上是社会的代表，但在实质上是市民社会内部占统治地位阶级的国家。市民社会是政治国家的决定性因素，国家和政治只是市民社会的正式表现。在以上分析的基础上，马克思得出了与黑格尔截然相反的结论：不是国家决定市民社会，而是市民社会决定国家。马克思认为：首先，市民社会是国家的基础；其次，市民社会的性质决定国家的性质；再次，市民社会的矛盾决定国家的矛盾；最后，市民社会的发展决定国家的发展。国家回归社会是人类社会前进的方向，只有国家与市民社会消除了旧阶级社会的性质后，国家和社会的完全统一才能实现。马克思认为国家与市民社会完全统一之后，未来的国家将是"自由人的联系体"，[①]每个人的自由发展是一切人的自由发展的条件。而且，因为消除了阶级和阶级对立，劳

---

①《马克思恩格斯全集》第4卷，人民出版社1972年版，第170页。

动异化的条件也随之消失，这样的结果就是"公共权力就失去政治性质"。[①]

四、国家职能与异化

在对市民社会和国家本质进行分析的基础上，马克思对国家的职能进行了阐释。他明确指出，国家职能"既包含一切社会的性质所产生的各种公共事务，又包含由各种特殊的因政府与人民大众互相对立而起的职能"。[②] 他认为，国家一方面是暴力机关，用以维护统治阶级的统治；同时另一方面又是社会管理和文化教育部门，用以进行文化宣传和意识形态教育。

马克思国家职能理论主要包括三个方面的内容：①政治统治职能是社会管理职能的前提，而社会管理职能是政治统治职能的基础。国家的本质决定了国家首先是阶级统治的工具，其次才是执行社会职能的社会管理机构。从根本上讲，国家作为一种管理机构，履行社会职能，实现社会管理，最终还是为统治阶级的利益服务的，可以说，统治阶级的性质和任务决定了国家作为社会管理机构的管理活动。然而，政治统治并不能离开社会职能而独立存在，它以执行某种社会职能为基础，而且只有进行了这种社会职能时，政治统治才能维持下去。②国家政治统治职能与社会职能的实现方式具有本质区别。国家的政治统治职能，是为了维护和实现阶级统治，主要是通过暴力的方式来实现阶级统治和镇压。而社会职能的实现方式，则是服务和管理。③随着人类社会的发展，国家政治统治职能萎缩，社会职能却不断扩大。政治国家以及政治权威由于未来的社会革命而消失，社会职能将失去其政治性质，变为维护社会利益的简单的管理职能。[③]

此外，由于统治阶级追求自身的利益，国家职能尤其是社会公共事务管理职能往往被异化，国家往往异化为"权力拜物教"和"国家崇拜"。"警察"、"法庭"和"行政机关"不是市民社会本身赖以捍卫自己固有的普遍利益的代表，而是国家用以管理自己、反对市民社会的全权代表。[④] 只有消灭国家权力的垄断性和神秘性，并加强对国家权力的监督，才能消除国家异化。其中，消灭国家权力的垄断性是基础，消灭国家权力的神秘性是条件，加强对国家权力的监督是途径。

五、国家与意识形态

国家与意识形态理论是马克思国家理论的重要组成部分。马克思在《德意

①《马克思恩格斯全集》第1卷，人民出版社1972年版，第294页。
②《马克思恩格斯全集》第25卷，人民出版社1956年版，第132页。
③《马克思恩格斯全集》第2卷，人民出版社1972年版，第554页。
④《马克思恩格斯全集》第1卷，人民出版社1956年版，第305、306页。

志意识形态》中集中论述了国家与意识形态理论。马克思把"阶级社会的维护意识"，作为意识形态最为基本的规定。他认为，阶级和阶级对立的形成以及国家的产生是意识形态的起源，阶级和国家不仅提出了意识形态存在的必要性，还提供了意识形态存在的可能性；社会物质生活条件构成了意识形态的基础，同时，历史上承袭下来的文化传统也深刻影响着特定的意识形态。而且，意识形态总是表现为社会全体成员的共同意识，它是社会成员普遍的思维方式和行为准则的体现。

马克思国家与意识形态理论的基本思想包括：①意识形态具有阶级性，是社会的精神现象。意识形态只是关于社会、社会关系的观念和意识，它在形式上具有普遍性，而在内容上反映一定阶级的利益，具有阶级性。②意识形态是维护阶级统治的软工具。在阶级社会中，统治阶级不仅通过制度和设施等实体性工具维护自己的阶级利益，而且通过意识形态等观念性工具从思想上约束和控制人民的思想，同化被统治阶级的阶级意识，消除人民的反抗意识，从而维护社会的稳定。意识形态可以论证统治阶级进行阶级统治的合理性、自然性、公正性，它通过支配整个社会的意识形态，对社会经济生活产生深刻的影响，从而为统治阶级的利益服务，是维护阶级统治的软工具。③关于意识形态与国家稳定性的关系，马克思认为意识形态为统治阶级的利益服务，反映了统治阶级的思想，可以说明政治统治的合法性，论证和维护特定的社会的政治制度。[①]

六、国家消亡

国家消亡问题也是马克思国家理论的一个重要组成部分。马克思认为，国家是人类社会发展到一定历史阶段的产物和阶级矛盾不可调和的表现，同样，随着社会经济的发展，国家必将走向消亡。

马克思国家消亡理论主要包括五个方面的内容：①国家是自行消亡的。国家消亡是以阶级及阶级对立的消灭为前提的。另外，公共权力与社会分离导致国家的产生，那么相反，如果公共权力由少数转移到多数乃至全体成员手中并自觉运用时，国家的政治权力已失去其存在的意义，国家也将消失。"那时，国家政权对社会的干预将先后在各个领域中成为多余的事情而自行停止下来。""国家不是'被废除'的，它是自行消亡的。"[②] 可以说，国家消亡使国家回归社会，并作为一个社会管理机关服从并服务于社会。②无产阶级的革命专政是国家走向消亡的过渡阶段，共产主义是国家消亡的经济条件。在共产主义社会

---

① 吕世荣、周宏：《唯物史观的返本开新》，人民出版社 2006 年版，第 256 页。
②《马克思恩格斯全集》第 3 卷，人民出版社 1972 年版，第 320 页。

中，以往阶级社会中存在的差别被消灭，人们有条件和能力管理社会事务，社会可以通过良好的道德和习俗的调节实现健康运转，这时，国家就不需要存在了。③国家消亡是指国家作为阶级压迫的暴力机关将随着阶级及阶级对立的消亡而消亡，而不是国家作为管理社会公共事务机关的消亡。无产阶级国家消亡后，社会中仍然存在国家，但这时的国家只是一个社会管理机关，已经没有了政治统治职能。④国家消亡是一个漫长的历史过程。国家消亡是历史的必然，但这个过程具有长期性、渐进性、自发性、艰巨性。⑤国家消亡不是乌托邦。马克思认为，市民社会不断发展会产生国家走向消亡的力量，在此基础上，他论证了国家消亡的可能性，并强调国家消亡需要一定的客观条件。

总之，马克思在对市民社会进行研究的基础上，科学揭示了国家的起源及本质，并对国家类型与作用、国家职能及异化、意识形态、国家消亡等国家理论所涉及的主要问题做出了科学解释，从而形成了自己唯物主义的、科学的国家理论。马克思国家理论具有彻底的批判精神，是革命性和科学性的统一。马克思国家理论产生以来，世界发生了翻天覆地的变化，尤其是全球化进程给国家理论提出了新的挑战。尽管马克思国家理论因其革命性、科学性、前瞻性在现代社会仍然具有很强的生命力和解释力，但它毕竟是那个时代的产物，具有其历史局限性。这样，在正确把握马克思国家理论的实质和主要特征的基础上，赋予其时代精神，进而对马克思国家理论进行创新与发展，完善其理论体系，从而使其更好地解释现实问题，已经成为当代国家理论研究的重大课题之一。

第三节　马克思主义国家理论的创新与发展

一、比较分析：马克思主义国家理论与新制度经济学的国家学说

1. 新制度经济学的国家学说

新制度经济学是 20 世纪六七十年代发展起来的一门新兴经济学分支，它以制度为研究对象，主要包括产权理论、国家理论和意识形态理论三大理论基石。其中，国家理论处于最核心的位置，因为国家规定了具有根本性激励功能的产权结构，塑造或影响意识形态，从而在制度创新和经济盛衰中起着关键作用。近 30 年来，以道格拉斯·诺思为代表的新制度经济学，开始关注对国家问题的研究，因为国家是制度的最大供给者。新制度经济学从探讨国家的起源、特征与目的出发，详细分析了国家与产权制度的形成，国家在制度变迁中的作用，

以及意识形态与国家的相对稳定性等问题，从而形成了颇具特色的国家理论。[①]

（1）国家的起源："暴力潜能"分配论。西方有两种关于国家起源的代表性理论：契约论和掠夺论。契约论的观点是：国家是人们自愿订立契约的产物，人们通过自愿让渡部分权利而产生公共权力组织——国家来保护个人的生命、自由和财产，并获得某些公共服务。而掠夺论的观点则是：国家是掠夺或剥削的产物，是统治者掠夺或剥削被统治者的工具。因此，国家是一个阶级或集团的代理机构，其作用是代表该阶级或集团的利益压迫和剥削其他集团或阶级。

新制度经济学认为，契约论和掠夺论"都是不全面的"，[②] 都不能涵盖历史和现实中的所有国家形式。在对这两种理论进行批判和吸收的基础上，新制度经济学派提出了"暴力潜能"分配理论，从而使两者（契约论和掠夺论）统一起来。该理论认为，国家具有契约和掠夺的双重属性，若暴力潜能在公民之间进行平等分配，便产生契约性国家；若这样的分配不平等，便产生了掠夺性国家，由此出现统治者和被统治者。因为暴力潜能的分配决定了国家的性质，所以国家是"在暴力方面具有比较优势的组织，在扩大地理范围时，国家的界限要受其对选民征税权力的限制"。[③]

（2）国家模型：国家的经济人假设。新制度经济学把企业理论引入国家问题。在新制度经济学的国家模型中，国家可以被看做是一个具有福利或效用最大化行为的经济人，它在竞争与交易费用双重约束下，追求统治者租金和全社会总产出的最大化。

新制度经济学构建的国家模型建立在国家经济人的假设之上，在"暴力潜能"分配论的指引下，新制度经济学认为可以将国家视为在暴力方面具有比较优势的组织。国家既是一个具有自身效用最大化的组织，也是一个实现社会效用最大化的机构。这个国家模型具有三个基本特征：①国家为获取收入来提供保护和公正。由于提供这些服务存在规模经济，因而作为一个专门从事这些服务的组织，它的社会总收入要高于每一个社会个体自己保护自己拥有的产权的收入。②国家从一个歧视性垄断者的角度将选民分为各个集团，并为每个集团设计产权，从而实现收入的最大化。③由于总是存在提供同样服务的潜在竞争对手，国家受制于其选民的机会成本。这三个基本特征反映了新制度经济学的国家模型涵盖了四组关系：统治者——选民；统治者——代理人；国家——其他国家；统治者——国内潜在统治者。这四组关系的变动决定历史上国家的稳

---

① 吕中楼：《新制度经济学研究》，中国经济出版社 2005 年版，第 253 页。

② ［美］道格拉斯·诺思：《经济史中的结构与变迁》，陈郁、罗华平译，上海三联书店、上海人民出版社 1994 年版，第 22 页。

③ 同上书，第 21、22 页。

定和变革。可以说，新制度经济学国家模型的三个基本特征构成了其分析国家行为及其变迁的基础，并在此基础上解释了无效率产权的产生。

（3）国家的目的及其冲突：诺思悖论。在新制度经济学看来，国家有两个基本目的：①界定形成产权结构的竞争与合作的基本规则，即在要素和产品市场上界定所有权结构，这能使统治者的租金最大化。②在第一个目的的框架中降低交易费用以使社会产出最大，从而增加国家的税收。这就是说，国家既要使统治者的租金最大化，又要降低交易费用以使社会总产出最大化，从而增加国家的税收。然而，这两个目的并不是完全统一的，有时甚至是相互冲突的。这就是所谓的"诺思悖论"。第一个目的是确定一套基本规则以确保统治者自己收入的最大化，而第二个目的却包含一套使社会产出最大化而完全有效率的产权。这样，到底是使统治者的租金最大化，还是使社会产出最大化，在许多情况下，要实现这两者之间的均衡很难。从历史上看，"在使统治者（和他的集团）的租金最大化的所有权结构与降低交易费用和促进经济增长的有效率体制之间，存在持久的冲突。这种基本矛盾是使社会不能实现经济持续增长的根源"。[1] 换言之，国家的两个目的冲突的根源在于有效率的产权制度的确立与统治者的利益最大化之间存在着矛盾，建立有效率的产权制度有利于社会产出最大化，但可能并不有利于统治者租金的最大化。从自身利益出发，统治者往往可能维持或建立一套无效率的产权制度。[2]

（4）国家的作用。新制度经济学的国家学说同样承认国家对经济发展的反作用。它认为国家通过产权制度的选择来影响经济运行，合理的产权制度促进经济增长，而不合理的产权制度引起经济衰退。然而，从统治者自身的利益出发，统治者往往选择一种无效率的产权。

国家的另一个重要作用是促进制度变迁。新制度经济学将制度看成一种秩序，由规则构成，"这些规则涉及社会、政治及经济行为"。[3]制度变迁是指制度的替代、转换与交易过程，是由效率更高的新制度代替效率较低的旧制度的过程。制度变迁的成因在于不确定性。制度变迁的主体包括个人、利益集团和国家，他们在推动制度变迁的过程中追求效用最大化。决定制度变迁是否发生以及成败的关键是制度变迁的成本与收益之比，只有预期收益大于预期成本的情况下，制度变迁才会实现。新制度经济学按照推行和实施制度变迁的主体和方

① ［美］道格拉斯·诺思：《经济史中的结构与变迁》，陈郁、罗华平译，上海三联书店、上海人民出版社1994年版，第25页。

② 黄新华：《诺思的国家理论述评》，《理论学刊》2001年第3期。

③ ［美］科斯等：《财产权利与制度变迁》，刘守英等译，上海三联书店、上海人民出版社1994年版，第253页。

式的不同，把制度变迁划分为两种：诱致性制度变迁和强制性制度变迁。诱致性制度变迁指现行制度安排的变更或替代或者是新制度安排的创造，是由个人或一群人在响应获利机会时自发倡导、组织和实行。[①] 个别创新者的预期收益和预期成本的比较决定了诱致性制度变迁是否发生。诱致性制度变迁尽管是一种自发性变迁过程，但它同样离不开国家的作用，国家主要以法律、命令等形式承认由个人或一群人响应获利机会而创立的新制度。

强制性制度变迁是由政府命令与法律引入和实行。[②] 强制性制度变迁的主体是国家，国家发挥了决定性的作用：①凭借自己垄断的强制力，国家能以最短的时间和最快的速度推进制度变迁，因此，强制性制度变迁的效率很高。②国家可以通过制定强制性规则、意识形态控制、税收等手段减少或抑制"搭便车"现象，从而降低制度变迁的组织成本和实施成本，加速制度变迁的进程。③凭借自己的暴力潜能和规模经济的优势，国家可以在强制性制度变迁中降低组织成本和实施成本。新制度经济学认为，只有当统治者的预期收益高于其强制推行制度变迁的预期成本，强制性制度变迁才会发生。但是国家进行制度变迁的动力除了经济因素外，还有非经济因素，同时，由于统治者的偏好和有限理性、意识形态刚性、官僚政治等，强制性制度变迁的结果可能是维持了低效率的制度。[③]

（5）国家职能。西方关于国家职能的传统观点有两种：第一种观点主张国家只起"守夜人"的作用，仅维持秩序和提供必需的公共服务，剩下的让市场这只"看不见的手"在资源配置上起基础性作用；第二种观点主张国家更多地介入经济和社会事务，在弥补市场不足、克服外部性、实现社会公正等方面发挥积极作用。

新制度经济学认为，国家的首要职能是界定和行使产权。由于产权在本质上是一种排他性的权力，如果没有国家权力的介入，产权就无法得到有效的界定、保护和实施。又由于国家在暴力方面具有比较优势，因此，国家就理所当然地处于界定和行使产权的地位，然而国家仅仅在那些统治者的福利最大化目标范围内促进和界定有效率的产权，产权的出现"是国家统治者的欲望与交换当事人努力降低交易费用的企图彼此合作的结果"。[④] 在新制度经济学家看来，国家在产权制度形成中的作用主要表现在：①界定和明晰产权。国家可以凭借

---

① ［美］科斯等：《财产权利与制度变迁》，刘守英等译，上海三联书店、上海人民出版社1994年版，第383页。

② 同上书，第384页。

③ 黄新华：《马克思主义国家学说与新制度经济学国家理论之比较分析》，《宁夏大学学报》（人文社会科学版）2002年第2期。

④ ［美］道格拉斯·诺思：《经济史中的结构与变迁》，陈郁、罗华平译，上海三联书店、上海人民出版社1994年版，第17页。

其暴力方面的比较优势和权威界定、保护和行使产权。②降低产权界定和转让中的交易费用。无论是产权的界定还是产权的转让，都需要一定的交易费用，交易费用过高，就会限制排他性产权制度的建立和产权的转让。国家作为第三种当事人，能通过建立非人格化的立法和执法机构来降低交易费用。③国家权力介入产权安排的方式和程度不同，形成的产权制度也就不同。有的国家只为产权安排和产权变革提供"游戏规则"；有的国家不仅提供"游戏规则"，而且还直接参与甚至干预产权的安排与产权变革。① 产权制度不同，对经济的影响也会有差异，合理的产权制度促进经济增长，而不合理的产权制度引起经济衰退。然而，现实生活中，由于统治者受到交易费用和竞争的双重约束，以及统治者的偏好具有多元性，国家选择的往往是无效率的产权制度。

此外，新制度经济学认为国家的职能还包括：①保护性职能。国家的保护性职能主要是保护和支持社会制度，增进秩序。另外，国家的保护性职能还包括防止一些公民受另一些公民的强制；防止外部威胁，保护公民当前的和将来的自由等。②生产性职能。国家的生产性职能是指国家为公民提供某些公共产品。与私人产品相比，公共产品的私人所有者不可能恰当地行使其产权，因此导致"搭便车"问题严重。然而，政府供给公共产品却具有显著的正外部效应，因此政府会选择用公共所有的财产来组织生产并为其提供资金。③对产权的再分配职能。对产权的再分配职能，是国家为了追求公正等目标，没收某些人的产权并将它们再分配给另一些人。该职能的具体实现方式有两种：一种是运用政府的强制权力来征税和分派转移支付，以弱化甚至消除竞争博弈的后果；另一种是通过直接干预交易私人产权的竞争基础，通过影响财务资本、物质资本和人力资本的积累，通过干预缔约自由，改变市场的运行。②

（6）意识形态与国家稳定性。经济变迁致使所有"国家的增长过程是内在不稳定的"。③ 影响不稳定性的因素主要包括：信息费用、技术和人口的变化以及统治者的死亡等。尽管国家具有内在的不稳定性，但它在一定的历史时期又是相对稳定的。是什么力量有助于维持国家的相对稳定性呢？新制度经济学认为，意识形态可以维持国家的相对稳定性。这是因为：首先，对于制度公平或正义的判断是每个意识形态所固有的内容。其次，意识形态可以巩固和证明现有制度的合法性，从而可以显著降低维持现有秩序的成本。有助于维持国家稳定性的成功的意识形态应具备如下的特点：①它必须具有灵活性，从而不仅能

---

① 黄新华：《诺思的国家理论述评》，《理论学刊》2001年第3期。
② ［德］柯武刚、史漫飞：《制度经济学》，韩朝华译，商务印书馆2000年版，第371页。
③ ［美］道格拉斯·诺思：《经济史中的结构与变迁》，陈郁、罗华平译，上海三联书店、上海人民出版社1994年版，第29页。

在外在条件变化时得到旧的团体的忠诚拥护，而且还能得到新的团体的忠诚拥护。②它必须对现成的产权结构和交换条件是如何成为更大的体制的组成部分给出合理的、令人信服的解释。③它必须克服"搭便车"的问题，从而促使一些群体不再按有关成本与收益的简单的、享乐主义的和个人的计算来行事。从维持国家的稳定性方面看，成功的意识形态可以使社会成员相信这个制度是公平的，并促使人们自觉地不违反规则和不侵犯产权。这将大大减少对规则和产权的执行费用，从而构建国家政权得以维持的基础。另外，如果要推翻现有秩序，必须要有成功的"反"意识形态。成功的"反"意识形态不仅要使人们确信他们的不公正是现行体制的一个不可或缺的部分，而且要使人们确信只有通过改变现行体制的活动，将来必定会出现一个公正的体制。①

以上是新制度经济学国家学说的主要内容。然而，新制度经济学国家学说还包括其他一些有价值的思想，如奥尔森的集体行动理论、巴泽尔的国家理论、布坎南的公共选择理论、均衡政治制度的思想、用交易成本分析民主制度结构的思想等。总之，新制度经济学通过将国家作为影响经济绩效和制度变迁的内生变量纳入分析框架，并运用经济理论进行研究和探讨，形成了独具特色的国家理论。

2. 两种国家理论的比较分析

新制度经济学的国家学说，在很多方面有马克思主义国家理论的影子，新制度经济学所提出的关于国家存在的重要性、国家的垄断性、暴力性以及国家对产权的规定性等方面，在马克思那里都有较详尽的论述。可以说，新制度经济学的国家学说借鉴了马克思主义国家理论的许多分析方法，但它也以其独特的视角在一定程度上丰富和补充了马克思主义国家学说。从形成的时代背景、理论基础、研究方法以及内容等方面进行比较分析，可以更好地理解上述两种国家理论。

（1）形成的时代背景之比较分析。马克思主义的国家理论产生于 19 世纪 40 年代。那个时期，工业革命的爆发极大地推动了欧洲资本主义的发展，在生产方式极大变动、生产力快速发展的同时，欧洲社会的经济结构和社会结构都发生了巨大变化，无产阶级出现并作为一支独立的政治力量登上了历史舞台。而资本主义经济危机的爆发，更是激化了资本主义生产社会化同生产资料私人占有之间的矛盾，无产阶级与资产阶级的矛盾不断深化，阶级斗争日益激烈。在这样的时代背景下产生的马克思主义国家理论必然具有很强的阶级性和革命性。

新制度经济学的国家学说产生于 20 世纪 70 年代。第二次世界大战以后，

---

① 黄新华：《诺思的国家理论述评》，《理论学刊》2001 年第 3 期。

由于受到凯恩斯主义的影响，西方各国政府加强对经济的干预，资本主义经济出现了空前的繁荣。然而，与此同时，资本主义经济中固有的矛盾也在不断激化，经济危机、金融危机频繁发生，到 20 世纪 70 年代，甚至出现了"滞胀"局面。在这样的情况下，凯恩斯主义经济学已经很难解释和指导现实，新制度经济学力求以制度的变迁来解释经济增长，它把制度因素作为内生变量来研究经济社会问题，认为国家作为制度的供给者决定了社会的产权结构，从而对经济的增长与衰退起着非常重要的作用。可见，新制度经济学的国家学说是在西方世界迫切地寻求新的理论来解释和指导经济中出现的新情况、新问题的情况下产生的，它反映了一种变革心理，但是它却忽视了资本主义固有的深层矛盾。

通过比较，不难发现，马克思主义国家理论与新制度经济学产生的时代背景都是经济与社会生活发生巨大变化，新问题、新情况层出不穷的时代，顺应时代的要求，它们都具有很强的变革性。

（2）理论基础之比较分析。马克思主义国家理论是在批判吸收了人类文化优秀成果的基础上建立起来的。在批判继承了德国古典哲学、英国古典政治经济学和英法两国空想社会主义的基础上，马克思形成了自己关于国家的理论。

新制度经济学的国家学说是在当代西方经济学的基础上形成的。首先，它承袭了古典经济学理论中关于"经济人"的假定，认为人是有限理性的，并具有机会主义的行为倾向，并在此基础上对于制度变迁及国家问题进行研究。其次，新制度经济学还把产权理论与其国家学说结合起来，用以解释经济的增长与衰退。最后，交易费用理论是新制度经济学国家学说的一个核心理论。它认为国家的出现就是人们为了降低交易费用而做出的选择。此外，新制度经济学的国家学说还受到凯恩斯主义经济学、信息成本理论以及马克思主义政治经济学的影响。

通过分析，可以发现，尽管马克思主义国家理论与新制度经济学国家学说的理论基础是不一样的，但它们都是在继承和批判正统理论的过程中建立自己的理论体系的。

（3）研究方法之比较分析。马克思主义国家理论最基本的方法论是辩证唯物主义和历史唯物主义。马克思结合社会发展的客观条件，研究了国家发展演变的基本规律，考察了国家的起源、本质、类型、历史作用等，并得出了科学的结论。阶级分析方法是马克思主义国家理论的根本方法，马克思从阶级这一最基本的范畴出发，得出国家是阶级矛盾不可调和的产物，并依据不同的阶级实质划分国家的类型。此外，马克思主义国家理论还运用整体系统观和社会发展观，它认为国家是人类社会发展过程中的现象之一，是一个多层次的复杂系统。

新制度经济学的国家学说的主要方法仍然是经济学方法，它沿用新古典经济学中的"经济人"假设，利用均衡分析方法、边际替代方法以及成本收益比较分析等传统研究方法对国家问题进行分析，并得出自己的结论。新制度经济学国家学说还注重理论与历史的结合，从制度变迁、演化中探索国家的起源以及国家兴亡的原因等，具有较高的信服力。此外，它还利用产权理论、意识形态理论解释国家问题，从而突破了古典经济学的传统方法，提供了新的研究视角。

与马克思主义的国家理论相比，新制度经济学国家学说借鉴了不少马克思的分析方法。正如诺思所说，"马克思的分析框架是最有说服力的"，因为"它包括了新古典分析框架所遗漏的所有因素：制度、产权、国家和意识形态"。①

（4）内容之比较分析。国家的起源和本质是马克思主义国家理论和新制度经济学国家学说的重要组成部分。马克思主义国家理论全面考察了国家的起源，科学揭示了国家的本质：国家是阶级矛盾不可调和的产物，是阶级统治的机关，是一个阶级压迫另一个阶级的工具。新制度经济学认为国家具有契约和掠夺的双重属性，若暴力潜能在公民之间进行平等分配，便产生契约性国家；若这样的分配不平等，便产生了掠夺性国家。国家是在暴力方面具有比较优势的组织，它可以被看做一个具有福利或效用最大化行为的"经济人"，它在竞争与交易费用双重约束下，追求统治者租金和全社会总产出的最大化。通过比较，可以看出马克思主义国家理论和新制度经济学的国家学说都承认国家是依靠暴力进行统治的，国家不是中立者。但是，新制度经济学把马克思主义的国家理论简单归到掠夺论中，这是有所偏颇的。另外，新制度经济学还认为马克思主义国家理论没有很好地解决集体理性和个人理性的冲突问题，实际上，马克思的阶级意识、觉悟是解决这个问题的方式和手段，这一点与新制度经济学国家学说的意识形态理论有相似的作用。

关于国家的目的和职能，马克思主义国家理论认为国家的目的就是为统治阶级服务，维护统治阶级的利益。它把国家的职能分为两种：政治统治职能和社会管理职能。政治统治职能是以社会管理职能为前提的，但社会管理职能是政治统治职能的基础。尽管国家是为了维护统治阶级的利益，但它不能离开社会管理职能而独立存在。新制度经济学的国家学说认为国家有两个基本目的：一是使统治者的租金最大化，二是降低交易费用以使社会总产出最大化。但是这两个目的是有冲突的，即所谓的"诺思悖论"。有效率的产权制度的确立与统治者的利益最大化之间存在矛盾，建立有效率的产权制度有利于社会产出最大化，但可能并不有利于统治者租金的最大化。从自身利益出发，统治者往往可能

---

① ［美］道格拉斯·诺思：《经济史中的结构与变迁》，陈郁、罗华平译，上海三联书店、上海人民出版社1994年版，第68页。

维持或建立一套无效率的产权制度。与国家的双重目的相适应，国家的主要职能就是界定和实施产权。通过比较，可以发现，新制度经济学国家学说对于国家双重目的的阐述，在一定程度上受到马克思把国家职能分为政治统治职能和社会管理职能观点的影响。两种国家理论都不同程度地认为国家的核心目的是维护统治阶级的利益，而为了实现这一目的，才会管理社会公共事务。不同的是，马克思主义国家理论更偏重于阶级分析，对国家的社会管理职能重视不足，新制度经济学国家学说弥补了这点不足，从而有助于更加全面客观地认识国家。

关于国家对经济发展的作用，马克思主义国家理论认为，各种类型的国家，都对经济基础发生反作用。如果国家按照合乎经济发展规律的方向起作用，就会使经济发展得比较快；如果国家违反经济发展规律而起作用，就会给经济发展造成巨大损害，并引起大量的人力和物力的浪费。新制度经济学国家学说认为国家通过产权制度的选择来影响经济运行，合理的产权制度促进经济增长，而不合理的产权制度引起经济衰退。然而，现实生活中，由于统治者受到交易费用和竞争的双重约束，以及统治者的偏好具有多元性，国家选择的往往是无效率的产权制度。可以看出，马克思主义国家理论与新制度经济学的国家学说都承认国家对经济发展的反作用，都把国家作为影响经济发展的内生变量纳入分析框架，但新制度经济学国家学说主要从国家与产权制度形成的关系上，揭示国家与经济发展的关系，这充实了马克思主义国家理论关于国家对经济发展反作用的论述。

关于国家与制度变迁的关系，马克思主义国家理论认为国家对制度变迁的作用是十分明显的，它非常强调制度变迁的客观必然性，在论述生产力与生产关系、经济基础与上层建筑相互作用的同时，马克思主义国家理论也阐明了国家与制度变迁的关系，即当生产关系不能适应生产力发展的要求时，包括制度在内的上层建筑就会进行变革，从而形成新的适应生产力发展的制度、体制等。新制度经济学的国家学说认为制度变迁的主体包括个人、利益集团和国家，他们在推动制度变迁的过程中追求效用最大化。决定制度变迁是否发生以及成败的关键是制度变迁的成本与收益之比，只有预期收益大于预期成本的情况下，制度变迁才会实现。通过对比不难发现，新制度经济学的国家学说把制度变迁归为人们主观选择的结果，忽视了社会生产力对制度变迁的决定作用，从而也忽视了制度变迁的客观必然性。但是，它与马克思主义的国家理论都把制度因素视为经济发展的一个内生变量，并承认国家对制度变迁的重要作用。

关于意识形态与国家的关系，马克思主义国家理论认为阶级和阶级对立的形成以及国家的产生是意识形态的起源，而社会物质生活条件是意识形态的基础。意识形态具有阶级性，它为统治阶级的利益服务，维护统治阶级的统治，它反映了统治阶级的思想，可以说明政治统治的合法性，从而可以论证和维护特定的社会的政治制度。新制度经济学的国家学说更为具体地分析了意识形态的功能。它认为尽管信息费用、技术和人口的变化以及统治者的死亡等因素造成国家具有内在的不稳定性，但成功的意识形态却有助于国家实现相对稳定。具备灵活性、可以使新旧团体忠实拥护、可以给予现有产权结构和交换条件以信服解释、可以克服"搭便车"问题的意识形态不仅能证明现有制度的合法性，而且可以显著降低维持现有秩序的成本。另外，一个成功的"反"意识形态也可以使人们相信将来必定会出现一个公正的体制。比较分析可以得出，国家与意识形态理论是马克思主义国家理论与新制度经济学的国家学说重要组成部分，它们都承认意识形态对国家稳定性具有非常重要的作用，都认为意识形态可以证明现有制度的合法性，可以维护特定的政治制度。但是，新制度经济学的国家学说淡化了意识形态的阶级性，它从交易费用的角度进行分析，分析也更为具体和深入，这在某种程度上是对马克思主义国家理论的有益补充。

综上所述，通过对马克思主义国家理论和新制度经济学的国家学说进行比较分析，可以发现，新制度经济学的国家学说与马克思主义国家理论有许多相似之处，新制度经济学的国家学说的分析框架深受马克思主义国家理论的影响，在某种程度上是对马克思主义国家理论的有益补充，研究新制度经济学的国家学说可以更好地理解马克思主义的国家理论。然而，两者无论是在理论基础、研究方法还是具体内容上都存在显著的不同，因此要区别认识两种国家理论。

二、西方马克思主义者对国家理论的创新与发展

国家理论是西方马克思主义批判理论的重要组成部分。20世纪以来，随着现代资本主义社会的经济的发展，现代资本主义国家的阶级性质、权力结构、国际职能及其政治制度都发生了新的变化，西方马克思主义对现代资本主义国家的变化进行了新的研究，形成了西方马克思主义的国家理论。自卢卡奇、葛兰西为西方马克思主义的国家批判做了开创性研究后，西方马克思主义逐渐形成了工具主义、仲裁主义、结构功能主义、意识形态批判思想、世界体系理论、生活世界理论以及后马克思主义的国家理论。

1. 卢卡奇和葛兰西的国家理论

卢卡奇（Georg Lukacs）和葛兰西（Antonio Gramsci）开创了西方马克思主义的国家批判理论。

卢卡奇在其著作《历史与阶级意识》中，主张把社会看成是由各种因素构成的有机整体，他强调国家内部各种因素的相互关系，并认为阶级关系等社会关系是客观的，独立于人的行为选择。另外，卢卡奇还借鉴了韦伯的合法性统

治理论。该理论从行动意义理论出发，区分了行动类型，并进一步对统治权力的合法性类型进行了划分，它强调现代资本主义统治是建立在技术化官僚统治之上的，从而为探讨统治权力和顺从之间的关系奠定了基础。

葛兰西独创性地分析了西方社会国家的性质和职能，把资产阶级统治权力问题从生产方式转移到上层建筑领域。他认为国家不仅包括政治社会，而且还包括市民社会。他把国家看做是政治社会与市民社会的集合体，是强制和同意的结合，并认为国家是在人民同意的基础上建立起来的。然而，既然国家意味着阶级统治和压迫，人民为什么还会同意这种统治和压迫呢？葛兰西用领导权理论解决了这一问题。葛兰西视野中的领导权，包括了政治统治权和意识形态的领导权，但是，他更多地把领导权看做是意识形态的领导权。他认为统治阶级利用其在意识形态上的领导权，使得被统治阶级认同其世界观、价值观和意识形态，从而维持其统治。葛兰西非常重视知识分子在国家中的地位和作用，他认为知识分子不仅是统治阶级意志的表达者，而且是国家政权的组织者和管理者，肩负着领导国家的使命。另外，他还把工厂委员会看做是无产阶级新国家的雏形。

2. 工具主义的国家理论

工具主义的国家理论主张把国家看做是维护统治阶级利益的工具，是统治阶级进行统治的机器，它主要分析阶级、统治阶级的特点和变化，集中研究统治阶级与国家政策、阶级斗争与国家机构的控制之间的关系。

以密里本德（Ralph Milliband）等人为代表的一些西方马克思主义者运用经验主义的方法，从统治阶级与国家机器的相互关系的角度，对资本主义国家的性质和职能进行了工具主义的分析。密里本德承袭马克思主义的观点，认为社会具有阶级性，因此应该否认国家代表"社会整体"和"民族利益"的观点。密里本德认为在资本主义国家中，掌握国家权力的人都是在政治、经济、文化等方面处于支配地位的人，他们有着相同的政治立场和价值观，在社会出身、教育等方面具有优势地位，这些人利用手中的国家权力为自己所属的资产阶级谋利益。另外，他们还凭借自己对经济及其他资源的占有和控制，影响国家政策的制定，约束政府行为，从而为资产阶级服务。密里本德尽管非常重视国家的阶级属性，但是他主张国家在行动时具有高度的自主性。关于国家职能，密里本德认为国家有四种职能：镇压的职能、思想文化的职能、经济职能、国际方面的职能，所有这些职能都是为资产阶级的利益服务的。关于合法化问题，密里本德认为资产阶级依靠其在意识形态上的支配地位，保持资本主义国家的合法化。

3. 结构主义的国家理论

结构主义是把某一研究对象看做是一种结构整体，是各种要素的关系组合，而认为研究的目的就是要去建立特定体系的结构。① 结构主义的国家观集中分析经济基础、上层建筑与国家机器的关系。它认为国家是社会中的统一因素。国家的功能就是组织统治阶级，运用暴力和意识形态的手段分化瓦解被统治阶级。② 结构主义国家理论的代表人物是阿尔都塞（Louis Arthusser）、普兰查斯（Nicos Poulantzas）等。

　　阿尔都塞试图用结构主义的观点和方法重新解释马克思主义。他认为马克思主义的社会历史观可以用结构主义的多元决定论来解释，上层建筑的各种因素具有相对独立性，都能够在社会历史发展中起决定作用，他强调国家的相对独立性。另外，阿尔都塞还重视意识形态国家机器在保证资本主义社会再生产中的基本作用。他认为马克思主义国家理论把国家看做是镇压机器，而意识形态国家机器是对马克思主义国家理论的补充和完善。他认为国家机器除了政府、军队、警察、法庭、监狱外，还包括宗教、教育、法律、政治、家庭、工会、信息、文化的各种机构，这些机构就是意识形态的国家机器，它以宣传、说教、教育等意识形态方式执行国家职能，统一人们的思想，使他们服从统治阶级的意识形态，从而保证资本主义的生产关系，为资产阶级的利益服务。

　　普兰查斯认为生产方式是由经济、意识形态和政治等各个相对独立的部门结合起来的整体，其中，经济部门具有根本的决定作用。他从结构主义观点的立场出发，进一步强调资本主义国家的自主性。他认为资本主义国家的相对自主性同资本主义形态的机构有关，资产阶级的政治利益与经济利益是相对分离的，资本主义国家最根本的是要维护资产阶级的政治利益，而不是要维护资产阶级一时的经济利益。普兰查斯否认国家是统治阶级的简单工具的观点，他把国家看做是一种关系，是阶级关系的凝聚，因此国家本身充满阶级矛盾和阶级斗争，而国家政策的制定正是阶级斗争的结果。基于此，普兰查斯提出应该通过改变国家内部阶级力量对比的国家内部斗争，并结合国家外部斗争，来实现社会主义革命的胜利。另外，普兰查斯还提出了一种十分独特的权力概念，他认为国家权力实际上是某个统治阶级专有的政治权力，只是这种权力被组织在国家机构中，资本主义国家具有相对自主性，给予被统治阶级一定的经济利益，目的正是为了从政治上瓦解被统治阶级，从而保证资产阶级的政治权力不受侵犯。

　　4. 仲裁主义的国家理论

　　仲裁主义的国家理论认为在发达工业社会中，权力精英作为国家公仆，任务是规划资本主义的长期利益；而作为社会的管理者，他们又要努力使资本主

---

① 陈炳辉：《西方马克思主义的国家理论》，中央编译局出版社 2004 年版，第 69 页。
② 尹树广：《国家批判理论：意识形态批判理论、工具论、结构主义和生活世界理论》，黑龙江人民出版社 2002 年版，第 10 页。

义能让所有阶级获得利益，从而防止资本主义在阶级斗争中崩溃。仲裁主义国家理论的代表人物是普兰查斯和特尔朋（Therborn），他们都非常重视法律的作用，认为法律作为独立自主的力量并不受资本的控制，又使下层得以利用法律程序，导致了资本主义国家的普遍性机制的形成和发展。①

5. 功能主义的国家理论

功能主义的国家理论主要集中研究国家职能和作用持续的危机问题，强调国家构成和政策的功能在于维持资本主义的发展，它非常重视宏观上国家职能、政策方面的矛盾及其形成的原因。它认为由生产方式内部的各种需求所引发的对国家功能的需求是相互矛盾的，而国家为了满足这些需求所制定的政策必然是不稳定的，这也注定不能完全合理地计划资本主义社会的发展。功能主义国家理论的代表人物是奥菲（Claus Offe）、奥康纳（James O'Connor）、特尔朋、阿尔维塔（Alvater）、霍洛维（Holloway）等。奥菲认为，国家最根本的功能是处理可能出现的危机。当代资本主义国家这种处理危机功能的基础，在于它本身是介于生产领域和非生产领域之间的结构。一方面，国家根据自己的政治标准而被排除在直接的生产领域之外。另一方面，国家政策的实施又受到政府岁入的制约，而政府岁入取决于成功的资本积累。因此，为了增强自己的权力，国家必定致力于保证健全资本积累。② 奥康纳认为，资本主义国家通过保证生产秩序来实现自身维护资本主义生产方式的功能，促进资本积累和制造资本生产方式统治的合法性。他认为当代资本主义的国家必须承担双重职能，即积累职能和"合法"职能。特尔朋的国家思想强调发达资本主义国家的管理精英执行的任务、资本主义的宪政虽然具有强行限制资本家短期利益的特点，但从长远看是为了防止资本主义崩溃，维护资本家的利益。阿尔维塔、霍洛维等人非常注重从经济生产的角度去研究资本主义国家的功能。他们认为，国家在总体功能上符合资本主义的需要，而且资本的需要是国家功能形成的原因，在控制经济危机这一需要的基础上，形成了现代资本主义国家的四种功能：提供生产的一般的和物质的条件；建立合法关系；控制和镇压资本与工资劳动之间的冲突；在世界市场上保护国家资本。③

6. 结构功能主义的国家理论

20 世纪 80～90 年代，杰索普（Jessop）把结构主义和功能主义结合起来，用于分析当代资本主义国家。他认为马克思主义的国家理论应该借鉴和吸收各种非马克思主义的观点和方法，以便形成一种更为综合、全面的国家观。他在借鉴和综合制度主义、葛兰西和普兰查斯的国家理论、话语分析理论、自组织

① 王俊杰：《西方马克思国家理论的新视野》，《学术交流》2008 年第 12 期。
② 俞可平：《新马克思主义国家理论评析》，《马克思主义与现实》1993 年第 1 期。
③ 尹树广：《后结构·生活世界·国家》，黑龙江人民出版社 2001 年版，第 442 页。

理论、生活世界论等理论的基础上，形成了自己的国家理论。他认为，考察和分析资本主义国家，不能仅仅认识到经济基础决定国家，还要认识到非经济领域的重要性。在他看来，积累制度与政治制度是相互联系的，并且受到各种社会力量的影响。杰索普的国家理论为人们从经济系统、经济系统与其他系统的关系、话语实践、生活世界等方面综合认识资本主义国家提供了可能。他通过理论综合拓展了国家理论的基础，他主张应把国家纳入到复杂的社会联系中去理解，而不要局限于经济决定论，但是他并不否认国家的自主性和边界，而是认为资本主义经济与超经济力量之间存在着制度化分离，而这种分离也是资本主义国家在面临各种复杂性需求时进行策略性选择的前提。

7. 后结构主义的国家理论

后结构主义国家理论的代表人物是福柯（Foucanlt）。福柯国家理论的基石是权力，他认为社会各个层面上都渗透着权力关系，不同的权力关系体现着不同的社会形态，权力的变化会引发社会、国家的变化。福柯认为把权力归结为压抑的赖希命题、尼采命题比权力的经济主义模式即马克思主义、法理主义模式更为合理，因此他对权力的分析也更多采用了支配—压抑模式。福柯认为，权力是无主体的，是非中心化的，权力是一种关系，一种相互交错的网络。在福柯看来，国家并不是权力的主导形式，因此应该将权力从国家那里剥离出来。福柯反对以国家统治权为中心的宏观权力学，认为通过改变国家形式、生产方式或社会阶级构成并不能改变这些微观领域权力的自主性。福柯的权力理论是一种微观权力学，他提出了治理国家的理论，认为治理国家应以人口来界定，通过对人口的调节和管理，提高、激发、繁殖生命，从而保持社会发展。

8. 意识形态批判思想

西方马克思主义学者承袭了马克思的意识形态批判思想，并有所发展。卢卡奇把意识形态视为阶级的意识，认为必须重视无产阶级的阶级意识建设。葛兰西认为，无产阶级夺取政权的过程也应该包括夺取意识形态和文化的领导权。随着西方无产阶级革命高潮的消失，西方马克思主义者的研究重心从探讨革命实践转向对西方资本主义的学理批判。他们把对意识形态的批判作为自己的一个重要任务，并认为意识形态是资产阶级的虚假的维护意识。其中，马尔库塞（Marcuse）认为，建立在工艺合理化基础上的当代意识形态，其基本特征就是"单向度"，它使人们习惯于对现存社会的肯定与认同，失去应有的理性的批判和否定的向度，安于现状。社会批判理论就是要努力实现对这类意识形态的超越。[1] 弗洛姆（Fromm）认为意识形态和幻想一样，是一种虚假的、遮蔽

---

[1] 周宏：《马克思的意识形态批判及其流变》，《南京大学学报》（哲学·人文科学·社会科学）2000年第6期。

事实的观念,而马克思主义就是要把隐藏在意识形态后面的客观实在揭示出来。哈贝马斯(Habermas)认为意识形态是社会的维护意识,是对人的统治力量。他认为,在当今社会中,科学技术成为一种新的意识形态,它压制着人们寻求解放的观念和努力,使人的交往发生异化。所以,必须对这种意识形态进行超越。这些批判对于揭露资本主义社会制度化意识的虚假实质,对于恢复和维持人们对资本主义的批判和超越态度具有重要的意义①。

9. 世界体系理论

世界体系理论兴起于 20 世纪 70 年代的美国,其代表人物是沃勒斯坦(Wallerstein)。沃勒斯坦采取了新的观察视角,认为近代以来社会变迁的基本单位并不是民族国家,考察 16 世纪以来社会变迁的唯一实体是现代世界体系。现代世界体系具有结构性经济联系和各种内在制度规定性,它由经济、政治、文化三个基本维度构成。经济体是整个世界体系的基本层面,决定着政治体和文化体的存在和发展。资本主义世界经济体有两个最主要特征,它们是"一体化"与"不平等"。首先,世界性劳动分工体系与世界性商品交换关系仿佛一经一纬两条主线,将各个国家、地区牢牢地黏结在庞大的世界经济网中。一体化的经济体使人类历史具有了真正的全球性。其次,一体化不等于均等化,相反,中心—半边缘—边缘的层级结构表明了世界经济体的极端不平等性。世界政治体是随着世界经济体的出现而产生。政治体中同样存在中心—半边缘—边缘的等级结构,并以国家主权的有限性和国家机器的强弱为划分依据。世界文化体,产生于经济体需要一种文化上的维持机制以增进民族国家的政治凝聚力,提高经济生产的有效性;同时,世界资产阶级进行经济剥削、政治控制的需要也导致了创造统一模式的文化诉求,于是,由中心国家所推动,以西方文化为模板的普遍主义世界文化凌驾于多元民族文化之上,营造了一种全球趋同的文化氛围。中心—半边缘—边缘的层级结构再次在文化体中得到展现。世界体系理论一方面反对西化论,抨击西方中心论;另一方面,它通过在依附论的中心—边缘的结构中加入一个"半边缘",指出世界体系的流动性,从而论证了资本主义的长期性、稳定性和不可避免性;在结论上,它认为资本主义的现代世界体系终将消亡,并被社会主义所取代,但它又宣布社会主义只是一个"乌托邦"。

10. 生活世界理论

生活世界理论最早由现象学学派创始人胡塞尔(E. Edmund Husserl)提出,他批判客观主义与科学主义,认为欧洲客观主义把生活世界本来的丰富性掩盖了,人和主体的意义被遗忘,文化出现危机。在这样的背景下,他提出生活世

---

① 周宏:《马克思的意识形态批判及其流变》,《南京大学学报》(哲学·人文科学·社会科学)2000 年第 6 期。

界是人们日常生活可以感受到的世界，并应该为人的活动提供意义和价值。他认为从个人生活世界向人类共同世界的过渡，是通过所谓"主体间关系体"来完成的。

哈贝马斯对生活世界理论进行了发展。他的生活世界观以交往为精神支撑和核心，这使得自我与他人的关系不仅仅是一种意识领域中的意向构造关系，而更直接地被看做是一种生存交往关系。哈贝马斯把社会分为生活世界和系统世界两个层面，他认为社会的现代化同时包含生活世界的合理化与系统世界的合理化双重过程。生活世界的合理化或理性化进程的表现是：生活世界内部结构要素不断分化，随着文化、社会、个性的发展，生活世界再生产和社会再生产才成为可能，参与者的交往行为不断摆脱规范性制约而呈现越来越大的独立性，同时，越来越强烈地依赖于日常语言的理解机制。于是，交往就以语言论辩的形式取代传统信仰而成为沟通或调节人际关系的形式，但这一趋势却使得人们的社会性日益复杂，人们越来越难以依赖以往的常识或信念相互理解或达成共识，而要依靠自己的理性思考对众多复杂事务作出理解，因而人类沟通上的误解随着生活世界合理化的不断提升而增加。同时，系统世界的合理化，使得社会体系的区分越来越复杂，出现了市场机制和科层制度的高度独立化，它们使社会分工程度和社会物质生产效率以及社会物质生活水平大大提高。[1] 在哈贝马斯的视野中，生活世界由文化、社会和个性三种因素构成，与之相对应，这三种因素分别承担三种功能：一是理解的功能，即促进文化知识传统的更新；二是行动合作化功能，即促进社会统一和联合的形式；三是社会化功能，即促进社会同一性形成。另外，哈贝马斯还认为生活世界不仅为交往提供背景，而且还能为交往对象间的相互了解提供信息储蓄库。

11. 后马克思主义的国家理论

后马克思主义是 20 世纪 80 年代在西方开始兴起的一股批判资本主义的新思潮，它继承了马克思主义对资本主义的批判传统，从后现代主义的理论视角，重新分析了当代资本主义，并对其未来走向进行了新的探索。后马克思主义国家理论的代表人物是拉克劳（Ernesto Laclau）、墨菲（Chantal Mouffe）和吉登斯（Anthony Giddens）。

拉克劳和墨菲的后马克思主义国家理论主要反对宏观政治研究，放弃国家概念。他们认为，为了克服马克思主义中的经济还原论倾向，重建马克思主义，从而对当代社会的多元性、开放性和偶然性做出回答，可以借鉴后结构主义的政治思想，对马克思主义政治理论进行反思和改造。与马克思主义关注宏观政

[1] 唐涛：《交往的家园——论哈贝马斯的生活世界理论》，《湖南师范学院学报》2004 年第 6 期。

治领域的阶级斗争和国家问题不同，拉克劳和墨菲把理论视野转移到微观权力领域。他们认为，整个社会领域并不统一，而是充满分歧。在拉克劳和墨菲看来，国家中心化实际上是完全不可能的，他们主张以话语理论为基础来说明政治权力和政治实践，强调权力关系存在的形式是领导权，而不是国家。他们认为，当代资本主义社会是复杂构造的整体，没有被充分固定的逻辑同一性，因此应该接受社会的多样性，而社会形态是由政治权力关系的平衡带来的结果，现代社会的本质在于它容纳了多元利益冲突。关于政治斗争，拉克劳和墨菲认为发达资本主义国家的工人阶级已经失去了革命愿望，因此不能指望他们去推翻资产阶级的统治。当代政治斗争应该结合来自各个阶层、各种团体和各种新社会运动的利益，深化和拓展自由民主主义和社会主义理想目标，认同多元反抗，致力于地方化和局部的权力斗争。

吉登斯的国家理论承认马克思用资本主义的生产方式来解释资本主义社会十分有效，承认经济因素在资本主义社会中的首要地位，但他认为经济因素并不是影响现代社会的唯一力量。他把社会结构中的资源分为配置性资源和权威性资源两类，而配置性资源体现为经济，权威性资源体现为政治，他认为在承认经济因素对社会的重要作用的同时，不能忽视政治因素的作用。吉登斯以多元论为基础，分析了传统国家和现代国家及其变迁。他从监控、军事力量、资本主义和工业主义四个维度来分析现代国家，认为这四个因素相互联系、相互影响，并不存在哪个因素是唯一的决定性因素。吉登斯区分了传统国家、绝对主义国家和现代的民族国家——三种类型的国家，强调民族国家发展的独立性，主张要使民主化的国家继续民主化。他考察了全球化对国家的影响，指出尽管全球化进程对当代民族国家主权造成了巨大冲击和影响，但全球化没有使国家消亡，国家在全球化时代仍然具有不可替代的作用和地位。他的国家理论吸收了世界体系理论中的民族国家体系观点，超出内生论，在国家关系范围内考虑国家问题。此外，吉登斯提出了"第三条道路"的思想，即介于民主社会主义和新自由主义之间的第三条道路。

综上所述，西方马克思主义的国家理论是对现代资本主义国家的批判理论，它根据 20 世纪西方资本主义国家的现实变化，对现代资本主义国家的阶级性质、国家职能、权力结构、政治制度及其矛盾和危机做出了全面的分析和批判，并对未来社会进行了思考。西方马克思主义的国家理论对于现代国家问题提出了许多独特新颖的观点，做出了不少有价值的论断，这些都是对马克思国家理论的丰富、创新和完善，对于全面认识和发展马克思国家理论具有非常重要的借鉴意义。

三、马克思主义国家理论在中国的传播

随着马克思主义在中国的传播，马克思国家理论也传入中国。中国共产党建立之前，在为建党作思想准备的马克思主义的介绍和宣传中，马克思的国家理论已经成为一个重要内容。中国共产党建立之后，马克思国家学说得到全面的介绍，并开始指导党的革命实践活动。在实践中，毛泽东把马克思国家理论与中国国情以及中国革命的实践相结合，在无产阶级取得政权的道路、统第一次世界大战线与国家的关系、新民主主义共和国理论、人民民主专政等方面，发展了马克思的国家理论。

改革开放以来，中国积极应对全球化的挑战，同时也实现国家与社会的相互型塑。伴随着经济与社会结构的转型，如何建构一个新的政治秩序，以及如何将正在兴起的社会力量统合到新的政治秩序中，成了当代中国面临的一个巨大挑战。有鉴于此，合理界分国家与社会的职能边界，建构一个由政府、市场和公民社会共同构成的治理体系；将国家的合法性诉求由经济增长转变为制度建设，推动以经济增长为主要目标的"发展型国家"的改革与转型；通过国家的制度建设实现社会正义，防范、抑制政府与特殊利益集团相互勾结的"勾结——掠夺型国家"，或者被市场俘虏的"俘获型国家"的出现；推进民主国家建设，建设一种既有别于马克思当年设想又高于原有政治形式的社会主义民主，已经成为当代中国国家建构的方向。[①] 对于这些问题，中国理论界进行了一些探索，形成了许多有价值的观点，这些观点丰富发展了马克思的国家学说。例如：邓小平理论提出了现阶段社会主义国家必须坚持以经济建设为中心，以人民群众的共同富裕为目的；"一国两制"构想的实施，更是在国家性质和结构形式方面突破了人们的传统认识；加强社会主义民主建设，为强化社会主义国家与社会的统一性指明了正确途径；实行体制改革，实现政企分开，是对社会主义国家职能的一种探索。"三个代表"思想丰富和深化了关于执政党和国家管理社会公共事务的认识，并对新时期的统第一次世界大战线作出新的阐释。此外，许多中国学者也对国家问题进行了探讨。邹永贤对历史上的国家学说进行了回顾和总结；尹树广、陈炳辉等人介绍并阐述了西方马克思主义国家理论的主要观点；吕中楼对新制度经济学的国家理论进行了梳理；郁建兴等人在对马克思国家理论进行分析的基础上，探讨了在当代社会经济条件下马克思国家理论的重要价值；刘昌明论述了全球化背景下当代国家政治职能的转型；林岗、张宇、孟捷等人从个人主义与整体主义的关系视角对马克思的国家理论进行了分析。

---

① 郁建兴：《论全球化时代的马克思主义国家理论》，《中国社会科学》2007 年第 2 期。

需要说明的是，还有一部分学者针对中国经济转型过程中出现的对政府职能的争论，提出了在社会主义市场经济中，政府不能只是盲目地介入经济、社会事务或者盲目地放权，更重要的是要注重调控经济的质量，这样的观点对于中国特色的社会主义现代化建设具有非常重要的借鉴价值。

总之，中国新民主主义革命以及社会主义现代化建设的实践，为马克思国家理论提供了新的内容。同时，中国理论界继承了传统马克思国家理论分析范式的精髓，广泛吸收和借鉴西方马克思主义国家理论的科学因素，解释中国的现实问题，从而对马克思国家理论进行了丰富与创新，使其在中国有了长足的发展。

四、全球化背景下马克思主义国家理论的新议题

马克思主义国家理论自诞生以来，对世界政治、经济、社会等领域产生了广泛而深远的影响，它对国家以及与国家相关的问题的分析深刻而且独到，其科学性也得到世界发展历史现实的印证。全球化进程引发了人类经济、政治和文化生活的巨大变迁，也对马克思主义国家理论提出了新的挑战。在全球化时代，出现了诸如"国家终结"、"国家强化"、"世界主义"、"全球治理"等关于国家的概念，如何合理解释全球化进程中国家的角色和作用、国家与社会关系的转型、民族国家的未来命运等问题也成为现代国家理论研究中的焦点论题。2008 年美国金融危机的爆发，更是让人们重新审视国家在当今经济社会生活中的地位和作用。可以肯定的是，马克思主义国家理论在全球化时代仍然具有很强的解释力。在了解全球化的本质及表现的基础上，分析全球化对民族国家的冲击，运用马克思主义国家理论对全球化背景下民族国家的历史命运进行探索，对于正确理解现时代的国家具有非常重要的理论与现实意义。

1. 全球化及其表现

"全球化"一词最早是在 1985 年由 T. 莱维提出来的，它的原意是指经济在全球范围内成为一个整体。后来，学者们从各自研究的领域和角度给出了"全球化"的不同定义，在不同程度上揭示了全球化的特征。例如：吉尔·史汀斯认为"全球化"并没有固定或一致的含义，但它和全球经济领域相关，经常和国家自主权的丧失相联系；[1] 恩盖尔·伍兹把全球化定义为国际化、政治经济自由化以及新技术革命的联合体；[2] 俞可平把全球化描述为一个整体性的社会历史变迁过程，其基本特征是在经济一体化的基础上，世界范围内产生一种内

---

[1] ［英］戴维·赫尔德、安东尼·麦克格鲁：《治理全球化——权力、权威与全球治理》，曹荣湘、龙虎等译，社会科学文献出版社 2004 年版，第 107 页。

[2] 同上书，第 234 页。

在的、不可分离的和日益加强的相互联系。^① 时至今日，"全球化"仍是一个无法严谨界定的概念。但是，全球化代表了一种将世界各地的人们组合成一个整体的全球社会的趋势，它可以视为世界范围内社会性联系的加强，由此发生在各个地域的事件，其影响可以波及原来被认为遥不可及的地方和人群。^② 基于此，全球化可被表述为人类社会在经济、政治、文化等方面彼此紧密联系、融汇、整合和趋同的一体化过程。

事实上，全球化并"不是什么新的现象"^③，它是伴随着资本主义生产方式在全球的扩展而出现的。早在 100 多年前，马克思、恩格斯在《共产党宣言》中就曾指出："资产阶级，由于一切生产工具的迅速改进，由于交通的极其便利，把一切民族甚至最野蛮的民族都卷到文明中来了。""不断扩大产品销路的需要，驱使资产阶级奔走于全球各地，它必须到处落户，到处开发，到处建立联系。资产阶级，由于开拓了世界市场，使一切国家的生产和消费都成为世界性的了。……过去那种地方的和民族的自给自足和闭关自守状态，被各民族的各方面的互相往来和各方面的互相依赖所代替了。"资产阶级"按照自己的面貌为自己创造出一个世界"。^④ 马克思和恩格斯认为："创造世界市场的趋势已经直接包含在资本的概念本身中。任何界限都表现为必须克服的限制。"^⑤ "资本一方面要力求摧毁交往即交换的一切地方限制，征服整个地球作为它的市场，另一方面，它又力求用时间去消灭空间，就是说，把商品从一个地方转移到另一个地方所花费的时间缩减到最低限度"。^⑥ 可见，全球市场的形成完全是资产阶级最大限度攫取剩余价值的贪婪本性所推动的结果，全球化为资本主义的扩张创造了条件，它是资本扩张性的体现，是资本主义生产方式运动和发展的必然产物。

20 世纪 80 年代以来，世界经济、政治、文化等以前所未有的速度紧密联系在一起，全球化成为当代最为重要的时代特征。全球化进程深入到人类社会生活的各个领域，深刻改变着世界历史的进程。概括起来，全球化主要表现在如下几个方面：

（1）生产全球化。水平型国际分工的形成为生产全球化奠定了基础，它为每个国家平等地参与国际分工和国际竞争提供了机会和条件，它以资本、技术、劳动等生产要素的跨国流动为前提，以跨国界组织生产为核心，使世界各国的生产成为全球生产体系的有机组成部分，这有利于世界各国充分发挥优势，节

---

① 俞可平：《论全球化与国家主权》，《马克思主义与现实》2004 年第 1 期。
② 李鑫炜：《体系、变革与全球化进程——百年冲突回眸》，中国社会科学出版社 1998 年版，第 7 页。
③ 〔英〕格雷厄姆·汤普森：《导论：给全球化定位》，《国际社会科学杂志》（中文版）2000 年第 5 期。
④《马克思恩格斯选集》第 1 卷，人民出版社 1995 年版，第 276 页。
⑤《马克思恩格斯全集》第 30 卷，人民出版社 1995 年版，第 388 页。
⑥ 同上书，第 538 页。

约社会劳动，提高经济效益，促进世界经济的发展。

（2）贸易全球化。近几十年来，国际贸易迅速增长，服务贸易发展迅速，参与贸易的国家急剧增加。1995 年世界贸易组织（WTO）成立时，有 112 个国家和地区加入，另有二十几个国家和地区在申请之中，到 21 世纪前 20 年内，世界上几乎所有国家和地区均会加入世界贸易组织，这意味着，一个包括全球所有国家和地区的一体化贸易体系即将建立，没有歧视和贸易保护的全球市场正在形成。

（3）企业经营全球化。企业经营全球化的重要标志是跨国公司成为世界经济的主体。全球范围内的跨国公司不仅数量繁多，而且规模庞大，分布广泛。跨国公司的迅猛发展，使生产、资本和商品的国际化不断深化，极大地推动了全球化进程。

（4）金融全球化。生产、贸易的全球化，促进了金融市场的高度一体化，国际债券市场融资规模迅速扩大，国际股票市场和基金市场迅速发展。现在，每天有数以百亿计的资金在全球金融市场上流动，资本以存借、投资、援助等形式在国家间穿行，把世界各国经济联系在一起。

（5）全球性组织不断出现。第二次世界大战后，联合国、世界贸易组织、国际奥委会等全球性政府间组织以及非官方、半官方组织不断出现，影响不断增加，从而促进和协调全球的交往活动。

（6）文化融合不断加强。随着各国科教、文化等方面的交流和合作日益增多，不同国家和地区的不同类型的文化在全球范围内融合，从对立走向统一。

（7）全球性问题层出不穷。随着全球化的深入，全球性问题不断出现，如人口、资源、生态环境、贫富差距拉大、国际恐怖活动、跨国犯罪等。

2. 全球化背景下民族国家问题的凸显

民族国家，是指拥有对一块领土的主权统治为特征的、在调控能力上胜过传统政治形式（如古老的帝国或城市国家）的国家。[①] 随着全球化的加深，全球化对现今的民族国家体系造成了巨大冲击，诸如"国家终结"、"国家强化"、"世界主义"、"全球治理"等关于国家的新概念层出不穷，民族国家问题日益凸显。

（1）市场经济全球化威胁着民族国家的存在。市场经济是民族国家存在的基础，市场经济的全球化必然对民族国家的存在产生重要影响。首先，市场经济观念的全球化取向要求把民族国家的经济利益放在全球范围内加以考虑。市

---

① [德] 乌·贝尔、哈贝马斯：《全球化与政治》，王学东、柴方国译，中央编译局出版社 2000 年版，第 78 页。

场经济的逐利性使其跨越民族国家的界限，把整个世界联系成一个有机体。任何一个民族国家，都不能像以往那样单方面追求自己国家利益的最大化，而要从全球视野出发，树立参与全球竞争的理念，进而为自己国家的发展创造条件。其次，市场经济规则的全球化取向使得国际交往更加规范和平等，世界贸易组织、国际货币基金组织等国际组织制定的经济规则不仅在规范市场、防范市场风险等方面发挥重要作用，而且也使民族国家在制定自己的经济发展规则时必须兼顾国际规则，这在某种程度上限制了国家主权的发挥。再次，市场经济活动的全球化使得民族国家的经济活动不能只局限于国内市场，而要积极参与国际分工与协作，这削弱了国家对国民经济的控制。最后，全球经济按照市场机制配置资源，削弱了民族国家对各种经济活动区位选择的控制，并威胁着民族社会的凝聚力和认同感。对生产以及国民经济区位的控制是构成民族国家经济基础的必要因素。在全球化时代，跨国公司实力膨胀，跨国经营的一个重要结果是使得资源在全球范围内实现最优配置。这样，一个包括资本、技术、劳务等生产要素在内的世界市场体系逐渐形成，最终使"主要适应于地区或本国市场服务的生产结构逐渐地、不平衡地而又显然是不可抗拒地由主要适应于世界市场服务的生产结构所取代"①。随着跨国经营变得更为普遍，跨国公司在全球范围内招聘优秀人才，甚至总部也迁往更具竞争力的国家或地区，这使得跨国公司的国籍变得相对不再重要，全球化的趋势已经超越了人为的政治界限，民族国家的凝聚力和认同感减弱。

（2）非国家行为体的兴起侵蚀着民族国家的权力。非国家行为体是由一定的成员（个人或国家）构成、拥有一定的财政资源（捐款或经营利润）、在全球或地区范围内活动并足以对全球社会产生影响的组织，它包括政府间国际组织、非政府间国际组织和跨国公司等。20世纪以来，各种非国家行为体大量涌现，并在国际关系中扮演越来越重要的角色，从而造成民族国家权力的分化。首先，联合国、欧盟、东盟等国际组织的兴起，部分取代了传统由国家行使的权力。国际组织的权力源自各成员国的让渡，国际组织在民族国家无力管理的事务上部分取代传统上由国家行使的职责，从而使民族国家在这些问题上丧失了最高权威。而且，国际组织"是具有独立地参与国际关系，并给予国际关系以重大影响的能力的"②，它们在一定范围内具有独立的法律人格，在许多特定问题领域的决策、声明和立法上都会限制、干预民族国家自主行使权力。随着全球化的深入，国际组织的权力不断加大，民族国家的权力被侵蚀的程度也不断加深。

①［英］苏珊·斯特兰奇：《国际政治经济学导论——国家与市场》，杨宇光等译，经济科学出版社1992年版，第73页。
②张季良：《国际关系学概论》，世界知识出版社1989年版，第49页。

其次，跨国公司挑战民族国家主权。跨国公司的目标与民族国家的职责存在明显不同，前者是为了实现公司利益最大化，后者却是为了实现自己社会的富裕以及增强社会和民族的价值观，二者不可避免地产生矛盾。跨国公司是国际分工和国际贸易的主要组织者和承担者，而且控制着全球生产技术的创新与转移，这使得跨国公司有实力影响民族国家的利益和决策。东道国为了引进先进技术，发展本国经济，不得不让渡给跨国公司资源管理等部分经济权力，而跨国公司追求纯粹商业利润的目的也会使它们的经营活动与母国利益产生抵触。跨国公司的规模以及在国际经济中的重要地位，使它们在母国和东道国成为不可忽视的政治力量，在一定程度上左右着一国的内政外交政策，从而侵蚀着民族国家主权行使的独立性和排他性。最后，民间社会组织的兴起制约民族国家权力的行使。近年来，研究机构、行业协会、宗教团体等民间社会组织大量涌现，影响力不断增加，在一定程度上制约着民族国家主权的行使。全球民间社会组织是以"高于个人、低于国家却又以跨越国家的边界范畴为互动特征的"[1]，它的活动不仅不受国家权力的控制，而且还经常超越国家权力的限制。对于全球民间社会组织来讲，没有明确规定要求它们一定服从国家权力，这造成国际关系中民族国家行使其绝对权力的缺位。又由于全球民间社会组织的成员在行动时往往代表某个社会组织，而不代表某个国家，这削弱了公民对国家权力的认同。另外，由于环境、资源等国际问题的出现，全球民间社会组织越来越多地分担了国家政府的治理功能。

（3）文化全球化、文化帝国主义冲击着民族国家的文化和意识形态。全球化不仅包括经济、政治的全球化，还包括文化的全球化。[2]文化全球化以及在此过程中形成的文化帝国主义对于民族国家的文化和意识形态造成了巨大冲击。首先，文化全球化造成文化同质化和文化多元化的争论。在文化全球化过程中，出现了一种文化同质化的趋势，西方发达国家凭借其强大的经济、政治力量，在全球范围内推行其文化和价值观，消除各种文化的内在差异性和多样性，进而形成共同的、以西方价值取向为基础的世界文化，而其他文明则趋于灭亡。与此同时，全球文化的多元化、民族化、本土化趋势也非常明显。在全球化进程中，随着非西方社会力量的不断增长，各边缘国家主体意识不断觉醒，基于自身历史传统、习惯、生活方式、价值观的各民族国家的文化重新得到尊重，并在全球范围内复兴，从而形成多元化的全球文化。其次，文化帝国主义冲击着不发达民族国家的文化及意识形态。正如杰姆逊所说，全球化实际上是多国

---

① Paul Wapner, Politics Beyond the State: Environmental Activism and World Civil Politics, World Politics, No. 4, 1995.

② 万俊人：《经济全球化与文化多元化》，《中国社会科学》2001年第2期。

资本主义阶段的文化现象，是西方文化在全世界的扩张。在这种扩张中不断造就出一个新的全球文化空间。① 全球化不仅带来秩序化了的世界经济市场及其活动方式，而且也必然产生出一种内在于整个全球市场活动中的无法抗拒的文化强制性。在全球化过程中，西方发达国家通过实施文化帝国主义，利用其在产业发展中的强势，借助强大的传媒工具，大规模向发展中国家输出精神文化产品，推行消费主义文化和后现代文化，宣扬他们的意识形态和价值观，从而实现文化产业的殖民入侵，影响不发达国家人民的生活方式、消费方式、生产方式及社会心理，削弱发展中国家民族文化对其整个社会心理的教化功能，造成民族文化认同的危机。作为文化的重要组成部分，意识形态不可避免地受到上述趋势的强烈冲击。为了维护文化霸权地位，西方发达国家向不发达国家灌输意识形态终结的思想，企图让不发达国家放弃对自己国家意识形态的认同，从而利于其文化入侵。例如，美国学者亨廷顿提出冷战后意识形态的冲突已经结束，不同文明和文化间的冲突将代替意识形态的冲突成为国家之间的主要冲突；福山则提出"历史的终结"理论，实质上也是提出了意识形态的终结。

（4）信息技术革命挑战民族国家主权行使。信息技术革命是全球化产生的物质基础，它对民族国家主权行使产生了巨大挑战。首先，信息在社会发展中的重大作用使它可以影响民族国家主权的行使。随着信息技术革命的发展，信息作为一种资源在全球经济中的重要作用越来越显著，美国学者约瑟夫·奈曾指出："信息正在变成实力"，"对新的信息及时作出反应的能力是一种极其重要的实力手段"。② 毫不夸张地说，现在国与国之间的竞争在某种程度上已经变成信息上的较量，拥有信息资源垄断权的国家不仅可以控制别国经济命脉，而且可以通过信息网络向其他国家灌输自己的价值观、意识形态等。这样，占有相对较少信息资源的不发达国家的主权往往受到占有相对较多信息资源的发达国家的侵犯。其次，信息的跨国流动对民族国家的领土、主权、安全等造成威胁。信息跨国界流动，并通过网络向外传播，使民族国家的疆界不再局限在地理界线之内，它们纷纷把信息、网络的管理纳入到自己的职能范围，如果不能控制网络和信息传输，就会受到别国的侵犯。信息技术革命不断突破国家边界，也使国家边界变得异常脆弱，从而威胁着国家主权。例如，网络化使得民族国家的金融系统、军事安全系统等容易受到计算机犯罪的袭击，任何技术上的漏洞都会给民族国家经济、安全等造成巨大损失。另外，由于国家间掌握的信息量的不平等，信息流动往往是单向的，信息输出国有把科技、经济、政治等方面信息

---

① ［美］杰姆逊：《后现代主义与文化理论》，唐小兵译，陕西师范大学出版社1986年版，第5、6页。
② 王诵芬主编：《世界主要国家综合国力比较研究》，湖南出版社1996年版，第36页。

暴露给他国的危险，从而增加了其在政治、经济、安全等领域的脆弱性；信息输入国有过分依赖他国的危险，这使其自我保护能力减弱，主权容易遭到侵害。

3. 全球化背景下民族国家的历史命运——马克思主义国家理论的新议题

全球化进程在引发人类经济、政治、科技文化生活产生巨大变迁的同时，对民族国家及其主权造成了很大冲击。在全球化时代，民族国家将何去何从、国家的性质、职能、地位将如何变化、民族国家如何应对全球化的侵蚀、民族国家是否会在全球化中消亡等问题已经成为人类不容回避并亟须作出回答的问题。毋庸置疑，产生于 19 世纪 40 年代并至今在世界上仍有重大影响的马克思主义国家理论，为解答上述问题提供了一个独特而科学的视角。

（1）全球化背景下的马克思主义国家理论。马克思主义的生命力在于"理论和实践的统一"，"伴随研究客体的变化，它的构成总是处于运动之中和历史的重新安排之中"。[①] 国家理论是马克思主义理论体系的重要组成部分。马克思主义国家理论对国家的起源、本质、类型、职能、意识形态、国家消亡等问题作出了深刻阐释，其正确性和科学性也已被历史现实所证实。但是，伴随着全球化的深入，民族国家所处的历史条件发生了巨大变化，全球化与民族国家的关系、民族国家的命运等问题已经凸显为全球化时代的核心理论问题。在这种情况下，马克思主义国家理论要继续发挥其应有的解释力，需要与时俱进，不断创新与发展。2002 年，马克·鲁伯特（Mark Rupert）和哈泽尔·史密斯（Hazel Smith）编辑的论文集《历史唯物主义与全球化》与杰索普的《资本主义国家的未来》的出版，标志着马克思主义国家理论重新确立了在新世纪的重要地位。

在《历史唯物主义与全球化》中，作者们讨论了全球化时代的阶级政治、全球化中冲突的多维性、帝国主义、全球化时代国家功能与形式变迁等问题。①关于全球化时代的阶级政治。亚力简德罗·克拉斯（Alejandro Colas）认为全球化时代资本主义的主要对立形式仍然是资本和劳动的对立，但全球化给阶级政治带来了新变化。全球化中，资本在全球范围内流动，生产遍布世界各地，跨国资本控制全球经济，全球资本凌驾于全球劳工之上，跨国资产阶级形成，全球无产阶级按照社会界限而非国界来划分。②关于全球化中冲突的多维性。司各特·梭罗姆（M. Scott Solomon）和马克·鲁伯特认为，在全球化中，人们不仅要关注阶级基础上的认同，而且要关注其他诸如性别、种族等政治认同。[②]

---

① Fredric Jameson, Actually ExistingMarxism, in Makdisi, Saree, Cesare Casarino, Rebecca E. Karl, eds., Marxism BeyondMarxism, New York: Routledge, 1996, p. 92.

② M. Scott Solomon, Mark Rupert, Historical Materialism, Ideology, and the Politics of Globalizing Capitalism, in Mark Rupert and Hazel Smith, eds., Historical Materialism and Globalization, New York: Routledge, 2002, pp. 297~298.

③关于帝国主义。大部分作者认为帝国主义的概念仍然具有重要的使用价值。弗里德·哈里岱（Fred. Halliday）认为历史唯物主义的帝国主义理论的某些见解对于理解全球化背景下的资本主义仍然必不可少，它有助于把握资本主义全球扩张中等级化和剥削的特征。萨克利夫（Bob. Sutcliffe）认为全球化中的资本主义保留了先前帝国主义扩张的一些特征和矛盾：民族国家的资本之间的冲突仍然重要，在全球化资本主义结构中剥削、控制和许多国家的边缘化仍然严重存在。①④关于全球化时代国家功能与形式变迁。威廉·罗伯逊（William. I. Robinson）在《资本全球化和跨国国家》中指出，人类社会物质基础的变化，必然导致制度组织也相应地变化。全球化将民族国家纳入全球性的积累路径中，结果导致超国家组织的兴起，进而维护全球资产阶级的利益。这时的民族国家成为跨越民族国家的国家的一部分，成为全球资本主义战略的工具，其功能从制定国家政策转向执行超国家机构制定的政策。在《全球资本，民族国家》中，艾伦·伍德（Ellen. Wood）认为，在全球化时代，全球经济仍然由民族经济构成，全球经济的发展依赖民族国家的推动，全球经济规制仍须民族国家的干预，而在民族国家中阶级仍然存在。因此，全球化并不会导致民族国家被一些超国家主权所代替，民族国家不会消亡。

在《资本主义国家的未来》中，杰索普对资本主义国家的现实和未来作了解释和预测。他超越了马克思主义国家理论的"经济决定论"和"阶级还原论"，提出策略关系理论。他把国家看成是"一个社会关系，它事实上可以作为策略的场所、产生者和结果来分析"②。具体来说，他认为国家是"政治策略"、"积累策略"和"领导权策略"竞争和选择的平台，国家最后体现的选择形式从根本上是政治策略、积累策略和领导权策略竞争冲突后的整合结果。③在全球化时代，资本主义国家的积累策略从以大规模生产和消费为基础的福特主义转向后福特主义，凯恩斯主义福利民族国家陷入危机，但这并不意味着资本主义民族国家的消亡，而只是被重新设计，重新调整方向。在移民不断增长，种族和文化的同质性以及公民对民族国家的忠诚不断降低的情况下，民族国家出现了国家权力被超国家制度剥夺、政治制度非官方化趋势加强、政策规制国际化等特征。

可以看出，全球化背景下的民族国家问题早已超出了单纯的阶级、政治或经济的范畴。要使马克思主义国家理论很好地解释现实，必须超越经济决定论

① Bob Sutcliffe, How Many Capitalisms? Historical Materialism in the Debates about Imperialism and Globalization, in Mark Rupert and Hazel Smith, eds., Historical Materialism and Globalization, New York: Routledge, 2002, p. 57.
② Bob Jessop, State Theory: Putting the Capitalist State in Its Place, Cambridge: Polity Press, 1990, p. 260.
③ 郁建兴：《论全球化时代的马克思主义国家理论》，《中国社会科学》2007 年第 2 期。

和阶级还原论，并且需要从浩繁的马列经典著作中提取出马克思主义关于国家的诸多论述，使之系统化、理论化，并结合时代发展重构马克思主义国家理论。另外，马克思主义国家理论还需要从抽象研究转向实体研究，如转向对国家身份的历史可变性、民族国家在全球化中的未来、各种治理机构与国家形成的协作关系等问题的研究。可以肯定的是，马克思主义国家理论在全球化时代仍然具有很强的解释力，它是揭示全球化背景下民族国家历史命运的有力武器。

（2）全球化背景下民族国家的历史命运。围绕全球化背景下民族国家的现实境遇和未来命运等问题，理论界的观点并不一致。新自由主义认为全球化将使国家成为资本的一个传送带，全球经济使得国家政府的权威不断被局部、地区性组织所取代，民族国家将走向消亡。相反的观点认为全球治理、经济国际化并不现实，国家政府并没有完全受到国家经济规则的管制，经济全球化仍然需要国家政府的管制。折中的观点认为，尽管全球化使得国家中心地位受到削弱，但这只意味着民族国家的作用转型并更加国家化。① 无疑，全球化与民族国家的价值取向从根本上是不同的，正是这种不同使得超国家结构必然对民族国家的主权造成侵蚀。然而，这只是问题的表象。从马克思主义国家理论的视角解读全球化中涌现出来的民族国家问题，并对民族国家的历史命运进行探索，不难得出结论：在全球化背景下，民族国家依然是国际社会中最重要的行为体。

1）民族国家存在的基础——阶级依然存在。马克思主义国家理论揭示了国家是阶级矛盾不可调和的产物，是阶级统治的机关。马克思指出："国家是统治阶级的各个个人借以实现其共同利益的形式，是该时代的整个市民社会获得集中表现的形式。"② 在《家庭、私有制和国家起源》中，恩格斯更是得出结论："国家是社会在一定阶段上的产物，国家是表示：这个社会陷入了不可解决的自我矛盾，分裂为不可调和对立面而又无力摆脱这些对立面。而为了使这些对立面，这些经济利益互相冲突的阶级，不致在无谓的斗争中把自己和社会消灭，就需要有一种表面上驾于社会之上的力量，这种力量应当缓和冲突，把冲突保持在'秩序'的范围以内，这种从社会中产生但又自居于社会之上并且日益同社会脱离的力量，就是国家。"③ 可见，民族国家存在的基础是一个社会中存在着阶级及阶级对立。在全球化时代，由于福利国家兴起、工人物质生活条件普遍得以改善等原因，阶级矛盾似乎没有那么尖锐了，而阶级之间的界限似乎也日趋模糊。事实却是：世界上20%的富人仍旧控制着世界上80%的财富，发展

① 尹树广：《国家批判理论：意识形态批判理论、工具论、结构主义和生活世界理论》，黑龙江人民出版社2002年版，第17、18页。
②《马克思恩格斯全集》第3卷，人民出版社1960年版，第70页。
③《马克思恩格斯选集》第4卷，人民出版社1995年版，第170页。

中国家的劳动人民日益沦为发达国家资本家谋取高额利润的工具，资本家仍旧无偿占有着无产阶级的剩余价值。可以说，在全球化进程中，阶级并没有消亡，资本和劳动的对立仍然存在，正如亚力简德罗·克拉斯所说："全球资本积累的现代阶段继续在特定的国家和社会之间以及国内产生社会和政治的分裂，这些分裂呈现为一种阶级形式。"[①] 只是，全球化给阶级及阶级矛盾带来了新的变化。资本的全球流动使得全球资本凌驾于全球劳工之上，跨国资产阶级和全球无产阶级形成。跨国资本家要求分布在世界各地的为其工作的工人延长劳动时间，而工人要求提高工资，发达国家与发展中国家就资源、环境、人权等方面的斗争等，都是新形势下阶级斗争的具体表现。由此可以看出，全球化背景下，阶级及阶级对立仍然存在，民族国家依然有存在的基础。

2）民族国家仍是全球化最重要的参与主体。马克思主义国家理论认为国家的目的是为了维护统治阶级的利益，全球化背景下民族国家维护其国内统治阶级的利益的必然结果是民族国家对民族利益的追求。尽管全球化的表现是经济的跨国界流动，但是民族国家的存在仍然是全球化的前提，民族国家对民族利益的追求在全球化中无处不见。一方面，联合国、WTO、世界货币基金组织、欧盟等政府性国际组织是以民族国家为基础的。公共权力的合法性在于该权力得到被统治者的同意并为被代理者提供普遍意义上的公共产品，现在世界上存在的超国家组织没有一个可以像民族国家那样取得被统治者同意的政治统治合法性，也没有一个超国家组织可以为世界人民提供普遍可享受的公共产品，即使像《联合国宪章》所设想的仅提供安全方面公共产品的类似世界政府的安排都无法实现，因此超国家权威缺乏必要的合法性依据。而且，民族国家加入各种国际组织，归根到底是为了实现本国和本民族的利益。例如欧盟无疑是目前一体化程度最高的区域组织，但《马斯特里赫特条约》申述得非常明确：欧盟的宗旨就是实现单个成员实现不了的、符合全体成员国愿望的最大利益。欧盟虽然致力于建设一个统一的"欧洲社会"，但又声明绝不以牺牲民族特点为前提。欧盟的 15 个成员国依然是独立的主权国家，欧盟仍然是一个国家间的组织而不是一个"超国家"。[②]

另一方面，跨国公司等非政府国际组织也服务于民族国家的利益追求。尽管大多数跨国公司掌握了大量资源，有些甚至超过了许多小国家和新兴国家的财政预算，但它们并没有超越有实力的民族国家，也没有控制小国家的暴力工具；相反，它们仍服务于民族国家的利益追求。任何一个跨国公司都从属于一

---

① Alejandro Colas, *The Class Politics of Globalization*, in Mark Rupert and Hazel Smith, eds., Historical Materialism and Globalization, New York: Routledge, 2002, p. 191.

② 刘玉安、丽华:《全球化、区域化与国家主义》,《文史哲》2002 年第 1 期。

个母国，如美国通用汽车公司、日本索尼公司等，它们的经营管理方式都明显带有民族的特征，反映民族文化。对于母国来讲，跨国公司的利益往往与母国的国家的利益一致，它可以增加母国的财政收入、平衡国际收支、对外推行母国的意识形态等，因此也经常在税收、出口政策等方面得到母国的支持；对于东道国来讲，尽管跨国公司增加了民族经济的脆弱性，但它们从跨国公司那里得到了先进的技术、设备和管理经验，从而促进民族经济的发展，并且也增加了国内就业。就跨国公司内部来讲，雇员对跨国公司的忠诚并不意味着他们没有民族国家归属感。况且，民族国家间的条约以及国家法律是规范、限制跨国公司活动的最主要手段。由上论述可知，市场经济全球化是在民族国家的基础上建构的，是在民族国家的参与和推动下发展的，因此它并不能排斥民族国家的主体地位。正如日本学者正村公宏所说，"国际化与其说削弱经济性主权，还不如说是加强了各国政府的责任，即在充分理解本国经济政策的国际影响的基础上，采取适当手段，有效地行使经济国家主权"。[①]

3）民族国家权力的让渡并不一定意味着民族国家的权力被削弱。马克思主义告诉我们，事物的本质与现象间往往具有一定的差异性，普遍的国家权力让渡现象并不意味着国家权力的削弱。国家权力的让渡往往是民族国家基于维护自己国家利益的需要，在自愿基础上进行的，而且可以根据需要随时废除这种让渡，这本身表明了一个国家在全球化时代履行国家主权的能力。另外，国家权力的让渡并不意味着民族国家在本国政治、经济、文化等领域的政策制定和决策上没有自己的自主权。事实上，正如克鲁格曼所说："商品、资本和技术在国际上越来越多的流动已经完全改变了经济竞争方式，这是一个普遍公认的真理。一般人的看法告诉我们，国家不再有权力控制它们自己的命运；政府完全受国际市场的支配。""但是……关于国家主权消亡的报道是严重夸大其词的。"[②] 民族国家不仅适应全球化的影响，及时对自己的内政外交政策进行调整，而且还从各自国家的利益出发，积极推动全球化的发展。况且，单个民族国家并不能很好地解决人口、环境、资源、国际犯罪等全球问题，只有各民族国家让渡一部分权力，互相协调，才能解决这些问题。

4）全球化可以提高民族国家维护国家主权的能力。国家实力是民族国家维护自己的主权的保证。发达资本主义国家是全球化的积极推动者，它们在全球范围内拓展商品销售市场、控制原料产地等，从而促进本国经济的迅速发展，增强国家实力，进而在国家主权维护上处于强势地位，不仅制定国际经济交往

---

① ［日］正村公宏：《国际化并不制约国家主权》，季玉新译，《国外社会科学文摘》1990 年第 10 期。
② 转引自《纽约日报》2000 年 2 月 13 日。

的规则，而且还把这些规则向全世界推行。在《共产党宣言》中，马克思、恩格斯就明确指出："资产阶级，它迫使一切民族——如果它们不想灭亡的话——采取资产阶级的生产方式；它迫使它们在自己那里推行所谓文明制度，即变成资产者。一句话，它按照自己的面貌为自己创造出一个世界。"正是在资产阶级的这种扩张过程中，"它使未开化和半开化的国家从属于文明的国家，使农民的民族从属于资产阶级的民族，使东方从属于西方"。[①] 发展中国家是全球化的参与者，它们引进先进的技术、设备和管理经验等，快速发展本国的民族经济，从而增强维护国家主权的能力。当然，在初期，发展中国家为了分享全球化带来的好处，不可避免地需要遵守国际规则，让渡一部分主权，但是随着自身经济实力的增强，它们需要付出的主权代价会越来越少，直到最后可以保证自己独立行使主权。从这一点看，主权的削弱与强化只是统一问题的两个方面，全球化在某种程度上提高了民族国家维护国家主权的能力。

　　5）文化全球化与文化丰富性和多元化并不矛盾。诚然，全球化确实表现为西方经济、政治、文化的扩张。西方发达资本主义国家利用其经济、政治上的强势地位，向世界各国推行其价值观、生活方式、文化等，消除各民族国家文化的内在差异性和多样性，进而形成共同的、西方取向的世界文化，而其他文化则在其冲击下趋于灭亡。随着世界市场的形成，文化的同质化似乎也成为主流。马克思就曾指出，随着世界市场的形成，"过去那种地方的和民族的自给自足和闭关自守状态，被各民族的各方面的互相往来和各方面的相互依赖所代替了，物质的生产是如此，精神的生产也是如此。各民族的精神产品成为公共的财产，民族的片面性和局限性日益成为不可能"。[②] 然而，与全球文化同质化趋势形成鲜明对比的是，文化的本土化和民族化也展现出强大的生命力。各民族国家的文化重新得到尊重，非西方文化在全球范围内复兴，形成多元性的全球文化。在这种情况下，西方文化受到了前所未有的挑战，正如亨廷顿所说："多元文化的世界是不可避免的，因为建立全球帝国是不可能的……维护世界安全则需要接受全球的多元文化性。"[③] 实际上，全球化并不能形成全球同质的文化，它在对不同文化造成冲击的同时，也为各民族文化的交流创造了条件，从而为民族文化的发展提供了机遇。可以说，文化全球化并不是指各民族国家在文化上的同质性，不是西方文化驱逐其他民族文化的过程，而是指在相对独立的各国家、各民族文化基础上，在全球的世界交往中通过各种不同类型的文化之间

---

　　①《马克思恩格斯选集》第 1 卷，人民出版社 1972 年版，第 255 页。

　　② 同上书，第 276 页。

　　③〔美〕塞缪尔·亨廷顿：《文明的冲突与世界秩序的重建》，周琪、刘绯、张立平等译，新华出版社 1999 年版，第 368 页。

的融合与互动而形成人类共同文化的过程。① 文化全球化一方面使人们在不同的地方可以感受到人类共同文化对自身的影响；另一方面使得各具特色的民族文化在全球交流互动中得到尊重和发展，从而形成多元化的全球文化。

6）民族国家的意识形态并没有终结。依据马克思关于意识形态的论述，阶级和阶级对立的形成以及国家的产生是意识形态的起源，而社会物质生活条件是意识形态的基础。意识形态具有阶级性，它为统治阶级的利益服务，反映统治阶级的思想，可以说明政治统治的合法性，从而可以论证和维护特定社会的政治制度。可以说，只要存在着阶级和不同的社会制度，意识形态就不会消失，并且在某个阶段甚至还可能被强化。基于此，卢卡奇、葛兰西等西方马克思主义学者也强调意识形态的重要性。在全球化时代，世界上仍旧存在阶级，存在着资本主义与社会主义两种社会制度，也存在着西方发达国家的经济霸权和文化帝国主义，因此意识形态并没有消失。事实上，西方发达国家不仅对本国人民进行意识形态宣传，强化自己统治的合法性，而且利用其经济、政治上的优势向其他国家灌输它们的意识形态，从而维护其经济、文化霸权。西方国家宣扬民族国家意识形态的终结只是为了掩盖其向其他国家扩张的真面目，达到弱化发展中国家主权，使其成为西方国家的附庸，进而独霸世界的目的。另外，意识形态还与国家利益密切相关。美国著名政治学家杰里尔·罗赛蒂指出，国家利益和美国对外政策的制定要受到意识形态和对外政策观点的极大影响。② 维护和推广意识形态已经成为民族国家的基本对外政策之一了。总之，在全球化背景下，民族国家的意识形态不仅没有终结，意识形态之间的斗争反而更加激烈。发达国家向其他国家渗透其意识形态，而其他国家通过开展意识形态领域的斗争，努力维护自己的意识形态。

7）未来社会国家的消亡并不影响全球化中民族国家的主体地位。全球化，就其本质而言，是资本主义生产方式运动和发展的必然产物，是资本扩张性的体现。资产阶级为了谋取高额利润，在全球开拓市场，攫取原料，并让其他文明接受资本主义的生产方式，从而按照资产阶级自己的面貌为自己创造一个世界。随着资本主义生产方式在全球范围内的传播，资本主义的基本矛盾也在全球化的经济中取得了不同的表现方式，如各国经济的可调节性与全球经济的无计划性之间的矛盾、跨国公司的严密组织和科学管理与世界市场的盲目扩张和无序运行之间的矛盾、全球生产能力的无限扩大趋势与世界市场容量有限之间的矛盾等，这些矛盾的激化也使资本主义经济危机的表现形式从一国内部的危

---

① 隽鸿飞：《全球化：超越民族国家，还是超越民族文化？》，《求是学刊》2002 年第 3 期。
② ［美］杰里尔·A. 罗赛蒂：《美国对外政策的政治学》，周启朋等译，世界知识出版社 1997 年版，第 355 页。

机转化为全球性的经济危机，2008 年美国金融危机就是典型的例子。可以看到，在市场经济全球化的进程中，即使市场超越民族国家的界限在全球范围内配置资源，市场本身也无法克服其自身的缺陷，国家的宏观调控仍是解决市场失灵的必要途径。不同的是，全球市场的失灵需要调控手段的跨国界延伸，即需要为全球经济提供全球性的规则和制度。在这样的情况下，资本主义国家通过国际组织、区域联盟、政府会晤等方式协调解决全球性的经济、政治问题，并形成所谓的国际秩序。但是，现在的国际秩序是不合理的，它建立在以不合理分工为基础的世界生产体系、以不平等交换为特征的国际贸易体系和以国际垄断资本占主导地位的国际货币金融体系之上。

西方国家在经济、政治、文化等各个方面推行其霸权，颠覆、侵蚀、同化其他国家，而发展中国家却在国际交往中处于不利的地位。这样，民族国家仍然是一定的人类共同体的利益代表，仍是一定地域内的人类共同体争取和捍卫自身权益的最为有效的政治组织形式，它在相当长的时期内仍然会存在。然而，同样可以肯定的是，民族国家作为一个历史范畴，在完成历史使命后，必将走向终结。马克思认为，从长远来说，国家对权力的行使将伴随着人类社会的进步而逐渐弱化。未来的理想社会实现的前提是国家只掌握一小部分必要的公共职能，大量的社会事务将交给社会自行管理，直至国家将全部权力交由社会，那时，国家将完成自己的历史使命而走向消亡。

随着全球化的深入，世界各国的联系会更加紧密，一损俱损，一荣俱荣，一旦爆发全球性经济危机，哪个国家都不可能独善其身。2008 年美国金融危机对世界各国的影响已经证明了这一点。为了满足社会化大生产的需要，从根本上解决资本主义的基本矛盾，必然要求废除私有制，消除各国间的贫富差异，并在全球范围内按需配置资源。那时，将如马克思所说：“随着资产阶级的发展，随着贸易自由的实现和世界市场的建立，随着工业生产以及与之相适应的生活条件的趋于一致，各国人民之间的民族隔阂和对立日益消失了。”[①] 国家作为阶级压迫的暴力机关也将随着阶级及阶级对立的消亡而消亡，但国家作为管理社会公共事务的机关仍将继续存在。可以预见，在未来社会中，国家将回归社会，国家和社会统一后的未来国家将是“自由人的联合体”[②]，每个人的自由发展是一切人的自由发展的条件。而且，因为消除了阶级和阶级对立，劳动异化的条件也随之消失，这样的结果就是“公共权力就失去政治性质。”[③] 总之，在全球化中，民族国家仍是国家交往的主体，但未来民族国家必将消亡，二者并不矛盾。

---

① 《马克思恩格斯选集》第 1 卷，人民出版社 1972 年版，第 270 页。
②③ 同上书，第 273 页。

综上所述，20 世纪 80 年代以来，全球化成为当今世界最为重要的时代特征，全球化进程不仅引发了人类经济、政治和文化生活的巨大变迁，而且对民族国家及其主权造成了巨大冲击，民族国家问题开始凸显。全球化使世界上很多问题超越了国家界限而在全球层面上予以解决，民族国家的权力不断地让渡和削弱，传统的国家边界正在变得越来越模糊，民族国家的认同不断弱化，等等。所有的这些问题，似乎都在说明全球化中民族国家正在走向消亡。马克思主义的国家理论并没有为这些问题提供一个现成的答案，但它却给人们提供了一个正确理解全球化背景下的国家问题的独特的、有价值的视角。利用马克思主义国家理论解读全球化中涌现出来的民族国家问题，并对民族国家的历史命运进行探索，可以发现：在全球化背景下，民族国家依然是国际社会中最重要的行为体。当然，民族国家在未来必然会消亡，但这需要经历一个相当漫长的历史过程。总之，马克思主义的国家理论因其科学性受到人们的青睐。在把握马克思主义国家理论精髓的基础上，立足于时代，立足于现实，对马克思主义国家理论不断进行创新与发展，马克思主义国家理论必能应对世界经济、政治生活变化所带来的各种挑战，始终保持旺盛的生命力。

第十一章 马克思主义制度变迁与经济转型理论新探

第一节 制度的本质

一、制度的本质：新制度经济学的观点

对制度（institution）下一个准确的定义是一件极为困难的事情。因为制度实在是一个内涵非常丰富的概念。很多学者在给制度下定义的时候都表现出异常的谨慎。阿罗（Arrow，1970）指出，由于这一领域（新制度经济学）的研究仍然处于萌芽阶段，应该避免不合时宜的精确性。斯科特（Schotter，1981）在给制度下定义的时候则强调要定义社会制度并不是一件容易的事，因为它们纷繁复杂，需要一个足够一般的定义来包括它们，还要避免毫无意义。青木昌彦（2001）也讲："对制度的概括体现了理论家的偏好，而与正确与否无关。"[①]

那么，到底应该如何理解制度的本质呢？诺思认为"制度是一个社会的游戏规则，更规范地说，它们是为决定人们的相互关系而人为设定的一些制约。制度构造了人们在政治、社会或经济方面发生交换的激励结构"。[②] 诺思界定制度概念的前提是，他区分了制度与经济组织。在他看来，经济组织与制度就如同运动队与比赛规则。二者虽然都给人们提供了发生相互关系的结构，但是各自存在的意义和作用却有着差异。正如诺思所讲："规则的目的是用来确定所进行运动的方式。但是，在这些规则下，运动队的目的是通过技能、战略和合作

---

① ［日］青木昌彦：《比较制度分析》，周黎安译，上海远东出版社 2001 年版，第 16 页。
② ［美］道格拉斯·诺思：《制度、制度变迁与经济绩效》，杭行译，上海三联书店 1994 年版，第 1 页。

来赢得比赛的胜利。"① 当然，组织与制度也是相互联系的，组织的设立总是基于一定的目标，这个目标通常是特定社会制度规范下可能导致的机会集合中的某一个或某几个。如果组织的目标不存在于机会集合中，那么制度变迁就有可能发生。此外，诺思还指出制度在一个社会中的作用是通过建立一个人们相互作用的稳定的结构来减少不确定性。

与诺思类似，奥斯特洛姆（Ostrom，1990）也认为制度可以被定义为一组运行规则，"它们（制度）是用来决定在一些情况下，谁有资格做出决策，什么行为是被允许的，什么行为是被限制的，什么样的一系列规则可以被采用，应该按照什么程序进行，什么信息必须被提供，什么信息不需被提供，应该如何根据人们所获得的成绩去进行相应的激励"。② 阿西墨格鲁（Acemoglu，2004）认为制度就是"社会的游戏规则"。舒尔茨认为制度是"一种行为规则，这些规则涉及社会、政治及经济行为"。③ 而拉坦的解释是"一种制度通常被定义为一套行为规则，它们被用于支配特定的行为模式与相互关系"。④

柯武刚和史漫飞两位德国学者指出，制度是由人制定的，为一个共同体所共有的，影响人类相互交往的规则。它的作用在于可以抑制可能出现的机会主义行为，使得人们的行为更具有可预见性，进而促进劳动分工和财富创造。制度之所以可以起到这样的作用在于制度自身必须依靠某种惩罚而保证得以贯彻。否则，制度就会失效。柯武刚和史漫飞认为制度的关键功能是增进秩序。那么，什么是"秩序"呢？他们认为秩序是一套关于行为和事件的模式，并且具有系统性、非随机性，因此是可理解的。一个社会如果具备了相关的制度，那么秩序就会居于主导地位，它们将引导着人们的行为，使之是非随意的，并且基本可以预见。需要注意的一点是柯武刚和史漫飞虽然认为制度是"由人制定的"，但是这却并不意味着他们就持有建构理性主义的制度观，相反却深受奥地利学派的影响，主张制度的竞争与演化。区分建构理性主义与演进理性主义制度观的关键并不在于是否主张"制度是由人制定的"，而在于必须区分这里的"人"是指一个人，还是所有人。

在2007年，赫维茨等三人由于在机制设计理论方面的卓越成就获得了诺贝尔经济学奖。所谓的机制设计理论，主要就是研究在自由选择、资源交换、信息不完全及决策分散化的条件下，能否设计一套机制或制度来达到既定的社会

---

① 诺思：《制度、制度变迁与经济绩效》，杭行译，上海三联书店1994年版，第5页。

② Ostrom, E., Governing the Commons: *The Evolution of Institutions for Collective Action*, Cambridge: Cambridge University Press, 1990, p. 51.

③ ［美］科斯：《财产权利与制度变迁》，胡庄君、陈剑波译，上海三联书店1991年版，第253页。

④ 同上书，第329页。

目标，并且比较和判断一种机制或制度的优劣性（田国强，2003）。具体讲，评价机制或制度优劣的标准主要有三个，即资源的有效利用、信息的有效利用和激励相容。从上述研究思路中，我们可以判断出机制设计理论实际上也将制度视为一系列的规则。只不过，这些规则在实现特定社会目标的作用方面可能有好有坏。

简单地概括以上学者的观点，即普遍认为制度就是一组规则，因此我们将其称为制度的"博弈规则论"。如果用博弈论进行类比，那么"规则论"主张，制度就是游戏规则，它影响着人们的策略与行为。与此相对，随着博弈论工具的广泛使用，越来越多的学者开始主张用博弈的均衡定义为制度。这种倾向被称为制度的"博弈均衡论"。

格莱夫（Greif，1997）将制度定义为自我对行为实施的非技术性约束。他还进一步指出：由于博弈论能使我们把制度作为一种均衡，它才为考察自我实施的制度提供了一种天然的理论分析工具。在博弈论的框架中，预期和组织是制度的两种相互联系的组成部分。一个参与人对于另一个参与人行为的预期，对于该参与人的行为而言，构成一种非技术性的约束。而组织则通过引入一个新的参与人（如仲裁机构和市场组织等）的方式，改变参与人可利用的信息结构，或者影响与特定行动相关的收益，进而非技术性的约束其行为。鲍尔斯（Bowles，2004）对制度的定义是：正式的法律、非正式的规则以及习俗。同时，他认为由于制度是持久的，而非短暂的，所以将制度解释为博弈潜在的均衡就更容易理解。杨（Young）在其著作《个人策略与社会结构——制度的演化理论》中虽然没有对制度下一个明确的定义，但是通过他对于随机稳定均衡的分析，不难看出他也将制度理解为博弈的均衡。

青木昌彦基于共有信念和均衡的概要表征（信息浓缩）对制度进行了定义，即制度是关于博弈如何进行的共有信念的一个自我维系系统。制度的本质是对均衡博弈路径显著和固定特征的一种浓缩性表征，该表征被相关域几乎所有参与人所感知，认为是与他们策略决策相关的。这样，制度就以一种自我实施的方式制约着参与人的策略互动，并反过来又被他们在连续的变化环境下的实际决策不断再生产出来。[①]显然，青木昌彦将制度上升到了认知层面，但仍然坚持制度是博弈的均衡。

综上所述，我们可以发现新制度经济学派对于制度的解释及其本质的探讨沿袭了新古典经济学的一贯传统，即从原子式的个人出发，试图利用由人性所引导经济行为之间的碰撞和讨价还价去解释整个社会秩序的形成。这里的"人

---

① ［日］青木昌彦：《比较制度分析》，周黎安译，上海远东出版社2001年版，第28页。

性"无非就是指追求个人收益的最大化。当然与新古典经济学有所差异的地方在于新制度经济学又附加了有限理性和机会主义行为动机。于是"经济人"变成了"契约人"。当这些个体的契约人需要同市场交换而聚拢形成社会的时候，原本充斥着不确定性、交易成本和机会主义行为的"自然状态"或"霍布斯状态"就需要各种各样的制度作为"社会契约"来减少不确定性，降低交易成本，规避机会主义行为。因此，在潜在利益的驱动下，制度会缓慢形成并不断变迁，社会也将从无序走向有序。所谓关于制度的"博弈均衡论"与"博弈规则论"的差异仅在于从制度自我实施及有效性的层面施加了一个激励相容约束，且均为超脱制度的个人主义视角。

二、制度的本质：马克思主义经济学的观点

与新制度经济学派的观点不同，马克思反对从鲁滨逊那样原子式个人的视角去认识制度，而试图从历史的长河中去探寻和解释制度的起源。他认为人类之所以要结成社会是因为当时的生产力水平十分低下，个人无法在自然界中独立地生存下去。为了获取食物、对抗自然、延续种族，人们不得不以血缘关系作为基础，以氏族和部落的形式结成共同体。集体劳动与公有分配是特定生产力条件下维持生存的需要，因此社会绝非不同独立的利益主体在自由交换博弈下形成的产物。伴随着知识的累积和技术的进步，生产力水平提高之后，生产剩余出现，才为自由交换的出现奠定了基础。此时，物质的丰富使得人们可以摆脱以氏族和部落等形式的共同体而独立生存，私有财产与市场交易取代了集体劳动与公有分配。但是，需要我们注意的是这仅仅是社会形式的变化，而非社会的起源。换言之，社会是先于自由交易而存在的，自由交易只是历史的结果而并非历史的起点。

利益的分化不仅带来了生产资料的私人所有制，而且导致了在社会分工体系中人们地位的变化。随着"量"的利益分化累积为"质"的利益冲突，阶级的出现就成为了历史的必然。当某些居于支配地位的阶级或者利益集团在尖锐的冲突中具有了维持并巩固既得利益格局需要的时候，国家、政府、军队、法律、意识形态才会接踵而出。因此，马克思认为被斯密和李嘉图作为逻辑起点的渔夫和猎人不过是"缺乏想象力的虚构"和"美学上的假象"，所谓自然状态和社会契约也是与真实历史不符的杜撰，而在生产过程中超越了个人独立性表现出来的整体性应该作为我们认识社会制度的视角。

更为重要的是，即使是在存在着市场交换的市民社会中，制度也绝非自由选择的结果。例如，在资本主义经济中，必须依靠出卖劳动力换取工资的工人，只有选择受资本家雇佣的自由，而没有选择是否被资本家雇佣的自由。所以，

单纯从个人角度出发的制度博弈是缺乏历史依据的，而其中的原因就在于忽视了从社会整体的角度对于生产力发展水平与阶级关系的考察。因此，马克思指出："人是最名副其实的政治动物……而且是只有在社会中才能独立的动物。孤立的个人在社会之外进行生产……就像许多个人不在一起生活和彼此交谈而竟有语言发展一样，是不可思议的。……18 世纪的人们有这种荒诞无稽的看法是可以理解的，如果不是巴师夏、凯里和蒲鲁东等人又把这种看法郑重其事地引进最新的经济学中来，这一点本来就可以完全不提。蒲鲁东等人自然乐于用编造神话的办法，来对一种他不知道历史来源的经济关系的起源作历史哲学的说明。"①

那么，马克思是如何解释制度的呢？在他宏大的理论体系中，无论是反映社会意志的法律法规等正式制度，还是属于文化伦理范畴的非正式制度，均不能完整地表现为制度的全部。只有从人类与自然界的矛盾入手，从物质生产出发，系统分析生产力发展水平及相应社会生产关系之后，将经济基础与上层建筑两个密不可分的层次综合纳入到制度范畴之内，才能达到令人满意的答案。其中，经济基础决定上层建筑，上层建筑反作用于经济基础，二者彼此联系，互相影响。换言之，在马克思的理论视阈中，制度包括两个层面的问题。首先是与生产力发展水平相适应的，涉及生产、分配、交换、消费等领域的，形形色色的经济制度。其次是在政治、法律、意识形态、文化道德等上层建筑领域对社会基本经济制度做出各种解释、说明以及补充的其他正式制度或者非正式制度。需要注意的是，由于特定时期的生产力发展水平是不能被人们自由选择的，所以建立在特定生产力发展水平之上的生产关系以及上层建筑领域的诸多制度自然也就都是不以人的意志为转移的。这显然与新制度经济学派的观点存在着重大的差异。新制度经济学派认为在个人偏好一定的情况下，每个人都会基于自利的考虑，进行成本收益计算，伴随着整个社会博弈过程的展开与推进，个人的策略选择会最终决定并形成制度。而马克思则认为客观的生产力发展状况就已经决定了生产资料的占有形式以及个人的经济权利，或者说生产力水平确定了社会选择生产关系和上层建筑的策略空间。在历史的进程中，虽然社会的发展是由无数个个体作用汇集而成，但是其结果却并不完全表现为个人意志，而新旧制度的更替则是受到了技术进步推动的生产力发展的影响。

马克思这种制度整体主义的研究方法也受到了新制度经济学派的质疑。其中，最大的挑战就来自于集体行动的"搭便车"问题。奥尔森（Olson, 1995）在《集体行动的逻辑》一书中指出具有共同利益的个人所组成的集团并不总是

---

① 《马克思恩格斯选集》第 2 卷，人民出版社 1995 年版，第 2 页。

试图增进那些共同利益，除非对每个集团成员进行有效的激励，或者强迫他们执行，否则集团成员从个人利益最大化的角度出发，他们将不会采取行动实现整个集团的共同目标。迪克西特（Dixit，1996）指出在政治领域中委托人对于代理人的治理是一种公共物品，具有正的外部性，因此会引发多委托人之间的"搭便车"倾向，最终导致代理人的机会主义行为无法被遏制。迪克西特和奥尔森（2000）又利用一个公共物品供给博弈模型证明了随着参与人数量的增多，公共物品被供给的概率逐渐下降。马克思又恰恰认为制度的变迁由于既得利益阶级的反对与阻挠，往往无法通过和平谈判、缔结契约的方式来实现，更多的情况下必须通过包含流血牺牲在内的武装革命的暴力方式解决。一旦革命成功，代表先进生产力的阶级在掌握政治、经济和军事权力之后，所建立、健全和巩固的新制度将作为一种公共物品非排他性的有利于这一阶级的全体成员，而革命过程之中的流血牺牲却只构成革命参与者的个人成本。因此，按照奥尔森的"搭便车"理论，一切革命都将难于发生。这也正是新制度经济学派批评马克思整体制度方法论缺乏个人行为分析基础的原因所在。

对于新制度经济学派的质疑，一些马克思主义学者做出了回应。例如，分析马克思学派的埃尔斯特（Elster，1986）就曾用一个保证博弈来说明类似于革命这种集体行动的机制。[①] 其博弈的支付矩阵如表 11 - 1 所示。

表 11 - 1　保证博弈

参与人 i		参与人 j	
		革命	不革命
参与人 i	革命	4, 4	1, 3
	不革命	3, 1	2, 2

对于同一个阶级内的参与人 i 和 j 而言，上述博弈显然具有协调博弈的性质，即参与人的最优选择是与其对手保持行动的一致性。因此，埃尔斯特认为集体行动发生需要参与人之间相互做出保证性承诺，即一起革命，而这种相互之间的保证性承诺则是以自觉形成的阶级意识作为基础的。按照演化博弈的观点，即使不存在埃尔斯特所讲的保证性承诺，由于共同革命的收益高于都不革命情况的支付，所以从长期来看，博弈也会自动地收敛到具有效率优势的革命均衡上。

此外，林岗和刘元春（2001）借助卢卡奇提出的"阶级意识"也做出了回

---

① Elster, J., *Further Thoughts on Marxism, Functionalism and Came Theory*, in Roemer, J., Aanlytical Marxism, Cambridge University Press, 1986.

应。他们认为虽然人们的行为受到个人理性的支配，但是这种理性却是在特定历史结构中形成的"社会的个人理性"。在一定社会经济结构中处于相同地位、从属于同一社会集团或阶级的个人，会具有相似的利益取向和价值标准，进而形成一种集体意识和阶级意识。这种集体意识和阶级意识其本质是一些人对其自身阶级历史地位的感觉，而绝非单个成员的个别意识。因此，"属于代表先进生产力的社会集团和阶级的多数个人，在社会实践中最终会认识到，只有改变自己所从属的那个社会集团或阶级在既存社会生产关系中的地位，才能从根本上改变由旧制度注定的个人的不幸命运；这时，集团或阶级的整体行动就会不可阻挡地发生，而且这种集体行动往往带有英雄主义史诗的风采，尽管也难免有一些畏首畏尾的胆小鬼躲在一旁等着分一杯胜利之羹。……而这样一种集体意识或阶级意识的觉醒，正是在社会变革的转折关头，'搭便车'之类的机会主义行为假设失效，个人的理性选择导致集体行动的中介。"[①]

三、总结与比较

通过以上的分析，我们可以发现新制度经济学和马克思主义经济学对于制度本质的理解在两个方面存在着重大的差异。首先，二者研究的出发点不同。新制度经济学继承了新古典经济学的研究传统，从个人的成本收益去理解制度的存在与变迁，而马克思主义经济学则坚持历史唯物主义，以生产力为基础，去探寻社会整个制度体系的形成及演变规律。其次，二者对于制度本质的理解不同。新制度经济学认为制度本质是一种节约交易成本，避免机会主义行为的行为规则，并且这种行为规则之所以存在并得以维持本身就反映为一种均衡状态，即所谓的自我实施。马克思主义经济学则认为制度是在既定生产力水平下，所形成的一套生产关系总和，而所有的经济制度和政治、法律、文化道德制度都并非自由选择的结果，反而蕴涵着冲突的内核。也正是因为上述两点，使得新制度经济学在研究某一项具体的规则、契约、法律或者习俗的时候，更容易显示出其理论解释力。一旦将研究视角转向社会整体制度的时候，就会显得力不从心，而这恰恰是马克思主义经济学的优势所在。因此，马克思主义经济学也应该在坚持历史唯物主义和整体分析方法的基础上，吸收借鉴新制度经济学的研究成果，进一步提升理论的解释力，扩展理论的适用范畴。甚至可以像分析马克思学派那样适当借鉴个人主义分析方法，来充实自身的研究。

---

① 林岗、刘元春：《诺思与马克思：关于制度的起源和本质的两种解释的比较》，林岗、张宇：《马克思主义与制度分析》，经济科学出版社 2001 年版，第 263、264 页。

第二节 制度变迁的机制

一、制度变迁的机制：新制度经济学的观点

早期的制度变迁理论继承了新古典经济理论的传统，采用供求分析模式来开展研究。此时的制度就像一般的商品一样，既可以满足人们的需要，也能够被人们供给。

制度创新或者制度移植就是新制度对旧制度的替代。如果这种替代能够将潜在的利益实现，那么就会产生变革制度的需求。诺思（1994）认为现存制度安排下无法获得的潜在利益主要来源于四个方面。首先是交易成本。所谓的交易成本就是市场价格机制的成本。在科斯看来，交易成本至少包括三类：第一类是发现相对价格的成本。价格是所有人调整自己资源配置的信号，但是价格信息却不是免费获得的，人们必须去努力获知。第二类是谈判和签约的成本。为了达成协议有时需要讨价还价，一旦签约便有可能发生纠纷与冲突，而解决纠纷与冲突都需要付出成本。第三类是其他成本，主要体现为长期合同与短期合同在交易成本节约方面的差异。威廉姆森（Williamson，1985）基于人的有限理性和机会主义行为倾向，将交易成本进一步区分为事前的交易成本和事后的交易成本两类。其中，事前的交易成本主要是指在达成契约前为界定清楚交易各方权利、责任、义务等内容所需要付出的成本。而事后的交易成本主要是指调整契约、解决纠纷、维持契约关系以及退出契约所需要付出的成本。其次是外部性。萨缪尔森和诺德豪斯指出当生产或消费对其他人产生附带成本或收益时，外部经济效果便发生了。换言之，即成本或效益被加于其他人身上，然而施加这种影响的人却没有为此而付出代价。通常，人们更关注负外部性，即某个生产者或者消费者的行为给他人带来了损害，但却不必为这种行为进行赔偿，承担责任。再次是规模经济，即规模收益递增的情况。钱德勒（1999）的定义，规模经济就是指当生产或经销单一产品的单一经营单位所增加的规模减少了生产或经销的单位成本时而导致的经济。最后是风险。风险与不确定性是密不可分的。不确定性是风险的必要条件而非充分条件。风险有可能是由自然状态决定的，也有可能是因为信息不对称所引发的。只要个体认为未来将会以不同的概率出现不同的结果，那么就意味着他面临风险。通过以上的分析，我们可以发现社会偏好的改变、产品或要素相对价格的变动、技术进步、市场范围的扩

张都可能引发制度需求的产生。当然，在不同层次的制度之间或者同一层次的不同制度之间，其他制度安排的变化，同样是导致制度需求的影响因素。

新制度被设计推广的过程就是制度供给。诺思认为制度供给的主体是初级行动团体和次级行动团体。初级行动团体是一个决策单位，它们的决策支配了安排创新的进程，这一单位可能是单个人或由个人组成的团体，正是行动团体认识到存在一些收入，只要它们能改变安排的结构，这些收入就能增加。次级行动团体，也是一个决策单位，是用于帮助初级行动团体获取收入所进行的一些制度安排变迁。次级行动团体做出一些能获得收入的策略性决定，但是它不能使所有的追加收入自然增长。影响制度供给的因素主要包括以下几个方面。首先是司法程序与既定的制度安排。任何新制度的出现都必须经过一定的程序，并且不能与其他既定的制度安排相冲突。一定司法程序是特定社会权力的分配规则，而既定制度安排则反映了某些特定团体的利益所在。其次是制度设计的成本与新制度实施后的预期收益。针对上述问题，诺思认为愿意承担制度变革成本的人数决定了制度创新的可能性，技术进步与信息化的发展有利于降低交易成本，而政治和社会的稳定则能够降低社会制度变迁的成本。最后是社会知识的积累和发展。人们的知识水平和受教育程度决定了在备选革新制度集合的范围。因此，社会科学的发展与知识积累可以帮助人们设计出更好的制度安排。

制度均衡是人们对特定的制度安排或制度结构的一种满足或满意状态。制度均衡的实现主要取决于变革制度的成本收益核算。当变革制度带来的收益大于所付出的成本时，制度变迁才会发生。如果可供选择的制度具有多样性的特点，那么人们总会选择实现最大净收益的制度。当一项制度的净收益大于零，且在各种可供选择的制度中净收益最大时，人们就不会有动机去改变现存制度，进而形成了制度均衡，否则就出现了制度非均衡。制度非均衡可以持续相当长的时间而不发生制度创新，即出现制度创新的时滞。这既可能因为缺乏有效的制度需求，也可能因为制度供给不足。只有形成了有效的制度需求和供给，制度创新才会出现，从而实现制度非均衡向制度均衡的过渡。需要注意的是制度变迁还具有路径依赖的特点，即制度变迁存在着报酬递增和自我强化的机制。诺思（1994）认为历史表明人们过去做出的选择决定了其现在可能的选择。这种路径依赖的特性意味着，制度变迁一旦走上了某一条路径，它的既定方向会在以后的发展中得到自我强化。因此，有可能进入良性循环，也有可能被"锁定"。

诺思在《经济史中的结构与变迁》中指出制度变迁理论有三个基础：第一，描述一个体制中激励个人和集团的产权理论。第二，界定实施产权的国家理论。第三，影响人们对客观存在变化的不同反应的意识形态理论。政治和经济组织的结构决定着一个经济的实绩及知识和技术存量的增长速度。人类发展中的合作与竞争形式以及组织人类活动的规则的执行体制是经济史的核心。因此，有效率的经济组织是经济增长的关键，而有效率的经济组织的产生需要具有排他性的产权，以形成有效的激励来克服"搭便车"等机会主义行为。机会主义行为是导致产权效率低下的根本原因。对产权进行明确界定和保护，可以减少未来的不确定因素，减少产生机会主义行为的可能性，为创新活动提供激励，进而促进经济增长。由此，可以得出以下结论：产权的发展旨在当内在化的收益大于其成本时使外部效应内在化。产权的运行需要保护，而界定和保护产权的主体正是国家。因此，若要了解一个社会产权结构的变革与经济增长的动力，首先要弄清国家的功能。这可以解释为什么国家的存在是经济增长的关键，然而国家又是人为经济衰退的根源。作为产权理论的延伸，诺思综合了国家理论中的契约论和掠夺论（或剥削论），提出自己的国家"暴力潜能"分配论。国家一方面在行使暴力上具有比较优势，同时与公众之间又存在着契约关系——规定了国家提供公共服务与获取税收的交易条件。国家供给制度的两个目的就是确定形成产权结构的竞争与合作的基本规则，以此降低交易费用，进而实现社会产出和国家税收的最大化。所谓意识形态，可以理解为人们的世界观、人生观和价值观。意识形态对人们行为的影响是强有力的，成功的意识形态能有效地克服"搭便车"问题。当人们不是单纯地按照对私人成本和收益的计算来做出决策时，集体的一致行动就成为可能。社会强有力的道德和伦理法则是使经济体制可行的社会稳定的要素。通过对制度变迁理论框架的了解，我们可以将制度划分为不同层次。一方面经济制度与政治制度相互影响，另一方面正式制度与非正式制度共同作用。

诺思通过对经济史的分析论证了制度对于经济增长的重要作用。对于技术与制度之间的关系，诺思主张制度创新决定着技术创新，而非技术创新决定制度创新。对于上述观点，诺思运用了大量历史资料来加以证明，诸如产权制度、专利制度，甚至是政治制度都会对技术创新产生重大影响。由于本章还将重点讨论制度对于技术创新的作用，所以此处将不再赘述。需要注意的是，诺思虽然认为制度创新决定着技术创新，但是在制度变迁的分析过程中，也提出技术创新可以改变潜在收益，推动制度创新。除了诺思之外，还有很多学者从理论和实证的角度，证实了"制度决定论"。特别是阿西墨格鲁、约翰逊和罗宾逊（2002）利用现代计量分析方法和多国家、大跨度的数据进行的深入研究，进一步印证了制度因素对于经济增长、国家贫富与产业革命的决定性作用。

进入 21 世纪之后，制度变迁理论出现了新的进展。格莱夫和赖汀（Greif 和 Laitin，2004）首先提出了"内生制度变迁理论"，随后格莱夫（2006）进一步对该理论进行了深入的论述。所谓的内生制度变迁指的就是依赖于拟参数变动所发生的制度变迁。显然，拟参数是内生制度变迁理论的核心概念。那么，到底什么是拟参数呢？这还要从博弈论的框架谈起。博弈均衡是在一个比较宽泛的参数范围中自我实施的，而并不仅仅局限于某一个均衡点。这正是无名氏定理（或称大众定理，Folk Theorem）所反映的内涵。考虑一个对称博弈，参见表 11 – 2。假定 a>b，c>d，那么 x 相对于 y 而言，就是占优策略，博弈的均衡即为（x，x）。我们可以发现只要 b 在小于 a 的范围内，它随意变动都不会影响参与人的策略选择。同样，只要 a 保证大于 b，那么 a 随意变动也不会影响博弈的均衡。因此，特定均衡下的 a 和 b 各自拥有一个取值范围，而不需要固定于某个数值。换言之，博弈的支付只要反映序数效用即可保证找到博弈的均衡，哪怕是混合策略也可以用一个关于支付的概率来表示。

表 11 – 2　对称博弈支付

	x	y
x	a	c
y	b	d

也正是基于博弈论这样的特征，在某些情况下，博弈的均衡可以在支付变化的情况下依然保持。具体讲，只要将影响支付变化的因素限定在一个相对的范围之内，甚至不同因素变动的速度满足一定的条件，可能都不会改变参与人的策略选择。博弈论的这个特征具有很强的哲学意味，它深刻地揭示从量变到质变是如何发生的。一旦 a 的变动，或者 b 的变动，突破了 a>b 的范围，那么一个包含占优策略的博弈就会转化为一个协调博弈。

于是，格莱夫和赖汀（2004）定义了这样一类参数，它们具有两种性质：一方面，它们的边际变化并不必然导致博弈均衡的变化；另一方面，它们的变化又预示着博弈均衡将来可能发生的变化。由于这类参数是通过影响支付间接对参与人的选择产生影响，所以它们不是变量，而且这类参数的变化又是内生的，所以它们也不是参数。因此，这类参数只能作为拟参数来处理。它们的变化是在参与人无意识下进行的，短期内不影响博弈均衡的自我实施性，所以可以作为外生的参数来看待，而在长期中，它们又随时间的推移和博弈的进行逐渐变化，构成引起博弈均衡改变的内生变量。

格莱夫和赖汀（2004）认为有三个因素会推动拟参数发生变动，并且这种变动非常柔和，在初期的量变过程中，参与人还会继续服从过去的行为方式。这三种因素分别是知识（信息）、注意力和协调。首先是知识和信息。参与人的决策必定是基于封闭模型中的共同先验。这其中包括每个参与人的偏好、策略空间甚至是行动信息。由此可见，决策的基础就是知识与信息。但是，现实却未必能够满足如此苛刻的条件。一方面人拥有有限理性，另一方面信息也极度不对称，因此对手的转变可能并不能马上反映为参与人先验概率的调整，结果他将维持以往的策略与行为。可是，参与人也不会总按错误的信念行事，他可以通过实际的博弈不断学习，调整对对手的估计，进而优化自己的策略选择。其次是注意力。注意力是一种稀缺的认知资源（汪丁丁，2000），如果参与人将更多的精力用于关注其他方面，而只使用有限的精力来分析决策，那么他可能就会维持既有的行为模式。直到这种模式确实使他切身感受到了效用上的不满足，他才会花更多的精力进行策略调整。注意力也在一定程度上反映了心智成本，人们总会运用特定的心智去认知世界，并且只有当认知收益等于心智成本的时候，才最优化了心智资源。最后是协调。给定多个具有自我实施性的博弈均衡，参与人的行为模式就面临着协调问题。即使存在着导致更高收益水平的行为模式，由于协调问题无法有效解决，人们也依然会维持原有的行为模式。

二、制度变迁的机制：马克思主义经济学的观点

马克思认为生产力的发展是社会制度变迁的根本动力。在马克思看来所谓的人类创造历史的过程必须同时也是人类生存的过程，包括吃穿等维持生存的基本生活必需品就必须被生产出来。于是，各种各样的历史活动中也就必须包括着最为重要的生产活动。马克思指出："人们为了能够'创造历史'，必须能够生活。但是为了生活，首先就需要吃喝住穿以及其他一些东西。因此第一个历史活动就是生产满足这些需要的资料，即物质生活本身，而且是这样的历史活动，一切历史的基本条件……因此任何历史观的第一件事情就是必须注意上述基本事实的全部意义和全部范围，并给予应有的重视。"[①] 恩格斯则进一步指出："历史破天荒第一次被置于它的真正基础上；一个很明显的而以前完全被人忽略的事实，即人们首先必须吃、喝、住、穿，就是说首先必须劳动，然后才能争取统治，从事政治、宗教和哲学等等——这一很明显的事实在历史上的应有之义此时终于获得了承认。"[②] 因此，马克思认为"生产物质生活本身"既构成"一切人类生存的第一个前提"，同时也是"一切历史的第一个前提"。马克思曾对历史唯物史观做出过如下经典表述，"人们在自己生活的社会生产中发生一定的、必然的、不以他们的意志为转移的关系，即同他们的物质生产力的一定发展阶段相适合的生产关系。这些生产关系的总和构成社会的经济结构，既有法律的和政治的上层建筑竖立其上并有一定的社会意识形式与之相适应的现

[①]《马克思恩格斯选集》第1卷，人民出版社1995年版，第79页。
[②]《马克思恩格斯选集》第3卷，人民出版社1995年版，第335、336页。

实基础。物质生活的生产方式制约着整个社会生活、政治生活和精神生活的过程。不是人们的意识决定人们的存在，相反，是人们的社会存在决定人们的意识。社会的物质生产力发展到一定阶段，便同它们一直在其中活动的现存生产关系或财产关系（这只是生产关系的法律用语）发生矛盾。于是这些关系便由生产力的发展形式变成生产力的桎梏。那时社会革命的时代就要到来了。随着经济基础的变更，全部庞大的上层建筑也或慢或快地发生变革"。① 由此可见，生产力的发展水平是决定一切经济制度和政治文化制度的基础。因此，普列汉诺夫（1961）把马克思的社会发展理论称为"一元论历史观"。②

　　一元论历史观虽然强调生产力对生产关系的决定性作用，但是绝不能将生产力和生产关系机械地理解为单向的决定与被决定关系。在马克思的研究体系中，利用唯物辩证法深入地探讨了一对矛盾的关系，即生产力与生产关系。在生产力的范畴中包括生产工具的改进、劳动对象的选择、劳动者能力和素质的提升等。由于技术创新的成果与价值总是从生产力的发展中得以体现，所以不难判断技术创新应该属于生产力的范畴。所谓的生产关系是指包括生产、交换、消费和分配领域的客观存在的社会关系，它在一定时期内相对稳定，并且不以人们的意志为转移。显然，这些社会关系的具体形式就表现为各种法律、法规、制度、规范和契约。因此，制度属于生产关系的范畴，制度创新将导致生产关系的变革。马克思认为社会生产中的这对矛盾——生产力和生产关系具有辩证的关系，生产力决定生产关系，生产关系反作用于生产力。生产力作为社会中的最活跃的因素总是在不断发展变化，当这种内在的变化不再适应现存的生产关系的时候，必然就会引发生产关系的变革。但是，生产关系对生产力也具有巨大的反作用。

　　当然，生产关系对生产力的反作用可能表现为两种形式。正如马克思所讲："资产阶级在它不到一百年的阶级统治中所创造的生产力，比过去一切世纪创造的全部生产力还要多，还要大。自然力的征服，机器的采用，化学在工业和农业中的应用，轮船的行驶，铁路的通行，电报的使用，整个大陆的开垦，河川的通航，仿佛用法术从地下呼唤出来的大量人口——过去哪一个世纪料想到在社会劳动里蕴藏有这样的生产力呢？"③ 由于资本主义制度建立之初适应了生产力发展水平的需要，所以生产关系对生产力的反作用表现为促进与推动。后来，在一个成熟的资本主义社会，资本主义尖锐的阶级关系导致了 1929～1933 年的大萧条，使得生产倒退了十年。正如杜格和谢尔曼（2007）所讲："整

---

① 《马克思恩格斯选集》第 2 卷，人民出版社 1995 年版，第 32、33 页。
② ［俄］普列汉诺夫：《论一元论历史观之发展》，博古译，生活·读书·新知三联书店 1961 年版。
③ 《马克思恩格斯选集》第 1 卷，人民出版社 1995 年版，第 277 页。

个资本主义世界刚刚经历了 25 年（指从 1973 年到 1998 年——引者注）的经济停滞——尽管某些技术领域取得了长足的进步。1950～1973 年间 12 个西欧国家的国内生产总值每年增长 3.8%，但 1973～1992 年降为 1.8%。类似的，1950～1973 年间，美国、加拿大、澳大利亚和新西兰的 GDP 每年增长 2.4%，但 1973～1992 年间降为 1.2%（OECD 官方数据，1999 年）。20 世纪 90 年代的大多数时间里，欧洲和日本经济都处于衰退之中，同时伴随着高失业率。1997～1999 年，东南亚爆发了非常严重的危机，导致了生产下降，失业增加。20 世纪 90 年代前期，美国经历了长期衰退，包括多年的生产下降以及接踵而来的缓慢复苏与高失业率，这一情况在加利福尼亚州尤为突出。90 年代后期，美国经济繁荣起来，情况有所好转。但在美国，尽管 25 年中生产缓慢增长，但工人阶级却没有得到什么好处，因为 1998 年的实际工资水平并不比 1973 年高。正因为实际工资在某些时段出现下降，并非一直在上升，所以在生产上升时（虽然缓慢）雇主仍可赚钱。实际上，在这个奇怪的停滞时期，占工资收入人口 1% 的顶级高收入者的财富和收入仍有可观的增长。然而，对整个经济和大多数人而言，在这 1/4 个世纪里，美国经济和多数资本主义世界一样处于停滞状态——因为资本主义的经济制度和阶级关系已经阻碍了生产力的发展。"[1] 此时，生产关系对生产力的反作用表现为阻碍和限制。

综上所述，体现了技术进步程度的生产力发展水平与生产关系之间具有辩证关系，技术创新决定制度变革的方向，制度结构对于技术创新也会产生重要的影响。

根据马克思的理论，技术进步的速度由以下两个因素所决定：第一是人类社会在探索自然和生产实践中所积累起来的科学和技术知识存量；第二是既存的社会制度能够为科学和技术知识的发现和在生产实践中的应用创新所能提供的可能性空间（林岗、刘元春、张宇，2001）。这种辩证的观点显然与新制度学派对于制度与技术关系的理解存在着差异。需要注意的是，马克思的观点虽然不同于新制度经济学派，但却与老制度经济学派不谋而合。老制度学派的代表人物凡勃伦 (1964) 认为制度的本质就是一种生活习惯，即"对物质环境引起的刺激发生反应时的一种习惯方式"，所以制度必须随着环境的变化而变化。而这里所提到的物质环境在很大程度上就受到技术的影响。因为制度是在社会的生活过程中接触到它所处的物质环境时如何继续前进的习惯方式，所以在某一既有的环境下，如果发挥人类活动力的某些方式已经具体形成，则社会的生活在

---

① [美] 杜格、谢尔曼：《回到进化：马克思主义和制度主义关于社会变迁的对话》，张林、徐颖莉、毕冶译，中国人民大学出版社 2007 年版，第 148 页。

这类习惯将导致社会的有效运行，并且制度将通过习得的方式不断继承下去。但是，随着人口增加，人们支配自然力量的知识和技巧有了扩大和提高以后，那些集体中各成员之间的关系的习惯方式，以及推进整个集体的生活过程的习惯方式，就不再能产生跟以前同样的结果。由此造成的生活条件，也不再能在以前那样的情况下或在以前那样的效果下在各个成员中分配。在人口、技能和知识有了改变的情况下，按照传统方式进行的生活的便利程度，也许并不低于在以前的情况下的便利程度，但是如果能改变方式来适应改变了的情况，就会减少便利程度降低的可能。由此可见，凡勃伦从效率的角度出发，主张由技术决定的物质环境决定制度的结构，而制度变革必须要适应环境的变化。当然凡勃伦也没有忽视制度对于技术创新的作用，正如卢瑟福所讲："凡勃伦多次指出技术洞察和发明或多或少受制度成见的不利影响，但是制度并非总有这种消极作用。……事实上，价格体系的发展中所包含的思想习惯跟现代机器技术的兴起有很大关系。与此同时，商业制度导致新技术的引入，导致新技术在私人利益而非社会利益基础上的利用。"[1]

三、总结与比较

　　无论是诺思提出的制度变迁理论，还是格莱夫等人提出的内生制度变迁理论，其与马克思主义经济学的区别均在于影响制度变迁的动因之上。正如诺思所讲："马克思模型的局限性，在于没有一个理论解释技术变革率，还在于在忽视其他变革原因的情况下对技术的强调。"[2] 因此，正如普列汉诺夫所讲，马克思坚持的是生产力一元论历史观，而新制度经济学则将交易成本、规模经济、风险、外部性、信念、认知等各种内外生因素统统纳入到解释制度变迁的框架之中。这样的做法虽然似乎可以提高理论的解释力，但是在进行社会整体制度的系统分析时就常常会陷入自相矛盾与无法深入的泥潭之中。对于这一问题，诺思本人也有着清醒的认识，他也承认马克思的分析框架是"对长期制度变革的最有力的论述"。[3]

---

[1] ［英］卢瑟福：《经济学中的制度》，陈建波译，中国社会科学出版社1999年版，第115、116页。
[2] ［美］道格拉斯·诺思：《经济史中的结构与变迁》，陈郁、罗华平译，上海三联书店、上海人民出版社1994年版，第29页。
[3] 同上书，第61～63页。

第三节　制度变迁的路径依赖与锁定

一、制度变迁的路径依赖与锁定：新制度经济学的观点

"路径依赖"是从技术变迁研究中衍生出来的一个概念。其含义是指某种技术由于率先出现的优势将长期占领市场，即使随后出现了更有效率的技术，也将难以取代原先技术的市场地位。路径依赖研究给我们的启示是"历史是重要的"。戴维（David，1985）在《路径依赖：将历史导入经济学的未来》一文中指出："当经济学家试图掌握在技术特征上可能被作为非遍历的决策过程和资源配置过程时，经济史是重要的事业而不仅仅是一个愉快的追求，对于说明支配经济人生活的永恒的规律而言，挖掘长时间序列和一些离奇的案例被证明具有非常重要的社会价值。因为非遍历的倾向造成一个动态的系统或过程不能自由摇摆脱离它的过去的状态和方式。"[①] 在戴维看来，不仅历史事件是决定路径依赖的关键，而且路径依赖还与人们的心智和认知有关。他指出："我们可以说一个系统的'已知的历史'，简单地说，就是个人利用去说明一个系统过去状态的有效的编年史。作为理解实际的特殊的方式，历史是一个试图从数据中汲取信息，并在不同的个人之间逐渐传播和分享的心智构造，历史是共同知识而不是个别私人的理解，它构成了人们所共享的文化。所以，即使过去状态的编年史是完全的和不可更改的，但是'历史'（仅从其利用程度上看）可能是易变的，而且不只是易变，它也可能屈从于循环的、不连续的修订，而这些修订是由于特殊的事件的后果所沉积的。"[②]

路径依赖现象的发现是极具颠覆意义的，它打破了人们对于新古典经济学边际收益递减假设的迷信。因此，美国斯坦福大学的人口与经济学教授布莱恩·阿瑟（Arthur，1988，1990）将路径依赖现象概括为经济学中的自我增强机制，或正反馈机制。并且，因此获得了1990年度的进化经济学最佳研究熊彼特奖。阿瑟（1988）系统地概括了自我增强机制的四个特征：第一，多态均衡。系统可能存在两个截然不同的市场份额的渐进"解"。结果是不确定的、不唯一的和不可预测的。第二，可能无效率。如果一项技术先天地"好于"另一项（按某种经济福利指标衡量），但由于"坏运气"未被采用，那么，最后的结果也许

---

①② 转引自秦海：《制度、演化与路径依赖》，中国财政经济出版社2004年版，第172页。

就不是最大可能收益。第三，锁定。一旦到达某个"解"，系统难以退出。第四，路径依赖。市场份额的前期历史——部分的是微小事件和随机事件的结果——能够决定哪个解优先，市场份额的动力学是非遍历的。① 阿瑟认为，没有一种机制能够保证在正反馈经济中，从诸多可能结构中挑选出来的结果一定是"最优结构"。而且，一旦某种随机经济事件选择了某一条路径，这种选择就可能被"锁定"在该条路径上，而不会选择更为先进或合适的其他道路。如果一种产品或一个国家在竞争性市场上一直领先，并扩大这种领先程度。可预测性以及市场分享就不再能实现。

诺思（1990）最早在制度变迁研究中引入路径依赖的概念。他吸收了戴维和阿瑟的研究成果，认为在制度变迁中历史同样是重要的，并以此来解释为什么不同的国家或地区会演化出不同的制度。好的制度可以保护产权，维护契约，促使交易顺利完成，给人们提供稳定的预期，鼓励投资，促进新产品和新技术的研究与开发，推动经济增长，维持和平稳定的环境，增进人民福利。坏的制度则会造成交易无法在公平的环境中进行，人们的财产权利得不到保障，对市场的未来忧心忡忡，社会资源无法得到有效的配置，利益集团能够依靠特权进行寻租，整个经济在低效率地运行，甚至有可能爆发战争，私人暴力将成为维护自身权益的手段。为什么有的国家却可以逐步衍生出一套"好制度"，大踏步地走向繁荣，而有一些国家则深深陷入"坏制度"的泥潭之中，无法自拔。

马格努森（Magnusson）和奥特森（Ottosson，1995）主编了一部论文集《演化经济学与路径依赖》。在该论文集中，众多学者对于制度变迁中的路径依赖现象进行了具体的实证研究。既然路径依赖现象在制度变迁中客观存在，那么我们应该如何定义路径依赖呢？不同的学者给出了不同的定义。英国学者卢瑟福（Rutherford）将路径依赖定位为"历史的意义在于，后发生的事强烈依赖于当前的具体事态，而当前事态又是此前事态的结果"。② 杨（Young，1998）从演化博弈论的角度给路径依赖下了一个非常数学化的定义。假设初始状态为 z_0，$t > 0$ 表示时间，令 $\mu t(z|z_0)$ 表示系统在时间 t 上访问状态 z 的相对频率。如果 $t \rightarrow \infty$，并且系统收敛于一个概率分布 $\mu t(z|z_0)$，那么就称 $\mu t(z|z_0)$ 为 z_0 的渐进频率分布。此时，如果 z 不独立于 z_0，那么就称这个过程是路径依赖的，或者称为非遍历的。

利博维茨（Liebowitz）和马格利斯（Margolis，1995）将路径依赖区分为三个级别：第一级路径依赖，是指人们选择了某一种路径，但是这种路径却没有

① Arthur, W. B.（1988），*Self-Reinforcing Mechanisms in Economics*. The Economy as an Evolving Complex System, 10.
② 卢瑟福：《经济学中的制度》，陈建波译，中国社会科学出版社 1999 年版，第 13 页。

给人们带来更高的机会成本，该路径不一定是唯一最优的，但是至少是最优之一。第二级路径依赖，是指人们在决策时候，由于信息不完全，所以没有认识到现有路径的缺陷以及更好路径的优势，后来当他们意识到存在更好选择的时候，为时已晚，他们会后悔自己的选择，但是要想漂移到更好的均衡，却需要付出大量的成本。第三级路径依赖，是指信息不是影响参与人选择的因素，这意味着低效率的错误是可以挽回的，但是人们却依然犯了错误。与利博维茨和马格利斯的分类类似，罗伊（Roe，1996）也将路径依赖分为三类，即弱型路径依赖、半强型路径依赖和强型路径依赖。弱型路径依赖，是指人们在不存在效率差异的路径上长期维持。半强型路径依赖，是指存在着效率差异，但是改变路径却需要大量的成本，得不偿失。强型路径依赖，是指路径之间的效率差异值得改变，但是由于一些其他因素无法实现改变。显然，利博维茨和马格利斯所讲的第一级路径依赖和罗伊所讲的弱型路径依赖就对应于行车博弈的分析。

阿瑟（1988）指出导致技术变迁中路径依赖的自增强机制的来源有很多，但常见的有以下四个：第一，高昂的建立成本或固定资本，这使得降低单位成本较之增加产出占优势。第二，学习效应，当生产普遍增长时，该效应将改进生产或降低生产成本。第三，合作效应，这使与其他采取相同行动的经济代理人"和睦相处"占优势。第四，适应性预期，市场上的普遍流行使人们相信它还会进一步流行。那么制度变迁中的路径依赖现象是由什么原因造成的呢？通过对已有文献的分析，我们认为包括以下四个方面。第一，群体协调（利博维茨和马格利斯，1995；罗伊，1996）。这个因素在多重均衡的选择中体现得尤其明显。第二，政治因素，特别是利益集团之间的博弈很容易导致路径依赖的出现。第三，文化道德，文化与道德对人潜移默化的作用可能也会影响到制度的适应性。第四，认知学习（诺思，1994，2008）。诺思在1993年领取诺贝尔奖的时候，发表了一篇名为《时间历程中的经济绩效》的著名演讲。其中，专门提到由哈耶克提出的一个概念——"集体认知"。所谓的集体认知就是指已经经过漫长的时间检验，体现在人们的语言、技术、制度和行为中的一些经验。因此，路径依赖就可以理解为累积知识在时间历程中的传承。由于人们现在的认知总是受到集体认知的影响，所以认知也是一个报酬递增的过程。

二、制度变迁的路径依赖与锁定：马克思主义经济学的观点

对于制度变迁中的路径依赖以及锁定现象，马克思主义经济学至少可以从以下三个方面给出答案。

第一，自然条件禀赋的差异是造成世界各国、各民族经济社会发展不平衡的重要原因之一。人们的生产生活都离不开自然环境，自然界中所包含的气候

条件、地理条件、资源条件等无一不对人们的生产方式产生重要的影响。正所谓"靠山吃山，靠水吃水"，资源禀赋决定了物质生产的过程。而生产方式与生产力发展水平又决定了经济、政治以及文化制度的形式。一般而言，自然条件与资源禀赋对制度的影响主要体现在较为封闭的古代。这是因为除了自然环境的影响之外，科学和技术知识的积累也对生产方式的确定至关重要，而伴随着全球化进程的加快，各国各民族的交往变得越发密切与频繁，受到知识溢出效应的影响，各国经济结构与社会进步程度的差异也日益缩小。

　　第二，政治制度与意识形态的反作用也导致落后经济方式长期存在。虽然经济基础决定上层建筑，但是上层建筑也会反作用于经济基础。恩格斯对于国家权力对经济发展的反作用做出过如下概括："反作用可以有三种：它可以沿着同一方向起作用，在这种情况下就会发展得比较快；它可以沿着相反方向起作用，在这种情况下，像现在每个大民族的情况那样，它经过一定的时期都要崩溃；或者是它可以组织经济发展沿着既定的方向走，而给它规定另外的方向——这种情况归根到底还是归结为前两种情况中的一种。但是很明显，在第二和第三种情况下，政治权力会给经济发展带来巨大的损害，并造成人力和物力的大量浪费。"[①] 这说明当生产关系制约生产力发展的时候，统治阶级为了维护自身利益，绝不会自动退出历史舞台，反而会利用政治工具阻碍社会制度的变革。并且，原有生产关系发展得越完善，其表现出来的韧性也就越强。

　　此外，意识形态的影响也不应忽视。在马克思的学术思想中，意识形态是一个占有重要地位并且被频繁使用的概念，可是由于马克思在不同场合所使用的意识形态概念具有不同的内涵，因此引发了学界广泛争论。汤普森（1990）将马克思的意识形态概念区分为三种类型，即论战概念、副现象概念和潜在概念。论战概念是马克思在批判青年黑格尔派时所使用的意识形态概念。马克思和恩格斯将青年黑格尔派的观点称为"德意志意识形态"。马克思认为德意志意识形态没有建立在社会历史的基础上，因此他们只能以观念反对观念，以言词抗争言词，对实践并没有什么指导意义。因此，汤普森将"论战概念"概括为"意识形态是一种理论学说和活动，它错误地认为观念是自主的和有效的，它不了解社会——历史生活的真正情况与特点。"[②] "副现象概念"是马克思唯物史观的一个体现，由于经济基础决定上层建筑，所以意识形态必然与阶级相联系。汤普森将"副现象概念"概括为"意识形态是一种观念体系，它表达的是统治阶级的利益而以幻想的形式代表阶级关系。"[③] 需要注意的是意识形态虽然代表

---

　　① 《马克思恩格斯选集》第4卷，人民出版社1995年版，第701页。
　　② ［英］汤普森：《意识形态与现代文化》，高铦等译，译林出版社2005年版，第38页。
　　③ 同上书，第41页。

了统治阶级的利益，但是却并不直接表现出来，而是假以幻想的形式，目的就在于歪曲阶级关系，以迷惑世人。而揭露幻想的工具就是经济条件分析。汤普森将"潜在概念"概括为"意识形态是一个代表体系，它通过使人们着眼于过去而不是将来，或者着眼于掩盖阶级关系和脱离对社会变革的集体追求，用以维持现存的阶级统治关系。"[①] 汤普森之所以要在"副现象概念"之后再概括出一个"潜在概念"，其目的在于区分马克思在《政治经济学批判序言》和《共产党宣言》中将意识形态进一步实体化的倾向。此时的意识形态不再只是一种非常隐晦的由经济条件决定的阶级关系了，而被统治阶级实体化为象征、口号、风俗或传统，进而成为具有自主性和有效性的象征构造，并且起到推动人或限制人的作用。一旦这种象征构造被习俗化，那么它将具有坚韧性，即不会随着经济条件的变化立刻更新，它仍将在人们的内心深处起到价值观的作用。于是，意识形态对于变革的社会而言，就成为了社会保护的过程。

从上面的分析中，我们不难看出，在马克思的语境中，意识形态或多或少还带有些贬义的意味。因为，在马克思看来对于革命斗争而言，意识形态绝非武器，而只能是障碍（汤普森，1990）。需要注意的是在马克思之后，意识形态概念逐步向中性化转变。列宁和卢卡奇将意识形态作为维护统治的工具的另一面——推翻统治的意义扩大化，进而改变了马克思意识形态概念中的非对称性。但是，这其实已经违背了马克思的本意。真正将意识形态推向中性化的方式不应该是只谈马克思概念的另一面，而是将概念上升到一般意义之上，这项工作是由曼海姆（Mannheim）于1936年在其著作《意识形态与乌托邦》中完成的。曼海姆认为马克思对于意识形态只进行了特殊阐述，或者说只谈了问题的一个方面，而没有进行一般阐述。意识形态虽然具有阶级关系的烙印，是维护统治的工具，虽然已经被歪曲，但它仍然是一个社会在特定历史时代的产物，因此有必要，有价值进行全面的把握与一般性的分析。而这种理解则已经与新制度经济学派的意识形态理论如出一辙了。

第三，从国家与国家之间的关系来看，中心外围结构的限制使得发展中国家的有效制度变迁受到外力的抑制。依附反映了当代发达的资本主义国家与发展中国家之间的相互关系。发达国家对政治、经济、金融、技术的垄断，进而对发展中国家形成经济和社会上的扩张与渗透，促使发展中国家在经济和社会方面对资本主义发达国家的依附。具体讲，依附包括三种形式（多斯桑托斯，1999）。首先是"殖民地商业——出口依附"，指在16世纪到19世纪末中心国家通过在殖民地占有矿山、土地和劳动等生产要素来主宰殖民地国家。其次是"金

---

① ［英］汤普森:《意识形态与现代文化》，高铦等译，译林出版社2005年版，第45页。

融——工业依附"，指在 19 世纪末到第二次世界大战之间的 50 多年中，帝国主义国家利用政治军事霸权在殖民地投资于原材料生产和农产品出口，使依附国家形成了单一经济结构，不得不依赖中心国家需求的出口状况。最后是"新依附"，这种形式的依附关系具有以下三个特征：一是对于外汇的依赖需要保持传统的出口产业，落后的生产关系限制国内市场的发展，导致颓废统治者来维持权力。二是国际收支波动造成赤字后还需要国际援助。三是技术长期无法摆脱依附。

资本主义的发展经历过三个阶段（沃勒斯坦，1998，2000；弗兰克，1999）。在资本主义的起始阶段，贸易的作用在于为宗主提供原始的资本积累，贸易对卫星国的生产方式与社会结构还没有实质性影响。到了自由资本主义阶段，发达国家从贸易保护到贸易自由，卫星国陷入了单一的生产结构恶性循环之中，成为只能提供低级产品与原材料的供应地。最终进入了帝国主义阶段之后，贸易成为宗主国向卫星国渗透的工具，榨取经济剩余，并且与当地的利益集团结合。这样导致的结果就是许多国家虽然政治上实现了独立，但仍然无法摆脱依附地位。当然，处于依附地位的国家也可以实现发展，但只能是卫星式发展。并且从整体来看，经济与社会发展的扭曲与滞后决定了不发达的现实。

不平等分工和不平等交换是中心国家控制外围国家的基本手段（阿明，1990；弗兰克，1999）。中心国家对外围国家的资本输出主要集中于原材料生产，而且中心国家与外围国家工资差异悬殊。这种跨国剥削使财富不断向中心国家集中。资本主义生产分为出口、大众消费、奢侈品和设备投资四个部门，而外围国家生产中只有出口和奢侈品两个部门，并且这两个部门严重受到国内外市场的制约。于是就造成了外围国家出口活动、工业部门的选择以及趋向第三产业三重畸形。此外，由于外围国家还具有特殊官僚主义发展的趋势和无产阶级不完全化的特点。在依附的过程中，外围国家没有独立成熟的民族资产阶级，仅有受中心国家垄断资本主义支配的封建领主和买办阶级（商业资产阶级），后者更是对中心国家惟命是从。因此，外围国家的政治生态和阶级结构也决定了其突破依附地位的困难程度。这样，世界体系将按照中心——外围累积模式运动。其中，中心累积型是由于产能与需求的矛盾而导致的自主性扩张，而外围累积型是贫困与不发达累积的外向型依附经济。

三、总结与比较

新制度经济学借鉴了技术创新研究中路径依赖的概念，以此来解释制度变迁中类似的问题。虽然马克思、恩格斯等经典作家并没有直接使用"路径依赖"的概念，但是他们在坚持辩证唯物主义的基础上，也注意到落后的生产关系和经济方式有时也会长期存在，并且制约生产力发展这一重大的理论课题。关于政治制度和意识形态对制度变革中路径依赖的影响，新制度经济学和马克思主义经济学均有所论及。当然，两种理论在锁定问题的解释上也存在着区别。新制度经济学，特别是近期的发展更为关注个体认知对制度变迁机制的作用。以马克思主义经济学为理论指导的"依附理论"、"中心—外围理论"以及"世界体系理论"则利用政治经济学的方法，从国家关系与国家在国际分工中的地位，解释了发展中国家在革新制度的时候所面临外力的制约。

第四节 制度变迁的实践：经济转型

一、经济转型：新制度经济学的观点

20 世纪 80 年代末，包括中国和前苏联东欧国家在内的 30 多个国家开始了从计划经济体制向市场经济体制的转型。这场涉及 15 亿人口的重大变革引起了理论界的极大关注。诺贝尔经济学奖获得者斯蒂格利茨（2002）称社会主义国家的建设和这次经济转型是"二十世纪两项最伟大的经济实验"。[①] 波兰前第一副总理兼财政部长、著名经济学家科勒德克（2000）则将这场社会变革称为"21世纪前夕全球经济一个最重要的特点"。[②] 因此，可以说此次经济转型为制度变迁研究提供了一个重要的实践机会，同时也催生了一个重要的经济学学科——转型经济学。

东欧国家的经济转型多采用"休克疗法"，其理论基础就是著名的"华盛顿共识"。"华盛顿共识"的提出源于西方国家对于拉美债务危机的解决，是继贝克计划、布雷迪计划之后的又一行动方案。拉美国家在 20 世纪 30 年代后国内储蓄十分匮乏，加之又采取了进口替代工业化的发展战略，因此外债规模不断增加，最终引发了数十年的债务危机。1989 年，美国国际经济研究所资深研究员约翰·威廉姆森（John Willianmson）把包括世界银行、国际货币基金组织、美国财政部以及部分经济学家的观点按照自己的理解系统地归纳成 10 条建议，即"华盛顿共识"。这 10 条建议包括：第一，降低预算赤字到非通货膨胀水平。第二，公共支出改变投入方向，应投入到教育、基础设施等较高的经济回报率并且潜在地有助于改善收入分配的领域。第三，税收改革实行更低的边际税率，扩大税基。第

---

① ［美］斯蒂格利茨：《改革向何处去——论十年转轨》，《经济管理文摘》2002 年第 3 期。
② ［波］科勒德克：《从休克到治疗——后社会主义转轨的政治经济》，刘晓勇等译，上海远东出版社 2000 年版。

四，转向利率市场化，即实现金融自由化。第五，完全具有竞争力的汇率，从而促进非传统性产品出口得以迅速增长。第六，取消对外贸易的数量限制，关税转让。第七，取消国外直接投资壁垒。第八，国有企业的私有化。第九，对新企业放松管制，取缔对竞争的限制。第十，更好地保护产权，尤其是非正规部门的产权。总体而言，"华盛顿共识"的初衷是在稳定宏观经济的基础上希望通过市场化、自由化和私有化来快速建立一套符合新古典经济理论的经济秩序。[①]

虽然"华盛顿共识"在玻利维亚等国取得过成功，但是却使得采取这第一次世界大战略的东欧国家陷入了近10年的衰退。那么为什么"华盛顿共识"无法支撑前社会主义国家转型成功呢？科勒德克（Kolodko，2000）认为其中的关键因素在于"华盛顿共识"忽视了一些极其重要的问题：第一，转轨经济缺乏自由市场经济所必需的组织架构和基础制度；第二，转轨经济中金融中介较弱，难以有效配置私人资产；第三，转轨经济在私有化之前缺乏对国有企业的商业化；第四，企业管理不善，在放松管制的过程中不能实施有效的公司治理；第五，缺乏竞争政策有效实施所必需的制度设施；第六，转轨经济的法律框架和司法体系不完善，不能有效实施税收征管和企业合同；第七，地方政府效率低下，难以承担和处理地区发展所面临的挑战；第八，转轨经济国家缺乏支持新兴市场经济和市民社会运作的非政府组织。[②] 匈牙利经济学家科尔奈（2003）则认为当转型国家原有的旧制度被废除之后，而以市场机制为基础的协调功能又无法发挥的时候，整个社会就会出现"制度混乱"，或称为"制度荒原"，而正是这种制度混乱状态导致了经济长期的停滞与衰退。[③] 罗兰（Roland，2000）则进一步指出，无论"华盛顿共识"中政策多么正确，在一个制度真空的环境中也不可能发挥作用，因此必须反思政府在转型中的作用。[④]

与东欧国家的经济停滞不同，中国通过"摸着石头过河"的渐进改革道路，取得了举世瞩目的经济成就。2004年5月，英国伦敦外交政策中心发表了美国高盛公司政治经济问题资深顾问乔舒亚·库珀·雷默（Jashua Cooper Ramo）的论文《北京共识》（The Beijing Consensus）。论文对中国20多年来经济改革的成功经验进行了理性的思考与分析，概括了"北京共识"的三个基本定理：第一，创新是中国经济发展的发动机和持续进步的手段。第二，集中改善人民生活质量，化解和处理发展过程中的社会矛盾。第三，自主发展，不依赖外国。其中，

① Willianmson, J., *What Washington Means by Policy Reform*, in John Willianmson, ed., Latin America Adjustment How Much has Happened? Washington. D. C.: Institute for International Economics, 1990.
② Kolodko, G., W., *Post-Communist Transition: The Thorny*. Road University of Rochester Press, 2000, p. 65.
③ ［匈］科尔奈：《后社会主义转轨的思索》，肖梦译，吉林人民出版社2003年版，第18页。
④ Roland, R., *Transition and Economics*, Massachusetts Institute of Technology, 2000, p. 6.

创新和试验是北京共识的灵魂，强调解决问题应因事而异，灵活应对，不求统一标准。[①] 并且，雷默还进一步指出与"华盛顿共识"迥然不同的中国经济发展模式不仅适合中国，而且也是发展中国家追求经济增长和改善人民福利状况可以效仿的成功模板。随后，美国《国际先驱论坛报》网络版在 2004 年 5 月 20 日刊登的题为《中国将以自己的方式改变》的文章，称赞中国以循序渐进的方式推进政治改革果断明智。墨西哥《每日报》在 2004 年 5 月 24 日刊登的题为《中国：亚洲的地平线》的文章，更认为中国奇迹是依照自身情况理智制定社会经济政策的结果。英国《卫报》在 2004 年 5 月 27 日刊登题为《中国解决亿万人民温饱问题的经验》的文章，认为中国的崛起为其他国家提供了除西方发展模式之外的一个强有力的选择。[②] 从上述国际主流媒体报道的态度和动向上可以看出，"北京共识"已经逐步得到了世界的认可。[③]

后来，始于 2007 年春季的美国次贷危机引发了全球的金融动荡和经济衰退，而危机的起因则是市场机制作用下，肆无忌惮的金融创新所导致的系统性风险。为了携手应对危机，2009 年 4 月在英国伦敦召开了 20 国金融峰会，会上英国首相布朗公开宣称"华盛顿共识的终结"。

那么，针对经济转型到底应该如何从理论上解释"华盛顿共识"的失败和"北京共识"的成功呢？一些学者开始借助制度经济学和演化经济学的基本思想开展研究，并得出了以下 7 个富有创见的结论：一是转型的本质是从计划经济到市场经济；二是微观参与者是转型的主体；三是初始条件的差异决定了转型结果的多样性；四是演化形成的混合经济必然长期存在；五是转型成功的关键在于市场能否创新；六是转型的绩效受到国际互动关系的影响；七是转型国家的经济与社会必须协调发展。因此，所谓的"大转型"才是所有转型国家的必经之路。[④] 科尔奈（2003）认识到社会经济结构变革的复杂性，承认类似"华盛顿共识"这样妄图通过简单的政策设计就实现转型的实践必将遭遇失败的命运。科尔奈借鉴科学哲学中"科学范式"的概念，提出了理解和研究经济转型的"制度范式"，[⑤] 所谓的"制度范式"实际上是理解转型的一种观念和研究转型的一套科学方法，可以将其概括为以下 8 个特征。

① ［美］乔舒亚·库珀·雷默：《北京共识》，摘自东亚经济评论网站，http://www.e-economic.com。

② 转引自靳涛：《经济转型研究的新观点——从"华盛顿共识"、"后华盛顿共识"到"北京共识"的演变》，《天津社会科学》2006 年第 1 期。

③ 当然，也有个别学者仍然质疑中国经济转型的成功。相关研究参见萨克斯等观点（2003），他们认为东欧国家虽然经济情况不尽如人意，但是其成功之处在于完成了宪政改革，而中国恰恰在此问题却未有所突破，长此以往将不利于中国经济的持续增长。

④ 参见乔晓楠：《演化经济理论视角下转型经济研究轨迹》，《改革》2007 年第 4 期。

⑤ ［匈］科尔奈：《后社会主义转轨的思索》，肖梦译，吉林人民出版社 2003 年版，第 31～34 页。

第一，依据制度范式进行思考的研究者关注作为整体的制度，以及这个整体与其中各部分之间的联系。有限的、部分的分析可能是一个重要的探索工具，但由于在这一观察角度之外，它仍然不可行。

第二，制度范式不能够被限制在任何传统的分学科中（比如经济学、社会学或政治学）。它必须被视为一个综合的、一般性的社会科学流派。它对于社会功能的不同领域（政治、经济、文化、意识形态）之间所发生的交互影响给予了特别的关注。

第三，受到制度范式引导的研究者的注意力不是集中在经济、政治或文化事件及其过程上，而是集中在这些事件或过程所得以发生的更加持久不变的制度上，这种制度更多地决定了它们的过程。我们要特别注意两种制度之间的区别，即在一个演化过程中，历史地形成的制度与其他的特别是由政府当局决定建立的制度之间的差别。"制度"的概念在本章中必须解读得非常广泛。比如，它包括有关制度中主要的法律秩序，它的道德规范以及它的产权制度，权力位置的分配，对社会成员的激励工作，以及信息结构。范式认为，社会运行的属性是否具有体制特殊性，以及除了制度本身，它们是否也源于环境是特别重要的。

第四，制度范式需要很强的前后关系来理解现存的人类组织及产生组织的历史过程。换句话说，一个受到这种范式所鼓舞的研究者必须寻找一个基于历史术语的解释性理论。我们要在各种社会科学和历史的科学中寻找一种强结合。

第五，根据制度范式，个人偏好很大程度上是制度本身的产物。如果制度发生变化，偏好也会变。

第六，所有有关社会的范式都使用静态模型作为它们的一个工具，这只是因为方法论上的困难，没有一个学者会意识不到社会事物总是处在不断变化中。在制度范式之列的那些著作的思想与不在之列的同类著作的思想之间，区别在于前者对于大变化、大转轨感兴趣。

第七，受到制度范式引导的研究者意识到所有的制度都有缺陷，或者有自身所特有的机能障碍……无论研究者的动机如何，他们将发现，如果他们根据制度范式来思考，最大的挑战在于对其所关注的制度的内在机能障碍性特征的研究。没有哪个制度是完美的，每一个制度都拥有有害的成分，它们只能被缓和，而不能被根除，因为它们再生的倾向深深内嵌于该制度之中。

第八，制度范式一个最明显的方法是比较。通过比较一个制度与另一个制度对应的属性、分析它们之间的异同，这可以解释一个制度的某项属性……依靠数理模型不是用于理论分析的制度范式的特征……制度范式的一个基础是尽可能地、全面地掌握现实世界，而不仅是现实世界的一小部分。因此，它准备对精确和精密作出重大让步。它的方法论是"柔性的"，而不是"半硬的"经济范式。

国内理论界对于转型的认识也经过一个逐渐深化的过程。对此，张建君（2008）做过系统性的综述，他认为伴随着中国经济转型的推进，中国的转型经济学发展经历了三个阶段，见表 11－3。

表 11－3　中国转型经济学发展的三个阶段

时期	关键词	经济学	研究主题
1978～1992	改革	改革经济学	经济体制改革模式
1992～2003	转轨	转轨经济学	体制转轨的方式
2003 至今	转型	转型经济学	经济、政治、文化等全社会的整体转型

资料来源：张建君：《经济转型与中国的转型经济学》，《甘肃理论学刊》2009 年第 9 期。

从制度分析角度探索"中国模式"特征的文献则可以参见何自力等人（2009）的研究。他们利用比较制度分析的方法概括中国模式的 5 个主要特征，即：①经济域的特征为公有制居主体地位与有调节的市场经济。②政治域的特征为强化政府的制度供给功能和经济功能。③文化域的特征为儒家文化与马克思主义意识形态组成的社会资本塑造和谐社会。④社会域的特征为收入分配多元化与惠及全民的社会保障。⑤循序渐进的中国模式形成路径。并且，他们还进一步指出中国未来的转型道路应该从模仿转向创新，以创新为导向对中国模式进行一个新的构建。具体讲，包括以下四个方面：一是经济领域的创新要突出中国特色的基本经济制度和经济体制的创新。二是政治领域的创新要不断发展社会主义民主政治，加强法治建设。三是文化领域要在改革的伟大实践中进行文化创造，推动文化大发展、大繁荣。四是社会领域的创新要坚持以人为本，全面推进和谐社会的建设。[①]

二、经济转型：马克思主义经济学的观点

在马克思主义看来，一个社会的经济结构就是该社会生产关系的总和，一个社会的政治法律制度及与之相适应的意识形态是该社会的上层建筑，社会经济结构是上层建筑的经济基础，经济基础决定上层建筑，经济基础变化了，上层建筑就会随之发生相应的变化。社会生产中的物质方式和社会方式之间的矛盾构成了生产方式的内部矛盾，这是推动生产方式以及社会经济结构变革演进的动力之源。恩格斯曾指出："生产以及随生产而来的产品交换是一切社会制度的基础；在每个历史地出现的社会中，产品分配以及和它相伴随的社会之划分为阶级或等级，是由生产什么、怎样生产以及怎样交换产品来决定的。所以，

---

① 何自力、乔晓楠、李菁：《中国模式与未来道路的探索》，《社会科学研究》2009 年第 2 期。

一切社会变迁和政治变革的终极原因，不应当在人们的头脑中，在人们对永恒的真理日益增进的认识中去寻找，而应当在生产方式和交换方式的变更中去寻找，不应当到有关时代的哲学中去寻找，而应当到有关时代的经济中去寻找"。①因此，包括经济转型在内的任何社会变革的过程都应该遵循如下逻辑：首先是生产力的发展引起生产方式的变革，其次是生产关系随着生产方式的变革而发生相应的变革，最后是随着经济基础的变革而引起上层建筑的变革。马克思还进一步指出："在考察这些变革时，必须时刻把下面两者区别开来：一种是生产的经济条件方面发生的物质的、可以用自然科学的精确性指明的变革；另一种是人们借以意识到这个冲突并力求把它克服的那些法律的、政治的、宗教的、艺术的或哲学的，简言之，意识形态的形式。"②由此可见，马克思对于社会变革的认识是基于对社会整体的把握，其中充分认识到了社会变革的复杂性，并没有只局限于经济领域。所以，我们可以看到所谓的"大转型"并没有超越马克思主义经济学，相反马克思的这一洞见较之于科尔奈要早 140 年。

基于马克思主义经济学对于社会变革的基本认识，我们可以知道社会主义经济转型不是一个单纯的资源配置方式的转变过程，而是一场全面而深刻的社会经济变革，是整个社会经济形态的重新构造。也正是因为社会转型是一个包括了社会经济、政治、文化等各个因素变化的整体过程，并且具有很大程度的不确定性，所以其变革的方式必然不同于激进式改革，而应该是一个相对温和的、连续的、长期的过程（张宇，2006）。

对于经济转型研究来讲，最为重要的任务，是如何看待公有制与市场经济的相互关系。对此，张宇的研究具有代表性。他运用马克思主义经济学分析经济转型问题，提出了非常富有启发性的观点，具体讲主要有以下 9 个方面的内容：①市场经济既是资源配置方式，也是特殊的社会形态。其中的改革逻辑就是，向市场经济的过渡不仅仅涉及资源配置方式的转变，而是包括了社会经济、政治、文化等各个方面深刻变化的长期而复杂的整体性过程。②市场经济既是一般的中性概念，也具有明显的制度属性。对于社会主义来说，市场机制既是中立的，又是非中立的。如何在市场化过程中实现社会主义经济关系从旧体制向新体制的转轨，把社会主义与市场经济结合起来，这正是中国经济转型的实质和难点所在。③公有制与市场经济既是统一的，也存在一定矛盾。中国的经验证明，公有制与非公有制、国有制与非国有制等各种所有制之间的关系并不完全是对立和排斥的，而是需要相互补充、相互促进和相互融合的，以公有制

---

① 《马克思恩格斯选集》第 3 卷，人民出版社 1995 年版，第 617、618 页。
② 《马克思恩格斯选集》第 2 卷，人民出版社 1995 年版，第 33 页。

为主体、多种所有制经济的共同发展是中国的经济转型获得成功的一个根本经验。④市场经济既是自由经济，也需要社会和政府的调节。纯粹的自由市场经济是不可持续的，市场机制必然要以非市场的因素来保证，任何制度都是由国家来创造和推动的，充分发挥政府在经济转型和经济发展中的作用也是举足轻重的。⑤市场经济既是自发秩序的产物，也是社会建构的结果。市场秩序是一种典型的自发秩序，自发性是市场关系的本质所在。中国改革开放中实行过的自下而上、分步推进、双轨过渡、先实验后推广等做法，都体现了制度变迁的演进性质，无不是由国家构建和推动的。⑥市场经济既是全球性的，也是国家性的。保持经济开放与经济自主之间的平衡，在全球化的过程中维护民族国家的利益，追求国家的自主性发展仍然应当是中国的一项基本国策。⑦市场经济既是契约经济，也是生产体系。中国目前的经济发展还处在工业化中期阶段，这决定了中国现阶段已经形成的市场经济只能是一种初级的不完善的市场经济，这是现阶段中国市场经济的一个基本特点。⑧市场经济既追求效率，也需要公平。社会主义市场经济应当付出更大的努力，在更高的程度上实现公平与效率的统一。⑨市场经济既是民主的动力，也可能成为民主的障碍。虽然民主化与市场化、市场经济与民主政治存在着密切的联系，但二者不能等同。因此，在市场化改革的过程中必须稳步推进政治体制改革，完善社会主义民主与法制，把经济体制改革与政治体制改革结合起来，这样才能保证经济改革的顺利进行。

在以上研究的基础上，张宇对中国经济转型的基本经验进行了分析，归纳了10个特点：第一，坚持公有制主体性和国有经济主导性的同时，积极发展非公有制和非国有制经济。第二，普遍实行双轨制，并以双轨制为经济转型的中介形式。第三，自上而下的改革与自下而上的改革相结合。第四，地方政府在改革与发展中的发挥着特别重要的作用。第五，整体协调、重点突破，从分部推进到整体转换。第六，强调以经济建设为中心，兼顾改革、发展与稳定。第七，在经济转型过程中保持政治体制的相对集中和稳定。第八，实行自主的有控制的对外开放政策，以开放促改革促发展。第九，经济运行以市场调节为基础、以政府调节为主导。第十，根据实践的需要不断调整改革的目标和思路。①

毫无疑问，马克思主义经济学在分析和研究经济转型问题上具有巨大的理论优势，相比之下，以新制度经济学为主的经济转型研究的视野很狭窄，其研究方法具有很大的局限性，而这也就决定了其对转型道路判断具有很大的片面性。因此，在推进中国经济社会全面转型的改革进程中，马克思主义经济学依然是必须坚持和运用的重要理论工具。

---

① 张宇：《中国的转型模式：反思与创新》，经济科学出版社2006年版。

第十二章　马克思主义现代化理论及其实践

本章阐述了马克思主义现代化理论的主要内容以及在中国的实践和发展概况。首先阐述了现代化的内涵与特征。然后阐述了马克思主义现代化理论形成的历史条件及其主要内容和基本特征。古典的市民社会理论、西欧的政治革命和产业革命、德国古典哲学为马克思主义现代化理论的产生提供了历史条件。马克思对于社会现代化的前提、历史起点、动力、实质、实现途径和发展趋势等的论述构成了马克思主义现代化理论的主要内容。马克思主义现代化理论的基本特征包括：注重物质生产发展同人的全面发展的统一，强调现代化进程的普遍性与特殊性的有机统一，以唯物史观为指导，坚持科学原则与价值原则的有机统一。接着在阐述西方现代化理论的主要特征和缺陷的基础上，比较了马克思主义现代化理论和西方现代化理论的差别和共同点。最后阐述了马克思主义现代化理论在中国的实践与发展概况。

第一节　现代化的内涵与特征

一、现代化的内涵

现代化的内涵非常丰富，但国内外尚没有形成普遍的共识。罗荣渠（1993）概括了现代化的四大类定义。这些定义包括：第一，现代化是指近代资本主义兴起后的特定国际关系格局下，经济落后国家通过大搞技术革命，在经济和技术上赶上世界先进水平的历史过程。这是我国党和政府领导人在阐述中国的社会主义现代化方针与政策时所明确表达的一贯思想。第二，现代化实质上就是工业化，更确切地说，是经济落后国家实现工业化的进程。这种观点与第一种观点的实质内容并无区别，只是前者更强调政治理论。第三，现代化是自科学革命以来人类急剧变动的过程的统称。现代化不仅发生在工业领域或经济领域，同时也发生在知识增长、政治发展、社会动员、心理适应等各个方面。这种观点拓宽了对现代化内涵的认识，认为现代化不仅包括工业化，还包括科学革命对社会变迁方式的影响以及社会各单元对于这一新环境和变化的适应和调整的过程。现代化也就表现为民主化、法制化、工业化、城市化、均富化、福利化、社会阶层流动化、宗教世俗化、教育普及化、知识科学化、信息传播化、人口控制化等方面。第四，现代化主要是一种心理态度、价值观和生活方式的改变过程，即现代化是代表我们这个历史时代的一种文明形式。这种观点主要是从社会学、文化人类学、心理学的角度来考察现代化。其代表人物为马克斯·韦伯。[①]

上述定义都是从不同方面出发来阐述现代化的定义，难以揭示现代化这一复杂的历史过程和现实，因此罗荣渠从历史的角度出发，在上述观点的基础上，总结和概括出一个更为全面的定义。他认为："广义而言，现代化作为一个世界性的历史进程，是指人类社会从工业革命以来所经历的一场急剧变革，这一变革以工业化为推动力，导致传统农业社会向现代工业社会的全球性大转变过程，它使工业革命渗透到经济、政治、文化、思想各个领域，引起深刻的相应变化；狭义而言，现代化又不是一个自然的社会演变过程，它是落后国家采取高效率的途径（其中包括可利用的传统因素），通过有计划的经济技术改造和学习世界先进，带动广泛的社会改革，以迅速赶上先进工业国和适应现代世界环境的发展过程。"[②] 该定义表明，现代化是人类历史发展过程中的一个特定历史阶段。实现现代化需要利用本国的传统，这就决定了具有不同历史传统的各个国家走向现代化的道路不一定是相同的。工业化不是现代化的全部内容，它为现代化提供必要的物质基础，构成了现代化最主要、最核心的部分。

二、现代化的特征

由于现代化还在不断的发展中，因此只能根据现有的认识水平来总结和概括其主要特征。具体来说，现代化的主要特征包括：

第一，生产社会化。生产社会化表示一定高度的生产力，区别于传统的、小农的和分散的生产及其水平。它是现代化过程中最根本、最活跃的因素，是决定其他方面进步的第一位因素。根据生产力在不同时期所表现出来的发展水平，可以区分为工业化、信息化、智能化等层次。[③]

第二，城市化。在城市化过程中，大量农民进入城市，其生活方式发生了根本的转变。他们不再受家族、村庄的约束，而是参与城市中的分工与协作。

① 上述四种定义转引自罗荣渠：《现代化新论》，北京大学出版社 1993 年版，第 8 ~ 15 页。
② 罗荣渠：《现代化新论》，北京大学出版社 1993 年版，第 16、17 页。
③ 谭来兴：《中国现代化道路探索的历史考察》，人民出版社 2008 年版，第 5 页。

这不仅促进了社会的流动性，还催生了理性化的社会规范、价值观、文化、法律、产权保护制度、民主制度。"只有在城市里，思想、时尚、习俗以及新的需要才能具体表达出来，然后流传到全国其他地方。一般人的心灵自然朝向未来，因此城市生活往往极其快速地转变，信仰、嗜好、感情都在不断地发展之中。我们几乎无法在其他地方找到城市这样有利于一切事物发展的生活环境。"①

第三，市场化。市场化是一种以市场为社会基轴的经济社会发展模式。现代化的经济本体就是市场化。从根本上说，现代化是以土地为轴心的小生产经济、社会和文明向以市场为轴心的大生产经济、社会和文明的深刻变动过程。简言之，现代化是从土地文明（农业文明、游牧文明和山林文明）向市场文明（工业文明、信息文明、知识文明）的跃进。

第四，政治民主化与法制化。社会物质技术的进步和经济结构的变化，也将引起上层建筑发生相应的变化。政治民主化与法制化一步步提上现代社会的建设日程，并成为现代社会的制度规范。随着现代化的进一步发展，未来社会将更加重视政治生活的民主化和法制化，并且在制度文明建设中推进。

第二节 马克思主义现代化理论的主要内容和基本特征

现在有些人往往把现代化发展理论简单地视为仅是西方现代的学术理论，以为现代化是由西方资产阶级学者提出的，似乎与马克思主义无关。这是对马克思主义发展理论缺乏了解和研究的表现。马克思主义虽然没有明确提出"现代化"一词，但是马克思站在历史唯物主义的立场上，科学地概括和预测了人类社会的现代化进程，揭示了人类社会从低级向高级的演变规律，并具体分析了欧洲领先国家和东方后起国家现代化的特殊进程。

一、马克思主义现代化理论形成的历史条件

1. 古典市民社会理论是马克思主义现代化思想形成的理论前提

古典市民社会理论形成于17世纪末至19世纪初的西欧，是由洛克、卢梭、黑格尔等人创立的初级形态的"现代化理论"，这一理论是对以英国和法国为中心的狭小意义上的西欧现代化进程的理论反映。马克思主义社会现代化思想正

---

① ［英］库马：《社会的剧变》，蔡伸章译，志文出版社1984年版，第89页。

是在批判和继承古典市民社会理论以及结合当时现代化实践的基础上形成和发展起来的。

自 12 世纪起，城市自治运动席卷西欧，各个城市及其新兴市民阶级，竭力使自己摆脱世俗的和宗教的领主，摆脱他们的领主强权加在经济活动上的种种束缚；他们更通过改革后商业的宗教伦理，洗刷"高利贷"等一类概念和中世纪基督教教义、封建骑士制度影响下的一般商业活动所留下的污迹，使经济活动离开道德戒律而中立化，从而能放开手足从事经济活动，生产出更多适应日益增长需求的商品。16 世纪以后，随着民族国家的出现和君主专制政体的建立，市民等级在王权的保护下获得了从事工商业活动的自由，私人领域的独立加速了市民社会和政治国家的分离过程。然而在君主专制制度下，不受限制的王权对工商业经营和私人领域的侵犯又会妨碍市民社会的顺利发展。

17 世纪末期之后，以洛克为代表的一些思想家认识到国家和市民社会的区别，但并没有做进一步的细分。黑格尔在吸收上述思想家的理论成果的基础上，比较系统地提出现代市民社会理论，明确地将政治国家和市民社会区分开来，提出了现代意义上的市民社会概念。他指出市民社会是指社会中各个个人私人利益关系的总和，是国家政治生活之外的所有社会程序和社会过程。黑格尔认为，"市民社会是个人私利的战场，是一切人反对一切人的战场，同样，市民社会也是私人利益跟特殊公共事务（即政治国家）冲突的舞台，并且是它们二者共同跟国家的最高观点和制度冲突的舞台。"① 由此可见，黑格尔把市民社会和政治国家的分离看成是一种矛盾，并从市民社会和政治国家的分离这个前提出发，把国家的普遍利益同市民社会的特殊利益对立起来，描写市民社会和国家之间的冲突。

由于黑格尔是从伦理精神的角度而不是从现实的角度来考察市民社会的，他的市民社会概念不可避免地存在着很大的缺陷。首先，他认为家庭属于伦理精神发展的单一性阶段，故应排斥在市民社会之外。实际上，家庭作为私人利益体系的一个要素，本应包括在市民社会之中。其次，他认为市民社会属于伦理精神发展的特殊性阶段，对这种特殊性所表现出来的非理性方面的过分强调使他把司法制度和警察等政治国家的机构包括在市民社会之中。最后，他认为国家属于伦理精神发展的普遍性阶段，对代表普遍性原则的国家的合理性的过分强调和理想化描述使他得出了家庭和市民社会从属于国家的结论。

马克思继承了黑格尔关于市民社会概念的合理内核，进一步完善了这一概念。他认为市民社会乃是私人利益的体系或特殊的私人利益关系的总和，它包

---

① ［德］黑格尔：《法哲学原理》，范扬、张企泰译，商务印书馆 1961 年版，第 309 页。

括了处在政治国家之外的社会生活的一切领域。同黑格尔一样，马克思也承认个人乃是市民社会活动的基础，他也强调从生产和交往中发展起来的社会组织即市民社会的组织的重要性。马克思的"私人利益体系"中也包括了阶级关系的领域（经济结构）、社会关系的领域（社会结构，其中最重要的是阶级关系或阶级结构）以及文化—意识形态关系的领域（意识形态结构）。[①]

马克思在继承黑格尔市民社会理论的同时又进行了批判。首先，马克思批判了黑格尔关于个人联结为社会的抽象性，找到了研究社会现代化的出发点。黑格尔认为"市民社会，这是各个成员作为独立的单个人的联合，因而也就是在抽象普遍性中的联合。这种联合是通过成员的需要，通过保障人身和财产的法律制度和通过维护他们特殊利益和公共利益的外部秩序而建立起来的。"[②]马克思认为在市民社会，私利个人不是他们自己或别人想象中的种种个人，而是现实中的个人。这样，马克思找到了研究社会现代化的出发点——作为历史主体的人（私利个人）及其所从事的物质生产活动，这是因为现代工业社会是作为历史主体的人在一系列物质生产活动中创造出来的。其次，马克思批判了黑格尔的"国家决定市民社会"观点，明确提出了"决不是国家决定和制约市民社会，而是市民社会制约和决定国家。"[③]他指出，在黑格尔那里，国家是从家庭和市民社会之中无意识地、偶然地产生出来的，家庭和市民社会仿佛是黑暗的、天然的基础，从这一基础上燃起国家的火焰。实际上，家庭和市民社会是国家的前提，它们才是真正的活动者。他还指出，黑格尔把家庭和市民社会看做国家的概念领域，看做国家的有限领域，国家则超越这两个领域，克服其有限性，达到理想状态。实际上，家庭和市民社会本身是国家的真正部分，是国家的存在方式。家庭和市民社会本身把自己变成国家，它们才是原动力。国家如果没有家庭的天然基础和市民社会的人为基础，就不可能存在。

将古典市民社会理论看做马克思主义现代化思想的理论前提，在理论上是有重大意义的。这是将生产方式范畴作为分析方法手段的科学实证过程，它突出了经济关系、社会经济结构的重要性，超越了认识仅仅停留于以经济增长、财富的量的大小为依据的表象性分析，而深入到历史过程的本质。在马克思看来现代化决不是某一项经济因素或手段的问题，而是社会结构的根本改造问题，是社会经济形态重建和政治、意识形态重构的社会历史过程。

2. 西欧的政治革命和产业革命是马克思主义现代化思想形成的现实依据

16～17世纪初期，英国的商品经济已经发展到一个相当高的程度。但是，

---

① 何增科：《市民社会概念的历史演变》，《中国社会科学》1994年第5期。
② ［德］黑格尔：《法哲学原理》，范扬、张企泰译，商务印书馆1961年版，第174页。
③ 《马克思恩格斯选集》第4卷，人民出版社1995年版，第196页。

在封建专制制度下，诸如封建土地制度、行会制度、贸易独占制度及各种苛捐杂税限制了资本主义的发展，成为资本主义进一步发展的障碍。于是，因商品经济的充分发展而拥有较强经济实力的城乡资产阶级，在共同利益的驱使下结成政治同盟以反对封建王权。封建势力与新兴资产阶级之间的冲突最终导致了内战的爆发。经过多年的对抗和较量，英国资产阶级革命推翻了封建君主专制，确立了比较完备的资产阶级统治，为英国之后发展资本主义扫清了道路，为后来英国工业革命奠定了基础。

英国资产阶级革命揭开了法国大革命的序幕。18世纪下半期，法国虽然是一个封建的农业国，但其资本主义经济已有很大发展，纺织业、冶金业和采矿业的发展最为迅速，其发达程度居欧洲大陆首位。对外贸易也得到迅速发展。但封建专制统治却成为法国资本主义经济发展的障碍，其表现为：封建政府不断提高税收；全国各地关卡林立；封建土地所有制依然存在。对此，资产阶级十分不满，他们要求废除封建土地所有制，取消封建特权，反对专制统治。随着资产阶级和封建专制之间的矛盾和冲突日益尖锐，法国最终爆发了大革命。法国大革命摧毁了封建专制统治，建立了资产阶级的统治，并且促进了法国资本主义的发展。

资产阶级革命导致市民社会摆脱了封建专制的统治，正如马克思所言"资产阶级把它在封建主义统治下发展起来的生产力掌握起来。一切旧的经济形式、一切与之相适应的市民关系以及作为旧日市民社会的正式表现的政治制度都被粉碎了。"[1] 市民社会从政治国家中独立出来有助于提高社会的自主性程度，从而适应了市场经济发展的需要。在这样一个背景之下，瓦特于1782年发明了蒸汽机，标志着工业革命的开始。很多行业的生产技术得到了全面的提升，并且工厂制取代了家庭作坊和手工工场。生产力的迅速发展还导致社会组织复杂化，迫使人与人之间形成新型的依赖关系，带来了整个社会政治和经济结构的急剧变化。

总之，由政治革命产生的国家为社会现代化的正常进行创立了历史前提，而产业革命则直接形成了现代化运动。所有这些为马克思正确认识社会现代化的历史起源及运动规律等奠定了基础。

3. 德国古典哲学为马克思主义现代化思想提供了科学的世界观和方法论

德国古典哲学是在18世纪末至19世纪上半叶德国资本主义发展的独特条件下产生的。德国古典哲学，特别是它的辩证法，反映了英国产业革命和法国大革命所引起的急剧的社会变化。马克思和恩格斯充分肯定了德国古典哲学的积极成果，批判了黑格尔的唯心主义，把辩证法从他神秘的哲学体系的束缚下

---

[1]《马克思恩格斯选集》第1卷，人民出版社1995年版，第152页。

解救出来，吸取了黑格尔辩证法中革命的因素，即联系和发展的思想，矛盾是发展的内在动力的思想，同时又批判地继承了费尔巴哈哲学的唯物主义的基本内核，摒弃了它的社会历史观、宗教、伦理的唯心主义杂质，从而把辩证法与唯物主义有机地结合起来，创立了辩证唯物主义和历史唯物主义，开辟了哲学史上的新纪元。

正是在辩证唯物主义和历史唯物主义的指导下，马克思深入剖析了市民社会，揭示了由市民社会和政治国家所组成的社会结构，由传统向现代变迁和发展的态势及运动规律、发展趋势等，得出了"市民社会制约和决定国家"的科学论断。

二、马克思主义现代化理论的主要内容

马克思主义社会现代化思想是在特定的时代条件下形成的正确反映社会现代客观实际的理论原则和经验总结，其中关于社会现代化的前提、历史起点、动力、实质、实现途径和发展趋势等的论述构成了基本内容。

1. 现代化启动的前提是现代民族国家的形成

在前资本主义时代，伴随商品生产的日益繁荣，市场经济不断发展壮大，而市场经济的发展内在地要求私人的物质生产、交换和消费活动摆脱政府的家长式干预，成为政治活动领域之外的纯经济活动。市场经济的这种要求与封建政治国家的专制统治水火不容，冲突在所难免。政治革命则是解决这一冲突的有效方式，"政治革命打倒了这种专制权力把国家事务提升为人民事务把政治国家确定为普通事务，即真实的国家；这种革命必然要摧毁一切等级、公会、行帮和特权，因为这些都是使人民脱离自己政治共同体的各种各样的表现。于是，政治革命也就消灭了市民社会的政治性质。"[①] 由此可知，在前资本主义，社会现代化的主要障碍来自传统政治国家的束缚，政治革命则打碎了这一束缚，实现了市民社会同政治国家的分离，为社会现代化的正常进行铺平了道路。

市民社会同政治国家的分离并不意味着市民社会可以完全摆脱政治国家而自谋发展，事实上，资本在它的萌芽时期，由于正在发展，不能单纯依靠经济关系的力量，还要依靠国家政权的帮助才能确保自己榨取足够的剩余劳动量的权利。此外，市民社会还需要依靠国家政权来整合社会秩序，保证社会现代化的有序进行。这样，完全脱离政治国家的控制实际上是不可能的，而继续传统政治国家的专制统治也不可能。这是因为国家本身是从社会中产生但又居于社会之上并且日益同社会脱离的力量。它同社会有着不同的运动规律，它不可能

---

① 《马克思恩格斯选集》第3卷，人民出版社1995年版，第187页。

真正代表社会的普遍利益，也不可能切实反映社会的普遍意志。这样，社会现代化要正常进行还需要一个前提，那就是需要一个不同于传统政治国家而又适应现代化要求的现代政治国家，这就是马克思所称的"现代民族国家"。

传统政治国家向现代民族国家转变的过程本身就是政治现代化的过程。而政治现代化的核心问题是一个社会将固执于传统系统的政治领导转变为热心于彻底现代化的政治领导的过程。"热心于彻底现代化"这一现代化的客观要求使现代民族国家只有不断提高自为性程度才能生存，而自为性程度提高的有效途径是通过政治民主化使国家的政治行为得到规范，国家对社会的管理有合法的依据并依法受到约束。这样，与传统的政治国家相比，现代民族国家在合法性来源和管理方式上有了很大的变化。在合法性来源上，前者主要依靠暴力强迫大家接受，而后者主要是依靠权威，这一权威是指为大家自愿接受和服从的合法化权力。在管理方式上，前者依靠君主的专制统治来管理社会，而后者则通过代议民主制来管理社会。这个代议民主制首先是一种代表制，代表制是民主制的基础。其次，代议民主制是一种选举制，选举制是代表制的核心内容。"选举是市民社会对政治国家的直接的，不是单纯想象的而且实际存在的关系。因此显而易见：选举构成了真正市民社会的最重要的政治利益。"[1]

综上所述，现代民族国家的形成是市民社会发展的必然结果和进一步向前发展的客观要求，是社会现代化正常发展的前提，而此前的一切社会变革和经济发展只不过是为政治革命的爆发和现代民族国家的形成奠定了基础，充其量只不过是社会现代化的最初萌芽，而不是社会现代化的真正开始。

2. 现代化的历史起点是工业革命

工业革命标志着人类生产力发展史上一个新飞跃的开端：不仅崭新的工业生产方式由此趋于成熟，现代工业发展的新机制趋于完备，同时由新生产方式带动的社会变革也全面加速。从发展理论的角度来看，它标志着社会发展方式的四大变化：第一，现代工业生产方式的确立使以国民财富持续增长为标志的发展开始显著加速，这种发展不是平稳的，而是跳跃的、波浪式的推进。这是人类以前任何历史时代都没有出现过的。第二，通过世界市场使世界在真正意义上联成一个不可分割的发展整体，而且现代工业生产方式和商业化生活方式因强力向外扩张而普遍化，把世界最边远、孤立的民族都卷入"发展旋涡"。在此以前，世界各地区各民族是在相对孤立条件下独立发展的，任何外来的力量都很难改变一个社会的内部的稳固结构。第三，现代生产力的发展主要是非生物能源的广泛使用，机器生产体系的形成，科学技术的革新等，日益成为直接

---

[1]《马克思恩格斯选集》第3卷，人民出版社1995年版，第150页。

支配发展的决定性因素，从而使人类从对自然界的直接依附下解放出来，转而确立对自然力的统治。在此以前，自然力主要是通过超自然的神力、现实的政治权力和社会权力等，在更大程度上支配着社会生产。第四，工业革命创立的新发展机制还使西方工业国家的发展速度与发展水平决定性地超出于世界其他地区之上，使西方凌驾东方，从而也确立了现代发展的世界新格局。以上四点说明现代工业社会的发展环境、发展机制、发展速度、发展方向等都不同于历史上的任何时代，这是人类历史的一场真正全球性的社会大变革过程。

在工业革命以后的二百年间，世界发展出现一种日益明显的新趋势，这就是社会经济发展特别是物质生产持续加速增长的趋势；以农业和农村生活为基础的社会向以工业和都市生活为基础的社会转变的趋势；世界各地区相对独立分散性的发展向相互有机联系的一体化发展的趋势；以及科学技术革新在社会经济文化发展中的作用愈来愈重要的趋势。这一新趋势的根本动力是现代生产力，也可泛称为现代工业主义，它起源和成长于西欧，扩散于世界，这个大过程就是现代化过程；这个大过程中呈现的新特点可称为"现代性"。

3. 现代化的根本动力是生产力与生产关系的矛盾运动

关于社会现代化的动力，布莱克认为，"如果必须对'现代化'下一个定义，那么可以这么说，它是历史形成的各种体制对迅速变化的各种功能的一个适应过程，这些功能因科学革命以来人类控制环境的知识空前激增而处于迅速变化之中。"① 这样，布莱克把在人类控制环境的知识空前激增的条件下历史形成的各种体制的适应力说成是现代化的动力，但他并未道出导致这些体制"历史地形成"和"科学知识激增的"原动力是什么的问题。马克斯·韦伯认为，新教伦理是现代化的动力，但这并不具有普遍性，充其量只能说在西欧可能是这样。马克思认为，现代化的根本动力是生产力与生产关系的矛盾运动。生产力与生产关系既对立又统一，相互依存、相互作用，有着不可分割的内在联系。生产方式包括生产力和生产关系两个相互作用的方面，每种既定的社会生产方式是生产力与生产关系在一定的历史过程中的结合。生产方式的运动是按照生产关系适合生产力的水平和性质的规律进行的。这条规律是社会发展的基本规律。尽管历史的发展过程是一个充满矛盾的异常复杂的运动，众多的独立的和依存的变数在交互作用，必然因素与偶然因素交织，前进与倒退交错，这数不清的相互作用的变量形成的历史的合力总是围绕经济发展的中轴线进行的；而经济发展的高度归根到底是由生产力的发展水平决定的。罗荣渠（1993）把这一观

① ［美］布莱克：《现代化的动力——一个比较史的研究》，景跃进、张静译，浙江人民出版社1989年版，第7页。

点称为社会进步与经济发展的中轴原理。

恩格斯早就提道:"我们所研究的领域愈是远离经济领域,愈是接近于纯粹抽象的思想领域,我们在它的发展中看到的偶然性就愈多,它的偶然性就愈是曲折。如果您划出曲线的中轴线,您就会发觉、研究的时间愈长,研究的范围愈广,这个轴线就愈接近经济发展的轴线,就愈是跟后者平行而进。"[1] 根据恩格斯的这一启示,罗荣渠(1993)把社会进步和经济发展的中轴原理表达如下:第一,生产力是一切社会因素中最活跃的因素,是社会变革的根本动因,社会的全面发展水平的高低归根到底取决于社会生产力的发展水平的高低;当一个民族达到它的历史高峰的时候,一般也达到它的社会生产的高峰;但生产力并不是按直线发展的,单纯的生产力运动也不可能改变生产方式。第二,生产力和生产关系处于又适应又不适应的矛盾统一中,两者的矛盾运动推动社会变革和历史进步。第三,生产力,特别是现代生产力,具有巨大的发展能量和弹性,现代生产关系也是如此;同一性质与同一水平的生产力可能与几种不同的生产关系相适应;在相同的生产关系的结构下的生产力发展水平也有高低不同。第四,生产力发展水平的先进与落后具有客观可比性,可以找出科学的衡量标准,而生产关系的先进与落后则只有相对意义,它的可比性一般取决于社会公正原则,归根到底,取决于解放生产力的程度。第五,在生产力性质和水平相同的条件下,生产关系形式的转换导致革命性变革,无论是生产关系严重落后于生产力水平还是不适应生产力水平的冒进与超前,都会导致生产力的破坏。第六,现代生产方式是能够变化并且经常处在变化过程中的有机体:处于同一发展阶段的生产力和生产关系双双都处在相关的量变的过程之中,甚至发生局部性质变化也是有可能的。以上这些基本观点,可以视为马克思主义的现代化动力理论的出发点(见图12-1)。

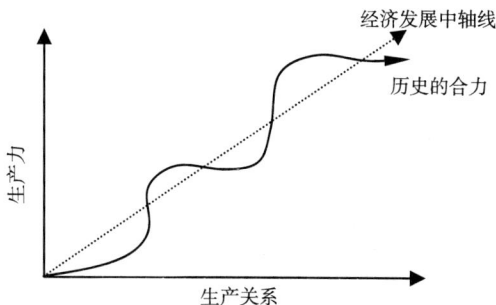

图12-1 生产力与生产关系

资料来源:罗荣渠:《现代化新论》,北京大学出版社1993年版,第99页。

---

① 《马克思恩格斯选集》第4卷,人民出版社1995年版,第507页。

上述各条中最重要的是第一条。这一条通常表述成为生产关系要适合生产力的水平的规律。但是长期以来，这条基本规律又是作为历史发展的干巴巴的公式加以引用，它所包含的丰富多样的内容及其运用的系统研究却非常缺乏。而实践表明，当前各国现代化特别是社会主义现代化产生的一些理论问题，大多是与如何正确理解和阐释这条基本规律分不开的。例如，第三世界发展中国家的现代化一般都是从政治革命和社会经济体制的变革开端的。这种革命性的变革必然带来生产关系的首先变革。生产关系的这种质的突变性即生产关系的变革走在生产力的发展之前，只是在非常的变革时期才出现。生产关系的特征表现为它的适应性（即适应生产力的性质和水平）和滞后性（即生产关系落后于生产力发展的趋势），则是经常的现象。如果把短暂的革命时期出现的突变情况当做历史发展长过程中的通则，加以普遍化，而且把生产关系问题简化为阶级关系，就会把基本规律完全颠倒过来，这样，在实践中难免不滑到唯意志论的泥坑中去。这是已经被许多国家的现代化实践所证明了的。①

生产力和生产关系双方都处在运动之中，同时作为统一的生产方式而处在相互运动之中。在一般情况下，是生产力的运动带动生产关系的运动，在特殊情况下，是生产关系带动生产力的运动。总之，生产方式的基本规律需要根据历史实践加以丰富与发展，对它们任何简单化、粗俗化的理解，在理论上是讲不通的，在实践上是非常有害的。

4. 生产力呈"指数级"增长是社会现代化进程的实质之所在

最大限度地追求利润和社会效益的心理动机客观上极大地推动了生产力的发展，是与现代生产力呈"指数级"高速增长的特征分不开的，这也是社会现代化进程的实质之所在。

生产力是一切社会发展的最终决定力量，现代社会也不例外。生产力是一种客观的物质力量，"人们不能自由选择自己的生产力——这是他们全部历史的基础，因为任何生产力都是一种既得的力量，以往的活动的产物"。② 生产力的发展决定和制约着社会关系的发展，"人们在发展其生产力时，即在生活时，也发展着一定的相互关系；这些关系的性质必然随着这些生产力的改变和发展而改变。"③

现代社会同以往一切社会相区别的本质地方是生产力发展速度的快慢。传统社会因生产工具简陋，劳动者素质低下等原因，生产力发展十分缓慢；现代社会则不同，"资产阶级在它的不到一百年的阶级统治中所创造的生产力，比过

① 罗荣渠：《现代化新论》，北京大学出版社1993年版，第97~100页。
② 《马克思恩格斯选集》第4卷，人民出版社1995年版，第532页。
③ 同上书，第536页。

去一切世代创造的全部生产力还要多，还要大，自然力的征服，机器的采用，化学在工业和农业中的应用，轮船的行驶，铁路的通行，电报的使用，整个大陆的开垦，河川的通航，仿佛用法术从地下呼唤出来的大量的人口。过去有哪一个世纪能够料想到有这样的生产力蕴藏在社会劳动里呢？"[1] 伴随这一生产力高速增长的是日益激烈的竞争，变革和动荡。这是因为在现代社会，资产阶级除非使生产工具，从而使生产关系，进而使全部社会关系不断的革命化，否则就不能生存下去。而生产的不断变革，一切社会关系不停的动荡，永远的不安定和变动，这就是资产阶级时代不同于过去一切时代的地方。由此可见，无论是从生产力发展本身来讲，还是从体现生产力发展的"动荡、变革"等而论，现代社会不同于传统社会，其中最大的区别莫过于现代社会中那种呈"指数级"增长的生产力，这是社会现代化进程的实质之所在。

5. 实现现代化的有效途径

马克思在《资本论》第 1 卷中明确指出："劳动生产力是由多种情况决定的，其中包括：工人的平均熟练程度，科学的发展水平和它在工艺上应用的程度，生产过程的社会结合，生产资料的规模和效能，以及自然条件。"[2] 根据马克思的这段话可以概括出实现现代化的有效途径包括：

（1）提高人的素质是现代生产力发展的关键。社会现代化的关键在于人的现代化，人是主要的生产力。这是因为，生产力绝不能自发性地发展，只有作为历史主体的人的存在才能创造出生产力，而要创造出呈"指数级"增长的生产力，则必须增强人的体质，提高人的素质主要是科学文化素质。这是因为：第一，劳动者科学知识的增加和生产技术的掌握，极大地提高了人们对客观世界的认识，从而使自己的经济活动自觉地顺乎经济规律、自然规律和社会发展规律，缓和了人与自然的矛盾，减少了盲目性，降低了损失。第二，劳动者科学知识的增加和生产技术的掌握，必将带来科技的推广和新技术、新科学、新材料的应用，必将大大提高劳动生产率，创造更多的社会财富。第三，劳动者素质的不断提高，必将大大提高人口素质，加速人类自身的发展，提高社会的文明程度。因此，为了提高劳动生产力必须提高劳动者的知识和技能。在提高劳动者的素质方面，教育发挥着至关重要的作用。"未来教育对所有已满一定年龄的儿童来说，就是生产劳动同智力和体育相结合，它不仅是提高社会生产的一种方法，而且是造就全面发展的人的唯一方法。"[3]

（2）广泛运用科学技术。马克思指出，"随着大工业的发展，现实财富的

---

①《马克思恩格斯选集》第 1 卷，人民出版社 1995 年版，第 277 页。

②《马克思恩格斯全集》第 23 卷，人民出版社 1975 年版，第 53 页。

③《马克思恩格斯全集》第 23 卷，人民出版社 1972 年版，第 530 页。

创造较少地取决于劳动时间和已耗费的劳动量，较多地取决于在劳动时间内所运用的动因的力量，而这种动因本身……取决于一般的科学水平和技术进步，或者说取决于科学在生产上的应用。"① 马克思还进一步论述了科学技术进步对生产力发展的推动作用，他认为"劳动生产力是随着科学和技术的不断进步而不断发展的"，"生产力的这种发展，归根到底总是来源于发挥着作用的劳动的社会性质，来源于社会内部的分工，来源于智力劳动，特别是自然科学的发展。"② 因此，生产力的发展水平是由科学技术发展的程度决定的，是以一定的科学技术发展程度为基础的。科学技术的发展和应用之所以是提高生产力的关键，是因为：科学技术的发展及其在生产中应用，将推动生产工具的革新和生产方法的改进，促使劳动者熟练程度的提高，促进生产专业化、协作化的发展和劳动组织的改善，促进人们在更大规模上更有效地利用生产资料，更有效地改造自然和利用自然力。

（3）采用新的生产方式：用机器大工业替代传统工场手工业。生产方式的全新变革是现代生产力发展的客观要求。机器大工业的出现极大地推动了生产力的发展，正如马克思所言"自从蒸汽和新的工具机把旧的工场手工业变成大工业以后，在资产阶级领导下造成的生产力就以前所未闻的速度和前所未闻的规模发展起来了"。③ 凭借着大工业生产，"资产阶级在它的不到一百年的阶级统治中所创造的生产力，比过去一切世代创造的全部生产力还要多，还要大"。④

（4）分工和协作能创造出新的生产力。马克思指出，一方面，分工是生产力发展的重要表现。对此，他曾作过这样的概括："一个民族的生产力发展的水平，最明显地表现于该民族分工的发展程度。任何新的生产力，只要它不是迄今已知的生产力单纯的量的扩大（例如，开垦土地），都会引起分工的进一步发展。"⑤ 另一方面，分工也是推动生产力提高的重要手段和途径。

6. 世界现代化发展的最终逻辑结果是社会主义

马克思不仅看到了资本主义生产方式开创现代社会发展的历史必然性和进步性，而且也深刻洞察到了资本主义生产方式具有的不可克服的深刻的内在矛盾性。他科学地揭示了资本主义社会中生产的社会性和资本主义私有制占有形式之间的矛盾。这一矛盾使得以资本主义生产方式为基础的世界历史发展在给人类社会带来史无前例的巨大进步的同时，也使阶级与阶级之间的矛盾、国家

---

① 《马克思恩格斯选集》第 46 卷（下），人民出版社 1980 年版，第 220 页。
② 《马克思恩格斯全集》第 3 卷，人民出版社 1995 年版，第 96 页。
③ 同上书，第 618 页。
④ 《马克思恩格斯选集》第 1 卷，人民出版社 1995 年版，第 277 页。
⑤ 同上书，第 68 页。

与国家之间的矛盾、民族与民族之间的矛盾、人与人之间的矛盾、人与社会之间的矛盾、人与自然环境之间的矛盾愈演愈烈，从而形成了社会的畸形发展与人的异化。

资本主义积累的发展使生产日益社会化，同时，把社会生产资料日益集中在少数人手里。资本越集中，生产社会化的程度越高，社会化大生产与资本主义私人占有形式之间的矛盾，达到了不能相容的地步。这就造成了消灭资本主义私有制的客观必要性。同时，在资本主义积累的过程中，雇佣劳动的人数不断增加，组织性不断增强，无产者的愤怒和反抗也随着他们贫困的加深而增长，迫使他们走上革命斗争的道路。这就造成了消灭资本主义的主观条件。

马克思清楚地看到，在资本主义时代，"每一种事物好像都包含有自己的反面。……机器具有减少人类劳动和使劳动更有成效的神奇的力量，然而却引起了饥饿和过度的疲劳。财富的新源泉，由于某种奇怪的、不可思议的魔力而变成贫困的源泉。技术的胜利，似乎是以道德的败坏为代价换来的。随着人类愈益控制自然，个人却似乎愈益成为别人的奴隶或自身的卑劣行为的奴隶。甚至科学的纯洁光辉仿佛也只能在愚昧无知的黑暗的背景上闪耀。我们的一切发现和进步，似乎结果是使物质力量成为有智慧的生命，而人的生命则化为愚钝的物质力量。"[1] 他还进一步指出，"资产阶级的生产关系和交换关系，资产阶级的所有制关系，这个曾经仿佛用法术创造了如此庞大的生产资料和交换手段的现代资产阶级社会，现在像一个魔法师一样不能再支配自己用法术呼唤出来的魔鬼了。"[2] 这表明，马克思已经对资本主义生产方式的历史容量进行了分析。他认为，"生产资料的集中和劳动的社会化，达到了同它们的资本主义外壳不能相容的地步。这个外壳就要炸毁了。资本主义私有制的丧钟就要响了。剥夺者就要被剥夺了"。[3] 因此，马克思认为，资本主义所开创的现代社会，并不是世界历史的终点，现代化的资本主义发展本身孕育和造就了超越资本主义的可能性。

马克思为此着力探寻了超越资本主义现代化的具体途径，指出超越资本主义现代化的具体途径。他指出，"只有在伟大的社会革命支配了资产阶级时代的成果，支配了世界市场和现代生产力，并且使这一切都服从于最先进的民族的共同监督的时候，人类的进步才不再像可怕的异教神像那样，只有用人头做酒杯才能喝下甜美的酒浆"。[4] 马克思所说的伟大的社会革命就是指在资本主义发展到一定阶段（集中表现为开始妨碍世界现代化的合理化进程）时所进行的社

---

① 《马克思恩格斯选集》第 1 卷，人民出版社 1995 年版，第 775 页。

② 同上书，第 278 页。

③ 《马克思恩格斯全集》第 23 卷，人民出版社 1995 年版，第 831 页。

④ 《马克思恩格斯选集》第 1 卷，人民出版社 1995 年版，第 773 页。

会主义革命。社会主义革命的历史任务是，通过对资本主义生产方式的扬弃来实现对资本主义现代化的历史成果的重新整合与提升，并最终带领人类进入共产主义社会。马克思认为，社会主义和共产主义"通过社会生产，不仅可能保证一切社会成员有富足的和一天比一天充裕的物质生活，而且还可能保证他们的体力和智力获得充分的自由的发展和运用"。① 而且，"社会化的人，联合起来的生产者，将合理地调节他们和自然之间的物质交换，把它置于他们的共同控制之下，而不让它作为一种盲目的力量来统治自己；靠消耗最小的力量，在最无愧于和最适合于他们人类本性的条件下来进行这种物质变换。"② 因此，那些"一直统治着历史的客观的异己的力量，现在处于人们自己的控制之下了。只是从这时起，人们才完全自觉地自己创造自己的历史；只是从这时起，由人们使之起作用的社会原因才大部分并且越来越多地达到他们所预期的结果。这是人类从必然王国进入自由王国的飞跃"。③

由此可见，马克思把对世界现代化及其发展趋势的研究与对社会形态演变发展的历史考察有机结合起来，通过对资本主义现代性的内在矛盾性及其现实悖谬的科学分析，从社会形态更替的角度出发，认为共产主义是以资本主义为载体的世界现代化发展到一定历史阶段时所产生的高于资本主义现代化的崭新的世界现代化形态。马克思的这一思想告诉我们，当无产阶级通过革命取得政权而建立了作为共产主义第一阶段的社会主义社会后，意味着要"运用社会主义的方式和途径，限制、克服和避免资本主义现代化过程的苦难和屈辱，而继承和发展资本主义现代化的一切肯定的成果在巩固和发展已经取得的现代化成果的基础上，全面实现社会主义世界历史时代对资本主义世界历史时代的取代"。④

7. 落后国家实现现代化的理论

第一，不同国家和民族实现现代化的形式是多样的。马克思、恩格斯认为，在现代化发展进程中，生产力和生产关系相互作用过程中的时间和空间两个方面的多变性和复杂性，决定了生产力决定生产关系的一般逻辑不可能按照一种固定的单一的方式来进行。因此，现代化并不局限于欧美资本主义模式，而应当体现为多样性的实现形式。由于实际的现代化进程是以各个国家和民族为单位和载体进行的，现代化在世界历史上的共性最终需要通过不同国家和民族现代化的个性表现出来，民族化就成为现代化的多样性的表现形式。马克思、恩格斯不仅提出而且还探讨了现代化的多种模式问题。他们认为，由于历史传承、

---

① 《马克思恩格斯选集》第3卷，人民出版社1995年版，第757页。

② 《马克思恩格斯全集》第25卷，人民出版社1972年版，第927页。

③ 《马克思恩格斯选集》第3卷，人民出版社1995年版，第758页。

④ 华林、赵秀文：《关于中国特色社会主义现代化的若干分析》，《马克思主义研究》2003年第2期。

人文地理、资源禀赋等方面都不尽相同，即使是比较发达的资本主义国家其现代化模式也并非单一的，落后国家的现代化模式则更有可能与发达资本主义国家现代化模式有很大不同。这说明我国的现代化建设不应该盲目照搬西方发达国家模式，而是要根据我国的国情及所处的时代特征和国际环境，探索符合我国实际的现代化道路和模式。

第二，经济文化相对落后的国家可以直接过渡到社会主义制度。19世纪70年代以后，马克思与恩格斯把关于落后国家向现代社会过渡的问题的焦点移向俄国。也正是在这个时候，他们开始把前现代社会向现代社会过渡的历史问题与这些国家实现社会主义的问题结合在一起。他们把人类社会由低级向高级发展过程中的跳跃结合起来进行考察，提出了经济文化相对落后的国家可以不经过资本主义的苦难而直接进入社会主义社会的理论问题。

马克思在给《祖国纪事》编辑部的信中明确指出，"如果俄国继续走它在1861年所开始的道路，那它将失去当时历史所能提供给一个民族的最好机会，而遭受资本主义制度所带来的一切灾难性的波折。"① 这正是马克思这封信的主旨，即经济文化相对落后的国家可以不经过资本主义道路的痛苦而走上社会主义的道路。经济文化相对落后的国家可以越过资本主义发展阶段而进入社会主义，但必须清醒地看到：经济文化落后的国家建立起社会主义制度后，必须用相当长的时间去实现资本主义阶段所应该完成的生产社会化、商品化、工业化和现代化，及其相应的民主法制建设和科学文化建设任务。这些国家的无产阶级政党对此要有清醒的认识、充分的思想准备和正确的路线政策。看不到这一点，就容易产生失误，就会发生种种挫折。

第三，争取民族独立是落后国家进行正常现代化建设的先决条件。西方资本主义国家以其先进的生产方式和发达的商品经济把落后国家卷入了世界市场中，使落后国家与发达国家之间不可避免地产生日益密切的联系。但马克思看到，这种联系主要是通过发达国家对落后国家进行长期残酷的殖民掠夺和殖民统治来形成和维系的，具有强弱分明的不对等性。因此，一方面，发达资本主义国家通过殖民地的占领，在客观上破坏了落后国家的传统的社会结构体系，并向这些国家输入了新的先进的生产方式，从而一定程度上推动了殖民地国家的现代化。但另一方面，发达资本主义国家主观上并不是一心一意要帮助殖民地国家实现现代化，而是为了实现资本的原始积累，其结果是严重阻碍了殖民地国家的正常发展，给殖民地人民带来了深重的灾难。

马克思指出，"英国在印度要完成双重的使命：一个是破坏性的使命，即消

---

① 《马克思恩格斯选集》第3卷，人民出版社1995年版，第340页。

灭旧的亚洲式的社会；另一个是重建的使命，即在亚洲为西方式的社会奠定物质基础"。① 马克思还进一步指出，"英国资产阶级将被迫在印度实行的一切，既不会使人民群众得到解放，也不会根本改善他们的社会状况，因为这两者不仅仅决定于生产力的发展，而且还决定于生产力是否归人民所有。但是，有一点他们是一定能够做到的，这就是为这两者创造物质前提。难道资产阶级做过更多的事情吗？难道它不使个人和整个民族遭受流血与污秽、蒙受苦难与屈辱就实现过什么进步吗？"② 结果，英国"摧毁了印度社会的整个结构，而且至今还没有任何重新改建的迹象。印度人失掉了他们的旧世界而没有获得一个新世界。"③ 资本主义的海盗式的侵略使马克思清醒地认识到，"在印度人自己还没有强大到能够完全摆脱英国的枷锁以前，印度人是不会收获到不列颠资产阶级在他们中间播下的新的社会因素所结的果实的"。④

三、马克思主义现代化理论的基本特征

1. 注重物质生产发展同人的全面发展的统一

在马克思所处的时代，西方的其他社会学家要么从现代工业生产发展所带来的物质成就出发，高度称赞现代工业文明，并且认为现代资本主义制度是最好的制度；要么从人的全面发展要求出发，针对现代工业所带来的生态危机、社会危机以及道德危机等，认为现代工业导致的是人的畸形发展，不利于人的全面发展，并且认定现代的资本主义制度是最坏的制度。马克思则从历史主体的人及其所从事的物质生产活动出发，把物质生产发展和人的全面发展有机统一起来，站在世界历史的高度上，用社会现代化理论论证了资本主义制度不是当今我们时代遇到的最好的制度同时也不是最坏的制度。

马克思主义认为，物质生产发展是社会发展的最终决定力量，现代工业文明所带来的文明成果为人的全面发展奠定了坚实的物质基础并为之提供了一个全面锻炼的机会。首先，人的全面发展是人的劳动能力的发展，人只有通过生产劳动才能使自己的本质力量外化为对象性产品，人的能力也从而得到确认与发展，现代大工业则为每个人提供了全面发展和展现自己劳动能力的机会与场所。其次，人的全面发展是人的社会关系的全面发展。现代工业社会则为个人积极参与社会生活多种领域和世界交往，以及同整个世界的物质生产和精神生产进行普遍的交换，逐步摆脱个体，地域和民族的狭隘性，形成丰富而全面的

① 《马克思恩格斯选集》第 1 卷，人民出版社 1995 年版，第 768 页。
② 同上书，第 771 页。
③ 同上书，第 762 页。
④ 同上书，第 772 页。

社会关系创造了条件。最后，人的全面发展是人的个性的全面发展。"有个性的个人与偶然的个人之间的差别，不仅是逻辑的差别，而且是历史的事实。"[①] "有个性的个人"，则是指与社会关系，交往条件相适应，对社会关系有自主性的人；而"偶然的个人"则完全相反。现代工业所导致的社会联系的广泛交往机会的扩大促使"偶然的个人"不断地为"有个性的个人"所代替。

单纯的物质生产会导致人的畸形发展、道德沦丧等恶果，这是"历史进步的代价"；但不能因此而全面否定现代工业生产，全面否定资本主义制度。马克思指出"没有哪一次巨大的历史灾难不是以历史的进步为补偿的"。[②] 马克思主义社会现代化思想的出发点和归宿是，"每个人的自由发展是一切人的自由发展条件"。即"达到在保证社会劳动生产力极高度发展的同时，又保证每个生产者个人最全面的发展的这样一种经济形态"。[③]

2. 强调现代化进程的普遍性与特殊性的有机统一

马克思从社会现代化的历史起源、前提、动力、实质、实现途径和发展趋势等方面入手，论证了社会现代化的发生及其在各民族之间的传播并非某种宗教的，不可捉摸的随机性因素的影响所致，而是市场经济发展壮大，市民社会充分发育的必然产物，是社会生产力、分工和世界交换的必然结果。不管人们承认与否，愿意也罢，它都客观存在并以其不可抗拒的发展趋势由中心向外围传播着，这就是社会现代化发展的普遍性，这种普遍性来源于其发展的客观规律性。"问题本身并不在于资本主义生产的自然规律所引起的社会对抗的发展程度的高低。问题在于这些规律本身，在于这些以铁的必然性发生作用并且正在实现的趋势，工业较发达的国家向工业较不发达的国家所显示的只是后者未来的景象。"[④] 这表明，不管各地区、各民族、各国家之间发展差距有多大，最终都将走向现代化，这具有"铁的必然性"，是历史发展的大趋势。

社会现代化是不可抗拒的历史趋势，只有早晚之分，而无可能与不可能之分。但各国、各地区由于具有不同的历史文化积淀，有不同的特长和不同的现实条件，这就决定了各民族国家走向现代化的道路，实现现代化的方式不可能千篇一律，而是异彩纷呈，百花齐放。这就是社会现代化发展的特殊性，这种特殊性就是实现社会现代化的方式的多样性。晚年马克思对东方社会发展道路极为关注就表明了这一思想。

---

① 《马克思恩格斯选集》第 1 卷，人民出版社 1995 年版，第 122 页。

② 《马克思恩格斯选集》第 39 卷，人民出版社 1976 年版，第 149 页。

③ 《马克思恩格斯选集》第 3 卷，人民出版社 1995 年版，第 342 页。

④ 《马克思恩格斯选集》第 23 卷，人民出版社 1972 年版，第 8 页。

3. 以唯物史观为指导，坚持科学原则与价值观原则的有机统一

马克思、恩格斯以唯物史观为指导，从社会存在决定社会意识的原理出发，认为人与自然之间、人与人之间在生产过程中形成的物质交往关系是客观的、不以人的意志为转移。并从分析商品入手，先后发现了价值规律以及剩余价值规律，在此基础上更进一步地发掘出了社会现代化的动力、实质、实现途径、发展趋势等，所有这些充分体现了马克思的科学原则，也就是理性原则和逻辑原则。

然而，光凭科学的实证原则很难全面地把握社会现代化进程中的一切问题，譬如，由物质生产和科技发展而带来的价值危机、道德危机问题；再如，最大限度的利润和社会效益是社会现代化的动力系统的核心内容，但如果没有人的主观动机，它也不能自发起作用。这就涉及人的伦理价值观，马克思在研究社会现代化的过程中，成功地运用了这一价值观原则，例如现代化的动力看上去好似强调唯意志，实际上其内容是客观的，面对现代化工业带来的道德危机等，马克思一方面肯定了现代工业的重大革命意义，另一方面又从人的"终极关怀"的层面上提出了可持续发展这一客观原则。①

由此可见，科学原则和价值原则具有互补性，单纯从一种原则出发来研究社会现代化很可能会导致唯生产力论或唯意志论，马克思一开始就把物的发展同人的发展有机统一起来，作为研究的出发点，科学原则和价值观原则在其社会现代化理论中实现了有机统一，取得了相得益彰之效果。

第三节　马克思主义现代化理论与西方现代化理论的比较

一、西方现代化理论概述

西方国家作为现代化先行国家，在实现从传统的农业社会向现代工业社会转变的历史进程中，也相应地形成了一整套的西方现代化理论。西方现代化理论在推进西方现代化进程中发挥了非常重要的作用，它在总结发达国家现代化经验和教训的基础上，揭示了现代化的规律和实现现代化的政策建议，对发展中国家的现代化实践具有重要的启示意义。

---

① 谭来兴：《中国现代化道路探索的历史考察》，人民出版社 2008 年版，第 52～55 页。

1. 西方现代化理论的主要特征

西方现代化理论主要包括政治学流派、经济学流派、社会学流派、人文心理学流派、制度比较流派。这五种流派在具体的观点上差别较大，但在研究方法和结论上有很多相同的地方，其主要特征包括：

第一，将人类社会的发展过程抽象概括为传统社会与现代社会两个阶段，简单地认定西方社会即现代社会，西方社会所具有的特征即现代社会的特征，现代社会及其特征的对立面即传统社会及其特征。越符合这些现代社会的特征，就越接近于现代社会，反之就偏离了现代社会。

第二，认为现代化就是西方化的过程，非西方社会实现现代化的唯一途径就是照搬西方的模式。西方现代化理论认为，西方的现代化是由其本身的政治制度、社会结构和文化传统组成的，是一个自发的过程。而非西方社会仅靠其内部的自发变化很难实现现代化，因此需要引进、输入西方的文明机制，把它们消化、吸收成为自己文明的一部分。各国都将遵循同一道路，即沿袭西方先进资本主义国家走过的道路循序发展。各国在现代化过程中将出现"趋同"现象，形成同一的经济基础、政治制度、价值体系等，也就是说，现代化是西方化的同义语。

第三，把非西方不发达社会未能实现现代化的原因归结为其内部的制度和观念的落后。因此落后国家的现代化应当是制度和观念的西化。不发达国家要向西方学习私有化经济、自由市场理念、系统社会结构、公民社会、法治国家、自治团体、政党政治等。这一点在英格尔斯的"人的现代化"理论及艾森斯塔德的现代化理论中表述得很充分。英格尔斯认为，正因为西方人大都具有现代性，即具有那种有助于现代化的人的价值观念和行为取向，所以才实现了现代化，而非西方社会的人由于不具备这些特性，因而就成了现代化发展的障碍。所以，非西方社会要实现现代化，其民众必须具备现代性。艾森斯塔德则认为西方社会之所以率先进入现代社会，其根本原因就在于发达国家的社会结构和文化的变形能力较强，而发展中国家的变形能力较弱。

第四，认为社会发展变化是线性的，现代化只有一种模式，即西方模式。任何社会都会经历同样的发展过程，不同的是西方国家先走了一步；而非西方不发达国家由于其内部的原因起步较晚，而落后于西方国家。只要非西方不发达国家积极输入和引进西方文明，沿着西方发达国家走过的路前进，就一定能够赶上西方国家的发展水平。

2. 西方现代化理论的缺陷

西方现代化理论的基本观点与马克思主义是根本对立的，在学术观点上也存在严重的缺陷。

第一，对不发达国家未能实现现代化原因的分析，违背了历史唯物主义的基本原则。非西方不发达社会未能实现现代化的原因归结为其内部的制度和观念的落后。这种观点违背了历史唯物主义探寻社会发展原因的根本原则：一切社会变化发展的最终原因不应该在人们的头脑中去寻找，而应在生产方式和交换方式的变更中去寻找。社会发展的原动力不在于人们思想观念的落后，而在于社会经济生产方式的变化。制度和思想观念的变化是以经济发展为基础的，它们又对经济基础产生反作用。

第二，把现代化理解为西方化的观点违背了文化多元性原理。西方现代化理论认为，西方国家尤其是美国发展模式是普遍适用的，欠发达国家主要按照西方的民主、自由、理性等基本精神及有关制度架构来推行现代化，一定可以迎头赶上。但是，该观点却与文化多元性原理相背离。文化多元性原理表明，一定社会的文化是与该社会特定的环境和历史联系在一起的。由于各个社会所面临的自然环境和社会环境具有很大差异，因此其文化形态也具有很大的差异。随着社会的进步和发展，文化的环境会越来越复杂、越来越多样化，文化之间的差异会越来越大。不发达国家的历史、文化传统、经济基础同西方发达国家差异很大，不能简单地搬用西方现代化模式。

第三，不发达国家难以走与西方国家相同的道路。西方现代化理论认为，西方发达国家所经历的历史将会是欠发达国家也就是不发达国家实现现代化的必由之路，而非西方不发达国家目前所处的状态相当于西方国家实现现代化以前的某一个阶段。这种观点是错误的。西方发达国家作为现代化的先行者，固然有很多宝贵的经验以供后来者学习，但并不等于不发达国家只能走西方发达国家所走过的道路。实际上，不发达国家今天所面临的发展环境是无法与西方发达国家早期现代化所面临的发展环境相提并论的。首先，西方国家现代化过程中没有遭受过殖民掠夺和殖民统治；其次，非西方不发达国家无法像西方国家早期现代化那样侵占别国市场、掠夺别国资源，反而不得不与强大的西方发达国家进行竞争；最后，今天的不发达国家面临着西方国家现代化过程中不曾面临的全球环境退化、资源短缺等问题，从而增加了其现代化的困难。

第四，西方现代化理论在实践中出现了问题。当西方现代化理论作为联合国"两个发展十年"（1960～1980年）的发展战略在实践中实施于发展中国家时，其西方中心主义方法的破坏作用就在实践中表现出来。这些发展中国家片面地否定传统文化，结果破坏了该民族的文明传统，从而造成了环境污染、贫富差距扩大、道德沦丧等一系列严重的社会问题。同时，在自由主义、个人主义旗帜之下，一些低级、粗俗、污秽的文化在许多国家蔓延开来，吸毒、地下娼妓、黄色书刊在社会上泛滥。所有这一切现代化通病严重影响了社会的正常运行。"两个发展十年"战略的失败和当代南北差异的进一步扩大，标志着西方现代化理论难以用于指导发展中国家的现代化实践。

以上就是西方现代化理论的缺陷，但不能因为其存在缺陷就否定该理论，而是要吸取其科学合理的成分用于不发达国家的现代化实践。

二、马克思主义现代化理论与西方现代化理论的比较

1. 马克思主义现代化理论与西方现代化理论的差别

由于研究者本身的立场不同、理论产生的历史背景不同以及开展理论研究的方法不同，马克思主义现代化理论与西方现代化理论之间存在本质的区别。

第一，二者划分"传统社会"和"现代社会"的标准不同。西方现代化理论只是认为西方社会就是现代社会，与西方社会特征差距很大的社会就是传统社会。马克思主义创始人也承认传统社会和现代社会的划分，但是其划分标准不同于西方现代化理论。马克思不是以西方社会作为划分两种社会的尺度，而是以生产方式的变化作为划分的依据，即从生产方式的比较出发，研究传统社会与现代社会的具体差别及其演进方式。

第二，二者在西方国家对非西方不发达国家现代化进程所起的影响上持不同观点。西方现代化理论认为西方国家是非西方不发达国家的榜样，并且会对它们提供援助，这样将会使其摆脱贫穷落后的状态，进入富裕文明的现代社会，而西方国家历史上对它们的掠夺和侵略好像从来不曾有过。马克思则以辩证的态度分析了西方国家对落后国家现代化的影响，认为西方国家对落后国家现代化的影响是双重的。

第三，二者在非西方不发达国家实现现代化的模式上持不同观点。西方现代化理论认为，西方发达国家的发展历程，就是非西方不发达国家实现现代化的必由之路；而非西方不发达国家目前所处的状态相当于西方国家实现现代化以前的某一个阶段。马克思主义创始人则一贯强调现代化模式的多样性和可选择性。他先后探讨了亚细亚社会不同于西方国家的独特发展道路；探讨了俄国公社可以不经过资本主义的"卡夫丁峡谷"直接过渡到未来社会的可能性；探讨了某些民族独特的血亲关系、家庭关系在社会发展中的重大作用；探讨了西方社会各个国家实现现代化过程中所走过的不同道路；等等。

第四，二者对现代化的动因持不同观点。西方现代化理论从各自学科的角度出发，提出了各种观点。这些观点从某一个角度对现代化的动因作了深刻的分析。尽管这些分析在一定程度上能够解释现代化的动因，但不同程度上存在一些缺陷，比如在分析现代化动因时，都忽视国内制度与国际关系的影响，理论过于理想化和简单化。马克思主义创始人认为，社会作为一个复杂的有机体，其发展的动因很难简单地归结为某一种或几种因素，而实际上是各种因素交互的结果，

其中经济因素是最基本、最有决定性的因素。马克思主义创始人还强调经济因素并不是唯一的因素，社会的发展是众多因素、多种动力共同起作用的结果。各种动力既有各自相对独立的运动规律和独特的作用，又彼此相互影响、相互作用，按照一定的规律结合成一个整体——动力系统，从而以巨大的合力推动社会进步。在具体论述社会发展的动因时，马克思运用了"生产方式"这个新概念。马克思主义认为，生产方式包括生产力和生产关系这两个相互作用的方面，每种既定的社会生产方式都是生产力和生产关系在一定历史过程中的结合。伴随着现代生产方式而来的新的环境、机制、手段等相互作用，汇成了现代化运动的强大动力。

2. 马克思主义现代化理论与西方现代化理论的共同点

尽管马克思主义现代化理论与西方现代化理论具有本质的区别，但是它们也有一些共同点。罗荣渠（1993）总结了二者的共同点，他认为二者的共同点表现在：一是理论基础都受社会进化论的影响，都相信人类历史会不断进步。二是都认为西方资本主义文明在当时代表人类文明的最高水平。三是都有综合的视野和方法，把历史、社会、政治、经济、文化等知识结合起来，对研究的对象予以整体的考察。四是对现代社会特征的描述极为相似，马克思认为现代社会的特征是发达的商品经济、生产资料的集中和劳动的社会化、工业化、乡村的城市化、最发达和最复杂的生产组织、机器的采用加剧社会内部分工等，西方现代化理论则认为现代社会的特征是发达的市场经济和货币经济、生产组织的合理化、工业化、城市化、科层化、专业化与分工的社会等。五是二者都认为科学技术在现代化进程中起到了关键作用。六是二者都认为西方国家对落后国家具有正面影响。马克思尽管强调了西方国家对落后国家的双重影响：破坏与建设的使命，但也承认破坏引起社会革命，为西方式的社会奠定物质基础。[①]

第四节 马克思主义现代化理论在新中国的实践与发展

一、新中国成立之后的社会主义现代化道路

1. 新中国成立之后对社会主义现代化道路的探索

新中国成立之后，在现代化道路的选择上，我国起初仿效了苏联的社会主

---

① 罗荣渠：《现代化新论》，北京大学出版社1993年版，第85、86页。

义现代化模式。其主要特点包括：第一，社会主义公有制是所有制的唯一形式，把公有制、国有化作为现代化模式创新的决定性因素。第二，指导方针上，选择优先发展重工业的现代化战略。第三，经济体制上，实行国家指令性计划和有限市场相结合的经济调节体系。第四，管理体制上，是高度集权的国家权力统制形式。

通过仿效"苏联模式"，我国初步形成了社会主义工业化的基础，初步建立了一个比较完整的国民经济体系。但是在推行"苏联模式"的过程中，党中央和毛泽东发现这种模式不适合中国的具体国情：中国的人口压力大，教育水平低，现代工业基础非常薄弱，不适合优先发展重工业；高度集中的计划体制统得太死、管得太严，不利于地方和企业发挥主动性；分配上的平均主义影响了劳动者积极性的发挥。因此，毛泽东明确指出，应该把马克思主义的基本原理同中国革命的具体实际结合起来，探索符合中国国情的社会主义现代化道路。

1956 年，毛泽东发表了《论十大关系》，这是探索中国社会主义工业化道路的开山之作。在文章中，毛泽东把处理重工业和轻工业、农业的关系放在十大关系的首位，他认为在重点发展重工业的同时，要更多地发展农业和轻工业。随后，毛泽东在《关于正确处理人民内部矛盾问题》的讲话中，提出了"中国工业化道路"问题，并且把农、轻、重的关系作为中国工业化道路的主要问题。后来，毛泽东又进一步提出了以农轻重为序发展国民经济的思想。毛泽东的这些观点突破了苏联优先发展重工业、忽视轻工业和农业的做法，从而实现了社会主义现代化道路的重大突破。

在探索符合中国国情的社会主义现代化道路过程中，党中央和毛泽东对现代化的目标、步骤、道路和动力等方面还进行了深入的探索，取得了如下成果：

第一，关于现代化的战略目标。在 1954 年之前，党中央和毛泽东把现代化等同于工业化，比如在 1953 年，党中央正式提出把"逐步实现国家的社会主义工业化"[①]作为我国过渡时期总路线的一个基本内容。1954 年，周恩来在第一次全国人民代表大会上所作的《政府工作报告》指出："如果我们不建设起强大的现代化工业、现代化农业、现代化的交通运输业和现代化的国防，我们就不能摆脱落后和贫困，我们的革命就不能达到目的。"[②]这标志着我们党制定的现代化目标开始从工业现代化到四个现代化的转变。之后，党中央和毛泽东逐步扩展现代化的内涵，最后在 1964 年全国人大三届一次会议的《政府工作报告》中，正式提出："要在不太长的历史时期内，把我国建设成为一个具有现代农

[①]《毛泽东著作选读》（下），人民出版社 1986 年版，第 704 页。

[②]《周恩来选集》（下卷），人民出版社 1984 年版，第 132 页。

业、现代工业、现代国防和现代科学技术的社会主义强国，赶上和超过世界先进水平。"①至此，"四个现代化"成为我国社会主义现代化的战略目标。

第二，关于现代化的战略步骤。在新中国成立初期，党中央对社会主义现代化的长期性有着充分的认识。但是20世纪50年代中期以后，由于受国际共产主义运动中盲目赶超，以及国内"大跃进"和人民公社化运动的影响，毛泽东认为"我国在工农业生产方面赶上资本主义大国，可能不需要从前设想的那样长时间了"。1958年5月，毛泽东进一步提出了"7年超过英国，15年赶上美国"的口号。这一口号严重脱离中国国情。"大跃进"失败之后，党中央认识到实现现代化所需要的时间比过去估计的要长，并于20世纪60年代中期提出了两步走战略："第一步建立独立的比较完整的工业体系和国民经济体系；第二步全面实现农业、工业、国防和科学技术现代化，使我国的经济走在世界前列。"②

第三，关于现代化的动力。毛泽东认为，社会主义社会的基本矛盾仍然是生产力与生产关系、经济基础与上层建筑之间的矛盾，"正是这些矛盾推动着我们的社会向前发展"。这些矛盾与旧社会的矛盾具有根本不同的性质，它们可以通过社会主义制度的不断调整和完善加以解决。通过不断变革和完善社会主义制度，就能够在更高水平上与生产力发展相适应，从而推动社会主义现代化建设。

第四，关于现代化建设的原则。毛泽东认为，只有独立自主，才能取得现代化的主动权，才能在关键技术领域赶超世界先进水平。即使在三年严重经济困难时期，党中央和毛泽东仍然提出要"自力更生为主，争取外援为辅"的口号。20世纪60年代初，党中央又把建立独立的比较完整的工业体系和国民经济体系放在首位，作为战略部署的第一步。在坚持独立自主搞社会主义现代化建设的同时，党中央和毛泽东还提出"向国外学习"的口号。这表明独立自主并不是要排斥外国的经验，而是向一切国家和民族学习先进的科学和经验。

2. 新中国成立之后的社会主义现代化道路所产生的失误

尽管新中国成立之后的社会主义现代化道路取得了一定成就，但也不可避免地出现了一些重大的失误，正如邓小平所说："中国社会从一九五八年到一九七八年二十年时间，实际上处于停滞和徘徊状态，国家的经济和人民的生活没有得到多大的发展和提高。"③具体来说，这些失误包括：

第一，对当时中国社会的主要矛盾作出了错误判断。由于受当时社会主义阵营内一些国家动荡的影响，毛泽东开始认为中国社会的主要矛盾是无产阶级与资产阶级的矛盾、社会主义道路与资本主义道路的矛盾。这导致毛泽东和党

①②《周恩来选集》（下卷），人民出版社1984年版，第439页。
③《邓小平文选》第3卷，人民出版社1993年版，第237页。

中央提出以"阶级斗争为纲",从而把阶级斗争严重地扩大化、绝对化,并且导致了"文化大革命"这场 10 年动乱。在这 10 年期间,中国社会在政治上陷入严重的混乱状态,国民经济滑到了崩溃的边缘,中国的现代化进程受到了严重的挫折。

第二,没有正确处理现代化进程中经济和政治的关系。毛泽东和党中央没能够处理好政治与经济的关系,过分地看中政治对经济的反作用,极端重视生产关系对生产力的反作用,企图通过不断地调整生产关系,即通过不断提高所有制的公有化程度来促进生产力的发展。结果适得其反,我国的社会生产力不仅没有随着公有化程度的提高而飞速发展,反而出现了严重的衰退。

第三,经济建设急于求成。党中央和毛泽东对社会主义现代化建设的艰巨性和长期性认识不足,轻率地发动"大跃进"运动。先是农业大跃进,然后引发工业大跃进。大跃进以"赶美超英"为目标,以大炼钢铁为中心,以高速度、高指标、"共产风"、浮夸风、瞎指挥为主要特征。"大跃进"严重违背了经济发展的客观规律,给我国经济、政治、思想文化、社会生活和人民的身心健康带来了极其恶劣的影响。

二、有中国特色的社会主义现代化道路

1. 改革开放之后的社会主义现代化道路

党的十一届三中全会以后,党的第二代中央领导集体把继承、坚持与发展、创新辩证地结合在一起,提出了一些具有深远理论意义的理论原则。

第一,提出中国社会主义现代化建设必须以经济建设为中心。在党的十一届三中全会上,党的第二代中央领导集体决定停止使用"以阶级斗争为纲"的口号,开始了从"以阶级斗争为纲"到"以经济建设为中心"的历史性转变。邓小平指出:"经济工作是当前最大的政治,经济问题是压倒一切的政治问题。不只是当前,恐怕今后长期的工作重点是要放在经济工作上面。"[①]"要加紧经济建设,就是要加紧四个现代化建设。四个现代化,集中起来讲就是经济建设。"[②] 党的第二代中央领导集体强调实现四个现代化是党和国家长期的工作中心,而实现四个现代化的关键是发展经济,从根本上抓住了实现社会主义现代化的关键。

第二,逐步形成社会主义初级阶段的理论。在十一届三中全会以前,党中央在社会主义现代化建设中出现重大失误的重要原因之一,就是没有认清我国社会主义所处的历史阶段,从而制定出一些不切实际的政策。十一届三中全会

---

① 《邓小平文选》第 2 卷,人民出版社 1994 年版,第 194 页。
② 同上书,第 240 页。

后，党中央在总结国内国际社会主义实践经验教训的基础上，开始了社会主义初级阶段理论的探索。1987 年，党的"十三大"报告以社会主义初级阶段理论作为报告全部立论的基础，系统地阐述了社会主义初级阶段的基本含义、基本特征、根本任务和指导方针等。所谓初级阶段就是不发达阶段，就是像中国这样经济文化落后的国家，在进入马克思所设想的发达社会主义社会之前，所经历的特定的历史阶段，还必须在社会主义条件下经历一个相当长时间去实现工业化、市场化和现代化。这是不可逾越的阶段，至少需要上百年的时间。社会主义初级阶段理论的形成，成为党制定路线、方针和政策的立足点和出发点。

第三，对社会主义的本质作出了崭新的界定。早在改革开放之初，邓小平就指出："社会主义是个很好的名词，但是如果搞不好，不能正确理解，不能采取正确的政策，那就体现不出社会主义的本质。"[①] 后来，邓小平在发表南方谈话时，对"社会主义本质"进行了集中的表述："社会主义的本质，是解放生产力，发展生产力，消灭剥削，消除两极分化，最终达到共同富裕。"[②] 这段表述包含三个层次的内容，构成了社会主义本质论的完整理论体系。第一层次是解放生产力、发展生产力。这是社会主义制度得以巩固和发展的物质前提和根本途径。只有"解放生产力，发展生产力"，才能消灭剥削，消除两极分化，最终达到共同富裕。第二层次是"消灭剥削，消除两极分化"。这个规定，确保生产力发展的社会主义方向，使生产发展成果属于人民，为生产力的持续发展和实现共同富裕创造条件、开辟道路。第三层次是"最终达到共同富裕"。这是社会主义的根本目标，是解放生产力、发展生产力、消灭剥削、消除两极分化的出发点和归宿。社会主义本质论的这三个层次互为条件，互为前提，紧密联系，不可分割。

第四，对计划与市场的关系的认识有了重大突破。马克思主义理论对落后国家建立社会主义之后，应该建立什么样的经济体制并没有作出具体论述。而我国改革开放前的社会主义现代化建设则将计划等同于社会主义，将市场等同于资本主义。党的第二代中央领导集体针对长期以来把计划和市场对立起来的看法，提出计划和市场都是经济手段，而不是区分"姓资"和"姓社"的标准。邓小平指出："计划多一点还是市场多一点，不是社会主义与资本主义的本质区别。计划不等于社会主义，资本主义也有计划；市场不等于资本主义，社会主义也有市场。计划和市场都是经济手段。"[③]"我们过去一直搞计划经济，但多年的实践证明，在某种意义上来讲，只搞计划经济会束缚生产力的发展。把计

---

① 《邓小平文选》第 3 卷，人民出版社 1993 年版，第 313 页。
② 同上书，第 373 页。
③ 《邓小平文选》第 3 卷，人民出版社 1993 年版，第 373 页。

划经济和市场经济结合起来，就更能解放生产力，加速经济发展。"① 邓小平对计划和市场关系的认识，从根本上解决了把社会主义与市场经济对立起来的思想束缚，对我国经济改革产生了极大的推动作用，成为我们党制定改革方向和目标的基本理论依据。

2. 20 世纪 90 年代的社会主义现代化道路

20 世纪 80 年代末 90 年代初，东欧剧变，苏联解体，国际社会主义运动遭到空前的挫折。中国的社会主义现代化建设面临着严峻的形势。在这种外部环境下，党的第三代中央领导集体不断开拓进取，提出了很多新思路和新见解，拓展和完善了有中国特色的社会主义现代化道路。

第一，提出经济体制改革的目标是建立社会主义市场经济体制，以市场经济推动中国经济现代化。在 1992 年 10 月党的"十四大"上，党中央提出："我国经济体制改革的目标是建立社会主义市场经济体制，以利于进一步解放和发展生产力"，"我们要建立的社会主义市场经济体制，就是要使市场在社会主义宏观调控下对资源配置起基础作用。"② 随后，党的十四届三中全会通过了《关于建立社会主义市场经济体制若干问题的决定》，把"十四大"确立的目标、原则和要求等加以具体化、系统化，提出了国有企业转换经营机制，建立现代企业制度，培育和发展市场，转变政府职能，建立宏观调控体系，推进财政、税收、金融等各方面的改革，勾画了社会主义市场经济体制的基本框架。在党的第三代中央领导集体的领导下，21 世纪初我国初步建立了社会主义市场经济体制。

第二，提出实现经济增长方式的根本性转变。江泽民指出："正确处理速度和效益的关系，必须更新发展思路，实现经济增长方式从粗放型向集约型转变。""这种转变的基本要求是，从主要依靠增加投入、铺新摊子、追求数量，转到主要依靠科技进步和提高劳动者素质上来，转到以经济效益为中心的轨道上来。"③ 这就是说，把扩大再生产的方式从外延为主转移到内涵为主的轨道上来，是解决当前经济发展中诸多矛盾的必然要求。

第三，制定了未来 50 年的新"三步走"战略发展目标。在党的"十五大"上，党的第三代中央领导集体提出新的"三步走"发展战略："展望下世纪，我们的目标是，第一个 10 年实现国民生产总值比 2000 年翻一番，使人民的小康生活更加宽裕，形成比较完善的社会主义市场经济体制；再经过 10 年的努力，到建党一百年时，使国民经济更加发展，各项制度更加完善；到下世纪中叶建

① 《邓小平文选》第 3 卷，人民出版社 1993 年版，第 148、149 页。
② 《十四大以来重要文献选编》，人民出版社 1996 年版，第 18、19 页。
③ 同上书，第 1462、1463 页。

国 100 年时，基本实现现代化，建成富强民主文明的社会主义国家。"① 这个新"三步走"战略，是对邓小平"三步走"战略中第三步的进一步深化和展开。

第四，建立了科教兴国发展战略。所谓"科教兴国战略"是指"全面落实科学技术是第一生产力的思想，坚持教育为本，把科技和教育摆在经济、社会发展的重要位置，增强国家的科技实力及其向现实生产力转化的能力，提高全民族的科技文化素质，把经济建设转移到依靠科技进步和提高劳动者素质的轨道上来，加速实现国家繁荣昌盛"。② 1995 年 5 月 6 日颁布的《中共中央国务院关于加速科学技术进步的决定》，首次提出在全国实施科教兴国的战略。江泽民在会上指出："科教兴国，是指全面落实科学技术是第一生产力的思想，坚持教育为本，把科技和教育摆在经济、社会发展的重要位置，增强国家的科技实力及实现生产力转化的能力，提高全民族的科技文化素质。"同年，中国共产党第十四届五中全会在关于国民经济和社会发展"九五"计划和 2010 年远景目标的建设中把实施科教兴国战略列为今后 15 年直至 21 世纪加速我国社会主义现代化建设的重要方针之一。

3. 新世纪的社会主义现代化道路

进入 21 世纪以来，以胡锦涛为总书记的党中央敏锐地把握人类发展观念的演变趋势，立足于全面建设小康社会的奋斗目标和中国社会主义现代化建设的长期任务，在全面分析中国经济社会发展现状和问题的基础上，党中央在"十六大"上明确提出了中国新世纪实施社会主义现代化建设第三步战略部署特别是在 21 世纪头 20 年全面建设小康社会的目标和任务。党中央在十六届三中全会进一步明确提出了"坚持以人为本，树立全面、协调、可持续的发展观，促进经济社会和人的全面发展"，强调"按照统筹城乡发展、统筹区域发展、统筹经济社会发展、统筹人与自然和谐发展、统筹国内发展和对外开放的要求"，推进改革和发展。这就全面、完整地提出了新世纪中国社会主义现代化建设新的科学发展的指导思想。具体来说，科学发展观理论的主要内容包括：

第一，促进全面发展是科学发展观的重要内容。胡锦涛在 2004 年中央人口资源环境工作座谈会上的讲话指出，"全面发展，就是要以经济建设为中心，全面推进经济、政治、文化建设，实现经济发展和社会全面进步"。全面发展要求在加快物质文明建设的同时，加快政治文明和精神文明的建设，形成三个文明相互促进、共同发展的格局。

第二，保持协调发展是科学发展观的基本原则。胡锦涛在 2004 年中央人口

---

① 《十五大以来重要文献选编》，人民出版社 2000 年版，第 4 页。
② 《十四大以来重要文献选编》，人民出版社 1996 年版，第 1385 页。

资源环境工作座谈会上的讲话中指出"协调发展，就是要统筹城乡发展、统筹区域发展、统筹经济社会、统筹人与自然和谐发展、统筹国内发展和对外开放，推进生产力和生产关系、经济基础和上层建筑相协调，推进经济、政治、文化建设各个环节、各方面相协调"。

第三，以人为本是科学发展观的本质和核心。温家宝在树立和落实科学发展观专题研究班结业式上的讲话中指出，"坚持以人为本，这是科学发展观的本质和核心"。胡锦涛在 2004 年中央人口资源环境工作座谈会上的讲话中进一步指出："坚持以人为本就是要以实现人的全面发展为目标，从人民群众的根本利益出发谋发展、促发展，不断满足人民群众日益增长的物质文化需要，切实保障人民群众的经济、政治和文化权益，让发展的成果惠及全体人民。"

第十三章 马克思主义经济全球化理论新探

自 20 世纪 80 年代开始，世界经济发展中出现的一个重要现象是全球经济以前所未有的速度紧密联系在一起，经济全球化成为最为重要的时代特征。研究经济全球化的成因及表现，探索经济全球化的本质和影响，无疑是马克思主义经济学的重要任务，也是丰富和发展马克思主义关于资本主义全球化理论的必由之路。

第一节 经济全球化的形成及表现

一、经济全球化的含义

关于经济全球化的含义有多种解释。经合组织（OECD）首席经济学家奥斯特雷认为，经济全球化主要是指生产要素在全球范围内的广泛流动，实现资源最佳配置的过程。

国际货币基金组织（IMF）对经济全球化的定义是："跨国商品及服务贸易与国际资本流动规模和形式的增加，以及技术的广泛迅速传播使世界各国经济的相互依赖性增强。"[1]

德国学者卡尔·巴奎指出，经济全球化可以理解为是"以贸易联系的紧密程度为基准的。根据这个理解，世界出口率越高，跨国贸易额在世界生产中的比重越大，世界经济就越强烈地表现出全球化趋势"。[2]

另一位德国学者于尔根·弗里德里希斯认为，全球化的过程是一种不断强化的网络化。他把这种不断强化的网络化归结为三点：一是依赖性增强。即经

---

[1] 国际货币基金组织：《世界经济展望》，中国金融出版社 1997 年版。
[2] 雷达、于春海：《走进经济全球化》，中国财政经济出版社 2001 年版。

济活动的网络化对于参与者都产生反作用，全球化经济的发展不仅调控各民族的发展，而且还调控各城市与地区的发展。二是转移的便利。由于科技产业革命所导致的信息传递成本、运输成本大幅度降低，跨国公司把它的生产部门及部分服务监督职能机构转移到低工资成本的国家，以便获取更大利润。信息技术、运输技术越是发展，这种国际网络就越是扩大。三是集中化趋势。随着全球化趋势的迅猛发展，企业的各部分业务活动转移到世界各地的许多生产基地，对于监督控制和协调工作的要求也就越强烈。而这种协调组织工作的任务也就更多地集中到少数几个国家的主要城市，使这些地方发展成为极其专业化的中心。

尽管上述观点对经济全球化现象的表述存在一定差异，但基本点还是一致的，那就是都强调了世界各国之间的经济联系越来越密切这样一个客观事实。基于此，可以对经济全球化做这样的表述：经济全球化是以资本、技术、信息等各类生产要素在全球范围内进行流动和配置，各国经济相互联系、相互依赖的一体化过程。它具体表现为：贸易自由化程度提高、金融国际化趋势增强、全球生产经营网络形成、区域经济集团化向纵深发展、世界各国在有关全人类共同关心的资源问题、环境问题等方面的合作与联系日益加强等。

二、马克思关于经济全球化的观点

严格地讲，经济全球化并不完全是一个新的现象，事实上，自从资本主义来到这个世界以后，经济全球化的过程就开始了。经济的全球化是与资本主义生产方式在全球的扩展相伴随的。经济的全球化是资本主义生产方式运动和发展的必然产物。

早在 100 多年以前，马克思和恩格斯在《共产党宣言》中就对资本主义生产方式在经济全球化过程中的革命性作用有过明确论述，他们指出：“资产阶级，由于一切生产工具的迅速改进，由于交通的极其便利，把一切民族甚至最野蛮的民族都卷到文明中来了。”“不断扩大产品销路的需要，驱使资产阶级奔走于全球各地，它必须到处落户，到处开发，到处建立联系。资产阶级，由于开拓了世界市场，使一切国家的生产和消费都成为世界性的了。”“过去那种地方的和民族的自给自足和闭关自守状态，被各民族的各方面的互相往来和各方面的互相依赖所代替了。”资产阶级“按照自己的面貌为自己创造出一个世界。”[1] 在马克思和恩格斯看来，“创造世界市场的趋势已经直接包含在资本的概念本身中。任何界限都表现为必须克服的限制。”[2] “资本一方面要力求摧毁交往即交

---

[1]《马克思恩格斯选集》第 1 卷，人民出版社 1995 年版，第 276 页。
[2]《马克思恩格斯全集》第 30 卷，人民出版社 1972 年版，第 388 页。

换的一切地方限制，征服整个地球作为它的市场，另一方面它又力求用时间去消灭空间，就是说，把商品从一个地方转移到另一个地方所花费的时间缩减到最低限度。"① "资产阶级社会的真实任务是建立世界市场（至少是一个轮廓）和以这种市场为基础的生产。"② 资产阶级创造全球市场完全是出于最大限度地攫取剩余价值的贪婪本性，但是，当它这样做的时候，它却成了推动历史发展的不自觉的工具，它为实现"每个人的自由发展是一切人的自由发展的条件"③ 的共产主义社会奠定了物质基础。马克思对资产阶级的历史使命作了这样的概括："资产阶级历史时期负有为新世界创造物质基础的使命：一方面要造成以全人类互相依赖为基础的普遍交往，以及进行这种交往的工具，另一方面要发展人的生产力，把物质生产变成对自然力的科学统治。资产阶级的工业和商业正为新世界创造这些物质条件，正像地质变革创造了地球表层一样。"④ 资本主义作为一种社会制度，是在历史上产生的，也必将在历史上走向灭亡。事实上，经济全球化一方面为资本主义的全球扩张创造了有利条件，另一方面，经济全球化各种内在矛盾也将以不可抗拒的力量推动资本主义在全球范围内的解体，最终被社会主义所取代。尽管这需要一个相当长的历史发展过程，但最终结局是确定不移的。

三、经济全球化的形成和发展过程

15 世纪初，随着商品经济的发展，在地中海沿岸出现了资本主义的萌芽，意大利北部的城市，如威尼斯、热那亚等已成为欧洲贸易中心。15 世纪末至 16 世纪初，地理上的大发现以及海外殖民地的开拓，使欧洲贸易中心从地中海扩展到大西洋沿岸，如葡萄牙的里斯本、尼德兰（今荷兰）的安特卫普、英国的伦敦等先后成为繁华的国际贸易港，它们的贸易范围远及亚洲、非洲和美洲，随着对外贸易的发展和国际交换的扩大，出现了潜在的世界市场。18 世纪中期至 19 世纪中期，以蒸汽机和纺织机的发明和使用为重要标志的第一次工业革命，使资本主义生产由工场手工业过渡到机器大工业，工农业生产和交通运输业获得了空前的发展。工业革命奠定了资本主义制度的物质基础，确定了资本主义制度在全球的统治。19 世纪后半期发生了以电力和电动机的发明和使用为标志、以重化工业的兴起为核心的第二次工业革命，它极大地促进了世界经济的发展，推动了经济的全球化，并对资本主义国际分工体系的最终形成起了决定

① 《马克思恩格斯全集》第 30 卷，人民出版社 1972 年版，第 538 页。
② 《马克思恩格斯全集》第 29 卷，人民出版社 1972 年版，第 348 页。
③ 《马克思恩格斯选集》第 1 卷，人民出版社 1995 年版，第 294 页。
④ 同上书，第 773 页。

性的作用。1850~1880 年，世界轮船吨位增加了 5 倍，铁路公里数增加了 8.5 倍，世界贸易增加了 2.5 倍。19 世纪的最后 30 年，随着生产力的进一步发展，生产和资本加速集中，资本主义的垄断开始形成。19 世纪末至 20 世纪初，资本主义进入垄断阶段。在这个过程中，不仅商品输出进一步迅速增长，资本输出也大大增长，成了垄断资本主义的重要特征。资本的输出把一切弱小国家都卷入了世界经济和政治的旋涡。众多的弱小国家沦为几个帝国主义大国的殖民地或附属国，成为帝国主义的农产品供应地、原料来源、投资场所、商品销售市场和垄断利润的重要源泉。19 世纪末到 20 世纪初的经济全球化进程被两次世界大战所打断。战后的胜利国建立了新的世界经济体系，它们就是所谓的布雷顿森林体系。布雷顿森林体系建立之后，出现了 20 世纪 50 年代和 60 年代资本主义的黄金时期。从 20 世纪 50 年代到 70 年代，各个国家都逐渐降低关税和贸易壁垒，减少各种限额，使世界经济中逐渐出现了一个经济一体化程度更高的资本主义全球经济。

第二次世界大战后经济全球化的第二次高潮是从 20 世纪 80 年代开始的，在 90 年代逐渐加速发展。经济全球化已经成为一个世界性潮流。那么，是什么力量导致了经济全球化的迅猛发展呢？具体来讲，引起经济全球化的原因主要有以下三点：

第一，科学技术的进步。科学技术，特别是信息技术的出现，为经济全球化提供了坚实的技术基础。经济全球化的进程早在资本主义生产方式产生时就已经开始，但经济全球化的形成则是以 20 世纪 70 年代以来的信息技术革命为基础，以微处理机进入办公室和家庭、超级计算机问世、卫星通讯与光导通讯的发展，特别是网络化的迅速发展为标志。这次科技革命以最便捷的方式沟通了各国、各地区、各企业、各团体以及个人之间的联系，并且打破了种种地域乃至国家的限制，把整个世界空前地联系在一起，推动了全球化的迅速发展。这次科技革命的实质是信息技术的革命，借助现代信息技术——从卫星信息传送到国际互联网和内部网络——人们可以向任何地方传送信息。先进的信息传送手段不仅加快了信息传送的速度，也大大降低了信息传送的成本。

第二，跨国公司的发展。跨国公司为经济全球化提供了适宜的企业组织形式。任何人类的经济活动都是与特定的经济组织形式相联系的，与其他经济组织形式相比，跨国公司是与经济全球化联系最为密切的经济组织形式。跨国公司自 19 世纪末至 20 世纪初出现以来，对世界经济产生了深远的影响，这主要表现在跨国公司超越了原先的国际贸易、国际金融、信贷资本流动，以及国际人力资源的流动，是一种综合了资本、技术、管理、人才等众多要素的、整个生产行业的跨国转移。20 世纪 90 年代中期以来，随着跨国公司投资的增长、规模的扩大，它们在全球经济活动中所占的地位、所发挥的作用也日益明显。跨国公司在全球范围内利用各地的优势组织生产，大大地促进了各种生产要素，特别是商品和资本在全球的流通，反过来又进一步促进了生产在国际间的水平分工和垂直分工。正是跨国公司在全球范围开展生产和经营活动，并相应地带动了资本、技术、商品、人力、服务等在全球范围的流动，才极大地推动了经济全球化进程。

第三，市场经济体制成为各国的选择。经济全球化赖以存在的资源配置机制是市场经济。20 世纪 90 年代以来，传统的计划经济国家纷纷放弃计划经济，转而向市场经济过渡，发达资本主义国家则为了摆脱经济滞胀而减弱了国家对经济的控制，更加强调市场机制的自发调节作用。在国际社会，随着世界贸易组织的成立，民族国家对本国市场的控制大大放松，贸易自由化和投资自由化成为一种潮流，同时世界各国均把扩大对外开放、积极参与国际竞争、充分利用别国的资本、技术及其他资源以实现本国经济的迅速发展作为基本国策。所有这些都为国际资本的流动、国际贸易的扩大、国际生产的大规模进行提供了适宜的制度环境和政策条件，有力地促进了经济全球化的形成。

第二节 经济全球化的表现及本质

一、经济全球化的表现

经济全球化作为世界各国经济的一体化过程，其表现是多方面的，其中最主要的是：

1. 生产的全球化

人类的生产活动是以分工和协作的方式进行的，市场则起着分工媒介的作用。分工深化的程度反映着生产社会化的程度。传统的国际分工是一种垂直型分工，即国家之间的劳动分工按照不同的产业进行，其主要特征是西方发达国家主要从事工业制成品生产，而发展中国家主要从事农产品生产和采掘业活动，然后发达国家拿工业制成品与发展中国家的农产品和原材料（煤、木材、矿石等）初级产品进行交换。垂直型国际分工经历了两个阶段，第一阶段是落后的农业国从事农业生产及初级产品的生产，先进的工业国从事工业制成品生产，由此形成国际分工合作体系，特点是两种不同类型的国家的生产分别属于两个不同产业。第二阶段是发展中国家从事劳动密集型产品的生产，发达国家从事技术密集型和资本密集型产品的生产，从而在同一产业的不同部门间形成垂直型国际分工，如玩具、鞋帽等生产属于加工制造业，它同汽车、电子等同属第二产业，但前者是劳动密集型产业，后者则是技术、资本密集型产业。垂直型国际分工虽然使世界各国经济联系在一起，彼此相互依赖、相互依存，但是，在这种依赖关系中，发展中国家与发达国家之间的利益是不对称的，也就是说，由于作为分工基础的产业本身在产业发展顺序中的重要程度不同，使得不同国家在分工链条中的重要性和地位存在很大差异，发达国家基于加工制造业和技术及资本密集型产业往往对基于农业和采掘业及劳动密集型产业的发展中国家形成优势并构成控制。再者，垂直型国际分工是以生产要素相对凝固为前提，流动的只是商品，因而无法实现各国经济的融合，经济一体化程度处于较低层次，不可能构成经济全球化的基础。

水平型国际分工则是高层次的生产专业化形式，其主要特点是分工在同一产业的同一部门之内，按照产品生产的不同工艺环节，或按照产品零部件，或按照产品型号进行。这种分工以资本、技术、劳动、管理技术等生产要素的跨国流动为前提，以跨国界组织生产为核心，以全球化生产体系的形成和建立为标志，它使世界各国的生产活动不再孤立地进行，而是成为全球生产体系的有机组成部分。例如，美国波音"747"喷气式飞机，共有450万个零部件，它们由分布在8个国家的1100个大型企业和15000个中小企业协作生产，最后由美国组装而成。美国"朋蒂亚克·莱曼"牌小汽车，在德国设计，由澳大利亚制造发动机，美国、加拿大合作生产变压器，日本生产车身薄板，新加坡提供无线电设备，而韩国供应电器设备和轮胎，是名副其实的"万国车"。这样的例子不胜枚举。水平型国际分工的形成为生产全球化奠定了基础，它为每个国家平等地参与国际分工和国际竞争提供了机会和条件，为经济落后国家追赶发达国家提供了机遇。国际水平分工使各国成为生产的一部分，成为商品价值链中的一个环节，整个地球俨然一个大工厂，这有利于世界各国充分发挥优势，节约社会劳动，使生产要素达到合理配置，提高经济效益，促进世界经济的发展。

2. 贸易的全球化

贸易全球化主要表现为国际贸易迅速扩大，服务贸易发展迅速，参与贸易的国家急剧增加。20世纪90年代以来，贸易全球化发展非常迅速。贸易总量年均增长率6.5%；贸易内容不断丰富，高新技术产品贸易快速增长；各国间经贸联系紧密，国际货币基金组织《2006年世界经济展望》表明，1995年以前，全球外贸依存度在40%左右，此后11年内迅速提高到60%左右，世界各国或各地区经济都不同程度地融入其中。国际贸易迅速扩大的一个重要标志是国际贸易增长率大大高于世界经济增长率。1990～1995年，世界贸易出口量年均增长率为 6%，同期世界国内生产总值年均增长率为 1%。1997 年含商品和服务的贸易额达到 6.7 万亿美元，增长率为 7%，为同年世界生产增长率 3%的 2 倍多。世界服务贸易额 1985 年仅为 3809 亿美元，1995 年急增至 12300 亿美元，在国际大贸易（商品和服务）中的比重从 16.3%跃升到 18.8%。

3. 金融的全球化

基于生产和贸易全球化，金融全球化的进程也在大大加快。

首先，国际债券市场融资规模迅速扩大。1973 年，包括银行贷款、票据融资和债券发行在内的国际融资额为 622 亿美元，1979 年则为 1450 亿美元，增长了 2.33 倍，年平均增长率为 15%。进入 20 世纪八九十年代，这一势头仍然持续，1990 年与 1996 年上述三项融资的规模分别达到 4276 亿美元与 15139 亿美元，年均增长率为 23.5%。其次，国际股票市场和基金市场迅速发展。国际股票市场是一个新兴的国际性市场，近十年来该市场呈现快速成长之势。1990 年国际股票的发行为 72 亿美元，到 1996 年已达到 577 亿美元，年均增长率为 41.5%。与国际股票市场的发展相联系，基金市场迅速成长，共同基金、保险公司、养老基金等机构投资者成为国际金融市场的主力。基金市场是一种机构投资者取代个人投资者成为主体的集体性投资市场。自 20 世纪七八十年代以来，国际基金市场一直呈现扩大态势，到 90 年代中期，上市交易的基金市场在纽约与伦敦已分别达到 5300 个和 1935 个，其所管理的基金资产额，美国与英国已分别达到 21000 亿美元与 1450 亿英镑。从国际基金市场金融资产的增长情况看，1990 年各类机构投资者的总金融资产为 139500 亿美元，到 1995 年上升为 236000 亿美元，年均增长率为 11.3%，其中，投资基金类公司在 1990 年拥有的金融资产为 27000 亿美元，到 1995 年进一步上升到 56000 亿美元，这期间年均增长率为 15.7%，居各类机构投资者增长速度之首。最后，金融市场高度一体化。随着各国金融市场的不断开放，全球各类金融市场正在向连成一片的方向发展。目前美国、欧洲与亚洲三大区域的外汇市场已连为一体，其运作方式、交易品种与手段基本保持一致，投资者可以在一天 24 小时内的任何时间进行操作。只要投资者在计算机上敲几个键，成百上千的美元就可以瞬间从一个市场转移到另一个市场。现在，国际金融市场年交易量为 500 万亿美元，全球外汇日交易额已超过 1.2 万亿美元。

4. 企业经营全球化

企业经营全球化的重要标志是跨国公司成为世界经济的主体。据统计，目前在全球范围内，跨国公司母公司已达到 4 万家，附属机构已有 27 万家，它们分布在 160 多个国家和地区。近几年，跨国公司从事和控制着世界生产总值的 30%，世界贸易的 60%，技术转移及民用技术的研究与开发的 80%，90%以上的海外直接投资。1995 年国际间的直接投资额为 2430 亿美元, 1996 年达到 3660 亿美元, 1997 年突破 4000 亿美元, 1998 年进一步扩大到 4400 亿美元。目前, 各国在海外直接投资累计额已达 3 万亿美元。此外, 跨国公司的规模也大得惊人。世界上 200 多个国家和地区中, 约占 90% 的国家和地区的总产值低于美国通用汽车公司的总销售额。若将国家实体与跨国公司放在一起排队, 世界上最大的 100 个经济实体中, 有近一半是跨国公司。跨国公司的迅速发展, 使生产、资本和商品的国际化进一步深化, 极大地推动了经济全球化进程。

二、经济全球化的影响

1. 经济全球化对发达国家的影响

发达资本主义国家作为经济全球化的发源地, 从经济全球化中获得的是大量的利益, 这主要表现在以下几个方面。

（1）发达资本主义国家通过制定规则而获得好处。经济全球化的过程是生产社会化程度不断提高的过程, 社会分工得以在更大的范围内进行, 资源可以在更大范围内追求最优配置, 这可以带来巨大的分工利益。但对于目前的经济全球化来说, 全球经济仍处于发达资本主义国家占主导地位的状态, 这意味着支撑经济全球化的制度、规则必然也是西方化的。发达资本主义国家经过数百年的发展, 拥有较为成熟的经济制度、市场经济体制和市场经济运行机制, 也有着完备的宏观调控体系。对发达资本主义国家来说, 在国内, 它们有相对成熟而又稳定的制度; 在国际上, 国际通行的制度是由它们主导的, 国际规则在很大程度上体现了其国内规则的特点, 但不存在与国外规则的严重冲突。这样, 当这些国家的政府、企业或其他经济主体在不同市场上开展活动时, 就不会面临规则的冲突及由此产生的不确定性。它们也可以利用在国内行之有效的手段和措施来应对国际市场的风险和不确定性, 降低交易成本。

（2）发达资本主义国家通过贸易获得好处。第二次世界大战后支撑世界贸易扩大的制度框架是关贸总协定。关贸总协定的宗旨是推进自由贸易、取消差别待遇。世贸组织继承了这一原则, 并将之扩大到农产品、服装、服务业以及相关的投资和知识产权。在贸易自由化进程中, 发展中国家确实获得了不少好处, 但是这更有利于发达国家经济活动的全球扩张。目前, 主要发达资本主义国家的经济已经开始从工业经济走向信息经济, 新兴的金融服务业、高新技术产业已成为其主导产业。发达国家可以利用由其主导的世贸规则, 打开别国的金融市场、服务市场等, 将竞争引向其优势领域, 从而获取更大收益。发达资本主义国家在国际经济交往中往往把贸易自由化和公平竞争作为制定规则的基本原则。贸易、投资自由化似乎是为了实现各国、各市场主体的公平竞争, 但是结合各国的具体情况，可以看出所谓的"公平"其实并不公平。从国家的角度考虑，发达国家和发展中国家的经济实力和经济发展是极不对称的，它们作为不同的市场主体，在进入市场以前的资源禀赋差异极大。从这种不对等的实力状况出发，在市场上进行所谓的"公平竞争"，其结果只能是弱肉强食。

（3）发达资本主义国家从国际资本流动中获得好处。国际货币基金组织（IMF）作为唯一规范国际资本流动的全球性多边组织，产生之初完全充当了美国对外扩张的工具。20世纪70年代在布雷顿森林体系崩溃后，又演变为发达国家的代言人。近年来，西方发达国家对发展中国家的援助越来越转由国际货币基金组织代为运作。国际货币基金组织在提供每一笔贷款时都会严格体现发达国家的意图，对接受国提出苛刻的条件，直接要求发展中国家调整和改革国内体制，改变整个宏观经济政策的实施方向。这样国际货币基金组织已不仅具有监督国际资本流动和各国汇率制度的职能，而且将西方发达国家的经济制度强加给发展中国家，其目的已不仅是以发达国家的规则来规范资本流动，更是与贸易及其他领域相结合,将发达国家的规则扩展到全部国际经济交往领域。在国际货币市场，美元、日元、马克及初生的欧元基本垄断了市场交易的全部份额。发达国家一方面可以凭借其整体经济实力和宏观经济表现决定国际货币市场上的资金流动；另一方面，也可以利用其货币发行权和货币政策直接改变货币资本的流动方向和方式。美国在里根政府时代可以利用高利率吸引外资流入，为经济结构调整提供资金；克林顿政府同样可以实行强势美元政策，以支撑其股市和资本市场的繁荣，从而带动整个经济的增长。两德统一后，德国政府以高利率政策吸引外资，为重建提供资金。日本为维持巨额贸易顺差，也可以放任日元贬值。换成发展中国家，这些政策措施的结果可能就是一场危机，东南亚金融危机即为明证。但发达国家却可以从中收益，这就是不对等的规则给发达国家带来的优势。

由上可见，对发达资本主义国家来说，经济全球化的影响并不像某些西方学者所说的那样损害了发达资本主义国家的利益。恰恰相反，发达资本主义国家通过不对等的国际制度，可以获取更大的收益和承担更少的成本。这反过来又进一步加强发达国家的优势地位和对国际制度的主导权。也就是说，发达资本主义国家不仅因历史延续可以在经济全球化中获取更多的利益，而且这种状况在一定程度上是可以自我加强和自我维持的。

2. 经济全球化对发展中国家的影响

从上面对发达资本主义国家的分析来看，经济全球化从抽象意义上讲会给参与者带来更有效的资源配置和更高的经济效率，但是对不同的参与者会有不同的影响。对发展中国家来说，经济全球化无疑为发展中国家带来了巨大收益和潜在的巨大机会。

（1）改善资金和先进技术不足的局面。发展中国家在经济起步之初，为实现工业化，需要投入巨额资本和先进的工业技术，它们现实的资源禀赋却是拥有丰富的劳动力资源，但缺少资金和技术，这种资源供给结构不能满足工业化的需要。在经济全球化过程中，发达国家对外转移过剩资本和低附加值的劳动密集型产业，发展中国家可以利用这一机会吸引资本、技术，接手外来的产业，加快国内工业化的完成。外来的资本、技术有助于改善国内的资源供给结构，使得劳动力资源的优势得以充分发挥。20世纪70年代至80年代，发展中国家利用外资的主要形式是以石油美元为主的私人银行借款。90年代以来，发展中国家利用外资的主要形式是外国直接投资。1990～1996年，外国直接投资平均占发展中国家资金净流入量35%，不包括中国，发展中国家利用外国直接投资占世界外国直接投资总量的比重，1983～1989年平均为17.8%，1990～1994年平均为21%。

（2）推动产业结构的调整和优化。在经济全球化条件下，伴随着科学技术的进步和外国直接投资的扩大，出现了全球性产业转移的浪潮。发达国家的产业结构在向高附加值的知识密集型产业升级过程中，将传统产业或劳动密集型产业逐步向要素成本低廉的发展中国家转移。发展中国家人力资源充足，劳动力成本低廉，成为传统产业转移的理想场所。全球性产业转移对发展中国家实现产业结构调整，加速实现工业化，是一个极为有利的条件，为发展中国家实现较快发展提供了良好的机遇。

（3）推动对外贸易的扩大。目前世界贸易发展出现一个新特点，即制成品贸易在世界贸易中所占比重越来越大，而发展中国家在制成品贸易中的比重大幅度增长。例如，从1980年至1995年，在世界化工产品出口总额中，发达国家所占份额由87.2%下降到79.3%，发展中国家所占份额由7.8%上升到16.4%；在金属制品贸易中，发达国家由78.9%下降到63.1%，发展中国家由14.9%上升到23.4%；在机械和运输设备贸易中，发达国家所占份额由86.1%下降到76.4%，发展中国家由5.8%上升为22%。这意味着发展中国家在大力发展劳动密集型产业的基础上促进产业升级，积极参与国际竞争，已经在一些工业制成品贸易和产业竞争中取得竞争优势，促进了本国经济发展。

（4）在参与国际合作中维护自己的权益。发展中国家参与全球经济合作，为自身在国际经济中争得一席之地，在一定程度上维护了自身的权利和利益。发展中国家参加世界贸易组织，可以获得相互提供的无条件贸易最惠国待遇和关税及非关税壁垒逐步降低的待遇；可以得到发展贸易的必要信息、技术规则服务；可以得到解决国际贸易争端的仲裁手段；可以利用世贸组织的非歧视与公平竞争原则保护自己的权利；还可以充分利用对发展中国家有利的原则如透明度原则和一致通过原则，最大限度地保护自己的利益。

（5）促进经济和社会发展。参与经济全球化有助于推动发展中国家经济和社会的发展。发展中国家从开放和参与全球市场中，可以学习发达国家先进的科学和技术，也可以从相互的交流和合作中学习发达国家的文化和体制。在经济全球化条件下，参与经济全球化的程度高，经济发展往往比较快，人民的生活水平得到显著提高，贫困人口不断下降。

经济全球化的利益是不容否认的，但是对于广大发展中国家来讲，经济全球化是一把"双刃剑"，它既给发展中国家带来利益，同时也给发展中国家带来巨大的风险。在当今经济全球化条件下，发达资本主义国家与发展中国家的国际经济地位仍然存在着巨大的差距，目前的国际经济机制在很大程度上是发达国家政策协调的结果。大多数的国际规则都对发达资本主义国家有利，或者干脆就由发达资本主义国家制定出来要求发展中国家接受和服从。如在国际贸易规则中加进环境和劳工条款，借口发展中国家不顾环境污染，限制其产品进入本国，扬言发展中国家不使用"人道主义"的劳工标准就要遭到报复；在国际组织中迫使发展中国家承担超越自己水平和能力的责任等。此外，全球化还给发展中国家经济发展带来了许多新的挑战。

（1）资本流动的冲击。对于发展中国家来说，需要引进外资，同时又要避免本国资金的外流，才能保证经济增长的资金供给。然而在经济全球化的背景下，国内资金流出的可能性加大，资本的过度流入也会造成对外国资本的过度依赖。一旦因某种因素出现外资大规模撤出，就会对国内经济带来灾难性影响。

（2）冲击发展中国家的市场，使他们的民族经济面临越来越大的压力和挑战。在当今世界高附加值产品贸易额占世界贸易额比重迅速提高的情况下，发展中国家初级产品的出口会因初级产品市场价格下降而遭受损失。而发达国家高新技术产品对发展中国家国内市场的冲击和占领，又使得发展中国家高新技术产业发展更加困难。

（3）降低国内政策的有效性。经济全球化是在以发达国家为主导制定的国际经济规则和经贸制度下展开的，在加入这一进程中，发展中国家由于国力不强，干预经济的能力有限，其主权很容易受到冲击和削弱。发生重大金融或经济波动或危机的国家在接受发达国家或国际组织的援助时往往被迫接受其提出的苛刻条件，甚至要付出损害国家主权的代价。

因此，经济全球化对于发展中国家而言，既是机遇，又是挑战。发展中国家必须抓住机遇，迎接挑战,努力在21世纪的世界经济新格局中求得更大发展。

三、经济全球化的矛盾

经济全球化是一个充满矛盾的进程，经济全球化在带给当代世界积极变化的同时，其迅速发展又不可避免地伴随和产生了一系列严重问题，其表现是：

1. "数字鸿沟"出现，新经济与旧经济脱节，世界经济呈现结构性失衡

与经济全球化直接相关的问题是世界经济的两极分化。经济全球化与经济不平等问题恶化的关系是复杂的。但是，由于全球化加强的是世界市场经济体系，而这个体系通行的是竞争、资本、技术和创新的逻辑，所以，任何国家内部和国家之间的贫富鸿沟都在加大。方兴未艾的数字技术给投资者和技术拥有者带来了巨额"数字红利"，但与此同时却加剧了世界各国之间的"数字鸿沟"。尽管互联网技术普及非常快，但世界仍然存在上网和没有上网、拥有和不拥有信息技术的区别，发达国家的互联网技术普及程度远远大于大多数发展中国家，因此，经济全球化不仅没有达到包容一切的地步，而且加重了以"边缘化"为特征的经济与社会排斥现象。全世界五分之一的处于极端贫困状态的人与迅猛发展的全球化带来的机会和财富无缘。可以说，全球化正在加剧世界经济中的差距。

世界经济增长的现实与前景因为新经济而呈现良好态势。所谓新经济指建立在信息技术等基础上的经济，特别是金融化了的高新科技产业，包括电脑、通信、网络、生物工程等相关行业。旧经济指非信息的实质经济或者金融化了的传统产业。"新"经济在"旧"经济的运行机制和运行规则中运作，其表现是高科技产业的股价一再高涨，以至于新经济中的泡沫成分已成为人们关注的焦点。被金融市场炒作而神化了的科技产业越来越背离其初衷，即由依靠科技创新本身以及它对旧经济的改造，真正形成一种面向全球市场的知识经济，走向与实质经济脱节的道路，加剧了已经存在的虚拟经济与实质经济严重背离的世界经济结构性失衡。

2. 经济增长忽视社会进步，环境退化与经济全球化同步

过去几十年，一些人过分强调了市场经济意义上的全球化而忽视了全球化的政治和社会目的，导致市场、资本、技术和公司主宰一切，而世界整体的社会进步、人类大多数的基本权利以及国家主权受到很大忽视，经济增长与社会进步日益脱节，诸如各种犯罪、价值观丧失等社会问题因为全球化而恶化了。

经济全球化下生态环境的持续恶化也让人感到不安和对未来信心不足。虽然我们不能把环境恶化的责任简单地推到全球化上，然而，正是在这个全球化时代，"家园问题"变得越来越严重。市场化（特别是发展中国家建立在过度消耗资源基础上的市场扩张）、城市化、财富的不合理分配、富者的过度消费及其消费模式的"传染"、"普及"效应，是地球环境退化和恶化的主因。经济全球

化意味着世界劳动分工和布局的大转移，第一世界已专注于高附加值的非污染的知识产业，而第三世界则成了工业制成品和资源密集实物产品的主要产地，成了全球环境代价的主要承受者。许多发达国家和全球性公司不但没有为地球环境恶化承担更多责任，反而自私地推卸责任。

3. 国家内部和国际社会都出现了不同程度的治理危机

在民族国家的范围内，各国原有的体制、政治领导能力、社会设施、政策体系、价值观念和文化都面临着全球化的冲击。各国（包括发达国家在内）都不得不试图通过国内改革来适应越来越全球化的世界，而形成一个富有创新和竞争能力的开放经济与社会无疑是应对全球化挑战的关键。在国际社会，繁荣与发展是人类共同的心声和目标，但是，和平、发展和安全的性质、结构以及影响它们的各种因素在改变，已有的调节国际关系而非全球关系的国际制度和组织的弱点、失误和无能逐渐暴露，已远不能适应经济全球化的现实。国际政治经济体系的深入改革，是经济全球化发展的必然要求，从根本上有助于解决与经济全球化有关的问题，是各国和世界人民的根本利益之所在。发展中国家要坚决反对超级大国试图控制经济全球化"游戏规则"的霸权行为，通过协调立场和加强合作来促进国际体系的民主变革。

4. 经济全球化使各国经济形成"你中有我，我中有你"的局面，相互依存进一步加强

经济全球化，如前所述，意味着世界各国在生产、贸易、金融和企业经营等诸方面密切地交织在一起，每个国家都成为国际分工体系中的一个环节。在经济高度一体化的情况下，国际经济的任何变故，都会产生"一损俱损，一荣俱荣"的连带效应。可以说，各国经济高度相关和高度依赖是经济全球化的最显著影响，这也是把握经济全球化实质的关键之所在。

5. 经济全球化使各国的产业结构调整变成一种全球行为

产业结构是一国国民经济的基础和主体，一国经济的竞争力，从根本上讲，取决于产业结构的合理化和高度化。因此，为了增强经济竞争力，各国都十分重视调整产业结构，以实现产业结构的协调和技术水平的不断提高。可以说，产业结构调整一直是一种带有浓厚民族国家色彩的经济活动。然而，随着经济全球化的实现，产业结构调整已不再纯粹是个别国家的事情了。实际情形是，随着跨国公司的大举进入及企业跨国经营活动的开展，一国产业结构的变动已在更大程度上受到跨国公司的影响，相应的，产业结构的调整超出民族国家的界限，成为立足于全球的世界性经济体系的一部分。在经济全球化的背景下，积极主动地利用外国直接投资，使之服务于民族国家的产业结构调整，这有助于增强民族国家经济的安全度，提高国际竞争力，反之，则会使民族国家经济

的独立性受到损害，进而影响民族国家经济的安全。

6. 经济全球化使国家经济主权受到一定程度的冲击

国家主权是国家独立和民族尊严的象征，具有神圣不可侵犯性。但是，如今经济全球化已冲破了国家界限，摆脱了国家疆域的束缚，原来完全为一国所独立拥有的权利却日益成为国际社会共同体拥有的权利，各国的经济活动越来越多地遵循国际惯例和国际条例来运作。这样一来，国家主权，特别是经济主权就受到了一定程度的制约，甚至是冲击。不过需要强调指出的是，国家主权在经济全球化背景下只是局部受到约束，而不是完全消亡，恰恰相反，国家主权是经济独立的根本保证，削弱乃至取消国家主权，既不符合当代世界各国所共同遵循的"主权至上"的原则，又会导致世界经济秩序陷入混乱，阻碍各国经济的正常发展。

7. 经济全球化存在着引发全球性经济危机的可能性

经济全球化的实质是市场经济的全球化，而市场经济原本就具有二重性，它除了具有优化资源配置和提高效率的优点外，还具有盲目性、自发性和滞后性等缺陷，经济全球化的结果是把市场经济的优点和缺点也全球化了。在一国范围内，市场经济的消极影响可以靠政府干预来纠正，而在全球范围内，现在还缺乏这样的调节机构和机制，这样，市场经济的内在缺陷在全球范围内就可能引发经济波动，甚至危机。实际情况正是如此。1994年墨西哥爆发金融危机，震动全世界，接着巴林银行倒闭，1997年7月爆发东南亚金融危机，接着1998年俄罗斯、巴西又先后陷入金融危机，2008年由美国次贷危机引发的金融危机波及全球，世界经济遭受重创。这一切表明，一个缺乏有效防范和监控体制和机制的全球经济必然是危机四伏的。

第三节　经济全球化：资本主义发展的新阶段

经济全球化是当今世界发展的重大趋势之一，而经济全球化与当代资本主义是息息相关的。经济全球化，一方面意味着生产社会化程度的进一步提高，是生产力高度发展的结果；另一方面则意味着资本主义生产方式的新变化。

一、资本主义的演进和发展阶段

按照资本主义条件下生产力和生产关系矛盾运动的特点，可以将自资本主义生产方式产生以来的资本主义发展过程概括为四个阶段。

1. 自由竞争资本主义阶段

资本主义自产生以来到 19 世纪末,一直以自由竞争为基本模式,具体来说,该模式有以下特点:

(1)在国民经济的各个产业部门分布着规模小而分散的企业。在这些企业之间存在着剧烈的无序竞争。任何一个企业都不足以构成对行业产量乃至价格的控制。

(2)按照自由竞争和自由放任原则开展竞争的企业由企业家直接控制。企业家既是企业的所有者,又是企业的经营者。企业以私人家族企业为主,即使实行股份公司制度,家族也依然是实际的和真正的控制者。

(3)市场价格自发形成,完全受供求规律的左右,任何一个企业或者个人,都没有能力和足够的经济实力把自己制定的价格强加于市场。

(4)资本和劳动力等生产要素可以无阻碍地在不同产业部门之间流动。生产要素的流动导致利润率的平均化,等量资本带来等量利润,生产价格规律自发调节资本自由转投,整个资本家阶级都按照平均利润率规律参与市场竞争并瓜分剩余价值。

(5)企业的目标是短期利润的最大化。

(6)由于市场是唯一的经济调节机制,而市场对外部性问题、公共品供给、自然垄断、长期性问题缺乏有效的调节,导致经济秩序混乱,经济运行失衡,效率与公平错位,经济危机频频发生。

2. 私人垄断资本主义阶段

在 19 世纪末 20 世纪初,随着生产集中和资本集中的迅速进行,大型企业开始出现,它显示出了资本主义深刻的结构变革,是资本主义的一个重大转折点,私人垄断资本主义由此形成。该阶段资本主义的特点如下:

(1)伴随着生产集中和资本集中的进行,一批大企业得以产生,尽管小企业的数量很大,但是这些大企业在市场上占据统治地位。大企业与小企业在市场竞争中事实上处于极不相同的地位。

(2)在大企业组织内部,所有权与经营权发生了分离,拥有所有权的资本家成为不直接管理和经营企业的食利阶层,而没有财产权的职业经理人却拥有了对大企业的事实上的控制权。此时资本主义经济的中心人物是经营者,该经营者从属于资本家阶级,但是也与资本家阶级存在着利益矛盾。

(3)在大企业存在的条件下,产业资本高度集中并形成垄断,少数大产业资本往往对全行业的生产和交换形成支配,左右产量和价格的运动。银行业也逐渐集中到少数金融家之手,在金融市场形成垄断。为了对整个经济形成有力的控制,产业垄断资本和银行垄断资本相互勾结,相互融合,形成金融寡头。

金融寡头一经形成,便在经济上和政治上对整个资本主义经济形成全面的统治。

（4）在垄断形成的情况下,资本主义经济运行的调节者不再是看不见的手,而是私人垄断资本的自觉联合和协调。价格可以按照私人垄断资本的意志和要求运动,为私人垄断资本服务,资本主义经济的运行服从于私人垄断集团的长期目标和长期利益考虑。

（5）在私人垄断形成的情况下,资本主义民族国家内部的市场被资本家完全瓜分和占领,剩余价值实现的空间大大缩小,相对于资本家追逐利润最大化的目标而言,国内市场已经显得十分狭小,私人垄断资本客观上要求向民族国家之外扩展,在世界市场谋求最大利润。私人垄断资本对外扩张的形式起初主要是进行商品输出,现在转变为主要进行资源性投资,以确保稳定的销售市场和源源不断的原材料供给。

（6）由工业资本和银行资本融合而成的金融寡头资本的出现具有特别重要的意义。金融资本的形成使资本主义的积累能力空前提高,资本主义以更大的规模发展并形成越来越大的生产能力；同时,金融资本的规模的不断扩大,也使金融投机得到膨胀,而金融投机的膨胀与风险相伴随,这些都包含了导致更大规模的生产过剩和经济危机爆发的条件和危险。

3. 国家垄断资本主义阶段

1929～1933 年的大危机是资本主义发展的又一个转折点,这就是国家开始介入资本主义经济活动。第二次世界大战后,资本主义国家的政府更是全面干预资本主义经济运行,其主要表现是：

（1）国家所有并直接经营国有企业,包括满足国家机构自身需要的国有企业,提供公共产品的国有企业,高科技、高风险新兴工业部门中的国有企业和一般工业部门中的国有企业。这些企业的主要任务是完成靠私人垄断资本难以完成的公共品供给和科技开发活动。

（2）国家与私人共有、合营企业,包括国有企业将一部分股份出售给私人,国家和私人共同投资开办合营企业,国有企业和私人企业合并而成,国有企业对私人企业进行参股和国有企业转由私人租赁或承包经营。这些做法旨在靠国家的力量直接支持私人资本,以帮助其扩大生产规模,增强抗风险能力,提高市场竞争力和国际竞争力。

（3）国家通过多种形式参与私人垄断资本的再生产过程,包括国家作为商品和劳务的采购者,向私人垄断企业大量订货,为私人垄断企业提供了有保证的国家市场；国家通过各种形式的津贴和补助,直接、间接地资助私人垄断企业；国家通过社会福利开支,提高社会购买力,扩大消费需求,为私人垄断企业创造市场条件。

（4）国家开展宏观调节。宏观调节主要是国家运用财政政策、货币政策等经济手段，对社会总供给和总需求进行调节，以实现经济快速增长、充分就业、物价稳定和国际收支平衡的基本目标。

（5）国家执行微观规制职能。这项职能主要是运用法律手段规范市场秩序，限制垄断，保护竞争，维护社会公众的合法权益。主要有三种类型，一是反托拉斯，二是公共事业规制，三是社会经济规制。这些规制旨在克服垄断资本主义自身发展所固有的矛盾和消极后果，促进经济和社会稳定、健康和持续发展。

（6）国家建立覆盖全社会的社会福利保障制度。为了缓和社会矛盾，实现社会和谐，发达国家建立了系统的社会福利制度，从社会保障和社会服务两个方面进行收入的再分配。社会保障以保证劳动者维持最低生活水平为目标，而社会服务则以向儿童、老人、残疾人、妇女等社会弱势群体提供服务为主，以改善其生存状况。

4. 全球垄断资本主义阶段

20 世纪 70 年代以来，资本主义的发展又进入一个新的阶段，这就是全球化阶段。在该阶段，前面三个阶段的一些特征继续保留着，如金融资本依然十分活跃；国家继续在社会经济生活和政治生活中发挥着重要的调节作用。但是，过去三个阶段的资本主义发展均是以民族国家为基础和轴心的，无止境的资本积累冲动为私人资本提供了动力，而国家权利则为私人资本的发展开辟道路，国家霸权地位的确立成为资本主义发展的重要标志，所以资本主义的发展历史可以用国家霸权的更替史来描述，如热那亚—西班牙霸权、荷兰霸权、英国霸权和美国霸权。[①] 而在全球垄断资本主义阶段，国家霸权还有效吗？取代国家霸权的将是什么呢？没有国家霸权的垄断资本主义的发展前途是什么？这些问题都是资本主义发展到全球化阶段必须回答的问题。

二、经济全球化条件下资本主义民族国家经济体制的特点

经济全球化不论从生产关系覆盖面和制度安排的制定看，还是从产值和产量看，都是资本主义占主导地位。在当前世界近 30 万亿美元的国民生产总值中，美、欧、日等发达资本主义国家和地区占 70% 以上；在世界近 6 万亿美元的出口贸易中，它们所占的比重也大体如是；在世界 6400 亿美元的对外直接投资（1998 年）中，它们占 90% 以上。发达资本主义国家的科技力量雄厚，高科技产业水平高，它们的跨国公司在世界生产和世界市场上占据巨大的优势地位，

---

① ［德］乌尔里希·杜赫罗：《全球资本主义的替代方式》，宋林峰译，中国社会科学出版社 2005 年版，第 6 页。

它们在国际经济组织中起着支配作用。此外国际经济关系的各种规则基本上是由发达资本主义国家制定。从这个意义讲，经济全球化在本质上是资本推动的经济全球化，它使资本主义进入一个新的发展阶段，即全球垄断资本主义阶段，该阶段资本主义民族国家经济体制发生了新的变化，其表现是：

1. 以全球范围而非民族国家为边界组织资本主义生产

资本主义经济的发展，如果从 18 世纪中期发生在英国的产业革命算起，至今已有两个半世纪。在这个过程中，它经历了若干阶段。第二次世界大战后，它逐步向经济全球化阶段过渡，到 20 世纪 80 年代中期，进入了经济全球化阶段。在全球化阶段，资本主义发展的基础不再主要依靠民族国家，而主要依靠对全球范围的资源的利用和对全球市场的依赖。民族国家曾经是资本主义生产的基地，人们可以说英国制造、美国制造或者法国制造，现在，生产已经在很大程度上变成世界性的或者跨国家的，一件产品已经很难说清是哪国制造了。可以说，离开了全球化的生产和经营，资本主义就难以生存下去了。

2. 民族国家的资本主义基本矛盾取得了新的表现形式

在经济全球化的条件下，世界各国经济的联系空前密切，它们之间的相互依赖的关系大大加强，在这个一体化的全球经济体系里，你中有我，我中有你，谁都离不开谁。但是，在资本主义占主导地位的全球经济中，又充满了矛盾和斗争。这是资本的本性所决定的。资本的本性是不断地增值，追逐最大利润。在这种强烈欲望的驱使下，资本的对外扩张大大加强。经济全球化，为资本的全球扩张创造了前所未有的良机，而这又使资本主义的各种矛盾扩大到全球。资本主义的基本矛盾是生产的社会化同生产资料资本主义私人占有之间的矛盾，这个基本矛盾在全球化经济中取得了不同的表现形式，如各国经济的可调节性与全球经济的无计划性之间的矛盾、跨国公司的严密组织和科学管理与世界市场的盲目扩张和无序运行之间的矛盾、全球生产能力的无限扩大趋势与世界市场容量有限之间的矛盾等。这些矛盾的尖锐化，导致全球经济总量和结构以及世界经济各部门、各领域之间的失调，进而导致全球经济的起伏不定，动荡和危机。

3. 资本主义民族国家的贫富差别具有了全球化特点

在全球化阶段，各国经济的发展水平并不相同，不同国家的经济实力也存在巨大差别。发达资本主义国家经济实力强大，在世界经济中占主导地位，它在经济全球化进程中可以获得最大利益。而大多数发展中国家的经济竞争力很弱，它们在经济全球化中获得的利益则非常有限，甚至被边缘化。世界政治经济发展的不平衡是资本主义的绝对规律。社会贫富两极分化和众多贫困人口的存在是资本主义民族国家的固有现象，现在又成为全球资本主义的固有现象。

伴随着资本主义关系在世界范围的扩展，贫富差别也具有了全球化特点，而且差距在进一步加大。据统计，西方发达国家与低收入国家人均国民生产总值之比，1980 年为 32.8：1，1990 年为 51.3：1，1995 年又扩大到 59.0：1。世界上最富有的 20％和最穷的 20％的人的收入之比，1991 年为 61：1，1995 年为 81：1。目前世界上仍有 30 亿人，即占人类的一半生活在严重贫困之中，每天的生活费不足一美元。

4. 资源配置机制趋同，基于民族国家的制度多样性渐趋淡化

在经济全球化阶段，市场机制在资源配置过程中发挥基础性作用，国家调节则发挥着干预作用。目前，曾经实现计划经济的社会主义阵营的国家已经纷纷放弃计划体制而实行了市场体制,第二次世界大战后曾经特别强调国家干预，特别是计划指导的国家，如法国和日本，都大大弱化了国家和计划的作用；文化具有较强同质性，经济体制具有一定封闭性的国家，如德国和日本，都在强调文化的多元化和体制的开放性。强调竞争和效率成为经济体制改革和政策调整的主导原则。今天，民族国家比过去任何时候都面临着更加开放和更大限度融入全球社会的紧迫性和巨大压力，按照全球性规则参与竞争已经成为加入全球社会的基本要求。

5. 区域经济一体化成为民族国家与全球经济之间的联系纽带

在全球化阶段，区域经济的一体化，具有特别重要的意义。在经济全球化阶段，单一的民族国家在国际竞争中，势单力薄，面临的风险和压力非常大，这在客观上要求单一民族国家必须参与到一个特定的区域性集团中，借助区域性集团的力量参与国际竞争。在区域性集团内部，各国经济的一体化程度比较高，跨国家的调节机构为了形成一致的行动，往往要求民族国家让渡一部分权利，或者在一些重大利益问题上做出让步，以换取对民族国家在国际竞争中的权益的保护。因此，区域内部的合作和区域外部的竞争已成为全球化经济发展的重要特征。

6. 全球性经济协调机制的构建迫在眉睫

经济全球化是资本主义经济的全球化，是资本主义经济秩序的全球化，这固然表明了资本主义制度还具有进一步释放生产力的潜力，资本主义制度依然具有较强的自我调节和适应能力。但是资本主义基本矛盾决定了经济全球化的过程既是充满机遇和活力的过程，同时又是充满矛盾和冲突的过程，如果说在各国经济的联系还不够密切时，由资本主义基本矛盾所决定的经济危机的影响还仅仅限于个别国家或局部地区，那么经济全球化时代的危机和冲突则具有世界性意义，一个缺乏有效国际合作和协调的全球化经济，必然是一个危机四伏的经济，它无疑是对资本主义制度自身的严峻挑战。因此，全球化客观上要求

加强全球性协调机制。目前，世界银行、国际货币基金组织和世界贸易组织，再加上西方八国政府首脑会议，是国际性的经济协调机构，它们对第二次世界大战后世界经济的平稳发展产生了积极的作用。但是，这些经济调节组织在本质上是富人的俱乐部，它们的决策功能往往掌握在几个发达国家的手里，它们在制定经济政策时往往奉行双重标准，从而大大损害了发展中国家的利益。为了使经济全球化成为世界各国"共赢"的经济全球化，世界各国平等的经济全球化，世界各国公平的经济全球化和世界各国共存的经济全球化，国际社会要共同制定事关所有国家的经济协调机制。只有在世界各国共同参与的基础上，才能制定出体现所有国家利益和意志的规则，也只有在合作和共同参与的基础上形成的国际协调机制才能真正发挥调节所有利益矛盾的作用。

第四节　全球经济协调与全球经济秩序

一、国际经济协调：必要性和存在的问题

经济全球化是各国经济活动从国内走向全球的过程，是生产活动在全球范围内实现社会化的过程，是市场经济走向全球的过程。自市场经济产生之日起，它就在不断地冲破自然村落、封建割据的束缚，推动着社会分工和生产力的发展，发挥其配置资源的作用。当这种市场继续发展超越民族国家界限之时，其作用性质和方向并不会发生根本性改变。市场经济运行机制的跨国界延伸，形成世界市场，使资源在全球范围内进行合理的配置。然而，市场对资源配置并不是万能的，市场有其固有的缺陷，也有其力所不及的地方。在一国内部，市场缺陷和失灵呼吁国家的宏观调控，这就促使了市场与国家调控相结合的现代市场经济的产生。国家的介入使市场运行有了必要的制度和规则，使市场失灵和缺陷得以克服。当市场跨国界延伸为世界市场时，国际层面的市场同样也存在失灵和缺陷，客观上要求市场规则和弥补市场缺陷的调控手段跨国界延伸，即为全球性的经济提供全球性的规则和制度。

在经济全球化条件下，为了加强对各国垄断资本的协调和制约，防止彼此之间的激烈竞争可能引起的剧烈经济动荡，特别是防止发生全球性经济危机，在协商和合作的基础上，资本主义国家，主要是几个发达资本主义国家，建立起国际经济调节机制，以加强国际协调。资本主义国际经济协调是指各资本主义国家代表本国垄断资本的利益，对资本主义国际化再生产过程中所产生的各

种矛盾、摩擦进行共同协商和调节。资本主义国际经济协调的形式主要有三种：国际经济组织的协调；区域经济联盟的协调；政府首脑会晤的协调。

　　国际经济组织按照其活动区域和影响力分为世界经济组织和区域性经济组织。其中世界经济组织的地位较高、作用较大。在当今具有较大影响的世界经济组织主要有世界贸易组织（前身为关税及贸易总协定）、国际货币基金组织以及世界银行。区域经济联盟的协调。20 世纪 80 年代末以来，在经济全球化的大背景下，区域经济联盟有了长足的发展。美、日、欧三大区域经济中心的较量越来越激烈、复杂，直接推动了西欧、北美、亚太经济区域化的发展。区域经济联盟使区域经济协调成为可能。目前，最大的区域经济联盟有欧洲联盟、北美自由贸易区和亚太经济合作组织。除了这三大区域化组织外，还有众多的经济集团遍布世界各地。目前世界上主要的区域集团组织有 30 个左右，涉及将近 2/3 的国家。政府首脑会晤协调。其主要形式是西方八国首脑会议。2008 年全球金融危机爆发以来，除了传统的国际经济协调机构加大了协调力度之外，20 国集团在应对金融危机中的作用得到了普遍重视并跃升为开展国际经济协调的重要机构。

　　但是，从总体上讲，经济全球化的国际调节能力远远滞后于经济全球化水平，具体表现在如下几个方面：

　　第一，全球经济的游戏规则仍然以发达国家的利益为核心。在现实世界中，发达国家拥有明显优势。发达国家的经济发展水平、经济体制及意识形态等诸多方面较为接近，彼此容易展开合作和协调。此外，国际间的商品、资金、技术、劳务等要素的流动主要是由发达国家发动的，更增加了它们进行对等协调的必要性。发达国家通过八国首脑会议或欧盟这样的组织在其内部形成共同的规则，然后再凭借实力优势将该规则延伸为世界通行的规则。这样的规则无疑体现和维护着发达国家的利益。

　　第二，国际组织在协调日益增大的全球金融和贸易活动时显得力不从心。大量事实表面，传统国际经济组织在经济全球化背景下的作用在不断下降，要求它们进行改革的呼声越来越高。国际货币基金组织和世界银行面对日益全球化的资本，调控能力已显得疲弱乏力。世界贸易组织在面对发达国家的贸易保护主义时难以有效地维护自由和公平贸易原则。

　　第三，全球一体化程度低于区域一体化程度。目前，区域经济一体化的程度在不断提高，它们在开展区域经济合作，扩大区域经济交流，共同抵御金融和经济危机，实现共同发展方面取得了显著的成效，与之相比，全球经济一体化还处于低水平，国际社会共同防范和化解经济危机的能力很弱小。

　　在经济全球化条件下，国际经济协调与合作的加强是大势所趋。发达资本主义国家之间的矛盾和发达资本主义国家与发展中国家之间的矛盾固然会影响经济协调的开展，但是，它不可能阻止经济协调深入开展下去。事实上，经济全球化客观上把世界各个国家越来越紧密地联系在一起，一损俱损，一荣俱荣，一旦爆发全球性经济危机，哪个国家都不可能独善其身。2008 年爆发的金融危机对世界各个国家的影响已经证明了这一点。所以努力探索新的国际经济秩序，积极推动全球经济协调稳定发展，将是未来国际社会共同面临的任务和追求的目标。

二、国际经济秩序：反思与创新

国际秩序是指以一定世界格局为基础所形成的国际行为规范和相应的保障机制，通常包括国际规则、国际协议、国际惯例和国际组织等。国际秩序包括国际经济秩序和国际政治秩序。其中，国际经济秩序是基础，它决定国际政治秩序；而国际政治秩序对经济秩序又有巨大的反作用，二者相辅相成。这套机制运行良好，世界便能有序地发展；反之，世界会出现混乱、无序状态。国际经济秩序是指一个时期国际社会中的国际行为主体（主要是主权国家）围绕国际经济关系所确立的国际行为规则和制度的总和。在现存的国际经济秩序中，发展中国家与发达国家之间是不平等的关系。广大发展中国家在第二次世界大战后虽然取得了政治上的独立，但在国际交往中处于不平等、受剥削的地位，这是南北关系的基本特征。

目前的国际经济秩序是不合理、不公平的。在国际生产领域存在着不利于发展中国家的国际分工。绝大多数发展中国家在独立前是殖民地和半殖民地，经济结构单一，经济片面、畸形发展，自然经济和小生产占主导地位。独立后仍然以生产初级产品为主，严重依赖发达国家。在国际贸易领域存在着不等价交换。发展中国家主要出口的是原材料等初级产品，价格偏低，发达国家出口的工业制成品和高科技产品的价格偏高。原材料等初级产品易受国际市场上的价格波动影响，风险大，发展中国家的贸易条件恶化。在国际金融领域，发达国家控制着国际货币基金组织和世界银行等主要的国际金融机构，对发展中国家提出的贷款要求附加很苛刻的贷款条件。在国际资本流动中，发展中国家也易受到冲击。

以不合理分工为基础的世界生产体系、以不平等交换为特征的国际贸易体系和以国际垄断资本占主导地位的国际货币金融体系，构成了第二次世界大战后国际经济秩序的基本特征。因其不合理、不平等而被发展中国家视为国际经济旧秩序。国际经济旧秩序是在第二次世界大战后逐渐形成的，它严重危害了发展中国家的利益，阻碍着发展中国家经济和社会的发展。因此，为了消除发达国家和发展中国家之间发展上的巨大差距，为了实现全球经济的稳定和平衡发展，改革旧的国际经济秩序，建立新的国际经济秩序就势在必然。

国际经济新秩序是相对于国际经济旧秩序而言的。它是指在国际经济交往中消灭剥削和控制，建立起真正体现平等互利、互助合作原则的世界经济体系。国际经济新秩序的主要内容包括三个方面：第一，变革现有的国际生产体系、国际贸易体系和国际金融体系，让发展中国家以平等的地位参加国际分工；要求发达资本主义国家降低对发展中国家出口的关税或非关税壁垒，提高发展中国家初级产品的价格和竞争能力；要求为发展中国家解决货币与发展资金问题，增加技术的转让，使发展中国家的产品顺利进入世界市场。第二，确保发展中国家能够有效地控制本国的资源，并享有限制和监督跨国公司行为的权利，取消发达资本主义国家对发展中国家不利的限制性商业活动。第三，要使发展中国家能够充分地、平等地参与国际经济事务的决策；改组现有的国际机构，如国际货币基金组织等；要求加强联合国在国际经济合作方面的作用，从而改变发展中国家在处理国际经济事务方面无权的状况。可见，国际经济新秩序的建立是以对国际经济旧秩序的变革为前提的。

为了建立新的国际经济秩序，必须遵守以下原则：

第一，各国在政治上互相尊重、共同协商，经济上相互促进、共同发展，文化上相互借鉴、共同繁荣，安全上相互信任。各国有权根据本国国情，独立自主地选择自己的发展道路，别国无权干涉。国际交往中绝不允许把自己国家的社会制度和意识形态强加于别的国家。

第二，以互信、互利、平等、协作为核心，超越意识形态和社会制度的异同，摒弃冷战思维和强权政治，通过平等对话增进相互信任，通过互利合作促进共同安全，反对各种霸权形式、霸权主义和强权政治。

第三，维护世界多样性，提倡国际关系民主化和发展模式多样化，实现不同社会制度和发展道路合作竞争、取长补短、求同存异、共同发展。

第四，国家不分大小、强弱、贫富，都是国际社会的平等一员，都拥有平等参与国际事务的权利，相互尊重，求同存异，平等对待，友好相处，依照联合国宪章和国际法准则，协商、和平解决分歧和争端。任何国家都不应该谋求霸权，推行强权政治。

第五，以和平方式解决国家之间的一切分歧或争端，而不应诉诸武力或以武力相威胁，通过对话协商增进相互了解和信任，通过多边、双边协调合作逐步解决彼此间的矛盾和问题。

第六，在平等互利基础上加强和扩大经济、科技、文化的交流与合作，促进共同发展与繁荣，反对经济贸易交往中的不平等现象和各种歧视性政策与做法；更不允许动辄对别国进行所谓经济制裁。建立一个互信、互利、平等和协作的国际经济新秩序，它的实质就是反对霸权主义、强权政治和国际剥削。

中国是建立国际经济新秩序的积极倡导者和热情推动者。建立国际新秩序涉及的范围十分广泛，但最核心的问题是反对霸权主义和强权政治。中国主张在和平共处五项原则的基础上建立和平、稳定、公正、合理的国际新秩序。这是因为：其一，和平共处五项原则是正确处理国家关系的最基本的国际关系准则，反映了新型国际关系的本质特征，符合联合国宪章的宗旨和原则；其二，和平共处五项原则是一套完整的行为规范，比其他国际性、区域性的法律原则更全面、更合理，是国际社会普遍能够接受的行之有效的原则；其三，它是和平与发展两大主题的要求，是由多极化趋势和多样化世界的现实所决定的，是同霸权主义和强权政治针锋相对的，最能反映世界各国特别是广大发展中国家的共同愿望，最符合所有国家和人民的利益；其四，和平共处五项原则经受住了历史的考验，国际关系的历史和现实证明了建立在和平共处五项原则基础上的国际新秩序是完全可行的。

第十四章　马克思主义生态环境理论新探

第一节　生态马克思主义与可持续发展问题研究

一、生态马克思主义理论的起源与流派

自从可持续发展概念被明确提出后，可持续发展的研究一直是理论工作者关注的重点，学者从经济学、政治学、社会学以及生态学等不同学科对可持续发展理论进行了阐述。从世界经济发展的实践来看，世界经济发展远未达到可持续发展的状态，根据联合国发布的《千年生态环境评估报告》显示，过去50年中，由于人口急剧增长，人类过度开发和使用地球资源，一些生态系统所遭受的破坏已经无法得到逆转，24个生态系统中的15个正在持续恶化，人类赖以生存的生态系统有60%正处于不断退化的状态[①]，另据《世界资源报告2000~2001：人与生态系统，正遭破损的生命之网》显示，全球70%的农业用地已经退化，地力枯竭；50%的湿地已在20世纪丧失；2/3的渔业已濒临或超过持续生产的极限；地球上1/3的人们面临缺水，其中有13亿人没有健康的饮用水；世界上10%~15%的物种将在今后30年灭绝；80%的森林正遭受砍伐，而人口快速增长和消费不断增加是造成世界生态系统不断退化的最主要原因[②]，以至于生态马克思主义代表人物福斯特声称"世界范围的资本主义社会已存在着一种不可逆转的环境危机"[③]，因此强化可持续发展理论的研究既有理论演进的客观要求，但更多的是实际经济社会发展的迫切要求。

---

① 《千年生态系统评估报告发布》，《人民日报》2005年3月31日。
② 《世界资源报告为地球健康亮出黄牌》，《经济日报》2000年11月7日，第7版。
③ ［美］约翰·贝拉米·福斯特：《生态危机与资本主义》，耿建新、宋兴无译，上海译文出版社2006年版，第96页。

在诸多理论流派中生态马克思主义对可持续发展问题的研究可谓独树一帜，奥康纳明确指出"在生态危机的问题上，马克思主义谱系的理论要比自由主义以及其他类型的主流经济思想更有发言的机会"①。因此从生态马克思主义的视角分析可持续发展会为可持续发展的理论和实践研究带来新的空间。从生态马克思主义理论的演进历史来看，早期代表人物除了马克思，还有傅立叶、拉斯金、莫里斯、克鲁泡特金、布克钦、弗洛姆、伊利奇、歌德曼、麦克弗森和马尔库塞等人②。自 20 世纪 70 年代起，生态马克思主义研究逐渐繁荣，并产生了两大派别：一派是以莱易斯和阿格尔为代表，他们认为马克思主义缺少解决资本主义生态环境危机的理论方案，强调用生态危机理论取代马克思的经济危机理论；另一派是以北美特别是以美国的左翼学者为代表，他们重新发掘了马克思主义对解决全球化背景下生态危机的理论意义，形成了奥康纳的双重危机理论、克沃尔的生态社会主义理论以及福斯特和伯克特关于马克思的生态学三种具有代表性的生态马克思主义理论。通过对生态马克思主义关于生态危机的论述，我们可以发现其可持续发展理论具有鲜明的特色并对我国可持续发展战略的实施具有很强的指导意义。

二、生态马克思主义对资本主义生态危机产生原因的剖析

"现实地描述生态与资本主义的冲突，目前需要某种形式的知识性抵抗，即对进行掠夺式开发环境的现存生产方式和观念无情的批判"③，对危机原因的考察"需要超出生物学、人口统计学和技术以外的因素做出解释，这便是历史的生产方式，特别是资本主义的制度"④，因此，生态马克思主义以马克思的生产力与生产关系矛盾运动为基础，同时并未囿于这一对基本矛盾之中，分析视角由资本主义生产的非生态性扩展到消费的非生态性，以制度纬度作为切入点深刻剖析了资本主义生态危机产生而其自身不能够可持续发展的原因。

1. 资本的本性是资本主义生态危机产生的深刻经济根源

资本主义社会中严重生态危机的背后有着深刻的经济根源,抑或阶级根源。马克思、恩格斯认为资本主义制度把"以资本的形式积累财富视为社会的最高目的"，"把追求利润增长作为首要目的。"⑤ 正如恩格斯所说，工业文明时代"激起人们的最卑劣的冲动和情欲，并且以损害人们的其他一切禀赋为代价而使之

---

① [美]詹姆斯·奥康纳：《自然的理由》，唐正东译，南京大学出版社 2003 年版，第 298 页。

② [加]本·阿格尔：《西方马克思主义概论》，慎之等译，中国人民大学出版社 1991 年版，第 475 页。

③ [美]约翰·贝拉米·福斯特：《生态危机与资本主义》，耿建新、宋兴无译，上海译文出版社 2006 年版，第 17 页。

④ 同上书，第 68 页。

⑤ 同上书，第 2 页。

变本加厉的办法来完成这些事情的。卑俗的贪欲是文明时代从它存在的第一日起直至今日的起推动作用的灵魂；财富，财富，第三还是财富——不是社会的财富，而是这个微不足道的单个的个人的财富，这就是文明时代唯一的、具有决定意义的目的"①，资本主义社会"支配着生产和交换的一个一个的资本家所能关心的，只是他们的行为的最直接的有益效果……出售时要获得利润，成了唯一的动力"②，资本所有者"仅仅以取得劳动的最近的、最直接的效益为目的。那些只是在晚些时候才显现出来的、通过逐渐的重复和积累才产生效应的较远的结果，则完全被忽视了"③，因此只要能够获取利润，资本所有者就会不顾一切地进行资本积累和扩大再生产，而以资本积累为本质的资本主义制度"特别适应资本与利润的生产"④。资本主义私人财产制度是"寻求交换价值（也就是利润），而不是为真正的普遍的、自然的需要而服务，这种需要对生产来说才是目标、目的"⑤，资本主义条件下的整个工业体系（或者是"所有权缺位"）弥漫着不计后果的滥用人类与自然资源的现象，追求金钱的目标支配着理性生产。资本主义生产制度下的企业行为是以利润为目标指向的，其首要的关注目标不是"如何实现生产与自然的相平衡、与人的生活相协调，如何确保所生产的产品仅仅服务于公众为其自身所选择的目标，使劳动变得更加愉快。它所关注的主要是花最少量的成本而生产出最大限度的交换价值"⑥，这就从根本上决定了资本主义生产关系不会将自然环境作为影响其生产的内生性因素来考虑，资产阶级只会将其外化于资本主义经济体系，也就是"发展经济所造成的生态资源匮乏和不可逆转的生态环境恶化（在人类生存的极限内）不在正统经济学的考虑范围之内"⑦，可持续发展的问题的解决与"冷酷的资本需要短期回报的本质是格格不入的"⑧，因此，以自然和人的自由的破坏来换取经济的发展就成为必然。

①《马克思恩格斯选集》第4卷，人民出版社1995年版，第177页

②《马克思恩格斯选集》第3卷，人民出版社1972年版，第520页。

③《马克思恩格斯选集》第4卷，人民出版社1995年版，第385页。

④［美］约翰·贝拉米·福斯特：《生态危机与资本主义》，耿建新、宋兴无译，上海译文出版社2006年版，第74页。

⑤［美］约翰·贝拉米·福斯特：《马克思的生态学——唯物主义与自然》，刘仁胜译，高等教育出版社2006年版，第193页。

⑥ Andre Gorz, Ecology as Politics, Boston, 1980, p.5.

⑦［美］约翰·贝拉米·福斯特：《生态危机与资本主义》，耿建新、宋兴无译，上海译文出版社2006年版，第2页。

⑧ 同上书，第3页。

2. 新陈代谢链条的断裂是资本主义生态危机产生原因在生产领域的具体表象

在马克思恩格斯看来，整个自然界是一个有机联系的整体，人、自然与社会都处于这一循环过程中。在这一循环过程中，人、自然与社会间的物质循环应严格遵守物质代谢（新陈代谢）的基本规律，只有这样才能实现社会生产的人文主义维度和社会的良性发展。马克思在对资本主义生产进行批判时，不仅深刻揭示了资本对人的剥削，而且揭示了资本对自然的剥削，并且马克思正是以人与自然物质代谢的生理学理解为前提来展开对资本主义的生态学批判的。在马克思看来，"劳动首先是人和自然之间的过程，是人以自身的活动来引起、调整和控制人和自然之间的物质变换的过程"①。马克思恩格斯多次使用"人与自然之间的物质变换"、"人与土地之间的物质变换"等概念，这也就意味着马克思将人及社会经济活动与外部自然界之间的关系作为人类社会经济系统与自然生态环境系统之间的关系来看待，并且这一物质生产关系的本质特征就是物质代谢，他们对物质变换概念的阐述最终是以资本主义批判为目的的。对马克思新陈代谢理论研究最为系统的是福斯特，他认为"在马克思的分析当中，经济循环是与物质变换（生态循环）紧密地联系在一起的，而物质变换又与人类和自然之间的新陈代谢的相互作用相互联系"②。马克思在两个层次上运用新陈代谢这一概念：一是自然和社会之间通过劳动而进行的实际的新陈代谢相互作用；二是在广义上使用这个词汇，用来描述一系列已经形成的但是在资本主义条件下总是被异化地再生产出来的复杂的、动态的、相互依赖的需求和关系，以及由此而引起的人类自由问题③。可以说新陈代谢概念为马克思提供了一个"表述自然异化（以及它与劳动异化的关系）概念的具体方式"，而自然异化是马克思对资产阶级社会异化特征进行全面批判的核心概念，因此马克思的新陈代谢概念对揭示资本主义生产关系中生态危机发生的原因及其不可逆转性具有重要意义。

蒂姆·海沃德（1994）认为马克思的社会——生态学新陈代谢概念"在自然方面由控制各种卷入其中的物理过程的自然法则调节，而在社会方面由控制劳动分工和财富分配等的制度化规则来调节"④。由于资本主义社会中的劳动分工和财富分配制度取决于资本主义生产资料的私人所有制，这一制度体系下的所有制度安排都服务于利润的获得，因此，资本主义生产导致物质代谢的断裂是一种必然。"资本主义生产使它汇集在各大中心的城市人口越来越占优势，这

①《马克思恩格斯全集》第 23 卷，人民出版社 1972 年版，第 201、202 页。

②③［美］约翰·贝拉米·福斯特：《马克思的生态学——唯物主义与自然》，刘仁胜译，高等教育出版社 2006 年版，第 175 页。

④ Tim Hayward, *Ecological Thought*, Cambridge: Polity, 1994, p.116.

样一来，它一方面聚集着社会的历史动力，另一方面又破坏着人和土地之间的物质变换，也就是使人以衣食形式消费掉的土地的成分不能回到土地，从而破坏土地持久肥力的永恒的自然条件。这样，它同时就破坏城市工人的身体健康和农村工人的精神生活。但是资本主义生产在破坏这种物质变换的纯粹自发形成的状况的同时，强制地把这种物质变换作为调节社会生产的规律，并在一种同人的充分发展相适合的形式上系统地建立起来"①。福斯特认为马克思运用断裂的概念表达资本主义社会中人类对形成其生存基础的自然条件（即人类生活的永恒的自然条件）的物质异化。"资本主义社会的本质是从一开始就建筑在城市与农村、人类与地球之间物质交换裂痕的基础上"②，可以说资本主义制度内含着物质新陈代谢关系的断裂，其实质是资本主义生产条件下自然和社会关系的异化，后果就是生态危机的产生。

3. 异化消费与虚假消费的存在是资本主义生态危机产生原因在消费领域的具体表象

生态马克思主义认为对"我们称之为'异化消费'的现象，即异化劳动的合乎逻辑的对应现象进行分析"③，并在此基础上探寻生态危机出现的原因，是大多数马克思主义者所忽视的一个命题。按照马克思的观点："消费不仅是使产品成为产品的最后行为，而且也是使生产者成为生产者的最后行为。另一方面，生产生产出消费，是在生产创造出消费的一定方式的时候，然后是在生产把消费的动力、消费能力本身当做需要创造出来的时候"④，即生产决定和影响着消费，而消费是生产的结果，同时消费反过来又会强化现有生产方式。那么异化消费和虚假消费是怎样由生产决定并强化现有生产方式并最终导致资本主义生态危机的出现呢？

对于异化消费与虚假消费的产生，莱斯将其归结为"控制自然"的意识形态指引下的资本主义生产无政府状态⑤，其发展和满足是受外界支配的，"无论这些需要有多少可能变成个人自己的需要，并由他的生存条件所重复，无论个人怎样与这些需要相一致并感觉到自己从中得到满足，这些需要始终还是它们从一开始就是的那样——要求限制的势力占统治地位的社会的产物"⑥，其结果是异化消费与虚假消费进一步强化了异化的生产制度，并使资本积累和再投资得以继续进行。而过度生产满足异化消费与虚假消费的商品的目的是"对人们在异化劳动中所花费的时间进行补偿"，并最终实现对利润的获取。这样资本主

①《马克思恩格斯全集》第 23 卷，人民出版社 1972 年版，第 552 页。

② Foster，*Marx's Theory of Metabolic Rift*，American Journal of Sociology，1999.

③［加］本·阿格尔：《西方马克思主义概论》，慎之等译，中国人民大学出版社 1991 年版，第 420 页。

④《马克思恩格斯选集》第 2 卷，人民出版社 1972 年版，第 96 页。

⑤ 万健琳：《异化消费、虚假需要与生态危机》，《江汉论坛》2007 年第 7 期。

⑥［美］马尔库塞：《单向度的人》，刘继译，上海译文出版社 1989 年版，第 6、7 页。

义生产和异化消费与虚假消费之间互动的一个循环周期结束，紧接着下一周期又会在新的得到强化的生产方式中开始。在这种周而复始的循环中，消费的"人类生活过程"的含义隐蔽了起来，"消费"的概念才从属于资本主义的生产方式而处于异化状态，资本主义社会也正是通过制造虚假需求以实现"强迫性的消费"，使发达工业文明"把浪费变成需求，把破坏变成建设的能力，它把客观世界改造成人的心身延长物的程度，这一切使得异化的概念成了可怀疑的"①，以至于消费现象演变为"资本制市场经济社会赖以维持和扩大其再生产的有机构成"②。消费已经不是单纯为了人们的生存，而是服务并强化资本的逻辑——追求无止境的利润欲望。在异化消费与虚假消费存在的条件下，资本主义"并没有将其活动仅局限在人类基本需要（如吃穿住）的商品生产和人类与社会发展必需的服务设施上。相反，创造越来越多的利润已成为目的本身，而且产品的样式和它们最终的实用性也已无关紧要。商品的使用价值越来越从属于它们的交换价值。生产出的使用价值主要是为了满足虚浮的消费，甚至对人类和地球具有破坏性（从满足人类需求的意义上讲毫无用途）；而且在现代市场力量的驱动下，人类还产生了追求这些具有破坏性商品的欲望"③，也就是说，异化消费与虚假消费必然会在资本主义生产方式中最终导致生态危机并强化生态危机的发生，而消除生态危机的手段就是改造资本主义生产方式使其不再异化。

三、生态马克思主义对生态危机解决途径与可持续的发展模式选择的探讨

生态马克思主义认为"讨论人和全球性的生态危机都必须以发达资本主义国家的毫无节制及其对周边世界经济的影响为重点。正是在资本主义世界的体制中心，存在着最尖锐的不可持续发展的问题，因此，生态斗争不能与反对资本主义的斗争相分离"④。据此可以认为生态马克思主义对生态危机解决途径的探索并没有简单地停留在生产力的层面，也即技术层面，而是深入到资本主义生产关系内部去探寻解决问题的根本对策，也只有全面考察生产力和生产关系，才能够寻找出解决资本主义生态危机的根本途径，即"反对资本主义的革命不仅需要推翻它对劳动进行剥削的特定关系，而且还需要超越——通过使用现代科学和工业方法以合理地调整人类和自然之间的新陈代谢关系——它对土地的

① ［美］马尔库塞：《单向度的人》，刘继译，上海译文出版社 1989 年版，第 9 页。
② ［日］堤清二：《消费社会批判》，朱绍文译，经济科学出版社 1998 年版，第 182 页。
③ ［美］约翰·贝拉米·福斯特：《生态危机与资本主义》，耿建新、宋兴无译，上海译文出版社 2006 年版，第 90 页。
④ 同上，第 76 页。

异化，对资本主义来说是最终的基础/前提"①。而对实现可持续发展的模式选择问题，生态马克思主义则更多的是从生态学的角度进行论述的。

1. 生态马克思主义对生态危机解决途径的探讨

（1）科学技术在解决生态危机过程中的角色和地位。对于科学技术的作用，马克思给予了很高的评价，并且马克思在对"生产排泄物的利用"问题的分析中阐明了科学技术以及工艺的进步会对生产废料的循环利用和再利用起到至关重要的作用，可见科学技术在其"生产生态化"思想中的重要地位。然而科学技术在生态危机的真正解决中占有什么样的位置呢？

针对这一问题，不同学者给出了不同的观点：福斯特认为在资本主义体制下"将可持续发展仅局限于我们是否能在现有生产框架内开发出更高效率的技术是毫无意义的，这就好像把我们整个生产体制连同其非理性、浪费和剥削进行了'升级'而已。我们只能寄希望于改造制度本身，这意味着并不是简单地改变该制度特定的'调节方式'（正如马克思主义调节理论家们所言），而是从本质上超越现存积累体制。能解决问题的不是技术，而是社会经济制度本身"②。奥康纳也认为资本主义的技术具有经济、政治和社会三个相互联系的功能，在利润的驱动下，资本主义条件下的技术不可能以生态原则为基础，资本"对技术的选择就是以其对成本和销售额而不是环境的影响为基础的"③，资本主义采用新技术的结果"并没有将人类从自然的盲目力量和苦役的强制下解脱出来，相反它使自然退化并使人类的命运变得岌岌可危"④。巴西环保运动的奠基人卢岑贝格也认为"当人们审视现代技术和工艺学时，不难发现，越来越多的技术，特别是技术官僚机构的建立，并不是为了满足人类的需要而进行不断地探索，而是致力于进一步巩固他们的权利"⑤。康芒那更是一针见血地指出，把污染和利润联结起来的重要环节似乎是现代技术，它是最近生产率增长——从而也有利润的增长，以及最近关于环境的各种问题的主要根源。被一种固有的，追求最大利润的倾向所驱使，现代私人企业总是利用大量革新来应允满足这种需要。一般来说，他们并未意识到，这些同样的革新常常还是使环境毁灭的工具。这也并不奇怪……因为技术在当前总是被当做一种达到单一目的的手段。显然，这个目的总是非常遗憾地、非常经常地被用来提高生产率——同时提高利润的

①［美］约翰·贝拉米·福斯特：《马克思的生态学——唯物主义与自然》，刘仁胜译，高等教育出版社2006年版，第196页。

②［美］约翰·贝拉米·福斯特：《生态危机与资本主义》，耿建新、宋兴无译，上海译文出版社2006年版，第95页。

③［美］詹姆斯·奥康纳：《自然的理由》，唐正东译，南京大学出版社2003年版，第326页。

④ 同上，第321页。

⑤［巴西］卢岑贝格：《自然不可改良：经济全球化与环保科学》，黄凤祝译，三联书店1999年版，第46页。

愿望所支配①。从以上学者的论述中不难看出,科学技术在资本主义生产体系中的运用是以获得更多的利润为目的的,因此"科技异化"现象是一种必然,并且这种异化现象反过来会在更大程度上促使人与自然关系的异化并稳固资本对自然与人的统治,在他们看来,先进科学技术的运用只是一种治标不治本的对策,正如斯威齐(Sweezy 2000)所说的"虽然我相信,至少是原则上相信,在目前的垄断资本主义体制框架内有一些治标的药方,但我认为,如果社会秩序不发生根本变革,城市结构和整个社会关系的根本变革(或等同程度的生产与消费结构的剧变)就不能实现"②。

在分析科学技术的地位与作用时,虽然马尔库塞认为科学技术的极权主义强化了资本主义社会中的单向度并控制了人类的需求,并且马尔库塞用"技术的资本主义使用"来解释科学技术所表现出来的负面作用,但马尔库塞同时认为科学技术也可为人类的解放提供物质条件,即"技术进步将超越必然王国,而正是在这一王国它过去曾作为统治和剥削的工具,限制了自己的合理性"③。克沃尔(2002)也认为虽然科学技术在资本主义条件下表现出对社会生态环境的负面因素,但是科学技术作为人类身体的延伸并用以改造自然的方式和手段并没有阻碍人类解决生态问题,而是人类解决生态问题的一个组成部分。只有对资本主义的生产方式、需求方式和整个社会的生存方式进行改革,才能够从生态的角度利用技术的正面因素,消除其负面影响,同时他认为只有在生产资料公有制的社会中,才能够实现科学技术的生态合理性和生态价值。

(2)解决生态危机途径的最终选择——颠覆资本主义。在马克思的理论框架下,解决生态问题的钥匙放在社会结构和社会形态中,只有克服了劳动异化的现象,才有可能克服人与自然关系的异化以及人的异化,因此要重新规范人与自然以及人与人之间的关系,其根本措施在于改变生产方式和社会制度。他们指出要防止人类对自然的破坏、实现人的全面发展"单是依靠认识是不够的。这还需要对我们现有的生产方式,以及和这种生产方式连在一起的我们今天的整个社会制度实行完全的变革"④。在马克思看来,资本主义制度是不可能解决生态危机的,"现代的资产阶级财产关系靠国家权力来'维持',资产阶级建立国家权力是为了保卫自己的财产关系"⑤。克沃尔(2002)也指出"资本主义是一个自私自利的社会制度,坚持人类对包括自然在内的世界万物的至上权

① [美]巴里·康芒那:《封闭的循环——自然、人和技术》,侯文蕙译,吉林人民出版社 1997 年版,第215、216 页。

② Paul Sweezy, *Cars and Cities*, Monthly Review, 51:11, 2000, p.32.

③ [美]马尔库塞:《单向度的人》,刘继译,上海译文出版社 1989 年版,第 15 页。

④ 《马克思恩格斯选集》第 3 卷,人民出版社 1972 年版,第 519 页。

⑤ 《马克思恩格斯全集》第 4 卷,人民出版社 1958 年版,第 331 页。

利"①。在他看来，资本主义的发展已经达到了顶峰，任何改良资本主义的思想方案都是在加速对生态系统的破坏，单单依靠先进科技手段的运用、国家的干预或者生产关系的局部微调是不行的，要从根本上治理生态危机，就必须对生产关系进行革命，即实现社会主义对资本主义的替代，这才是问题的根本。正如福斯特所说："要想遏制世界环境危机日益恶化的趋势，在全球范围内仅仅解决生产、销售、技术和增长等基本问题是无法实现的。这类问题提出的越多，就越明确地说明资本主义在生态、经济、政治和道德方面是不可持续的，因而必须取而代之。"②因此，只要资本主义制度存在，异化劳动就必然存在，人与自然以及人与人之间关系的异化就必然会出现，只有推翻造成劳动异化的社会制度才是解决问题的唯一出路。

在马克思看来，只有在共产主义社会中，"社会化的人，联合起来的生产者，将合理地调节他们与自然之间的物质变换，把它置于他们的共同控制之下，而不让它作为盲目的力量来统治自己；靠消耗最小的力量，在最无愧于和最适合于他们的人类本性的条件下来进行这种物质变换"③。福斯特（2002）指出马克思认为一个符合人性的、可持续的制度应该是社会主义的，并且它应该建立在稳固的生态原则基础之上④，只有这样，自然主义和人道主义才能真正统一起来，人与人以及人与自然之间的矛盾才能真正得以解决。伯克特（1999）同样对马克思所阐述的共产主义的生态性给出很高的评价，他认为"马克思和恩格斯发展了一种广阔的视野，认为共产主义革命最完全地与生态主体相协调。马克思和恩格斯对共产主义生产和计划的评论经常强调对社会使用自然（尤其土地）的恰当管理。马克思还非常重视共产主义的'时间经济'——不仅为减少工作日或为其自身的目标或消费得到更大的满足，而且，为发展劳动者的自然和社会能力（包括科学地管理生产的能力）增加闲暇时间，这和马克思多次呼吁的工业和农业更'合理的'（生态上持续的）结合一起，表明马克思的共产主义观点比通常被认为的更具有生态意义"⑤。

在分析解决资本主义生态危机途径的过程中，除了以生产力和生产关系的矛盾运动为中心，很有必要对资本主义的第二重矛盾——资本主义生产关系（及生产力）与资本主义生产条件之间的矛盾进行分析，这样能够从更深层次理解

① Joel Kovel, *The Enemy of Nature*, Zed Books Ltd., 2002, p. 171.
② ［美］约翰·贝拉米·福斯特：《生态危机与资本主义》，耿建新、宋兴无译，上海译文出版社 2006 年版，第 61 页。
③《马克思恩格斯全集》第 25 卷，人民出版社 1975 年版，第 926、927 页。
④ ［美］约翰·贝拉米·福斯特：《生态危机与资本主义》，耿建新、宋兴无译，上海译文出版社 2006 年版，第 165 页。
⑤ Paul Burkett, *Marx and Nature*, St. Martin's Press, 1999, p.14.

具有"危机依赖性"的资本主义向社会主义转变的原因及可能性。资本主义的第二重矛盾理论是由生态马克思主义的代表人物之———詹姆斯·奥康纳提出的。奥康纳认为传统马克思的经济危机理论和向社会主义转型的理论的出发点是资本主义的生产力与生产关系之间的矛盾，它认为马克思对资本由于对其自身的社会及环境条件的损害而威胁到资本获得利润的能力，即带来经济危机的潜在威胁论述较少，同时对生产条件的"物质纬度与社会纬度之间的关系"也没有较为系统地论述，因此，马克思始终没有得出"资本主义的矛盾有可能会导致一种在危机及社会转型问题上的'生态学'理论"①。而奥康纳对这一问题的思考则正是建立在资本主义生产关系（及生产力）与资本主义的生产条件之间的矛盾，即第二重的矛盾之上的。之所以会出现资本主义的第二重矛盾，奥康纳认为根本原因在于"资本主义从经济的纬度对劳动力、城市的基础设施和空间，以及外部自然界或环境的自我摧残性的利用和使用"②。对于如何解决第二重矛盾，奥康纳认为路径之一就是用生态社会主义代替资本主义，他认为"由危机所导致的生产条件方面的变化意味着，或者是以生产条件的再生产的更加社会化的社会关系形式（譬如，在生产条件领域内的更为直接的协作形式）为前提的"③，并且这种危机"有力地促使了资本与国家对生产条件实施更为有利的控制或更为有效的计划"④。但同时奥康纳也明确指出，建立在第二重矛盾基础之上的资本主义危机理论只是实现资本主义向生态社会主义转型的必要而非充分条件，生产力纬度上的生产条件适合于更为社会化的形式并不意味着资本主义存在一种向社会主义发生自我转变的自然趋势。

2. 生态马克思主义对可持续的发展模式的探讨

生态马克思主义在考察可持续的发展模式时认为"选择一种与生态更加协调的社会发展形式是可能的，但条件是顶着发展名义的畸形发展必须得到纠正。新的发展形式追求适度，而不是更多。他必须以人为本，特别是要优先考虑穷人而不是利润和生产，必须强调满足基本需求和长期安全的重要性"⑤。从生态学的角度看，由于地球本身发展而没有增长，那么地球子系统必将遵循同样的发展而不增长的行为模式，同时地球生态系统受掠夺的总速度是有某种上限的，因此必然存在对整个资本增长的某种限制，而且这个生态系统也必然最终要达到一种"非增长"状态，对于这种发展模式，赫尔曼·戴利借用物理学中的稳

---

① ［美］詹姆斯·奥康纳:《自然的理由》，唐正东译，南京大学出版社 2003 年版，第 257 页。
② 同上书，第 284 页。
③ 同上书，第 269 页。
④ 同上书，第 270 页。
⑤ ［美］约翰·贝拉米·福斯特:《生态危机与资本主义》，耿建新、宋兴无译，上海译文出版社 2006 年版，第 75 页。

态概念将其描述为稳态经济。

按照赫尔曼·戴利的看法，在稳态经济下"经济被视为一个与支撑它的生态系统/生物圈保持动态平衡的子系统，其基本目标是用质的发展或改进来取代数量的增长"[①]，定义稳态经济的一个关键特征在于经济流量的恒定水平必须是生态可持续的，能在长久的未来保持人类生活在一个足以有优裕生活的标准的或人均资源使用水平。稳态经济涉及三个基本量：存量、服务和通量，可用下述公式简单表述三个变量之间的关系：

服务/通量=服务/存量（服务效率）× 存量/通量（维持效率）[②]

在稳态经济中，上述三个基本的量分别采取三种不同的行为模式：存量注重的是"达到满足"——保持在一个足以维持当代人的丰裕生活和在长期内（并非无限长）可持续的水平；在存量给定的情况下，服务要求最大化；给定存量不变，通量要求最小化。稳态经济具有下述四个特征：持衡的人口数量；持衡的人造资本（体外资本或人体的延伸）数量；上述两个数量的持衡水平要足以使人们过上较好的生活并可延续到未来以及维系人口和资本数量所需的物质——能量流通速率要降到最低的可能水平。一个可持续发展的经济能够在信息、组织、技术效率、智慧等方面不断适应和改善，在这一过程中用不着从生态系统中吸收超出某一限度的更多的物质——能量。相反，它会在一定的规模上停止增长以保证外界生态（即环境）仍然正常运行并能够年复一年实现自我更新。这个非增长的经济并不是静止不变的——作为整个环境的稳态子系统，它实际上不断地得到给养并持续进行更新。在稳态经济中，物质和能量的存量及流量都是有限的，经济发展可以自发实现，同时经济生活中物质的数量方面停止增长，也不妨碍需求、技术、制度质量的进步，而且这些限制还使经济脱离目前这种自我毁灭式的发展道路，并为其开辟了新道路。

按照马克思的看法，资本主义最本质的东西就是扩大——就是说，资本家作为一种历史"类型"，他是永无止境地在寻求新的、通过这个经济体系的稳定的增长所获取的钱财当中，发现它存在的价值[③]。而现代工业社会又会从人本主义哲学的角度出发本能地"把地球视作一个巨大的免费货仓"[④]，因此，为了解

①［美］赫尔曼·戴利、乔斯华·弗蕾：《生态经济学——原理与应用》，徐中民等译，黄河水利出版社2007年版，第309页。

② Herman E. Daly, Kenneth Neal Townsend, *Valuing the Earth: Economics, Ecology, Ethics*, Massachusetts Institute of Technology, 1993, p.326.

③［美］巴里·康芒那：《封闭的循环——自然、人和技术》，侯文蕙译，吉林人民出版社1997年版，第222、223页。

④［巴西］卢岑贝格：《自然不可改良：经济全球化与环保科学》，黄凤祝译，生活·读书·新知三联书店1999年版，第41、42页。

决资本主义生态危机，生态学马克思主义者认为"稳态"经济是必须的、必然的，这种经济要求缩减资本主义的生产能力和扩大资本主义国家的调节作用。此外，还必须更新评价人的物质需求，并大大削减这种需求①。戴利认为可持续发展必然意味着一场离开增长经济的激烈变革，并引向一种稳定状态的经济，而只有在"可持续发展"被理解成"没有增长的发展"时，对经济才有意义，稳态并不是它自己的目的，它是一种手段，是由于正义、可持续性、可参与性以及包括经济在内的整个生态系统所近似具有的稳态特征引发的一种制约②。最后也是最为关键的就是稳态经济是否能在社会主义国家实现？按照戴利的看法，稳态经济的实现需要一系列起控制作用的社会制度框架，具体包括保持人口持衡的制度、保持有形财富持衡的制度和分配制度，并认为这些制度框架是建立在私人财产和自由市场之上的。而克沃尔（2002）则明确将生产生态化作为生态社会主义的一个具体表现，即生产必须符合热力学定律，使自然系统保持较低的熵值，而这一思想恰好与戴利所阐述的增长的生物物理限制相吻合。汤森（1993）也认为在社会主义国家内部具有发展稳态经济的历史根源，同时在社会主义国家内实施能够创造稳态经济的政策，如通过限制人口数量及人造物品存量的增长、限制资源量使之与保持人们合意的生活水平所需的价值相当的政策等，就会实现稳态经济，并能找到用以解决马克思曾预计的人与自然矛盾的方法③，因此可以说，稳态经济是能够在社会主义国家存在并为其运用的。

四、生态马克思主义视角下的可持续发展理论对我国实施可持续发展战略的启示

生态马克思主义对可持续发展问题的分析总体上秉承了马克思的分析方法和逻辑思路，分析了资本主义生态危机产生的原因，探讨了解决资本主义生态危机的路径选择问题以及未来社会可持续的发展模式等问题，构成了较为全面的生态马克思主义的理论体系。具体来说生态马克思主义理论家分别从资本主义制度的本性、资本扩张的逻辑、资本主义生产方式的特点等方面揭示了资本主义制度的反生态本性以及生态危机发生的必然性和不可逆转性，在此基础上提出解决生态危机的根本出路在于变革资本主义制度、改变资本的全球权力关系、树立新的环境道德价值观等。具体到我国而言，虽然我国已经建立了社会

---

① ［加］本·阿格尔：《西方马克思主义概论》，慎之等译，中国人民大学出版社1991年版，第474页。

② Herman E. Daly, Kenneth Neal Townsend, Valuing the Earth: Economics, Ecology, Ethics, Massachusetts Institute of Technology, 1993, p.368.

③ Kenneth N. Townsend, Steady-State Economies and the Command Economy, in "Valuing the Earth: Economics, Ecology, Ethics", edited by Herman E. Daly, Kenneth Neal Townsend, Massachusetts Institute of Technology, 1993, p.291.

主义制度并在社会主义建设中取得了举世瞩目的成就，但生态环境的恶化也是不争的事实，怎么样建设一个生态可持续发展的社会主义国家就成为当前我们必须解决的重大课题，正如福斯特认为的那样"马克思对资本主义农业以及新陈代谢断裂的观点，导致他得出较为宽泛的生态可持续性概念——这种观点对生产者联合起来的社会来说却是不可缺少的内容"[①]，因此可持续发展已成为我们所必须采取的战略选择。而全面考察生态马克思主义对可持续发展问题的阐述对可持续发展战略的科学实施具有很强的指导意义。

第一，维持人与自然的和谐发展。按照生态马克思主义的观点，人类干预自然的活动是有限度的，人类社会必须与自然共同发展，人类的发展不能独立于自然之外，马尔库塞更是将人与自然之间关系的异化看做资本主义生态危机产生的根源，他认为异化的自然"已经成了扩大对人控制的一个因素"，并且"它使人不可能在自然中重新发现自己，无论是异化的彼岸，还是此岸；它也使人不可能承认自然是自生的主体——人和这一主体一起生活在一个共同的世界里"[②]，因此，维持人与自然之间的和谐发展就成为解决生态问题的根本。在我国的经济社会发展过程中尤其要注意人与自然之间的和谐发展，避免对自然资源的掠夺性开发，在实现人的自由全面发展的同时实现自然的可持续发展。

第二，理性地处理节约与消费、节约与发展之间的关系。马克思认为"真正的节约（经济）=节约劳动时间=发展生产力"[③]，在考虑节约与消费之间关系的时候，马克思认为节约"决不是禁欲，而是发展生产力，发展生产的能力，因而既是发展消费的能力，又是发展消费的资料。消费的能力是消费的条件，因而是消费的首要手段，而这种能力是一种个人才能的发展，一种生产力的发展"[④]，生态马克思主义也认为由于异化消费的存在强化了资本主义社会中人的单向度，并导致生态危机的发生，因此也需对这种需求采取理性的制约措施，也就是说，节约是为了更好的发展。同时，马克思在考察节约与发展的关系时指出在实现共产主义、劳动成为人的第一需要的条件下，人的"个性得到自由发展，因此，并不是为了获得剩余劳动而缩减必要劳动时间，而是直接把社会必要劳动缩减到最低限度。与此相适应，由于给所有的人腾出了时间和创造了手段，个人会在艺术、科学等等方面得到发展"[⑤]，也就是劳动时间的节约是为

---

① ［美］约翰·贝拉米·福斯特：《马克思的生态学——唯物主义与自然》，刘仁胜译，高等教育出版社2006年版，第182页。

② ［美］马尔库塞：《反革命和造反》，《工业社会与新左派》，任立编译，商务印书馆1982年版，第129页。

③ 马克思：《政治经济学批判大纲》（第3分册），人民出版社1963年版，第361页。

④《马克思恩格斯全集》第46卷（下），人民出版社1979年版，第225页。

⑤ 同上书，第218页。

了人的自由而全面的发展，这也是马克思节约思想的最终目的。现阶段我国现实的存在异化消费和虚假消费，存在对劳动时间和自然资源的浪费，因此，必须强调对自然资源的节约、劳动时间的节约，只有这样才能够避免人与自然关系的异化以及人的异化。

第三，正确对待计划和市场的关系。由于中国经济的实践告诉我们计划经济存在严重弊端，因此，改革开放的过程实质上是市场经济与计划经济关系的调节，更多地表现为市场对计划的替代。事实上，生态马克思主义在考察这一问题的时候，强调要将计划和市场结合起来，强调社会的计划性，其中以克沃尔（2002）为代表。克沃尔认为当生态社会主义革命成功后，资本主义社会中的非生态化生产迅速转变成生态生产，在此过程中首先要恢复生产领域中的生态系统的整体性，协调好不同生产领域之间的关系；其次要根据全社会的整体需要进行有计划的生产；最后要在生态社会主义过渡时期要保证社会成员的工资和收入。而在这一整个过程中，必须要发挥计划的作用，而市场在生态社会主义社会中只是作为一种有限的理性工具出现的，其调节作用是通过以生态为中心的生产过程来实现的，其核心作用是在民主管理的基础上维护生态系统的完整性。[①] 可以看出，计划在生态社会主义中是不可或缺、占有重要地位的。在转型期的我国经济建设中，在某种程度上继续发挥计划的指导性作用，合理地运用计划，不仅可以纠正生产中的非生态行为，而且可以推动对异化消费和虚假消费的矫正，真正实现经济社会的生态可持续发展。

第二节　全球气候变化与南北经济关系调整

一、全球气候变化与生态危机

1. 全球气候变化及其对世界经济发展的影响

根据《联合国气候变化框架公约》（UNFCCC）的定义，"全球气候变化"（Global Climate Change）是指经过长期的观察，在自然气候变化之外由人类活动直接或间接地改变全球大气组成所导致的气候变化。在这一定义中，存在两个要点。首先，气候变化必须是在世界范围内长期表现出的具有一定统计学意义的平均气温上升趋势。近百年（1906～2005年）来，全球平均地面温度上升

---

① 刘仁胜：《生态马克思主义概论》，中央编译局出版社2007年版，第120页。

了 0.74℃，预计到 21 世纪末，全球平均地面温度与 1980 年至 1990 年相比可能会升高 1.1～6.4℃。根据美国航空航天局（NASA）的统计，2005 年的气温达到了历史最高水平，而有史以来最热的 10 个年份都出现在 1980 年以后。其次，气候变化的原因必须是由人类经济活动这样的非自然因素所造成。自工业革命以来，人类使用燃烧的化石燃料使得二氧化碳、二氧化硫等温室气体的排放量急剧增加，特别是近十年来，累计增加的数量更高达 30%。由此可见，"全球气候变化"正在我们每一个人的身边悄然发生。并且，这已经成了全世界的普遍共识。

全球气候变化究竟会给世界经济发展造成怎样的影响呢？著名的《斯特恩报告》显示全球气候变化将引发多种自然灾害，进而对经济发展构成影响。第一，北极、南极以及格陵兰岛的冰层逐渐融化，造成海平面升高，这使得全球近 1/6 的人口遭受更多的洪水，气候移民大量出现。第二，由于淡水供应也将变得更为缺乏，干旱灾害会显著频繁。第三，农业遭受威胁，农作物产量持续下降，粮食危机加剧。第四，由于 2℃ 的气温升高就将使得 15%～40% 的物种濒临灭绝，因此全球生态系统将变得更加脆弱。第五，因为病媒的传播与温度和湿度密切相关，所以疟疾、登革热等瘟疫将会更为猖獗与广泛。基于上述影响，《斯特恩报告》预测在下世纪初，全球将因为气候变化损失 5%～20% 的国内生产总值。戴尔（Dell）等人（2009）通过对美洲 12 个国家的截面数据的研究发现气温与收入具有负相关性。波斯纳（Posner）和桑斯坦（Sunstein，2008）的研究则预测了气温升高 2.5℃ 对各国或各地区国内生产总值损失程度的影响，见表 14-1。由此可见，如果任由全球气候继续升高，世界经济必将受到重挫，人类将为此付出沉重的代价。

表 14-1　气温升高 2.5℃ 的损失估计

国家或地区	GDP 损失的比重（%）	国家或地区	GDP 损失的比重（%）
印度	4.93	东欧	0.71
非洲	3.91	日本	0.50
OECD 的欧洲国家	2.83	美国	0.45
高收入的 OECD 国家	1.95	中国	0.22

资料来源：Posner, E., and C., Sunstein, "Global Warming and Social Justice", Regulation, 2008, Spring, pp. 14～20.

2. 生态危机的根源与公平的发展权利

当今世界备受关注的全球气候变化问题，其本质就是一场生态危机。由于人类造成的温室气体排放，破坏了臭氧层而导致全球气温持续升高。那么，造成生态危机的根源何在呢？正如前文所述，资本主义生产方式，在利润的驱动下，必然会忽视生态环境问题，最终导致自然界新陈代谢链条的断裂。

表 14-2　全球 16 个国家历史累计碳排放指标比较（1850~2005 年）

国别	国家累计排放			人均累计排放		
	排放总量 （亿吨二氧化碳）	排名	占全球比重 （%）	排放量 （吨二氧化碳）	排名	占全球比重 （%）
英国	677.77	5	6.04	1125.4	2	15.52
美国	3282.64	1	29.25	1107.1	3	15.36
德国	790.33	4	7.04	958.3	6	13.21
加拿大	245.62	9	2.19	760.1	8	10.48
俄罗斯	903.27	3	8.05	631.0	12	8.70
澳大利亚	122.51	14	1.09	600.6	15	8.28
法国	320.32	7	2.85	526.2	21	7.25
日本	427.42	6	3.81	334.5	36	4.61
意大利	184.09	12	1.64	314.1	37	4.33
南非	124.44	13	1.11	265.4	45	3.66
韩国	92.54	20	0.82	191.6	57	2.64
墨西哥	113.20	15	1.01	109.8	76	1.51
中国	929.50	2	8.28	71.3	89	0.98
巴西	91.12	21	0.81	48.8	99	0.67
印度尼西亚	62.57	25	0.56	28.4	118	0.39
印度	260.08	8	2.32	23.8	122	0.33

资料来源：Climate Analysis Indicators Tool（CAIT）Version6.0, Washington, D. C.: World Resources Institute, 2009, http://cait.wri.org.

潘家华与郑艳（2009）根据世界资源研究所（World Resources Institute）的气候分析指标工具（CAIT）数据库，计算出了人均累计排放率（见表 14-2），以此来反映各国人均累计排放对全球气候变暖的不同贡献程度。其结论包括：

（1）历史总量累积。从 1850 年到 2005 年间，16 个国家的总量累计排放占全球总量累积排放的 76.9%。其中，9 个发达国家占全球的 62.0%，而 7 个发展中国家的总和仅占全球的 14.9%。美国、中国和俄罗斯分列国家累积二氧化碳排放总量的前三位。

（2）历史人均累积。人均累积排放量最高的三个国家分别为卢森堡、英国和美国，而中国人均历史累积排放量仅位居世界第 89 位。

（3）人均累积排放率。英国、美国和德国的人均累积排放率分别为 15.52%、15.36% 和 13.21%，位居世界前三位。中国的人均累积排放率则不到 1%，如果分别以 1850 年到 2005 年、1900 年到 2005 年、1960 年到 2005 年以及 1990 年到 2005 年为累积期测算中国的人均累积排放率也不过在 0.9% ~ 2.0% 之间。这充分说明发达国家是导致当今全球气候问题的主要责任者。事实证明碳排放与工业化、城市化以及现代化的进程密不可分。发达国家正是在一个宽松的碳排放环境中率先实现了富裕与发展。换言之，就全球历史累积排放量而言，发达国家是碳排放的受益者。如果在当前按照一个统一的标准在全球范围推行碳减排，则意味着发展中国家要为发达国家的历史欠账埋单，并且被剥夺了经济发展与实现富裕的权利。因此，应对全球气候变化，推进世界环境治理，必须坚持"共同但有差别的原则"。只有这样，才能够实现伦理意义上的人际公平。

二、发达国家碳减排责任转嫁的条件与机制

1. "核心—外围"模式与经济依附

拉美经济学家普雷维什（1990）最先将发达国家称为"核心国家"，而将发展中国家称为"外围国家"。他认为核心国家与外围国家的不平等地位集中体现在国际分工与国际贸易领域之中。核心国家凭借着在市场与技术等经济方面的优势以及政治和军事霸权，形成了一个有利于核心国家的国际分工格局，外围国家只能以低价格向核心国家出口初级产品，核心国家则以高价格向外围国家出口工业制成品。这种不平等且持续恶化的贸易条件，使得核心国家控制了外围国家的政治经济权力。在此基础上，弗兰克（1999）提出了"宗主—卫星理论"，即所谓的"不发达的发展理论"。他将资本主义发展划分为三个历史阶段，重点分析了贸易的作用与影响。在资本主义的起始阶段，宗主国通过国际贸易来实现资本的原始积累，但是贸易并没有对卫星国生产方式和社会结构构成实质性影响。在自由资本主义阶段，宗主国由"贸易保护主义"转向"贸易自由主义"，卫星国在被动接受的同时，也逐渐被锁定为只能提供原材料和初级产品的供应地，由于收益过低，使得产业升级无法实现，产业结构单一的局面转向恶性循环。进入帝国主义阶段之后，贸易和 FDI 成为宗主国向卫星国进一步渗透的工具，特别是当资本与卫星国的某些利益集团相互勾结，就会将"宗主卫星结构"从国际上复制到卫星国内部，使得卫星国即使获得了政治独立，也无法摆脱控制。因此，弗兰克指出卫星国虽然可以获得发展，但是这种发展却是无法自生的，无法持续的，只能是不发达的发展，依附性的发展。

埃及学者萨米尔·阿明（1990）深入分析了核心国家与外围国家的生产结构，提出了核心外围积累模式。他认为核心国家生产分为出口、大众消费、设备投资与奢侈品四个部门，而外围国家能够有效推动经济的则只是出口和奢侈品两个生产部门。这样的生产结构，再加之国际间的不平等分工和不平等交换

必然导致财富向核心国家聚敛，外围国家受到剥削，贫富差距进一步拉大，同时外围国家经济的贸易结构、产业结构、技术结构存在着严重的畸形与扭曲。巴西学者多斯桑托斯则认为依附国不发达的根本原因在于生产领域，而非贸易流通领域，进而分析了技术工业依附状态中，发展中国家进行工业化所受到三重制约。第一，市场依赖导致发展中国家受到发达国家消费需求的限制。第二，工业部门的生产设备与装备的进口需要出口获得外汇来支撑，所以发展中国家要受到国际收支状况及其波动的限制。第三，工业化过程中的结构调整受到本国就业压力与发达国家技术垄断的制约。此外，多斯桑托斯在吸收前人研究的基础上，还对于"依附"给出了全面严谨的定义，"依附是这样一种情况，即一些国家的经济受制于它所依附的另一国经济的发展和扩张。两个或更多国家的经济之间以及这些国家的经济与世界贸易之间存在相互依赖关系，但是，结果某些国家（统治国）能扩张和加强自己，而另外一些国家（依附国）的扩展和自身的加强则反而是前者扩张的反应"。[①]

　　2. 全球气候变化的经济公共物品属性

　　对于全球气候而言，一方面任何一个国家对于全球气候的消费，即向大气中排放温室气体，都不能阻止其他国家的碳排放；另一方面任何一个国家的碳减排，对于全球历史累积排放量控制的贡献及其所带来的好处都无法被该国独享。这意味着全球气候同时兼具非竞争性与非排他性，具有典型的公共物品的特征。公共物品最为重要的特点就是由于"搭便车"问题的存在，最终将导致无法被有效供给（奥尔森，1965）。并且，随着参与人数量的增加，"搭便车"的倾向会越发严重，公共物品被供给的概率会越低（迪克西特、奥尔森，2000）。而应对全球气候变化，恰恰需要世界各国的普遍参与，通过国际合作达成一个既能自我维系又具有稳定性的减排协议。目前，虽然《京都议定书》的缔约国已经达到了186个国家，是世界上参与国家最多的国际协议，但是依然有美国这样的碳排放巨头游离在外。这充分说明应对全球气候变化的困难程度。

　　诺德豪斯（2009）从参与人对公共物品供给态度的角度，进一步把公共物品分为"焦点公共物品"和"经济公共物品"。其中，焦点公共物品是指此类公共物品被供给后的好处显而易见，或者说所有参与人对于供给公共物品相对更容易达成一致的意见。这类公共物品包括消除艾滋病、天花、金融危机以及核爆炸等。经济公共物品则是指由于此类公共物品的供给受到多重因素影响，需要进行成本和收益的估算与平衡，并且在不同参与主体之间难于达成一致意见，所以难以被有效供给的情况。典型的经济公共物品为捕渔业，一方面人们认为

---

① ［巴西］多斯桑托斯：《帝国主义与依附》，杨衍永等译，社会科学文献出版社1999年版，第302页。

适度的捕鱼应该被允许，另一方面过度捕捞又将破坏渔业生态，可是恰恰这个"适度"与"过度"的界限难以把握且又容易产生分歧。而全球气候也与渔业类似，属于经济公共物品的类型。因为任何国家都认为最优的污染排放量既不是0，也不可能是100%。并且，受到技术水平、人口数量、消费习惯、生产方式、能源结构以及政策导向等多种因素的影响，使得各国很难在减排具体问题上达成共识。例如，对于贴现率的争议，就是这方面问题最为直接的一个体现。所谓的贴现率是指在人们对于未来收益与效用的一种评价，由于温室气体在大气中要持续存在一个世纪甚至更长的时间，所以减缓抑制气候变化的收益就必须在时间的维度上加以考虑，这直接关系到当期是否要进行减排以及花费多大成本进行减排等方面的决策。《斯特恩报告》在评估全球气候变化对于经济影响的时候，将贴现率设置为0.1%。对此，达斯古普塔（Dasgupta，2007）指出近乎为0的贴现率意味着人们更为重视远期收益，换言之相当于人们愿意把绝大多数的财富留给后人，这显然与现实情况不符。并且，不同的国家储蓄率差异非常大，例如中国的储蓄率高达45%，而美国等国的储蓄率甚至为负，所以用一个统一的贴现率加以计算也缺乏科学性。诺德豪斯（Nordhaus，2007）则直接使用类似方法，按照3%的贴现率重新加以估算，其结果显示全球气候变化对经济的影响要远远低于《斯特恩报告》中的结论。2001年联合国政府间气候变化专门委员会（Intergovernmental Panel on Climate Change，简称IPCC）则主张由于贴现率关系到减排投入，所以其需要反映资本的机会成本，进而建议发达国家将贴现率确定为4%~6%，而发展中国家将贴现率确定为10%~12%。由此可见，不同参与人对于经济公共物品的意见分歧进一步增加了应对全球气候变化的难度。同时，需要注意的是很多时候，导致分歧的可能原因也会成为发达国家与发展中国家讨价还价的托词。

3. 共同但有差别责任的转嫁机制

发展中国家对于发达国家的经济依附以及全球气候的公共物品属性为发达国家转嫁减排责任创造了条件。具体讲，向发展中国家进行责任转嫁的方式包括环境剥削和贸易壁垒两种。

首先，环境剥削是一种直接转嫁责任的方式，指较之于发展中国家，发达国家所执行的环境标准更低。这显然是一种转嫁历史累积碳排放责任的做法，发达国家在已经实现发展的基础上，不仅没有为环境治理贡献更多的力量，反而进一步侵占挤压有限的排放空间，在环境领域剥削发展中国家，剥夺发展中国家的发展权利。这里需要解释的是为什么发展中国家必须要执行比发达国家严格的环境标准。其原因在于如果发展中国家的产品出口依赖于发达国家的市场，那么两类国家在进行环境政策选择的时候，其需要考虑的因素就会存在差异。除了本国企业的竞争力以及环境损失之外，发达国家还会关注本国消费者的福利水平。显然，提高环境标准将降低本国企业的国际竞争力，但有助于避免环境损失，政策选择需要对此进行权衡。可是，发达国家如果进一步考虑消费者福利水平的时候，情况就会发生变化。因为减排成本会被转嫁给消费者，所以调高环境标准将降低本国消费者的福利水平。这样，综合考虑三种因素的发达国家必然执行比只考虑两种因素的发展中国家更低的环境标准。当然，如果发展中国家的企业也需要满足国内需求，那么则发展中国家也会考虑本国消费者的福利水平，而此时的环境剥削程度则由不同类型国家之间市场容量的差异来决定。

其次，贸易壁垒是一种间接转嫁责任的方式，指发达国家向发展中国家设置贸易壁垒，转移发展中国家企业的利润。无论发达国家是否在碳减排问题方面对发展中国家提供资金援助，发达国家都可以通过贸易壁垒，使得在环境治理方面付出的成本及对发展中国家的补偿获得足够的弥补。其可行性在于伴随着经济发展问题与应对全球气候变化问题的融合，依附关系使得发展中国家不可能在与发达国家的全面博弈中获得优势。这意味着发达国家即使在环境治理方面做出了妥协，也依然可以利用自身核心国家的地位，来转嫁共同但有差别的责任。

三、南北经济关系的新变化及其调整趋势

1. 国际合作应对全球气候变化步履维艰

近年来，"全球气候变化"[①]问题持续升温，引起了世界各国的广泛关注。人类对于化石燃料的消费导致温室气体的累积排放量持续攀升，全球气候明显变化。针对这一情况，186 个国家于 1997 年共同签署了目前唯一通过合法制定并且对温室气体排放量进行约束的国际条约《京都议定书》，力求在第一承诺期（至 2012 年）将工业化国家的温室气体排放量在 1990 年的基础上减少大约 5%。由于 2012 年即将来临，所以形成一个第一承诺期的后续协议就成为当务之急。在这样的背景下，于 2009 年 12 月在哥本哈根举行的《联合国气候变化框架公约》（UNFCCC）第 15 次缔约方会议自然被寄予厚望。然而，令人遗憾的是哥本哈根会议最终却并没有达成一个能够有效应对气候变化并且具有法律约束力的国际减排协议。导致这一结果的原因在于发达国家对于减排责任的推诿。温室气体的排放是伴随着工业化、城市化和现代化产生并不断增加的。发展中国家相对于发达国家开始工业化的进程较晚，历史排放较少，社会财富累积的水

---

① 根据《联合国气候变化框架公约》（UNFCCC）的定义，"全球气候变化"（Global Climate Change）是指经过长期的观察，在自然气候变化之外由人类活动直接或间接地改变全球大气组成所导致的气候变化。

平较低,未来为了实现发展的排放需求较大。[1] 因此,公平的碳预算分配应该是站在从历史到未来的视角上考虑全过程的人均存量公平(潘家华、陈迎,2009;国务院发展研究中心课题组,2009),而这也正是"共同但有差别原则"的基础。可是,发达国家在谈判过程中却围绕减排指标和支持资金,与发展中国家讨价还价,试图推卸历史欠账,转嫁减排责任。对比发达国家与发展中国家所承诺的减排目标(见表14-3),我们可以清楚地看出发达国家的减排立场。由于南北国家分歧严重,部分发达国家甚至还提出抛弃《京都议定书》或将其纳入一个"单一新协议"的提议,所以即使是在今年(2010)的墨西哥会议也未必会形成一个有约束力的协议,谈判工作依旧困难重重,任重道远。因此,世界将有可能进入一个以国家间非合作为主要特征的后京都时代。一方面,面对着全球升温,各国的环境标准会日趋严格,环境政策会不断收紧;另一方面,发达国家将会利用各种方式,尽可能地转嫁减排责任,剥夺发展中国家的发展权与发展空间。

表14-3 世界主要国家或经济体的减排承诺情况

发达国家		发展中国家	
国家或经济体	承诺情况	国家	承诺情况
美国	到2020年在2005年的水平上削减14%~17%	中国	到2020年在2005年的水平上削减40%~45%
欧盟	到2020年在1990年的水平上削减20%~30%	巴西	到2020年按BAU削减36.1%~38.9%
日本	到2020年在1990年的水平上削减25%	印度	到2020年在2005年的水平上削减20%~25%
澳大利亚	到2020年在2000年的水平上削减5%~15%或25%	俄罗斯	到2020年在1990年的水平上削减15%~25%
新西兰	到2020年在1990年的水平上削减10%~20%	墨西哥	到2050年在2000年的水平上削减50%
加拿大	到2020年在2006年的水平上削减20%	印度尼西亚	到2020年按BAU削减26%(单方)或41%(国际支援)
瑞士	到2020年在1990年的水平上削减20%~30%	朝鲜	到2020年在2005年的水平上削减4%或按BAU削减30%(单方)
挪威	到2020年在1990年的水平上削减30%~40%	哥斯达黎加	到2021年实现碳中立
冰岛	到2020年在1990年的水平上削减15%	马尔代夫	到2019年实现碳中立

资料来源:作者根据哥本哈根会议各国承诺情况整理。

---

[1] 根据国际能源机构(IEA)的估计,2006年因能源燃烧所排放的二氧化碳全球人均为4.28吨,发达国家(含已完成工业化的前苏联、东欧国家)人均为11.18吨,而广大发展中国家人均只有2.44吨。这说明即使在当今,发达国家依然是碳排放的主力军。

2. 贸易保护主义抬头与南北贸易摩擦加剧

2009 年受到金融危机的影响,全球贸易额与 2008 年相比下降幅度超过 10%,为大萧条以来滑坡最严重的一年。伴随着市场容量的萎缩,国际产业竞争进一步加剧,世界范围内贸易保护主义态势不断蔓延。2009 年初美国推出的 8190 亿美元刺激经济计划提出了"购买美国货"方案,要求构成经济刺激计划主体的基建项目基本禁止使用外国进口的钢铁材料,甚至要求所有经济刺激计划项目必须使用美国制造的设备和商品。随后,印度、俄罗斯、英国、欧盟、阿根廷、智利等许多国家都采取了各种形式的贸易保护措施。根据伦敦经济中心的统计,截止到 2009 年前三季度,各国政府已实施的贸易保护主义措施有 99 项,正在计划或准备实施的贸易保护措施还有 134 项。[①] 对此,刘伟等人(2009)进一步指出贸易保护主义的抬头已经导致世界范围形成一股"去全球化"的思潮。

在全球贸易摩擦中,尤以南北贸易摩擦表现更为突出。特别是中国作为世界贸易大国,自然成为发达国家的众矢之的。以中国为例(见表 14 - 4),持续升级的贸易摩擦表现出以下四个特征。第一,各种案件频繁发生,2008 年对中国发起的反倾销案件有 210 起,而 2009 年则达到 440 起。第二,案件涉及金额增大,例如美国对中国油管"双反"案的涉案金额高达 27 亿美元,是迄今为止美对华贸易制裁的最大一起案件,此外美国轮胎特保案的涉案金额也达到了 21 亿美元。第三,贸易保护程度加深,例如美国对中国的环形碳素管线管征收的反倾销税税率高达 101.1%,2009 年的 1 月 5 日美国商务部表示对从中国进口的价值超过 3 亿美元的钢丝层板征收 43% ~ 289% 的反倾销关税。第四,涉及产业发生变化,中国与发达国家发生贸易摩擦涉及的产业逐渐由传统的纺织、服装、鞋业向诸如钢铁、汽车、通信设备、化工产品等新兴优势行业转变。

表 14 - 4　2009 年中国与发达国家或经济体发生的主要贸易摩擦

时　间	国　家	事　件
12 月	美国	美国商务部初步裁定对从中国进口的钢格板征收 14% ~ 145% 的反倾销关税
11 月	美国	美国商务部 24 日作出终裁,以中国油井管存在补贴为由宣称将对相关产品实施 10.36% ~ 15.78% 的反补贴关税制裁
11 月	澳大利亚	澳大利亚海关与边境保护局宣布对中国产的部分铝材征收 16% 的临时反倾销关税
11 月	美国	美国国际贸易委员会裁定,对从中国进口的铜版纸、焦磷酸钾、磷酸二氢钾和磷酸氢二钾征收反倾销和反补贴关税
11 月	美国	美国商务部裁定对中国输美金属丝网托盘实施 2.02% ~ 437.73% 的惩罚性关税

---

① 数据转引自中国新闻网。

续表

时 间	国 家	事 件
10 月	欧盟	欧盟委员会计划对中国和越南的皮鞋反倾销措施再延长 15 个月，即继续征收税率为 16.5%的反倾销关税
10 月	欧盟	欧盟部长理事会裁定对中国输欧无缝钢管征收 17.7%～39.2%的最终反倾销税
9 月	美国	美国对从中国进口的所有小轿车和轻型卡车轮胎实施为期三年的惩罚性关税，税率第一年为 35%，第二年为 30%，第三年为 25%
9 月	欧盟	欧盟委员会对原产于中国等国家和地区的聚酯高强力纱发起反倾销调查
8 月	欧盟	欧盟委员会宣布对从中国进口的葡萄糖酸钠发起了反倾销调查
8 月	欧盟	欧盟反倾销委员会表决支持欧盟委员会对产自中国的无缝钢管征收为期 5 年税率最高可达 40%的反倾销税
6 月	美国	美商务部和国际贸易委员会对原产于中国进口的编织电热毯产品进行反倾销调查
6 月	欧盟	欧盟委员会决定自当年 8 月起对产自中国的金属盘条征收为期 5 年的正式反倾销税
5 月	美国	美国商务部决定对进口自中国的环形碳素管线管征收税率高达 101.1%的反倾销税
3 月	欧盟	欧盟委员会决定对自中国进口的集装箱扫描仪进行反倾销立案调查

资料来源：作者根据新浪财经新闻报道整理。

在南北贸易摩擦日益突出的同时，与全球气候变化问题相结合的新型贸易壁垒方式也开始出现。美国众议院分别于 2009 年 6 月 22 日和 6 月 26 日通过了《限量及交易法案》以及《清洁能源安全法案》。两个法案均授权美国政府，从 2020 年起对不接受污染物减排标准的国家实行贸易制裁，具体的措施将表现为对未达到碳排放标准的外国产品征收惩罚性关税，即所谓的"碳关税"。对此，一些学者对其可能产生的影响进行了测算。雷明（2009）认为虽然受碳关税直接影响的主要是造纸、钢铁、水泥、化肥以及玻璃制品等高耗能产业，但是由于这些产品中包括塑胶、五金、各种电子零件、连接线、包装材料等，因此碳关税的影响将广泛覆盖相关产业的整个供应链。郭毅和张硕（2009）指出我国目前的二氧化碳排放量中，大约有 7%～14%是为生产出口美国的产品而产生的。杰夫·鲁宾的研究显示，根据欧洲现行利率确定的二氧化碳 4 美元／吨的基数计算，出口至美国的中国产品关税额将达每年 550 亿美元（转引自孙霖，2009）。刘小川率领的课题组（2009）则对碳关税的影响进行了具体测算，其结论是如果美国对我国进口的产品征收 30 美元/吨的碳关税，将会导致我国出口总额下降 0.715%；如果碳关税率提高一倍达到 60 美元/吨，出口总额将会下降

1.244%。该政策对中国出口的影响由此可见一斑。

四、后京都时代发展中国家经济战略调整的建议

1. 开拓国内市场，扩大国内需求

发展中国家对于发达国家市场的依赖是南北经济关系不平等的根源，而由于全球气候变暖的影响，又使得这种不平等经济关系的表现形式有了新的变化。当出口导向型经济因贸易保护主义而受到抑制的时候，一个最直接的解决思路就是坚持统筹兼顾，充分利用好国外和国内两个市场。通过开拓国内市场，扩大国内需求，将出口下滑对于经济的影响降至最低。扩大内需对于改善发展中国家的福利水平可以从以下三个方面发挥作用。第一，发展中国家的企业利润将会提高。在开拓国内市场之后，总利润将由国内利润与国外利润两部分共同构成。无论是发展中国家企业独占本国市场，还是与发达国家在国内进行寡占竞争，必然能够使得总利润获得提高。第二，有助于发展中国家降低环境标准，提升本国企业的竞争力。在开辟国内市场之后，发展中国家环境政策的制定必须要考虑本国消费者的福利状况，与发达国家类似，由于环境标准的提升将降低国内消费者的福利水平，所以将较之于单纯依赖发达国家市场情况的最优环境税税率要低。这将有利于提升发展中国家企业的国际竞争力。第三，如果发达国家的企业希望进入发展中国家的市场，那么意味着发展中国家也拥有了设置贸易壁垒的可能性，这将进一步削弱发达国家的企业竞争力。对于中国而言，作为一个负责任的大国，我们将维护世界贸易组织的框架，反对任何形式的贸易保护主义行为。但是，这种设置贸易壁垒的可能性却可以增加谈判的筹码，构成关于某种威胁的可置信承诺。开拓国内市场的战略具体应该从供给和需求两个方面加以推进，一方面企业要根据国内需求的特点开发并生产适销对路的产品，另一方面政府需要在建立完善各种社会保障体制的基础上，增加国民收入，提高其购买力水平。此外，诸如大规模基础设施建设等扩张性的财政政策也有利于扩大内需。

2. 调整经济结构，发展低碳经济

在全球气候变化问题日益凸显的今天，虽然各国在减排责任分担方面依然争论不休，但是从整体而言，世界范围内环境政策呈现出明显的收紧趋势。此外，在世界贸易组织框架下的"最惠国待遇"基本原则是反对贸易保护行为，但发达国家往往将倾销、补贴以及环保问题作为设置贸易壁垒的口实。特别是基于环境问题做文章不仅可以使得发达国家占领国际舆论的有利地位，而且还可以在抑制发展中国家的同时，通过绿色经济的革命，引领资本主义走出危机，在国际产业竞争中重新掌控高点。因此，面对更为严格的环境标准，调整结

构，发展低碳经济已经成为一种必然的选择。对于全球气候变化而言，温室气体排放具有跨界污染的特征。所以，包括生产、消费，甚至是回收与报废处理任何一个环节所产生的碳排放都需要加以限制。而这种限制主要体现在两个方面，即本国环境税与出口国的绿色壁垒。如果可以降低排放水平，那么发展中国家企业生产的边际成本也随之降低。只要其降低幅度可以弥补减排技术的研发成本，发展低碳经济就能够增强发展中国家企业的国际竞争力。[①] 调整结构，发展低碳经济需要政府与企业共同努力，第三节我们将重点探讨政府与企业在构筑环境竞争力与发展低碳经济方面的着力点。

　　3. 推动国际合作，达成减排协议

　　虽然伴随着气候问题与经济发展问题的交织融合，面对着更为复杂多变的国际经济环境，发展中国家需要制定并执行灵活的环境政策来加以应对和调控，但是这却并不是应对全球气候变化问题的出路。根据劳舍尔（Rauscher, 1994）的定义，如果一国选择执行低于边际环境破坏程度的环境税以提高其产品的国际竞争力，那么即认为该国在进行环境（生态）倾销（ecological or environmental dumping）。[②] 乔晓楠等人（2010）严格证明了在后京都时代国际产业竞争中，虽然发展中国家执行的环境标准高于发达国家，但是在发达国家进行环境倾销的同时，发展中国家也进行了环境倾销。由于全球气候的公共品属性，温室气体控制陷入了"囚徒困境"。虽然后京都时代的来临使得发展中国家在非合作博弈的基础上做出环境倾销的策略选择，责任并不在发展中国家一方，但是长此以往气温升高将难以控制。因此，通过国际合作，尽快达成一个约束世界各国并且具有法律效力的国际减排协议才是解决问题的根本方法。在减排问题上，中国需要在作出表率的同时，与广大发展中国家统一立场，进而通过南北对话，在《联合国气候变化框架公约》（UNFCCC）下推动形成一个范围包括美国在内的第一承诺期的后续协议。其关键是呼吁发达国家需要正视自身的历史责任，并敦促其能够坚持《京都议定书》与《哥本哈根协议》的精神与原则，尽快与发展中国家取得共识，明确并落实减排承诺以及技术与资金支持。一旦协议达成，不仅可以突破减排的囚徒困境，而且有利于改善贸易环境，使得南北方国家的企业在相对公平的条件下竞争。此外，由于南北方国家的边际减排成本存在差异，所以作为协议补充机制的"限制—贸易"方案也能为发展中国家企业

---

　　① 需要注意的是在没有国内需求的情况下，单纯地发展低碳经济，其对竞争力的提升将被发达国家的战略性贸易与环境政策所化解。

　　② Pigou（1932）在著作《福利经济学》中最早提出通过税收方式解决外部性行为所造成的资源配置扭曲问题，即按照等于污染物排放所造成的边际环境危害征收环境税，因此也称"庇古税"（Pigouvian Taxes）。在战略性环境政策研究中，如果环境税高于庇古税，即为环境保护，反之则为环境倾销。

提供额外的盈利渠道。

第三节 构筑发展中国家的环境竞争力

一、我国减排政策体系的构建

党的"十七大"报告中，在论述实现全面建设小康社会奋斗目标时，首次提出建设生态文明。并且，为了树立和落实科学发展观，构建社会主义和谐社会，提出了加快转变经济增长方式的重大战略任务。国家"十一五"规划中明确规定了到 2010 年前的一系列环境目标。这一切都表明，环境治理已经成为中共中央重点关切的问题。那么，在实际工作中如何才能切实推进减排目标的完成呢？从经济学的角度来看，在市场经济体制下，减排问题的本质就是要推动资源配置方式的转变。由于任何一种资源配置方式的确立都是市场参与主体在既定的激励结构下自主选择的结果，因此推进减排工作就必须通过一套政策体系的构建来改变原有的激励结构。具体讲，我国的减排政策体系包括结构减排、管理减排、政策减排和工程减排四个方面。

1. 结构减排

结构减排的核心是推动产业结构升级，进而淘汰一批高能耗、高污染的企业，鼓励先进生产力的发展。国家已经将造纸、酒精、味精和柠檬酸等行业作为调整的重点，力争通过落后生产能力的淘汰降低化学需氧量的排放。同时，还需要尽快修订《产业结构调整指导目录》、《外商投资产业指导目录》和《加工贸易禁止类商品目录》，一方面通过产业政策引导产业结构调整，另一方面避免外国直接投资将因达不到国外环保要求的淘汰产业直接转移到中国。从国家发展战略的高度来看，中国虽然具有广阔的市场，廉价的劳动力资源，但是如果长期在国际贸易中处于"世界加工厂"的地位，那么就只能在产业链条中谋得比较低的附加值。显然，这对于我国综合国力和人民生活水平的提升都将产生不利的影响。因此，以节能减排作为契机，坚持自主创新，鼓励高新技术产业和服务业的快速发展，提升其在国民经济中的比重，将是我国必须要走的重要一步。

在推行落后产能淘汰的过程中，我国实行的是以国家环境部制定"双高"产品目录为基础的两级监督的体制。所谓的"双高"产品是指高污染和高环境风险。"双高"产品的生产和使用不仅对人的健康构成危害，同时还将造成巨大的环境成本。通常，治理由这些产品带来污染所需要付出的成本会占到其生产总成本的 10%～30%。因此，牺牲环境代价进行生产是得不偿失的。我国从 2006 年 12 月确定编制"双高"产品目录，目前已经分别于 2007 年 6 月和 2008 年 1 月出台了两批。对于从事名录中产品生产的企业，地方政府有责任督促其关停，甚至依法吊销生产许可证和排污许可证，电力供应企业也可以停止向其供电。为了杜绝基于经济利益考虑的地方保护主义行为出现，中央政府不仅将污染减排完成情况作为政府领导干部和企业负责人业绩考核的重要内容，实行严格的问责制和一票否决制，而且还推行"区域限批"和"流域限批"，增加地方保护主义行为的成本。同时，中央政府还可以通过财政的转移支付，对一些经济欠发达地区进行生态补偿，进而建立一套完整的落后产能淘汰机制。

2. 管理减排

管理减排的核心是通过严格的执法监督和环境审批来遏制企业的污染物排放。执法监督的基础是立法，对《水污染防治法》的修订就是在这样的背景下进行的。新版的《水污染防治法》就规定私设暗管排放罚款 50 万元人民币，超标排放可处污染费 5 倍的罚款等，这明确了违法排污的惩罚标准。同时，该法还赋予环保部门限产、限排和停产整治等权力，明确了环保部门的执法地位。今后，我国还将继续加强环境保护和节能减排方面的立法建设，只有上升到法律高度，才能使得执法变得名正言顺，有法可依。具体落实执法监督需要做好以下几个方面的工作。第一，改进主要污染物的统计方法，加强减排统计能力建设，充实统计力量，适当加大投入，做好主要污染物排放量和工业增加值用水量指标公报工作。第二，通过制度建设提升各级环境监测和监察机构标准化和信息化程度，对国家监控重点污染源实施联网在线自动监控。第三，完善监测制度。建立污染物排放数据网上直报系统和减排措施调度制度。第四，加强环境监测站、环保监察机构、城市排水监测站的条件建设，适时更新监测设备和仪器，开展培训，并扩大国家重点监控污染企业实行环境监督员制度试点。第五，构建污染物排放三级立体监测体系，向社会公告重点监控企业年度污染物排放数据。在严格执法监督的基础上，还需要强化环境审批。以上受审批权限、贯彻"三同时"管理，严把项目验收关和区域限批为核心，淘汰高污染行业，限制区域污染物的新增量。同时，强化环评审批向上级备案制度和向社会公布制度。

3. 政策减排

政策减排的核心为通过环境政策的创新，利用经济杠杆，使得企业内化排污成本，进而自觉地调整生产方式，减少污染物排放。具体讲，政策减排包括以下七个方面的内容。第一，绿色信贷，增加减排支持贷款、相关技术创新、技术改革和专项贷款，信贷执行产业政策，实行"环保一票否决制"，控制企业的间接融资。为了保证绿色信贷的实施效果，还需借鉴国际"赤道原则"，建立环境部与人行、银监会的信息共享机制。第二，绿色证券，建立环境信息披露机制和环保核查制度，将企业的污染排放情况与其上市及再融资挂钩，控制企业的直接融资。第三，绿色贸易，加强出口企业环保达标审核，如果违法违规，禁止其从事对外贸易。第四，绿色税收，取消双高产品的出口退税，取消环境违法企业的优惠税收，减免环保设备的增值税，对落后工艺征收消费税，研究对污染企业征收环境税和生态税。第五，绿色保险，为了应对污染事故的发生，可以考虑设计环境污染责任保险，以便分散企业经营中的环境风险，及时救助污染受害者，减轻政府和社会负担。第六，环境收费，全面开征污水处理费和二氧化硫收费，适当提高收费标准，以满足企业运营所需资金，促进社会环保意识的提高。第七，排污权交易，在确定各地减排指标的基础上，推行排污权交易，通过市场化手段实现以最低的处理成本完成减排目标。

4. 工程减排

工程减排的核心是通过一批污染治理设施工程的建设，在企业"少排"的基础上进一步"多治"，进而减少最终污染物的排放。国家"十一五"规划规定新增城市污水日处理能力4500万吨、再生水日利用能力680万吨，投运脱硫机组3.55亿千瓦。巨大的工程建设量必然产生巨额的资金需求。虽然我国快速的经济发展使得政府的财政收入不断提高，但是面对如此艰巨的减排任务，单纯依靠政府投入还很难完成。因此，就必须吸引民间资金参与到环保事业中来。以污水处理行业为例，传统的模式由政府投资建设并运营污水处理厂。其主要存在的问题是，一方面受到资金制约，建设的污水处理能力无法满足需求；另一方面，已建成的污水处理厂由于管理和技术等原因，运行效率低下，甚至出现了"晒太阳工程"。为了改变这种局面，我国自上世纪90年代开始，推进公用事业改革。具体讲，主要采取的改革模式包括两种。第一种是建立特许经营制度，通过BOT（建设—运营—移交）和TOT（移交—运营—移交）来进行融资，并吸引专业环保企业代政府管理运营。该模式的特点专业企业并不拥有产权，而拥有特许经营权。第二种是针对治污工程进行产权改革，售与专业企业，由该企业掌握产权，并负责经营。从政策体系构建的难易程度来看，特许经营制度由于其产权特性，与产权改革模式相比，更加易于在现有政策框架下对企业进行监管，因此应该继续大力推广。在BOT和TOT模式下，企业的工程建设成本和运营成本都需要反映到由居民所缴纳的污水处理费中。在当前的经济发展水平下，为了避免水价过快上涨，政府逐渐认识到应该坚持推行厂网分离，避免将非经营性资产的投入计入企业成本，同时一些基于利率的变化和减排任务完成情况适当给予企业的财政补贴也开始出现，有效地保证了企业不受紧缩性调控政策的影响，避免破坏其盈利能力和投资环保行业的预期。此外，国家还积极鼓励保险资金、产业资金等其他流动性资金的进入，并且适时进一步放开经营权质押和政策性贷款直接投资项目的限制，为企业创造了一个相对宽松的融资环境。当然，本着"谁污染，谁治理"的原则，监督企业落实污染治理责任也是至关重要的一环。

二、提升环境竞争力的企业战略方法

1. 制定企业的气候战略

世界资源研究所[①]的两位专家拉希与韦林顿（2009）在《气候变暖与企业竞争力》一文中提出了制定企业"气候战略"的四个步骤，并且强调每个步骤的贯彻与执行都需要企业高层领导的有力支持，同时需要企业组织大量的学习。

第一个步骤是量化碳足迹。目的在于帮助企业树立环境意识，并且掌握、了解、长期跟踪企业自身温室气体排放的种类与数量。当然，对于温室气体排放的估算需要区分直接排放与间接排放。直接排放是指企业生产经营过程中导致的排放，而间接排放则是指企业在能源消费方面导致的排放。其中，间接排放往往容易被人们所忽视，例如企业因差旅所导致的碳排放也应纳入企业的碳足迹当中。具体的统计估算方法可以采用由世界资源研究所与世界可持续发展工商理事会（World Business Council for Sustainabel Development）联合编制开发的《温室气体盘查议定书》（Greenhouse Gas Protocol）。该工具已经被国际标准化组织（International Standards Organization）所采纳。

第二个步骤是评估与碳排放相关的风险与机遇。其主要方法是分析气候变化对于企业成本收入的影响（见表14-5）。目的在于帮助企业找到外部环境变化之后的机遇，减少不确定性的影响，以便于对冲自然环境和供应链方面的气候风险，避免诉讼以及影响企业品牌声誉的事件发生，确定方向进行新技术与新产品的研发创新。

表14-5 气候变化与企业盈利能力

潜在的收入动因	潜在的成本动因
√ 客户需求模式的变化将如何影响定价	√ 监管政策将如何影响成本
√ 在与气候相关的成本中可以让客户来承担的比例为多少	√ 碳排放是否有可能被全额或有选择地征税
√ 如何从新的低碳产品中获得稳定的收入	√ 为实现减排计划需要多大的资本支出
√ 可以获得哪些如"碳信用额度"之类的新形式收入	√ 企业自身以及供应商的原材料成本将上涨多少
√ 低碳替代产品将给我们带来哪些威胁	√ 能源成本将上涨多少
√ 气候变化模式会对我们的收入产生什么影响	√ 气候风险状况对于保险费有什么影响

资料来源：[美]拉希、韦林顿：《气候变暖与企业竞争力》，《哈佛商业评论》（中文版），社会科学文献出版社2009年版，第66页。

① 该研究所位于美国华盛顿，是一家环境保护领域中的专业智库机构，由企业基金会和公司提供财务支持。

第三个步骤是根据风险和机遇调整公司业务。公司业务调整的方向与方案通常具有很强的特殊性，但一般包括在生产流程与价值链上贯彻环保实践以及根据绿色管理的需要调整组织架构两个方面。

第四个步骤是比竞争对手做得更好。由于竞争力是在行业中比较形成的，所以"没有最好，只有更好"的理念需要强化。具体的方法是从气候风险对于企业成本的影响以及对于气候风险的管理能力两个维度，对同行业竞争对手进行全面评估，进而找到竞争力的客观描述以及改进完善的工作思路。拉希与韦林顿（2009）使用该方法对全球汽车行业进行了分析，其结论是丰田、本田、日产、雷诺处于明显的领先地位，而通用、福特、宝马则相对落后。特别是丰田与本田由于销售车型省油性能好，同时又在混合动力车商业化方面领先，所以其环保竞争力最为突出。

2. 在价值链上贯彻环保实践

从产品的生命周期来看，价值链的全过程应该包括设计研发、原料采购、生产物流、咨询销售、产品回收等环节。对于一家追求环境竞争力的企业，必须要将环保的理念贯彻到整个价值链的每一个环节上。

（1）绿色创新，在产品的设计阶段要充分考虑产品在生产、消费以及回收报废等环节上可能产生的污染物排放情况。根据产品所面向市场的特定环保标准，进行研发与设计，降低环境负荷，避免因环境方面的贸易壁垒而被排除在市场之外。

（2）绿色采购，由于原材料会对最终产品产生重要的影响，所以无论是生产部门还是职能部门都应该对于物资采购设立严格环境标准，如果有必要甚至需要对二级甚至三级供应商也进行环境审查。

（3）绿色生产与绿色物流，其核心是通过工业工程与技术创新最大限度地减少在生产物流过程中的能耗。

（4）绿色销售和绿色咨询，在销售方面需要向客户传递环保理念，对经销商要进行必要的环境教育，并且利用企业自身在环境管理方面的专业技术知识，辅导客户评估排放情况，进而帮助他们找到利用减排创造价值的机会。

（5）绿色回收，按照在研发设计阶段制定的回收处置方案进行报废产品回收，避免直接对环境造成污染，尽可能做到材料再生，循环利用，在经济可行的基础上减少污染排放。当然，企业是以利润最大化为目标的市场参与主体，所以在环保实践方面的成本必须加以考虑与权衡，其恰到好处的平衡点是与既定的环境标准相适应，并且领先于竞争对手。

3. 绿色管理与组织架构调整

为了能够在价值链上贯彻环保实践，企业必须为其匹配相应的绿色管理体系与组织架构。在绿色管理方面，通常的做法是根据环境方面的成本支出与收入实现，设计相关的会计科目，定期进行环境审计。这便于将环境影响转化为财务分析，进行总体控制与策略调整。同时，在考核方面，可以将环境指标纳入绩效管理的范畴，实现考核与激励的挂钩，保证环境战略或气候战略能够得到足够的重视，并贯彻执行。在绿色管理方面，多数企业选择成立专门的环境管理部门。其职能主要包括以下三部分内容：第一，分析外部环境标准与行业环境竞争力，评价环境风险与机遇，制定企业的环境战略；第二，从管理角度制定环境标准，并匹配资源，落实绿色管理；第三，充分与研发部门结合联系，共同探讨具备技术可行性与经济可行性的减排技术与减排方案。

第十五章　马克思主义经济危机理论

美国金融危机的爆发，引起世界金融体系的动荡不安，给世界经济造成了非常不利的影响。世界正在迫切地寻找一种合适的理论来解释当前的经济危机，并期望其对世界经济摆脱危机的影响有所启示。曾经在西方经济学中占主流地位的凯恩斯主义的经济危机理论由于 20 世纪 70 年代西方国家"滞胀"局面的出现而被抛弃，而在最近 30 年比较活跃的新自由主义思潮可以说是美国金融危机爆发的深层原因之一。在这样的背景下，理论界把目光投向了马克思的经济危机理论。马克思经济危机理论自诞生以来，经过许多西方马克思主义学者的创新与发展，形成了诸多独具特色的经济危机理论，这些理论充实、完善了马克思经济危机理论，并使其很好地解释当今世界经济中涌现出来的新情况、新问题。

第一节　马克思经济危机理论的形成

经济危机是什么？马克思、恩格斯以及列宁分别做出过描述。恩格斯在其《共产主义原理》一书中曾描述："大工业创造了象蒸汽机和其他机器那样的工具，这些工具使工业生产在短时间内用不多的费用便能无限制地增加起来。由于生产的扩展这样容易，大工业的必然后果——自由竞争很快就达到十分剧烈的地步。大批资本家都投身于工业，生产很快就超过了消费。结果，生产出来的商品卖不出去，所谓商业危机就来到了。工厂只好关门。厂主破产，工人挨饿。到处出现了可怕的贫困现象。"[1] 马克思、恩格斯在《共产党宣言》中说："在危机期间，发生一种在过去一切时代看来都好象是荒唐现象的社会瘟疫，即生产过剩的瘟疫。"[2] 列宁也指出："危机是什么？是生产过剩，生产的商品

---

[1]《马克思恩格斯选集》第 1 卷，人民出版社 1995 年版，第 216 页。
[2]《马克思恩格斯选集》第 1 卷，人民出版社 1995 年版，第 257 页。

不能实现，找不到需求。"① 可见，经济危机所表现出来的并非是社会产品的绝对过剩，而是一种生产上的相对过剩，即相对于社会有支付能力的需求而言的过剩。

一、马克思早期的危机理论

早在 19 世纪 40 年代初，马克思就开始了对资本主义经济危机的研究。在写作《哲学的贫困》时，他就已经发现了资本主义生产的周期性特征："由于自然规律的必然性，生产一定要经过繁荣、衰退、危机、停滞、新的繁荣等等周而复始的更替"。② 与此同时，他还发现"生产的无政府状态是灾难丛生的根源"③。之后，在《关于自由贸易的演说》中，马克思把资本主义的生产周期表述为"繁荣、生产过程、停滞、危机"等阶段，他开始认识到生产过剩是危机的主要现象和特征。

在《雇佣劳动与资本》中，马克思进一步研究了危机，探讨了资本积累和危机之间的关系，认为资本积累需要不断地扩大市场，这样使得世界市场变得日趋狭窄，从而也使得危机愈来愈剧烈。另外，马克思还指出危机的不良后果，即危机对生产力、财富和产品的破坏，他认为危机不仅破坏了生产力，而且使大量的工人失业甚至死亡，成为资本的陪葬品。

《共产党宣言》的发表，揭示了马克思关于商业危机与资本主义经济制度之间关系的观点，他认为周期性生产过剩商业危机是资本主义生产方式矛盾运动的产物。危机会危及资产阶级社会的存在，而资产阶级尽管努力采取消灭大量生产力、更加彻底地利用旧市场以及不断夺取新市场等方法来克服危机，但归根结底资产阶级在其自身范围内是无法克服这种危机的。这是因为"资产阶级的关系已经太狭窄了，再容纳不了它本身所造成的财富了"，而且"它一着手克服这种障碍，就使整个资产阶级社会陷入混乱，就使资产阶级所有制的存在受到威胁"④。然而，马克思虽然指出了周期性生产过剩商业危机发生的客观必然性，但他没有从资本主义基本矛盾层次上研究周期性商业危机。之后，马克思在《新莱茵报·政治经济学评论》上发表的"时评"中，进一步强调了商业危机，他详细回顾了 1837 年以来工业周期的历史，概括了危机的发展历程，区分了危机的成因以及危机的各种表现形式和作用因素，如信用危机和货币市场危机、商业危机本身和金融危机、普遍的商业危机和银行危机等。⑤

---

①《列宁全集》第 2 卷，人民出版社 1988 年版，第 135、136 页。

②③《马克思恩格斯全集》第 4 卷，人民出版社 1958 年版，第 109 页。

④《马克思恩格斯全集》第 1 卷，人民出版社 1995 年版，第 278 页。

⑤ 张宇、孟捷、卢荻：《高级政治经济学》，中国人民大学出版社 2006 年版，第 457、458 页。

1850 年，马克思撰写了《1848 年至 1850 年的法兰西阶级斗争》一文，在这篇文章中，马克思论述了危机和革命之间的关系，指出"加速革命爆发的第二个重大经济事件，就是英国的工商业总危机。""新的革命，只有在新的危机之后才有可能。但新的革命来临，象新的危机的来临一样，是不可避免的。"[①] 这样，他阐明了危机和革命发生的客观必然性。

上述这一时期，是马克思危机理论建立的萌芽时期，他在多部著作中已经开始对资本主义危机问题进行研究和探索，这为他的危机理论的产生奠定了基础。

二、《政治经济学批判（1857～1858 年草稿）》中的危机理论

19 世纪 50 年代后期，马克思对经济危机的研究更加深入，他从各个方面对危机问题进行了研究和理论阐述，危机理论也有了一个基本轮廓。这一时期他的研究成果主义体现在《政治经济学批判（1857～1858 年草稿）》中。

1857 年，当马克思开始写作《政治经济学批判》时，他已经对周期性危机有了清晰的认识。在《政治经济学批判（1857～1858 年草稿）》所包含的"五篇计划"的第二、第三方案中，马克思展开了他对危机理论的研究。在这里，他试图沿袭和发展西斯蒙第和马尔萨斯的危机理论，认为资本主义生产具有局限性，一般生产过剩是不可避免的。马克思的论述第一次触及了资本主义生产的总过程。资本的再生产和积累是以生产出来的价值和剩余价值在流通中得到实现为前提的，但是资本在流通过程中却遇到了界限，这个界限是社会对资本主义生产的商品的有支付能力需要的界限，资本本身无限的价值增值欲不仅受到使用价值的限制，而且受到价值的限制。马克思在这里第一次试图阐明，资本的本质在资本的再生产过程中如何表现为外部的界限、冲突和危机。他还通过论证试图说明生产过剩是可能的，并且在特定的资本主义生产方式条件下也是必然的。马克思在"草稿"中不仅第一次提出了资本主义再生产的平衡概念，还第一次指出了资本的各个矛盾因素在交换过程中是怎么必然表现为彼此独立的、在形式上彼此无关的经济量；而它们的"内在统一性"或"内在必然性"在危机中通过暴力在外部表现出来。[②] 从资本出发，这种内在统一性所表现出来的外部运动，也就是资本主义再生产过程中彼此对立的各因素的内在统一性再以暴力发生作用的那种危机周期。[③] 另外，马克思在写作"草稿"时已经开始关注工业周期的物质基础。通过研究，他发现"自从固定资本大规模发展以来，工业所经历的大约为期 10 年的周期，是同这样规定的资本总再生产阶段联

---

① 《马克思恩格斯全集》第 1 卷，人民出版社 1958 年版，第 398～488 页。

② 《马克思恩格斯全集》第 30 卷，人民出版社 1995 年版，第 437 页。

③ 张宇、孟捷、卢荻：《高级政治经济学》，中国人民大学出版社 2006 年版，第 459 页。

系在一起的。"①

在"草稿"中最先出版的部分——《政治经济学批判》第一分册中，马克思指出，由货币作为中介的商品流通，不可避免地分裂为买和卖两个表面上独立的阶段，这本身就已包含着危机的一般可能性②。"既然买和卖这两个流通的本质的要素彼此无关，在空间上和时间上相分离，它们也就没有必要合而为一。它们的彼此无关，可以导致一方对一方的固定化和彼此表面上的独立。但是，既然它们构成一个整体的两个本质的要素，就必然会出现这样的时刻，这时独立形态遭到暴力的破坏，内部的统一通过暴力的爆发在外部恢复起来。这样，在货币作为中介的规定中，在交换分成两种行为的分裂中，已经蕴藏着危机的萌芽。"③《政治经济学批判》第 1 分册在分析货币作为支付手段的过程中，提出了货币危机形式上的可能性，即危机的第二种可能性。

三、《剩余价值理论》中的危机理论

19 世纪 60 年代前期，马克思完成了《1861～1863 年经济危机理论》的写作。在手稿中，他对经济危机的论述更加全面、深入。《剩余价值理论》是由马克思 1861～1863 年手稿中的部分内容组成的。它在某种程度上表明马克思理论进程从"草稿"发展到《资本论》。

《剩余价值理论》集中在第 2 册的第 17 章"李嘉图的积累理论，对这个理论的批判，从资本的基本形式得出危机"对相关的内容做了阐述。同"草稿"中一样，马克思在这里依然强调商品过剩理论，并保留着用消费不足型的观点来解释危机的必然性。马克思强调流通过程实现的困难，并认识到流通过程也包括各个产业部门间的关系，是再生产过程中的一部分，从而希望发现资本主义自身再生产内部桎梏资本主义生产的因素。同时，他不再片面地强调危机与价值规律或资本运动规律相对立，以及只是由于这些规律被破坏的结果。他不仅指出危机是为建立在价值规律基础上的各资本间的平衡过程的破坏而发生的，而且指出"世界市场危机必须看做资产阶级经济一切矛盾的现实综合和强制平衡"。④

在《剩余价值理论》中，马克思进一步论述了危机的"可能性"和"现实性"。马克思对危机的解释是"纯粹的（直接的）资本生产过程本身并不能增加任何新东西"。因为引起危机的现实问题"只有在本身同时就是在生产过程的流

---

① 《马克思恩格斯全集》第 31 卷，人民出版社 1995 年版，第 117 页。

② 张宇、孟捷、卢荻：《高级政治经济学》，中国人民大学出版社 2006 年版，第 460 页。

③ 《马克思恩格斯全集》第 30 卷，人民出版社 1995 年版，第 149 页。

④ 《马克思恩格斯全集》第 26 卷，人民出版社 1973 年版，第 582 页。

通过程中，这一点才能初次显露出来"，它表明"在商品的简单形态变化时已经显露出来的危机可能性"通过资本运动获得了"内容"和"基础"。[①] 在研究"为什么危机的一般可能性会变为现实性"时，马克思批判李嘉图只承认局部生产过剩的可能性，而反对全面的商品生产过剩的可能性的观点，他认为被李嘉图看做是一项由资本运动加以调节的比例失调的和局部的生产过剩，当它在主导商品中发生时必然会通过各部门之间影响而导致普遍生产过剩和危机。

另外，马克思在 1861～1863 年手稿中还分析了经济危机的本质特征和普遍现象——生产相对过剩；指出经济危机发生的根本原因在于资本主义生产方式本身，在于资本主义生产方式的基本矛盾；阐述了危机周期性的基础，危机的形式，危机的后果等一系列经济危机的理论问题。而在《剩余价值理论》中，马克思还提出了一种关于资本生产过剩与劳动人口间关系的理论，他认为在资本积累中，资本原有的构成会发生变化，固定资本部分的增长速度快于可变资本，而机器会创造一种相对过剩的人口，即工人后备军。需要说明的是，这时马克思对资本主义人口规律的研究还不完善，他紧紧强调相对过剩人口的形成，却忽视了其形成和吸收的循环变化。

四、《资本论》中的危机理论

在《资本论》中，马克思在多处论述了经济危机问题。《资本论》第 1 卷第 1 篇第 3 章指出了危机的两种形式：在第 2 节论述货币的流通手段职能时，马克思指出在简单商品流通的商品形态变化中，已经包含着发生危机的可能性。而在第 3 节论述货币的支付手段职能时指出，马克思探讨了危机的第二种形式。他认为货币作为支付手段，在各种支付互相抵消时，只是在观念上发挥计算货币或价值尺度的职能；而在必须进行现实支付时，货币又必须作为现实的一般等价物出现。这种观念上的货币与现实货币由于流通实现的困难是存在矛盾的，而这一矛盾在经济危机特别是货币危机中爆发出来。在第 4 篇第 13 章第 7 节中，马克思描述了 19 世纪上半叶英国棉纺织业周期爆发的经济危机中的情况，并阐明了机器生产对工人的影响，手工业者受到机器的排挤，日益沦为雇佣奴隶并饱受失业、贫困之苦。此外，马克思在第 7 篇第 23 章中从资本积累的一般规律出发，第一次概括说明了周期性的资本主义经济危机的一般特点，并进一步指出产业后备军的存在和发展是周期性发展的资本主义生产存在的基础和条件，在经济危机中表现出来的资本主义基本矛盾是一种相对人口的过剩。

《资本论》第 2 卷第 2 篇第 9 章在论述预付资本总周转和周转的周期时，指

---

① 《马克思恩格斯全集》第 26 卷，人民出版社 1973 年版，第 579 页。

出固定资本的周期更新是经济危机的物质基础。而第 3 篇第 18～21 章在论述社会资本再生产和流通的规律时，马克思对危机发生的现实可能性存而不论，但他并不否认现实生活中发生经济危机的必然性。另外，在资本的流通过程中，马克思指出了生产的无政府状态对社会再生产比例失调的决定作用。同时，马克思还认为消费不足或固定资本与流动资本生产的不平衡引起经济危机等理论是错误的。

《资本论》第 3 卷中，马克思在论述商人资本运动时，具体论述了资本主义商业危机的必然性及其表现形式和特点。在第 3 篇第 15 章"人口过剩时的资本过剩"中，马克思在论述利润率下降同资本的生产过剩的关系时，指出生产无限扩大的趋势和劳动人民有支付能力的需求相对狭小的矛盾是造成资本主义经济危机的直接原因，并批判了萨伊、李嘉图等人否认资本主义社会发生普遍危机的可能性的错误观点。而在第 5 篇中，马克思论述了资本主义货币危机、信用危机的根源、形式、特点及其后果等。此外，马克思在第 3 卷中还首次谈到信用机制。尽管信用理论以及景气循环理论在《资本论》中的体系并不完整，尤其是信用体系作为资本主义内在的生产机制还远没有完全抽象，但马克思已经认识到信用体系形成的目的是为了有利于空闲资本或缩短资本同期中非生产的循环周期。在考察银行信用的作用时，马克思强调产业和商业资本家外部的"货币资本家"和其他存款人，因为对他们进行研究有利于弄清楚信用体系的本质，有助于搞清资本周转中闲置资本的运动，而通过景气循环调节货币市场的运动确实是由这些闲置资本的相互利用、运用来决定的。①

总之，在《资本论》中，马克思阐述了资本的生产过剩与劳动人口的相互关系。这一资本的生产过剩理论有十分重要的意义，它不仅解决了《剩余价值理论》中存在的资本过剩或过多的问题，而且实际上创立了一个完全为《资本论》所特有的崭新的危机理论。② 另外，在《资本论》中，马克思除了论述商业危机、货币危机之外，还尝试用信用理论来阐释经济周期和危机。可以说，《资本论》的出现，标志着马克思经济危机理论的形成。

第二节　马克思经济危机理论分析范式

马克思的经济危机理论可以概括为五个方面：经济危机的一般可能性、经

---

① ［日］伊藤诚：《价值与危机——关于日本的马克思经济学流派》，宋群译，中国社会科学出版社 1990 年版，第 92 页。

② 刘富钊：《论马克思经济危机理论的形成与发展》，《重庆工商大学学报》（社会科学版）2004 年第 4 期。

济运行的连续性与危机、经济危机的本质和根源、信用与经济危机、周期性与
经济危机。

一、经济危机的一般可能性

马克思对经济危机一般可能性的论述，是对资本主义生产过剩的经济危机
所做的理论抽象。研究马克思的危机理论，应该从考察和一般商品经济相联系
的经济危机的一般可能性开始。马克思认为，物物交换并不会产生经济危机，
商品流通代替产品交换是造成危机发生的最一般的条件。然而，简单商品经济
条件下，危机只具有发生的可能性，只有在资本主义商品经济条件下，这种可
能性才会变为现实。

在《资本论》中，马克思论述了危机的两种形式：第一种形式是商品形态
变化本身，即买与卖的分离；危机的第二种形式是货币作为支付手段的职能。
这两种形式都包含着危机发生的可能性。马克思对这两种形式作了深入分析，
他指出："危机的一般的、抽象的可能性，无非就是危机的最抽象的形式，没有
内容，没有危机的内容丰富的起因……危机的最抽象的形式（因而危机的形式
上的可能性）就是商品的形态变化本身……但是，使危机的这种可能性变成危
机，其原因并不包含在这个形式本身之中，这个形式本身所包含的只是：危机
的形式已经存在。"① 对于货币作为支付手段产生的危机可能性，他认为这种可
能性产生于第一种可能性之后，并比第一种可能性具体。可见，马克思认为：
危机的一般可能性，即危机的抽象形式，是对生产过剩的资本主义现实危机的
理论抽象；这一抽象形式即是资本所采取的商品形态变化本身，它并不说明危
机的内容（表现形式、特点）及根源，而只是说明：由于产品采取了商品形式，
产品交换已经发展为商品流通，造成了发生经济危机的最一般的条件。

在分析了危机的两种可能性的基础上，马克思科学地阐述了它们之间的关
系。马克思认为二者具有相同之处，它们都是危机的元素形式，它们的表现形
式都是商品卖不出去而使得危机可能发生。但是，二者也有区别：第一种可能
性是第二种可能性的基础，没有第一种可能性，就没有第二种可能性；第二种
可能性是在第一种可能性中发展出来的。另外，第一种可能性仅仅因为商品卖
不出去而产生，但是第二种可能性不仅仅因为商品卖不出去而导致危机产生，
它更强调商品不能在一定期限内卖出去导致一系列支付不能实现，从而引起危
机发生。第一种可能性是买卖分离而使得危机发生成为可能，而第二种形式的
危机还会发展成为货币危机。

①《马克思恩格斯全集》第 26 卷，人民出版社 1973 年版，第 581、582 页。

危机的可能性并不等于现实的危机，只有资本主义生产方式发展到一定程度，危机的可能性才能发展为现实性。经济危机是资本主义经济中各种矛盾的现实综合和强制平衡过程，现实危机只能从资本主义生产的现实运动、竞争和信用中引出。马克思对于在一般商品经济条件下可能导致经济危机的诸多矛盾作了分析。①商品内部所包含的使用价值和价值的矛盾以及商品和货币之间的矛盾。马克思认为，"危机的最抽象的形式（因而危机形式上的可能性）就是商品的形态变化本身。在商品的形态变化中，包含在商品的统一中的交换价值和使用价值的矛盾以及商品和货币的矛盾，仅仅作为展开的运动存在。"[①] 然而，由于这些矛盾的存在，可能导致买卖脱节，即商品内部二因素之间的矛盾硬化为商品和货币之间公开的、绝对的对立。这样，在马克思看来，尽管简单商品经济中也存在发生危机的可能性，但是由于在前资本主义社会里居主导地位的仍然是自给自足的自然经济，因此只有到了资本主义社会，商品经济比较普遍时，危机发生的可能性才会变为现实。②生产和消费之间的矛盾。马克思指出："如果从更广泛的意义上来理解需求和供给之间的关系，就要把生产和消费的关系包括在内……这两个因素的潜在的恰好在危机中强制地显示出来的统一，是与同样存在的、甚至表现为资产阶级生产特征的这两个因素的分离和对立相对的。"[②] ③生产过程和流通过程的矛盾。商品的生产过程和流通过程是一般商品经济所包含的两个互为前提、不可分割的过程。马克思指出："在考察商品的简单形态变化时已经暴露出来的危机的可能性，通过（直接的）生产过程和流通过程的彼此分离再次并且以更加发展了的形式表现出来。一旦两个过程不能顺利地互相转化而彼此独立就发生危机。"[③] ④社会生产的两大部类以及各部门之间及其内部的矛盾。一般商品生产建立在广泛的社会分工基础上，这要求生产资料生产和消费资料生产两大部类之间以及各部类内部保持一定的比例关系。但是各部门之间的比例很容易失调，这样就可能发生局部的危机。

二、经济运行的连续性与危机

资本主义现实生产正常运行的条件是一系列连续性关系的满足。连续性的一般形式，即 G—W—G′，它适用于资本的所有具体形式，是资本运动的一般形式。一般形式的连续性表现在：G—W 是起始环节，接下来是 W—G′。如果没有连续性，就不存在现实的资本主义生产。不管资本采取什么样的具体形式，它们总是表现为 G—W 和 W—G′ 的统一。马克思认为，如果 W—G′ 中断了，

①《马克思恩格斯全集》第 26 卷，人民出版社 1973 年版，第 581、582 页。
② 同上书，第 576 页。
③ 同上书，第 579~581 页。

经济危机就该爆发了。但这种危机不是表现在消费需求的直接减少上，而是表现在资本对资本的交换，即资本再生产过程的缩减上。在连续关系的特殊形式中，即货币资本循环（$G-W\cdots p\cdots W'-G'$）、商品资本循环（$W'-G'\cdot G-W\cdots p\cdots W'$）；生产资本循环（$p\cdots W'-G'\cdot G-W\cdots p$）、借贷资本循环（$G-G-W\cdots p\cdots W'-G'-G'$），只要出现 $W'-G'$ 和 $G'-G'$ 的中断，经济危机就会爆发。

在资本主义条件下，现实生产运动的连续性关系成了资本运动的条件。但是，由于资本主义本身存在一系列对抗性矛盾，使得生产的连续性只能通过市场机制的自发作用加以实现，而不能通过人的自觉行为加以实现。结果是，一系列对抗性矛盾的运动使资本运动过程因为连续性关系的中断而难以顺利进行，当"中断"发生时，资本主义经济的内在扩张力必然通过一种暴力的方式加以恢复。这种暴力的爆发方式即为经济危机。

三、经济危机的本质和根源

马克思在深刻剖析资本主义社会的生产、流通、分配、消费等各个环节的基础上，揭示了资本主义经济危机的本质和根源。

马克思从不同侧面揭示了资本主义经济危机的本质，其中着重阐明了资本主义生产过剩的本质。他认为所谓的生产过剩，并不是社会的生产能力及物质财富的绝对过剩，而是相对的生产过剩，即生产资本无限膨胀的趋势相对于增值的可能、社会所生产的物质财富相对于劳动人民的购买能力而言的过剩。他指出："生产过剩的危机和绝对的需要有什么相干呢？它只是和有支付能力的需要有关系"，"如果生产过剩真的要到国民全体把最必要的欲望满足以后方才能发生，那在资产阶级社会一直到今日的历史上就不能有一般的生产过剩出现，甚至不能有局部的过剩生产出现了。"[1] 由此可见，"资本的生产过剩，仅仅是指可以作为资本执行职能即可以用来按一定剥削程度剥削劳动的生产资料——劳动资料和生活资料——的生产过剩，而这个剥削程度下降到一定点以下，就会引起资本主义生产过程的混乱和停滞、危机、资本的破坏。资本的这种生产过剩伴随有相当可观的相对人口过剩，这并不矛盾。"[2]

关于经济危机的根源，马克思从不同的层面对其进行了论述：首先，危机是资本主义内在矛盾的必然表现。马克思指出："资本主义……平衡过程同时表现为危机，表现为互相分离、彼此对立，但又互相联系的各因素通过暴力的结

---

[1] 马克思：《剩余价值学说史》第2卷，人民出版社1978年版，第623页。

[2]《马克思恩格斯全集》第25卷，人民出版社1973年版，第285页。

合"①，"危机必须看做是资产阶级一切矛盾的现实综合和强制平衡。"其次，生产过剩的资本主义经济危机的根源在于资本主义生产方式本身，即这一生产方式的基本矛盾——生产的社会性和生产资料的私人占有制之间的矛盾。资本主义生产力朝着社会化的方向发展，资本主义生产关系却以生产资料的资本家所有制为核心，这严重束缚了生产力的发展，是资本主义生产方式本身无法克服的矛盾，这种矛盾日益发展、加剧以至周期地、突然地爆发，这就是使资本的形态变化本身所包含的危机的抽象可能性转变为现实危机的根本原因。马克思指出，"危机来自作为资本的资本所特有的""各种形式规定"。②"资产阶级的生产，由于它本身的内在规律，一方面不得不这样发展生产力，就好象它不是一个有限的社会基础上的生产，另一方面，它又毕竟只能在这种局限的范围内发展生产力——这种情况是危机的最深刻、最隐秘的原因"，"在资本主义生产方式内发展的……生产力以及……资本价值的……增加，同……变得越来越狭小的基础相矛盾……。危机就是这样发生的。"③ 最后，马克思不仅揭示了经济危机的根源在于资本主义的基本矛盾，而且具体分析了这一基本矛盾的表现形式——资本主义生产无限扩大的趋势和有支付能力的需求相对狭小的矛盾以及个别企业有组织和整个社会生产无政府状态之间的矛盾。他指出："一切真正的危机的最根本的原因，总不外乎群众的贫困和他们的有限的消费，资本主义生产却不顾这种情况而力求发展生产力，好象只有社会的绝对的消费能力才是生产力发展的界限。"④

四、信用与经济危机

在《资本论》中，马克思尝试用信用阐释经济危机。在论及经济危机时，他多次提到了信用问题。例如，作为资本集中的有效手段，信用具有加速放大资本的功能，这种功能发挥作用时会推动利润率下降；信用具有消化过剩资本的功能；信用在生产已经过剩时营造市场需求的虚假繁荣，从而使生产在更大程度上超过有支付能力所允许的界限，从而使其陷入更严重的生产过剩的境地；"现实危机只能从资本主义生产的现实运动、竞争和信用中引出"⑤；等等。

马克思认为信用不仅是资本主义生产的结果，而且是资本主义生产的条件；信用不仅是推动资本主义生产方式发展的动力，而且还是资本主义生产方式走向解体的手段和工具。他指出："信用制度……扬弃了资本的私人性质，它本身，

---

① 《马克思恩格斯全集》第26卷，人民出版社1973年版，第128、129页。
② 《马克思恩格斯全集》第25卷，人民出版社1973年版，第585页。
③ 同上书，第296页。
④ 同上书，第54页。
⑤ 《马克思恩格斯全集》第26卷，人民出版社1974年版，第585页。

但也仅仅是就它本身来说，已经包含着资本本身的……最有力的手段，也是引起危机和欺诈行为的一种最有效的工具。"① 信用对危机的这种影响，注定了人们研究危机时不得不系统地研究信用问题。

马克思把信用与危机的关系看做是一种资本关系，即许多资本之间在对立和统一关系中相互作用及其表现形式。单纯的信用关系不反映资本关系，只有在许多资本的相互作用中信用关系才变成资本关系的一个要素，它的作用使社会资本再生产中的均衡与连续关系出现了遭到破坏的可能性，并且在这种可能性转变为现实性的过程中起着加速和延缓的作用。马克思在研究了信用在资本关系中的作用后得出结论：信用本身不是危机爆发的根本原因。② 当然，马克思在《资本论》中的信用理论并不完整，这在很大程度上影响了他对经济危机分析的质量。例如，他没有涉及国际信用与世界市场危机之间的关系，也没有涉及国家信用对危机的促进或缓解作用等。

五、周期性与经济危机

马克思认为资本主义经济危机具有每隔一段时间重演一次的周期性。周期性的根源在于资本主义固有的基本矛盾。马克思指出："资本主义生产绝不是发展生产力和生产财富的绝对形式，它反而会在一定点上和这种发展发生冲突，这种冲突部分地出现在周期性危机中""繁荣和危机的交替……对生产当事人表现为不可抗拒的、自发地统治着他们的自然规律，并且作为盲目的必然性对他们发生作用"。③ 资本主义社会的各种矛盾是经常存在的，当他们发展到极其尖锐的程度，使再生产的比例严重失调的时候，危机就爆发了。但是，危机的爆发只是资本主义再生产过程中各种矛盾暂时的、强制的解决，并不是这些矛盾的消灭。随着危机过后资本主义经济的恢复和发展，资本主义所固有的各种矛盾还会重新发展和激化，使再生产过程中比例失调的现象重新严重起来，直至另一次危机的爆发，这样就使资本主义生产具有周期的性质。④

马克思具体分析了资本主义生产的周期所经历的不同阶段：危机、萧条、复苏和高涨。其中，危机是周期的决定性阶段，它是上一个周期的终点，同时又是另一个周期的起点。①危机通常以突然的方式到来，它往往首先爆发于批发商业和向它提供社会货币资本的银行中，随后在向消费相关的零售商业中蔓延；当危

---

①《马克思恩格斯全集》第25卷，人民出版社1974年版，第686页。

② 张宇、孟捷、卢荻：《高级政治经济学》，北京：中国人民大学出版社2006年版，第469页。

③《马克思恩格斯全集》第25卷，人民出版社1973年版，第939页。

④ 陆立军：《马克思关于资本主义经济危机的理论——学习〈资本论〉札记》，《河南师大学报》（社会科学版）1982年第2期。

机来临时，工资下降、股价暴跌、现金奇缺、支付困难。②经过经济危机的沉重打击，经济逐渐下降到谷底，进入萧条阶段。这时，借贷资本大量闲置不用，利息率低，资本主义经济开始进行产业调整和设备更新。③随着投资扩大，经济开始增长，从而使经济由停滞状态转向复苏。④随着经济进入高涨阶段，再生产过程大大扩张，工人充分就业，工资提高，消费提高，金融市场活跃，信用膨胀，证券价格提高，利率缓慢上升。随着生产的不断发展，信用支持下的商业繁荣造成虚假需求，生产相对过剩，从而引起新的危机。新的周期开始，如此不断反复。

马克思还揭示出资本主义经济危机的周期性的物质基础是固定资本的更新。在危机时期，一方面，固定资本的大规模更新，引起对机器、设备等生产资料的新的需求，从而也相应地扩大了对劳动力的需求和消费资料市场，推动了生产资料和消费资料的生产，这样就为危机过后的复苏和高涨到来提供了物质条件；另一方面，固定资本的大规模更新，会促使社会生产的扩大重新超过有支付能力的需求，促使再生产比例关系重新失调，从而又为生产过剩和下一次危机的到来创造物质前提。所以，资本主义生产就是在周期性的大规模固定资本更新的刺激下，周期性地向前发展的。固定资本的大规模更新非但没有消除，反而加剧了资本主义的基本矛盾，促使新的经济危机爆发。①

总之，马克思从经济危机的一般可能性、经济运行的连续性与危机、经济危机的本质和根源、信用与经济危机、周期性与经济危机等方面阐述了自己对资本主义危机问题的看法，科学揭示了资本主义经济危机的本质及其形成原因，并对资本主义经济中各种要素与危机的关系进行了深刻分析，从而形成了自己的危机理论。马克思危机理论产生后的一百多年里，资本主义世界爆发了多次经济危机，马克思危机理论的正确性以及科学性也在资本主义的经济危机中得到检验。但是，与此同时，世界经济中的新情况、新问题不断涌现，20世纪70年代以后世界经济危机更是呈现出许多新的特点，货币性金融危机不断出现，范围也因经济全球化而不断扩大，那么，如何运用马克思经济危机理论来分析解释当代的经济危机呢？可以肯定的是，马克思的经济危机理论并没有过时，坚持马克思经济危机理论的科学性，对其进行创新和发展，从而解释、指导不断变化的历史现实，是一项富有重大理论及实践意义的工程。

---

① 陆立军：《马克思关于资本主义经济危机的理论——学习〈资本论〉札礼》，《河南师大学报》（社会科学版）1982年第2期。

第三节 马克思经济危机理论的创新与发展

随着时间的推移，世界经济中涌现出许多新的问题。针对这些新情况、新问题，国外马克思主义学者对马克思经济危机理论进行了研究与创新，以使其不断完善，适应不断变化的现实，取得了非常丰硕的成果。

一、第二国际与苏联理论家视野中的危机理论

第二国际的理论家们对马克思的危机理论进行了研究与发展。伯恩斯坦（Leonard Bernstein）对马克思的危机理论提出质疑。他认为马克思的危机理论是个矛盾的体系，并且认为现代信用制度的灵活性，邮政、电报、客运和货运等交通通信的完善，商业统计和情报机构的改进，以及工业家组织的扩展等，极大地影响着生产活动与市场状况的关系，从而非常有可能不会发生"营业危机"。[1] 他还强调卡特尔、托拉斯等垄断组织的形成，增强了资本主义的适应能力，因而使得它可以避免危机。考茨基（Karl Kautsky）批判伯恩斯坦的观点，并将危机的根源归结于资本主义生产与市场之间的矛盾，但是他却忽视了个别企业生产有组织性与整个社会生产无政府状态之间的矛盾。考茨基拥护的是一种消费不足论，他认为被剥削者的消费不足不能通过剥削者相应的个人消费而取消，而这在当时的资本主义生产方式中无疑会对生产过剩带来不断的压力。另外，考茨基还认为马克思的危机理论是由各种因素综合组成的，这些因素包括：商品的盲目生产、劳动大众的消费不足、各种社会资本成分的每一种增长条件的变形等，而其中每一个因素自身对解释危机的不可避免和周期重复是不充分的。卢森堡（Rosa Luxemburg）也用消费不足解释经济危机，她的消费不足型理论是她分析帝国主义的直接基础，她认为再生产过程中积累过程存在困难，这是由于为了扩大再生产，资本家必须消费掉一部分剩余价值，而不是把这部分剩余价值转化为资本，但是资本家不想消费它，而工人又不能消费它，这样就产生了"谁去消费这些额外的产品"的问题，资本主义生产在其自身范围内并不能解决这个问题，于是便会形成生产相对过剩，只有通过帝国主义的扩张过程不断获取外部市场，这个问题才能缓解。杜冈否认危机由消费不足引起，强调生产的无计划性才是危机的真正原因，认为普遍危机的发生并不需要

---

① ［德］伯恩斯坦：《社会主义的历史和理论》，马元德等译，东方出版社1989年版，第188、189页。

各个生产部门的生产普遍过剩，只要有一个部门生产的发展超出比例所决定的范围，就会干扰整个生产的正常秩序，造成严重的混乱和普遍的危机。希法亭（Hilferding）系统地总结概括了马克思的危机理论，他把比例失调归结于对价格形成机制的干扰，进而把周期性危机归结于对价格形成机制的周期性干扰。他还把有机构成的变化、信用扩张、价格的涨落、利润率下降、交易所危机、商业危机、产业危机联系起来，揭示它们之间的内在联系、传导机制和实现过程。[①] 总之，上述第二国际的理论家们都看到了垄断资本主义经济中资源配置的计划性，以及这种计划性对资本主义经济危机的影响，这是他们对马克思经济危机理论所作出的贡献。

苏联学者也对马克思的危机理论进行了深入研究。列宁主要阐释了马克思经济危机理论，并且运用马克思主义危机理论科学地解释现实经济危机问题。他的研究成果很大程度上影响了库钦斯基、瓦尔加、门德尔逊等第二次世界大战后苏联学者们对资本主义经济危机的研究。他们都把资本主义经济危机归因于资本主义基本矛盾，而且认为资本主义基本矛盾有不断激化的趋势，危机也相应的更加严重。在这个前提下，苏联研究者们观察第二次世界大战后危机出现的新情况，并分析这些新情况出现的原因，最终他们研究的结果认为引起危机形式变化的具体原因包括垄断组织、国家干预经济、新科技革命、第三产业等，而这些具体原因又是资本主义基本矛盾作用的结果。另外，布哈林（Nikolai Bukharin）阐述了马克思的消费不足理论，认为资本主义的基本矛盾是资本与劳动的内在生产关系，而不是资本主义生产与外部市场间的外部关系或仅仅是生产各个部门间的比例失调。[②] 他的这一思想得到保罗·斯威齐（Paul Marlor Sweezy）、保罗·巴兰（Paul Alexander Baran）的继承和发展。

二、西方马克思主义学者对马克思危机理论的创新与发展

马克思经济危机理论经过早期的创新发展，形成了诸多理论：如比例失调理论、长期需求不足崩溃论、资本有机构成提高为基础的崩溃论等。这些理论成为以后西方马克思主义经济危机理论发展的渊源。1942 年，斯威齐发表《资本主义发展论》，标志着马克思主义经济危机理论的发展进入现代时期。这一时期涌现出许多重要的经济危机理论，它们是：美国消费不足危机理论、利润挤压论、资本有机构成提高论、国家财政危机理论、生态危机理论、历史阶段论、过度积累和危机理论、基于全球资本主义竞争的危机理论等。

[①] 张宇、孟捷、卢荻：《高级政治经济学》，中国人民大学出版社 2006 年版，第 473 页。

[②]［日］伊藤诚：《价值与危机——关于日本的马克思经济学流派》，宋群译，中国社会科学出版社 1990 年版，第 105 页。

1. 美国消费不足危机理论

1942 年，保罗·斯威齐发表《资本主义发展论》，提出以消费品供求为基础的消费不足危机理论。1957 年，吉尔曼（Joseph Gillman）发表《利润率下降》，论证了剩余价值的增加和吸收，支持了斯威齐的消费不足理论。1966 年，巴兰和斯威齐发表《垄断资本》，提出经济剩余理论，把现代西方马克思主义消费不足危机理论推向高潮。1973 年，佩洛（Victor Perlo）发表《不稳定的经济》，重新用价值范畴分析不断增加的生产能力和停滞的消费需求之间的矛盾。这些作者的理论，共同构成了美国消费不足危机理论。

在《资本主义发展论》中，斯威齐将资本主义经济危机分为两大类型：与利润率下降趋势相联系的危机和实现的危机。关于与利润率下降趋势相联系的危机，马克思在《资本论》第 1 卷第 7 篇"资本的积累过程"中论述了劳动后备军枯竭、工资提高从而导致利润率下降的理论。斯威齐认为这实际上是一个经济周期理论，不可能是马克思本人真正认可的理论。这样，斯威齐否定了与利润率下降相联系的危机理论。斯威齐把实现的危机分为比例失调引起的危机和消费不足引起的危机。斯威齐通过批判杜冈，贬损比例失调理论，从而强调消费不足危机理论。[①]

斯威齐试图在消费品的供求关系这一领域内求证资本主义长期停滞的必然性。他的消费不足危机理论所假设的前提是消费品的生产与生产资料的生产同步增长。斯威齐认为，如果把生产看做是一个创造使用价值的生产过程，就会发现，"在生产资料的总量（记住，我们是假定它们得到充分利用的）和消费品的产量之间必定有一种明确的关系存在"，"换句话说，消费品产量增长率与生产资料增长率之比，始终不变。"[②] 而另一方面，消费增长率/生产资料增长率这个比值却趋于下降，因为资本家为了攫取更多的剩余价值，总是在利润中拿出尽可能大的部分作为追加的不变资本和可变资本进行积累，结果必然造成积累在剩余价值中的比重提高。同时，由于技术进步使每一个工人所推动的生产资料不断增加，不变资本在积累中的比重也是不断提高的，因此，虽然消费总的来说是递增的，但是，无论是资本家的消费，还是工人的消费，在全部剩余价值中的比例，都是递减的。由于消费品产量增长率/生产资料增长率这个比值趋于稳定，而消费增长率/生产资料增长率这个比值却趋于下降，造成消费的增长赶不上消费品生产的增长，这就是决定危机趋势的基本矛盾。[③]

斯威齐认为消费和投资是一种此消彼长的关系。资本家为了攫取更多的剩

① 杨健生：《经济危机理论的演变》，中国经济出版社 2008 年版，第 124、125 页。
② ［美］斯威齐：《资本主义发展论》，陈观烈等译，商务印书馆 2000 年版，第 203 页。
③ 杨健生：《美国消费不足危机理论述评》，《当代经济研究》2006 年第 2 期。

余价值，必然压低工人的工资，因此工人消费的增加在全部积累中是一个递减的部分；同时，资本家把尽可能多的利润用于积累，因此资本家的消费增加额在全部剩余价值中也是一个递减部分。这种投资挤占消费的趋势，不但取决于资本家攫取更多剩余价值的主观动机，而且取决于生产领域中 C/V 不断增长的技术变化趋势。另一方面，斯威齐还分析了抵消消费不足趋势的因素。他认为抵消消费不足趋势的因素包括错误的投资、未形成产量的新产业投资；另外，人口的增长也是抵消消费不足趋势的重要因素，因为人口增长为资本主义经济提供了劳动后备军，减缓了用机器取代劳动的压力，缓和了 C/V 提高的趋势，从而降低了剩余价值中用于消费的份额的下降速度。然而，资本主义各国正在慢慢步入老龄化社会，因此这三个抵消因素的作用在下降，这样，垄断资本主义应该处于长期停滞的状态。但是，由于非生产性消费和国家支出的不断增长，使得垄断资本主义又呈现出扩张的态势。

然而，把消费不足作为垄断资本主义基本问题的前提是垄断资本主义阶段剩余价值迅速增加的趋势，斯威齐的理论中并没有充分说明这个趋势，只是提到垄断导致工资向剩余价值的转移，这是他的理论需要完善的地方。

1957 年，吉尔曼发表《利润率下降》，论证了剩余价值的增加和吸收，对剩余价值不断增长趋势做了说明，从而支持了斯威齐的消费不足理论，并弥补了斯威齐理论上的不足。吉尔曼认为，马克思主义对于资本有机构成的研究没有看到不变资本在质上的变化，却过于注重数量上的研究。而实际的情况是，随着生产技术的进步，不变资本的生产成本越来越低，因此也变得越来越便宜；另外，由于采用节约劳动的技术，可变资本也不断下降。这两种趋势相互抵消，使得每一单位产出中不变资本和可变资本的比重都有所降低，而资本有机构成却趋于稳定。吉尔曼认为，剩余价值的生产发生了"转化"。他以美国制造业的发展为例，阐明了由于更加先进、便宜的新机器取代昂贵的旧机器，耐用、便宜的新材料取代以前的旧材料，使得不变资本数量上扩张的趋势得以缓解。对抵消消费不足趋势的分析，吉尔曼也比斯威齐前进了一步。吉尔曼不但在生产、消费领域上来考察消费不足的问题，而且把事业扩大到实现领域。他认为管理、广告、销售等"垄断竞争"成本的增加，解决了垄断资本主义阶段剩余价值不断增加的问题，克服了消费不足倾向。

1966 年，巴兰和斯威齐出版了他们合著的《垄断资本》。在《垄断资本》中，巴兰和斯威齐利用经济剩余的概念来分析美国垄断资本主义的困境和出路。经济剩余是指一定时期中总产量和消费量之差，包括实际经济剩余、潜在经济剩余和有计划的经济剩余三种类型。巴兰和斯威齐试图用剩余增长规律来取代利润率下降趋势规律，他们认为，垄断资本主义最根本的矛盾，是经济剩余的产生和吸收之间的矛盾。在垄断资本主义阶段，实际经济剩余和潜在经济剩余都在不断增加，但是，垄断资本主义的消费和投资却不能同步增长，这样，日益增长的经济剩余不能得到有效的吸收，使得资本主义也不能维持和谐运行，进而导致经济危机的发生。经济剩余理论是美国消费不足危机理论的巅峰，是消费不足危机理论逻辑的必然结果。

美国学者佩洛在其著作《不稳定的经济》中，坚持以马克思的价值论为基础来解释美国第二次世界大战后经济的长期繁荣以及 20 世纪 70 年代后又陷入长期萧条的原因。佩洛认为停滞的消费和增长的生产能力之间存在着矛盾，经济周期和危机发生的原因是生产社会化与私人所有制之间的矛盾。在佩洛看来，生产过剩与人民生活水平下降之间的矛盾是第二次世界大战后资本主义国家经济危机的根源。而资本主义国家治理经济危机的许多抵消消费不足的措施并没有很好地解决问题，相反却带来很多副作用，这些不利后果越积越深，导致更加严重的危机的产生。

消费不足理论在美国产生了非常重大的影响，但是到了 20 世纪 60 年代中期，随着第二次世界大战后资本主义世界经济繁荣逐步走到尽头，"滞胀"现象出现，美国消费不足危机理论也逐渐失去了解释力。20 世纪 70 年代，与利润率下降相联系的危机理论重新兴起。根据对利润率下降原因的不同解释，这一时期的危机理论分为利润挤压论（Profit Squeeze）和资本有机构成提高论（Rising Organic Composition of Capital）两种理论。

2．利润挤压论

利润挤压论是由格林（Glyn）、萨克利夫（Sutcliffe）、博迪（Boddy）、克罗蒂（Crotty）等学者提出来的。格林和萨克利夫认为，工资挤占的不仅仅是国际收支和固定收入者的实际收入，而且是企业的利润。1972 年，他们合著的《英国资本主义、工人和利润挤压》和《危机中的资本主义》相继出版，成为 20 世纪 70 年代利润挤压危机理论的起源。

格林和萨克利夫认为适当利润的存在决定了资本主义经济的正常运行。"资本主义是一个依赖于私人资本的制度。没有足够的利润，它就不能运作；正是利润刺激了资本家投资，而且利润也是投资的资金来源。利润的下降，迫使一些公司破产，并且减少了没有破产的公司的投资，从而阻止了生活水平的提高。"[1] 他们认为利润不足导致投资不足、流通中断，而这就是经济危机的性质。对于利润率的决定机制，他们认为工资不仅仅挤占了国际收支和固定收入者的收入，而且挤占了利润，利润率和工资之间存在反方向的变动关系，工资的提

---

[1] Glyn A，Sutcliffe B. *Capitalism in Crisis*. New York：Pantheon Books，1972，p.10.

高意味着对利润的挤压。国民收入在工人和资本家之间分配，分配的份额取决于资本家和工人之间阶级力量的对比。格林和萨克利夫的理论将阶级斗争引入积累和危机分析的核心，强调了工人阶级在资本主义发展趋势中的作用，为克服马克思主义经济危机理论中机械的经济决定论倾向提出了一个新的视角。但他们的理论也受到了猛烈的批评，例如批评者认为这一理论完全排除了生产领域的分析，从而使得危机的必然性变得完全不确定。

博迪和克罗蒂分别于1974年和1975年发表《阶级矛盾、凯恩斯主义的政策与商业周期》和《阶级冲突和宏观政策：政治的商业周期》，从而提出了利润挤压理论的美国版本。博迪和克罗蒂赞同格林和萨克利夫的基本观点，即利润率与工资存在反向变动的关系，但是同样从利润挤压分析出发，却得出了截然不同的结论。博迪和克罗蒂认为，利润率的变动存在着两个约束条件：在国际竞争日趋激烈的情况下，垄断资本不可能通过提高价格来提高利润率；充分就业是经济周期性扩张的极限。当经济处于充分就业的极限时，意味着劳动后备军已经枯竭，而这增加了工人阶级与资本家谈判的地位，从而使得工人工资增加，并在国民收入中占有更大的份额，造成了对利润的挤压。在博迪和克罗蒂的理论中，危机的发生机制出现了重大变化。在衰退、萧条阶段，政府采取积极的货币政策和财政政策，促进经济发展，增加工人收入，使得资本积累顺利实现。在扩张、繁荣阶段，由于利润挤占使得资本家无利可图，资本家为了实现利润最大化，就需要尽量避免充分就业，维持劳动后备军的存在，这时政府有意识地通过紧缩性宏观货币政策、削减开支等宏观经济政策引导经济周期，制造经济的下降趋势。这样，本来是资本主义积累固有的周期性危机，就变成了政府手中的操作工具。

3. 资本有机构成提高论

德国人保罗·麦蒂克（Mattick P）是资本有机构成提高论的倡导者。他认为随着资本有机构成的提高，要使得扩大再生产顺利实现，需要投入更多的剩余价值量，但是实际情况是剩余价值量不仅没有增加，甚至会有所减少，资本主义经济危机的实质就是剩余价值不足或资本的不足。1969年，麦蒂克在其著作《马克思和凯恩斯》中进一步指出，剩余价值的不足是导致生产设备闲置和失业的原因，消费不足不是因为剩余价值太多，而是由于剩余价值不足。在资本主义制度下，如果在不提高劳动生产率的情况下进行资本积累，不变资本的价值和可变资本的价值保持相同的增长速率，资本积累的利润率就会相对比较稳定。但是资本家总是力图提高劳动生产率，他们用机器取代劳动，提高资本有机构成，从而投入更多的剩余价值量，这样的结果是使得资本积累的利润率下降。另外，麦蒂克还认为国家开支的增加进一步挤占了用于积累的剩余价值，使资本主义危机更加恶化。

麦蒂克的追随者耶菲（Yaffe D）认为，资本主义生产是为了追求利润。资本主义生产的趋势，是劳动生产率不断提高。随着劳动生产率的提高，同一堆商品所包含的价值量将下降。价值量的减少趋势，表现为资本有机构成的提高以及雇佣工人的相对减少。这是资本一个根本矛盾的过程。在劳动生产率提高的情况下，要想生产出和以前一样多的价值以及剩余价值，必须投入更多的不变资本，而不变资本的不断增加又导致劳动生产率的进一步提高，需要雇用的工人数量进一步减少。由于利润的唯一源泉是劳动，不变资本的更多投入引致雇佣工人减少从而使得利润率下降。经济危机就是资本的这个根本矛盾过程的产物。

4. 国家财政危机理论

詹姆斯·奥康纳（James O'Connor）1973年在《国家的财政危机》一书中提出国家财政危机理论。该理论分析了在国家经济职能日益突出的背景下，发达资本主义社会在生产、交换、分配、消费各领域的新变化，提出了国家财政危机这一经济危机新的表现形式。

奥康纳国家财政危机理论建立在两个基本前提之上：第一，资本主义国家具有两个基本的且又相互矛盾的职能——积累和合法化。即国家不仅要维持或创造使资本积累具有可能性的条件，还要维持或创造使社会得以和谐发展的条件。第二，与资本主义国家的两种基本职能相对应，国家的支出也必然具有社会资本和社会支出双重特点。社会资本就是对有利可图的私人积累来说所必需的支出，它间接地用于剩余价值的增长。社会支出则是为了维持社会和谐，即完成国家"合法化"职能所需的工程和服务设施上的支出，社会支出无益于利润的增加。从这两个基本前提出发，可以推导出两个基本结论：一是国有产业部门的增长和国家支出（尤其是社会资本）的增长，日益成为垄断产业部门和整个生产增长的基础；反之，垄断产业部门增长必然导致国家支出（主要是社会资本）和国家计划的增长。二是社会资本和社会支出是一个矛盾的过程，这一矛盾产生了经济、社会和政治危机的趋势。一方面，国家尽管使资本费用越来越社会化，但是，由此而产生的社会剩余（包括利润）却不断地被私人占有。资本费用的社会化和利润的私人占有的对立运动，形成了以国家财政支出和财政收入之间"结构上的缺口"为特征的财政危机。另一方面，国家权力被为了个人主义目的的私人控制，又加剧了财政危机。因此，资本主义国家财政危机的根源在于资本主义生产是社会的，而由此产生的利润却被私人占有。[①]

奥康纳国家财政危机理论赋予国家在资本主义再生产领域中举足轻重的作用。奥康纳认为随着生产社会化，资本主义积累也表现出社会化的特征，这时

---

① 顾海良：《奥康纳和他的"国家的财政危机"理论》，《世界经济》1990年第7期。

需要国家来创造扩大再生产所必需的许多社会化了的条件。这样，国家就不仅仅是市场经济的守夜人，它直接参与社会生产，成为国家资本家。但是，国家作为社会资本家的功能，是与国家作为一般社会管理者的功能相互矛盾和冲突的。在奥康纳看来，国家应该尽量协调、缓和阶级之间的关系，维护社会公正，从而为经济发展创造安定的社会环境，而不应该单纯地通过牺牲工人阶级的利益来维持积累。奥康纳视野中的国家具有生产性，间接地对剩余价值发挥作用，这在一定程度上突破了马克思主义传统中经济基础和上层建筑之间的界限。

奥康纳使用马克思的价值范畴分析了资本主义国家开支的作用。他将国家开支划分为社会资本和社会支出，又把社会资本分为社会投资和社会消费。他力图从剩余价值生产以及阶级分析的角度，从纷繁复杂的国家开支项目中区别出国家开支所体现的两种本质上相互矛盾的力量，再从这种矛盾中推导出国家的矛盾。奥康纳将资本主义经济划分为三个部门：垄断部门、竞争部门和国家产业部门。三个部门中，垄断部门的增长依赖于国有产业部门的增长，竞争部门依附于垄断部门。垄断部门占用了很多自然和社会资源，却制造出许多社会问题，如引进先进自动化的机器而带来失业问题等。国家为了保证垄断企业的不断发展并使其带动整个经济的发展，就必须承担垄断所带来的后果，从而导致国家开支不断增加。在此基础上，奥康纳从剩余价值再分配的角度，分析了国家的财政困境。随着生产社会化的不断加深，国家需要不断增加财政开支以提供更多的社会资本和社会支出，但是，在资本主义社会中，社会剩余不断被私人资本家所占有，政府支配的社会资本和社会消费基金却不能与垄断经济同步增长，这样导致政府的收入和支出之间严重不平衡，从而使得政府在双重角色之间处于两难的境地：政府压制垄断企业，会导致生产停滞，减少剩余价值的生产，并阻碍整个经济的发展；政府支持垄断企业，尽管会提高社会生产力，增加剩余价值，但是会加剧消费不足，从而削弱政府的合法性地位。在这种情况下，垄断企业要求国家增加社会投资，工人们却要求国家增加社会消费，而失业者和经营破产者则要求国家增加社会支出。随着垄断资本主义的不断发展，政府收入和支出之间的"结构上的缺口"将越来越大，财政危机也将日趋严重。

5. 生态经济危机理论

生态经济危机理论的倡导者是威廉·莱斯（William leiss）、本·阿格尔（Agger Ben）、奥康纳、福斯特（John Bellamy Foster）等。1976年，莱斯出版了《满足的极限》，开始将资本主义的环境灾难和生态危机与马克思主义联系起来，直接运用当代的生态学理论和原则对马克思主义进行了补充，试图运用补充之后的马克思主义解决资本主义面临的环境灾难和生态危机。莱斯的这些思想被阿格尔发现，他在1978年《西方马克思主义概论》中详细介绍并发展了莱斯的思想，创立了资本主义的生态危机理论。

在生态危机理论中，莱斯和阿格尔认为资本主义的危机已经由生产领域转移到消费领域。资本积累固然是资本主义高生产和高消费所引起的生态危机的最终原因，但是无产阶级的消费观念和消费方式也负有不可推卸的责任。根据马克思的异化劳动理论，生态马克思主义构造出异化消费理论，为生态危机找到了直接原因。异化消费是指：无产阶级通过消费奢侈品以补偿异化劳动过程中的艰辛和痛苦，追求所谓的自由和幸福；资产阶级在控制无产阶级整个消费的过程中也被消费所控制，整个资本主义社会因此而被消费品所异化。

奥康纳提出了资本主义二重矛盾理论。奥康纳认为，资本主义社会存在两重矛盾：第一重矛盾也就是传统历史唯物主义所揭示的生产力和生产关系之间的矛盾，这种矛盾的一个特定形式是价值与剩余价值的生产与实现之间的矛盾，它们之间的矛盾运动会造成由于有效需求不足而导致的生产过剩的经济危机；第二重矛盾则是资本主义生产力和生产关系与生产条件之间的矛盾，这种矛盾必然导致生态危机的发生。一方面，资本主义是以追求无限增长为经济发展目标的自我扩张系统，而自然界是无法进行自我扩张的，其发展的周期和节奏也根本不同于资本运作的节奏和周期，追求无限扩张的资本主义生产受到生态系统的制约，这将导致生产不足的经济危机；另一方面，资本主义生产无限扩张的特性决定了它必然不断冲破生态系统的制约，不断扩大对自然资源的需求，资本主义对自然资源的掠夺性使用，造成了日益严重的生态危机。

福斯特将生态危机的产生归咎于资本主义生产方式。资本主义生产方式是以追求利润增长为首要目标的生产方式，不惜任何代价追求经济增长，必然导致人类社会与自然界之间物质和能量交换过程的中断，从而导致资本主义生产方式的不可持续性；另外，资本主义的生产方式严重依赖能源密集型和资本密集型技术，它总是倾向于通过投入大量的原材料和能源，通过加速生产流转过程以获取高额利润，导致自然资源被快速地消耗以及向环境倾倒更多的废料；最后，资本主义生产方式为了追求利润，追求资本的短期回报，必然会忽视经济发展过程中长远的和总体性的环境规划。总之，资本主义生产方式的本性，决定了它不可能自始至终地按照生态原则来对待自然和组织生产，它必然超越生态所能承受的极限，导致生态危机的爆发。[①]

6. 历史阶段论

历史阶段论的代表人物是赖特（Erik Olin Wright）。在 1979 年发表的《马

---

① 陈食霖：《当代西方生态学马克思主义生态危机理论评析》，《武汉大学学报》（人文科学版）2008 年第 6 期。

克思主义积累和危机理论的新视角》一文中，赖特概括了马克思主义经济危机理论各个主要流派的理论，并认为各派危机理论之间的观点相互矛盾，应该有一个更大的理论框架来容纳这些相互冲突的观点，这个理论框架就是资本主义发展不同的历史阶段。他把资本积累划分为六个阶段，即资本的原始积累阶段、资本原始积累向手工工场转化的阶段、从手工工场向机器大工业转化的阶段、垄断阶段、高级垄断阶段以及国家导向的垄断资本阶段。赖特认为，随着资本主义发展阶段的变化，危机的性质也不断发生变化，危机的机制也有所不同。无产阶级和资产阶级之间的矛盾和斗争是推动危机性质发生历史变化的原因。积累在不同发展阶段上遭遇到不同的限制，资本家个体为了实现利润最大化，而资本主义国家作为资产阶级的整体代表需要维持资本积累，促进经济发展，二者的努力相结合，不断克服积累的障碍，使得积累取得了新的形式，但是同时，资本积累又面临新的障碍。赖特的巧妙之处在于，他把各种对资本的限制综合起来，阐明了每个阶段的解决办法是如何发展成为其下一个阶段的限制这样一个问题。

7. 过度积累和危机理论

20 世纪 90 年代初，英国学者西蒙·克拉克（Simon Clark）提出了过度积累和危机理论。在该理论中，过度积累和危机是两个互为补充的相反过程。在单个生产部门内，攫取剩余价值的动机推动资本家不断改进生产技术，导致过度积累和生产过剩。生产过剩遭遇到有限市场的限制，引起了实现困难。这种实现困难反过来表现为外在的竞争压力，迫使资本家个体进一步提高生产效率，降低生产成本，导致积累进一步扩大，一旦积累超过市场的极限，势必爆发生产过剩的危机。在危机中，商品滞销，价格崩溃，企业破产，危机消除了过剩的生产能力，为积累重新恢复铺平道路。过度积累和危机趋势相互交替地破坏和恢复资本主义的积累过程。

8. 基于全球资本主义竞争的危机理论

美国历史学家罗伯特·布伦纳（Robert Brenner）提出了基于全球资本主义竞争的危机理论。他在经济全球化的视角下展开危机问题的分析，第一次真正将全球经济作为一个整体纳入到经济危机理论中。布伦纳认为经济长期下降的根源，在于资本主义世界性的产能过剩和生产过剩。利润率的变动决定了第二次世界大战后西方发达资本主义经济的兴衰。在全球化过程中，各国支持本国具有低成本优势的厂商不断进入世界市场，由此产生的产能过剩和生产过剩导致了世界范围内制造业利润率的下降。大规模的固定资本投入和资产的专用性导致资本家不愿意从低利润的产业退出，妨碍了市场机制对高成本厂商的淘汰，阻止了利润率的恢复。只有一场巨大的经济危机才能促使制造业利润率真正恢复，而利用财政政策和货币政策避开这一场危机的代价则是经济的长期下降。在经济长期下降的背景下，各主要发达国力图通过汇率机制，将利润率低的不利影响转嫁给其他国家，从而导致各国经济上此消彼长。随着更多的新兴国家被卷入资本主义生产的轨道，全球产能过剩和生产过剩的危机趋势将日趋严重，严重的经济危机将不可避免。

此外，中国学者也对马克思的危机理论进行了发展。他们从研究马克思、恩格斯的经典著作入手，对马克思的危机理论进行了阐释。他们还引入了许多西方马克思主义的经济危机理论，如美国消费不足危机理论、利润挤压论、资本有机构成提高论、奥康纳的国家财政危机理论等。此外，改革开放后，中国理论界还围绕社会主义是否可能出现经济危机、固定资本更新对经济危机周期的作用以及"滞胀"产生的原因三个命题进行了三次大讨论，从而使得人们对马克思的经济危机理论及其在当代中国的应用有了更为深刻的认识。20世纪90年代末亚洲金融危机以及2008年美国金融危机发生，中国学者们开始更多地运用新的范式来分析危机。个别学者虽然承认危机的性质是资本主义生产过剩危机，根本原因在于资本主义基本矛盾的激化，但他们分析问题的视角、运用的手段已经与以往的分析范式大不相同。绝大多数学者在分析这次危机时，没有使用传统的分析范式，而是在继承了传统马克思危机理论分析范式的精髓的基础上，广泛吸收和借鉴西方经济学分析模型的科学因素，建立了一种与马克思危机理论一脉相承而又反映时代特点的分析模型，从而使得马克思危机理论的分析范式在中国有了一个划时代的转变，也使得马克思危机理论在中国有了长足的发展。

综上所述，国内外学者在研究马克思危机理论的基础上，针对各个时期资本主义国家的经济现实，创造性地发展出许多新的危机理论。这些理论继承了马克思危机理论的传统，并有所突破，进而丰富和发展了马克思的经济危机理论，对于解释新的历史条件下的资本主义经济危机也起到了很重要的作用。时代在发展，进入21世纪，信息、技术的发展突飞猛进，经济全球化进程不断加强，国际政治经济生活也发生了翻天覆地的变化。如何从资本主义的基本矛盾出发，运用马克思的经济危机理论分析、应对21世纪的资本主义经济危机，已成为摆在马克思主义学者们面前的一项重大课题。

第四节 当前经济危机的政治经济学解释

在详细地梳理了马克思主义经济学的危机理论之后，我们将从历史视野中，结合当代资本主义发展的新特点，具体分析此次金融危机以及经济危机产生的根源。在研究的过程中，我们除了坚持马克思主义经济学的基本原理之外，还特别重视吸收近期国内外马克思主义学者研究的最新成果，并且试图沿着资本与劳动对立这一主线，对当前经济危机进行系统性的解释。

一、资本与劳动的对立导致工资的下降

以雇佣劳动制度为核心的资本主义制度蕴涵一组无法调和的对立关系，即资本与劳动。资本的本性是最大化地获得剩余价值，因此剥削工人，压低工资就是资本家的必然选择。根据福斯特（Foster）和马格多夫（Magdoff）的研究显示，发生于 20 世纪 70 年代的滞涨使得资本家为了提高利润一再地挤压工人，自此美国的工资在 GDP 中所占的份额急剧下降（见图 15－1 和图 15－2）。后来，特别是进入 20 世纪的 90 年代以后，由于美国等中心资本国家在信息技术、新材料、新能源以及生物技术等领域的技术革命使得该时期的利润水平与生产效率有了大幅度提高，但是如果以 1982 年的美元价值来衡量，美国非农业工人的实际工资却从 1972 年的最高每小时 8.99 美元下降到 2006 年的 8.24 美元。[①] 戈尔德纳（Goldner）也指出 1973 年美国的最低工资为每小时 3.25 美元，按照 1973 年的购买力水平来计算今天的最低工资则至少应当升至每小时 18 美元，如今却仅为 6.15 美元。从工人的劳动时间来看，美国工人的平均周劳动时间从 1970 年的 39 小时已经上升至现在的 43 小时。因此，可以判断第二次世界大战后美国经济在经历了 20 世纪 60 年代与 70 年代初的短暂繁荣之后，对于至少 80% 民众获得的工资就开始持续下降。如果进一步考虑到更多的妇女参与到雇佣劳动之中，以及教育与医疗费用的居高不下，美国实际的相对贫困化问题将更为严重。[②] 沃尔夫（Worff）也认为从 1820 年到 1970 年间美国工人的实际工资和劳动生产率均保持增长，但是直到 20 世纪 70 年代之后虽然劳动生产率继续提高，但是工人的工资却处于停滞与下降的状态。这使得工人不得不增加劳动时间，并且家庭中更多成员都需要成为雇佣工人。也正是由于工资的下降，再加之技术进步与海外移民的增加，支撑了利润水平的提高。[③]

伴随着利润的上升，实际工资却不断下降，这样的收入分配格局必然导致社会贫富差距进一步拉大，而美国从 1967 年到 2007 年之间的基尼系数数据也恰恰印证了上述判断。从表 15－1 中，我们不难发现，总体而言美国的基尼系数在 40 年间一直在不断攀升。此外，福斯特和马格多夫提供的数据也说明了类似的

---

① 参见［美］福斯特、马格多夫：《当前金融危机与当代资本主义停滞趋势》，《国外理论动态》2009 年第 7 期。

② 参见 Goldner, L., The Biggest "October Surprise" of All: A World Capitalist Crash, 2008（10），www.counterpunch.org.

③ 参见 Wolff, R., *Economic Crisis and Socialist Strategy*, Brech Forum, New York, 2008（10）.

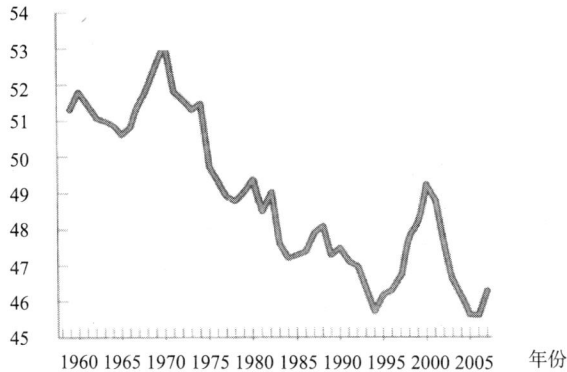

图 15－1　工资占美国 GDP 中的比率（%）

资料来源：［美］福斯特、马格多夫：《当前金融危机与当代资本主义停滞趋势》，《国外理论动态》2009
年第 7 期。

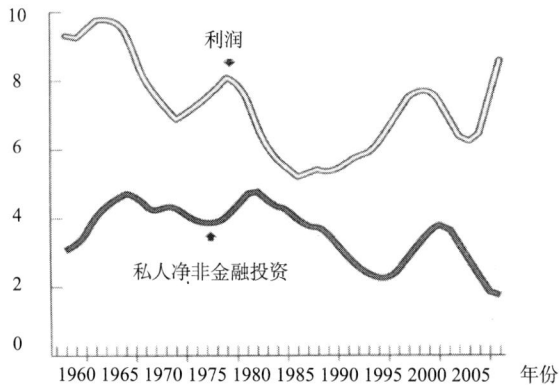

图 15－2　利润与净投资占美国 GDP 中的比率

资料来源：［美］福斯特、马格多夫：《当前金融危机与当代资本主义停滞趋势》，《国外理论动态》2009
年第 7 期。

情况。自 20 世纪 50 年代至 70 年代，美国 90% 的人口每增加 1 美元收入，那么
0.01% 的最高收入阶层就增加 168 美元；而在 1990 年至 2002 年期间，这 90% 人
口每增加 1 美元收入的时候，总计由 1.4 万个家庭构成的 0.01% 的最高收入阶层
所增加的收入则高达 18000 美元。2001 年美国最富有的 1% 家庭的收入超过全美
80% 家庭收入总额的 2 倍；以金融资产数额衡量，这最富有的 1% 家庭则高出全
美 80% 家庭资产总额的 4 倍。在 1983 年至 2001 年，美国最富裕的 1% 家庭占有
国民收入增加额的 28%，净财富所得的 33% 以及金融财富增加额的 52%。[①]

----

① 参见福斯特、马格多夫《当前金融危机与当代资本主义停滞趋势》，《国外理论动态》2009 年第 7 期。

表 15-1　1967~2007 年美国的基尼系数

年份	基尼系数	年份	基尼系数	年份	基尼系数	年份	基尼系数
1967	0.397	1978	0.402	1989	0.431	2000	0.462
1968	0.386	1979	0.404	1990	0.428	2001	0.466
1969	0.391	1980	0.403	1991	0.428	2002	0.462
1970	0.394	1981	0.406	1992	0.433	2003	0.464
1971	0.396	1982	0.412	1993	0.454	2004	0.466
1972	0.401	1983	0.414	1994	0.456	2005	0.469
1973	0.400	1984	0.415	1995	0.450	2006	0.470
1974	0.395	1985	0.419	1996	0.455	2007	0.463
1975	0.397	1986	0.425	1997	0.459		
1976	0.398	1987	0.426	1998	0.456		
1977	0.402	1988	0.426	1999	0.458		

资料来源：美国联邦统计局。

二、生产与消费的矛盾诱发债务攀升

马克思指出："生产和价值增殖之间的矛盾——资本按其概念来说就是这两者的统一——还必须从更加内在的方法去理解，而不应看做一个过程的或者不如说各个过程的总体的各个要素互不相关的、表面上相互独立的现象。进一步考察问题，首先就会看到一个限制，这不是一般生产固有的限制，而是以资本为基础的生产固有的限制。……（1）必要劳动是活劳动能力的交换价值的界限，或产业人口的工资的界限；（2）剩余价值是剩余劳动时间的界限，就相对剩余劳动时间来说，是生产力发展的界限；（3）这就是说，向货币转化，交换价值本身，是生产的界限；换句话说，以价值为基础的交换，或以交换为基础的价值是生产的界限。这就是说：（4）使用价值的生产受交换价值的限制；换句话说，现实的财富要成为生产的对象，必须采取一定的、与自身不同的形式，即不是绝对和自身同一的形式。……很明显，资本的发展程度越高，它就越是成为生产的界限，从而也越是成为消费的界限，至于使资本成为生产和交往的棘手的界限的其他矛盾就不用谈了。"[①] 从以上这段论述中，我们可以理解为什么资本家利润的实现必须受到基于工人工资的消费能力的限制。资本与劳动的对立，在价值增值的过程中，会表现为生产过剩与消费不足的对立。进一步讲，资本贪婪追逐利润的本性会使得上述对立导致长期的利润率下降，进而为危机的爆发埋下种子。因此，对于美国而言，始于 20 世纪 70 年代的工资下降与两极分化正是此次经济危机的根源。然而，需要我们思考的是为什么经济危机会以次贷危机为导火索始于 2007 年的春季，而不是在更早的时候即时爆发？其中的原因则在于金融资本的作用。

生产过剩与消费不足的冲突不断加剧累积着危机爆发的能量，可是金融资本

---

① 《马克思恩格斯全集》第 46 卷（上册），人民出版社 1979 年版，第 399、400 页。

通过金融工具的创新,以向工人大量贷款的方式却有效地推迟了危机爆发的时间。简单地讲,金融资本以贷款替代工资,提高了工人的消费能力,突破了资本主义生产中价值增值的限制,拓宽了社会再生产的循环的可能性,进而延长了资本主义经济周期。在上述过程中,值得关注的问题是以美国为代表的银行业转型现象。传统的银行业通过吸收存款,发放贷款,赚取利差,并且服务对象主要是工商企业。当代的银行则首先发放贷款,然后将获得的债权根据市场上投资者的需求与偏好进行复杂的证券化处理并出售,发挥金融中介的作用,通过金融工具的创新、承销、担保、保险、交易与咨询等活动赚取服务费、手续费、咨询费以及金融产品的投资性收益。因此,有资金需求的个人作为当代银行的业务发起点,就自然成为其主要的服务对象。多斯桑托斯(Dos Santos)曾考察了全球9家大型跨国银行的业务情况,发现了当代银行从以简单地借贷业务向对工薪阶层贷款充当金融中介职能的投资银行业务转型的特点。[1] 此外,世界主要发达资本主义国家的数据也反映了银行转型的事实。从图15-3中,我们可以发现,在美国和日本银行贷款在公司融资负债中所占的比例均表现出明显的下降趋势,德国虽然进入新世纪之后出现过反复,但是自2003年之后这一数据也显著下降。图15-4则反映了美国消费信贷与抵押贷款占银行总贷款的比例,其长期上升趋势也是非常明显的。

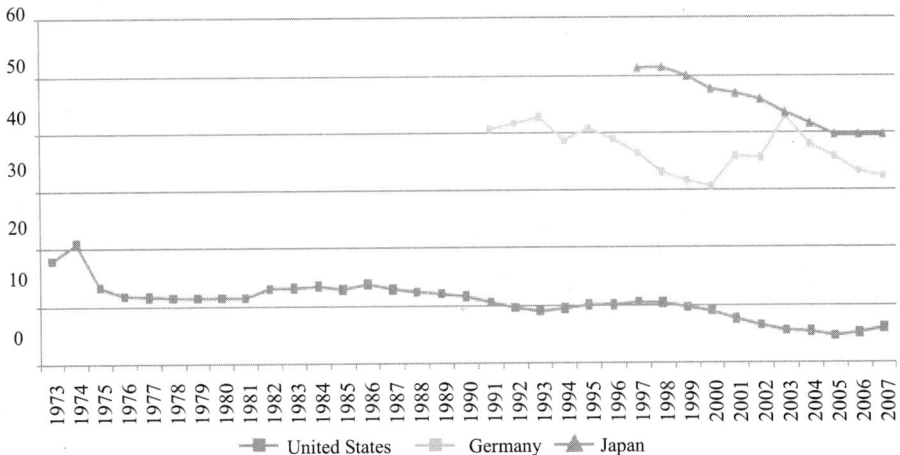

图15-3 美国、德国、日本银行贷款占公司融资负债的比例(%)

资料来源:Lapavitsas, C., Financialised Capitalism:Crisis and Financial Expropriation, Historical Materialism, 2008, forthcoming.

---

[1] 参见 Dos Santos, P. L., On the Content of Banking in Contemporary Capitalism, Historical Materialism, 2008, forthcoming.

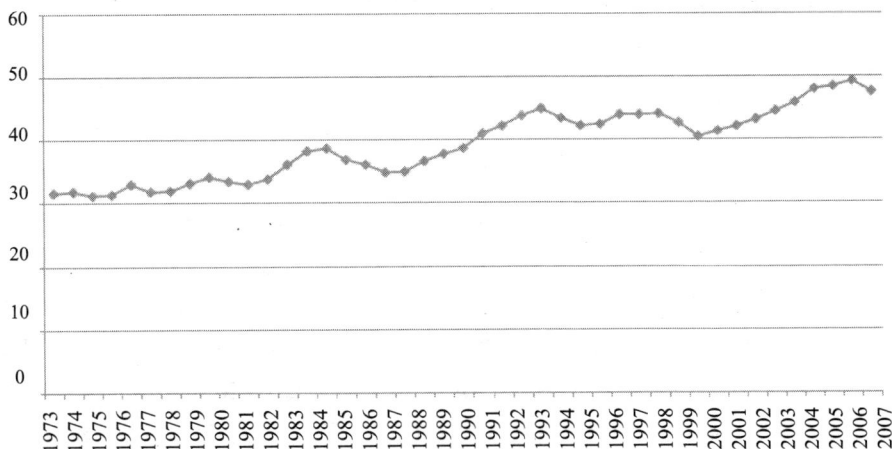

图 15 - 4　美国消费信贷与抵押贷款占银行总贷款的比例（%）

资料来源：Lapavitsas, C., Financialised Capitalism: Crisis and Financial Expropriation, Historical Materialism, 2008, forthcoming.

　　那么，银行转型业务为什么会发生呢？一些学者给出了他们的解释。伊藤诚（Makoto Itoh）指出资本市场结构的变化对于银行转型具有重要影响，当资本主义企业越来越依靠直接融资的时候，那么生产性投资对于资本的需求则会逐渐摆脱对银行贷款的依赖，而商业银行中的金融资本在利润的驱动下就自然会将目标转向工人的消费性贷款。[①] 拉帕维查斯（Lapavitsas）也认为股票市场有利于工商企业进行资金募集与并购重组，从而促进了资本的积聚与集中。此外，他还强调其他两方面原因对于银行转型的作用。首先是一些禁止商业银行从事投资银行业务的法律被废止。例如，美国在 20 世纪 30 年代的大萧条后出台过格拉斯—斯蒂格尔法案（Glass-Steagall Act）。商业银行依赖于大量的货币存款并且需要应对贷款（特别是长期贷款）损失的风险，而投资银行则主要在相对更短的时期内在公开市场上大量借款，二者在流动性与偿付能力方面存在着差异，因此该法案出台的目的在于对此加以区分，避免资金恐慌性抽逃带来更大的风险。可是，这一法案在 1999 年被废除，制度限制的取消促进了银行转型。其次，工人收入金融化后形成的资金供给也推动了银行转型。1978 年美国401K 条款的引入使得养老金可以被投资于股票市场，而英国也通过个人参股计划、免税特别存款账户以及个人存款账户实现了上述过程。这意味着工人的一

---

　　① 见［日］伊藤诚：《美国次贷危机与当代资本主义》，《理论视野》2008 年第 7 期。

部分储蓄性收入在国家政策引导下进入了金融市场。^① 当然，除了上述学者提出的原因之外，更为本质的原因依然是由于资本与劳动对立所引发的生产过剩与消费不足的冲突。因为，银行系统对于工商企业的支持，仅能帮助其扩大生产规模，促进资本累积与集聚，但是却无法直接解决价值实现与价值增值的问题，所以银行转型向工人提供贷款，以替代工资是资本主义经济运动的必然结果。

银行转型后以贷款替代工资的结果必然是债务的攀升。伴随着广大工薪收入阶层开始利用分期付款、信用卡购物、贷款消费、次级贷款等金融创新工具在透支消费的同时，家庭的负债不断升高，而储蓄却不断下降。从图 15 - 5 中，我们可以看出，美国的家庭负债经过 20 世纪 80 年代的上升之后，从 90 年代后期开始进一步加速上涨，目前其在 GDP 中所占的比例比 20 世纪 60 年代已经大幅提高。相反，储蓄率的下降趋势也非常明显。在 20 世纪 70 年代和 80 年代早期，个人储蓄占可支配收入的比重大约为 9% ~ 10%，2000 年至 2004 年这一比重为 2% 左右，从 2005 年开始则进一步下降为 0.5% 以下。近乎于零的储蓄率说明个人储蓄已经崩溃。与此同时，金融行业的负债水平不断上升，经过 20 世纪 80 年代的加速上升之后在 90 年代中期超过了非金融行业的负债水平。如果再进一步把政府负债考虑进来，美国的债务总额令人触目惊心，表 15 - 2 的数据说明美国的债务总额占 GDP 的比重从 1959 年的 151% 上升到了 2007 年的 373%。

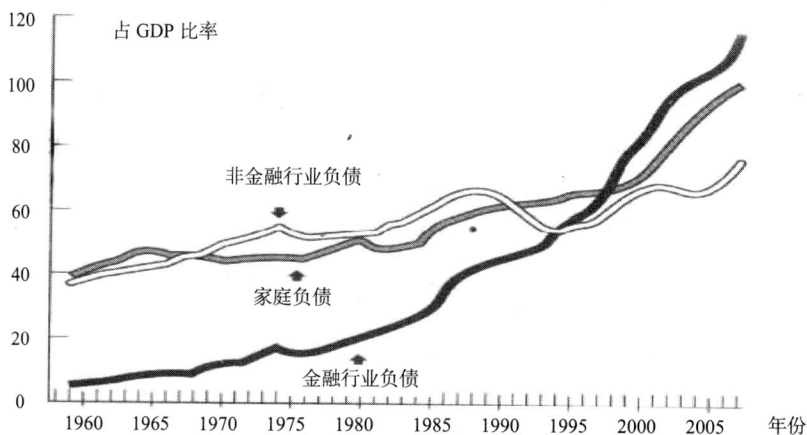

图 15 - 5　美国家庭负债、金融行业负债以及非金融行业负债占 GDP 的比率（%）

资料来源：［美］福斯特、马格多夫：《当前金融危机与当代资本主义停滞趋势》，《国外理论动态》2009 年第 7 期。

---

① 参见 Lapavitsas, C., Financialised Capitalism: Crisis and Financial Expropriation, Historical Materialism, 2008, forthcoming.

表 15-2　美国的负债与 GDP（单位：万亿美元）

年份	GDP	负债总额	部门负债			
			住房	金融企业	非金融企业	地方与联邦政府
1970	1.0	1.5	0.5	0.1	0.5	0.4
1980	2.7	4.5	1.4	0.6	1.5	1.1
1990	5.8	13.5	3.6	2.6	3.7	3.5
2000	9.8	26.3	7.0	8.1	6.6	4.6
2007	13.8	47.7	13.8	16.0	10.6	7.3

资料来源：〔美〕福斯特、马格多夫：《当前金融危机与当代资本主义停滞趋势》，《国外理论动态》2009年第 7 期。

三、资产证券化助推虚拟经济膨胀

在以贷款替代工资推动债务膨胀的逻辑中，金融业为资本提供的利润必需要高于非金融业的利润，这样才能够吸引足够多的资金进入金融领域，促进金融资本的积累，进而支撑起不断膨胀的家庭负债。在 20 世纪 70 年代美国经历的滞胀，使得国内外市场均大幅萎缩，制造业利润普遍下降，恰好满足了上述条件。从图 15-2 中我们可以看出，从 80 年代初到 90 年代中期，私人非金融净投资占 GDP 的比重持续下降。这一时期也正是美国"去工业化"进程的开始，一些制造业开始向海外转移。与此相反，80 年代后美国的金融业的利润却开始不断提升，经过 80 年代后期的快速增长和 90 年代的急速攀升，如今已经大幅超过了非金融的利润，也正是由于金融业利润的拉动作用也支持了美国 90 年代以及 2003 年后的两轮整体利润率的攀升（见图 15-2 与图 15-6）。[①]

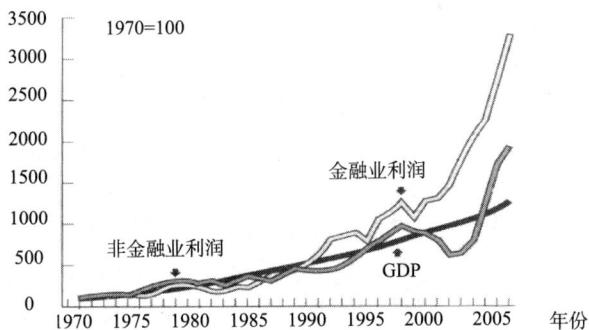

图 15-6　美国金融业与非金融业利润在 GDP 中所占的比率（%）

资料来源：〔美〕福斯特、马格多夫：《当前金融危机与当代资本主义停滞趋势》，《国外理论动态》2009年第 7 期。

[①] 在 20 世纪 90 年代末，美国出现过一次房地产泡沫引发的金融危机，导致金融业利润与非金融业利润双双下降。

如果说利润差异的刺激是金融资本膨胀的动力，那么资产证券化则是在这一过程中发挥了助推器的作用。当大量资本涌入金融领域的时候，由于不同类型的资本具有不同的风险偏好和流动性偏好，所以如何去匹配贷款需求与非生产性投机需求是成为关系到资本主义金融化的关键。简单地讲，资产证券化就是指将缺乏流动性的资产，转换为在金融市场上可以自由买卖的证券的行为，使其具有流动性。这里所谓的"资产"实际上就是指可以产生现金流的一切资产，它可以是实物资产，也可以是无形资产，或者是一些财产权利。对于银行贷款而言，当发放一笔贷款之后，银行就拥有了收回本金以及获取利息的权利，因此这笔债权就成为了一种资产。由于银行发放贷款要考虑到借款人的违约风险，所以就要求借款人提供一定的抵押品。例如，购房贷款的抵押品就借款人所购买的房产。因此，包括银行在内的各类贷款机构在回笼资金时所出售的就是抵押贷款支持的证券（Mortgage-Backed Securitization，MBS）。

在简单的资产证券化过程中，贷款机构的获利模式就是债权转手的手续费。并且，更为重要的是当债权转手以后，贷款机构将不会承担任何风险。由于债权已经归投资者所有，所以相应的违约风险也由投资者自己承担。这样，对于贷款机构而言，若想获得更多的收益，唯一的途径就是不断地发放贷款并将其进行证券化。投资者总是喜欢获得收益，规避风险，因此贷款机构在起初也主要向优质客户提供贷款。在美国，通常将借款人的信用等级划分为优级（prime）、次优级（alt-A）和次级（subprime）三类。优级贷款主要面向信用等级较高，收入稳定的客户，而非优级贷款的对象则是负债严重，无法提供收入证明，信用等级较低的客户。当优级客户市场饱和以后，金融资本必然要转向非优级市场。即使非优级的贷款利率要高出 2%～3%，在证券化出售的过程中也依然比较困难。因此，这就需要华尔街的天才们在利用金融工程学对于简单的资产证券化进行一些改良。于是，担保债务凭证（Collateralized Debt Obligation，CDO）便诞生了。担保债务凭证实际上就是将 MBS 的现金流与贷款进行拆分后再打包形成的新型证券。通常，担保债务凭证可以分为 A、B、C、D 四层。当发生违约风险的时候，最初的 5%之内的损失由 D 层证券投资者承担，超过 5%～10%之间的损失由 C 层证券投资者承担，之后的 10%～20%的损失由 B 层证券投资者承担，更大的损失则最后由 A 层证券投资者承担。显然，由 A 至 D 层的证券风险依次加大，这样投资银行就把它们出售给不同风险偏好的投资者。很多时候，投资银行为了降低证券的风险，还会自己持有一部分 D 层证券，以实现自我增级。而完成自我增级后的投资银行为了转移风险，还购买类似保险的信用违约互换（CDS）。总而言之，由于 CDO 具有以下两个方面的功能，所以极大地促进了金融资本主义的发展。第一，拆分与打包使得抵押证券变得更为复杂

和不透明，投资者很难对其进行准确估值，所以容易受到乐观情绪影响，进行
非理性投资。第二，在 CDO 模式下的风险转移、不当激励以及一再被推高的杠
杆率使得资产证券化过程中的所有参与者（见图 15－7）都陷入疯狂，加速累
积着泡沫。①

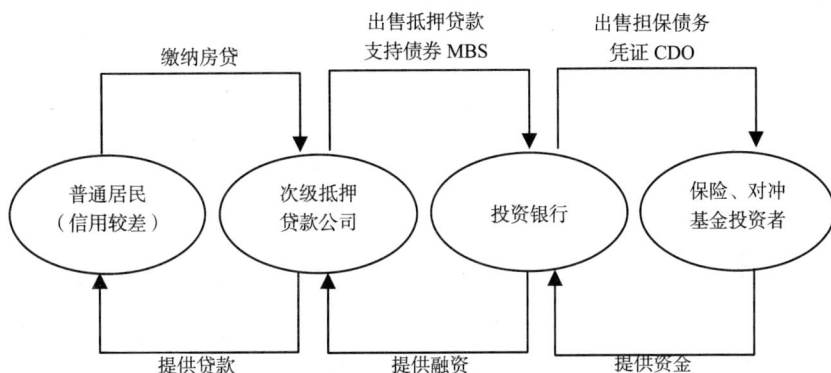

图 15－7 次级抵押贷款的资产证券化过程

资料来源：杜厚文、初春莉：《美国次级贷款危机：根源、走势、影响》，《中国人民大学学报》2008 年第
1 期。

　　这样，金融资本在资产证券化的助推下不断地膨胀。与此同时，由"创新"
所累积的系统性风险也随之与日俱增（见表 15－3）。进一步讲，之所以说存在
系统风险，则是因为抵押品的价值不可能长期维持稳定。仍然以购房贷款为例，
当单个借款人违约时，贷款机构可以按照市价拍卖抵押房产以弥补贷款损失，
可是如果很多的借款人同时违约，大量房产被一起拍卖则必然冲击市场，导致
房价下跌，以至出现坏账。因此，资本主义依靠金融化所实现的繁荣只能是沙
滩上的城堡。

表 15－3　2001～2006 年美国抵押贷款情况（单位：10 亿美元）

年份	发起数额	发起数额的证券化比率（%）	次级贷款	证券化的次级贷款	次级贷款的证券化比率（%）	可变利率抵押贷款
2001	2215	60.7	160	96	60.0	355
2002	2885	63.0	200	122	61.0	679
2003	3945	67.5	310	203	65.5	1034
2004	2920	62.6	530	401	79.8	1464
2005	3120	67.7	625	508	81.3	1490
2006	2980	67.6	600	483	80.5	1340

资料来源：Lapavitsas, C., Financialised Capitalism: Crisis and Financial Expropriation, Historical Materialism,
2008, forthcoming.

① 参见 Crotty, J., and G., Epstein, *Proposals for Effectively Regulating the US Financial System to Avoid Yet Another Meltdown*, Political Economy Research Institution working paper, 2008（181）.

资本所进行的金融掠夺（financial expropriation）使得美国的经济发生了虚拟化。第二次世界大战后美国产业结构的深刻变化就充分证明经济虚拟化的转变。刘骏民等人用农林牧渔业、采矿业、制造业、建筑业、批发零售和交通运输业表示美国依托于实在物质生产与服务的产业，即实体经济，用金融、保险服务业和房地产服务业表示依托于金融资产创造与炒作的产业，即虚拟经济。分析表明，美国实体经济创造的 GDP 占全部 GDP 的比例从 1950 年的 61.78%下降到 2007 年的 33.99%。并且，实体经济中最具代表性的制造业 GDP 占比则从 1950 年的 27%下降到 2007 年的 11.7%。与此相对，虚拟经济创造的 GDP 占全部 GDP 的比例则从 1950 年的 11.37%上升到 2007 年的 20.67%。上述数据充分说明第二次世界大战后美国的三大支柱产业，汽车、钢铁与建筑业已经被金融、保险与房地产服务业所取代。[①]

金融化的资本主义不仅改变了发达国家内部的产业结构，而且还在全球化的背景下影响着世界经济。这主要表现在以下四个方面：第一，国际债券市场快速发展，国际债务证券余额不断扩大，从 1966 年的 1 亿美元，到了 2007 年则突破了 20 万亿美元。第二，全球外汇交易额已经大幅超过国际直接投资和商品以及劳务国际贸易额，前者是后二者总和的 50~70 倍。第三，全球股票市场规模持续扩大，期货期权时常持续走高，期货期权交易标的不断创新，金融类交易标的已经占绝大多数比重。第四，全球资本流动格局失衡，国际资本净流出的 2/3 输往美国，而国际资本净流出的一半以上来自日本、德国、以中国为代表的新兴市场国家以及沙特阿拉伯等石油输出国，由于贸易失衡导致的大量美元外汇储备被用于购买低风险的美元债券。基于上述事实，刘骏民等人更是直截了当地指出："经济全球化的本质不是实体经济的全球化，而是虚拟经济的全球化。"[②]

四、赤字型经济与资本回流压力的冲突击破金融泡沫

以贷款替代工资与资本主义金融化的另一个结果就是赤字型经济。所谓的赤字型经济是指美国的财政赤字与贸易赤字并存，并且持续攀升的现象。接下来，我们就从历史的角度分别探讨财政赤字与贸易赤字形成的背景与不断升高的原因。

美国的财政赤字攀升始于 20 世纪 80 年代初，是"里根经济学"的直接产物。20 世纪 80 年代初里根总统上台，为了应对滞胀问题，他实行了供给学派

---

① 参见张云、刘骏民：《经济虚拟化与金融危机、美元危机》，《世界经济研究》2009 年第 3 期。

② 刘骏民、李凌云：《世界经济虚拟化中的全球经济失衡与金融危机》，《社会科学》2009 年第 1 期。

的经济政策，即大幅减税。目的是希望通过降低税率来鼓励投资，刺激储蓄，激发人们的劳动积极性，进而推动经济增长。虽然税率可能降低政府财政收入，但是如果经济繁荣，税基扩大，则完全可以抵消掉降税的负面影响。然而，事与愿违，由于工资下降导致的消费需求不足问题没有得到根本性的解决，所以经济依旧低速增长，进而税基无法扩大，财政收入没有提高。同时，在缩减政府支出方面，里根政府也步履维艰。一方面，与社会福利制度密切相关的民用支出关系到选民对于政府的支持率，不能轻易调整；另一方面，国防开支还需要持续增加。因此，既无法开源，又不能截流，使得政府必须增加债务规模。于是，几乎在家庭债务开始膨胀的同时，政府负债也开始激增。

供给学派的政策主张是通过财政政策来刺激经济增长，同时辅以高利率，目的是引导储蓄增加为不断扩大的投资需求解决资金来源问题。这恰恰使得政府需要扩大债务规模的时候，需要面临紧缩的资金环境，反过来财政资金的巨额需求则会进一步拉升利率。因此，国债利息的雪上加霜，使得美国的财政赤字空前上涨。第二次世界大战之后直至里根政府上台之前，美国历届政府的财政赤字累积数额为4484亿美元，而里根政府前6年的财政赤字就达到了9817亿美元，特别到了1987年，美国从一个国际净债权国变为一个国际净债务国。[①] 之后，克林顿政府曾通过《综合预算调整法案》，大规模削减财政赤字。并且，取得了一定效果，出现了财政盈余。特别是其执政的最后一年（2000年）盈余高达2370亿美元。然而，2001年小布什上台后，则又开始大幅减税，再加之"9·11"事件之后的反恐战争，使得当年的财政盈余骤降为1270亿美元，次年即恢复为赤字，并且规模不断扩大。奥巴马上台以后为了应对金融危机推出了重磅经济刺激计划，使得美国的财政赤字在2009年达到了创纪录的1.41万亿美元。近日，奥巴马提交的2010年度财政预算中赤字则进一步提高到1.56万亿美元。从美国经济整体来看，包括联邦政府，州、地方政府，企业以及个人，美国的债务总额超过35万亿美元，大约相当于美国GDP的三倍。并且，长期来看，似乎财政赤字并没有削减的可能。也正是基于这样的现实，戈尔德纳才指出美国的资本主义已经处于高度腐朽（advanced decay）的阶段了。[②]

相对于财政赤字而言，美国的贸易赤字更容易理解。透支消费、萎缩的实体经济以及膨胀的虚拟经济使得美国经常项目的逆差从20世纪80年代开始不

① 参见朱邦宁：《美国经济中的"双高赤字"及其前景》，《求是》2005年第22期；朱邦宁：《历史视野中的美国经济"双赤字"问题》，《北京行政学院学报》2005年第6期；斯蒂格利茨：《美国孪生赤字的成因》，《国外理论动态》2006年第7期。

② 参见 Goldner, L., The Biggest "October Surprise" of All：A World Capitalist Crash, 2008（10），www.counterpunch.org.

断扩大。在1973年美元与黄金已经完全脱钩，这使得美国无需担心从海外特别是发展中国家不断涌入本国市场的廉价商品会造成黄金外流。此外，里根政府时期，美国的高利率吸引大量国外资本流入，进而推高了美元的汇率，这也在一定程度上抑制了出口，刺激了进口。

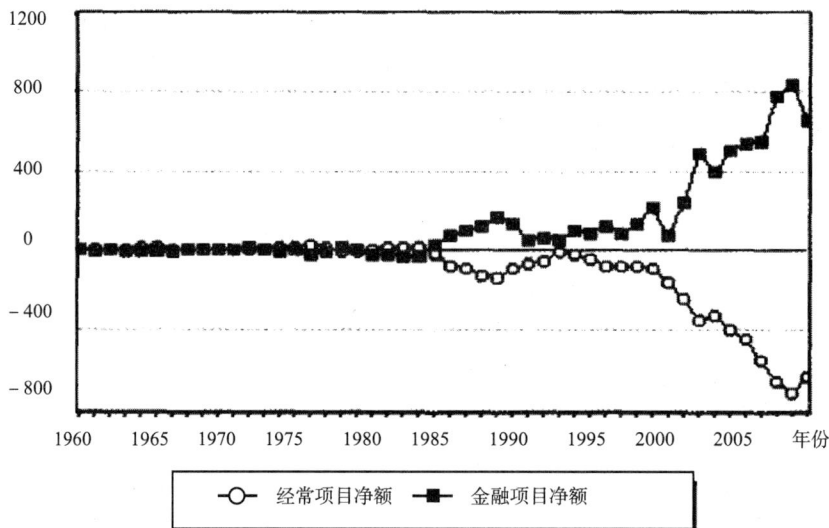

图15-8 美国1960~2007年国际收支情况的演变（单位：10亿美元）

资料来源：刘骏民、李凌云：《世界经济虚拟化中的全球经济失衡与金融危机》，《社会科学》2009年第1期。

为了更为全面地把握美国国际收支的情况，我们还需要在经常项目的基础上进一步考察资本项目的变化。从图15-8中可以发现，伴随着经常项目逆差不断扩大的同时，资本项目的顺差也相应扩大。对此，刘骏民等人指出美国国际收支情况的演变本质上反映了输出美元方式的变革。在20世纪80年代之前，特别是第二次世界大战之后，美国通过资本项目，以对外贷款和援助的方式，输出美元，这些海外美元被用来购买美国制造的产品，支撑了实体经济的发展与贸易顺差。之后，美国则通过用美元购买其他国家产品与资源的方式，利用经常项目输出美元。当美元流到这些国家之后形成了外汇储备。由于美元的霸权地位，发挥着价值标准、交易结算媒介以及财富贮藏工具的功能，因此对于其他国家而言，面临着主观上没有放弃美元的理由，客观上美元流动性没有退出渠道的局面，进而只能返回头来购买美国的债券以及资产。于是，这种模式成为金融资本主义剥削外围国家的工具，加剧了全球经济失衡。帕因塞拉（Painceira）也指出对于金融化的资本主义而言，消费型的美元输出成为中心国家从外围国家榨取价值的机制，外围国家的外汇储备积累只不过是新型剥削过程的一种体现。[①]

对于这样一种经济模式，是否也存在着价值增值过程中的"限制"呢？答案无疑是肯定的！通过前文的分析，不难看出，支持贸易赤字、财政赤字、金融化以及虚拟化的关键在于是否有大量资金与资本能够回流购买政府债券以及以抵押贷款为基础的证券化的金融衍生产品。然而，赤字型经济却与资本回流在利率这个核心环节上构成了对立关系。一方面，高利率会对财政赤字形成压力，同时也会刺激储蓄，抑制消费；另一方面，高利率又是吸引资本回流的重要驱动力。因此，利率悖论就是金融化资本主义内部不可调和的矛盾。深入分析，当以贷款替代工资以后，工人将会受到生产性资本与金融资本的双重剥削。金融资本的收益来源于工人贷款的利率，并取决于利率的高低。显然，金融资本在利益的驱动下会倾向于高利率。可是，高利率对应着工人工资的下降，将会抑制消费能力，进一步加剧生产过剩与消费不足的冲突。所以，利率悖论的本质依然是资本与劳动的对立。

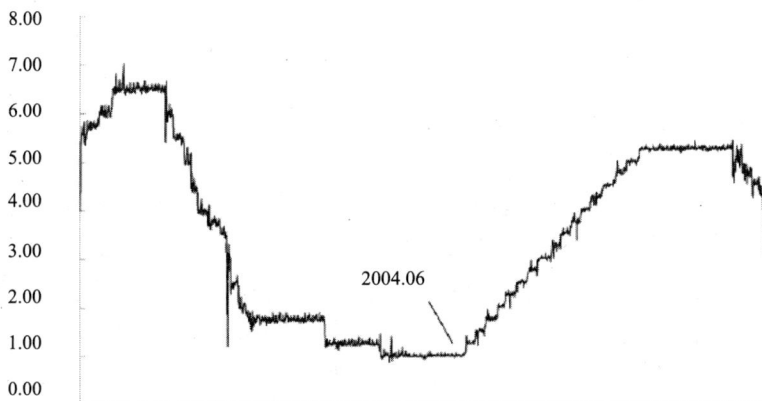

图 15 - 9　2000～2007 年美国联邦基准利率的变化情况
资料来源：美国联邦储备局（FED）。

事实证明，次贷危机的导火索正是利息率的 U 型反转。"9·11"事件之后，为了刺激经济，美联储连续 13 次降息，联邦基准利率由 6% 下降为 1%，这是

[①] 参见 Painceira, J. P., Developing Countries in the Era of Financialisation: from Deficit Accumulation to Reserve Accumulation, Historical Materialism, 2008, forthcoming.

美国 30 年内的最低水平，并且持续了一年半的时间。低成本在推高贷款规模的同时，也带来了新一轮房地产的繁荣。从 2004 年 6 月开始，直到 2006 年 6 月，美联储又连续 17 次加息，将联邦基准利率从 1% 提高到 5.25%。由于可调整利率的贷款规模巨大，所以这使得贷款者的负担不断加重，次贷违约率持续上升，造成了贷款机构出现大量坏账。因为问题出在源头，所以包括贷款机构、投资银行、对冲基金在内的贷款抵押支持证券化利益链条上的所有参与主体均无法幸免。并且，越是疯狂投资的金融机构，损失就越惨重，处境就越艰难。对于经济已经高度虚拟化的美国而言，次贷危机已经冲击了美国经济的基石，金融崩溃必然使得已经金融化的资本主义陷入危机。

五、金融监管的缺失与最后贷款人的尴尬

金融化资本主义中金融监管的缺失是社会经济无政府状态的新型体现。各种高风险金融衍生产品的开发以及场外交易，投资银行等金融机构在利润的驱动下疯狂进行资产证券化，原本为硬性约束的信用评级制度却因道德风险而丧失作用，这些均是金融监管缺失带来的后果。

具有讽刺意味的是以通过加强监管来控制银行风险为初衷的《巴塞尔协议》却被金融创新所愚弄。1988 年的第一版《巴塞尔协议》规定，为了保证银行有能力应对风险的冲击，其资本与资产的比率（资本充足率）至少要达到 8%。在正常情况下，由于银行保持高资本比率的机会成本非常高，所以之后的第二版《巴塞尔协议》变得更为灵活。它规定银行可以根据资产的风险程度来调整适当的资本比率。因此，利润最大化的动机促使银行在转移资产风险，提高资本利用效率方面动脑筋。资产证券化可以将资产风险转移到资产负债表之外，信用违约互换降低对应资产的风险，因此有利于银行应对监管。这意味着第二版《巴塞尔协议》实际上在鼓励银行利用依托于金融创新的现代风险管理工具与方法，证券化负债，转嫁转移风险，提高资本杠杆率，剥削获得更高的掠夺性利润。当"控制"变为"纵容"之后，再加之《巴塞尔协议》仅关注个体银行风险状况，而忽视系统性风险，所以必然导致事与愿违的结果。

更为重要的是在新自由主义的影响下，资本主义国家的政府自身也不愿意以监管的方式"干预"市场。政府的职责是在危机来临的时候，扮演好"最后贷款人"的角色，提供资本与资金的支持，帮助金融机构与国家经济渡过难关。例如，在 2002 年时就有学者建议美联储对资产泡沫以及其可能导致的经济危机采取"先发制人的打击"。对此，深受弗里德曼影响的伯南克认为毫无必要，因为我们根本无法预计泡沫什么时候会成为泡沫，主动刺穿泡沫无异于自投罗网，正是由于美联储在 20 世纪 20 年代末采取了抑制泡沫的行为才最终导致了大面

积的银行破产与大萧条。伯南克的结论是"无论理由看起来如何充分，面对经济泡沫，联邦储备委员会的最佳选择都是恪守最后贷款人的职责。"①

事实上，当危机真的爆发以后，美国政府也正是这样做的。他们用纳税人的钱以资金支持和国有化的方式来救助金融机构，并且进一步推出巨额经济刺激计划帮助美国走出低谷。然而，最后贷款人的政府职责是否恰当却非常值得怀疑。首先，因为"大到不能破产"，所以最后贷款人职责从本质上讲是一种事后的预算软约束行为，它将在事前强化那些大型企业与金融机构的道德风险，进而加剧经济波动的幅度。其次，最后贷款人职责的资金来源只能是财政，所以会进一步加重政府负债的规模，激化资本与劳动的对立，最终一定使得金融化资本主义积重难返。因此，基于以上两方面原因，我们得到以下结论，即金融化资本主义政府如果不能改变社会经济无政府的状态，则根本不能化解危机的影响，单纯在事后进行救助，只能使得最后贷款人的角色更加尴尬。

六、结论与启示

通过以上的分析，我们可以发现，当前的经济危机的根源依然是资本与劳动的对立。此次经济危机之所以会以次贷危机为导火索，以金融危机的形式引发，只不过是因为金融资本主义的兴起在一定程度上暂时延缓了生产过剩与消费不足矛盾的显现。可是，资本与劳动的对立在金融资本主义下依然无法调和，并且以利率悖论的形式所凸显。这说明经典作者对于资本主义制度进行的深刻剖析仍然是认识当前经济危机最为重要的理论方法。

此外，我们也应该看到此次经济危机已经对资本主义国家产生了重要的影响。以美国为代表的资本主义国家已经从危机的教训中逐渐地认识到"去工业化"的弊端，并试图以节能环保作为突破口，通过"再工业化"，扩大制造业规模，提升实体经济的比重，进而规避单纯依靠金融膨胀引导经济增长所带来的巨大风险。同时，由于短期内美元的霸权地位依然难以撼动，所以发展中国家在世界货币体系中还将长期处于被动地位。上述动向意味着我们也不能仅凭当前经济危机的爆发就乐观认为资本主义便会自此衰落。当然，双高赤字，特别是高额的财政赤字将会是美国需要长期面临的一个重要问题。

---

① ［美］福斯特、马格多夫：《当前金融危机与当代资本主义停滞趋势》，《国外理论动态》2009 年第 7 期。

参考文献

中文文献

1. 〔美〕阿尔弗雷德·S. 艾克纳：《经济学为什么还不是一门科学》，北京大学出版社 1991 年版。

2. 〔埃及〕阿明：《不平等的发展》，商务印书馆 1990 年版。

3. 〔美〕阿瑟：《经济中的正反馈》，《经济社会体制比较》1998 年第 6 期。

4. 〔冰〕埃格特森：《制度经济学》，商务印书馆 1997 年版。

5. 〔美〕巴兰、斯威齐：《垄断资本》，商务印书馆 1977 年版。

6. 〔加〕本·阿格尔：《西方马克思主义概论》，中国人民大学出版社 1991 年版。

7. 〔美〕伯南克：《大萧条》，东北财经大学出版社 2008 年版。

8. 〔俄〕布哈林：《世界经济和帝国主义》，中国社会科学出版社 1983 年版。

9. 〔美〕布雷弗曼：《劳动与垄断资本》，商务印书馆 1979 年版。

10. 〔英〕布鲁厄：《马克思主义的帝国主义理论》，重庆出版社 2003 年版。

11. 〔德〕伯恩斯坦：《社会主义的历史和理论》，东方出版社 1989 年版。

12. 常凯：《中国劳动关系报告：当代中国劳动关系的特点和趋向》，中国劳动社会保障出版社 2009 年版。

13. 程恩富：《现代政治经济学》（第二版），上海财经大学出版社 2006 年版。

14. 成思危：《虚拟经济与金融危机》，山东人民出版社 1999 年版。

15. 程延园：《劳动关系》，中国人民大学出版社 2007 年版。

16. 陈雨露、马勇：《金融自由化、国家控制力与发展中国家的金融危机》，《中国人民大学学报》2009 年第 3 期。

17. 陈筠泉：《劳动价值和知识价值》，《哲学研究》，2001 年第 11 期。

18. 戴金平、盛斌：《走出危机——东亚金融危机的经济透视》，贵州人民出版社 1999 年版。

19. 〔美〕戴维·柯茨：《资本主义的模式》，江苏人民出版社 2001 年版。

20.［美］丹尼尔·贝尔：《后工业社会的来临——对社会预测的一项探索》，商务印书馆 1984 年版。

21.［美］丹尼斯·卡尔顿、杰佛里·佩罗夫：《现代产业组织》，上海人民出版社 1998 年版。

22.《邓小平文选》第 2 卷，人民出版社 1994 年版。

23.［俄］杜冈·巴拉诺夫斯基：《周期性工业危机》，商务印书馆 1982 年版。

24.［美］杜格、谢尔曼：《回到进化：马克思主义和制度主义关于社会变迁的对话》，中国人民大学出版社 2007 年版。

25.［英］多纳德·海、德理克·莫瑞斯：《产业经济学与组织》，经济科学出版社 2001 年版。

26.［巴西］多斯桑托斯：《帝国主义与依附》，社会科学文献出版社 1999 年版。

27.［英］汤普森：《英国工人阶级的形成》，译林出版社 2001 年版。

28.［德］厄里斯特·曼德尔：《权力与货币：马克思主义的官僚理论》，中央编译出版社 2002 年版。

29.［德］厄里斯特·曼德尔：《晚期资本主义》，黑龙江人民出版社 1983 年版。

30.［德］厄里斯特·曼德尔：《资本主义发展的长波》，北京师范大学出版社 1993 年版。

31.《马克思恩格斯选集》第 3 卷，人民出版社 1995 年版。

32. 谢勒：《技术创新——经济增长的原动力》，新华出版社 2001 年版。

33. 范强威、余斌：《美国金融危机的实质、走向及其对中国的影响》，《中国社会科学院学报》2009 年第 3 期。

34.［德］弗兰克：《依附性累积与不发达》，译林出版社 1989 年版。

35. 国务院发展研究中心课题组：《全球温室气体减排：理论框架和解决方案》，《经济研究》2009 年第 3 期。

36. 高德步：《论虚拟经济的起源》，《经济评论》2002 年第 5 期。

37. 高峰：《资本积累理论与现代资本主义》，南开大学出版社 1991 年版。

38. 高鸿业：《西方私有化理论的误区和我国国有企业改革》，《经济研究》1995 年第 10 期。

39.［日］高桥洸、小松隆二、二神恭一：《日本劳务管理史，劳使关系》，经济科学出版社 2005 年版。

40. 国际货币基金组织：《世界经济展望》，中国金融出版社 1997 年版。

41. 郭铁民:《马克思信用理论与我国信用制度探讨》,《福建论坛》(经济社会版) 2002 年第 6 期。

42. [德] 哈贝马斯:《作为 "意识形态" 的科学与技术》, 学林出版社 1999 年版。

43. [美] 哈里·布雷夫曼:《劳动与垄断资本》, 商务印书馆 1979 年版。

44. 何秉孟、柳树成:《亚洲金融危机: 最新分析和对策》, 社会科学文献出版社 1998 年版。

45. 何自力、乔晓楠、李菁:《中国模式与未来道路的探索》,《社会科学研究》2009 年第 2 期。

46. 洪银兴:《信用经济、虚拟资本和扩大内需》,《经济学家》2002 年第 4 期。

47. 华林、赵秀文:《关于中国特色社会主义现代化的若干分析》,《马克思主义研究》2003 年第 2 期。

48. 胡代光、魏埙:《当代西方学者对马克思〈资本论〉的研究》, 中国经济出版社 1990 年版。

49. 胡连生、杨玲:《当代资本主义的新变化与社会主义的新课题》, 人民出版社 2000 年版。

50. [日] 户木田嘉久:《规制缓和与劳动、生活》, 日本法律文化社 1997 年版。

51. [英] 霍华德·金:《马克思主义经济学史: 1929~1990》, 中央编译出版社 2002 年版。

52. [英] 霍奇逊:《现代制度主义经济学宣言》, 北京大学出版社 1993 年版。

53. 黄梅波、熊宗爱:《国际货币体系与金融危机》,《经济学家》2009 年第 7 期。

54. [英] J. 伊特韦尔、M. 米尔盖特、P. 纽曼编:《新帕尔格雷夫经济学大辞典》第 2 卷, 经济科学出版社 1992 年版。

55. 靳涛:《经济转型研究的新观点——从 "华盛顿共识"、"后华盛顿共识" 到 "北京共识" 的演变》,《天津社会科学》2006 年第 1 期。

56. [匈] 科尔奈:《后社会主义转轨的思索》, 吉林人民出版社 2003 年版。

57. [波] 科勒德克:《从休克到治疗——后社会主义转轨的政治经济》, 上海远东出版社 2000 年版。

58. [美] 科斯:《财产权利与制度变迁》, 生活·读书·新知三联书店出版社 1991 年版。

59. ［德］柯武刚、史漫飞：《制度经济学——社会秩序与公共政策》，商务印书馆 2004 年版。

60. ［美］库马：《社会的剧变》，台湾志文出版社 1984 年版。

61. 孔德威：《劳动就业政策的国际比较研究》，经济科学出版社 2008 年版。

62. ［法］拉法格：《拉法格文选》（下），人民出版社 1985 年版。

63. 李宝伟：《虚拟经济过度膨胀：次贷危机的本源》，《开放导报》2008 年第 6 期。

64. 刘仁胜：《生态马克思主义概论》，中央编译局出版社 2007 年版。

65. ［美］理查德·A. 波斯纳：《罗纳德·科斯和方法论》，《经济译文》1994 年第 4 期。

66. ［英］理查德·海曼：《劳资关系：一种马克思主义的分析框架》，中国劳动社会保障出版社 2008 年版。

67. 《列宁全集》第 1 卷，人民出版社 1984 年版。

68. 林岗、张宇：《马克思主义与制度分析》，经济科学出版社 2001 年版。

69. ［美］拉希、韦林顿：《气候变暖与企业竞争力》，《哈佛商业评论》（中文版），社会科学文献出版社 2009 年第 9 期。

70. 刘崇仪：《经济周期论》，人民出版社 2006 年版。

71. 刘伟、蔡志洲、苏剑：《贸易保护主义抬头的原因、后果及我国的应对措施》，《金融研究》2009 年第 6 期。

72. 刘凤义、沈文玮：《当代资本主义多样性的政治经济学分析》，《教学与研究》2009 年第 2 期。

73. 刘思华：《生态马克思主义经济学原理》，人民出版社 2006 年版。

74. 刘怀玉、陈培永：《从非物质劳动到生命政治——自治主义马克思主义大众政治主体的建构》，《马克思主义与现实》2009 年第 2 期。

75. 刘骏民：《从虚拟资本到虚拟经济》，山东人民出版社 1998 年版。

76. 刘骏民：《依赖实体经济还是虚拟经济》，《开放导报》，2009 年第 1 期。

77. 刘明远：《马克思主义经济危机理论的形成与发展》，《高级政治经济学》（第二版），中国人民大学出版社 2006 年版。

78. 柳欣：《中国宏观经济运行的理论分析》，《南开经济研究》1999 年第 5 期。

79. 刘绪贻：《罗斯福"新政"、劳工运动与劳方、资方、国家间的关系》，《美国研究》1992 年第 2 期。

80. 雷明：《应对碳关税的战略和对策》，《环境保护与循环经济》2009 年第 8 期。

81. 厉以宁、吴世泰:《西方就业理论的演变》,华夏出版社 1988 年版。

82. 〔美〕罗伯特·布伦纳:《繁荣与泡沫——全球视角中的美国经济》,经济科学出版社 2003 年版。

83. 〔美〕罗默:《马克思主义经济理论的分析基础》,上海人民出版社 2007 年版。

84. 罗默:《在自由中丧失:马克思主义经济哲学导论》,经济科学出版社 2003 年版。

85. 罗荣渠:《现代化新论》,北京大学出版社 1993 年版。

86. 〔匈〕卢卡奇:《历史和阶级意识》,重庆出版社 1989 年版。

87. 〔美〕卢瑟福:《经济学中的制度》,中国社会科学出版社 1999 年版。

88. 〔德〕卢森堡、〔俄〕布哈林:《帝国主义与资本积累》,黑龙江人民出版社 1982 年版。

89. 〔德〕曼海姆:《意识形态与乌托邦》,商务印书馆 2000 年版。

90. 孟捷:《马克思主义经济学的创造性转化》,经济科学出版社 2001 年版。

91. 马尔库赛:《单向度的人》,上海译文出版社 1989 年版。

92. 马家驹、蔺子荣:《生产方式和政治经济学的研究对象》,《经济研究》1980 年第 6 期。

93. 马健行等:《垄断资本概论——马克思主义的帝国主义理论·历史与当代》,山东人民出版社 1993 年版。

94. 〔英〕马克·布劳格:《经济学方法论》,商务印书馆 1992 年版。

95. 〔英〕马克·布劳格:《经济学方法论的新趋势》,经济科学出版社 2000 年版。

96. 马克思:《机器、自然力和科学的应用》,人民出版社 1978 年版。

97. 《马克思恩格斯选集》第 1~4 卷,人民出版社 1995 年版。

98. 马克思:《资本论》第 1~3 卷,人民出版社 2004 年版。

99. 《马克思恩格斯全集》第 21 卷、第 23 卷、第 24 卷、第 29 卷、第 30 卷、第 46 卷、第 47 卷,人民出版社 1972 年版。

100. 马克思:《剩余价值学说史》,人民出版社 1957 年版。

101. 〔美〕曼纽尔·卡斯泰尔:《信息化城市》,江苏人民出版社 2001 年版。

102. 〔美〕奈斯比特:《大趋势》,中国社会科学出版社 1984 年版。

103. 宁光杰:《失业问题研究——一个微观分析框架》,陕西人民出版社 2004 年版。

104. 〔美〕诺思:《经济史上的结构与变革》,商务印书馆 1992 年版。

105. 〔美〕诺思:《理解经济变迁过程》,中国人民大学出版社 2008 年版。

106. ［美］诺思：《制度、制度变迁与经济绩效》，生活·读书·新知三联书店出版社 1994 年版。

107. ［美］诺德豪斯：《京都之后的生活：全球变暖政策的另一种选择》，《经济社会体制比较》2009 年第 6 期。

108. ［阿根廷］普雷维什：《外围资本主义：危机与改造》，商务印书馆 1990 年版。

109. 潘家华、陈迎：《碳预算方案：一个公平、可持续的国际气候制度框架》，《中国社会科学》2009 年第 5 期。

110. ［俄］普列汉诺夫：《论一元论历史观之发展》，生活·读书·新知三联书店出版社 1961 年版。

111. ［美］普特曼、克罗茨纳：《企业的经济性质》，上海财经大学出版社 2000 年版。

112. 钱德勒：《企业规模经济与范围经济：工业资本主义的原动力》，中国社会科学出版社 1999 年版。

113. 乔晓楠：《演化经济理论视角下转型经济研究轨迹》，《改革》2007 年第 4 期。

114. 秦海：《制度、演化与路径依赖》，中国财政经济科学出版社 2004 年版。

115. 秦兴方：《〈资本论〉中技术进步与就业关系的理论阐释》，《当代经济研究》2008 年第 8 期。

116. 青木昌彦：《比较制度分析》，上海远东出版社 2001 年版。

117. 伍尔夫：《2000 年的美国经济：一个马克思主义的分析》，《当代经济研究》2001 年第 1 期。

118. ［法］戈菲：《技术哲学》，商务印书馆 2000 年版。

119. ［美］萨克斯：《经济改革与宪政转轨》，《经济学（季刊）》2003 年第 2 辑。

120. ［美］萨缪尔森、诺德豪斯：《经济学》，华夏出版社 1999 年版。

121. ［日］山口重克：《市场经济：历史·思想·现在》，社会科学文献出版社 2007 年版。

122. ［法］沙奈：《金融全球化》，中央编译出版社 2006 年版。

123. 沈琴琴、杨伟国：《全球视野下的劳动力市场政策》，中国劳动社会保障出版社 2008 年版。

124. ［美］斯蒂格利茨：《改革向何处去——论十年转轨》，《经济管理文摘》2002 年第 3 期。

125. ［美］斯蒂格利茨：《经济学》（上册），中国人民大学出版社 1997 年版。

126. ［美］斯威齐：《资本主义发展论》，商务印书馆 2000 年版。

127. ［美］斯威齐、马格多夫：《美国资本主义的动向》，商务印书馆 1975 年版。

128. 宋玉华：《世界经济周期理论与实证研究》，商务印书馆 2007 年版。

129. ［英］汤普森：《意识形态与现代文化》，译林出版社 2005 年版。

130. 田国强：《经济机制理论：信息效率与激励机制设计》，《经济学（季刊）》，2003 年第 2 期。

131. 汤在新：《〈资本论〉续篇探索》，中国金融出版社 1995 年版。

132. 谭来兴：《中国现代化道路探索的历史考察》，人民出版社 2008 年版。

133. ［美］托夫勒：《预测与前提》，国际文化出版公司 1984 年版。

134. 徐艳梅：《生态学马克思主义研究》，社会科学文献出版社 2007 年版。

135. 王松青：《竞争与垄断》，上海社会科学出版社 1997 年版。

136. ［美］威廉姆森：《治理机制》，中国社会科学出版社 2001 年版。

137. 韦森：《哈耶克自发制度生成论的博弈论诠释》，《中国社会科学》2003 第 6 期。

138. 魏埙：《价值理论——资本主义经济理论体系的基础》，《高级政治经济》（第二版），中国人民大学出版社 2006 年版。

139. ［美］沃勒斯坦：《现代世界体系》第 1～3 卷，高等教育出版社 2000 年版。

140. ［德］乌尔里希·杜赫罗：《全球资本主义的替代方式》，中国社会科学出版社 2005 年版。

141. 吴大琨：《当代资本主义：结构·特征·走向》，上海人民出版社 1991 年版。

142. 吴敬琏：《转轨中国》，四川人民出版社 2002 年版。

143. ［德］希法亭：《金融资本》，商务印书馆 1999 年版。

144. ［美］熊彼特：《资本主义、社会主义和民主》，商务印书馆 2000 年版。

145. 徐崇温：《当代资本主义新变化》，重庆出版社 2004 年版。

146. 徐崇温：《西方马克思主义理论研究》，海南出版社 2000 年版。

147. 薛敬孝：《资本主义经济周期——理论与预测》，东方出版社 1987 年版。

148. 徐艳梅：《生态学马克思主义研究》，社会科学文献出版社 2007 年版。

149. 杨晓玲：《技术与产品的市场垄断与技术进步》，天津社会科学出版社

2005 年版。

150. 杨健生：《经济危机理论的演变》，中国经济出版社 2008 年版。

151. 姚国庆：《经济虚拟化下的金融危机》，南开大学出版社 2005 年版。

152. ［日］伊藤·诚：《价值危机——关于日本的马克思经济学流派》，中国社会科学出版社 1990 年版。

153. ［美］约翰·贝拉米·福斯特：《生态危机与资本主义》，上海译文出版社 2006 年版。

154. ［美］约翰·贝拉米·福斯特：《马克思的生态学——唯物主义与自然》，高等教育出版社 2006 年版。

155. 约翰·梅纳德·凯恩斯：《就业、利息和货币通论》，商务印书馆 1999 年版。

156. 于金富：《社会主义经济转型的马克思主义分析方法》，《经济研究》2006 年第 12 期。

157. 曾康霖：《虚拟经济：经济活动的新领域》，中国金融出版社 2003 年版。

158. 张晓峒：《计量经济分析》，经济科学出版社 2000 年版。

159. 张宇：《中国的转型模式：反思与创新》，经济科学出版社 2006 年版。

160. 张宇、孟捷、卢荻：《高级政治经济学》（第二版），经济科学出版社 2006 年版。

161. ［美］詹姆斯·奥康纳：《自然的理由——生态学马克思主义研究》，南京大学出版社 2003 年版。

162. 赵春明：《关于虚拟经济的思考》，《南方经济》2000 年第 12 期。

163. 赵春学、黄建军：《论虚拟资本与现实资本的基本关系》，《当代财经》2000 年第 8 期。

164. 赵峰：《经济增长的马克思主义阐释》，《高级政治经济学》（第二版），中国人民大学出版社 2006 年版。

165. 赵涛：《经济长波论》，中国人民大学出版社 1988 年版。

166. 中共中央文献研究室：《十四大以来重要文献选编》，人民出版社 1996 年版。

167. 中国社会科学院"中国经济增长与宏观稳定课题组"：《全球失衡、金融危机与中国经济的复苏》，《经济研究》2009 年第 5 期。

168. 朱民：《改变未来的金融危机》，中国金融出版社 2009 年版。

169. 朱钟棣：《当代国外马克思主义经济理论研究》，人民出版社 2004 年版。

170. 朱钟棣：《国外马克思主义经济学新探》，上海人民出版社 2007 年版。

171. 左大培：《从当代企业理论的角度看〈资本论〉》，《高级政治经济学》（第二版），中国人大学出版社 2006 年版。

英文文献

1. Acemoglu, D., S. Johnson, J. A. Robinson. Reversal of Fortune: Geography and Institutions in the Making of the Modern World Income Distribution. Quarterly Journal of Economics, 2002, 118: 1231-1294.

2. Arthur, W. B.. Self-reinforcing mechanisms in neconomics. The Economy as an Evolving Complex System (Santa Fe Institute Studies in the Science of Complexity, 5), Redwood City, CA: Addison-Wesley, 1988.

3. Bean, Layard, Nickell. The Rise in Unemployment. Basil Blackwell, 1987,

4. Blum, Albert A. A history of the American labor movement. Whashington, 1972.

5. Bowles, S. Microeconomics: Behavior, Institutions and Evolution. New York Princeton, N.J.: Russell Sage, Priceton University Press, 2004.

6. Brody, David. Workers in industrial America: essays on the 20th century struggle. New York: Oxford University Press, 1980.

7. Buchele, Christiansen. Industrial Relations and Relative Income Shares in the United States. Industrial Relations, 1993, 32 (1).

8. Clarke S. Marx's Theory of Crisis. New York: St. Martin's Press, 1994.

9. Coen, Hickman. Is European Unemployment Classical or Keynesian. American Economic Review, 1988, 5.

10. Dixit, A. The Making of Economic Policy: A Transaction Cost Politics Perspective. MA: MIT Press 1996.

11. Dasgupta, P., "Commentary: the Stern Review's Economics of Climate Change", National Institute Economic Review, 2007 (199): 4-7.

12. Dixit, A., M. Olson. Does voluntary participation undermine the Coase Theorem? . Journal of Public Economics, 2000, 76: 309-335.

13. Dooley, Michae, David Folkerts. An Essay on the Revived Bretton Woods System. NBER Working Paper, NO.9971, September 2003.

14. Dooley, Michael, David Folkerts.. The Currency Composition of Foreign Exchange Reserves. IMF Staff Papers 36, NO.2, 1989.

15. Elster, J. .Further Thoughts on Marxism, Functionalism and Came Theory. Roemer, J., Aanlytical Marxism. Cambridge University Press, 1986.

16. Furubotn G. Eirik, Rudolf Richter. Institutions and Economic Theory: The Contribution of the New Institutional Economics. The University of Michigan Press, 2000.

17. Glyn A, Sutcliffe B. Capitalism in Crisis. New York: Pantheon Books, 1972.

18. Gordon, D. M., Edwards, R. C, Reich, M. Segmented Work, Divided Worker. Cambridge University Press, 1982.

19. Greif, A. Microtheory and recent development in the study of economic institutions through economic. David, M. Kreps, Kenneth, F. Wallis, ed, Advance in economic theory. Cambridge University Press. 1997, (12): 79–113.

20. Greif, A.. Institutions and the Path to the Modern Economy: Lessons from Medieval Trade. New York: Cambridge University Press, 2006.

21. Greif, A., Laitin, D.. A Theory of Endogenous Institutional Change.American Political Science Review, 2004, 98 (4): 633–52.

22. Herman E. Daly, Kenneth Neal Townsend. Valuing the Earth: Economics, Ecology, Ethics. Massachusetts Institute of Technology, 1993.

23. H. J. Sherman. The Business Cycle: Growth and Crisis Under Capitalism. Princeton University Press, 1991.

24. H Marcusc. Counterrevolution and Revolt. Boston: 1972.

25. James. The Meaning of Crisis: a Theoretieal Introduetion. Oxford: Blaekwell, 1987.

26. Joel Kovel. The Enemy of Nature. Zed Books Ltd, 2002.

27. Joseph Stiglitz. Reflections on the Natural Rate Hypothesis. Journal of Economic Perspectives, 1997.

28. K. Lang. J. S. Leonard. Unemployment & the Structure of Labor Market. Basil Blackwell, 1987.

29. Lebowitz, Michael A. Beyond capital: Marx's political economy of the working class (second edition). Palgrave Macmillan, 2003.

30. Liebowitz, S. J., S. Margolis. Path Dependence, Lock–in, and History. Journal of Law, Economics and Organization, 1995, 11: 204–226.

31. Kolodko, G.. W. Post–Communist Transition: The Thorny. Road University of Rochester Press, 2000.

32. Marc Lavoie. Real Wages and Unemployment with Effective and Notional Demand for Labor. Review of Radical Political Economics, 2003, 35 (2).

33. Marglin, Schor. The Golden Age of Capitalism. Oxford: Clarendon Press, 1990.

34. Marglin, Stephen A. , Juliet B. Schor. The golden age of capitalism. New York: Oxford University Press, 1990.

35. Memedovic, Kuyvenhoven, Molle. Globalization of Labor Markets, Kluwer Academic Publishers, 1998.

36. Michael Burawoy. Manufacturing consent: changes in the labor process under monopoly capitalism. Chicago: University of Chicago Press, 1979.

37. Milton, David. The Politics of Labor: From the Great Depression to the New Deal. New York: Monthly Review press, 1982.

38. Montgomery, David. Worker's control in America: studies in the history of work, technology, and labor struggle. Cambridge University Press, 1979.

39. Nathan Rosenberg. Inside the Black Box: Technology and Economics. Cambridge: Cambridge University Press, 1982.

40. Nordhaus, W. D., The Challenge of Global Warming: Economic Models and Environmental Policy, Yale University, New Haven. Connecticent USA, 2007.

41. North, D. C.. Economic Performance through Time, American Economic Review, 1994, 84: 359-368 (Alfred Nobel Memorial Prize Lecture in Economic Science).

42. Olson, M.. The Logic of Collective Action: Public Goods and the Theory of Groups. Cambridge: Harvard University Press, 1965.

43. Ostrom, E. Governing the Commons: The Evolution of Institutions for Collective Action. Cambridge: Cambridge University Press, 1990.

44. Philpott. Working for Full Employment. Routledge, 1997.

45. Ram Jatan. Capitalism and Unemployment. Merlin Books LTD, 1993.

46. Robert Pollin. What is a living wage? Considerations from Santa Monica, CA. Review of Radical Political Economics, 2002, 34 (2).

47. Roe, M.. Chaos and Evolution in Law and Economics. Harvard Law Review, 1996, 109: 641-668.

48. Roland, R.. Transition and Economics. Massachusetts Institute of Technology, 2000.

49. Schotter, A. The Economic Theory of Social Institutions. Cambridge: Cambridge University Press, 1981.

50. Stanford, Taylor, Houston. Power, Employment and Accumulation. M. E.

Sharpe，2001.

51. Nordhaus，W. D.，The Challenge of Global Warming：Economic Models and Environmental Policy，Yale University，New Haven. Connecticent USA，2007.

52. IPCC. Climate Change 2001：Mitigation. Contribution of Working Group Ⅲ to the Fourth Assessment Report of the Intergovernmantal Panel on Climate Change Contribution of Working Group Ⅲ to the Third Assessment Report of the Intergovernmental Panel on Climate Change（IPCC）. Cambridge University Press，UK，2001.

53. Stern，N. The Economics of Climate Change：The Stern Review. Cambridge：Cambridge University Press，2007.

54. Dell，M.，B.，Jones，and B.，Olken. Temperature and Income：Reconciling New Cross Sectional and Panel Estimates. American Economic Review，2009，99：198-204.

55. Posner，E.，and C.，Sunstein. Global Warming and Social Justice. Regulation，2008，Spring：14-20.